世界通史

新世纪普及版

你应该了解的世界历史知识

当代世界出版社

方 智 ◆ 主编

图书在版编目（CIP）数据

世界通史／方智主编．—北京：当代世界出版社，2014.12

ISBN 978-7-5090-0900-0

Ⅰ．①世… Ⅱ．①方… Ⅲ．①世界史–通俗读物 Ⅳ．①K109

中国版本图书馆CIP数据核字（2014）第205900号

主　　编：	方　智
插　　图：	邢　旻
责任编辑：	魏里亚　郭国英
出版发行：	当代世界出版社
地　　址：	北京市复兴路4号（100860）
网　　址：	http://www.worldpress.org.cn
编务电话：	（010）83907332
发行电话：	（010）83908455
	（010）83908409
	（010）83908377
	（010）83908423（邮购）
	（010）83908410（传真）
经　　销：	全国新华书店
印　　刷：	北京富达印务有限公司
开　　本：	710毫米×1000毫米　1/16
印　　张：	28
字　　数：	510千字
版　　次：	2015年1月第1版
印　　次：	2015年1月第1次
书　　号：	ISBN 978-7-5090-0900-0
定　　价：	39.80元

如发现印装质量问题，请与承印厂联系调换。
版权所有，翻印必究，未经许可，不得转载！

前 言

学习历史，可以使我们扩大眼界，增长见识，吸取前人的经验，进而认识社会发展的规律。一个有丰富历史知识的人，往往能纵观古今，开阔视野，解放思想。许多杰出的人物都喜欢读史，从历史中获得智慧和勇气。

在今天，世界联系越来越紧密，全球化进程在加快，这是不争的事实。作为一个现代人，仅仅关心自己国内的事是远远不够的。我们需要了解整个世界过去发生过什么，今后又将走向哪里。

了解世界历史，也是国际交往的需要。因为各个国家的历史文化存在着差异，如果彼此不了解或了解不够，那么在交往过程中就会产生隔阂或者不愉快，甚至还会引起激烈的矛盾和冲突。历史告诉我们，在了解彼此的历史与文化的基础上，进行交流和对话，才是解决问题的最好办法。

了解一些世界历史之后，你会发现，当今世界的许多热点问题，其实都有很深的历史渊源。为什么中东总是起纷争？为什么欧洲要走向一体化？为什么巴尔干是大国争夺的焦点？探求历史的真相，追寻失落的文明，这是多么有意思的事啊。我们只有了解世界各国的悠久历史和灿烂文化，了解人类的苦难与辉煌，增强对其他国家的理解与认识，才能更好地面向未来，为人类的和平与发展贡献力量。

这本书基本涵盖了世界历史上的大事，语言通俗易懂，叙述简洁明快。可以使读者在很短的时间内了解历史大事的来龙去脉。我们衷心希望这本书能激发您读史的兴趣。

目录

前　言　　　　　　　　　　　1

文明古国的辉煌

从弃婴到国王　　　　　　　1
美尼斯统一埃及　　　　　　2
卡迭什大战　　　　　　　　3
流浪的犹太民族　　　　　　5
巴比伦之囚　　　　　　　　6
"紫红色的人"　　　　　　　7
古巴比伦的辉煌　　　　　　9
摩奴法典　　　　　　　　　10
佛祖释迦牟尼　　　　　　　11
阿育王统一印度　　　　　　13
波斯的兴起　　　　　　　　14

古希腊文明

《荷马史诗》　　　　　　　17
军营斯巴达　　　　　　　　18
梭伦改革　　　　　　　　　19
马拉松战役　　　　　　　　21

温泉关之战	22
伯里克利与雅典	24
伯罗奔尼撒战争	25
亚历山大远征	27
古希腊早期的哲学家	29
苏格拉底之死	32
希波克拉底誓言	34
哲学家伊壁鸠鲁	36
阿基米德的智慧	37

古罗马文明

罗马建城的传说	39
军事天才汉尼拔	40
斯巴达克起义	43
庞培与恺撒争雄	46
"无冕之王"恺撒	48
政治斗争漩涡中的埃及艳后	50
"奥古斯都"屋大维	52
庞贝古城重见天日	55
暴君尼禄杀母	56
基督教的产生	57
西罗马帝国的灭亡	59

中世纪的欧洲

克洛维统一法兰克	62
查理曼帝国的命运	63
徒有虚名的"罗马帝国"	65

目 录

诺曼人征服英格兰	67
卡诺莎之行	69
十字军东征	71
中世纪的骑士	73
限制王权的《大宪章》	76
阿维农之囚	78
圣女贞德	79
席卷欧洲的黑死病	81
红白玫瑰战争	83

伊斯兰文明的兴起

阿拉伯帝国的崛起	86
萨拉丁大败十字军	88
君士坦丁堡之战	91
戎马一生的苏莱曼大帝	92

世界各地的封建国家

基辅罗斯的兴衰	95
莫斯科公国的崛起	97
伊凡雷帝杀子	99
横扫欧亚的蒙古铁蹄	101
莫卧儿入主印度	103
千古杰作泰姬陵	106
日本"大化革新"	107
武士与幕府	109
从人质到将军	110

地理大发现

马可·波罗的东方之行	113
哥伦布发现"新大陆"	116
达·伽马垂涎印度	118
麦哲伦环球航行	120
印加帝国的覆灭	121

伟大的文艺复兴

旷世奇才达·芬奇	124
马基雅维利与《君主论》	125
雕刻大师米开朗基罗	127
宗教改革的先锋——马丁·路德	129
勇敢的闵采尔	130
加尔文推行新教	131
塞万提斯与《堂吉诃德》	133
"知识就是力量"	136
说不尽的莎士比亚	137
潦倒画家伦勃朗	139
太阳王路易十四	141
18世纪的法国沙龙	143

资产阶级革命

"羊吃人"的圈地运动	145
童贞女王伊丽莎白	147
无敌舰队的覆灭	149

英王查理上了断头台	151
护国主克伦威尔	153
启蒙运动的领袖伏尔泰	155
莱克星顿的枪声	157
华盛顿拒不当国王	160
攻占巴士底狱	161
路易十六上了断头台	164
罗伯斯庇尔	166
拿破仑和他的帝国	168
拿破仑兵败俄罗斯	169
滑铁卢之战	171
血战葛底斯堡	175
林肯之死	178

大国的兴衰

英国掠夺印度	180
彼得大帝改革	182
为出海口而战	184
从德国公主到俄国女皇	186
美国廉价买国土	188
见风使舵的梅特涅	191
为意大利的统一而战	193
日本的启蒙思想家福泽谕吉	195
日本明治维新	198
"铁血宰相"俾斯麦	201
普法战争	203
"缅因号"事件	205
南非争夺战	208
维多利亚时代	209

民族解放斗争

杜桑领导海地革命	212
圣马丁转战南美	215
"解放者"玻利瓦尔	218
印度德里反英大起义	220
巴拿马运河事件	223
朝鲜义士安重根	225

社会主义思潮

欧文和他的新和谐公社	229
振聋发聩的《共产党宣言》	232

近代科技文化成就

天妒英才莫扎特	235
贝多芬抗争命运	237
布里尔改进盲文	239
斯蒂文森研制火车	241
无情批判现实的巴尔扎克	244
理想主义的雨果	247
法拉第研究电磁学	249
照相机的发明	251
古典芭蕾之父	253
世上最孤独的画家	255
达尔文带来一场革命	257
爱迪生发明电灯	259
诗人哲学家尼采	262

目 录

巴斯德与抗病疫苗	267
重燃奥运圣火的人	270
伦琴与X射线	272
居里夫人与镭	274

两次世界大战

萨拉热窝的枪声	278
德军闪电战的破产	280
日德兰大海战	282
惨烈的凡尔登战役	285
列宁与十月革命	288
各怀鬼胎的巴黎和会	291
啤酒馆政变	292
苏联"大清洗"运动	294
不爱江山爱美人的国王	295
金日成和他的抗日游击队	297
慕尼黑阴谋始末	299
德军大举入侵波兰	301
敦刻尔克大撤退	302
奥斯维辛集中营	304
安妮·弗兰克日记	305
日本偷袭珍珠港	308
山本五十六覆灭记	310
瓜达卡纳尔岛战役	312
德黑兰会议	314
盟军诺曼底登陆	316
血胆将军巴顿	318
战神朱可夫	320
刚强如铁的铁托	323

雅尔塔会议	326
广岛、长崎原子弹爆炸	327
审判战犯	329
联合国的成立	330

第三世界的兴起

"圣雄"甘地	332
真纳创建巴基斯坦国	334
埃及"雄狮"纳赛尔	338
越南人赶走法国殖民者	340
第三世界的盛会——万隆会议	341

冷战时代

丘吉尔铁幕演说	344
功过参半的斯大林	345
古巴革命	347
传奇英雄切·格瓦拉	348
戴高乐向美国的挑战	351
U-2飞机事件	353
"柏林墙"的由来	355
美、苏在古巴的较量	356
肯尼迪遇刺之谜	358
"布拉格之春"	360
法国五月风暴	361
尼克松访华	362
尼克松与水门事件	365
瓦文萨与"团结工会"	367
"结束过去,开辟未来"	368

两德统一 370
超级大国苏联一朝解体 372

影响世界和平的隐忧

以色列建国引发的纷争 375
伊朗伊斯兰革命 376
长达八年的两伊战争 379
英、阿马岛战争 382
英·甘地遇刺 384
美国发动海湾战争 386
烽火再起巴尔干 389
印巴两国的核竞赛 390

当代热点聚焦

"人民圣殿教"大惨案 392
欧洲联盟成立 393
北约东扩 395
东京沙林毒气案 397
亚洲金融危机 399
"9·11"恐怖事件 401
"库尔斯克"号核潜艇沉没 403

20世纪的科学文化

摩尔根创立基因学说 406
"现代舞之母"邓肯 409
喜剧大师卓别林 411

流亡作家茨威格	413
海明威的传奇人生	416
萨特和"存在主义"	418
人类进入航天时代	420
"阿波罗"登月	422
摇滚乐的兴起	424
麦当娜和杰克逊的冲击波	425
霍金和他的宇宙	427
比尔·盖茨创造IT业神话	430
克隆羊"多莉"的诞生	433

文明古国的辉煌

从弃婴到国王

亚洲的西南部有底格里斯和幼发拉底两条大河。这两条河都发源于土耳其安纳托利亚群山之中，分别向东南方向最后汇合成阿拉伯河流入波斯湾。

我们常说的"两河流域"是指中下游地区，其地理范围大致相当于今天的伊拉克。早在7000年以前，两河流域南部就有人居住了，不过，他们属于什么人种，现在还不甚清楚。后来，这里相继来了苏美尔人、阿卡德人、亚述人、迦勒底人，等等。总之，两河流域的文明史就是多种民族相互影响、相互承袭的历史。

每一个民族都有她的英雄。在公元前24世纪，阿卡德王国的创立者萨尔贡统一了两河流域。关于他，还有这样的传说呢。

相传在公元前24世纪中期某年的一天，在幼发拉底河岸边，一名园丁正在打水，看见不远处漂来一只用芦苇编结的篮子，篮子里面传来一声声婴儿的啼哭声。园丁急忙放下水具，将篮子提起来，只见一个小男孩正在篮中啼哭。园丁又惊又喜，便将孩子抱回去，取名叫萨尔贡。

转眼间，萨尔贡长到20岁，气度不凡，身体魁梧健壮。他先是做了基什国王的园丁，后来又成了国王的近臣。

有一年，基什国王在与外敌作战中失败，几乎全军覆没，国王只带领少数随从逃回。早就怀有野心的萨尔贡看夺权的时机成熟了，便在一个深夜，利用国王熟睡之机，带领一帮自己的支持者闯进王宫，杀死了国王，宣布自己为新国王。但是，萨尔贡慑于基什旧贵族的势力，一时还不敢立即改称为阿卡德王国，而是仍旧使用基什王国的国号，称自己为基什王。

为了巩固自己的地位，萨尔贡首先加强军事力量，招募训练了一支常备军。在他执政期间，先后东征西讨，发动几十次大规模的对外战争，这支部队成为其军事核心力量，为他统一两河流域立下汗马功劳。

萨尔贡为了摆脱基什王国旧势力的影响，在统一所有阿卡德人王国后，另建了一座新城阿卡德作为都城,称阿卡德王国。并且开始厉兵秣马,准备与当时惟一能与他抗衡的南部乌玛决一死战。

战争打响后,萨尔贡的弓箭队箭术精准,很快打乱了乌玛军队的阵脚,俘虏了乌玛国王卢伽尔扎吉西。他用套狗的绳索套住这位昔日的国王,并将其锁在神庙的门口,留作祭神的牺牲。他还把卢伽尔扎吉西的妻子占为己有,充当自己的侍妾。

打败乌玛之后,他又一鼓作气,挥师南下,将南方的苏美尔地区全部收为己有。从此,萨尔贡控制了地中海到波斯湾之间的整个地区。他把疆域北部的地中海称为"上海",把南部的波斯湾称为"下海"。

考古学家曾在尼尼微城(今伊拉克北部的摩苏尔)发掘出一件阿卡德时代的精美的青铜艺术品,这是一个统治者的青铜头像,可能就是萨尔贡的塑像,他神情威严,气宇轩昂。

萨尔贡统一两河流域之后,接受了南部苏美尔人的先进文化。他借用了苏美尔人的楔形文字,只稍稍改动一下字体和缀音。他采用苏美尔人的天文历法、数字、文学、宗教。从此,苏美尔人退出了历史舞台。

美尼斯统一埃及

尼罗河发源于非洲中部高原,全长6670公里,这条世界著名的大河,给埃及带来了充沛的水源和肥沃的土地,也带来了生机和繁荣。

尼罗河的中下游沿岸狭长地带,一直延伸到入海口的三角洲地区,是古埃及文明的摇篮。大约在公元前五六千年,古埃及人在这里定居下来。最初,他们过着原始生活,用简单的工具,清除两岸的荆棘和草莽,开渠筑坝,在河水灌溉的土地上种植大麦、小麦等农作物。尼罗河年年给古埃及带来丰收,这个国度被称作地中海粮仓。

大约在6000年以前,古埃及尼罗河附近逐渐出现了许多奴隶制小国。其实,一个小国只不过是一座城池加上周围的农村地区而已,人口是很少的。这些小国各有各的军队、各有各的宗教,相互之间征战不断。经过长期的兼并,狭长的尼罗河谷地被分成北部和南部两个独立王国。南部叫上埃及王国,国王戴白冠,以神鹰为保护神,以白色百合花为国徽。北部叫下埃及国,国王戴红冠,以蛇神为保护神,以蜜蜂为国徽。

到了公元前3100年左右,上埃及逐渐强盛起来,国王美尼斯决心统一上下埃及,成为霸主。于是,美尼斯亲自率领大军长驱直入,开始北征下埃及。

激战在尼罗河三角洲一带展开。当时还没有使用金属,将士们把木头和石块绑在一起,当作武器。美尼斯头戴白冠,冠上装饰着一只神鹰,亲自在阵前督战。在阵阵呐喊声中,双方厮杀得难解难分。经过三天三夜的恶战,下埃及军队被击溃。下埃及国王只好脱下红色王冠,跪倒在地,双手把王冠献给美尼斯。古埃及初次实现了统一。

美尼斯为了巩固对北方的统治,在河谷和三角洲交界的地方建立了一个要塞城市"白城"。白城也就是后世的希腊人所称的孟斐斯,这个城市从此就成了古埃及王国的首都,直到公元7世纪才毁灭。

统一是当时埃及政治、经济和文化发展的要求和必然结果。统一使尼罗河成为加强埃及南北交流的纽带,也有利于在更大的规模上利用尼罗河,发展灌溉农业,促进埃及经济、文化的发展。

随着国家的统一和阶级矛盾的加剧,原来小国寡民的国家机器过于薄弱,统治者需要更加强大的专制力量,王权开始加强,国王自然就成为至高无上的统治者。后来,人们不能再称国王的名字,而要尊称为"法老"。大臣们见法老时,都必须说出一番溢美之词,并匍匐在地,以前胸贴地,吻着法老脚前的土地。

从公元前3100年美尼斯统一埃及,直到公元前1100年的2000多年里,埃及经历了古王国、中王国、新王国共31个王朝。此后埃及逐渐衰落,先后遭到利比亚、亚述等国的入侵。公元前7世纪中叶重获独立,以后又被波斯帝国、希腊、马其顿所征服。

公元前30年,古埃及并入古罗马帝国的版图。

卡迭什大战

埃及历代法老都希望控制叙利亚、巴勒斯坦地区,因为那里气候比较湿润,出产大量木材,还是重要的商道,是一个富庶的地方。在公元前15世纪左右,埃及将其纳入自己的统治范围。但是,他们与北方的赫梯帝国发生了冲突。

公元前14世纪,赫梯帝国大举出兵南下,抢占了叙利亚的大片地区。赫梯王国的南侵与埃及第19王朝争夺叙利亚的统治权,引发了赫梯与埃及两大强国之间的战争。叙利亚的卡迭什,成为两国争夺势力范围的战场。

公元前1312年的一天,埃及国王拉美西斯二世召开了一次御前会议,商讨进军叙利亚,打击赫梯的事宜。

听取了近臣们意见后,拉美西斯二世下令由宰相筹集军粮,将军们组建训练军队,亲率大军直逼交通枢纽卡迭什。

而赫梯王穆瓦塔里也正在与臣下商议进攻埃及的计划,这时一位军探急匆匆走进来,对国王穆瓦塔里说:"国王陛下,这儿有一份紧急情报!埃及法老拉美西斯率领10万大军向我国发动了进攻。……"

赫梯王大惊失色,继而歇斯底里叫道:"什么?埃及也敢来打我们!不可思议!简直不可思议!我们的军队无敌于天下,他敢来碰硬,定打得他片甲不留!"

但怎样击退10万之众的埃及大军呢?赫梯王心中有点犯难,他大声问道:"谁有退敌妙计,快快献出来!"

国王的弟弟吐西尔率先发言:"埃及人不知死活。想当年,他们的国王率兵打我们时,我们不是差点让他做了俘虏了吗!这个拉美西斯不过是个毛头小伙子,谅他也没什么能耐,请陛下拨5000官兵,管保杀他片甲不留,让他不敢小觑我国。"

"不可大意。听说埃及有4个新军团,又有老将协助,拉美西斯正志在必夺,我们还是要谨慎从事。你随大队前进,以免有个闪失,挫了我军锐气。"国王劝阻了急躁的弟弟。

"陛下,臣下有计,只需如此,便可破敌,大获全胜。"一位将军附耳对国王低语了一阵。

"果然妙计,就依此行事吧。"穆瓦塔里拍板定音。

再说拉美西斯二世率领4个军团的3万人开向前线,通过巴勒斯坦后迅速北上,在途中抓到了两个赫梯方面的降兵。降兵假意说赫梯国王穆瓦塔里害怕埃及大军,正在阿勒颇观望,卡迭什已成空城。拉美西斯信以为真,产生了轻敌思想,下令全军继续向卡迭什进发。途中,他进军取胜心切,嫌大部队行进太慢,便抛开大队,率领直属军团兼程前进直抵城下。

这时,赫梯王已经率领大军沿着东面的河谷,包抄了埃及军的后路。原来降兵是专门引诱拉美西斯二世进入包围圈的。赫梯人用战车将拉美西斯团团围住,箭如急雨,标枪如林,埃及士兵纷纷倒毙。这场战役中,穆瓦塔里命令2500辆战车投入战斗,后又追加1000辆战车。埃及军队寡不敌众,一批批被击败。埃及军越来越少,形势万分危急。拉美西斯二世带着少数人马弃城逃命,眼看赫梯人就要追上来,拉美西斯二世大叫:"快把我的护狮放出来!"原来,拉美西斯二世养了一群护身的狮子。生死关头,他把这救命的绝招使出来。果然威武凶猛的狮子吓退了不少赫梯人。

占领埃及军营的赫梯兵见到埃军抛弃的大量财物,一个个争先恐后,纷纷抢掠,反倒忘了追击。正当赫梯军队扔下刀枪大肆抢劫时,埃及方面一支由巴勒斯坦青年人组成的军队赶到前线,支援拉美西斯二世。不久,埃及的后援部队也赶到,继续激战。卡迭什城郊到处是双方士兵的尸体,在残阳下呈现出一幅战争的恐怖画面。这场激战后,拉美西斯二世将埃及军队回撤,丢掉了原来埃及占有的南叙利亚和腓尼基的部分城市,赫梯人南进到大马士革地区。

此后,赫梯和埃及不断进行拉锯战,一直持续了几十年。后来由于赫梯面临邻国亚述的威胁,决定与埃及休战。于是两国签订了和约,共同瓜分叙利亚领土。

流浪的犹太民族

在西亚沙漠的北方,有一块特别富饶的土地。它的形状像一弯新月,被称为"新月形沃土"。这里是闪族人生息的地方。

闪族中有一支叫做希伯来人的部落。希伯来人想占有新月形沃土中一条狭长地带,就是今天的巴勒斯坦。希伯来人早就听说这里被人叫做"流着奶和蜜的地方"。但是这里早已被一个叫做迦南人的部落占领。为争夺这块土地,希伯来人同迦南人进行了许多年的战争。迦南人十分英勇,希伯来人根本就不是对手。

被迦南人打败的希伯来人处境十分的困难。全族的人聚到一起,商议部落今后的出路。一个老人说,在一个遥远的地方,有一个遍地羊群,年年五谷丰登的好地方,到过那里的人都将它称为"天堂",它就是埃及。如果想要希伯来人过上幸福的生活,只有去那里。全族人最后一致同意老人的意见,离开巴勒斯坦,前往埃及。

大约在公元前1700年,族长以色列带领所有的希伯来人离开了巴勒斯坦,经过千难万险,来到了尼罗河三角洲东部的草原,并在那里定居下来。

埃及有着适宜的生存环境,希伯来人在这里安定地生活了几百年。居住在埃及南部和北部的希伯来人越来越多。公元前1300年左右,埃及法老拉美西斯二世公布了一项残忍的法律,规定希伯来人如果生男孩子,就应该把男婴杀死。埃及法老认为对外来的民族,最好是灭绝,这样国家才能安定。

拉美西斯二世把希伯来人变成了奴隶,让他们开山挖石,服各种苦役。希伯来人真正尝到了寄人篱下的苦楚。过了几年,拉美西斯二世死了,埃及受到来自四面八方的野蛮民族和海盗的入侵。

公元前1280年,希伯来人的首领摩西乘机带领全族人越过红海,逃出了埃及。在逃离埃及的行程中,希伯来人受尽苦难,他们缺水少食,风餐露宿,每天行走在大沙漠中,有不少人想返回埃及,宁可重新当奴隶,也不愿再受这种路途之苦。

摩西看到他的族人对命运失去了信心,十分地痛苦。一天,当他们经过西奈山麓的时候,摩西爬上山顶。在山顶,摩西待了足足40天。下山后,他对族人说,他见到了耶和华(希伯来人敬奉的神),并得到他的圣谕,有了它希伯来人就能交好运。后来,摩西成了犹太教的创始人。

逃出埃及后,摩西对希伯来人说,只有回到迦南,才是惟一的出路。但是大多数希伯来人没有勇气同勇猛强悍的迦南人进行战斗。摩西只好带着希伯来人到处流浪。40年过去了,摩西已经成为一个衰弱的老人。不久,摩西去世了。接替摩西领导希伯来人的是约书亚。这时希伯来人的新一代已经成长起来。经过长期艰难生活的磨炼,年轻的希伯来人个个成为强悍勇敢的战士。约书亚带领他们经过无数次的战斗,终于渡过了约旦河,在迦南定居下来。

这个时候的希伯来人仍然四分五裂,部落众多,其中较大的部落,一个叫以色列,一个叫犹太。由于一直没有一个能够使所有希伯来人衷心拥护的人出现,有很长时间希伯来人的各个部落没有统一的领袖。这里,来自地中海沿岸岛屿的一个叫做腓力斯丁的强大部落,向希伯来人发动了进攻。希伯来人遭到惨败。

在外敌的入侵下,希伯来人感到有必要组织一个强大统一的国家。这时,有一个名叫扫罗的勇敢的年轻人,在一次迎击敌人的进攻中表现得十分勇猛、机智和果断,成了希伯来人尊敬的英雄。以色列部落推选他为国王。

扫罗死后,犹太部落的大卫登上了王位。大约在公元前1000年,大卫率领犹太人将腓力斯丁打败。大卫将北方的以色列部落和南方的犹太部落统一到了一起,建立了一个强大的犹太国家。

巴比伦之囚

大卫死后,他的儿子所罗门即位,使以色列犹太国进入全盛时期。所罗门死后,犹太国家逐渐盛极而衰,他的继承者罗波安懒惰而且无能,这进一步加快了犹太国家的衰落。面对人们的不满,罗波安采取了高压的政策,他说:"我父亲给了你们沉重的负担,很好,我作为新国王,打算给你们更重的负担;我父亲用鞭子抽打你们,我将用带刺的鞭子抽打你们。"当时有10个部落拒绝承认罗波安,另外推举了新国王,建立了以色列王国。原有的两个部落仍效忠于他,成立了犹太王国,首都是耶路撒冷。从此,犹太国家一分为二。

分裂削弱了犹太国家自己的力量,可是周围的国家日渐强大起来。新巴比伦国王尼布甲尼撒二世率大军来征讨,包围耶路撒冷城达14年之久。公元前586年,耶路撒冷城内弹尽粮绝,被攻破。尼布甲尼撒进行了惨无人道的破坏,他下令捣毁圣殿,把全城夷为平地,这样,犹太人的第一圣殿被毁灭了。不仅如此,他还将全城的人掳掠到巴比伦做奴隶,带走无数金银财宝,这就是历史上著名的"巴比伦之囚"。

可是坚强不屈的犹太人没有在痛苦中沉沦,他们深信上帝不会抛弃他们,总有一天他们会返回故乡。一位先知得了上帝的启示,预言说:"波斯将使犹太人重获自由,所向无敌的居鲁士必然夺取巴比伦。"

果然,先知的预言实现了,波斯帝国在中亚大地上赫然崛起,它的势力如一颗新星,光芒四射。当波斯的居鲁士大帝以世界征服者的姿态进入巴比伦时,立即宣布:"犹太人完全自由了,你们回家吧。"他还命人打开巴比伦的金库,将尼布甲尼撒二世从圣殿中抢来的金银一律归还给犹太人,在所有犹太人居住的社区,为犹太人筹集回家旅费。

犹太人有些回到他们的故土耶路撒冷,有些则定居于巴比伦。那些回到故土的犹太人并没有过上和平的生活,不时地遭到外族的侵犯。犹太人在绝望中,只好把希望寄托于"弥赛亚"(救世主)的来临,逐渐形成了自己的宗教——犹太教。

到了公元1世纪,此时统治耶路撒冷地区的是罗马人。公元66年,罗马总督提图斯掠夺耶路撒冷神殿和宫殿里的宝物,遭到犹太人的坚决反抗。斗争继续了4年,到公元70年,整个耶路撒冷被提图斯淹没在血泊中,他屠杀了全城的犹太人,另外有10万人被变为奴隶,有的被送到矿山采矿,有的成了罗马斗兽场的角斗士。

此后,犹太人便离开了耶路撒冷,流落到世界各地。有的甚至来到中国,居住在开封等地。一直到第二次世界大战结束,犹太民族仍然是一个没有国家的民族。

"紫红色的人"

古代的腓尼基不是一个国家的名称,而只是一个地区、一个民族的名称,它从未形成一个统一的国家。在历史上,"腓尼基"是指叙利亚、巴勒斯坦的沿海地区,大致相当于今天的黎巴嫩。

"腓尼基"原是紫红色的意思,它起源于这个地方出产的一种紫红色染料。当地人潜入海底,捕捞一种海螺,从中取出一种可作染料的紫红颜色。

腓尼基常常处于外族的统治之下。如公元前2000年代末,它处于埃及的控制之下;在公元前1000年代以后,又相继为亚述帝国、波斯帝国、亚历山大帝国和罗马帝国所统治。

古代的腓尼基虽然地方不大、人口不多,且常处于外族的统治之下,但它对古代世界的影响和贡献并不小。这不仅是因为它拥有当时第一流的造船业、航海业、商业,而且还因为它的殖民活动,它发明和传播的字母文字——腓尼基字母文字。

腓尼基人擅长航海,他们在人类历史上首次完成了环绕非洲的航行。在公元前1000年代中期,埃及的法老尼科想知道自己居住的大陆是什么样子的,他让大臣去找人进行一次航行,大臣就找到了腓尼基人,让他们去完成这次探险。

一个半月后,腓尼基人出航了。

那是一个阳光明媚的早晨,卜者替他们算过了,说他们前途叵测,凶多吉少。卜者这样一说,腓尼基人的心中蒙了一层阴影,可他们已经没有任何退路了。埃及法老也怕他们逃跑,怕他们带走了预付的钱而一去不复返,所以就让士兵们天天看着腓尼基人。

腓尼基人出航了,他们那些小船在无边无际的大海上就像一片枯叶。望着越来越远的船只,法老对手下的一个官员说:"如果发现他们根本没去航行,而是偷偷跑回来了,不需向我报告,马上杀了他们。"

腓尼基人的3艘小船是经过精心设计的,在当时最适于航海。他们的船只分成双层,下面那层坐着的是划船的水手,而高高翘起的船头由一名水手站在上面,时刻注视着前方的情况,以便向大家报告。船上装的,除了日用品外,全是他们准备与别的港口交换的商品。

船只在海上前进着,迎来了日出,送走了日落,腓尼基人就用小刀在桅杆上划下一道杠,以代表他们走了一天。桅杆上的道道一直在增加,可腓尼基人在沿途根本没有看见任何人烟。直到第40道横线出现时,瞭望员才发出叫喊:"我看见啦!我看见啦!有人在海边捕鱼。快些靠过去,快靠过去!"瞭望员不停地用手拍打着船舷。

船队的领头也显得有几分高兴,可他却摆了摆手,向瞭望员问道:"看仔细点,那些人手中有没有武器?"

"没有,没有,我看得很清楚!"

船队的首领这才敢让人把船向岸边靠近。那儿是一个村庄,村里的人好像都还处在原始时期。他们几乎都没有穿衣服,只用树叶在身上随便地缠着。他们对于从海上来的人也很惊奇。由于语言不通,双方只是互相比划着。在进行粗浅的交流后,大家都明白了对方的意思,于是大家进行了物品的交换。

从这个村庄出来,腓尼基人又向南前进。可令他们奇怪的是头顶上的太阳却好像跑到了北面。原来腓尼基人已经越过了赤道。腓尼基人的天文知识还是一片空白,他们吓得不知怎么办,纷纷跪下来祷告。但这一切并没有用,他们在祷告之后,见太阳还是那样,没有伤害自己,就只好作罢。

很多天过去了,腓尼基人的食物吃完了,他们不得不上岸打猎,并在土地上种了一些庄稼。3个月后,庄稼收获了,腓尼基人装好粮食,又继续前行。

在第三年的时候,他们突然发现太阳又跑回了原来的位置。腓尼基人十分高兴,认为是他们的恒心感动了上天。桅杆快要划满横杠的时候,他们到了一个大河口岸,河口边有一些村庄,进去一看,里面住着的竟然也是腓尼基人,原来他们回到了腓尼基!

在当时的条件下,完成这样一次远航是多么不容易的事!

古巴比伦的辉煌

巴比伦城位于幼发拉底河中游,大致相当于今天的巴格达。这里地理位置优越,为西亚贸易要冲。公元前18世纪,汉谟拉比使古巴比伦王国强盛起来。这位汉谟拉比颁布了一部法典,即汉谟拉比法典,是古代第一部完整的法典。

大约在公元前16世纪早期,古巴比伦王国衰落了,被北方的赫梯人所灭。

到了公元前7世纪,闪族人的一支迦勒底人从西部沿海沙漠迁入这里,建立了新巴比伦王国,使这片土地重新焕发了生机。

巴比伦城以其宏伟高大的城墙著称于世,被称为"世界第七大奇迹"。说起巴比伦城的建设不得不提到尼布甲尼撒二世。

尼布甲尼撒二世不仅是一位伟大的统治者,也是最杰出的建筑师。他在位的40多年里,一直不断地修建、美化巴比伦城。

巴比伦城被美丽的幼发拉底河一分为二,西岸是工商业区,东岸则是王宫、神庙和贵族住宅区。巴比伦城共有100座门,全都用青铜制成。在巴比伦语中,"巴比伦"就是"神之门"的意思。

尼布甲尼撒不仅建设了巴比伦城墙,还主持兴建了世界的另一大奇迹:空中花园。关于空中花园还有一个故事呢。

公元前614年,巴比伦和米底两国联合攻打亚述帝国。为了巩固两国的联盟,决定联姻,巴比伦的太子将娶米底的公主为妻。经过两国的协同作战,终于在公元前605年打败了军事强国亚述,确保了两国的安宁。

一年后,太子尼布甲尼撒二世成为国王,并娶了米底公主塞拉斯为王后。尼布甲尼撒非常宠爱这位王后,可是王后受不了巴比伦的烈日和风沙,生了思乡病,这可急坏了尼布甲尼撒。于是,他令人按照王后家乡的景物建造了一个花园。花园高居空中,绿树成荫,鲜花绽放,王后在花园中畅游时,也不会被其他人看见。这个花园深得王后的欢心,她的病也逐渐好了。

这座花园是怎样建在空中的呢?原来它是建在无数高大的巨型圆柱上。支撑花园的石柱高达75英尺,灌溉花草的水从幼发拉底河中抽出来,经过圆柱往上输送。花园的土层深厚,不但可以植草种花,还可以种大树。

只可惜,公元前4世纪末,巴比伦由富庶转向衰落,巴比伦城逐渐湮没于荒烟蔓草间,空中花园也不复存在。直到1899年,一批德国考古学家,在伊拉克首都巴格达市郊的幼发拉底河畔进行考古发掘,经过10多年的努力,才使这座古城重见天日。

摩奴法典

古代印度是人类文明的发祥地之一，它的历史相当悠久。早在公元前3000年中期，印度河谷就出现了哈拉帕文化。历史学家经过考证，认为哈拉帕文化的创造者，就是印度的原始居民达罗毗荼人，他们皮肤黝黑，身材较为矮小。

公元前2000年中期，属于印欧语系的许多部落，从中亚细亚经由印度西北方的山口，陆续涌入印度河中游的旁遮普一带，征服了当地的大部分达罗毗荼人。入侵者是白种人，自称"雅利安"，意为高贵者，以区别达罗毗荼人。经过几个世纪的武力扩张，雅利安人逐步征服了整个北印度。

在古代，有这样一个特点，那就是文化落后的民族常常征服文化先进的民族，然后逐渐接受被征服民族的先进文化，进而被同化。当时的印度也是这样，雅利安人是游牧民族，他们生性剽悍，能征善战，达罗毗荼人不是他们的对手。入侵印度后，雅利安人吸收了达罗毗荼人的先进文化，由游牧转为定居的农业生活，并逐渐向奴隶社会过渡。

由于雅利安人对达罗毗荼人的征服和奴役，以及雅利安人内部贫富分化的结果，在雅利安社会中逐渐形成了一个森严的等级制度，这就是种姓制度。"种姓"一词在印度的梵文中叫"瓦尔那"，就是颜色或品质的意思。

在种姓制度下，古代印度人被分为4个种姓：婆罗门、刹帝利、吠舍和首陀罗。

婆罗门是祭司贵族。它主要掌握神权，占卜祸福，垄断文化和报告农时季节，在社会中地位是最高的。

刹帝利是雅利安人的军事贵族，包括国王以下的各级官吏，掌握国家的除神权之外的一切权力。

婆罗门和刹帝利这两个高级种姓，占有了古代印度社会中的大部分财富，依靠剥削为生，是社会中的统治阶级。

吠舍是古代印度社会中的普通劳动者，也就是雅利安人的中下阶层，包括农民、手工业者和商人，他们必须向国家缴纳赋税。

首陀罗是指那些失去土地的自由民和被征服的达罗毗荼人，实际上处于奴隶的地位。

各个种姓职业世袭，互不通婚，甚至不能同桌吃饭，不能同饮一口井里的水。不同种姓的男女所生的子女被看成是贱民，或叫不可接触者，贱民不包括在四个种姓之内，最受鄙视。

为了维护种姓制度，奴隶主阶级还制定了许多法律，其中最典型的是《摩奴法典》。相传,摩奴是大神梵天的儿子,为了确定人间各种人在社会上的应有次序,确定婆罗门和其他种姓的义务,便制定了这部法典。其实,这只不过是奴隶主用来欺骗劳动人民的谎言。

摩奴法典首先确认婆罗门是人世间一切的主宰,而首陀罗只能温顺地为其他种姓服劳役。首陀罗不能积累私人财产,不能对高级种姓有任何不敬的言行。婆罗门和刹帝利则有权夺取首陀罗的一切。

为了镇压低级种姓吠舍、首陀罗的反抗,摩奴法典还规定了许多残酷的刑罚。比如,低级种姓的人如果用身体的某一部分伤害了高级种姓的人,就必须将那一部分肢体斩断。比如,动手的要斩断手,动脚的要斩断脚。而法典对高等级的人相当宽容。如果婆罗门和刹帝利杀死了一个首陀罗,仅用牲畜抵偿,或者简单地净一次身就行了。

每个种姓都有自己的机构,处理有关种姓内部的事务,并监督本种姓的人严格遵守摩奴法典及传统习惯。倘有触犯者,轻则由婆罗门祭司给予处罚,重则被开除出种姓之外。

被开除出种姓的人也成为贱民。贱民只能居住村外,不可与婆罗门接触,只能从事被认为是最低贱的职业,如抬死尸,清除粪便等。走在路上,贱民要佩带特殊的标记,口中要不断发出特殊的声音,或敲击某种器物,以提示高级种姓的人及时躲避。婆罗门如果接触了贱民,则认为是一件倒霉的事,回去之后要举行净身仪式。

种姓制度的存在,是造成印度社会发展迟缓的重要原因之一。印度自古代至近代,经历了几种社会形态,但是种姓制度一直延续下来,成为历代剥削阶级的统治工具。种姓制度经过长期演变,越来越复杂,在4个种姓之外,又出现了数以千计的亚种姓。今天,在印度仍然保留着种姓制度的残迹,受压迫受剥削最深的贱民达几千万人。

佛祖释迦牟尼

佛教产生于印度,后来广泛传播开来,对中国、朝鲜、日本以及东南亚国家产生了深远的影响。今天,全世界有两亿多佛教信徒。佛教的创始人是释迦牟尼,我们这就来讲讲他的故事。

释迦牟尼的本名叫乔达摩·悉达多,是一位王子。公元前6世纪,他出生在印度北部的迦毗罗卫国(今尼泊尔境内),他的父亲就是当时的国王净饭王。

净饭王非常喜欢小王子,希望他能继承自己的王位。可是这位王子显然志不在此,他富有同情心,喜欢玄想,经常问一些奇怪的问题。比如他问,同样是人,为什么有的人是婆罗门,有的人却是首陀罗?而且,婆罗门的子子孙孙都是婆罗门,首陀罗的子子孙孙永远是首陀罗,这又是为什么?老国王回答不出来,只好说这是上天安排的,但悉达多说,他不相信,又说他要找到一个让人人平等的办法。

悉达多19岁的时候,同表妹结了婚,家庭生活也十分美满。可他毕竟不是一个世俗的人,他的内心一直有出家的念头,家庭生活对他来说无疑是一种煎熬。他的内心想的不是一己之私,而是天下人的归宿和灵魂安宁的问题。终于有一天,他下定决心,抛开妻儿,离家出走。

第二天,悉达多走出了国境,在一条河边拔剑剃掉自己的头发,做了一个修道者。

老国王不见了儿子,急忙派人寻找,终于在森林里找到了悉达多,但他坚决不肯回家。此后,悉达多四处周游寻访有名的学者学习哲学,又跟随苦行僧学道。当时印度流行所谓"苦行",就是要用各种自找苦吃的办法来求道,比如不吃不睡。悉达多也曾经用过这种修行法,结果弄得精神和体力几乎衰竭,仍然一无所得。后来他意识到,只有身体强壮,才能找到真理。于是,他开始注意锻炼身体和意志。

一天,他来到一条小河边,想洗个澡,把出家后6年来积在身上的污垢统统洗净。河边放牛的小姑娘看到悉达多身心交瘁的样子,很是担心,便给他喝了许多牛奶。悉达多终于恢复了元气。他走到一棵菩提树下,盘膝而坐,在那里闭目沉思,静修了6年。

在他35岁那年,他终于想通了解脱人间痛苦的道理,创立了佛教。后来,悉达多就到各地去传教,招收信徒,希望大家相信他说的一切,并且照着去做。佛教就这样产生了。作为佛教的创始人,悉达多被他的弟子称为释迦牟尼,意思是释迦族的圣人。

释迦牟尼的学说和精神感动好许多人,其中也有许多婆罗门和刹帝利种姓的人。越来越多的人接受了释迦牟尼的的教诲。

释迦牟尼把佛教解释为"四谛","谛"的意思是真理,四谛也就是四个"真理":苦谛、集谛、灭谛、道谛。"苦谛"是说人的一生到处都是苦,生老病死喜怒哀乐其实都是苦。"集谛"指人受苦的原因,因为人为了满足自己的各种欲望,在世上做出很多事,到来世都会付出代价的,即"善有善报,恶有恶报"。"灭谛"是说如何消灭致苦的原因,要摆脱苦就要消灭欲望。"道谛"是说如何消灭苦因,消灭苦因就得修道。

释迦牟尼还为教徒制定了"戒律"。在家的和出家的教徒都必须遵守"五戒":不杀生、不偷盗、不邪淫、不妄语、不饮酒。出家的教徒男的叫僧(和尚),女的叫尼(尼姑)。他们必须剃光头,穿僧袍,完全脱离家庭生活。另外他们还要遵守一些出家人的戒律。

佛教主张人人生而平等,同情不幸的受苦人,宣扬只要今世做了善事,来世就有好报;今世做了坏事,来世就有恶报。释迦牟尼的这些主张,逃避严酷的现实,有消极的一面,但其中也有劝人行善的积极因素,尤其是一些受苦的下层人能够从中得到精神的安慰。

公元前485年,释迦牟尼逝世。据说他的遗体火化以后,骨灰结成许多五光十色的颗粒,佛教把这种颗粒叫做"舍利"。后来,有8个国王分取舍利,把它珍藏在特地建造起来的高塔中供奉,以表示对释迦牟尼的景仰。在北京西山灵光寺的"佛牙塔"里,据说就藏着释迦牟尼的一颗牙齿。

公元1世纪,正是中国的东汉时期,佛教传播到了中国。此后又由中国传播到朝鲜和日本。同时,佛教也在东南亚地区传播开来,成为佛教的另一个重要分支。而在印度本土,佛教大约于公元6世纪就衰落了。

阿育王统一印度

公元前325年,亚历山大东征印度时,因部下反对而只好撤军。他在旁遮普设立了总督,留下了一支军队,然后就撤走了。不久,印度人推翻了马其顿的统治,建立了孔雀王朝。

孔雀王朝的第3代君主叫阿育王(或译无忧王)。据佛教传说,他在父王死后,杀了99名兄弟,才坐稳了宝座。可见他是一个多么残忍的君主。可就是这位阿育王,后来皈依了佛教,并把佛教立为国教。

阿育王即位之初,就大力向外扩张。他曾征服过湿婆萨国,但最大规模的扩张是对羯陵伽的远征。羯陵伽是孟加拉湾沿岸的一个强国,拥有步兵6万,骑兵1万,战象几百头。这个国家不仅在军事上很强大,而且由于海外贸易发达,在经济上也很富庶,这引起了阿育王的注目。在他举行登极典礼后的第8年(约公元前262年)开始向羯陵伽大举进犯。最后羯陵伽国被他征服,被俘虏的羯陵伽人有15万人,被杀的有10万人。

羯陵伽战争对阿育王影响极大。在羯陵伽战争结束不久,阿育王同佛教高僧优波毱多进行了多次的长谈。最后,在他的感召下,皈依了佛教,成了一名虔诚的教徒。

成为教徒后,阿育王对残酷的战争给人民所造成的灾难感到十分后悔。他曾经发布过一个敕令,在敕令中他说:他对羯陵伽人民在战争中所遭受的苦难,"感到深切的忧虑和悔恨"。后来他又一次向全国的人民宣布:"战鼓的响声"沉寂了,代替它的将是"法的声音"。今后代替暴力统治和侵略的将是不遗余力的宣扬佛法,从此以后,他不再向邻国派遣军队,而是宣扬佛法,开始食素。

阿育王所说的"法",就是以佛教的伦理道德观为基础,强调仁慈的实践和虔诚的思想。他认为,对于每一个人来讲,信仰佛法,重要的在于行动。一个人能否向善,不是看他参加了多少次佛教的仪式,而是看他在每一件事情上是否能按照佛法去做。

阿育王希望每一个人都能以家庭作为人生的基点,首先在家庭中体现他所说的那些道德。主要是要服从父亲,尊崇老师和长辈;对亲朋好友要慷慨和友好;对待仆人和贫苦的人要乐善好施;对待动物要仁慈,不能滥杀。

阿育王首先以身作则。他宣布在全国废除斗兽之类的血腥娱乐,不允许用动物做杀生祭礼,在宫廷里对王公大臣们喜欢的狩猎游戏也加以限制。

阿育王不久又宣布佛教为印度的国教,下令在王宫和印度各地树立石柱,开凿石壁,将他的诏令刊刻在上面。他还召集了全国的一大批佛教高僧,编纂整理佛教经典,在各地修建了许多佛教寺院和佛塔。

为了弘扬佛法,阿育王派出了包括王子和公主在内的大批使者和僧侣,到邻近的国家和地区去传教。印度公主在去锡兰(今天的斯里兰卡)传教时,不仅带去了许多僧侣和佛典,还带去了一枝神圣的菩提树的树枝,并亲自种植在锡兰,这棵菩提树在锡兰一直生长到今天。

经过一番宣传和使节往来,佛教不仅传遍了锡兰,而且很快传到了埃及、叙利亚、缅甸、中国和世界各地。

除了宣传佛教,阿育王还为老百姓做了许多的好事,如扩大灌溉工程,修筑道路,建立医院等等。在阿育王在位的40多年里,在国内外都享有很高的声誉。在印度和其他一些国家的历史著作里,他被称为"伟大的阿育王"。印度的孔雀王朝也成了印度历史上第一个强大的统一帝国。

波斯的兴起

公元前6世纪中叶,波斯兴起于伊朗高原的西南部,他们摆脱了米底人的统治,争得了独立。

公元前539年,波斯国王居鲁士率兵进攻巴比伦王国。这时的巴比伦城规模宏大,以坚固著称,巴比伦国王自认为坚不可摧。其实,巴比伦内部四分五裂,危机四伏。祭司集团和以国王为首的军事贵族集团矛盾重重。居鲁士看到了这一点,收买了巴比伦的重要将领,不费吹灰之力,便进了城。

居鲁士在巴比伦的政绩,达到了古代世界君主的最高峰。他严令禁止军队烧杀抢夺,努力维护社会治安,恢复生产秩序,尊重当地宗教传统,获得了当地居民的衷心拥戴。他还把巴比伦国王强制迁来的犹太人,释放回乡,帮助他们重建家园。

居鲁士把波斯的首都迁到巴比伦城后,又准备远征埃及。为了巩固自己的后方,他首先进攻里海的马萨盖特国。不料出师未捷,中了埋伏,战死了。

他的儿子冈比西斯继承父亲的遗志,征服了埃及,把它变成波斯帝国的一个行省。

冈比西斯是个大暴君,谁胆敢反对他,他就杀掉谁。为了防止他的亲兄弟巴尔迪亚争夺皇位,他把亲兄弟也杀掉了。皇后劝了他几句,他暴跳如雷,连皇后也杀死了。

就在冈比西斯远征埃及的时候,波斯国内出现了大乱。波斯皇宫里有一个叫高墨达的拜火教僧侣人,假冒死去的王子巴尔迪亚,于公元前522年发动政变,宣布废黜冈比西斯,自立为波斯国王。

冈比西斯得到消息,急忙率领部队回国,可还没来得及平叛,就因癫痫病发作一命呜呼了。他死后,波斯的大臣们纷纷归顺假冒王子的高墨达,以免招来杀身之祸。

高墨达当了8个月的国王,但从不召见大臣。大臣们都很纳闷:"为什么新国王总是深居简出,拒绝召见大臣,也不在公众场合露面呢?"

有一天,冈比西斯过去的一个王妃发现新国王没有耳朵。她把这件事告诉了他的父亲、大臣欧塔涅斯。欧塔涅斯马上断定新国王不是巴尔迪亚,而是僧侣高墨达。因为在居鲁士当国王时,这个高墨达由于过失被居鲁士下令割去了双耳。欧塔涅斯马上把真情告诉了另外的6名波斯贵族。他们决定也发动一次政变,杀死高墨达,夺回政权。

这7个大臣先是派人在首都到处散布,新国王不是真正的巴尔迪亚,而是高墨达的消息。没几天,假巴尔迪亚的消息便在京城传开了。高墨达发现真相败露,惊慌失措,马上逃到米底的一个地方,最后被欧塔涅斯等人杀死。

高墨达死后,谁来当新国王呢?这7个大臣各不相让,都认为非己莫属,争得难解难分。最后,欧塔涅斯对其他人说:"我宣布退出。我只要求一点,今后不管谁当了国王,都不能有对我不敬的地方。"其余6人同意了他的要求。但是由谁当国王的问题还没有解决。

后来他们想出了一个有点可笑的办法:第二天早晨,6人骑马在郊外集合,看谁的马先嘶叫起来,谁就来当这个国王。这6个人中有个叫大流士的,脑子比较灵活,他在头一天晚上把马夫找来,耳语了一番。第二天出城集合的时候,他的马先叫了起来。结果,大流士当上了波斯帝国的国王。

世界通史

大流士当上了国王之后,很快平定了国内的叛乱。他使波斯帝国达到鼎盛。

大流士的生活十分奢华,据说他当上国王之后,便只喝故乡的水,因此每天都要派许多人用专门的银筒,把他故乡的水运来。即使在他出游各地时也不例外。

大流士特别喜欢吃爱琴海产的鲜鱼,为了及时把鲜鱼送到宫中,他下令修了一条全长2000多公里长的驿道。这条驿道全线设有100多个驿站,沿路驿站的信差,就用接力的方法,快马加鞭地把鲜鱼送到宫中。从爱琴海到大流士的宫中,如果步行需要几十天的路程,但由于有了这条驿道,信使3天就可以到达。希腊人羡慕地说:"波斯王住在巴比伦,爱琴海鲜鱼进宫廷"。

公元前500年,大流士发动了对希腊的战争。在公元前490年的马拉松战役中,波斯军队被希腊人打得大败。10年后,大流士的儿子薛西斯再次远征希腊又惨败而归。从此,波斯帝国逐渐衰落。

古希腊文明

《荷马史诗》

说起古希腊，就不能不说《荷马史诗》。它是古希腊人的《圣经》，它所描述的诸神世系，是希腊的宗教准则；它所宣扬的英雄的生活方式，代表着希腊人的人生追求。公元前11世纪至公元前9世纪，无论是在希腊半岛、小亚细亚还是在爱琴海的大小岛屿，人们都在传唱《荷马史诗》。

相传《荷马史诗》是盲诗人荷马所作。他把各地流传的民间故事和神话传说，加工创作成为口头的诗歌，代代流传下来。《荷马史诗》包括《伊利亚特》和《奥德赛》两部长篇史诗。

《伊利亚特》是"特洛伊"的音译，这首诗共有1.5万多行，描写的是公元前13世纪希腊人远征特洛伊城第10年的故事。

战争的起因是特洛伊国王的儿子帕里斯诱拐了斯巴达国王的妻子、希腊最美的女人海伦，阿伽门农决定为他的兄弟和家族受到的耻辱报仇，率领军队去特洛伊夺回海伦。双方打了整整10年，但都无法取胜。

这首史诗主要塑造了希腊英雄阿喀琉斯的形象。阿喀琉斯是希腊第一勇将，屡建奇功。可是阿伽门农把阿喀琉斯心爱的女奴抢走了，这使得阿喀琉斯十分气恼，退出了战争，导致希腊人多次被击败。

后来，阿喀琉斯的好友帕特洛克罗斯穿上阿喀琉斯的盔甲前去迎战，特洛伊人吓得纷纷撤退。但特洛伊太子赫克托耳智勇双全，识破了帕特洛克罗斯，并杀死了他。阿喀琉斯非常悲伤和懊悔，与阿伽门农捐弃前嫌，重返战场，亲手杀死了赫克托耳。

赫克托耳的父亲——特洛伊国王请求赎回儿子的尸体埋葬，阿喀琉斯十分同情，满足了他的要求，停战12天。12天后，战争再起，最后希腊人用"木马计"攻克了特洛伊城。

《奥德赛》记述了希腊英雄奥德修斯在战后回国的故事。奥德修斯在回国途中漂泊了 10 年,遭受了许多不幸和危险。伊大卡国人都以为他死了,许多男子向奥德修斯的妻子求婚,可是他的妻子是一个忠贞的人,相信丈夫一定会平安归来,拒绝了所有的求婚者。

灾难总是与奥德修斯相伴。他的船队被强风大浪刮到了色雷斯海岸。后来,他又到了吃莲岛,岛上的人把甜莲送给他们吃,吃过这种甜莲的人会忘记自己的故乡。奥德修斯和他的同伴好不容易才挣脱出来。

历尽千难万险的奥德修斯回到自己的王国,不知家中有什么变化。他很有心计,装扮成一个赤贫的流浪汉,走进自己的宫中。当他看到那些纠缠自己妻子的公子哥儿们,挥霍自己的财物,整日纵酒作乐时,勉强抑制住怒火。他的妻子为了摆脱这些人的纠缠,就拿来奥德修斯的弓,说:"如果谁能拉开这张弓,并且射中 12 把斧头的柄孔,就可以娶我为妻。"所有求婚者都试过,但都失败了。奥德修斯走上前去,毫不费力地拉弓射过柄孔,并把所有的求婚者杀死了。这样,奥德修斯重新登上王位,在伊大卡建立了和平之国。

《荷马史诗》的内容丰富多彩,情节扣人心弦,它熏陶了一代又一代的希腊人的思想和灵魂,成为世界文化的瑰宝。

军营斯巴达

从公元前 8 世纪至公元前 6 世纪,古代希腊形成了一些重要的奴隶制城邦。最著名的是雅典和斯巴达。斯巴达是面积最大的一个城邦,它位于伯罗奔尼撒半岛的南端,拥有一块在希腊各城邦中少见的肥沃平原,农业比较发达。它的国家制度也很有特色。

斯巴达这个国家是在征服中产生的,整个社会建立在剥削和压迫奴隶的基础上。为了管理,整个社会被分成 3 个阶层。居于统治地位的是斯巴达人,包括妇女儿童,大约有 3 万人,他们居住在斯巴达的大部分地区,自己不从事耕作,靠奴隶供养。

奴隶在斯巴达被称为希洛人,处于社会的底层,从事一切劳动,服从主人和国家的需要,人数大约有 20 万。斯巴达人的统治是极为残酷的。他们迫使希洛人穿着标志卑贱的衣服,不许有任何独立人格的表现。不论有无过错,希洛人每年都要按时挨打,提醒他们牢记自己的奴隶身份。斯巴达政府常令青年公民组成小队到希洛人居住的村庄明察暗访,白天探查寻觅希洛人中有无强壮勇敢、不满现状的青年人,夜晚就突然袭击把他们活活打死。可见斯巴达社会是多么残酷无情。

介于斯巴达人和希洛人之间的是皮里阿西人,即边民,一共有 12 万人。他们是自由居民,以从事贸易与工业为生,有纳税和服兵役的义务,但不能参加政府组织,也不能与斯巴达人通婚。

为了统治比自己多10倍的边民和奴隶,斯巴达人非常强调集体主义与服从,因为他们知道如果不拧成一股绳,就无法维持统治,就会面临灭邦之灾。所以,斯巴达人个个都是战士,而整个斯巴达看起来就像一座大军营。这种全民皆兵、重武轻文的程度在历史上可谓空前绝后。

每个斯巴达男性公民从小就受严格到不近人情的体育和军事训练,甚至婴儿出生时体质不合要求即被抛弃。只有体健结实的孩子才能存活下来,城邦随即会分给他土地。在斯巴达人看来,倘若造物主从一开始就没有把健康与力量赋予他,那么他的存在于己于国都是无益的。

男孩长到7岁,就必须编入连队,由国家收养,遵从统一的纪律,接受统一的训练。连队中的每一个人都必须要毫无怨言地忍受困难、痛苦及逆境的考验。12岁以后,所有的孩子都要脱去内衣,无论春夏秋冬,只穿一件麻布长袍。他们很少沐浴,一年中只有几个固定的日子才能享受洗浴这样的快事。他们整年都要露宿,睡在用芦苇铺成的地铺上。从30岁起,男性公民必须到公共食堂吃饭,直到60岁后才可以回家。食堂的伙食质量很差,分量也不足,目的是磨炼他们适应战时物资匮乏的能力。正是这种严酷的磨炼,使得斯巴达军队拥有无与伦比的战斗力。

凭借自己的军事实力,斯巴达成为伯罗奔尼撒半岛上的霸主。公元前6世纪下半叶,伯罗奔尼撒半岛的主要希腊城邦都被纠集起来,组成了伯罗奔尼撒同盟。

斯巴达拥有一支实力强大、纪律严明的军队,但其他文化建设则完全被忽视了,以至于在辉煌的希腊古典文明中,所有重大文化建树皆与斯巴达人无关。

梭伦改革

雅典位于希腊中部阿提卡半岛上,是一个三面临海的丘陵地带。这里山峦起伏,可耕地很少,农业并不发达。也许正是因为这一不利因素,雅典人有着强烈的探求精神,他们的航海业特别发达。

雅典人进行了很多民主制度的尝试,成为后世民主制度的源流,这是一笔宝贵的精神财富。这里我们先谈一下著名的梭伦改革。

在梭伦改革之前,雅典是被少数奴隶主贵族控制着的,他们身居要职,垄断司法,统理军务,执掌内政,在政治上压得平民百姓抬不起头来;经济上通过高利贷、土地兼并和债务奴隶制等,使广大劳苦大众无法生活:比如,小农借了财主的

世界通史

债还不起的话,财主就在借债小农的土地上竖起债务碑石,而小农就沦为"六一农":即为财主做工,把5/6的收成给财主,自己只收1份。如果收成不够交纳利息,那么财主有权在1年以后,把欠债小农本人及其妻、子变卖为奴。这样的习惯一直流行到梭伦的时候。可见,当时的雅典实行的完全是贵族寡头政治,奴隶们受着人间最残酷最苛虐的统治。

当时下层平民与奴隶主贵族的矛盾十分尖锐。同时,随着雅典手工业和商业的发展,一些出身平民的商人富裕起来,但他们有钱而无势,也十分痛恨贵族对他们的剥削,很想获得政治权利。

梭伦也出身于贵族,是一个饱学之士,他常写诗抨击顽劣的贵族,同情平民,也曾在雅典与外敌的斗争中立下战功,因此深受人们的爱戴。他当选首席执政官后,看到社会矛盾如此尖锐,深感再不改革,雅典就会产生动荡,于是决定以改革方式解决平民备受压迫的各类问题,搞一个立宪意义的改革运动。他的立场得到大多数平民的支持,遂在公元前594年选举他为"执政兼仲裁",全权进行宪政改革。

梭伦改革的第一项重大措施是颁布《解负令》,即解除债务及由于负债而遭受的奴役。这项法令解除了贫苦大众的负担,促进了社会稳定。

随着改革的深入,梭伦又采取了新的措施:根据财产的多少将雅典公民分为4个等级,各等级的公民享有不同的政治权利。谁的财产多,等级就高,享用的政治权利也就越多。这就意味着,贵族出身的公民如果财产少,就没有过去那么多的政治权利了。

此外他宣布:雅典一切成年的公民,不管贫富,都有参加公民大会的权利,城邦所有官员都由公民大会选出。第一、二等公民可担任包括执政官在内的最高官职,第三等公民只能担任低级官职,第四等公民不能担任任何官职。可见,梭伦这些改革缓和了贵族与平民之间的矛盾,扩大了奴隶主统治的基础,打击了世袭贵族的世袭特权,顺应了雅典工商业奴隶主的要求,为工商业奴隶主开辟了参政的道路。但是梭伦不是救世主,他受阶级的局限,不可能消除雅典社会的主要矛盾即奴隶与奴隶主两大对立阶级间的矛盾,他以财产划分等级的制度,是不能实现雅典公民之间真正平等的。广大下层公民仍然被排斥在国家权力之外,这势必引起下层公民新的不满。

梭伦还对雅典血腥法律进行了改革。他宣布除杀人犯外,废除了其他罪犯的死刑;禁止买卖婚姻,保障妇女孤儿的利益;公民有申诉的权利;不关心公共事务的公民要剥夺其选举权;禁止婚丧节庆仪式中的挥霍无度……这些法律条文构成了雅典民主政治的一项重要内容。

经过梭伦改革,雅典获得了迅速发展,到了公元前6世纪末雅典成为著名的奴隶制共和国。

公元前560年左右，梭伦，这位对雅典的历史发展作出重大贡献的人，这位古代民主政治的奠基者溘然长逝了。他的遗体被焚化，骨灰撒在萨拉米斯湾。

马拉松战役

波斯帝国在居鲁士、冈比西斯时代日益强盛，版图不断扩大，到大流士时代，已经成为世界历史上第一个横跨亚欧非的庞大帝国。

公元前492年，大流士又想征服富饶的希腊城邦。他派出使者到希腊各城邦要"水和土"，意思是让他们臣服归顺波斯。希腊中部和北部的小城邦惧怕波斯帝国的武力，都屈膝投降了。但希腊最大的两个城邦——雅典和斯巴达不肯低头。雅典人把波斯使者从悬崖抛入大海，斯巴达人把使者丢进井里，让他们自己去取"水和土"。

大流士恼羞成怒，派大军远征希腊。公元前490年，波斯大军横渡爱琴海，在雅典郊外的马拉松平原登陆。

处境险恶的雅典，一面紧急动员，加强戒备，一面派当时的长跑能手斐里庇第斯日夜兼程去200多公里远的斯巴达城邦求助。这位长跑健将以惊人的速度只用了一天多的时间便到达斯巴达。但斯巴达人却以祖宗规定，月不圆不能出兵为由拒绝出兵。斐里庇第斯苦苦哀求，但斯巴达人无动于衷，斐里庇第斯无奈，只好赶回马拉松复命。

雅典人听到斯巴达人不出兵的消息后，并不气馁，他们立即把全体公民组织起来，甚至奴隶也编入军队，赶往马拉松，占据有利地形。

按雅典法律，雅典的10位将军在出征期间应轮流掌握兵权，每人1天。采取重大军事行动时须事先经过10将军商量，最后以少数服从多数原则做出决议。在雅典军事执政官卡利乌斯的主持下召开了军事会议，会上10位将军围绕着是被动防御，还是主动出击的问题，展开了激烈的辩论。一位叫米太亚得的将军主张主动出击，表决时，5票对5票。执政官卡利乌斯支持了米太亚得将军。为了发挥米太亚得的指挥才能，其他将军都自愿放弃自己轮流当总司令的权利，让米太亚得一人全权指挥这场战争。

当时雅典军队有1万人，加上1000援军，总共不过1.1万人。而波斯军队有10万人，而且装备精良。在双方实力相差极其悬殊的情况下，米太亚得决定不与敌人硬拼，而是把战线稍稍拉长，把精锐步兵安排在两侧，正面战线上的兵力比较薄弱。公元前490年9月12日清晨，大战前夕，米太亚得对希腊将士做战斗动员,他说:"雅典是永远保持自由,还是戴上奴隶的枷锁,关键就在你们!"他激动人心的话语,激励了士兵们保家卫国的决心。

激战开始了,希腊士兵在下面发起进攻,波斯军队不知是计,立即反攻。希腊军队边战边退,波斯军队步步进逼。在千钧一发的时刻,埋伏在两侧的士兵以迅雷不及掩耳之势冲出,从两侧夹击波斯军。波斯军队由于追击希腊人,战线拉得过长,这时陷入希腊军队的包围,首尾不能相顾,慌忙逃向海边,想上船逃跑。希腊军队尾追至海边,和波斯军展开夺取军舰的战斗。一位叫基纳尔的希腊战士,他奋不顾身地用手抓住战船,被敌人砍掉了一只手,他忍住疼痛,用另一只手抓住战船,终于和战友们一起夺取了一艘战船。这场战役中,波斯人丢下了6400具尸体和7条战船。雅典人牺牲了192人,其中有执政官卡利乌斯和几位将军。当天晚上,斯巴达派来的2000名前锋战士赶到时,只见月光下的战场尸首遍野。

米太亚得急于把胜利的消息告诉正在焦急等待的雅典人民,他又选中长跑能手斐里庇第斯去传送消息。这位长跑能手当时已受了伤,可是,为了让同胞们早点儿知道胜利的消息,他拼命奔跑,当他跑到雅典城的中央广场时,已上气不接下气,他激动地喊道:"欢……乐吧,雅典人,我们……胜利啦!"喊声刚落,他便一头栽倒在地,再也没有醒来。

希波战争持续了将近半个世纪。马拉松战役是希腊人和波斯人交锋的第一仗,这场战役极大地鼓舞了希腊人为自由和独立而战的斗志。

为了纪念这场战役的胜利和表彰尽职尽力的英雄斐里庇第斯的功绩,1896年,雅典人在第一届奥林匹克运动会上,规定了一个新的竞赛项目——马拉松赛跑。距离是马拉松至雅典的距离,根据当年斐里庇第斯经过的路线确定为全程40.2公里。1920年,经过仔细测定又把距离改为40.195公里。

温泉关之战

波斯人并不甘心失败,10年后,也就是公元前480年,波斯人又一次远征希腊。著名的温泉关之战即发生于此时。

此时大流士一世已死,他的儿子薛西斯登上王位。薛西斯为实现父亲的遗愿,发誓要踏平雅典,征服希腊。波斯集结了大约50万大军,分海、陆两路,向希腊进发。

面对来势汹汹的敌人,一向喜欢内部争斗的希腊各城邦组织了从未有过的联合行动。30多个城邦组成了反波斯同盟,同盟军总统帅由斯巴达国王李奥尼达担任。

七八月间,波斯人来到了德摩比勒隘口。该隘口是中希腊的"门户",依山傍海,关前有两个硫磺温泉,所以又叫"温泉关"。关口极狭窄,仅能通过一辆战车,是从希腊北部南下的惟一通道。这时希腊人正在举行奥林匹克运动会,而在希腊,奥林匹克高于一切,运动会期间是禁止打仗的。因此,希腊人在关上布置的兵力只有几千人。当波斯人临近的时候,斯巴达国王李奥尼达仅带了300人来增援。

薛西斯采取了派重装步兵轮番冲击的强攻战法,企图利用人数的优势打垮斯巴达人。而斯巴达人却利用温泉关"一夫当关,万夫莫开"的地形优势,居高临下,用锋利的长矛凶狠地刺向手持波斯刀的敌人。波斯人倒下了一批又一批,攻打了一天又一天,却没能前进一步。薛西斯无奈,只好拿出最精锐的1万名御林军投入战斗,但除了抛下大片尸体外,还是攻不上去。见此情景,薛西斯急得3次从他督战的宝座上站起来,皱着眉头,抖动着胡子,狂躁地吼叫不已。

正当薛西斯无计可施的时候,一个名叫埃彼阿提斯的当地农民来报告说,有条小路可以通到关口的背后。薛西斯一听,大喜过望,立即命令这个希腊叛徒带领御林军沿着荆棘丛生的小道直插后山。斯巴达人没想到波斯军队会迂回到背后,形成前后夹攻之势。他们奋勇迎战,用长矛猛刺,长矛折断了,又拔出佩剑劈砍,佩剑断了,波斯人拥了上来。斯巴达的勇士们杀退了敌人的4次进攻,拼死保护自己的统帅。他们的人数越来越少,逐渐被压缩到一个小山丘上。杀红了眼的波斯人,将残余的斯巴达人死死围住,在口令声中将雨点般的标枪投向他们,直到最后一个人倒下。至此,温泉关才最终被攻占了。

据说,波斯人在打扫战场时只找到了298具斯巴达人的尸体。原来,有两个斯巴达人没有参加战斗。一个是因为害眼病,一个是因为奉命外出。战后,他俩回到斯巴达时,家乡的人都非常鄙视他们,谁也不理他们。其中一个人受不了这种屈辱,自杀了。另一个在后来的战斗中牺牲,但斯巴达人还是拒绝把他安葬在光荣战死者的墓地中。

攻占温泉关以后,波斯军长驱直入希腊直扑雅典城。然而雅典城空空如也,什么都没有。波斯王薛西斯大怒,下令放火烧毁了希腊这座最大、最富庶的城市。

此时,希腊联合舰队集结于萨拉米海湾,准备与波斯人展开海上决战。本来希腊海军只有战船358艘,而波斯庞大的海军拥有1207艘战船。但在战役开始前,由于不熟悉天气、航情,波斯海军在实施包围行动时,先后两次遇到飓风,有600艘战舰被风所毁,战斗力损失了一半。

战斗开始后,双方战舰在性能上的优劣也很快显示出来。雅典的新式3层战舰长40—45米,170名桨手分别固定在上中下3层甲板上。体积小、速度快、机动性强，吃水浅。而波斯老式挂帆战船，体积大、速度慢、机动性差、吃水深。半天的激战，波斯舰队200艘战船被击沉，50艘被俘获。

薛西斯感到回天无力，只好留下一部分兵力驻守在中希腊，他率领残部退回到小亚细亚。

后来，希腊联军乘胜前进，一举肃清了波斯残部，解放了希腊全境。公元前449年，波斯同意缔结和约，波斯承认小亚细亚及希腊城邦的独立，并承诺不再派军舰进入爱琴海，希波战争遂正式结束。

希波战争以希腊的胜利告终，在世界历史上影响深远。此后，世界文明发展的格局便逐渐形成东西并立共存之势，一直延续至今。

伯里克利与雅典

提起希腊的强盛与繁荣，人们往往会想到雅典城和伯里克利的名字，因为最能代表与反映这种强盛与繁荣的，是伯里克利统治时期的雅典，因此希腊的"黄金时代"又被称作"伯里克利时代"。

伯里克利（约公元前495—前429年），是希腊著名的民主派政治家，出身贵族，是奴隶主阶级中一个较有见识和才干的人。公元前444年以后历任首席将军，成为雅典的实际统治者，希腊历史上流传着许多关于他的美谈。

据说，为了广泛接近民众，伯里克利经常到大庭广众之中和普通百姓交谈，听取他们的意见。遇到反对他的人当面辱骂他，也从不动怒，更不随意抓人。一天晚上，在他步行回家的路上，一个贵族跟在身后辱骂他："你这个疯子！真无耻！你出身贵族，却忘掉了自己的朋友，竟然去结交那些下贱的百姓！"这个人就这样一路尖声叫骂着，尾随他到了家门口。看看天已经黑了，伯里克利让仆人打起火把，把骂他的人送回家去。

在奴隶社会的统治者、当权者中，能这样对待反对派意见的，恐怕算得上是凤毛麟角了。雅典公民对他的民主作风交口称赞，并给予他极大的支持。有一个大贵族名叫西门，专门和伯里克利作对。凡是伯里克利主张的，他都反对；凡是伯里克利反对的，他都支持。雅典公民便通过投票把他放逐到国外去了。另一个大贵族福克奇利斯，也和伯里克利唱对台戏，反对伯里克利建设雅典城的计划，最后，他也被雅典公民赶下了台。

伯里克利另一个突出的特点是对自己要求严格，执政廉洁，他掌权十几年都没参加过别人举行的宴会。他惟一一次接受的邀请是参加侄子的婚礼，但还未开宴他就离开了。老百姓形象地说，伯里克利在雅典只熟悉一条路，那就是通向能和普通公民接触的广场和500人会议的路。

在雅典,军人、法官、议员和其他政府工作人员起初都是没有薪金的,当兵的要自己掏钱买武器和马匹。这样一来,这些职务都被有钱人把持了。伯里克利执政后规定:军人和一切公职人员都由国家支付薪金。这样,一般公民也能当军人、法官、议员了。这样一来,公民的民主权利扩大了。伯里克利还给穷人发"看戏津贴",使他们也有文化娱乐的机会。伯里克利当权时做了一件意义非同寻常的大事,这对日后雅典以至整个希腊的文化艺术、旅游及商业产生了重大影响。这件大事是:重建公元前 480 年被波斯军队放火烧毁了的雅典城。在他的主持下,一批出色的雕塑家、建筑师、工艺家云集雅典,把这座古城装饰得十分雄伟、壮丽。不久,许多闻名于世的建筑陆续屹立于雅典城。可容纳 1.4 万名观众的露天剧场,经常上演一些著名剧作家的悲剧和喜剧,其中不少剧作对欧洲的戏剧产生了很大影响;专门用于诗歌演唱和比赛的音乐堂,经过精心设计,具有良好的音响效果。位于雅典中心的卫城是最出色的建筑群,它建在 150 米高的陡峭的山巅之上,全部用大理石修建而成,城中有雅典最著名的帕特侬神殿和智慧女神雅典娜的铜像。

雅典娜神像是著名的雕刻家、擅长雕刻神像的菲狄亚斯的杰作。像高 12 米,形象优美威严。雅典娜身穿黄金战袍,头戴黄金头盔,胸前的护身甲上嵌着女妖美杜莎的头像,左手持长矛,右手托着胜利女神尼刻的小雕像,身边放着一个有一条巨蛇盘在上边的圆形女神盾。神像的脸、臂、脚都是用象牙雕成的。菲狄亚斯还雕刻了被称为世界古代奇观之一的奥林匹亚的宙斯神像。公元 5 世纪宙斯神像在东罗马的首都君士坦丁堡烧毁。雅典娜神像则在公元 146 年被罗马帝国的皇帝安敦尼·庇乌搬走了,至今下落不明。

雅典城的重建吸引了众多的能工巧匠,他们从各地云集雅典。他们都想在雅典一显身手,以求得到丰厚的酬劳。虽然他们得不到雅典的公民权,但却过上了比较安定舒适的日子。

对于希腊的强盛与繁荣,伯里克利功不可没,但他晚年却屡经坎坷、挫折,接连遭受严重的打击。由于他人的诽谤,他因莫须有的罪名被撤职。复职当大将军后,他的两个儿子先后死于鼠疫,不久,他也难逃厄运,被这种可怕的瘟疫夺去了生命。临死前,他的遗言是:"我对雅典是问心无愧的。"确实,伯里克利的英名将和希腊"黄金时代"的美名永存后世。

伯罗奔尼撒战争

雅典和斯巴达是希腊两个最强大的城邦。希波战争胜利后,两国的势力都进一步得到发展。公元前 479 年,雅典与爱琴海以及小亚细亚的希腊诸城邦结成海上同盟,称为"提洛同盟"。在此之前,斯巴达已经组织了"伯罗奔尼撒同盟"。两大集团冲突不断,终于爆发了一场全面的战争。

战争的导火索是在亚得里亚海东岸小国伊庇丹努点燃的。公元前436年,伊庇丹努的民主派与贵族党发生冲突,争夺城邦的统治权。伯罗奔尼撒同盟国科林斯早就看中了这个富庶的城邦,派兵支援民主派。但这激怒了伊庇丹努的母邦科西拉,双方展开了激战。科西拉海军击败了科林斯舰队,取得了胜利。但为防止实力强大的科林斯卷土重来,向雅典请求支持。

这时的雅典适逢盛世,由于在希波战争中全力抗击波斯,它的地位、声望已经超过了老对手斯巴达。尤其是建立提洛同盟,使它取得了爱琴海的制海权,成为"海上君主"。科西拉地处交通要道,是通往意大利的必经之路,是雅典向西扩展势力的第一步。因而,雅典立即出兵科西拉,又使科西拉加入提洛同盟。伯罗奔尼撒同盟恨之入骨,伺机反攻。

公元前432年,在科林斯的支持下,波提狄亚宣布脱离提洛同盟,雅典马上派兵镇压,把伯罗奔尼撒的援军也围困在城中。雅典还对另一个退盟的麦加拉采取制裁措施,禁止麦加拉商船出入盟国港口。

雅典的强权行动,终于激怒了斯巴达。在同盟国的要求下,斯巴达派使团向雅典提出最后通牒:驱逐民主派领袖伯里克利,解除麦加拉禁令,从波提狄亚撤军。实质就是叫雅典无条件投降。风头正劲的雅典人当然不会答应,战争终于爆发了。

公元前431年,斯巴达盟邦底比斯夜袭普拉提亚,300名官兵遭到城内居民的痛击,全部命丧街头。斯巴达和雅典都派兵援助自己的盟友,双方展开了四年之久的苦战。

斯巴达凭借陆军优势,派六万重装步兵入侵阿提卡,准备一举攻下雅典城。雅典首席将军伯里克利扬长避短,采取"坚壁清野,固守城池"的策略,把军民和财产转移到城中,据城坚守。同时派遣海军袭击伯罗奔尼撒沿海城邦。双方从战争一开始就力图破坏对方持久作战的潜力。大军所到之处,烧杀抢掠无恶不作,昔日繁华的城市,只剩下断壁残垣,良田也变成了荒野。斯巴达围城一个多月,没有取得胜利,后方又频频告急,只好撤兵。同时,斯巴达又鼓动支援提洛同盟国家背叛雅典,削弱雅典的力量。

第二年,斯巴达再次围攻雅典城。城内聚集了大量人口,许多人没有足够的食品,夜里就在街头露宿。脏乱的环境引发了可怕的瘟疫。瘟疫持续了两年之久,雅典的1/4人民被夺去了生命,伯里克利也死于瘟疫。突如其来的灾难大大削弱了雅典的实力。

在这艰难时刻,又是海军优势拯救了雅典的命运。雅典舰队夺取了海港派娄斯。派娄斯位于斯巴达美赛尼亚地区，是斯巴达的奴隶希洛人的故乡。雅典人乘机鼓动希洛人起义，得到了广泛的响应。希洛人是斯巴达人口的15倍，斯巴达的土地都由他们耕种。斯巴达的安全受到极大威胁，被迫向雅典要求和谈，但遭到拒绝。斯巴达只好采取进攻策略，扭转局势。

真是东方不亮西方亮。斯马达人在安菲玻里的战斗中取得了优势。他们联合叛离雅典的城邦将大批雅典军队团团围困。双方在都面临重大危机的时候，终于走到谈判桌前签订了《尼西亚和约》。第一阶段战事暂告结束，史称"十年战争"。

但和平不是目的。和约签订后，双方虽然避免大的冲突，但敌对活动从未停止过。公元前415年，雅典派兵远征西西里，进攻叙拉古。由于将领意见不一，国内势力勾心斗角，雅典远征军既没能一鼓作气攻下叙拉古，又没抓住撤军的时机，被源源不断赶来的斯巴达援兵围困在海港中。战斗十分残酷，舰船上、海水中、海岸边到处是厮杀的将士，鲜血染红了海水。3万多雅典将士命丧沙场。7000余名幸存者被俘后卖为奴隶。其中1000多人被囚禁在山谷里，悲惨地死去。

远征军的覆灭，震惊了雅典。海陆军精锐丧失殆尽，盟邦也纷纷背离。雅典岌岌可危。

分散在海外的海军余部接到雅典危急的消息，纷纷返航，保卫雅典。斯巴达也在波斯的帮助下，建立了强大的舰队。双方在赫勒斯滂海峡展开决战。雅典海军轻敌导致全军覆灭，斯巴达全面封锁了雅典。

雅典已丧失了全部战争资本，被迫接受屈辱的条件，拆毁城墙，不再建立海军，放弃大量海外领地，承认斯巴达为盟主。于是以斯巴达为首的伯罗奔尼撒同盟取得了最后的胜利，这场长达27年的战争被称为"伯罗奔尼撒战争"。

但内战没有真正的胜者。战争对古希腊的经济、贸易造成了极大的破坏，整个城邦陷入长期的动荡和危机之中，古希腊城邦由繁荣走向衰落。不久，被北方新兴的马其顿帝国所灭。

亚历山大远征

在希腊的北部，有一个小小的城邦叫马其顿，它受希腊的影响，但它的经济、文化相对落后。在希腊城邦已高度繁荣的时候，它才刚刚跨入文明的门槛。

进入公元前4世纪，马其顿一跃成为希腊北部的重要国家。到腓力二世时，这个城邦走向强盛。公元前338年，腓力二世击败反对他的希腊联邦，成为全希腊的霸主。可是不久，腓力二世被反对派杀死。他的儿子，年仅20岁的亚历山大继位。

亚历山大从小兴趣广泛又聪明勇敢,12岁时曾驯服过别的骑手不能驾驭的烈马。13岁到16岁,他的父亲为他聘请了当时希腊哲学家亚里士多德做家庭教师,他向老师学习了哲学、医学、科学等各方面的知识。他最喜欢的书是《伊利亚特》,他一心想向阿喀琉斯学习,创下辉煌的伟绩。腓力二世被害后,希腊被征服的城邦纷纷暴动,脱离马其顿的统治,但年轻的亚历山大在短短的两年里就平息了骚动。为了维持庞大的军队以镇压希腊各城邦的反马其顿运动,为了实现自己征服世界的野心,亚历山大把目光投向了东方的波斯。

公元前334年春天,亚历山大率领步兵3万、骑兵5000,跨过海峡东侵。他只带了1个月给养,手头也仅有70塔兰特现金。惟有快速取胜,利用当地资源,才能保证军队的供应。

亚历山大率领部队首先占领了小亚细亚,消灭了那里少量的波斯军队;然后他又挥师北上,向叙利亚进军。在伊苏城,他打败波斯王大流士三世,并俘获他的母亲、妻子和两个女儿。看着大流士豪华的宫殿,亚历山大赞不绝口:"这样才像个国王!"

接着,亚历山大向南进军叙利亚和腓尼基,又派手下大将攻占了大马士革,从大流士的军械库里获得大量战利品。他亲自率领部队南下,经过7个月的艰苦战斗,攻下了推罗城,把推罗城的3万居民卖为奴隶。

亚历山大围攻推罗城时,大流士三世曾派使者求见亚历山大,愿意出巨资赎回他的母亲、妻子和女儿。还要割让半个波斯帝国给亚历山大。亚历山大的一员大将帕曼纽心满意足地说:"如果我是亚历山大,我就接受这个条件。"亚历山大则毫不动心,他说:"我不是帕曼纽,我是亚历山大。"公元前332年,亚历山大切断波斯陆军与海上舰队的联系后,长驱直入埃及,当地祭司倾心欢迎,称他是"阿蒙神之子"、"埃及的法老"。他亲自勘查设计,在尼罗河三角洲西部,建立亚历山大城。这是他在东方建立的第一座城市。

公元前331年,亚历山大率军返回推罗城,东渡幼发拉底河,在尼尼微附近的高加米拉平原和波斯进行生死决战。大流士三世败退,被自己的部下杀死。公元前330年,亚历山大彻底征服了整个波斯帝国。

但亚历山大的征服并未停止。公元前327年,他率军侵入印度,在印度河谷建立了两座亚历山大城,迅速占领了西北印度的广大地区。他想进一步东进,但此时部下表示强烈反对,因为当地气候湿热,瘟疫横行,部队损失很大,将士都很疲惫,渴望回到家乡。亚历山大无奈,于公元前325年将大部队撤出印度。10年东侵至此结束。

亚历山大的部队分两路撤回。一路在海军将领涅阿霍斯的率领下取海道由伊朗海湾入波斯湾;一路由亚历山大亲自率领,走沿海的陆路。这样,两军可以相互策应。公元前324年初,两路大军会师在巴比伦境内的奥皮斯城。亚历山大将巴比伦作为首都。他建立了一个庞大的帝国。它的版图西起希腊、马其顿,东到印度河流域,南临尼罗河第一瀑布,北至中亚的锡尔河。

在东侵的过程中,亚历山大每到一处,便以当地统治者的身份自居,他尊重当地的风俗,鼓励马其顿人和当地人通婚。亚历山大本人也和大夏贵族罗克珊娜结婚。在苏萨城,亚历山大举行了一次盛大奢华的结婚典礼,他亲自和波斯国王大流士三世的女儿斯塔提拉结婚。同一天举行婚礼的马其顿将士有1万对之多。在婚礼上,亚历山大宣布:马其顿人和东方女子结婚,可以享受免税权利,他还给新婚夫妇馈赠了许多礼物。

在巴比伦,亚历山大还整编一只庞大的军队,将3万波斯青年编入马其顿部队。并准备继续进行远征。他计划侵入阿拉伯与波斯帝国北面的土地,还想再次入侵印度,征服罗马、迦太基和地中海西岸地区。但不幸的是公元前323年6月,亚历山大突然患恶性疟疾,从发病到生命结束仅10天时间。他匆匆离开了世界。

由于死亡的突然降临,亚历山大未明确他的接班人,导致争夺王权的激烈斗争。在斗争中,他的母亲、妻子与儿女都被反对党杀死。将领们纷纷拥兵自立为王,横跨欧亚非三洲的马其顿王国从此分裂为若干个希腊化的国家。

亚历山大建立的帝国是短暂的,他的远征也给东方人民带来深重灾难,但这次东征促进了东西方文化的交流,其影响是深远的。亚历山大不愧是一位雄才大略的帝王。

古希腊早期的哲学家

公元前7世纪至公元前6世纪,小亚细亚是当时东西方经济文化的交汇地,交通方便,经济发达。伊奥里亚地区的米利都城是一个发达的工商业城市,这里产生了古代哲学史上著名的也是第一个哲学派别,主要代表人物泰勒斯、阿那克西曼德及阿那克西美尼。他们的共同点是用自然界的现象来说明世界统一的基础,把事物看成是运动的、变化的、发展的。

米利都"三杰"的诞生,表明希腊人开始摆脱蒙昧的神话时代而向理性思维时代迈进,它是希腊人认识史上光辉的起点。

米利都"三杰"之首是泰勒斯。

泰勒斯是米利都的本地人,出身于名门望族。关于他的生卒年代,已无法详细考证,但公认为他与梭伦是同时代人,终年约78岁。

世界通史

泰勒斯从事过政治活动,聪明好学,善于思考,是一个富有智慧的人,被誉为希腊七贤之一。关于他的一生有许多轶闻趣事,反映说明了他的超常智慧和社会影响。

泰勒斯年轻的时候四处游学,他到过埃及参观过胡夫大金字塔,他在埃及学到很多知识,并将这些知识带回到希腊。他利用金字塔影子的长度计算出金字塔的实际高度,他还会用几何学的方法精确地计算出海岸上的船只到岸边的距离。据说,他在一个圆里面画出了直角三角形,并且还为这个发现宰了一头牛献祭。

据有关史料记载,数学方面的一个圆被它的直径等分;等腰三角形的底角相等;如果两条直线相交则对角相等;半圆内的内接角是直角以及如果给出一个底边及底边相关的两个角,即可确定一个三角形的定理,都应归功于泰勒斯。

他还是一个天文学家,几乎是第一个研究天文现象的人。他最早研究星象学,并发现了小熊星座,第一个测定了太阳从冬至到夏至的运行,并提出月亮的体积只有太阳的 1/120。他发现了冬至、夏至和春分、秋分的联系,初步确定了太阳从起点到终点的行程。他还发现了一年的四季,提出四季说,并把一年分为 365 天。他把精通天文学的知识,用到了增加财富上。有一年冬天他观测来年的气候,并且预言来年的橄榄肯定会大丰收。于是他拿出所有的钱租用了丘斯城和米利都两地的全部榨油器,由于是冬天,闲置的榨油器只要很少的租金。到了橄榄收获的季节,丰收的橄榄需要大量的榨油器,这时,泰勒斯便可抬高价格转让榨油器,为此,他挣了一大笔钱。他用自己的行动向那些看不起知识的人们表明,有知识的人要想挣钱,很容易就能成功。

作为希腊及西方哲学史上的第一个哲学家,泰勒斯的哲学思想是很简单的,他的哲学思想的基本观点是:水是世界万物的本原与实体,万物由水而来,是水的变形,但万物又复归于水。水包围着大地。大地在水上漂浮,不断地从水中吸收它所需要的养分。

泰勒斯之所以把水看成是世界万物的本原,既有从神话世界中吸取的思想成分,也有来自对现实生活的观察。

在希腊远古神话中,就有水神和海神创造万物祖先的说法。但是,泰勒斯哲学观点的形成,最根本的还是来自于对现实生活的观察和思考。古代人们很早就认识到,水这种生命中不可缺少的元素对人们生活、社会生产及万物生长和存在的特殊作用。泰勒斯到过埃及,尼罗河每年的洪水泛滥给当地人民带来衣食之源的肥沃土壤,那里的人们认为,大地是浮在水上的。尼罗河水养育了埃及人民,是埃及文明形成发展的基础。泰勒斯看到这种现实以及地中海、爱琴海汹涌的波涛使希腊成为强邦富国的情况。据此,他相信"地浮在水上",并解释地震说,

这就像船在水上,由于水的运动发生摇摆一样。

泰勒斯把一种具体物质形态作为世界本原,具有朴素唯物主义哲学观念。他的哲学思想使人类最早抛弃用超自然的力量来说明客观世界的神秘观念,是人类在认识世界方面开始从宗教迷信中解救出来的重要标志。这种朴素的唯物主义思想,对当时的社会变革起着重要的作用。在奴隶主贵族极力利用宗教迷信来宣扬他们是神的后代和人间的合法代理人,妄图用神的灵光来维护他们世袭特权的情况下,泰勒斯的哲学观点无疑给奴隶主以沉重打击,反映了工商业奴隶主反对迷信,宣扬科学,发展生产的要求。把水作为万物的起源,在今天的人们看来是多么简单幼稚,但是,在人类刚刚由神话传说向哲学思维转变的时代,这却是一个了不起的突破,需要很大的精神勇气。

米利都"三杰"中的第二位是泰勒斯的学生阿那克西曼德。同他的老师一样,他也是一位学识渊博的人,他是哲学家、数学家、天文学家,还是一位地理学家。他测量绘制过地中海一带的地图,制造过观测天象的仪器。

在哲学观点上,他认为世界万物是从某种本原产生出来的,这种本原不是泰勒斯所说的水,而是"无限"。他抛弃了泰勒斯的水这种特定事物具体形态,因而更具有普遍性,表明人类认识史上已经开始由认识个别转向认识一般,也初步接近世界物质统一性这重大的哲学问题了。他还是进化论的最早提出者。认为:人是从别的生物变化成的。这种动物很像鱼。尽管这只是一种猜测,但却是一个天才的猜测。

米利都"三杰"中的最后一位代表是阿那克西美尼,是阿那克西曼德的学生。

他已经认识到:雪是因为云遇冷而形成的;冰雹是雨水冻结的结果;彩虹是太阳光照射在浓厚的云层上形成的。他还是最早提出月亮本身不会发光,只能反射太阳光的人。

在哲学观点上,他认为"气"是万物的本原。在他留下的著作中写着:"我们的灵魂是气,这气使我们结成整体,整个世界也是一样,由气息和气包围着。"

在希腊政治、经济发展的文明沃土上,产生了希腊的科学文化和智慧之学——哲学。米利都"三杰"就是人类认识史上,由蒙昧到科学,由神话到理性思维的三位早期代表人物。

苏格拉底之死

雅典有一位哲人,无论是生前还是死后,都有一大批狂热的崇拜者和激烈的反对者。他一生没有留下任何著作,但他的影响却是巨大的。他就是对西方哲学产生极大影响的哲学家苏格拉底。

苏格拉底于公元前469年出生于雅典，父亲是一名雕刻家，母亲是一名接生婆。他小时候迷上了雕刻，向有名的雕塑家学习雕刻手艺。长大成人后他想，雕刻是塑造人的外表美，而人的真正美在于内心。于是，他转向塑造人的内心美，向人们宣传道德修养。

与其他学者不同的是，他"述而不作"，靠演讲和辩论来宣传自己的主张，影响别人的思想。苏格拉底以教授学生为乐，他的弟子很多。

一天，他的一个学生问："尊敬的老师，请您告诉我什么是善行？"

苏格拉底说："盗窃、欺骗、把人当奴隶贩卖，这几种行为是善行还是恶行？"

"是恶行啊。"学生肯定地说。

"那么，欺骗敌人是恶行吗？把俘虏来的敌人卖为奴隶是恶行吗？"苏格拉底又问道。

"这是善行。不过，我说的是朋友而不是敌人。"

"照你说的，盗窃对朋友都是恶行。但是，如果朋友要自杀，你盗窃了他准备用来自杀的工具，这是恶行吗？"

"是善行。"

"你说对朋友行骗是恶行，可是，在战争中，军队的统帅为了鼓舞士气，对士兵说，援军就要到了，但实际上并无援军，这种欺骗是恶行吗？"

"这是善行。"

通过这种一问一答的方式，学生无形中受到很大启发。苏格拉底称自己的这种对话方式为"助产术"，目的在于促进对话者"诞生"自己的真理。

苏格拉底一生都过着艰苦的生活。他一年到头只穿一件褴褛的长袍，赤着脚，不穿鞋。他是一个有节制、自我约束的人，面对市场上琳琅满目的商品，他说："这里有很多东西是我用不着的！"他喜欢与自己情趣相投的人结交，绝不有意巴结有钱人。

他参加过伯罗奔尼撒战争，其坚韧和勇敢超过了所有人，他忍受饥饿、疲劳、寒冷而从不开口叫苦。他的妻子是有名的泼妇，常常因为苏格拉底疏忽照顾家而责骂他。而且妻子骂完他，便会把他撵出去，而当他一出门，妻子便从楼上泼一大盆水下来，倒在苏格拉底身上。苏格拉底坦然接受这一切，还用"惊雷之后必降暴雨"的幽默来形容他被妻子责骂的情景。

苏格拉底好奇而善辩，他常常在大白天徘徊在街头喃喃自语，拦着一个人就辩论一会儿。他的哲学主要探究的是伦理道德问题。他认为："知识即美德"，"凡合乎法律的就是正义的"。他提倡人们认识做人的道理，过有道德的生活。德儿菲神谕说他是全希腊最富有智慧的人，他却十分谦虚地说"我知道自己一无所知。"

由于苏格拉底经常与人辩论，使许多自以为是的人很尴尬，得罪了不少人，也惹来了杀身之祸。公元前399年,有人控告他不敬神和用邪说毒害青年,苏格拉底被捕入狱。按照雅典的法律,在被判决之前,被告有权提出不同于原告所要求的刑罚。苏格拉底发表了慷慨激昂的演说,他坚信自己是无罪的,他的言行有利于社会进步。但是,他还是被判了死刑。

在被关押期间,他的朋友们拼命劝他逃走,并买通了狱吏,但他宁可死,也不肯放弃自己的信仰。在生命的最后时刻,他镇定自若,侃侃而谈。直到狱卒端来毒酒,他才停止思想交流。当苏格拉底行刑喝下毒酒时,周围的人都失声痛哭。苏格拉底却镇静自若地说:"你们哭什么?我认为男子汉应该在平静中死去。"说完,他安详地闭上双眼。

就这样,古希腊最有名望的哲学家结束了自己的生命。千百年来,人们围绕着苏格拉底为什么被判处死刑展开了讨论。但由于苏格拉底没有留下任何著作,原告的状子也早已失传,虽有他的学生色诺芬和柏拉图为其辩护的著作流传下来,但有意在维护先师的嫌疑,难称一手材料。所以,苏格拉底之死,至今真相不明。只能大略地说,他传播自由思想,吸引了大量青年,可能得罪了统治阶层。

苏格拉底的影响是巨大的。哲学史家往往把他作为古希腊哲学发展史的分水岭,将他之前的哲学称为苏格拉底哲学。这位博学谦逊的伟大哲人常说这样一句话:"我只知道自己一无所知。"

希波克拉底誓言

希波克拉底被誉为"西方医学之父"。公元前460年,他诞生于古希腊的一个医生世家。

古希腊医生的职业是父子相传的,希波克拉底从小跟随父亲学医。父母去世后,他在希腊、黑海沿岸、北非等地一面游历,一面行医,从而增长了见识,接触到了各地民间医学。

当时,古希腊的医学还没有从宗教迷信和巫术中脱离出来。人们普遍认为,疾病是神的"谴责",所以得了病,就要赶紧祈求神灵收回这种谴责。那时的医生,也往往是僧侣或巫师,他们用念咒语、施魔法或祈祷的方法来治病,人们称他们为"医神"。这样治病,其结果是可想而知的。

一天,希波克拉底在回家的路上,突然看见一个人神志不清,腿脚抽筋,面色紫青,口中吐着白沫。周围的人一看,惊恐不已,纷纷喊着:"快去请神医!"这时正好有个巫师路过,上前一看,大声说:"不好,这个人中了邪,快把他抬到庙里,我要施法驱邪,请神显灵!"

"慢着!"希波克拉底跨上前去说,"他根本不是中了邪,这分明是癫痫病,把他抬到神庙是治不好病的。"

"你是什么人,好大的胆子,竟敢这样说。小心触怒了神,让你也得病!"巫师恶狠狠地说道。

希波克拉底毫不让步:"这病跟其他病症一样,并不神秘。你们这些巫师、僧侣说什么中了邪,毫无道理!"

"你竟敢当着这么多人的面咒骂神灵!好,你说这病不是神引起的,那是什么引起的?"

"是脑引起的!"希波克拉底斩钉截铁地说,"我相信这是脑子出了问题,才变成这样的。"

现代医学认为,癫痫是一种突然发作的暂时性大脑功能紊乱的病症。希波克拉底所指出的病因是正确的,他提出的这个病名,也一直沿用到今天。但是,他的科学解释在当时不可能被人们理解和接受。在巫师的催促下,那人被抬到了庙里,结果当然没有治好。

在《神圣疾病》一书中,希波克拉底直接攻击疾病是由神所引起的这一谬论:"人们仍旧相信此病起因于神,是由于他们对其茫然无知……江湖郎中和庸医们在束手无策的情形下,躲藏在迷信后,将'神圣'两字加在此病头上,为的是掩饰自己的愚昧无知。"

希波克拉底认为,人体是由血液、黏液、胆液和忧郁液组成。当一个人的体内这四种液体的比例适当而平衡的时候,他就能拥有最佳的健康。疾病是由于其中一种液体不足或过多,或与其他三种液体隔离引起的。那么哪些因素会影响体液的分泌呢?在《论风水和地方》这部医学著作中,他指出,不论医生定居在哪里,总要研究气候、时令、食物及土壤对当地人的影响。

除了医术之外,希波克拉底最大贡献是他制定了医生必须遵守的道德规范——希波克拉底誓言。誓言中宣称:"我愿尽我的能力与判断,用医疗帮助病患,但绝不用以伤害人及用于不正当目的。"希波克拉底还提倡保持医生个人的整齐洁净、保持冷静使自己的举止能加强病人的信心。"当你进入病人的房间时,须注意坐姿,保持拘谨,整饰衣服,说话肯定而简洁,神态安详。除仪态之外,还须自制,要求人肃静,而且随时准备做应做之事。我希望你们不可太严苛,但必须仔细地衡量病人的经济能力。有时候你应该免费为人服务;假如有机会为陷入贫困的陌生人服务,应该尽力。因为人有爱,我们的技艺也有爱。"

誓言的基本精神被视为医生行为的规范,一直沿用了两千多年。1948年,世界医协大会对这个誓言加以修改,定名为《日内瓦宣言》。后来又通过决议,把它作为国际医务道德规范。

哲学家伊壁鸠鲁

伊壁鸠鲁(公元前341—公元前270年),是古希腊的一位唯物主义哲学家,他宣扬无神论,提倡快乐主义。

伊壁鸠鲁出生在希腊的萨莫斯岛上,他的父亲是一位雅典教师,强烈反对暴政。他的母亲是一个女祭司,她为人祈祷,用咒语和巫术给人治病。

12岁时,伊壁鸠鲁就对哲学研究产生了极大的兴趣。有一天,伊壁鸠鲁的老师试图向他说明世界的本源。老师说:"一切都来自混沌。"伊壁鸠鲁问道:"但是混沌又是从何而来的呢?"老师为难地说:"这我就不知道了,也从来没有人知道。"

伊壁鸠鲁决心自己弄清这件事,他将寻找混沌的起源,作为自己毕生的事业。

18岁时伊壁鸠鲁来到雅典。这是一个动乱的年代,亚历山大的马其顿帝国征服了希腊,雅典统治者是一个典型的独裁者,他尽力毁灭希腊各城邦的民主精神,驱赶反叛的本地人。伊壁鸠鲁的父母也是这样被赶出家园,全家人被迫逃往小亚细亚。伊壁鸠鲁努力想忘掉生活的梦魇,在他返回雅典不久,就在市郊购置了一栋房子和一座花园,创建了一所教授哲学的露天学院。

这所学校实行公共教育。它向一切阶层的人们开放,甚至包括奴隶。伊壁鸠鲁解释说,因为在学习这个领域,不存在阶级的差别。老师和学生们一起住在学院,生活在平等友爱、相互尊重的气氛中。学员们的生活相当的简单和节制,水和大麦面包是他们每天的伙食,偶尔有半品脱的葡萄酒,干酪算是难得的奢侈品了,只是留到特殊节日才吃。"我靠面包和水过活而感到快乐",伊壁鸠鲁写道,"我唾弃昂贵的香料,不是为了它们本身,而是因为随它们而来的种种烦恼。"面包、水、葡萄酒和哲学——这些,对伊壁鸠鲁来说,就是幸福生活所包含的一切。

伊壁鸠鲁在教授学生的过程中,逐渐形成了自己的思想。他继承和发展了古希腊哲学家德谟克利特的原子论。他说,世界上不存在混沌或虚无的东西。世界是由永恒的、数目无限的东西,即物质性的原子构成的。原子是不能被切割成或分裂成更小粒子的物质性微粒。构成世界的原子,是不生不灭、永恒不变的,它们在无限的空间中永恒地向下运动。他还认为,我们的世界并不是惟一存在的世界,还有其他同样广阔、同样美丽的世界存在着。它们有自己的地球以及高山和海洋,也有自己的人类和野兽。所有的世界都是自生的,没有什么东西操纵它。

伊壁鸠鲁提倡寻求快乐和幸福。他说,死是我们存在的结束。我们居住的地球,只是租给我们很短暂的一会儿,一旦该我们离开的时辰到来,我们就会被轰出这个世界。让我们用平静的心接受吧,让我们消除对死亡的畏惧,尽情享受生活赐予的快乐吧。他说最大的快乐决非肉欲物质享受之乐,而是与世界的烦扰和混乱保持距离的心灵平静之乐。他的这种思想,其实是对希腊走向帝国化、自由城邦思想破灭的一种失望。

伊壁鸠鲁学派生活简朴节制,目的就是要抵制奢侈生活对身心的侵袭。伊壁鸠鲁发誓放弃政治生活,但并非对世界漠不关心,他认为最大的快乐是友谊,个人的幸福就在于友谊和社会之中。

虽然伊壁鸠鲁只是以面包和水为生,但总要让朋友分享他的食物。"知道谁和我们在一起吃,比知道我们吃什么更为重要。"他在临终前给朋友的信中写道:"现在是我一生中最后的和幸福的日子,我给你写信。病魔一直纠缠着我,痛楚和烦恼简直不容忍受。但是胜过这一切的是我享受着追忆过去我们一起思考和交谈的乐趣。"

阿基米德的智慧

叙拉古这个希腊城邦,出了一位科学巨匠,他就是阿基米德。

阿基米德出生在叙拉古的贵族家庭,父亲是位天文学家。在父亲的影响下,阿基米德从小热爱学习,善于思考,喜欢辩论。长大后漂洋过海到埃及的亚历山大里亚求学。他向当时著名的科学家欧几里得的学生柯农学习哲学、数学、天文学、物理学等知识,最后通古博今,掌握了丰富的希腊文化遗产。回到叙拉古后,阿基米德坚持和亚历山大里亚的学者们保持联系,交流科学研究成果。他继承了欧几里得证明定理时的严谨性,并凭借自己的聪明才智拓宽了科学研究领域,取得了令世人惊叹的成就。

他把数学研究和力学、机械学紧紧地联在一起,用数学研究力学和其他实际问题。在亚历山大里亚求学期间,他经常到尼罗河畔散步,在久旱不雨的季节,他看到农人吃力地一桶一桶地把水从尼罗河提上来浇地,他便创造了一种螺旋提水器,通过螺杆的旋转把水从河里取上来,省了农人很大力气。它不仅沿用到今天,而且也是当代用于水中和空中的一切螺旋推进器的原始雏形。阿基米德在他的著作《论杠杆》(可惜失传)中详细地论述了杠杆的原理。

有一次叙拉古国王对杠杆的威力表示怀疑,他要求阿基米德移动载满重物和乘客的一艘新三桅船。阿基米德叫100多人在大船前面,抓住一根绳子,他让国王牵动一根绳子,大船居然慢慢地滑到海中。群众欢呼雀跃,国王也高兴异常,当众宣布:"从现在起,我要求大家,无论阿基米德说什么,都要相信他!"有了国王的支持,阿基米德更加忘我地进行科学研究。

阿基米德曾说过:给我一小块放杠杆的支点,我就能将地球挪动。假如阿基米德有个站脚的地方,他真能挪动地球吗?也许能。不过,据科学家计算,如果真有相应的条件,阿基米德使用的杠杆必须要有 88×1021 英里长才行!当然这在目前是做不到的。

最引人入胜,也使阿基米德为人称道的是阿基米德从智破金冠案中发现了一个科学基本原理。

国王让金匠做了一顶新的纯金王冠。但他怀疑金匠在金冠中掺假了。可是,做好的王冠无论从重量上、外形上都看不出问题。国王把这个难题交给了阿基米德。

阿基米德日思夜想。一天,他去澡堂洗澡,当他慢慢坐进澡盆时,水从盆边溢了出来,他望着溢出来的水,突然大叫一声:"我知道了!"竟然一丝不挂地跑回家中。原来他想出办法了。

阿基米德把金王冠放进一个装满水的缸中,一些水溢出来了。他取了王冠,把水装满,再将一块同王冠一样重的金子放进水里,又有一些水溢出来。他把两次的水加以比较,发现第一次溢出的水多于第二次。于是他断定金冠中掺了银子。经过一番试验,他算出银子的重量。当他宣布他的发现时,金匠目瞪口呆。

这次试验的意义远远大过查出金匠欺骗国王。阿基米德从中发现了一条原理:即物体在液体中减轻的重量,等于他所排出液体的重量。这条原理后人以阿基米德的名字命名。一直到现代,人们还在利用这个原理测定船舶载重量等。

公元前215年,罗马将领马塞拉斯率领大军,乘坐战舰来到了历史名城叙拉古城下。阿基米德和大家一起保卫叙拉古城,他动用了杠杆、滑轮、曲柄、螺杆和齿轮的原理,设计了很多武器,比如投石机,把敌人打得狼狈不堪。

公元前213年,阿基米德还曾利用凹面镜的聚光作用,把集中的阳光照射到入侵叙拉古的罗马船上,让它们自己燃烧起来,罗马的许多船只都被烧毁了,但罗马人却找不到失火的原因。900多年后,有位科学家按史书介绍的阿基米德的方法制造了一面凹面镜,成功地点燃了距离镜子45米远的木头,而且烧化了距离镜子42米远的铝。所以,许多科技史家通常都把阿基米德看成是人类利用太阳能的始祖。

马塞拉斯进攻叙拉古时屡受袭击,在万般无奈下,他带着舰队,远远离开了叙拉古附近的海面。他们采取了围而不攻的办法,断绝城内和外界的联系。3年以后,他们利用叙拉古城市居民的大意,终于在公元前212年占领了叙拉古城。

马塞拉斯十分敬佩阿基米德的聪明智慧,下令不许伤害他,还派一名士兵去请他。此时阿基米德不知城门已破,还在凝视着木板上的几何图形沉思呢。当士兵的利剑指向他时,他却用身子护住木板,大叫:"不要动我的图形!"他要求把原理证明完再走,但激怒了那个鲁莽无知的士兵,他竟用利剑刺死了75岁的老科学家。

马塞拉斯勃然大怒,他处死了那个士兵,抚慰阿基米德的亲属,为他举行了葬礼并建了陵墓。阿基米德被后世的数学家尊称为"数学之神"。

古罗马文明

罗马建城的传说

西方有一句谚语:"罗马不是一天建成的。"意思是宏大的事情要一点点去做,不可能一蹴而就。那么,气势宏大的罗马帝国到底是怎样建立起来的呢?我们还是从一个故事说起。

这个故事和特洛伊战争还有点关系。据说希腊人用10年的时间攻陷了特洛伊城,有些特洛伊人侥幸逃脱出来,他们坐船漂流到意大利半岛上,在中部台伯河出海口附近定居下来,建立了自己的王国——亚尔尼龙伽。这里森林密布、阳光灿烂、土地肥沃,特洛伊人在此安居乐业,其乐融融。

亚尔尼龙伽国王有个弟弟叫阿穆留斯,他生性残暴,野心勃勃,阴谋篡夺他哥哥的王位。最终,他实现了自己的野心,把哥哥赶下台,因为害怕哥哥的后代报仇,他杀死了他的侄子,并强迫侄女去做不许结婚的女祭司。他以为这样一来,他的哥哥就不会有后代,他的政权也就稳定了。

战神玛尔斯却使阿穆留斯的侄女怀孕,并且生下一对孪生子。听到这个消息,阿穆留斯又吃惊又恼怒,他下令处死侄女,并让奴隶将孪生子扔到台伯河去,以防止他们长大后复仇。

台伯河正在泛滥,汹涌的河水并没有冲走装着孪生子的篮子,反而把篮子冲到岸边。孩子的哭声吸引了正在河边喝水的一只母狼,它奔到孩子们身边,不仅没有伤害他们,反而慈爱地舔干孪生子的身体,把他们带回山洞,用自己的奶喂养他们。还有一只啄木鸟,也常常叼来野果给孪生子吃。一位牧羊人发现了这对孩子,把他们带回家中抚养,给他们起了名字,哥哥叫罗慕路斯,弟弟叫勒莫斯。牧羊人终于打听到两位孩子的身世,为了他们的安全,他发誓不泄露秘密。兄弟俩就这样慢慢长大了。

一次偶然的机会,勒莫斯发现他被赶下台的外公,知道了自己的身世。他和哥哥决定发动起义为自己的母亲和舅父报仇,除掉阴险狡诈的阿穆留斯。阿穆留斯的统治黑暗,人民受苦受难,大家对他早恨之入骨。两兄弟同心协力,起义队伍日益壮大,他们最终杀死了阿穆留斯。兄弟俩把政权交还给了自己的外公。他们不想依靠外公,决定带领自己的人马建立一座新的城市。而新城市的地点就是他们出生时被抛弃的地方——帕拉丁山冈。

不幸的是兄弟俩为确定新城市的名字和新城市的统治者争吵起来,终于发生了互相残杀的惨案。哥哥杀死了弟弟,自己成了新城市的最高统治者。他用自己的名字命名这座城市为罗马。这件事据说发生在公元前753年的4月21日,古罗马人把这一天作为开国的纪念日。

罗马城终于建立起来了,但城市的人口很少。因为这是座新的城市,有正当工作的居民都不愿迁居到这座新城,所以罗马城接纳的多是逃亡者、流浪汉、甚至流氓、盗贼。他们多为男子,崇尚武力,凶狠好斗,他们的恶名声使得周围的部落都不愿把姑娘们嫁到这儿来。男人们都娶不到媳妇,罗马城的人口怎么能增加呢?

罗慕路斯为城市人口的增加而烦恼,他终于想出一个办法:抢媳妇。

他向周围的部落发出邀请:罗马城要举行一次盛大的节庆日,欢迎大家前来参加。节庆的日子终于到了,周围的部落陆陆续续有人来了,其中萨宾人的部落来的人最多,他们带着妻子儿女,整个罗马城陷入一片欢腾中。他们又吃又喝,又玩奇妙的游戏,开心极了。突然,罗慕路斯发出暗号,罗马的男人顿时全体出动,冲进玩乐的人群中,每人抓住他们早已看中的萨宾姑娘,带回自己家里成亲。萨宾人觉得受了极大的侮辱,他们怒气冲冲地退出罗马城,发誓要报仇雪恨。

一年以后,尚武的萨宾人终于准备停当,向罗马进攻了。双方军队在罗马城旁的一个峡谷中,摆开阵势。一场残酷的血战眼看就要爆发了,空气中充满不祥的恐怖气氛。

正在危急时刻,从山冈上冲下一群被罗马人抢走的萨宾妇女。她们泪流满面,怀抱刚吃奶的孩子,哭叫着来到两军阵前,她们跪在地上,苦苦哀求双方不要互相残杀。因为不管哪一方得胜,她们都是受害者,或者是失去父亲兄弟,或者是失去孩子的父亲,成为寡妇。她们的哀求和哭诉深深感动了双方战士,他们扔下手中的刀和剑,彼此和解了,并且订下和约:两个部落合二为一,世世代代都居住在罗马城。

军事天才汉尼拔

罗马在征服意大利后向海外扩张,与西地中海强国迦太基发生了冲突。迦太基原是腓尼基人在北非的商业殖民地,罗马人称迦太基为"布匿",这场战争又称"布匿战争"。

布匿战争共进行过3次，虽然每次都以罗马获胜告终，但迦太基统帅汉尼拔在第二次布匿战争中表现出了非凡的军事才能，从而名垂史册，人们称他为"伟大的败将"。

汉尼拔是将门虎子。他从小就随父亲哈米尔卡出外征战。第一次布匿战争失败后，哈米尔卡把年仅9岁的汉尼拔带到神庙，叫他跪下，对神坛起誓："长大成人后一定要复仇，誓与罗马为敌。"

汉尼拔当统帅的时候才刚刚25岁。他牢记着儿时所发的誓言决定和这个宿敌作一次决斗。他先占领了罗马在西班牙的属国萨贡托，把那里所有能服兵役的居民统统杀掉。这个举动激怒了罗马人，第二年，也就是公元前218年，罗马正式对迦太基开战。第二次布匿战争开始了。

一开始，罗马人根本未把汉尼拔放在眼里，他们派出两支远征军，一支扑向西班牙，想捣毁汉尼拔设在那儿的军事基地，一支进军迦太基的本土，妄想一举捣毁汉尼拔的老家。但是他们失算了。罗马人怎么也没有想到汉尼拔竟从陆路一下子攻到了意大利。汉尼拔深知，经过第一次布匿战争，海上优势掌握在罗马人手中，因此根本没有作渡海作战的准备，但他也没有坐守在军营中等罗马人来攻，而是率领9万步兵、1.2万骑兵和37头战象，翻越白雪皑皑、山势险峻的阿尔卑斯山，突然出现在意大利北部，就像是神兵从天而降。罗马人真是做梦都没有想到迦太基人会这么快地来到自己的家门口，他们一下子简直不知道该怎么对付才好了。

罗马当时是个奴隶制共和国，由两名公选出的执政官掌管军事及其他政治事务。迦太基人攻来后，执政官西庇阿的军队距汉尼拔最近。他匆匆带领两个军团赶到波河流域，迎战汉尼拔的大军。刚一交战，西庇阿就身负重伤，逃入军营。另一位执政官森普罗尼亚闻讯后也匆忙赶来决战。罗马人以步兵为中军，骑兵部署在两翼。汉尼拔以为数不多的战象配置在罗马骑兵阵前，自己的骑兵则跟在大象后面，步兵亦部署在中间。

求胜心切的森普罗尼亚首先指挥两翼骑兵猛冲过去。汉尼拔则指挥巨大的战象迎着罗马骑兵而上。罗马人的战马见到陌生、庞大、凶猛的大象惊恐不已，四处逃窜，一下子乱了阵脚。这时，汉尼拔指挥骑兵、伏兵、步兵发起冲锋，罗马人被打得溃不成军。这一仗，罗马人损失了3万多兵马，而迦太基军队仅损失400多人。

波河一役打开了深入罗马腹地的大门。汉尼拔马不停蹄，迅速绕过罗马军设防的阵地，出其不意地来到了罗马城附近。新的罗马执政官弗拉米尼也是个庸将。他带兵尾随在迦太基大军之后，紧追不舍。汉尼拔在特拉西米诺湖谷地布下埋伏,轻而易举地就使3万多罗马军几乎全军覆没,弗拉米尼自己也成了刀下鬼。

一连击败了三名罗马执政官统率的大军,汉尼拔名声大振,罗马人听到他的名字就吓得发抖。而这在汉尼拔还只是小试牛刀,初露锋芒,他的军事才干大显异彩的时光还在后头呢。

高傲的罗马人在一连串惊人的败仗中感到无比耻辱,他们急于挽回败局,就推选积极主战的瓦罗为执政官。公元前216年夏,瓦罗在坎尼这地方投入了8万步兵,6000骑兵。而汉尼拔投入的兵力是4万步兵,1.4万骑兵。力量对比,罗马步兵占绝对优势,而汉尼拔的骑兵也占明显优势。双方在坎尼这个地方展开了气势磅礴的决战。

罗马军的布阵是:强大的步兵居中,骑兵分置两翼。汉尼拔则把主力骑兵和重步兵置于自己左翼,右翼也配置相当实力的骑兵和步兵,由一名能将指挥,中央部突出,兵力最弱,整体阵势呈"凸"字形。汉尼拔又挑选了500名手持长矛,身藏短剑的精兵,准备开战后让他们假投降,混入罗马军中。汉尼拔在战前还仔细地观察了战场的地势和气候,他留意到这一地区中午常刮东风,于是他就埋下一支伏兵,让他们背对风向,准备在东风刮起来时顺风出击敌人。为此,汉尼拔还有意拖至中午快刮风时才开战。

著名的坎尼大战就这么开始了。罗马军主帅见汉尼拔大军的中央部位力量薄弱,便临时调整兵力部署,加强自己中央部位的力量,想集中绝对优势兵力,一举击垮汉尼拔的中央方阵。瓦罗自以为高明的这一计策,恰好中了汉尼拔的圈套。待罗马军中央主力发起猛攻后,迦太基军的中央部位的步兵就开始慢慢收缩,两翼精兵则向罗马军两侧包抄过去,"凸"字形阵势慢慢变成了"凹"字形阵势。瓦罗还以为这是敌军在开始败退,不禁暗自得意。这时,500名迦太基的轻装步兵装出溃败的样子向罗马军"投降"来了,瓦罗命令部下收缴了"降兵"手中的长矛,将他们安置到自己的阵后。瓦罗想敌军又败退又投降,应该可以决战了,于是一声令下,把预备队全部投入,向汉尼拔发起了全面进攻。

汉尼拔一直注视着战局朝自己预计的方向发展,这时见时机成熟,就命令两翼骑兵出击。实力雄厚的左翼骑兵迅速击溃罗马军的右翼,并迂回到罗马军左翼的侧后面。罗马军仅剩的这一路骑兵遭前后夹击,顷刻瓦解。随后迦太基骑兵配合步兵围歼敌步兵。这时天空中刮起了强劲的东风,汉尼拔预先背风埋伏的士兵和假投降到罗马军阵后的士兵又一齐出击,罗马步兵正对着强东风,被风沙吹得两眼流泪,根本无法观察敌方行动,只有任人宰割。至此,罗马军残余的骑兵和步兵挤成一团,攻无力,退无路,死伤7万余人,被俘1万,而迦太基方面仅损失6000人。

这场战役成了世界军事史上的著名战例,汉尼拔的军事业绩也由此达到了顶峰。然而,他仅仅是个出色的将帅,缺乏帝王般的雄才大略。在坎尼战役取得了辉煌的胜利后竟没有乘胜一举攻下孤城罗马城,而是游移不定,东一枪,西一刀,打了一些没有意义的小胜仗。宝贵的战机就此丧失。罗马残军在固守罗马城的同时,迅速重建了25万大军,由绝对劣势又转为绝对优势,并为了不使本土再遭战火洗劫,而设法把战争引向意大利境外。

　　汉尼拔在远离自己家乡的异地作战,天长日久,物资、兵员、粮草都接济不上。这时候,罗马人派兵直扑迦太基本土,汉尼拔只好回兵支援,由于师劳力竭,吃了败仗。这一仗后,他再也没有机会反败为胜了,因为迦太基的元老和执政官们立即投降了,与罗马人签了和约。和约规定:迦太基放弃除非洲以外的全部领土,并向罗马献出巨额赔款。从此迦太基成为罗马的附属国,罗马控制了地中海西部。

　　后来汉尼拔逃亡叙利亚,65岁时客死异乡。

斯巴达克起义

　　在古罗马,人们喜欢看一种残酷的游戏:角斗。参加角斗的都是身体强壮的奴隶,他们每天的生活就是训练刺杀,强健体魄,然后到竞技场上与对方搏斗,要么杀死对方,要么被对方杀死。

　　角斗士们受着密切的监视,一举一动都受到严格的限制,他们的脚上还戴着沉重的枷锁。

　　在角斗时,斗败者的命运要由观众来决定。观众如果把大拇指朝上,斗败者可以侥幸存活;大拇指朝下,斗败者当场被处死。

　　公元前73年的一个深夜。罗马中部卡普亚城的角斗士的铁窗内突然发出可怕的惨叫,在静寂的夜晚里显得格外凄惨。3名卫兵急忙赶了过去,隔着铁窗厉声问道:"干什么? 找死啊! 还不老实睡觉!"

　　一名角斗士伸了脑袋说:"打死人了。高卢人打死了我们的伙伴。他被我们制服了,你们看该怎么处理他? 你们不管我们就勒死他。"

　　卫兵拿着油灯一照,果然是死了一个人,另一个人正被几个人反扭着手。士兵说:"把他交给我们吧。把死人也抬出来。"边说边开了门。说时迟,那时快,角斗士们迅速击倒他们,拔出他们身上的短剑,冲出牢门。沉重的铁门被一扇扇打开,角斗士们挥舞着镣铐向屋外冲出。

　　"向维苏威跑啊!"只见一声高昂的呼喊声划破夜空,角斗士们蜂拥着向外跑去,消失在夜幕中。

世界通史

这次角斗士起义的领袖是斯巴达克。他本是希腊东北的色雷斯人,生得英俊健美,勇毅过人,在一次反罗马的战斗中被俘,沦为奴隶。因他聪明,富有教养,体格健壮,他的主人把他送进角斗士学校,想把他训练成一名出色的角斗士。在角斗士学校,他以他的勇敢和智慧,成了角斗士们的精神领袖。他利用一切机会劝说角斗士们为自由而死,而不应成为罗马贵族取乐的牺牲品。他组织了200多个角斗士准备暴动的时候,不慎泄密,于是他决定提前行动,结果有78人冲出虎口。

斯巴达克率领这批人登上维苏威火山,并安营扎寨。周围的奴隶听说维苏威火山有自己的队伍后,纷纷前来投奔,奴隶起义军很快就扩充到近万人。他们杀富济贫,令当地的奴隶主闻风丧胆,谈虎色变。

公元前72年春,罗马元老院派3000军队前往镇压。他们将起义军扎营的山头封锁起来,企图困死起义军。1万人的吃饭、饮水很快成了问题。斯巴达克向战士们发出战令:"宁可战死,不愿饿毙。"他积极寻求突围的计策。一天,他巡视战场,看见一群战士在用野葡萄藤纺织盾牌。他突然心生一计:用野葡萄藤编织软梯,然后利用软梯顺着悬崖峭壁下山。他的妙计得到战士们的呼应,很快一条长长的软梯编好了。起义大军在夜色的掩护下,平安地转移到山下。他们包抄到敌军背后,发起猛攻,把3000敌军打得丢盔弃甲,溃不成军。首战大胜,起义军士气大振。斯巴达克认真地分析形势,在敌强我弱的情况下,要在罗马本土建立政权是很困难的。因此,他决定把起义军带出意大利,摆脱罗马的奴役。

起义军向意大利北部浩浩荡荡地进军,准备翻过阿尔卑斯山,进入罗马势力尚未到达的高卢地区。

罗马元老院不甘心自己的失败,又派遣大约1万多人兵分3路前来追击起义军。

双方交战后,斯巴达克先后打败了罗马的两支敌军。由于连续作战,起义军在适当休整时,被另一支敌军围困在一个山坳里。敌人兴高采烈,以为已经置起义军于死地了。深夜的时候,斯巴达克又想出一条妙计。起义军把敌人丢下的一具具尸体绑在木桩口,旁边点燃篝火,远处看去像是一个个哨兵在站岗,同时又留下几名号兵吹号,似乎起义军仍被围困在山里。起义军在敌人的鼻子底下,静悄悄地沿着崎岖的羊肠小道,冲出了敌人的包围。天亮时,罗马军队发现中计,急忙率军紧追,中途又遭到起义军埋伏队伍的伏击,损失惨重。

斯巴达克突破敌人的多次围追堵截,继续北上。公元前72年时,起义军发展到了12万人,阿尔卑斯山已经远远在望了。

阿尔卑斯山高耸入云,终年积雪,气候恶劣,大队人马要翻过山去困难重重。也许是因为这一具体情况,斯巴达克放弃了翻越阿尔卑斯山,进入高卢地区的计划,他突然掉转头来,挥师南下,准备渡海到西西里岛。

罗马元老院原先是千方百计不让斯巴达克起义军跑出意大利,现在变成千方百计不让他进入意大利中心了。罗马士兵在起义军经过的路上设起防线,但抵挡不住士气高昂、如猛虎下山般的起义军。罗马元老院派出两位执政官去镇压,但都败北。罗马全国处于紧急状态。元老院选出大奴隶主克拉苏担任执政官,率领6个兵团的兵力去对付起义军。

公元前71年整个夏季,克拉苏是在与起义军作战失利的情况下度过的。为了整顿军队,克拉苏恢复意大利军队残酷的"什一抽杀律",临阵脱逃的士兵,每10人一组,每组抽签处死一人。士兵为了活命,重又鼓起勇气,提高了克拉苏部队的战斗力。斯巴达克部队迅速挺进到意大利半岛的南端。斯巴达克在滔滔的大海边与海盗谈妥,由后者用船把起义军运往西西里岛。海盗们得了钱财,立下誓言,但到约定时间却不见踪影,原来他们被西西里总督收买了。这一背信弃义把起义军置于绝境。但斯巴达克并未丧失信心,他组织起义军自己制造木筏,在木筏下绑扎木桶,代替船只渡海,但海上的大风暴又使这一计划落了空。起义军被围困了。克拉苏是个老奸巨猾的家伙,为了阻止奴隶起义再度北上,他命士兵挖了一条横过整个地峡的壕沟,宽深各4.5尺,沟边还修筑了高大而坚固的防护墙,用以阻挡起义军突围。

公元前71年初秋的一天,斯巴达克与敌军展开了生死决战。6万多起义奴隶壮烈牺牲,斯巴达克和上万名起义军也被团团围住。但起义军战士仍在勇敢地战斗着,他们怒吼着,一次又一次想突出重围。

斯巴达克骑着黑色骏马,奋不顾身地和敌人激战着。突然,一个罗马军官在他后面猛刺了一枪,他的腿部受伤,跌下马来,战士们立即冲上去抢救他。"快上马突围",战士们恳求斯巴达克骑马冲出重围。但斯巴达克用短剑刺死了马,发誓和战士同生死,共命运。他屈下一条腿,举盾向前,还击来进攻的敌人,直到他和包围他的敌人一起倒下为止。

斯巴达克全身被刺十几处,壮烈牺牲了,6000多名被俘虏的奴隶全部被嗜血成性的克拉苏钉死在从卡普亚到罗马城一路上的十字架上。但斯巴达克剩下的部下仍然继续斗争了十几年。为了彻底镇压这次起义,罗马奴隶主不得不耗费大量的时间和精力。

斯巴达克和他的战友纵横驰骋,无所畏惧,沉重地打击了罗马的贵族统治。他的转战生涯简直就是一部英雄的史诗。斯巴达克以他的勇敢坚强,卓越的组织才能和高尚的个人品质为后人称道。今天,关于斯巴达克的文学作品不计其数,人们还拍摄了关于他的影片。

庞培与恺撒争雄

公元前80年代后期,马略和苏拉为争夺罗马最高权力展开了内战。一些豪门贵族纷纷投靠苏拉。皮凯努姆地区的贵族青年庞培意识到,只有在苏拉麾下才能飞黄腾达。他利用父亲的势力和影响,在很短时间里招募组建起一个军团,赶赴苏拉军营。途中,庞培指挥部队多次冲破马略部下的阻拦,顺利通过许多城市,还缴获了大批武器和战马。

苏拉对年仅23岁、军事上初露锋芒的庞培非常赏识,把他看成了自己得力的助手。苏拉最终击败马略夺得罗马政权,实行独裁;庞培为了密切与苏拉的关系,加强自己的地位,抛弃了自己的妻子,和苏拉的女儿结了婚。

婚后不久,庞培奉苏拉之命夺取了马略部将驻守的西西里岛。随即又被派往非洲同努米底亚人多米提乌斯作战,在一个暴风骤雨的日子,与庞培对峙的多米提乌斯向后撤退,庞培命令部队迅速出击。面对突然而来的罗马大军,努米底亚士兵惊慌失措,溃不成军。这一胜利震惊了努米底亚,一些城市不战而降,仅40天时间,庞培占领努米底亚,征服了非洲。

非洲之功大大地提高了庞培在罗马的威望,也使苏拉感到了紧张。战后不久,苏拉便命令庞培解散军队,率领一支军队返回乌提卡等待接替者。庞培拒绝了这一命令,并且率领大军出现在罗马大门口。尽管他没有担任公职,却要求苏拉为他举行凯旋式。苏拉警告庞培不要违背法律。因为当时罗马法规定只给有巨大战功的执政官、行政长官举行凯旋式。然而庞培毫不退让,他嘲讽苏拉说:"崇拜初升太阳的人要多于崇拜落日的人。"苏拉迫不得已,破例为庞培举行了非洲之战的凯旋式,并授予他"伟大"的称号。

公元前70年,苏拉病死。罗马人对苏拉军事独裁不满的情绪如火山般爆发出来。军事才能受到元老院称赞的庞培,奉命进行讨伐。他镇压了废除苏拉宪法的执政官雷必达,又远征西班牙,平定另一民主领袖塞尔托里乌斯。这时罗马国内爆发了著名的斯巴达克起义,得胜后的庞培,连忙撤军回国增援镇压起义军的克拉苏。庞培赶到时,克拉苏已经消灭了起义军主力,庞培拦住了突围出来的5000名奴隶战士,残忍地屠杀了这支起义军余部。

随着民主运动的发展,庞培看到苏拉派逐渐失势,民主派声势大增,便见风转舵,倒向民主派,讨好骑士和平民。庞培和克拉苏当选为当年的执政官,他们颁布和实施了一些有利于平民的政策,还清洗了元老院中苏拉的50名党羽,因而换取了罗马人民的好感。

公元前66年初的一天,罗马举行公民大会,保民官马尼利乌斯提出了个提案：任命庞培担任同本都国王米特拉达斯六世作战的统帅，取代已取得重大战果的鲁库鲁斯，并接管其军队。

"这不是明显抢夺别人的功劳吗？"

"这次东方之行可是个有名有利的美差啊！"

尽管人们议论纷纷，大会最终通过了这一提案。

满心欢喜的庞培来到东方，他先同本都国王谈判，要求本都无条件投降，遭到拒绝，于是他指挥大军展开围攻，在幼发拉底河上游击溃了米特拉达斯六世的军队。不久，侥幸逃脱的米特拉达斯六世服毒身亡，庞培胜利结束了同米特拉达斯的战争。战后他把比提尼亚和本都合并为罗马行省，又把叙利亚变成罗马行省，还在小亚细亚、巴勒斯坦各处活动，进行干涉，在加拉太等地扶植了新国王，使东方一些国家处于罗马的奴役之下，庞培成为东方一些国家的"王中之王"，权力和威望达到了顶峰。

满载着东方的战利品，庞培返回罗马。由于元老院不满意他在东方擅自将行省包税权给予骑士，更害怕他利用自己的影响实行独裁，元老院用了近一年时间才为庞培举行了凯旋式，庞培请求元老院批准他在东方实行的各项措施，并分配给他的老兵土地，遭到元老院的拒绝，庞培大为恼怒，开始同元老院对抗。公元前60年，他与恺撒、克拉苏秘密结成"三头同盟"。

这一天，罗马城中举行了一个规模盛大的特殊婚礼。年近50岁的庞培挽着一个14岁少女走向了神庙。

"是庞培的女儿出嫁吗？"

"不是。是老庞培结婚。那个小姑娘是他的新娘。"

"什么？他又把谁家的孩子抢到手了？"

"别胡说。那是恺撒的女儿。"

为了与恺撒更好地勾结和相互利用，庞培娶了恺撒的女儿尤里娅。

"三头同盟"是三人为了各自利益而组成的临时结合体。公元前53年克拉苏死于帕提亚战争，宣告了"三头同盟"的结束。庞培和恺撒的关系也因尤里娅的死去而破裂。两人之间争夺独裁权力的内战势在必发。

罗马政局动荡不安，元老院急于要平息日益增长的对抗情绪，平定骚乱。由于惧怕恺撒在骑士和平民中的巨大影响，元老院不得不与庞培暂时和解，言归于好，授权庞培为惟一的执政官，任期两个月，其权力几乎和"狄克维多"（独裁者）相似。

庞培上任后，迅速从各地调集军队镇压平民暴动。他又利用职权，把锋芒指向恺撒，阻止恺撒延长高卢总督的任期，限于公元前49年3月任满解职。庞培和恺撒终于公开决裂。公元前49年1月，新的内战帷幕拉开，元老院宣布全国处于紧急状态,宣布恺撒为人民公敌。庞培把恺撒的拥护者和两名保民官驱逐出城。恺撒以"保卫人民拥有权力"为名,渡过卢比孔河,迅速逼近罗马。尚未完成征兵工作的庞培,只得仓皇封闭国库,和一些元老逃亡巴尔干。

庞培联络其他的海上部队和隶属于罗马的东方各国国王、部落贵族,在希腊集合起了11个军团,7000名骑兵以及由600艘战舰组成的舰队,企图发起反攻。

恺撒在巩固了政权,肃清了西班牙等地庞培的势力后,也组织起了大军,公元前48年,开始了与庞培争夺东方行省的战争。

起初,庞培军队占据优势,在著名的季拉基乌姆战役中,两次大败恺撒,打击了恺撒军队的士气。

公元前48年8月,庞培和恺撒在法萨卢进行了最大也是最后一次决战。

隆隆的战鼓在原野上响起,庞培集中所有的骑兵冲击恺撒的骑兵。恺撒看到情况紧急,立即向早已埋伏的3000名步兵发出进攻信号。埋伏兵突然出击,举起长矛向庞培骑兵脸上猛刺,庞培的骑兵惊惶失措,阵形大乱,庞培左翼军溃败,其他的军团,看到左翼军向后败退,也军心动摇。恺撒大军乘机全面进攻,庞培全军覆灭。

在侍卫的掩护下,庞培从乱军丛中逃出。他逃向埃及寻得一个藏身之所。公元前48年9月28日,就在庞培乘坐的小船靠岸时,埃及国王托勒密十三世的侍从挥剑刺向他的脊背,结束了庞培的性命。为了讨好恺撒,埃及国王派人将他的头颅献给恺撒。

"无冕之王"恺撒

罗马人打败了迦太基后,称霸地中海,国势空前强盛,但原有的社会经济结构也遭到破坏,社会局面很混乱。此时罗马的执政机构元老院已无力管理庞大的国家,共和政体的保留已没有多少价值。罗马需要建立一个强有力的帝国。正是这时候,恺撒应运而生了。

尤利乌斯·恺撒出生于公元前101年,他从小就受到上流社会的教育。青少年时就希望自己将来能登上罗马的政治舞台,有强烈的权力欲。据说在他20岁时,地中海上的强盗把他抓去,向他索要20塔伦的赎金。恺撒对强盗说:"我的身价要比20塔伦高得多,你们应该要50塔伦才对。"不久,恺撒家人根据他的信,以50塔伦把他赎出。恺撒随即带着船队把强盗追上,并把他们全部送上断头台。

当时正是罗马帝国政治上极为动荡的时代。恺撒为了登上政治舞台,自小勤奋学习,并特别锻炼讲演才能,使他成为一名出色的演说家。当他获悉罗马总督有贪污丑行时,便挺身而出,控告这个总督的不法行为,于是人们对他刮目相看。

当时,罗马政局一直被贵族元老院所左右。这些人反对民主势力,处处推行落后保守的政策,问题全部集中在罗马的公民权上。原来,当时罗马的政策是,只有住在罗马城里的奴隶主和自由民有罗马公民权,而城区以外,意大利各地和海外行省的自由民却享受不到公民权,但却要担负着和罗马自由民一样的义务。恺撒非常反对这种做法,常和平民站在一起进行斗争。此外,罗马城中的另外两个要人庞培和克拉苏也和他一样,积极反对元老院,但是他们三个人谁也没有力量单独战胜贵族势力。于是,恺撒便约了庞培和克拉苏,共结秘密联盟,史称"前三头同盟"。在民主外衣的掩盖下,实际形成了事实上的"三头政治"独裁。

三头同盟中,庞培的威望最高。他曾先后平定过西班牙起义,消灭过地中海上的海盗,征服了小亚细亚。经过深思熟虑,恺撒决定把已经订婚的女儿许给了庞培。这一手果然灵验,不但三头同盟巩固了,而且也使恺撒当选为罗马的执政官。不久,又被任命为高卢总督。

古代的高卢分为南北两大部分。南高卢属罗马,而北高卢人却是一些原始部族,他们住在阿尔卑斯山以北、莱茵河以西广大地区。公元前58年,恺撒担任高卢总督实际是在南高卢。为了扩张,为了征服强悍的北高卢人,恺撒采取分化瓦解、拉拢打击、步步蚕食的政策。他以4个兵团为后盾,用了不到10年的时间,就占领了800多个城堡,歼灭和俘获北高卢人200多万,把罗马的边界推到莱茵河岸边。之后,恺撒又带兵越过莱茵河,侵入日耳曼地区,势力远及今法国、比利时一带。不久,他又越过英吉利海峡,攻入不列颠(今英国)。

恺撒的显赫战绩和卓越的军事天才,赢得了罗马人的欢呼,使他的威信日益高涨。此时,三头同盟之一的克拉苏已经去世,另一个执政官庞培对恺撒的威望日高惴惴不安。为了遏止恺撒的权力膨胀,庞培联合元老院,颁布命令让恺撒迅速返回罗马,交出兵权,否则就以"公敌"论处。

恺撒知道这是庞培的阴谋,回罗马交兵权是自投罗网。于是他索性一不做二不休,当即带兵回攻罗马。公元前49年,恺撒的军队势如破竹,以迅雷不及掩耳之势攻占了罗马和整个意大利,庞培和大批贵族元老仓皇出逃希腊。

在希腊,庞培号令罗马各城邦,又集结了大批军队,准备与恺撒决一雌雄。公元前48年,恺撒率军进攻希腊,与庞培的军队在北希腊贴萨利亚境内的法萨罗展开激战。当时就两军的实力来说,庞培占有明显的优势。他拥有4.5万步兵和7000骑兵,而恺撒只有3万步兵和1000骑兵,但恺撒的军队士气高昂。5月12日双方交战时,由于庞培指挥失当,结果一败涂地。最后,庞培不得不狼狈地逃亡埃及。

恺撒乘胜带兵追入埃及,埃及国王害怕恺撒,只得将庞培的人头割下献给恺撒。至此,恺撒当年的女婿,被恺撒逼得身首异处,恺撒于是成了罗马共和国的"独裁者"。公元前45年,恺撒正式宣布自己为终生独裁官。此外,他又取得了监察官、终身保民官、大祭司长等头衔,还被人赞颂为罗马的"祖国之父"称号。他集政治、军事、司法和宗教大权于一身。

恺撒的独裁统治,使罗马一跃成为欧洲大国,军事强国。他又进一步改革了政体,使他的权力达到了顶峰,人们都把他看成是"无冕之王"。

然而,深受罗马共和制度熏陶的罗马公民不愿意把自己置于专制君主的统治之下,不少人开始对恺撒不满。于是,以布鲁图和喀西约为首的共和派分子发展成一个60人的集团,他们决定谋杀恺撒。

公元前44年的3月15日,恺撒去元老院参加一次大会。步入议事厅门口时,有人塞给他一块记事板,向他透露有人要谋杀他。但恺撒根本没有看这块记事板就把它装在口袋里,因为他太高傲了。就在恺撒坐下不久,阴谋分子以商量事情为由接近了他,于是群手齐下,向他连扎23刀,其中致命的3刀终于使这位无冕之王气绝。

恺撒死后留下了《高卢战记》和《内战记》两部著作,是他亲身经历的战争回忆录。这两部书以文笔清新巧妙著称。《高卢战记》让人充分地领略了恺撒作为军事家的风采,对后人用兵指挥都有极大的启迪,该书堪称军事家的必读之作。

政治斗争漩涡中的埃及艳后

克列奥帕特拉七世,是古埃及托勒密王朝的女王,她不仅以才貌出众、聪颖机智过人著称,而且擅长政治手腕、心怀叵测,一生富于戏剧性色彩。特别是她卷入到罗马共和国末期的政治斗争的漩涡,她的迷人风采令恺撒、安东尼为之倾倒。她的一生伴有种种传闻轶事,成为历史学家和文学艺术作品中的著名人物。

克列奥帕特拉七世是埃及国王托勒密十二世和克列奥帕特拉五世的女儿,生于公元前69年,从小受到过良好的教育。公元前51年她的父亲去世,留下了遗嘱,指定克列奥帕特拉七世和她的异母兄弟托勒密十三世为继承人,共同执政。但是两人各自卷入到宫廷内部的派系斗争,因为争夺权利产生积怨。公元前48年,克列奥帕特拉七世在被逐出亚历山大里亚后,在埃及与叙利亚边界一带聚集军队,准备攻入埃及。

这时,罗马的军事独裁者恺撒追击政敌庞培来到埃及,准备对埃及的王位之争进行调停。工于心计的克列奥帕特拉七世得知这一消息后,乘船于夜间悄悄潜入亚历山大里亚。她沐浴净身,香气四溢,以毛毯裹住全身,让侍女将自己抬到恺撒门前。恺撒被克列奥帕特拉的智慧、美貌和胆识所深深吸引,克列奥帕特拉很快成为恺撒的情妇。恺撒曾试图让克列奥帕特拉与托勒密十三世重归于好,但遭到拒绝,于是恺撒与托勒密的军队在亚历山大里亚展开激战,恺撒攻下这座名城,托勒密十三世被杀。克列奥帕特拉七世依恃恺撒,巩固了王位,成为埃及的统治者。恺撒与女王率400条船舰,沿着尼罗河而上,巡视全国,直到埃及的南部疆界,两人沉湎于享乐之中。

克列奥帕特拉在名义上还要按照埃及的传统,与另一异母兄弟托勒密十四世结婚,但她是明修栈道,暗度陈仓,为恺撒生下一个聪明可爱的儿子,取名托勒密·恺撒或恺撒里昂。她本人也备受恺撒的宠爱。恺撒在罗马广场建造一座维纳斯女神神庙,把克列奥帕特拉的美丽的黄金塑像竖立在女神之旁,还对女王许下了诺言,将使她成为罗马世界的第一夫人。然而,就在恺撒权力和荣誉达到顶峰之时,政治上也陷入孤立,不久恺撒被刺杀身亡,成为罗马共和国的殉葬品。

克列奥帕特拉七世返回了埃及,毒死丈夫托勒密十四世,立她和恺撒所生的儿子为托勒密十五世,共同统治埃及。

恺撒死后,安东尼崛起于罗马的政治舞台。在公元前41年他在西里西亚达尔索斯城召见了克列奥帕特拉七世。女王认为这是一个亲近安东尼、征服安东尼的绝好机会。于是克列奥帕特拉七世乘坐一条豪华的楼船,从埃及出发。船上挂着名贵的推罗染料染成的紫帆,船尾用金片镶包起来。船只运行在碧波之中,闪闪发光。女王打扮成维纳斯女神的模样,安卧在串着金线、薄如蝉翼的纱帐之中。美丽的童子宛如爱神丘比特一般,侍立两旁,各执香扇轻轻摇动。有的女仆装扮成海中的仙子,手持银桨,配合着鼓乐,轻轻地划桨,场面豪华、壮观、新颖、刺激。人们疑为爱神维纳斯乘着金龙来与酒神(安东尼)相会了,以致观者如潮。安东尼踏上女王的船只后,被女王优雅的谈吐、光彩照人的容颜搞得神魂颠倒,立即拜倒在女王的石榴裙下。达尔索斯城相见之后,安东尼就成为女王的情夫,后来又抛弃了自己的妻子与女王结婚。

安东尼与克列奥帕特拉七世的结合,既有情欲的驱使,但更重要的是出于各自的政治目的。安东尼企图稳定罗马的东方行省,准备远征帕提亚,以抗衡政敌屋大维,亟需得到埃及在财政上的支持,克列奥帕特拉七世则想借助安东尼的罗马军团的力量维护和发展日益衰落的托勒密王朝,稳定、加强和扩大自己的统治。

作为对克列奥帕特拉财政支援的回报,安东尼杀死了女王的妹妹,政敌阿尔里诺伊,并且把叙利亚中部地区,腓尼基沿岸的一些城市,塞浦路斯岛以及纳巴特王国的一部分地区赠给了克列奥帕特拉。

安东尼在东方的所作所为,特别是他与女王及其子女的关系,受到了罗马人的谴责和非议,继而更引起他们的愤怒。人们对克列奥帕特拉七世恨之入骨,认为她是一位妖女,是除了汉尼拔以外构成对罗马最大威胁的人。安东尼也因此威信扫地,丧失了国内的支持;而这些恰恰又被政敌屋大维所利用,这是安东尼在与屋大维斗争中陷于失败的原因之一。

公元前31年,安东尼和屋大维会战于阿克提乌姆海角。当战斗进行到最激烈的时候,女王看到安东尼难以取胜,便退出了战斗,返回埃及。安东尼随后也离开自己的旗舰,尾随女王而去,撇下了战斗部队任屋大维的士兵屠杀。此后,屋大维乘胜率军包围了亚历山大里亚,安东尼见大势已去,加之听到克列奥帕特拉已死的讹传,万念俱灰,伏剑自杀。

克列奥帕特拉躲进了城堡,随即被屋大维擒拿。当她得知屋大维要看望自己时,还想施展旧技,哄骗、迷惑屋大维。但是,屋大维低着头听她讲话,像一块石头纹丝不动,连看都不看她一眼,一句话也不回答。

屋大维生擒女王的目的,是要把她带回罗马在举行凯旋时示众。女王得知这一消息后,不愿受辱,决意自杀。她在严密的看守下,仍然设法得到了一个农民送来的一小篮无花果,无花果内藏着一种名叫"阿斯普"的小毒蛇。她让毒蛇咬伤手臂昏迷而死。屋大维满足了她临死的要求,把她和安东尼葬在一起。但同时,屋大维处死了她与恺撒所生的儿子恺撒里昂以及她与安东尼所生的长子亚历山大。

克列奥帕特拉和安东尼之死结束了埃及的托勒密王朝和罗马内战,埃及被并入罗马帝国。一个旧帝国毁灭了,一个新帝国开始了。

"奥古斯都"屋大维

公元前43年,也就是恺撒遇刺死亡的第二年,他的甥孙屋大维继承了他的事业,登上了罗马的政治舞台。

屋大维的外祖母是恺撒的姐姐。恺撒生前很喜欢他,收他为义子,并立他为继承人。恺撒希望他将来能干出一番事业,就把屋大维送到阿波罗尼亚去接受军事和政治教育。然而,只过了6个月,屋大维就接到了恺撒的死讯,他没有畏惧敌人的阴谋,毅然决然地回到了罗马。

他把自己的名字改作恺撒,称自己是"恺撒的儿子恺撒",决心像这个名字一样行事。回到罗马后,他借助老兵和平民的支持,做了执政官,那年他只有20岁。

此后,屋大维与罗马当时掌握实权的安东尼和雷必达走到了一起。公元前43年11月,他们在一个荒凉的小岛上举行会谈,达成了协议:屋大维立即辞去他的执政官职务,而由另一个人来代替;同时通过一项新法律,在执政官下设立三名行政长官的职位,分别由他们三人担任。他们将罗马当成一块馅饼,瓜分了它,屋大维分得了地中海和非洲,安东尼则分得了高卢,西班牙归雷必达。

接着他们三人打起为恺撒报仇的旗号。他们的复仇之剑当然是指向那些元老贵族,因为正是他们主张维护共和,反对恺撒建立帝国。屋大维做的第一件事就是惩罚杀害父亲的凶手。他成立了一个法庭,将那些杀害恺撒的人,甚至他们的朋友也列入了名单,称之为人民公敌。城内到处贴着惩罚公敌的布告:如果谁杀死了被宣布为公敌的人,可以凭头颅领取巨额奖金;如果奴隶杀了公敌,不但有奖金,还可以恢复自由。那些窝藏"公敌"的人,则与他们同罪。

在这次屠杀中,有300名元老和2000名骑士被杀死和被没收财产。刺杀恺撒的主谋布鲁图和喀西约在绝望中自杀于巴尔干。

屋大维履行对士兵们许下的诺言,把意大利最好的土地给予了他们,还给了他们大量钱财。这个时候,安东尼到了埃及,遇到了克列奥帕特拉女王。以后的事情前面已经讲过了,最终是屋大维出兵讨伐安东尼和埃及女王,他俩相继自杀了。

而在这之前,雷必达被屋大维剥夺了军权。此时屋大维成了罗马惟一的主宰,开始了罗马的一个新时期——帝国时期。这一年他刚刚28岁。他决定把和平还给久经战乱的罗马人,他进行了一系列有效的改革。从他开始,罗马维持了200多年的和平。

屋大维着手整顿国家,派军清除在罗马各地横行的盗贼,维护社会治安;他整顿元老院,把元老的人数减少到了600人,并且对担任元老的人提出了资格要求;他深知"水能载舟,也能覆舟",尽量让平民们过上丰衣足食的生活;他还把那些成天在城市游荡,无所事事的无业游民也好好地养了起来。

这样一来,罗马的秩序安定了,他的政权稳如泰山。此外,他还恢复了罗马古老的宗教崇拜和传统习惯,大兴土木,建造神庙、剧场、浴池,使罗马的面貌焕然一新。他曾自豪地说:"我接受的是一座砖造的罗马城,却留下了一座大理石的城市。"

屋大维得到了无上的荣誉,他先后当过执政官、大祭司和保民官,享有"祖国之父"的称号。公元前27年,元老院授予他"奥古斯都"的尊号,意思就是"至圣至尊",他的权力达到了顶峰。

公元前14年,屋大维去世,罗马为他举行了隆重的葬礼。他死时的这个月也以他的名字来命名,称为奥古斯都(Augustus),就是现在的August(即8月)。

古罗马文明

在罗马的大广场上,至今还竖着屋大维的黄金雕像,上面刻着一句话:"他恢复了很久以前就被破坏了的大地和海洋的和平。"

庞贝古城重见天日

在意大利那不勒斯湾附近的维苏威火山脚下,有座著名的古罗马城市庞贝。它始建于公元前8世纪,曾拥有2.5万人口,后来成为古罗马帝国的重要行政中心。离庞贝不远的埃尔科拉诺城也因庞贝城的影响而变成了大城市。但是谁也没料到,这两座古城竟突然消失了。

维苏威火山是世界上最活跃的火山之一,海拔1280米,位于庞贝城西北23公里处。有详细文字记载的地球上第一次火山爆发,就是维苏威火山。

公元63年,维苏威火山开始不安分起来,连续喷发多次。在公元79年,终于酿成了一场毁灭性的灾难。那年8月24日下午1时左右,庞贝城的居民看到维苏威火山上空突然升起一朵松树状的怪云。它慢慢地向城中飘来,而且越来越大,越来越黑。"火山爆发了!"有人惊呼到。瞬间,随着一声地动山摇般的巨响,火山熔岩夹杂着碎石、烟灰和水蒸汽一齐喷上了天空,遮天蔽日。庞贝城顿时漆黑一片。城内的人们慌不择路纷纷逃离家园。

两天以后,天空渐渐晴朗起来。人们以为火山喷发已经结束了,就纷纷扶老携幼返回城中。恰在这时,第二次更大规模的喷发开始了。伴随着一阵阵震耳欲聋的轰轰巨响,熔化的岩浆呼啸着喷射到几千米高的空中,又铺天盖地地砸落下来。待到火熄烟灭一切恢复平静以后,整个庞贝城连同城内的所有生灵,统统被埋葬在25米厚的熔岩浆和火山灰下面了。顷刻,这座充满了生机的城市就在地球上彻底消失了。

据统计,在公元79年这次维苏威火山喷发中,庞贝、埃尔科拉诺、斯塔比伊三座城市的居民至少有1.6万人死亡。此外,许多村庄被毁。

日月如梭。1600多年的时光很快便流逝过去,人们也已经渐渐把庞贝城遗忘了。研究历史的学者只是在查阅罗马古书时知道还有个庞贝古城;但它的遗址究竟在哪里,却一直无从知晓。1713年,维苏威山麓的居民掘井时,在一个6米深的地方挖到古城中赫库兰尼姆剧院的圆屋顶。1748年,又有人在离剧院不远的地方挖出一块刻有"庞贝"字样的石块。直到这时,消失千年的古城才重新回到人们的记忆之中。随之而来的便是掠夺者们近乎疯狂的洗劫。许多具有珍贵历史价值的文物从此流失了。1860年,当地政府把古城保护起来,进行有组织的大规模挖掘行动。去除约60万平方米的火山灰和砾石后,在地下沉睡了千年的庞贝古城终于重见天日。

经历了尘封地埋的漫长岁月以后,庞贝城已经变成一座地地道道的"化石城"。它建筑在一个面积约 63 公顷的椭圆形台地上,东西长 1200 米,南北宽 700 米,周长 3.8 公里。城墙用石头砌成,有 7 座城门和 14 座城塔。城内有 4 条交叉成"井"字形的主要街道,将全城分成 9 个区。街道用石板铺筑,街石的上面留下两道深深的车辙印,显示了庞贝城当年的繁华。主街宽约 7 米,两旁建有人行道。人行道上,每隔一步就埋着一块高出路面的石头。这是为了方便雨天时行人走路用的。在每个较大街道的十字路口,都安装着一个半人高、带有雕像的石制水池,它们连接着一条长长的用砖石砌成的渡槽,把城外山顶上的泉水引进城来,供居民饮用。

古城中有 3 座公共浴池。令人惊奇的是,1900 多年前的庞贝人已经懂得了在公共浴池中使用统一集中的锅炉烧水,再把水分送到男女浴室。浴室的天花板砌成圆拱形,使室内水蒸气上升到天花板后凝结成水滴,然后顺着圆拱顶缓缓流下,淌入墙壁上专门挖出的一条小水槽中,而不致滴到浴客们的身上。更令人惊叹的是,浴室的石砌拱顶居然承受住了熔岩的巨大压力,没有坍塌,这足见当时建筑设计水平之高超。

暴君尼禄杀母

尼禄是罗马历史上有名的暴君,人称"嗜血的尼禄"。他从小就生活在一种充满阴谋和卑劣的不良环境中,因此他既阴险狡诈,又骄奢淫逸,残暴无比。

尼禄的母亲阿格里皮娜,是罗马皇帝克劳狄的外甥女,因为长得美丽,才在皇帝的第三个妻子死后续娶她当了皇后。此前,这位皇后已经和别人结过婚,并生有一子,此子便是尼禄。

阿格里皮娜当上皇后以后,一心想让自己的儿子当上太子,她哄劝克劳狄废掉太子,立尼禄为太子。老皇帝照办了,她又怕他反悔,就把他毒死了。这一年是公元 54 年,17 岁的尼禄上台了。

这样一个荒淫而又残忍的母亲,是不可能培养出善良温和的君主的。

阿格里皮娜为了控制这位小皇帝,想了很多办法。她亲自做主,把老皇帝前妻所生的女儿嫁给尼禄当皇后,为的是牵制尼禄。可是尼禄偏偏喜欢上了罗马的一位贵妇人,要跟皇后离婚。他的母亲竭力反对他离婚,这使尼禄越来越厌恶她。再加上尼禄还害怕如果不听母亲的话,她会支持他的哥哥夺回王位。他视母亲阿格丽皮娜为绊脚石,采取了种种办法陷害她。

他先是派人弄翻了他母亲乘坐的船,企图淹死她。可她命大,被救了起来。尼禄一气之下,带兵过去,把她杀死了。

古罗马文明

　　从那以后,他更加荒淫无道。他与妻子离了婚,把她放逐到一个荒岛上。不久,又派人杀死了她。为了得到那个贵妇人,他强迫她同她的丈夫离婚。这位贵妇人的命运也好不到哪里去,在她怀孕的时候,被尼禄打死了。作为一国之君,他竟然经常到角斗场表演,甚至跑到希腊去参加奥林匹克运动会,还在那里巡回演出达1年之久。由于希腊人对他的表演技艺颇为欣赏,他高兴起来,便赐给他们自治权。

　　公元64年,罗马发生了大火,火光冲天,浓烟滚滚,一直燃烧了六天六夜,全城14个区只有4个区幸免。然而,当全城一片火海的时候,尼禄不仅不派人赶紧救火,居然还登上楼台,纵酒行乐、吟诗唱歌,极为快活。大火过后,罗马留下一片废墟,他竟抢先修建奢华的"金宫"。当时罗马流传尼禄为建造新宫而故意纵火。

　　尼禄为制止流言,大肆捕杀嫌疑犯,把纵火罪加在基督徒身上,进行残酷迫害。他在一些基督徒身上绑上易燃的材料,点燃充当火把来给街道照明。基督教史上称这件事是基督徒第一次受迫害。

　　尼禄的暴行加剧了人民的反抗,公元68年,各地的起义一浪高过一浪。元老院也无法容忍他,宣布他为"祖国之敌"。他的近卫军也发生兵变,离他而去了。当他一觉醒来时,发现宫中空无一人,居然吃惊地说:"我的朋友和敌人怎么都失踪了呢?"他知道自己作恶太多,慌忙向郊外皇庄逃去。

　　尼禄听说元老院作出决定,要用宗法处决他,即把衣服扒光,用荆条抽打,直到咽气为止。尼禄吓坏了,心想自杀比用刑强,于是挥动匕首自刎。临死时,他还在惋惜自己的表演才能,喃喃说道:"这个世界将失去一个多么优秀的艺术家啊。"

基督教的产生

　　基督教大约产生于公元1世纪中叶,最早出现在罗马统治下的犹太下层群众中间,不久便传遍整个罗马帝国。

　　"救世主"一词,古希腊文为Christos,拉丁文为Christus,汉语译为"基督"。基督教是当今世界三大宗教之一,它的创始人是传说中的耶稣基督。

　　传说,耶稣的父亲是木匠约瑟,母亲叫玛利亚。玛利亚被许配给了约瑟,但还没结婚,她就受圣灵的感应怀孕了。木匠约瑟是个好人,他不愿意公开羞辱玛利亚,打算悄悄地与她解除婚约。一天,上帝派使者托梦给他说:"约瑟,你不要害怕,只管把玛利亚娶过来,因为她所怀的孩子来自于圣灵。她将要生一个儿子,你给他取名叫耶稣,因为他要将自己的百姓从罪恶中解救出来。"

世界通史

约瑟醒来后,按照天使的吩咐,娶了玛利亚。耶稣降生在犹太国的伯利恒,有几个从东方来的博士来到耶路撒冷,声称他们在东方看到了一颗星,知道将有一个伟大的人要出生,特地来拜见他。国王希律干很恐慌,哄骗博士们说:"你们仔细寻找那小孩子,寻到了,就来报信,我好去拜见他。"

博士们就向东方寻找,他们看到的那颗星带领他们来到耶稣的家,就停住了。他们便伏在地上,拜见了这个小孩,并将贵重的物品献给他。天使托梦给博士们,让他们不要告诉希律王,于是他们转道回去了。天使又托梦给约瑟,告诉他希律王正在追杀耶稣,让他们一家去埃及逃难,等希律王死后,再回耶路撒冷。

耶稣长大后,正好遇到施洗者约翰在传教。约翰身穿骆驼毛的衣服,吃的是蝗虫和野蜜。耶路撒冷和约旦河一带的人,都到他这里,承认自己的罪过,在约旦河受洗。约翰说,很快会有比他能力更大的传道者到来:"我是用水给你们施洗,叫你们悔改;但那在我以后来的,能力比我更大的人,他要用圣灵和火给你们施洗。"当耶稣赶到约旦河,要接受约翰施洗时,约翰不敢为他施洗,他说:"我当受你的洗,你反倒上我这里来了。"

从此,耶稣开始传教,有许多信徒跟着他。他在高山上,训导众人:"不要与恶人作对。有人打你的右脸,你就把左脸转过来给他打;有人抢夺你的外衣,你就把内衣给他送过去;有人强行逼你走一里路,你就同他走两里。"这些训词表现了基督教的忍让精神。

耶稣有妙手回春的神力,他每到一处,就为人们解除疾病的痛苦。有一个麻风病人来拜见他,他把手放到病人身上,病人便好了。他使两个瞎子重见光明,使哑巴恢复说话。他还有许多神奇的功力。有一次,耶稣带领门徒传教,身后还有5000听众跟着。天色已晚,他们正好来到了前不着村、后不着店的荒野,门徒们说要去弄吃的,耶稣让他们拿来仅有的5个饼、2条鱼,掰开递给众人吃,结果所有的人都吃饱了,剩下的还装满了12个篮子。

在传教过程中,耶稣到处劝人们与人为善,不要吝啬财富。有人来见他,问怎样才能永生。耶稣说:"你若要永生,就要遵守成命,不可杀人,不可奸淫,不可偷盗,不可做假证,要孝敬父母,要爱人如己。"耶稣常常告诫门徒:"我实在告诉你们,财主进天国是难的。我还要告诉你们:骆驼穿过针的眼,比财主进神的国还容易呢!"后来,这句话演变成"富人进天堂,比骆驼穿针眼还难"而流传于世。

耶稣四处传教,影响越来越大,引起了犹太上层及罗马统治者的恐慌,他们到处捕捉耶稣。耶稣的12个弟子中有一个叫犹大,当他得知罗马人正在悬赏捕捉耶稣时,决定出卖老师,以得到30块银币。

逾越节前两天,统治者们决定在远离圣殿的地方偷偷抓住耶稣,叫犹大做好内应。

节日的晚餐开始了。耶稣和12个门徒一起用晚餐,每个人脸上都喜气洋洋的。大家共同举起杯子,感谢上帝的赐福。这时,耶稣叹了口气说:"我实在告诉你们,你们当中有一个人出卖了我。他正和我们同坐在一张餐桌旁。"

众人都大吃一惊,瞪大了双眼,惟有犹大惊恐不安。

第二天,犹大带着官府的人来了。犹大走到耶稣跟前,轻轻地吻了吻耶稣的脸颊。耶稣双目直视,大声问道:"朋友,你这是干什么?你用亲吻的暗号,出卖上帝之子吗?"

犹大低着头,不敢看耶稣的眼睛。

耶稣被抓走了,他受尽了打骂和折磨,最后被钉死在十字架上。

3天后,天摇地动,耶稣死而复活了。他召见11个门徒,说:"只要你们遵照我的吩咐去做,我是永远会和你们在一起的。"人们为了纪念他,把耶稣的生日12月25日定为圣诞节,把他复活的那一天定为复活节。

其实,耶稣的生平未见于公元1世纪的任何记载,历史上究竟有无耶稣其人,历来争论不休,至今没有定论。耶稣可能是犹太人中某个秘密教派的领袖,其事迹传说开来,被蒙上神话色彩,附会为神。所以,与其说是耶稣创立了基督教,不如说是基督教创造了耶稣。

西罗马帝国的灭亡

罗马共和国在不断内乱的打击下,共和制逐渐走向没落,政权落在了独掌兵权的屋大维手中,开始了罗马帝国时期。

公元1至3世纪,由于内战的结束和对周边民族和地区扩张战争的暂时停止,航海和技术的进一步发展,罗马帝国社会经济出现了一个长期稳定和发展时期,即"罗马和平"。帝国西临大西洋,东至美索不达米亚,北抵莱茵河与多瑙河流域,南及北非广大地区,成为称雄一时的强大帝国,罗马城则被称为"永恒之城"。

在公元3世纪,帝国出现了全面危机。奴隶主残酷的压榨,使奴隶失去了最低限度的劳动积极性。他们消极怠工,甚至毁坏庄稼。农业的衰败波及到工商业,城市也失去了商旅云集的繁荣景象。大庄园主挖沟筑垒,建立私人武装,逐渐演化成割据地方的豪强地主,大大削弱了中央的权力。各行省的驻军自立首领,拥兵自重。皇帝成为地方军阀的傀儡。

公元238年,元老贵族拥立的4个皇帝相继被军人杀死。随后的15年里,走马灯似的换了10个皇帝。军人出身的皇帝戴克里先和君士坦丁,利用自己对军权的控制,一度强化了集权统治。君士坦丁还将首都迁到拜占庭,定名为君士坦丁堡,企图借助东方行省的经济力量来维持帝国的实力。君士坦丁力图保持奴隶制度,强调奴隶主的特权。他正式承认基督教的合法地位,利用基督教宣扬忍耐、顺从的教义作为精神统治的支柱。但君士坦丁挽救不了奴隶制帝国的命运,帝国内部不断爆发起义,周边民族的不断入侵更加剧了帝国的危机。

公元263年,西西里爆发了大规模的奴隶起义;273年,罗马造币厂奴隶也掀起了争取自由的斗争。大约与此同时,高卢爆发了大规模的"巴高达"运动。起义军占领许多城市和乡村,推举自己的首领为皇帝。

4世纪30年代,北非爆发了阿哥尼斯特(意为"战士")运动,他们到处打击奴隶主和大地主,使西罗马帝国统治更加虚弱。

摇摇欲坠的罗马帝国又受到日耳曼人的攻击。日耳曼人骁勇善战,被罗马人称为蛮族。他们在西进的匈奴人的逼迫下,成群结队自东向西迁徙,潮水般地涌入罗马帝国境内。日耳曼人中的西哥特人迁居到巴尔干半岛北部,不堪忍受罗马官吏、奴隶主的压迫,开展了英勇的反抗斗争。

在内外交困的打击下,公元395年,罗马帝国一分为二:以君士坦丁堡为首都的东罗马帝国和以罗马城为首都的西罗马帝国。

西罗马帝国的噩梦并没有结束。5世纪初,西哥特人再次大举进攻。西哥特人首领阿拉里克率领大军开进意大利,直逼罗马。出征前,阿拉里克向妻子许诺:要让罗马城里最有地位的贵妇人侍奉她,要把罗马城内的财宝都赠给她。

当时,西罗马17岁的皇帝荷拉留是个低能儿,听说西哥特人攻来,吓得手足无措。幸好他的执政官斯提里科精明强干,迅速调来军队,利用西哥特人庆祝复活节的时机,偷袭西哥特人,获得大胜,并且俘虏了阿拉里克的妻子。斯提里科虽然取得了胜利,但他深知,西罗马决不会最终打败西哥特人的。因此,他与阿拉里克订立了和约,结为盟友。

几年后,西罗马有位将军反叛,斯提里科想借助阿拉里克的力量平息叛乱。不料此举遭到罗马元老院的强烈反对。元老院贵族向皇帝进言,说斯提里科想利用阿拉里克推翻皇帝,企图让自己的儿子当皇帝。低能皇帝听信谗言,下令处死了斯提里科父子。罗马皇帝此举正好给阿拉里克制造了发难借口。阿拉里克以替朋友和盟友斯提里科报仇为由,率军进入意大利,直逼罗马城下。

阿拉里克率军团团围住罗马城,并切断了罗马城内的粮食供应。眼见各地奴隶贫民纷纷投奔阿拉里克,而罗马城内因饥荒和瘟疫而一片萧条,皇帝荷拉留龟缩在拉温那又不思解围,罗马城内的贵族不得已派人向阿拉里克乞降。阿拉里克傲慢地对罗马使臣说,罗马城除了居民的生命,其他的东西都要带走。罗马使臣又试探着说:"城内还有积极备战的士兵。"言外之意是罗马人不能接受太过苛刻的条件。阿拉里克大笑着说:"那好,草长得越茂盛,割起来越顺手!"经过再三请求,阿拉里克答应撤兵。西罗马为此付出的是大批财宝、释放所有外族奴隶、派贵族子弟当人质的代价。

不过,西罗马皇帝对这个结局,并不难过。他拖延时间,等东罗马援军到来后,他明确宣布,拒绝与阿拉里克签订和约。阿拉里克决定攻陷罗马。410年,西哥特人联合匈奴再次进军罗马城。奴隶们在夜间打开城门,迎接西哥特人。这座固若金汤的"永恒之城",800年来第一次陷入敌手。昔日奢华的帝都惨遭洗劫:到处是尸体和鲜血,许多人被卖为奴隶,罗马城失去了往日的繁荣。

公元476年,日耳曼雇佣军统帅奥多亚克废黜了西罗马末代皇帝罗慕洛·奥古斯都,西罗马帝国灭亡了。

此后,定都君士坦丁堡的东罗马帝国继续存在了大约1000年的时间,但它已失去了昔日罗马帝国的辉煌。从此,欧洲历史进入了封建统治的中古时代,被称为"中世纪"。

中世纪的欧洲

克洛维统一法兰克

在西罗马帝国的废墟上,日耳曼人建立了许多国家,其中以法兰克王国最为强大。从公元3世纪起,法兰克人就经常越过莱茵河,掳掠罗马统治下的高卢行省。法兰克人在西罗马帝国灭亡前后分成两大支,住在莱茵河中游地区的称"河滨法兰克人",住在莱茵河三角洲一带的称"海滨法兰克人"。

公元481年,克洛维的父亲、海滨法兰克人的部落首领契尔德里克去世,克洛维继任,随即建立起法兰克王国。公元486年,21岁的克洛维已经成长为一个军事奇才,他联合法兰克各部,从高卢北部向内地进攻,在巴黎东北的苏瓦松击败了罗马残军,夺下了塞纳河与卢尔瓦河之间的大片土地。苏瓦松战役的胜利奠定了法兰克王国形成的基础。

克洛维的妻子克洛提尔德是西哥特国王的后裔,是一个虔诚的基督教徒。她一次次地劝丈夫信教,说上帝会在他最危难的时候拯救他,可克洛维只是一笑了之,他崇拜自己民族的偶像。据说克洛提尔德曾为他们的第一个孩子接受基督教洗礼,但是不久孩子就死了,克洛维大怒,对妻子大加责备。后来,克洛提尔德又为第二个孩子同样领受了洗礼,孩子存活了下来,克洛维却仍然坚持自己的多神崇拜。

在公元496年,克洛维率军与阿勒曼尼人作战,大败而归。此时,他想到了妻子说的上帝,便决定皈依基督教。其实,克洛维皈依基督教还有利益上的考虑,那就是争取罗马教会的支持,增强自己的实力。而此时,罗马教会也需要日益强大的克洛维的军事力量。双方一拍即合。

克洛维皈依基督教后,得到了教会的支持,在法兰克人心目中的地位大大提高。他此后又出兵打败了西哥特王国,夺取了西班牙半岛和高卢南部的大片土地。

克洛维称霸欧洲最大的阻力是河滨法兰克人的首领及其儿子。克洛维认为要搬倒自己的对手是要不惜一切代价、想尽一切办法的。他派人找到首领的儿子小克洛德里克,然后摆出一副神秘的样子,附在小克洛德里克的耳边,轻声说:"你说,现在这儿,谁的权力最大?"

"那还用讲,肯定是我的父亲!"小克洛德里克自豪地回答。

克洛维摇了摇头,说:"唉,你真傻。要是叫我看,除了你,没人比你的权力大,只是……"他欲言又止。

小克洛德里克露出了奇怪的神色,他想得到克洛维的指点。克洛维说:"如果你父亲去世了,那河滨法兰克人的权力不都在你的手中了吗?"小克洛德里克恍然大悟,他兴奋地对克洛维说:"谢谢你提醒我,我明白怎么做了。"

很快,小克洛德里克杀死了他的父亲,并把这个消息告诉了克洛维。为了表示对克洛维的谢意,他要克洛维去挑选一些财宝。克洛维谢绝了,他后来又提出要和自己的使者去看一看。到达后,克洛维和他的使者围着财宝转了几圈。同时,小克洛德里克嘴里不住地说如何杀了自己的父亲。那个使者听不下去了,他拔出刀,朝小克洛德里克砍去。

杀死了小克洛德里克后,克洛维立即跑到河滨法兰克人那里,解释自己是清白的,并且他同意接纳河滨法兰克人。河滨法兰克人相信了克洛维的话,他们拥护克洛维为自己的首领。

日耳曼人相对于罗马帝国来说,不过是蛮族。克洛维是第一个信奉基督教的日耳曼人国王,这一影响是深远的。在高卢基督教会的支持下,克洛维继续进行领土扩张。到他的晚年,法兰克国王的疆域已经推进到罗亚尔河以南地区,几乎占领了罗马在高卢的全部领土。克洛维终于统一了法兰克。

查理曼帝国的命运

前面我们讲过克洛维创建法兰克王国的故事。在他之后数百年,法兰克王国又出现了一个绰号叫"矮子"的国王,他名叫丕平,是个能干、精明而又狡猾的人,他在位时把国家治理得十分强大。

"矮子"丕平有两个儿子:查理和卡罗曼。他们共同继承了父亲遗下的王位,其中查理显得格外出色,他身材高大,体格健壮,武艺高强,善于骑射,精于击剑,还会说多种语言,对文人学士格外尊重,真可说是个能文能武的国王。他的弟弟卡罗曼做国王没几年就去世了,从此查理独掌大权。

查理开始连年不断的征战,扩张领土。他在位 46 年,发动过 53 次战争。他一生都在马背上东征西讨。法兰克王国的版图在他手里扩大了整整一倍,囊括了今天德国、法国、荷兰、比利时、奥地利、意大利和部分西班牙的领土。

野心勃勃的查理觉得"国王"这顶帽子对他来说实在是太小了。"要是能由教皇为我正式加冕,当这一大片国土的大皇帝该有多美啊!"查理就此做起加冕称帝的美梦来。事有凑巧,在此之前,罗马教皇利奥三世因为同当地贵族发生矛盾,引起贵族叛乱。教皇只身一人逃出罗马,去向查理求救。刚到查理王宫的时候,教皇还止不住浑身发抖。想到那些贵族威胁说要挖掉他的眼睛,割去他的舌头,他怎能不胆战心惊呢。正在教皇走投无路的时候,查理表示愿意帮他的忙。

查理为他帮忙当然不是义务的,而是看中了教皇的利用价值。公元800年,查理亲自率兵护送教皇回罗马复位。那些贵族慑于查理的威势,哪还敢对教皇不敬。这样的一位大恩人,教皇正时时想着如何报答他呢。当他得知查理有加冕称帝的意图时,就赶紧热心地张罗起来。

圣诞节这天,查理加冕的大典就要举行了。只见雄伟庄严的圣彼得大教堂里烛火辉煌,挤满了高官显贵和身着教袍的各级教士。教皇利奥三世特意选择这个最重要的宗教节日为法兰克王国国王查理加冕。当查理来到大堂圣像前,虔诚地跪下来时,教皇将一顶金光灿灿的皇冠戴到了他的头上。教皇高声宣布:"上帝为查理皇帝加冕!这位伟大的、给世界带来和平的罗马人的皇帝万岁!万万岁!"

从此,"法兰克王国"变成了"查理帝国";"查理国王"变成了"查理曼","曼"就是大帝的意思。

查理大帝成了当时欧洲势力最大的君主,他威风八面,指挥着千军万马在欧洲各地不断地征战。他还提倡文化,召集了许多文人学士在王宫中出谋划策,高谈阔论。他的帝国幅员辽阔但各地区缺乏经济和文化联系,只是在军事上互相联合,所以并不能长治久安。

公元814年,查理大帝撒手归天了。他的帝国马上露出了解体的迹象。

继承查理曼帝国皇位的是查理大帝的儿子路易。他是个对政治和国家大事漠不关心的人,其最感兴趣的是宗教,整天热衷于做弥撒,所以得了个"虔诚者"的绰号。他无心治理国家,王宫也成了他诵念经文、祈祷上帝的场所。王公贵族们见皇帝如此"管理"国家,纷纷起来抢班夺权。加上帝国其他地区经常出现哗变和叛乱,"虔诚者"路易感到不堪重负,他继位不久就把国土一块块地分给几个儿子去管理。

公元817年、829年和837年,他的长子罗退尔、次子丕平和三子路易都先后受到了分封。查理大帝留下的宏大基业已经出现了分崩离析的迹象。及至"虔诚者"路易的另一个儿子,绰号叫"秃头"的查理长大了,他也提出要分封,可已经晚了,他的三个哥哥已把国土分割殆尽。于是就爆发了一场争夺家产的内战。这场战争一打就是几十年,查理曼帝国被弄得民不聊生,满目疮痍。

后来次子丕平于838年去世,可罗退尔、路易和"秃头"查理三兄弟还是摆不平,谁也不服气谁,谁也战胜不了谁。就这么一直打到三败俱伤,三兄弟才坐下来谈判。

843年8月,他们在凡尔登缔结了和约,正式将帝国一分为三:老大罗退尔得帝国中部,称中王国,并承袭帝号,但对两个弟弟无约束力;老三路易获得东部地区,称东法兰克王国;老四查理(秃头)得到帝国的西部,称西法兰克王国。这次划分奠定了意大利、德国和法国的雏形。庞大的查理曼帝国至此正式宣告瓦解。

徒有虚名的"罗马帝国"

奥托一世,德国萨克森王朝的第二代国王,神圣罗马帝国的奠基人。他是19世纪德国统一前最强有力的统治者,被称为"奥托大帝"。

奥托一世出生于912年,他自幼习武好战,年轻时随父王亨利一世四处征战。

萨克森王朝立国之初,疆土辖莱茵河、易北河和多瑙河之间地区,古称条顿地方。当时王权微弱,而地方公爵势力却异常强大。强大的公爵根本不把国王放在眼里,经常兴兵作乱,穷兵黩武,割据一方,南方的巴伐利亚公爵和士瓦本公爵公开抗命,亨利一世被迫一再用兵,仍不能平息。

但是中小封建主和教会是萨克森王朝的支柱,他们支持亨利一世加强王权的要求。中小地主为避免地方公爵的吞并和对公有地的占有,需要王权的支持;教会为扩大自己的土地,也需要王权的帮助。国王则从教会领地得到捐税收入,并通过任命高级教职而分割地方公爵的势力。大封建主阶级为了从对外侵略中获得利益以及镇压国内的农民起义,在不危害地方公爵独立的前提下,主张在一定程度上加强王权。

对外战争与外族的入侵也促使王权的加强。德法为争夺洛林曾经进行了长期战争。920年,法军打败了德国,亨利只好将洛林归属法国。当时,德国几乎年年遭匈牙利骑兵的洗劫,有被灭亡的危险。因此,他们只好向匈牙利纳贡。

为了抵抗外族入侵和保卫国家利益,亨利一世进行了一系列军事改革,建立骑兵,在萨克森边境修筑许多军事要塞,为抵御外侮、平定内乱和加强王权创造了条件。

936年亨利一世死后,全体法兰克人和萨克森人遵照先王遗嘱选举王子奥托为他们的新国王。美因茨大主教将象征王权的宝剑(驱逐基督的一切敌人和野蛮人)、手镯和斗篷(恩泽广被)以及权杖(训诫臣民)授予奥托,美因茨和科隆两位大主教还给他涂圣油、戴金冠。

奥托继位后,首先集中全力平定内乱,打击国内割据势力。937年,巴伐利亚公爵谋反,奥托两次发兵征讨平定后,任命原公爵之弟仍为公爵,同时采取种种办法限制其权力。将原公爵的司法权授予他直接任命的巴伐利亚主教,人称"奥托特权"。他又任命一位权力很大的巴拉丁伯爵,代表中央在巴伐利亚处理司法事务和征集税收。他还让弟弟娶巴伐利亚公爵之女为妻。947年公爵死,女婿继位。奥托用征讨和联姻的办法,把巴伐利亚牢牢控制在自己手里。

944年,洛林(928年从法国夺回)公爵死,奥托派他后来的女婿、法兰克尼亚公爵康拉德去继承,把洛林拿到手。949年,士瓦本公爵死,他命令原公爵女婿、自己的儿子继承。

奥托在完全控制各大公爵的领地之后全力抵御匈牙利的侵扰。955年,在奥格斯堡以南的莱希河畔取得了大败匈牙利骑兵一万多人的重大胜利,不但从此制止了匈牙利的入侵,而且德国的国际影响也空前提高。

奥托一世狂妄地以古代罗马帝国及其皇统的合法继承人自居,醉心于征服意大利以恢复古罗马帝国的光荣。

意大利濒临地中海,是东西贸易的要冲,10世纪时已出现许多富庶的工商业城市,富甲欧洲,但在政治上处于分裂状态。北部各诸侯为争夺意大利王冠而互相倾轧,中部教皇国的政权和教皇的选举被世俗贵族所操纵,南部分裂为伦巴德和拜占庭的领地,并遭受来自北部的阿拉伯人的入侵。意大利的四分五裂为奥托一世的入侵提供了可乘之机。

951年,奥托一世率领大军越过阿尔卑斯山,进军意大利,占领伦巴底,控制了北意大利。

奥托并不以控制北意大利为满足,极力要夺取对教皇的控制权。955年,一个放荡的少年登上教皇宝座,即约翰十二世。罗马贵族发动叛乱反对约翰的统治,约翰恳请奥托提供援助,于是他率军进入罗马,巩固了教皇的地位。962年2月,在圣彼得大教堂,约翰为奥托加冕称帝,称他为"罗马皇帝",在查理曼帝国瓦解之后,西方又建立了一个"罗马帝国"。

从此,每位德国国王上台后,都想重演一遍去罗马的加冕礼,以此为无上光荣。这就使日耳曼民族的罗马帝国,到德皇腓特烈一世加冕时,又加上"神圣"的字样。帝国在名义上包括德国和意大利北部、中部,实际上在封建割据下,并没有建立大帝国的基础。正如伏尔泰所说,它"既非神圣,又非罗马,更非帝国",是一个徒有虚名的"神圣罗马帝国"。

奥托一世入侵意大利后,将意大利洗劫一空,遭到意大利人的强烈反抗,965年。奥托推举约翰十三世为教皇,但罗马人拒绝接受。第二年,他第三次进军意大利,攻占罗马。972年,他甚至打到拜占庭,迫使拜占庭将公主嫁给他儿子奥托二世。973年他回国后不久病逝。

诺曼人征服英格兰

"诺曼征服"是11世纪中叶法国诺曼底公爵威廉同英国大封建主哈罗德为争夺英国王位进而征服英国的一场战争。

8世纪时,居住在斯堪的纳维亚半岛和波罗的海沿岸的诺曼人侵入英国和爱尔兰,并建立了自己的王国。10世纪初,又侵占法国部分领土,建立诺曼底公国。

1042年,流亡诺曼底的英国王子爱德华继承英国王位,他的母亲是诺曼底公爵罗伯特的女儿。他虽然娶英格兰大贵族戈德温之女为妻,但在朝中却重用诺曼人,从而为诺曼征服铺平了道路。

1066年,爱德华国王逝世,没有留下王位继承人。按照英国的法律,如果死去的国王没有留下王位继承人,那王位继承问题应该由英国政治机构的核心"贤人会议"来决定。

正当"贤人会议"的成员在热烈讨论王位的继承人选时,诺曼底公爵威廉的使者求见,威廉使者朗声说道:"惊悉贵国爱德华国王逝世,威廉公爵悲痛欲绝。想当年爱德华国王流亡诺曼底,我公爵待他亲如手足。他曾许诺,若有朝一日当上国王,定将王位传给我公爵。今贵国王已去,请你们兑现当年国王的诺言,让我国王继承英格兰王位。"

大臣们正待议论,又传挪威国王使节求见。挪威使节傲慢地对大臣们说:"我挪威国王是卡纽特大帝之后,昔日英格兰曾归卡纽特大帝统治,现在我王要求恢复对英国的统治。"

面对两位颐指气使的使者,大臣们忧心忡忡,他们深知选中任何一位都会招致另一位的不满和仇恨。他们在经过反复讨论之后,决定推选英国本土戈德温家族的哈罗德为新国王。

当哈罗德在威斯敏斯特教堂加冕称王的消息传到诺曼底时,威廉公爵破口大骂:"哈罗德这个卑鄙的小人,两年前要不是我的搭救,早已葬身英吉利海峡。当年他曾发誓,英格兰王位由我继承,如今却自食前言,背信弃义。我一定要踏平英格兰,征服不列颠,让哈罗德这个不义小人死无葬身之地。"

威廉可是一个说到做到的人,他立即开始紧张的行动。为了解除后顾之忧,他与东部的弗兰德尔人结盟,并征服西面的不列塔尼和南部的缅因。为了创造一个有利的外部环境,他游说罗马教皇亚历山大二世和神圣罗马帝国皇帝亨利四世,向他们控告哈罗德背信弃义的行为。教皇支持威廉的行动,还赐给他一面"圣旗",亨利四世也表示要帮助威廉夺回王位。这一切为他入侵不列颠创造了有利条件。

哈罗德在继承王位后,也立即展开了紧张的军事准备工作。这一日,哈罗德国王正在观看士兵训练,突然有快马来报,挪威国王率军在英格兰北部登陆,英军抵挡不住,挪威军队正朝约克镇杀来。哈罗德大吃一惊,挪威军队为何来得如此之快?原来哈罗德国王的弟弟托斯蒂格,因不满自己的领地被剥夺,怀恨在心,于是勾结挪威国王引狼入室。哈罗德下令迅速集合部队,连夜启程北上。

双方军队在英格兰北部重镇约克城下遭遇,挪威军队首先向英格兰的西线军队发起进攻,英军居高临下,一次又一次打退了敌人的进攻。挪威军队又改向东线进攻,就在挪威军快要接近英军阵地时,英军突然万箭齐发,挪威军死伤无数,一支利箭朝挪威国王飞来,国王躲闪不及,正中他的咽喉,当场倒地身亡。群龙无首,挪威军心涣散,伤亡惨重,余部投降。

英军虽然取得了重大胜利,但是哈罗德的军队也打得精疲力尽,正待休整,又传来一个更坏的消息:诺曼底公爵威廉的军队在不列颠的南部登陆。

1066年9月28日,威廉的军队未遇任何抵抗便在伯文西湾登陆。威廉第一个踏上英格兰的土地,不知什么缘故,他忽然滑倒,两手着地。众人均以为这是不祥之兆,威廉恐军心涣散,急中生智,连忙爬起来大声喊道:"看,我的主呀!凭着上帝的荣耀,我已用我的双手掌握住英格兰了。"众人齐声高呼:"威廉国王!"

哈罗德国王决定率军南下,抵抗威廉的进攻,这时一位大臣进谏道:"我军南征北战,元气大伤,劳累不堪,而威廉军却士气高昂,以逸待劳;且威廉多骑兵,我军多步兵,此时交战恐怕凶多吉少。请吾王三思而后行。"

哈罗德不假思索地说:"诺曼军队烧杀抢劫,无恶不作,百姓苦不堪言,我身为万民之主,岂能坐视不管?大军即刻出发,勿再多言!"

10月14日,威廉的大军赶到黑斯廷斯,与英军遭遇,一场决战就这样开始了。哈罗德的营寨设在山头,他将亲兵部署在峰顶两侧,在中央构成坚固的防守,两翼由民兵把守。诺曼人排成一线向山顶推进。当两军接近时,诺曼弓箭手开始射箭,英军凭借盾牌护身,居高临下,用乱石、标枪、长矛击退冲上山的诺曼士兵,诺曼人伤亡惨重。混乱之中,威廉坠马,但他镇定自若,立即跃上另一匹战马,大声高呼:"请大家看着我,我还活着。向前冲啊!"在威廉的呐喊声中,诺曼人开始了第二次进攻。结果仍被勇敢的英格兰士兵所击退。

威廉眼见不能取胜,决定改变战术。威廉的军队又一次发起了进攻,交战不久,只见威廉军中大乱,骑兵纷纷后撤,步兵也丢盔弃甲,狼狈逃跑,一直退到谷底,然后逃往山中。英军以为敌人坚持不住,落荒而逃,便冲下山来追赶"逃敌",谁知正中威廉下怀。威廉率军居高临下,痛击英军,哈罗德率军拼死抵抗,突然一支利箭飞来,正中哈罗德右眼,哈罗德倒地身亡。

国王战死,英军士气低落,全线溃败,黑斯廷斯战役以威廉的胜利而告终。威廉乘胜追击,攻占伦敦,征服英格兰。当年圣诞节,威廉在威斯敏斯特教堂举行加冕典礼,是为威廉一世,史称"征服者威廉"。

诺曼征服给英格兰各阶层人民带来深重的灾难,但也为英格兰带来比较先进的中央集权的封建制度和强大的王权,在政治、经济、军事、文化方面改变了英国的面貌,为后来英国封建社会的发展创造了有利条件。

卡诺莎之行

在西方,"卡诺莎之行"是忍气吞声、屈膝投降的代名词。说起这个词的由来,还有一段有趣的故事。

那是在中世纪早期,罗马天主教会和教皇的势力很大,教皇与各国国王常常为了争权夺势而勾心斗角,他们之间的斗争十分激烈。

1073年,格里高利七世成为了新一任教皇,他一上台就大刀阔斧地改革教会,并且傲慢地宣称:教皇拥有至高无上的权力,他不仅可以自行决定任免主教,还有权废除或拥立君主,有权对国王进行审判和惩罚。而教皇则从不受任何人的制约或审判。

这时的德意志国王亨利四世,是一个年轻气盛的小伙子,他当然不会放弃手中的权力而接受教皇的摆布,双方之间不可避免地发生了冲突。

1075年,亨利四世自行委派了国内的几名主教,填补缺位,并没有要求教皇的批准。

教皇闻知此事后,立即致信亨利四世,要他考虑后果,严令他立即忏悔,并向教皇交上忏悔书。

接到教皇的信以后,亨利四世不仅不予理睬,反而在圣诞节刚过,新年到来之际,召开宗教会议,宣布废黜教皇。

教皇给予亨利四世更有力的回击,宣布剥夺国王亨利四世的王权,并将他开除出教会。这时,反对亨利四世的公侯和高级教士趁机响应教皇的决定,使亨利四世面临很大的困境。

亨利四世当时还年轻,感到自己毕竟撼不动教皇的权威,只好签署了保证书,表示服从教皇的权力,并对自己的"严重罪行"进行忏悔。

继而,那些亨利四世的反对派又进一步作出决议:定于1077年2月在德意志中部的奥格斯堡举行会议,并将邀请教皇出席,以共同对亨利四世作出裁决。

此时,教皇已经从罗马赶到了阿尔卑斯山南麓的卡诺莎城堡,在那里等候德意志王国反对亨利四世的公侯派来的迎护军队,以便前去参加裁决会议。得知此事,亨利四世顿时意识到了问题的严重性。

亨利四世匆匆换上普通服装,带上少数随从人员,翻过阿尔卑斯山,一路风尘地赶到了卡诺莎城堡。

亨利四世跳下马,立即脱下皮帽和靴子,将一条毡毯披在身上,冒着鹅毛大雪,一步一步地走到教皇的宅第前。

这是亨利四世的忏悔方式。当时罗马教会允许被他们宣判的罪人采取任何一种自己选择的方式忏悔,比如自我杖责、捐纳巨款、赴圣地朝拜、赤足露顶地哀恳等等,以求得教会的赦免。亨利四世选择的就是在隆冬时节赤足露顶的方式向教皇直接哀恳。

整整3天,教皇都没有理睬他。第4天,亨利四世还是站在风雪中痛哭流涕,乞求教皇赦免他。

许多教士被亨利四世的真诚所感动,纷纷向教皇代乞。教皇余怒未消,但碍于多人求情,勉强传亨利四世进来见他。

亨利四世感激不尽地匍匐而进。这个青年国王此刻威风扫地,显得可怜巴巴。

比亨利四世大30岁的教皇格里高利尽量克制着自己的怒火,以轻蔑的眼神望着这个乳臭未干却胆敢跟自己分庭抗礼的国王,说道:

"我已经以上帝的名义革除你的教籍,剥夺了你的继续行使国王的权力。你现在就是一个罪人,还有何脸面前来见我?"

亨利四世噙着泪水,诚惶诚恐地说:"教皇陛下,我的主人,我已经认识到我的错误,这次特来向您忏悔,请求你的宽恕和慈爱。"

"啊,教皇?"格里高利冷笑一声,"你还认我是教皇?你不是写信给我,命令我滚蛋吗?"

"不,不,我已经撤销了冒犯您的法令,并且写了保证书。"亨利四世着急地说,赶紧双手递给教皇几张纸。

教皇并不满意,他严厉地训斥亨利四世,历数他的种种罪行。亨利四世一一低头认罪。

看到曾经趾高气扬的国王如今可怜到如此地步,红衣主教、大主教和一些贵族,就纷纷提出请求要赦免亨利四世。

最后,教皇终于松下口气说:"看来,你的悔过是真诚的。我已经说过,上帝是永远忍耐和宽恕的。为了他的慈爱,我将允许你重新回到教会的怀抱。不过,我不能立即恢复你国王的权力。你必须在上帝面前立下誓词,并且由在场人员作出保证。"

亨利四世当即照办,并宣誓遵照教皇的旨意痛改前非。

亨利四世在获得教皇赦免后,带着随从离开卡诺莎城堡。后来,"卡诺莎之行"便成为屈辱投降的同义词。

然而卡诺莎之行的屈辱并没有挽回亨利四世的权力和安宁。当他回到德意志时,反对势力已宣布他被废黜,新的国王已经选出,并竭尽全力争取教皇的支持。亨利四世当然不能接受这种现实,他则立即组织武装讨伐。

1080年,教皇以亨利四世没遵守誓言,擅自违背他的命令为借口,第二次革去了他的教籍并废黜他的王位。

这时的亨利四世已经掌握了一定的军事实力,腰杆也硬了起来,他立即还以颜色,暗中指使效忠于他的宗教会议,再次通过了废黜教皇的决议。

稍后,亨利四世就领军击垮了反对派扶植的新国王,把政权牢牢地掌握在了自己的手中。

是洗刷耻辱的时候了。亨利四世派兵直取意大利,去讨伐教皇,终于在1084年攻陷了罗马城。教皇吓得仓皇出逃,跑到了意大利的南部。

同年,罗马教廷被迫为亨利四世加冕,从此,他自称"神圣罗马皇帝"。

格里高利与亨利四世的斗争算是告一段落了,但在以后的几个世纪中,教皇与国王争权夺势的斗争从未停息。这种斗争对欧洲的社会政治生活产生了极大影响。

十字军东征

十字军东征是指西欧封建主、大商人和天主教会以维护基督教名义,对地中海东岸地区发动的侵略性远征。因为东侵军队的衣服上均有红十字标记,故称十字军。

11世纪时,罗马教廷企图扩张自己的势力,不仅要把东正教置于自己的控制之下,还梦想夺取伊斯兰教控制的巴勒斯坦。教廷的这种想法正和贪婪的西欧封建主、大商人不谋而合。

1095年冬,罗马教皇乌尔班二世在法国南部的克勒芒召开宗教大会。参加大会的有来自法国、德国、意大利的主教、封建领主、平民几千人。教皇煽动教众"圣城耶路撒冷是耶稣基督诞生的地方,他的陵墓也在那里,但邪恶的异教徒占领了圣城,是奇耻大辱,主恳求你们夺回圣城耶路撒冷",他还鼓吹"东方国家的土地上到处都是蜜和乳,连穷人也都过着丰衣足食的生活"。狂热的教众高呼

"拯救圣地"、"到耶路撒冷去"。

当时西欧遭遇多年灾荒,农奴、手工业者生活非常困苦。大大小小的封建领主也梦想着到富庶的东方大捞一把。他们在胸前绣上红十字,表明要走上"主的道路",为"拯救圣地"而东征。

幻想着到东方过上富足生活的贫困农民,是第一批东征战士,饥饿和贫穷使他们失去了理性。他们衣衫褴褛,拿着棍棒、锄镰做武器,带着妻子儿女,奔赴梦想中的天堂。他们一路上不断受到当地人的袭击,又没有足够的粮食,走到集合地点君士坦丁堡时,已死亡了3万多人。

封建领主率领的骑士队伍更加庞大,奴仆们背负着武器铠甲追随着主人。他们沿途烧杀抢掳,沿途的居民遭受了深重的灾难。

1097年春,十字军渡过黑海海峡,进入小亚细亚半岛,先后攻克了尼西亚、安条克。1099年包围了耶路撒冷。驻守耶路撒冷的只有1000多名军人,在双方力量悬殊的情况下,他们奋力抵抗,打退了敌人一次又一次进攻。经过40多天苦战,十字军于7月15日攻陷耶路撒冷。让我们看看十字军是怎样"解放圣地""拯救异教徒"的吧。他们无情地杀戮见到的所有居民,不论是老人、妇女还是孩子;他们洗劫伊斯兰教著名的阿克萨清真寺,劫掠寺里一切值钱的物品;他们逐门逐户闯进住宅,谁先进入谁就获得占有那户住宅的权利,为了防止居民把金银珠宝吞到肚子里,他们骇人听闻地剖开死人的肚肠。血腥的屠杀把耶路撒冷变成了恐怖和仇恨之城,疯狂的掠夺使入侵者个个成了富翁。

为了巩固在叙利亚和巴勒斯坦的统治,十字军建立了耶路撒冷王国及3个附属国,加强掠夺和镇压。当地人民激烈反抗,使十字军统治者丧魂落魄,不得安宁。随后,西欧封建主又发动了第二次东征,但以失败而告终。

1187年,土耳其人先后征服西亚广大地区,以迅雷不及掩耳之势攻占了耶路撒冷,击溃了第三次东侵的十字军。

教皇英诺森三世积极策划第四次十字军东征,这一次他的目标是埃及。教皇要求东罗马帝国征集士兵参战,并使东正教从属于罗马教廷,遭到了拒绝。教皇非常愤怒,与他分庭抗礼的东正教早已是他一大心病,必须严厉地惩罚他们。

海上运输能力最强大的威尼斯本来就不愿意进攻埃及。埃及是他们最重要的贸易伙伴,而东罗马帝国却剥夺了威尼斯商人在当地经商的权力,拔掉东罗马才是最大的目标。于是,威尼斯和十字军达成秘密协议,进攻东罗马帝国,英诺森三世批准了他们的计划。

此时的东罗马帝国正处在风雨飘摇之中,1204年4月,十字军攻克君士坦丁堡。如狼似虎的十字军对这座历史名城进行了前所未有的破坏和掠夺。藏书丰富的君士坦丁堡图书馆在火海中化为灰烬;圣索菲亚大教堂的祭器、雕刻艺术品也被砸毁、打烂。许多居民在十字军的烧杀抢掠中丧生，劫后余生的人永远生活在恐怖的回忆中。信仰基督教的东罗马也惨遭厄运，十字军彻底剥下了"圣战"的外衣。

十字军在东罗马帝国的废墟上建立了拉丁帝国，把东正教会置于罗马的统治之下。威尼斯人也获得了大片领土和许多战利品。

为掩饰十字军东征不断失败的内幕，教会和封建统治者散布奇谈怪论，说什么无罪的儿童比有罪的成年人更能得到上帝的保佑，他们可以奇迹般地夺回圣地。统治者竟然丧心病狂地组织起儿童十字军东征。狡诈的恶魔一样的商人在这里嗅到了发财的血腥气，一个商人貌似慷慨地提供船只，运送十字军。来自法国的数万名儿童在1212年分乘7艘商船出发。在地中海，船队遭到风暴袭击，一部分人葬身大海，其余的都被运到埃及卖为奴隶。另一支从德国科伦出发的儿童十字军，在路途上就死亡了2/3。

此后，教皇又多次组织十字军东征，但响应者越来越少，最终都以失败告终。十字军在东方的占领地相继丧失。1291年十字军最后一个据点阿克城被埃及人攻克。历时近200年的十字军东征彻底失败。

中世纪的骑士

一个年轻人来到教堂，接受了神甫象征性的沐浴，表示洗净过去所有不端行为，然后开始在神坛前彻夜不眠地祈祷和思考着自己的职责。第二天清晨，他回到城堡，父母和一群人在那里等待着他。一位年长的骑士走过来，帮助他穿上盔甲，佩戴好宝剑。他单膝跪在地上，城堡领主用剑面重重地拍了他一下，朗声宣布，他已经成为一名骑士，已经具有了骑士和使用武器的资格。他激动地跳起身，人们向他表示着祝贺。

这就是欧洲中世纪一个年轻人成为骑士的仪式。

骑士是中世纪欧洲出现的一个特殊阶层，他们以服骑兵军役为条件，获得国王或大领主的封地。他们是参加镇压农民起义，或国王、大领主掠夺战争的级别最高的战斗人员，是以马代步驰骋于沙场的贵族。他们就是骑士阶层。

当时，出身于贵族家庭是成为骑士的重要条件，同时骑士还必须从小经受训练，到领主家充当侍从学文习武，向女主人学习礼仪，21岁时方能被正式授予骑士称号。获得称号的年轻骑士常常通过马上比武，显示自己无愧于骑士这一光荣称号。

在那个尚武任侠的年代里，无论是文字记载还是口头传说中的著名英雄都是骑士，像罗兰、亚瑟王、兰斯洛特和黑太子爱德华等。

一个装备优良的骑士要备有：一匹能征善战的骏马、一匹供妇女出远门骑的乘马和一匹运载骑士本人武器、装备的驮马。其中战马还有专名，被视为骑士的朋友。

骑士的武器有盾牌、长矛和剑等。盾牌是用皮革包裹、边缘镶以金属的轻木质板。盾面上有骑士自己的徽章，也有的画上飞龙、大熊或狮子等野兽作为标志，称为"盾形纹章"。骑士在战斗时，持矛策马全速前进，刺向敌方。当长矛被折断或从马上坠落后，他们才使用手中的宝剑。也有力气大的骑士会使用战斧、狼牙棒和铁球等。

骑士们经常进行马上比武。这是一种模拟战斗的娱乐活动。在比武场上，鲜艳的旗帜迎风招展，衣着华丽的男女贵族为骑士喝彩助威，骑士使用平头的长矛和钝剑奋勇对打。比武和真正参战，都是为了俘虏对手并向俘虏索取赎金。不过，比武者并不想伤害对方。他们不论是参加比武，还是实战，都必须遵守某些成文的规则和惯例。如：一个骑士不能对另一个毫无戒备的骑士发起进攻，而必须让对方做好参战的准备；对一个真正的骑士来说，突然袭击是一种可鄙的行为。所以骑士之间的战斗并不像人们想象得那么可怕。

骑士为什么要这么注重这些法规和惯例呢？这大半是事关彼此之间的切身利益的原因。今天虽然俘虏了别人，也许明天自己也会成为别人的俘虏，所以双方都要为自己留下后路。

在1119年的布伦维尔战役中，被俘者达140人，只有3人丧命。虽然参战者的盔甲起了很好的保护作用，更主要的是由于双方的骑士如同老伙计一样熟悉，彼此没有出现残杀现象。当一名骑士俘获了另一名骑士之后，必须将俘虏待若上宾，即使双方原来是死对头也是如此。英法百年战争期间，英王爱德华三世在1348年的最后一天，曾邀请被俘的法国骑士参加圣诞晚会。

尊崇女性是骑士的又一个重要信条，也是骑士毕生追求的理想。年轻的骑士不仅宣誓保护女性，而且选择一位贵妇、淑女作为自己崇拜的偶像，他们甚至心甘情愿为心爱的女人而献身。

中世纪以后，由于西欧封建制度解体和射击武器的广泛使用，骑士的军事意义逐渐丧失。不过，骑士制度的观念，如彬彬有礼、举止端正、女士优先等，流传了下来，现在仍是当今西方世界的主流观念和行为规范。

骑士制度盛行于11世纪至14世纪。这时期也出现了反映骑士生活理想的文学作品。主要体裁分抒情诗和叙事诗，表现了骑士为了爱情、荣誉和功勋而战的精神。骑士文学对后世欧洲诗歌和小说的形成有着较大的影响。

限制王权的《大宪章》

十三世纪初,英国有个约翰王,他当国王不到三年,就同法国国王腓力打了三年仗,结果把在法国的领地丢失得所剩无几,许多贵族的祖传领地也遭了殃,成了法王的战利品。贵族们很气愤地称他为"无地王"。

约翰王根本不理会这些,他为了继续同法王腓力打仗,竟召集有钱的贵族和骑士们上阵,因为老百姓中适于当兵的早就被送到前线去了。那些过惯舒适生活的贵族不愿意打仗,约翰王就下令烧掉他们的城堡和庄园;他为了筹集军费,就不断地增加捐税,对商人敲诈勒索,无所不为。他把自己所有的子民都惹怒了,都说他是"历史上所有暴君中最凶狠的一个"。

有一天,几个被毁了城堡和庄园的贵族聚在一个名叫圣埃德蒙斯伯雷的地方,互相倾诉心中的不满和对国王的愤恨。

"我们为什么要受这样一个国王的统治呢?"有一个年轻的贵族涨红了脸激动地说:"我们得想办法保护自己。"

尽管这个年轻人说出了大家的心里话,但这毕竟是个要掉脑袋的话题,所以谁也不敢吱声附和他。

冷场了一会儿,突然有个人开口说话了。他就是同国王为敌的坎特伯雷大主教斯蒂芬·兰顿,在反对国王的事情上再没有比他更有发言权的了。他语气强硬,神态严厉地说:

"你们是男子汉吗?如果是,那么为什么到现在你们还要屈从于这个奸诈虚伪的国王呢?站起来吧,宣告你们的自由。要敢于从国王手中夺回你们祖先传下来的固有的财富和特权。"他环视了一下在座的每一个人,见大家都聚精会神地在倾听他的演说,顿时增强了自信心。他清了清嗓门,继续慷慨激昂地说道:"你们应该坐下来好好讨论商量一下,把你们心里想到的各种要求一一写下来,订立一个大宪章,要国王承认它,并签字保存下来。如果能办到,这个大宪章就成了你们和你们子孙的安全保障。你们也可以永远摆脱卑鄙无耻的统治者的控制。"

贵族们听了这番演说,都觉得十分有理,心中感到有了希望。一个个都摩拳擦掌,准备好好为自己的权利奋争一番。

"各位到前面来,"兰顿大声喊道,"站到这里来宣誓,约翰王不归还你们传统的权利,决不罢休!我们发誓一定要让他亲自签署保护我们权利的宪章,否则就与他死战到底。"

贵族们受他极富煽动性的话的影响,都纷纷站起来,走到一起,在兰顿的带领下宣了誓。然后,他们一不做二不休,索性把属于自己统辖的士兵召集在一起,向首都伦敦进发。伦敦市长与市民们大开城门,迎接这支讨王军。约翰王害怕了。

"这些人要干什么?"他不安地问身边的大臣。

他的大臣回答说:"他们是来向您要回他们应有的权利的。如果陛下不亲笔签署他们起草的《大宪章》,他们是不会罢休的。"

"哦,那好办!"约翰王听了这话吓了一跳,但他知道这会儿兵临城下,必须敷衍一下,便装作轻松的样子回答道:"我会考虑的。"但他的许诺只是为了拖延时间。他派亲信到罗马向教皇求援,又用甜言蜜语哄骗贵族们放弃他们的要求。但怎么做也无济于事,已经没有人相信虚伪的国王了。

各地的百姓和骑士听说贵族们在造国王的反,也纷纷起来响应,因为平时国王对他们干尽了坏事。贵族们一下子觉得自己力量壮大了,他们信心十足地宣布,国王不签署《大宪章》,就休想过一天太平日子。

约翰王躲在宫中,束手无策,他像头发怒的野兽咆哮着,握紧拳头,死命地跺着脚,把手边碰到的任何东西都砸在地上。发泄了一阵以后,他冷静下来,考虑到自己确实无计可施,只得表示愿意按贵族们指定的时间与地点会谈并签署《大宪章》。

1215年6月15日,约翰王在一群宫廷侍臣的簇拥下,来到泰晤士河畔的兰尼米德草地。贵族们早已经等候在那里了。兰顿和他的伙伴们将起草好的《大宪章》摊开摆在国王面前。此时此刻,约翰王哪有心情来阅读贵族们一项又一项限制自己权利的章程。他摆了一下手,让身边的一个侍臣逐条念给他听。

听着听着,约翰王感到受不了了。天哪,瞧他们都提出了些什么要求,照这样下去,国王还有什么权威啊。他的脸上沁出了冷汗。尽管天还不很热,但他已觉得草地上的阳光太烈,他真想扯下王冠和王袍,让烦躁而燥热的心凉快一下。

那个侍臣读完了,约翰王还在发愣。贵族们看到他脸色苍白,木然无语的样子,都担心他又在动什么坏脑筋,拒绝签字。兰顿示意士兵们进场。国王的卫士们想上前阻拦,但看到那些士兵人多势众,而且一个个都斗志昂扬,也只得作罢。约翰王看到这样的场面,知道再也推托不过去了,他颤抖着手,提起笔来签了字。那支鹅毛笔尽管很轻,但握在他的手里,却显得那么重。

当他终于在《大宪章》上签了自己的名字后,贵族们都欢呼了起来。约翰王同他的侍臣们灰溜溜地返回了王宫。

没过多久,不甘心失败的约翰王就想撕毁《大宪章》。贵族们再次向他开战。这一次约翰王又被打败了,最后他在愤怒和忧郁中死去。

这个《大宪章》,又称《自由大宪章》,是限制封建王权的檄文。到17世纪,英国资产阶级起来革命,利用《大宪章》这一古老的文件为武器同专制王权作斗争。

阿维农之囚

1285年,腓力四世登上法国国王的宝座,他是一位雄才大略、思维缜密、雷厉风行而又足智多谋的君王。长期以来,由于教会势力在法国日益膨胀,控制了法国的经济、金融、税收等各个方面的大权,腓力四世对此深为不满,决定要下大气力改变这种状况。首先,腓力四世提拔了一批精通法律的法学家,控制了司法权,对于那些把持这一大权而又听命于教皇的神职人员,则统统免去他们的职务。此外,他还改变了不向神职人员征税的惯例,规定凡属教会神职人员,必须定期向国家纳税,不得向教皇纳贡。实际上等于断绝了教皇在法国的财政来源。

教皇卜尼法斯八世闻讯后勃然大怒,他宣布立即召开大会。在大会上,怒气冲冲的教皇拍着桌子高声喊道:"真是岂有此理!教皇是上帝在人间的代表,是万王之王,万主之主。腓力四世只不过是一国之君,他只能管辖世俗事务,现在竟敢插手教会事务,真是胆大妄为。他的这种行为是绝对不能允许的,是要受到上帝惩罚的。"他告诉与会的几位法国神职人员,要他们回去转告腓力四世,希望他迷途知返,改邪归正,不要与教会为敌。

那几位神职人员将卜尼法斯八世的话转达给法国国王后,腓力四世轻蔑地一笑,义正辞严地说:"你们的教皇,他的底细我可是一清二楚,一个不折不扣的伪君子,一个出尔反尔的小人,他自以为是,屡次同我作对,真是不知天高地厚,我倒要看看这个卑鄙的家伙到底能把我怎么样。"接着,他又说:"对法国境内神职人员征税是我的权力,你们的教皇想让我罢手,无异于痴人说梦!"

过了一会儿,副首相走上前说道:"国王陛下,依微臣之见,不如双管齐下。一方面您可以发布圣旨,禁止法国的金币和银币出境,使教皇不能从法国得到任何收入;另一方面,陛下,您也知道,卜尼法斯八世为了上台,不择手段,要尽各种阴谋诡计,教内多有不服之人,我们可以支持他的政敌来反对他,削弱他的权力,动摇他的势力,这样一来,您何愁他不让步呢?"

大臣们觉得副首相的想法很好,纷纷附和,腓力四世闻之大喜,下令照办。

不久,被法王买通的卜尼法斯八世的仇敌科伦纳在各种场合揭露这位教皇的罪行,如传播异端,出卖神职,阴谋迫使前任教皇退位等等,共计有29条之多,并要求法王召开宗教会议,讨论教皇继承人的问题。

卜尼法斯八世听到消息后,惟恐丢掉来之不易的教皇宝座,于是在1297年重新发布教谕,承认国王有权向本国神职人员征税,借以缓和紧张气氛,稳定地位,等待时机,企图东山再起。

1300年，卜尼法斯八世在罗马主持大庆典，场面极其壮观，他自以为时机已到，遂决定报复腓力四世。

庆典过后没几天，他就派巴米尔主教伯纳德·赛西出使法国，妄图对腓力四世施加压力，谁知却被腓力四世关进大牢。卜尼法斯八世闻之大怒，但无计可施，最后，他终于想出了一个坏点子，那就是诱骗法王到罗马来，再收拾他。

不久，教皇发布教谕，谴责腓力四世，命令他立即释放伯纳德·赛西，同时要求他和法国的主教们立即前往罗马，讨论法国教会的问题。

腓力四世一眼就看穿了他的花招，根本没上这个当，同时命令禁止所有的法国主教前往罗马。

1302年，法王召开法国历史第一次由神职人员、贵族、市民三个等级代表参加的三级会议，以便团结全部力量，对付教皇。

卜尼法斯八世仍然不甘心失败，又一次发出教谕，强调国王应服从教皇的统治。被教谕弄得头昏脑胀的腓力四世决定实施对教皇的惩罚，当然，这个任务落在了副首相威廉·那加日的身上。

1303年，那加日和科伦纳偷偷混进罗马，他们买通了教皇寝宫的守卫，悄悄进入教皇的寝宫，把卜尼法斯八世打了个半死，然后扬长而去。不久，这个不可一世的教皇在过度惊吓中愤然死去。

1305年，法王任命法国主教贝特兰·德·戈慈为教皇，但他害怕意大利人民反抗，不敢去罗马，而将宫邸迁到法国控制下的意大利北部的阿维农。从此，教皇成为法王的傀儡。从1308年到1378年，历时近70年的时间里，七任教皇都是法国人，都住在阿维农，受法王的庇护，历史上称之为"阿维农之囚"。

圣女贞德

1337年，英法之间爆发了战争，这场战争一打就是一百多年，史称"百年战争"。本来这场战争是因为英国人为了维护自己在法国的传统封地引起的，可是到了后期，英国势力上升，入侵法国，法国被迫进行反击。战争的性质，从封建王朝混战变化到侵略与反侵略，其结果完全出乎了英法王朝统治者的预料。

战争打了几十年，法国节节败退，国土四分五裂，大半江山沦落于英军和与英军勾结的勃艮第公爵的手中，法国王位继承人查理王子仅仅控制着一小部分国土。同时，英国侵略军还在步步逼近，法国处于亡国的边缘，形势十分危急。

这个时候，一个普通的农家少女贞德，改变了法国的命运。

贞德出生于1412年，据说她12岁那年，有一天梦见天使告诉她："我对法兰西王国表示深切的同情，你是上帝的女儿，应该离开家乡去援助祖国。"在那个充满宗教狂热、迷信天使显灵的年代,贞德深信梦中天使的话,她决心响应上帝的召唤。1429年春天,不满17岁的贞德女扮男装,辞别亲人,离开了熟悉的故乡,踏上了拯救法兰西的艰难历程。

经历了种种危险后,贞德终于抵达了查理王子的驻地——希农城堡。她直接来到宫中,要求觐见王子。

王子查理是一个意志薄弱、生性多疑而又软弱迷信的年轻人。当贞德身穿黑色的胸衣、裤子和长袜,宽松的灰黑色上衣,头戴黑色帽子,一身男装,阔步走到他面前跪拜在地上时,他却指着身旁一位朝臣说:"他才是王子。"但贞德毫不怀疑地说:"尊贵的王子,神灵有眼,你就是我要寻找的国王。"接着,她把自己曾经做过的梦讲给王子听,坚信是上帝派她来辅佐王子,并引导他走向胜利,解放全法兰西王国的。

她的话使屡遭挫折的查理大受鼓舞。于是,他任命贞德担任部队总司令援救被英军围困的法国重镇奥尔良。奥尔良是法国的南大门,如果被攻占的话,整个法国将会迅速沦丧。就在奥尔良快被攻克的时候,贞德率领援军赶到了!

5月7日清晨,贞德率军向英军控制的主要据点——托烈鲁要塞及其他地方发起全面攻击。轰鸣的炮声震撼着大地,成千上万手执剑、矛的法国骑士、士兵、市民义勇军,在一马当先、挥动着绣有王室百合花军旗的贞德指挥下,冲向敌营。

英军眼看就要失败了,这时又有5000名士兵赶来增援。双方展开了拉锯战,法军进展缓慢。夜幕临近,贞德毅然下马跳进护城河中,将云梯搭上城墙,奋勇攀援。

英军箭如雨下,贞德肩膀和脖子不幸中箭,摔倒在河中,被一位骑士救起来。贞德醒来后,竟用力把箭头从身体里拔出来,裹好伤口,重返战场。她一面挥动百合花旗,一面高呼:"胜利是我们的,冲进去!"她再次冲在了前面,战士们都很感动,也紧随她勇猛冲锋,登上了城堡。英军的抵抗被粉碎了,纷纷四散逃跑,奥尔良得救了!人民倾城出动,欢迎这位年仅17岁、创造了奇迹的女英雄,亲切地称贞德为"我们的奥尔良姑娘"。

战役结束后,贞德率军一路势如破竹,直趋莱姆,她的威名已使敌人闻风丧胆,一路上几乎没有遇到什么抵抗。抵达莱姆时,城中的英军早已逃之夭夭,市民们打开城门,用鲜花和欢呼声迎接她。在莱姆大教堂里,按照法国王室的传统,大主教为查理举行了加冕礼,查理登上了王位。

此时的贞德已经变成了"天使",人们到处都在歌颂她,称她是"圣人"。国王赐给她大量财帛和"贵族"称号,她都拒绝接受,决心继续完成解放法国的事业。

但是,宫廷贵族和查理七世的将军们却不满意这位"平凡的农民丫头"影响的扩大,他们害怕人民比害怕英国人还厉害,便蓄意谋害贞德。

1430年春,法国勃艮第的贵族和英军勾结,围困了巴黎东北的贡比涅。贞德奉命前去援救。5月23日清晨,贞德带领少数部队主动出击英军,由于寡不敌众,被迫向康边城撤退。当她指挥军队刚要进城的时候,城门"砰"的一声紧紧关闭,接着吊桥悬起,退路被切断,贞德被捕。最后,被法国人以4万法郎的价格卖给了英国人。

英国人深知贞德在法国人民心中的崇高地位,为避免报复,把她交给了卢昂主教。

1431年5月30日,贞德以"屡教不改的异端"、"巫女"、"违反教规穿戴男装"等所谓的"罪名"被判处火刑,带往广场。在那里,年轻的姑娘被绑在了一根高高的火刑柱上,她以轻蔑的目光瞥了一眼看台上的主教们和英军,高声说:"我坚信侵略者统统都要被赶出法国!"

残忍的刽子手点燃了木柴,火焰腾空而起,吞没了贞德。法兰西失去了自己最亲爱的女儿!那年她才19岁。

贞德之死激起了法国人民的极大义愤,在人民运动的压力下,法国当局对军队进行了整顿。1437年法军攻取巴黎,1441年收复香槟,1450年夺回曼恩和诺曼底,1453年又收复基恩。

1453年10月19日,英军在波尔多投降,百年战争至此结束。

席卷欧洲的黑死病

1348年8月的一个星期一,在距伦敦80公里远的一个小镇上,突然出现了黑死病的阴影。这消息像晴天霹雳,震惊了乡民。

人们已经知道,一种从不知何地传来的疫病已经在意大利的港口登陆,逐渐蔓延到欧洲大陆。可小镇居民们一直以为,这里离意大利遥远得很,不必惶惶不可终日。英吉利海峡对面的死神,决不会到英国来造访。即使某一个外国流浪者将这种病带到伦敦来,死神也是不会光临的。谁知,就在8月的这个星期一,黑死病的魔爪终于伸到这个平静的小镇里来了。

4天前,20岁的年轻铁匠马丁·特德出外卖锄头回来后,当晚就发起烧来。很快,他的脸颊、前额、手腕和喉咙出现了点点黑斑,胳膊和腿脚也红肿起来。为了掩盖丈夫的病情,特德太太躲在家里照顾他,用吹笛子或放声高歌来掩盖马丁·特德痛苦的呻吟和喘息。

星期一,这件事终于被发现了。一个钟头以后,马丁被埋葬了。他的家立刻被镇上的居民焚毁,泪流满面的特德太太也被赶到森林里去了。可是,为时已晚,几天之内,镇上的人接二连三地死去,到处都是焚烧房屋的浓烟和烈火。其他居民纷纷离开小镇,外出避难。1年之后,全镇的人竟无一人幸存下来,黑死病又传播到了其他地区。

"黑死病"是流行性淋巴腺鼠疫的俗称,是一种以老鼠和跳蚤为传播媒介、传播速度极快的传染病。以前曾流行于北非各地,6世纪中叶一度出现于欧洲,此后,传染病很少四处蔓延。1347年,自寄生在老鼠身上的跳蚤携带的耶尔森氏鼠疫杆菌经地中海各港口传到西西里岛。1348年,传到了意大利、西班牙、法国和英格兰。1349年传到奥地利、匈牙利、瑞士、德意志各诸侯国和荷兰、比利时。1350年传至波罗的海沿岸国家和北欧。此后,又复发了4次,每次均造成大量死亡。

英国是这场瘟疫受害程度较重的国家之一。1348年,英国发现首例病疫感染者之后,几年内患者成千上万地增加。据说牛津大学死了2/3的学生。据估计,英国整个人口的1/4至1/2死于瘟疫。一个当时的人说:"牛羊在田野和玉米地上游荡,竟没有剩下一个能把它们赶走的人。"可见人口减少是多么严重!

在整个14世纪里,黑死病在欧洲各地造成了巨大的灾难。一般说来,城镇中的死亡率要高于农村。在许多人口密度较大的城市,死亡率超过50%以上。在许多地方,"尸体大多像垃圾一样被扔上手推车"。据估计,在14世纪的100年中,黑死病在欧洲共夺去了2500多万欧洲人的生命,约占当时全欧洲人口的1/4。

由于穷人的生活条件和卫生条件更差,类似鼠疫的传染病在穷人中的传播更为广泛。图卢兹的一名市民心安理得地写道:"传染病只在穷人中流行……全靠上帝保佑,让疫病适可而止……富人也要小心提防。"在当时的萨瓦地区,每当疫病过去后,富人重返他们经过认真消毒的房舍之前,总会让一个穷女人先在那里住上几星期,让后者用生命做试验,证明一切危险均已排除。

那么,究竟是什么原因导致了这场灾难呢?

现代科学表明:中世纪时,整个欧洲社会动荡不安,人民生活条件极其简陋。那一时期的城市基础设施也相当差,人们生活在肮脏不堪的环境当中。人们对室内卫生、个人卫生方面的知识知道得很少,在城市内仍随处可见人畜共居的场景。许多城市鼠多成灾,各种疾病,特别是传染病肆虐欧洲大陆,最终导致1346—1351年的全欧洲瘟疫大流行。

鼠疫在欧洲的泛滥,在很大程度上还因为鼠类的天敌——猫在中世纪遭到了不公正的待遇。当时,教会无中生有地对猫横加指责,说猫和猫头鹰有极其相似的外表,认为猫在夜间令人毛骨悚然的叫声和闪烁凶光的眼睛,正是魔鬼撒旦的化身、造祸女妖的帮凶,是与魔鬼结盟的异教畜生。人们在教会蛊惑下,也把猫看成是魔鬼的化身,认为它会随时给人带来灾难,从此猫从征服了鼠疫而奉为神猫的崇高地位急转直下,成为邪恶的代表,不祥的化身,受到人们的鄙视,甚至遭到杀戮。在教会的淫威和鼓动下,人们像对待势不两立的仇敌一样对待猫,这使中世纪猫的数量大为减少,几乎处于濒临灭绝的边缘。猫的遭灾,导致鼠害泛滥,终于在14世纪又暴发了一场可怕的鼠疫。

这次灾祸所造成的影响,远远超过因死亡人数过多而带来的萧条景象。幸存的家人,大都分散各地。有许多人因受不了这种痛苦而发疯,也有不少人因此而自杀。政府为了掩埋堆积如山的尸体,不得不释放牢里的犯人。

整个欧洲的经济生活,也因此而受到严重打击,由于劳动力减少,工资急剧上升,比以往上涨二三倍。农奴们此时能以劳力交换钱币和日用品,自给自足的封建经济,已逐渐转变为自由贸易的经济体制,许多农奴因此被释放了。

红白玫瑰战争

英法百年战争之后,英国内部各封建贵族蠢蠢欲动,企图独掌国家的最高统治权。为争夺王位,在兰开斯特家族与约克家族这两个封建集团之间,进行了长达30多年的相互残杀。兰开斯特家族以红玫瑰为族徽,而约克家族则以白玫瑰为族徽,因此历史上称这场战争为"红白玫瑰战争"。

约克家族觊觎王位已久。现在机会来了:兰开斯特家族执政的英国,在百年战争中败给了法国,这正是他们争夺王位的好借口!

约克公爵首先把自己族内有地位的人都召集起来,一起商议夺位事宜。

"昏庸无能的兰开斯特家族,连区区法国都对付不了,真是辱没我们英国贵族的尊严!要是换了我们约克家族执政……哼!我们还不如把兰开斯特家族从王位上赶走算了。我们约克家族的地位可是英国之首。"约克公爵高傲地说。

1455年,国王亨利六世患病,约克家族的理查公爵被宣布为摄政王。兰开斯特家族对此不能容忍,依靠西北部大封建主的支持,废除了摄政王,双方的长期混战也从此开始。

同年5月,亨利六世下令在莱斯特召开议会。约克公爵以自己赴会安全无保证为理由,率领他的内侄、骁勇善战的沃里克伯爵及数千名军队随同前往。亨利六世在王后玛格丽特和执掌朝廷大权的萨姆塞特公爵的支持下,也率领一小股武装赴会。5月22日,双方相遇。约克公爵发起进攻,亨利六世的军队招架不住,吃了败仗。亨利六世也中箭负伤,藏在一个皮匠家中,战斗结束后被搜出抓获。

1460年7月10日,双方发生第二次战斗。战斗中又是沃里克伯爵率军打

世界通史

败了兰开斯特军队,随军的亨利六世再次被抓住。王后玛格丽特闻讯大怒,急忙从苏格兰借了一支人马,集合了追随兰开斯特家族的军队,在约克公爵的领地制造骚乱。约克公爵拼凑一支几百人的队伍,前去征讨,由于轻敌冒进,被包围。在内外夹攻下的约克军四散逃跑。一位兰开斯特家族的新勋爵俘虏了约克公爵,恶狠狠地说:"老天爷作证,你父亲杀死了我父亲,所以我要杀死你和你的全家。"然后一剑砍下了他的头,把它挂在城墙上示众,还在上面套了一顶纸糊的王冠,用以讥讽。

但约克公爵19岁的长子爱德华于第二年进入伦敦,在沃里克伯爵和伦敦上层市民的支持下自立为王,称爱德华四世。他知道玛格丽特绝不会罢休,就在一些大城市召集到一支部队,向北进发,去打玛格丽特。

1461年3月29日,双方在约克城附近展开决战。兰开斯特军队有2.2万余人,远远超过了约克军。当时兰开斯特军队处于逆风之中,扑面的风雪打得他们睁不开眼睛,射出的箭也发挥不出威力。而约克军队则借强劲的风力增加了发射弓箭的射程,并蜂拥冲上山坡,兰开斯特军队损失惨重。

兰开斯特军队为扭转被动的防守局面,决定向山下的敌人发动反攻,双方一直激战到傍晚,仍然难分胜负。这时,约克军队的后续部队赶到,这支生力军向兰开斯特军队未设屏障的一侧发动进攻。兰开斯特军队抵挡不住,被迫撤退。约克军队一直追杀到深夜。玛格丽特带着亨利六世和少数随从仓皇逃亡苏格兰。这次战役的胜利使爱德华四世的王位暂时得以巩固。

玫瑰战争中这几次大战役,都使用当时特有的战法,即双方骑士乘马或徒步进行单个分散的搏斗。通过交战,双方共损失5.5万多人,半数贵族和几乎全部封建诸侯都死掉了。

在1471年5月4日,爱德华四世俘获了从南部港口偷偷登陆的玛格丽特王后,将她和她的独生幼子及许多兰开斯特贵族杀死。之后又秘密处死了被囚禁的亨利六世。至此,兰开斯特家族被诛杀殆尽,只有远亲伯爵亨利·都铎流亡法国。

在1471—1483年间,英国国内维持了短暂的和平。1483年,爱德华四世死后,他的弟弟理查登上了王位,他使用残酷和恐怖的手段处决不顺从的大贵族,没收他们的领地。理查的所作所为,反而促使兰开斯特和约克家族捐弃前嫌联合在兰开斯特家族的亨利·都铎周围来反对他。1485年8月,理查同亨利·都铎的5000人的军队激战于英格兰中部的博斯沃尔特。战争的紧要关头,理查军中3000将士公开倒戈,约克军遂告瓦解,理查三世战死,结束了约克家族的统治。

出身于族徽为红玫瑰的兰开斯特家族的亨利·都铎结束了玫瑰战争,登上了英国王位,称亨利七世。为缓和政治紧张局势,他同爱德华四世的长女伊丽莎白(约克家族的继承人)结婚后,将原两大家族合为一个家族,英国终于形成了和平统一的局面。

亨利七世在位期间,解散贵族私人武装,设立星室法庭惩治不驯服的大贵族;奖励工商业和航海业,发展对外贸易,促进了国内资本主义的发展。

伊斯兰文明的兴起

阿拉伯帝国的崛起

公元 7 世纪,伊斯兰教兴起,他的创始人穆罕默德建立了政教合一的国家。到公元 632 年穆罕默德去世的时候,阿拉伯半岛已经基本统一了。

穆罕默德的继任者称哈里发,集军、政、教大权于一身。第一任哈里发阿布伯克是穆罕默德的岳父,在位期间,平息了各地的分裂势力,最终完成了阿拉伯半岛的统一。在此基础上,随后的几任哈里发高举伊斯兰教旗帜,带领阿拉伯人,在"前面就是天堂,后面就是地狱"的"圣战"口号下,走上了对外疯狂扩张的道路。

他们遇到的第一个对手是东罗马帝国,当时人们称之为拜占庭帝国。

633 年秋,阿拉伯人组织 3 路大军杀向巴勒斯坦和叙利亚。此时的拜占庭和波斯帝国因长期战争而两败俱伤,周围地区的许多民族不满拜占庭的剥削和压迫以及对异端教派的残酷迫害,把阿拉伯人当作"救星",公开或暗中帮助阿拉伯军队战胜他们的敌人。阿拉伯军一路势如破竹,所向披靡。但随着战事的进一步发展,拜占庭人进行顽强的抵抗,阿拉伯的军队无法前进。哈里发命令在伊拉克前线作战的卡立德驰援叙利亚。

临行前,卡立德召开军事会议。他说:"哈里发命令我们火速赶往叙利亚,现在摆在我们面前的有两条路:一是直接向西,攻击叙利亚的第一道关口布斯拉,二是从西北经过漫无人烟的沙漠地带,直捣叙利亚的第二道关口素瓦。请各位各抒己见,看看我们应该走哪条路线?"

一位将领立刻站起来说:"我认为走第一条路线比较稳妥,可以稳扎稳打,逐步推进。第二条路线非常危险,如不能及时拿下素瓦,就会腹背受敌。"许多将领频频点头,表示赞同。

但是一位年轻的将领却语惊四座:"第一条路线虽然稳妥,但劳师费时;第二条路线虽然危险,但因为敌人认为那里根本不可能通行,必然不加防范,可以达到'出其不意,攻其不备'的效果。"

卡立德没有表态,只叫大家多准备水和干粮,随时听候命令。

在一望无际的沙漠中,卡立德和他的军队正迅速朝前行进。在沙漠中行军,对阿拉伯人来说已经习以为常,因为他们在阿拉伯半岛已经习惯了。

可是,到了第三天,带来的水已经用完,可沙漠还是一眼望不到边。烈日炎炎,士兵们犹如置身于大蒸笼之中,一个个口干舌燥,连说话的力气都没有。

卡立德望望大阳,安慰大家说:"为了圣战,真主让我们受煎熬,如果谁被这一点苦弄得畏缩不前,那他将受到真主的惩罚,让我们为真主欢呼吧!"在他的鼓动下,士兵们又振作了精神。

卡立德又命令士兵去寻找一种叫鼠李树的植物,鼠李树只长在有水的地方,只要找到它,就可找到水。士兵们分头去找,果然在鼠李树下找到了水。士兵们痛饮了一番,背上干粮,装上清水,又继续前进了。

五天后,卡立德率领的军队如天降神兵般突然出现在素瓦,守军猝不及防,尽数投降。接着卡立德乘胜追击,直逼大马士革城下。躲在大马士革城内的罗马人吓得东躲西藏,但奇怪的是阿拉伯军围而不攻,紧张的罗马人不知阿拉伯人要做什么。

城外的士兵向城内喊话:"城内的居民听着,我们是阿拉伯的圣徒,我们此次前来,不是为了流血。真主让我们把大家从苦难中救出来,不再受罗马人的奴役,我们以真主的名义向你们保证,因为我们的到来,你们将得到幸福。"但并没有得到响应。

大马士革被围已逾半年,城内缺粮少食,一片混乱。城内老百姓找到基督教堂的大主教,请他出面与卡立德讲和。

主教登上城头,与城下的卡立德展开了谈判:"卡立德将军,请问我们投降的后果是什么?""这很简单,我保证入城后秋毫无犯,我答应保护你们的财产、生命和教堂,你们的城墙将不被拆除,任何穆斯林士兵都不得住在你们的房屋里。只要你们交纳人丁税,就会享受幸福。"

最后,大马士革的城门被打开,卡立德用友善的策略占领了大马士革。

拜占庭帝国的皇帝得知大马士革失陷的消息极不甘心。大马士革是东西方交往的要道,它的丢失意味着拜占庭帝国将减少一大笔收入,更何况自己就出生在叙利亚,可不能丢了自己的家乡。于是,他又组建5万大军,由他的弟弟率领,直扑大马士革。

636年,卡立德率领2.5万人的军队将敌人引到约旦河支流雅姆克河畔,以逸待劳大败罗马军队,拜占庭皇帝的弟弟也在战斗中被打死。阿拉伯军队的连连胜利,迫使被包围两年的耶路撒冷守军于638年自动请降归顺。

在进军叙利亚的同时,阿拉伯军队还向波斯和埃及发动了进攻。637年,阿拉伯军队在大将赛耳德的领导下,以6000名士兵于卡季西亚大败波斯宰相鲁斯特灭亲自统率的大军,并轻取波斯帝国首都泰西丰。641年,阿军与波军再次决战,波军再败,波斯皇帝在逃亡途中被杀。

在这之后,阿拉伯人继续扩张,先后征服波斯东部、埃及、北非、西班牙。到8世纪中叶,帝国版图东起印度和中国边境,西抵大西洋沿岸,南达阿拉伯半岛和北非,北至咸海、黑海、比利牛斯山,成为一个横跨欧、亚、非三洲的大帝国,我国史书上称之为"大食帝国"。

阿拉伯帝国是由阿拉伯人通过武力扩张建立起来的,整个帝国缺乏统一的经济基础,随着帝国内部各种矛盾的发展,到8世纪后期,帝国逐步走向解体:以巴格达为中心形成黑衣大食,帝国的欧洲部分和北非部分则分别形成白衣大食和绿衣大食。

公元13世纪,蒙古铁骑横扫阿拉伯半岛。蒙古国王拖雷的儿子旭烈兀,征服了波斯和巴格达,在西亚建了伊儿汗国。阿拉伯帝国宣告解体。

萨拉丁大败十字军

在叙利亚首都大马士革著名的倭马亚清真寺附近,有一座800年前的陵墓至今保存完好,每天吸引着众多阿拉伯人和外国游客前往瞻仰、凭吊。安息在这座陵墓中的就是十字军的克星、阿拉伯的民族英雄萨拉丁。

1138年,萨拉丁出生在今伊拉克北部泰克里特城一个库尔德人家庭。9岁时随父母来到叙利亚的大马士革。少年时代的萨拉丁是一位虔诚的伊斯兰教徒,善于骑射,勇武过人。

萨拉丁生活在一个战火纷飞、动荡不定的时代。从11世纪末开始,罗马天主教会和欧洲封建主,在西欧煽起一股讨伐异教徒穆斯林、夺回圣城耶路撒冷的狂热浪潮,他们组织十字军东征,对东部地中海沿岸各国发动大规模的侵略战争,并在他们占领的地区建立起耶路撒冷王国、安条克公国、爱得沙伯国和的黎波里伯国等十字军国家。地中海东岸尽入十字军之手,阿拉伯人世代居住的地区面临严重的威胁。萨拉丁的父亲阿尤布和叔叔希尔库均是阿拉伯努尔丁王国的将领,由于努尔丁王国与十字军王国接壤,不时受到十字军的威胁,年轻的萨拉丁很早就立下了将十字军赶出耶路撒冷和阿拉伯领土的雄心壮志。

1168年,耶路撒冷王国的十字军入侵埃及,努尔丁派希尔库出征埃及,迎战十字军。萨拉丁随同前往,并担任先锋官。他身先士卒,奋勇杀敌,取得一连串的重大胜利。萨拉丁受命为亚历山大长官后,在敌强我弱和粮食匮乏的情况下,

坚守75天，赢得了战斗的胜利，显露出杰出的军事才能。

1169年，埃及法蒂玛王朝哈里发任命希尔库为首相，3个月后，希尔库去世，萨拉丁继承了叔父的首相职位，时年32岁。1171年，萨拉丁乘法蒂玛王朝哈里发病危之机，通过宫廷政变建立了新的阿尤布王朝，成为埃及真正的统治者。

萨拉丁在建立新王朝之后，立即把消灭在地中海东岸立足的十字军的任务提上了日程。要实现这个伟大任务谈何容易。首先西亚地区各国为保全自己的势力勾心斗角，甚至勾结十字军。其次，萨拉丁面临的敌人不只是4个拉丁小国，还有强大的欧洲封建主和罗马教会。为此，萨拉丁采取了一系列果断而又周密的行动。

他决定首先统一分散的伊斯兰力量，以增强对付十字军的实力。于是他先后出兵占领了利比亚、突尼斯东部、也门和苏丹北部。1174年，努尔丁去世，萨拉丁不战而进入大马士革，接着包围努尔丁王国的都城，迫使王国继承人努尔丁的儿子承认阿尤布王朝对叙利亚的统治。经过10多年的不懈努力，萨拉丁不仅牢牢控制了埃及、苏丹，而且把势力扩张到整个叙利亚、阿拉伯半岛和伊拉克的一部分。把原来四分五裂的小国统一为一个强大的伊斯兰帝国，完成了从东、西、北三面包围十字军的战略部署。

对外，萨拉丁与拜占庭帝国建立了友好关系，拆散了它与欧洲封建国家之间的结盟，从而解除了十字军从海上进攻埃及的威胁。

当时，十字军首领中最不讲信用的是卡拉克城堡的莎提翁。这个家伙曾做过萨拉丁的俘虏，获释后，继续进行侵略活动，他强征过境税，劫掠过境商队。他还企图从海上进攻伊斯兰教圣地麦加和麦地那，袭击朝圣队伍，控制东西方贸易。莎提翁背信弃义的行为成了萨拉丁对十字军发动"圣战"的导火索。

1187年，萨拉丁利用安条克公国和耶路撒冷王国发生龃龉的机会，从各地调集2万军队，组成阿拉伯联军，揭开了圣战的序幕。7月4日，阿拉伯联军和十字军主力在巴勒斯坦太巴列湖附近的赫淀高地相遇。十字军骑士在耶路撒冷国王律西安和好战的莎提翁的率领下，一窝蜂地冲了过去。萨拉丁镇定自若，先命弓箭手一排排地放箭，射得骑士们纷纷落马。随后，阿拉伯骑兵高呼"为真主而战，把法兰克人赶出去"的口号大举出击，把十字军团团包围。包括律西安和莎提翁在内的几千名十字军骑士成了萨拉丁的俘虏。莎提翁因屡次背信弃义而被处死，律西安及其他骑士在交纳赎金后被释放。

赫淀大捷后，萨拉丁乘胜追击，于10月2日收复了耶路撒冷。被十字军侵占达88年之久的圣城又重新回到穆斯林的手中。

耶路撒冷的陷落使西欧封建主大为震惊。在教皇的号召下，英国"狮子王"理查一世、德皇"红胡子"腓特烈一世和法王腓力二世联合出兵，发动了第三次十字军东征,企图恢复十字军王国。但十字军出师不利,德皇"红胡子"在小亚细亚过河时溺水身亡,德国人打道回府。法王腓力二世与英王存在矛盾,几乎一枪未发,借口生病返回法国,惟有英王理查一世率领十字军攻占阿卡,围攻耶路撒冷。在雅法会战中,理查一世中箭落马,萨拉丁非但不加伤害反而赠马令其再战,表现了罕见的骑士风度。理查见取胜无望,加上本国政局不稳,又恐法王腓力二世发动对英战争,被迫于1192年与萨拉丁订立和约,承认阿拉伯人对耶路撒冷的控制,萨拉丁则宽容地同意基督徒可以自由前往朝圣。萨拉丁不仅赢得了阿拉伯人的深深景仰,甚至连他的敌人也被他的高尚品德所折服。

在和平年代,萨拉丁注重建设,关心学术,重视教育。他为开罗的布局和建设拟定了全面规划,他把分散的居民区集中起来,把新城、旧城连成一片。他建立了大批学校,学校里除讲授《古兰经》外,还开设了语言、文学、哲学、逻辑学、天文学和数学等社会和自然科学课程。

因长年征战,劳累过度,萨拉丁于1193年在大马士革去世,终年55岁。他一生廉洁无私,他给儿子留下的最宝贵财富是临终对儿子的赠言:"要敬畏真主,要体察民情,要关心百姓疾苦。"

萨拉丁以毕生的精力统一了长期分裂的阿拉伯国家,为阿拉伯民族的独立做出了巨大的贡献。他是阿拉伯的民族英雄,他是阿拉伯民族的骄傲,他是阿拉伯人民心中一座永远不倒的精神丰碑。

君士坦丁堡之战

土耳其民族源于中亚西突厥乌古斯人的游牧联盟。13世纪30年代后,乌古斯人蚕食东罗马拜占庭帝国的领土,奠定了奥斯曼国家的雏形。奥斯曼帝国是政教合一的封建专制国家,依靠强大的骑兵和步兵,不断发动对外掠夺战争。1453年,奥斯曼帝国攻占君士坦丁堡,灭东罗马帝国,发展为地跨欧、亚、非三洲的军事封建大帝国。

1453年5月28日,拜占庭首都君士坦丁堡上空乌云低沉,一队人群高举着十字架和各种东正教旗帜标志,沿着麦西大街边走边唱,缓缓向前。他们面容疲倦、衣冠不整,一种不祥的预感笼罩全城。

奥斯曼土耳其帝国的皇帝穆罕默德二世率领十几万人的军队、50多门大炮和120艘战舰,围攻这个城市已经一个多月之久了。凶猛剽悍的土耳其人的连续围攻几乎耗尽了帝国最后的生气,守城的几千士兵如何能抵挡得住十几万土耳其军队呢?

4月6日,土耳其军队用大炮轰开一道缺口准备进攻时,却被护城河挡住了去路。穆罕默德只好下令用灌木填平河道,而守军则利用这个机会迅速修复缺口。一计不成,穆罕默德又施一计,命令向城中挖掘地道,守军立即察觉到了,以同样的方法反挖掘。经过十几天的试探性进攻,土耳其军队于18日从几处同时进攻。头裹布巾、留着山羊胡的土军挥舞着月牙形战刀,越过护城河,在高大的活动塔楼上释放的流石的掩护下,直冲到城下,顺着云梯和塔楼向城墙进攻。拜占庭守军则使用陈旧的武器,不断地向敌军投掷火球,飞箭流石如瀑布倾泻而下,土耳其军队死伤惨重,不得不停止进攻。

土耳其军队的海上进攻,也被多次打退。愤怒的穆罕默德二世把海军司令痛打了一顿。他亲自视察了前线,观察地形,提出了大胆的进攻计划。22日夜晚,土耳其军队的士兵把17艘20米长的战船从陆地上拖进黄金角湾,他们用木板铺地,上面涂上厚厚的黄油,以减少摩擦的阻力。再把船拖上41米高的山丘,然后顺着坡滑入黄金角湾深处。第二天,拜占庭军看到土军的战舰已经进入封锁严密的海湾非常震惊。这意味着守城的军队腹背受敌,而且不得不抽出一部分军队去防守海湾一侧,这样就分散了兵力。23日,君士坦丁派代表请求和谈,穆罕默德斩钉截铁地回答说:"我要与这个城市决一死战,或是我战胜它,或是它战胜我。"

穆罕默德决定在5月29日发动总攻,他亲自视察各军团,并对将士们说:"这里曾是古罗马的首都,世界上最富有的地方,城里的一切金银财宝,都属于你们,冲吧!"当夜幕降临时,君士坦丁堡城外无数营地的篝火映红了夜空,海上的战舰都点燃了火把,全军高奏土耳其乐曲,人人高唱胜利凯歌,震天动地,城中的居民惊恐万分。

5月29日凌晨,总攻开始了。穆罕默德下令水陆并进,三面同时发起攻势,进攻的重点是主城门。防守君士坦丁堡的热那亚士兵抵抗不住,登上自己的舰船逃跑了,土军趁势冲进城去。他们一面进行厮杀,一面在城市上空挂起穆斯林的战旗,敲响城市陷落的钟声。这时,其他方向的土军也攻了进来,他们团团围住拜占庭的末代皇帝君士坦丁,打散他的部下,把他杀死了。

根据穆罕默德的许诺,土耳其士兵开始了为期3天的无情抢劫。城中的居民不是被杀,就是被俘为奴隶,金银财物被抢劫一空。

君士坦丁堡的陷落,标志着拜占庭这个具有1100多年历史的国家寿终正寝了。

戎马一生的苏莱曼大帝

奥斯曼帝国的苏莱曼大帝在位46年,东征西讨,大肆扩张领土,使奥斯曼帝国的疆域达到极盛。而且,在他统治时期,帝国的建筑、诗歌、科学、艺术都获得很大发展,可谓人才辈出。

苏莱曼生于伊斯兰教教历900年(1494年),那一年是伊斯兰教第10世纪的元年,他本人又是奥斯曼帝国的第10代君主。这使他的臣民认为这些都是吉兆的开端,深信苏莱曼大帝命中注定要统治世界。

苏莱曼自幼接受宫廷教育和传统的伊斯兰教教育,他非常喜爱诗歌和文学。1509年3月,按照帝国王室的传统,年仅15岁的苏莱曼在一批经验丰富、知识渊博的导师和顾问们的辅佐下,前往博卢担任总督,以便在实践中学习和取得治国安邦的政治经验。在他父亲离境出征的时候,苏莱曼就代替父亲掌管帝国的政务,治理整个国家,这些经历使他得到了很好的锻炼。

1520年,他的父亲突然去世,26岁的苏莱曼顺利继承了苏丹王位,从此开始了他戎马倥偬的征服生涯。

在这位高大魁梧、精力旺盛的苏丹领导下,奥斯曼帝国的军队再一次转向西方的基督教世界,传统的尚武精神又恢复了。这时西方基督教国家中,为了争权夺利,疯狂地相互残杀,到处充满着斗争与对抗,这使得奥斯曼人有机可乘。苏莱曼的目标是先解决前辈们感到棘手的两个绊脚石:贝尔格莱德和罗得岛。

贝尔格莱德位于欧洲中部的多瑙河畔,是奥斯曼帝国和中欧联系的重要交通枢纽。当时这座城市在匈牙利人的手中,他们与帝国为敌,妨碍帝国的扩张。1521年8月,苏莱曼大帝动员了数万头骆驼和马匹,运载着大量的粮草和军械,亲自统帅10万大军,浩浩荡荡向贝尔格莱德进发。经过3个星期的猛烈炮火的轰击,8月底他占领了这座曾经长期抵挡住奥斯曼人进攻的"骄傲之城"。

第二年6月,他又在小亚细亚集中了300艘战舰和10万大兵,征讨位于地中海的罗得岛。罗得岛是一个筑有坚固要塞的港口,虽然守卫该岛的只有600多位骑士,普通士兵也不过6000人,但战斗力非常强,并且拥有一支灵活机动、骁勇善战的海军舰队。奥斯曼帝国的军队对该岛的围攻持续达半年之久,损失了5万多名士兵。1522年的圣诞节前夕,罗得岛上的圣约翰骑士团的骑士们被迫放弃城堡,有条件地放下武器投降。

这样,苏莱曼大帝胜利地完成了他的先辈们未竟的事业,从此他轰轰烈烈的对外征服再无后顾之忧。通向多瑙河上游的道路豁然敞开,于是他乘机发动了一系列的对外征服战争,首先攻入匈牙利平原,继而推进到了奥地利领土上。

苏莱曼大帝金戈铁马,戎马一生,他不仅是一位卓越的军事家,而且在治理国家方面显示出非凡的才能。在执政的46年中,他以极大的热情和精力治理国家,把奥斯曼帝国推向了一个繁荣昌盛的极盛时代。

随着奥斯曼帝国的征服和扩张,它的版图不断地扩大。为了建立一套完善的司法制度,保护帝国境内所有臣民的生命、财产和宗教信仰,在16世纪20年代末到30年代初,苏莱曼大帝任用著名的法学家阿布·苏德等人,修订和整理了旧的法律,颁布和实施了一系列新的法律和法典,并在1566年汇编成《苏莱曼法典》。法典的内容包括对帝国官吏的任免、俸禄、级别和礼仪,还有商业市场的管理、债务、债权等。这是最符合奥斯曼帝国社会经济发展需要的法典,它吸收了其他民族的法律规范,具有简易、灵活、不拘形式的优点。

苏莱曼大帝还很重视科学技术,提倡文学艺术。他本人酷爱文学,对诗歌更是情有独钟,他擅长写作诗歌和散文,是一位非常有成就的诗人。他坚持每天写日记,被后人编著成《战争日录》。在苏莱曼大帝统治时期,奥斯曼帝国的科学和各种艺术等都取得了很高的成就。

1566年5月,已经垂暮之年的苏莱曼大帝率军第七次远征,此时,他已经不能骑马了,只能乘坐一辆马车行军。当他的军队攻陷了多瑙河畔的锡格特的时候,苏莱曼大帝病死在军营大帐中,终年72岁。

世界各地的封建国家

基辅罗斯的兴衰

斯拉夫人是欧洲人口最多的民族之一,在欧洲分布很广。斯拉夫人又分为东斯拉夫人和南斯拉夫人。东斯拉夫人居住在欧洲东部。其中住在南方的部分又称为罗斯人,罗斯人即俄罗斯人的前身。

同世界其他民族一样,早期的斯拉夫人过着氏族部落生活。公元8世纪至9世纪出现了一些以城市为中心的公国,这是欧洲封建时代的诸侯国家。其中最大的公国是南方的基辅公国和北方的诺夫哥罗德公国。

公元9世纪末,诺夫哥罗德公国的王公奥列格率军南下,征服了基辅及其附近地区,并以基辅为中心,向外扩张,建立了一个统一的国家。奥列格王公自任最高公爵,称"罗斯大公",因此,历史上又把这个国家称为"基辅罗斯"。这时,斯拉夫人自称"罗斯人",公国因此而得名。

基辅罗斯公国周围一些小公国屈服于它的威势,都向基辅罗斯公国称臣纳贡,基辅成为新国家的首都。

奥列格大公和他的继任者伊戈尔大公,在执政期间,一面以武力向外大肆扩张,一面以暴政对本国人民横征暴敛。尤其是伊戈尔大公,引起了极大的民愤。这种矛盾在公元945年达到顶峰。

这一年,伊戈尔大公率亲兵到德列夫利安人居住的地区去"巡行",目的是索取"贡物"。他们挨门逐户地向百姓勒索,弄得家家叫苦不迭。然而,当勒索来的毛皮、蜂蜜、蜂蜡等"贡物"装到船上时,伊戈尔大公巡视之后大为恼火:"怎么就这样孝敬你们的大公?就这么点贡物吗?"说完,伊戈尔带领几个亲兵气势汹汹又去勒索。

村民们听说伊戈尔大公又回来了,惊慌而又无奈,议论纷纷,怨声不已。一位须发皆白的老人,在人群的一角叼着烟斗,久久不语,见大家议论了半天,光是气愤,却束手无策,他敲了敲烟斗,慢悠悠地说:"豺狼如果有了'访问'羊群的习惯,它就会一而再、再而三地来,直到把羊儿全部吃光,连羊骨头、羊毛都不剩。"

大家一怔,继而愤怒又重新被点燃:"不!决不许豺狼吃掉我们!决不!"大家将目光一起投向老人。老人掷地有声地说:"那就得把它杀掉!"

"对!杀掉!杀掉豺狼!"立刻,群情激愤,村民们纷纷回到家里,取出石斧、木棒,涌向村口。

伊戈尔大公和他的亲兵刚一进村,正好遇见手持"武器"呐喊着的村民。亲兵们见来势凶猛,立即掉头就跑。伊戈尔大公气得高声斥骂,又转身欲以大公的威严镇住这些造反的村民。未等他开口,愤怒的人们就将他团团包围起来。这个一棒、那个一斧,转眼间伊戈尔大公被打死了。

伊戈尔死后,因幼子斯维雅托斯拉夫年纪尚小,大公的妻子摄政。她派大军镇压了德列夫利安人的反抗,并将年老体弱者统统杀掉,身强体壮者贬为奴隶。

从奥列格大公时起,基辅罗斯就是欧洲著名的强国。而到了斯维雅托斯拉夫大公时代,基辅罗斯的对外扩张就更加疯狂。斯维雅托斯拉夫大公崇尚武力,是一个穷兵黩武的"狂人"。他出征时不带寝具,以马鞍为枕,席地而眠。他不讲究华丽的服饰,只穿普通白衫,习惯吃半生不熟的马肉。他曾在攻下保加利亚之后,梦想在保加利亚的首都定居,并以此为中心,占领整个欧洲,占有欧洲所有的黄金和财物。

公元967年,斯维雅托斯拉夫大公曾联合东罗马帝国,一起出兵打败了保加利亚。后来,东罗马帝国开始警惕斯维雅托斯拉夫的扩张野心,并派兵将他的军队赶出了保加利亚。为了彻底消灭这支危险的军队和它的统帅,东罗马帝国把罗斯国军队将返回本土的消息告诉了突厥人。突厥人在中途设了埋伏,大败罗斯军队,并杀死了斯维雅托斯拉夫大公。

基辅罗斯后来的几代大公继续对外扩张,国势再度强盛。1054年,基辅罗斯国内发生内讧。敌对势力互相征伐,国家分裂成3个小国。各小国之间连续征战达40多年,国力渐衰。南方的波洛伏齐人乘机入侵,大肆抢劫。

1185年,基辅罗斯的王公伊戈尔·斯维雅托斯拉维奇,率亲兵讨伐波洛伏齐人,企图重振基辅罗斯的昔日雄风。他的军队英勇奋战,但终因寡不敌众,王公兵败被俘,讨伐波洛伏齐人的战争失败。

波洛伏齐人继续不断侵扰基辅罗斯,基辅罗斯的经济遭到极大的破坏。一度强盛欧洲强国基辅罗斯由盛转衰,最后完全解体。

1237年,拔都率蒙古远征军击败保加尔人后入侵俄罗斯平原。1238年,远征军先后攻陷里亚赞、特维尔、莫斯科和弗拉基米尔等城。1240年,蒙古军队攻陷基辅,罗斯古都被毁,基辅罗斯灭亡。

莫斯科公国的崛起

13世纪上半叶,蒙古军队西征,在伏尔加河流域建立了疆域辽阔的金帐汗国(或称钦察汗国),罗斯各公国成为金帐汗国的藩属,处在蒙古人的统治之下。蒙古人入侵后,罗斯各地战火不断,罗斯各国分裂加剧。13世纪末,一个独立的莫斯科公国在乱世中诞生。

新兴的莫斯科公国同其他公国相比还显得十分弱小,但它的地理条件极为优越,莫斯科河穿城而过,与伏尔加河、顿河相连,南达里海、黑海,北通斯摩棱斯克和诺夫哥罗德,莫斯科成为几条商路的枢纽。莫斯科王公从过境的商业中征收大宗的捐税,促进了莫斯科公国经济的发展和繁荣。莫斯科公国又在俄罗斯的中央,四周有许多小的公国作为屏障,不易受到蒙古统治者和其他敌人的直接蹂躏,处境比较安全。从各地迁徙的人们也大都云集于此,这使莫斯科公国人口不断增加。城市也日益发达起来。到14世纪初,莫斯科公国先后兼并周边的几个小公国,国势日益强盛。

1325年,一个很有手腕的人物登上莫斯科王公的宝座,他就是俄国历史上有名的伊凡一世。由于伊凡善于敛财和经常用金钱为自己攫取更大的权势,因而获得了"钱袋"的绰号。他利用手中的钱财收买人心,不断向金帐汗及其妻妾和近臣进献财物、礼品,赢得了金帐汗的信任和欢心。

1327年,伏尔加河岸的特维尔公国爆发了反对蒙古人统治的起义。伊凡在得知这个消息后异常兴奋,因为这不仅是消除自己强劲对手的一个绝好机会,也是进一步获得金帐汗信任的一个大好契机。于是连夜赶到金帐汗那里,表示愿意领兵镇压起义。

金帐汗大喜过望,想不到伊凡对自己如此效忠,他对伊凡说:"难得你对本汗如此忠诚,你速领大军前去讨伐叛贼,平定之后,你就是全罗斯的大公。"

伊凡一世指挥蒙古人的铁骑很快攻下了特维尔公国,第二年,他如愿以偿被封为全罗斯的大公。不久,又被任命为金帐汗在全罗斯的征税代理人。

为了战胜自己的对手,巩固地位,伊凡把目光投向了教会。他用重金贿赂罗斯大主教彼得,将大主教的驻地由弗拉基米尔迁到了莫斯科。从此,莫斯科就成了历代俄罗斯大主教(后为俄罗斯正教会牧首)的驻地。由于大主教有权任命和审判其他城市的主教,可以用革除教籍的威胁来迫使其他公国屈从于莫斯科公国,从而提高了莫斯科公国在宗教和政治方面的地位。

伊凡一世去世后,他的后继者虽然继续享有"全罗斯大公"的称号,但罗斯在蒙古人的统治下,仍处于四分五裂的局面。

世界通史

1359年,伊凡一世的孙子德米特里·顿斯科伊继位为莫斯科大公。他在先辈开创的基础上,充分利用内外有利条件,开始了统一俄罗斯的事业。为加强莫斯科的防卫,他下令重修莫斯科的城墙。在撤掉原来的木质城墙之后,用石头建筑了一道长约2公里、宽约3米、高近4米的坚固石城墙,还建有塔楼、碉堡、炮门和铁门。整个工程极其浩大,仅运石料一项,每天动用的人力就近1万人。这是俄罗斯历史上第一座工程巨大的石质建筑。从此,莫斯科成了一座易守难攻的城堡。同时德米特里还对邻近的公国进行长期的征服战争,开始实现俄罗斯政治上的联合,而莫斯科则成为这一政治联合的核心。从此,解放俄罗斯民族的历史重任,就落到了莫斯科公国的身上。

正当莫斯科公国日益强盛之时,金帐汗国却在走向衰落。宫廷内部为争夺汗位,刀光剑影,上演了一幕又一幕惨剧。德米特里意识到这是利用金帐汗国内部矛盾、摆脱蒙古人统治的大好时机,便于1374年,借给儿子洗礼的机会,召开领主和僧侣大会,共商抗击金帐汗大计。

这时,当政的金帐汗马麦见莫斯科公国已有反叛之意,遂于1376年亲自率兵攻打莫斯科,被德米特里击退。1378年,马麦汗再次派重兵攻打莫斯科,双方会战于沃查河,德米特里又一次获胜。恼羞成怒的马麦汗决定与莫斯科公国进行决战。

1380年,马麦汗亲率数十万大军沿顿河溯流而上,德米特里率军15万迎敌,双方在库利科夫原野展开大会战。

库利科夫原野四周山峦起伏,丛林密布,中间是一片沼泽地。这种地形比较适合莫斯科大公国的步兵作战,蒙古骑兵则很难发挥威力。

罗斯军队以前、后、左、中、右互相呼应的五点队形布阵,其后队埋伏在一片树林里,待机出击。

会战开始了,罗斯军队怀着对蒙古人的刻骨仇恨,与蒙古军队展开了殊死搏斗。但蒙古骑兵来势凶猛,他们首先击败了罗斯军的前队,接着又击溃其左队。在这危急关头,德米特里沉着冷静,指挥军队边战边退,逐渐把敌人引向藏有伏兵的树林。埋伏在树林中的罗斯军队的后队杀了出来,右队也包抄过去。蒙古军队两面受击,在罗斯军队长矛和弓箭的猛攻下,蒙古军纷纷落马,死伤无数。经过近四个多小时的血战,罗斯军队大获全胜,杀敌5万多人,并缴获大批战马。蒙古军队不可战胜的神话被打破了。胜利的旗帜插满了顿河两岸,欢呼声响遍罗斯大地,罗斯百姓赞誉德米特里为"顿斯科伊",意思是"顿河之王"。

仅仅过去两年,1382年,蒙古军队在脱脱迷失汗的率领下卷土重来,突袭了莫斯科。德米特里疏于防范,惨遭失败,被迫重新向金帐汗国纳贡称臣。

虽然如此,德米特里仍是罗斯人民心目中不朽的民族英雄。他领导的抗击蒙古侵略者的民族解放斗争,粉碎了蒙古人不可战胜的神话,进一步确立了莫斯科公国在俄罗斯的领导地位,激发了俄罗斯人民的爱国热情,成为俄罗斯民族解放斗争的新起点。俄罗斯的统一大业最终由他的曾孙伊凡三世实现。

伊凡雷帝杀子

伊凡四世(1530—1584),世称"伊凡雷帝"。"雷帝"是伊凡的绰号,据说他生下来的时候,雷声隆隆、狂风暴雨大作,又因为他当政的时候,总是用残酷的手段屠杀臣民,犹如雷公发怒,所以得了这么个形象的绰号。

伊凡3岁时就继位当了莫斯科和全俄罗斯大公。3岁的孩子当然什么也不懂,政权任由王公贵族和大臣们争来抢去。伊凡从小就在宫廷尔虞我诈和血腥屠杀的环境中生活,幼小的心灵常在极度的恐惧和痛苦中挣扎。他恨透了那些争权夺利的贵族,但却无力处罚他们,那会儿他自己没被利欲熏心、手段毒辣的贵族杀死已是万分侥幸的了。因而他养成了一种恶习——每逢有愤恨无处发泄时,就抓些小鸟、小狗来摧残,他拔掉小鸟的羽毛,挖掉眼睛,还用刀子开膛破肚,然后兴致勃勃地看着小鸟慢慢地死去;他还喜欢站在高高的宫墙上,把小狗朝天上抛去,眼看着小狗摔断了四肢,痛苦地狂吠,只有这样他那渴望报复的心才似乎能得到安慰。

伊凡17岁时开始亲政。他一上台就作出了个不同凡响的举动,那就是自称沙皇,并立下了雄心壮志,要称霸欧洲。这下他有了实权,可以为所欲为了。他实行了一系列改革,限制、削弱大贵族的权力,加强中央集权,同时也加重了对农民的奴役;他东征西讨,不停地扩展疆域。但真正使他出名的是他如魔鬼般地嗜杀,乖戾凶残到了无以复加的地步。他杀人从不多问为什么,有时纯粹为了高兴,他暴怒时就像一匹发狂的烈马,无人可以阻挡。他手中常拿着一根沉重的、雕刻着花纹的铁头权杖。同人谈话时,他喜欢一边抚摸着权杖,一边目不转睛地盯着对方。一旦发怒,他就用铁头杖猛刺对方,然后笑眯眯地看着那人流血、挣扎,有时则一下子将对方捅死。每次无端杀人后,他就会跑到神父那儿忏悔,责骂自己是"恶狗"、"罪人"、"凶手"等等,但熟知他的人都知道,这只不过是另一次凶杀的开始。所以听到他忏悔的人无不惊慌失措,那真比听到魔鬼的笑声还可怕。死在他铁头杖下的人也不知有多少,其中有一个还是他的亲生儿子——皇太子伊万。

伊凡雷帝和第一个皇后生有3个儿子。大儿子生下来才几个月就夭折了,三儿子多病而又笨傻,就只有二儿子伊万长得身强力壮,聪明而又凶狠,事事处处以他父亲为楷模。雷帝格外钟爱伊万,就立他为太子,相信这个儿子将来一定会成为自己的接班人。

　　1581年秋,伊凡雷帝的儿媳妇,也就是伊万的妻子叶莲娜怀孕了。伊万欣喜若狂,满心指望着不久就能抱儿子了。这时雷帝正在同邻国波兰谈判议和,伊万同许多主战的大臣都十分焦急,希望议和不成,马上出兵作战。可是雷帝却有自己的打算。他可绝不是怕战争的人。所以他并不理会主战派们悄悄地议论和责难。太子伊万实在忍不住了,就跑到宫中去当面劝告父亲。

　　那天,天气十分阴冷,像要下雪的样子。伊万迈着沉重的脚步,叩开了宫门。他慷慨激昂,表示自己愿意代父领兵出征。雷帝一时不知如何回答,因为以前一直是由他自己亲临战场指挥作战的。伊万见父亲不作声,急怒之下,竟责备雷帝是个懦夫,在敌人面前退缩不前。这可真是胆大包天的指责啊,雷帝心中又惊又怒,他想:"从来没人敢在我面前如此放肆,他莫非吃了豹子胆?!"雷帝的手微微颤抖,盯着太子看了半天,但他还是强压住心中的怒火,没有发作。

　　"是啊,他是我的儿子,是我最能干最可靠的儿子,可不能伤害他。"雷帝把伊万轰出了宫;他心中充满了疑虑和怒火,脸色阴沉沉的,真比外面的天气都阴冷,叫人看了心胆俱寒。

　　11月9日清晨,主战的大臣和贵族们准备联名再次请战,他们诚惶诚恐地前来觐见沙皇。他们派一个代表跪移到雷帝面前,低着头奏禀:

　　"伟大的沙皇,敌人的军队已经侵入我们的国土。为拯救俄罗斯,我们甘愿血染沙场。……恳请陛下御驾亲征,或者至少派皇太子伊万代陛下领兵出征。"

　　雷帝听了这番启奏,更加深了心中的疑虑:"好啊,你们果然是沆瀣一气,想要结党篡权!"

　　他气得胡须乱颤,声嘶力竭地吼道:"你们怎敢对我出此狂言?你们这帮贼子竟然想废弃上帝赐予你们的君主,另立新帝!你们竟敢帮助太子篡夺我的皇权!"

　　那些前来劝战的大臣和贵族们吓得浑身颤抖,他们语无伦次地抢着说自己绝无此意。雷帝把他们都轰了出去。他想,凭着这帮胆小如鼠的家伙,也许真不至于会干出结党篡权的勾当。他心里渐渐平静了下来。

　　这么安安稳稳地过了几天,伊凡雷帝心中不禁又得意起来:"谁敢再对我说一个'不'字?哼哼……"

　　这天,天气晴朗,雷帝想到了太子,就派人找他回宫。自己则在御花园里一边溜达,一边享受着深秋难得的阳光。忽然,他看到假山石那边有几个人影闪动,而且传来一阵嘻嘻的笑声。他走近了一看,原来是儿媳叶莲娜在同几个宫女说笑。叶莲娜穿着随便,她不照宫中的规矩穿三层裙子,只套着一件薄裙。雷帝觉得这太有失体统,竟不顾叶莲娜怀有身孕,狠狠地举手就打,打得叶莲娜流产了。这时皇太子伊万正好回宫,听到这个坏消息,不禁怒火中烧。他跑到父亲面前,还是忍不住怒火,以致对雷帝大吼大叫,出言不逊。雷帝这下可真受不了啦,"什么,他一回宫就对我大叫大嚷,眼里分明没我这个父亲。这小子是想造反了。"

雷帝想到这里,气得连话都说不出了:"你,你……你这狂徒!你……你胆敢阴谋背叛我;你还纠集那些大臣们……"

伊万听到父亲这么说,也吓坏了,他赶忙表白自己绝无叛逆之心,也不知道贵族们联名上奏之事,但又说他们提出的建议是对的。

雷帝暴怒了,他气急败坏地从宝座上跳起来,冲向儿子伊万,举起那根从不离手的铁头杖就捅了过去。一顿乱捅,伊万的肩膀和头部都受了伤,旁边的侍臣想要拦阻,也挨了好几下。

伊万摇摇晃晃,终于"咚"的一声倒在了地上。他的额角上有一个很深的洞,鲜血不住地往外流。雷帝似乎忘了这是他自己干的。他呆立在一旁,茫然地看着这一切。过了半晌,他才伏在儿子身上,满怀悔恨地吻着伊万的脸。但伊万已两眼翻白,失去了知觉。

雷帝绝望了,也惊呆了,他尖叫着:"天哪,不幸的人啊,我杀死了自己的儿子,我杀死了自己的儿子!"

闻讯赶来的太医检查了伊万的伤势,表示已无希望。整整四天四夜,悲痛欲绝的雷帝一直坐在儿子的身边,期待着奇迹出现,爱子生还。他时时刻刻观察着伊万的呼吸,累了,就踉踉跄跄地回到寝宫,但又睡不安稳,一直噩梦缠绕。11月19日,皇太子伊万死了。雷帝在儿子的遗体旁呆坐了好几天,不吃也不睡。他精神失常了,经常会在半夜里起床,像梦游症患者似地在宫中走来走去,寻找太子伊万。

伊凡四世在位时,不断征伐邻国,扩张领土,先后征服了喀山汗国、西伯利亚汗国。为了争夺波罗的海出海口,他发动了立窝尼亚战争,但失败了。

横扫欧亚的蒙古铁蹄

蒙古人的祖先最初生活在贝加尔湖、额尔古纳河(黑龙江上游支流)两岸,是一个游牧民族。1206年,铁木真统一蒙古各部,建立起强大的蒙古帝国,开始横扫欧亚大陆,他们有一个宏大的理想:那就是征服所能到达的国家,把那里都变成蒙古人的牧场。

成吉思汗称汗后,首先大举进攻金国和西夏,1219年他又进一步向西征讨,矛头直指中亚、西亚乃至东欧和中欧等地区。

成吉思汗首次亲率大军西征的国家是中亚的花剌子模国。

花剌子模是中亚地区的一个信仰伊斯兰教的国家,有着悠久的历史和先进的文化,而且物产丰富。而作为一个新兴国家的蒙古,原来不过是一个游牧民族,在亚洲中部草原上流动着放牧,逐水草而居,搬家时把帐篷一收装上马车,仿佛整个村庄在流动似的。在古代,野蛮落后的民族打败相对文明的民族,这并不鲜见。

花剌子模上下对蒙古人的入侵都感到惶恐不安。而国王更是担心在与蒙古打起来以后,自己的王子和将军们会乘机篡权。所以,他只把40万军队分散到各个大城市去加强警卫,同时借以监督他的臣下,却没有集中兵力来对付蒙古侵略军。花剌子模的边境城市被蒙古军队围困了整整5个月。城里守军只有3万,没有援军,也没有存粮;城外的蒙古军队有20万,而且有马队从中国中原一带将军需物资大量运来。双方力量悬殊,但是,花剌子模军队英勇作战,没有一个人投降。

"砰!""砰!"几声炮响,花剌子模边境城市的城墙很快就被轰开了一个大缺口。

"冲啊!"蒙古骑兵随后冲进城内。

蒙古本来是一个游牧民族,他们是从哪来得来的大炮这种先进的武器呢?这是四年前蒙古军进攻金国、占领中都之后,从当地的汉人那里学会了使用火炮。他们用来进攻的大炮,则是一种大型的投石器。在当时,这种大炮就是世界上威力强大的先进武器了。

蒙古军冲进城后,花剌子模的3万军队仍然坚守城内据点,直到一个多月以后弹尽粮绝。据说,打到最后,花剌子模人只剩下两名战士,他们据守着屋顶,用瓦片作武器,向蒙古军投掷。

蒙古军继续向花剌子模的都城进发。当地军民坚持守卫了半年多。城破以后,双方在街巷里进行了七天七夜的争夺战。最后,城里的男子基本上都被蒙古军杀光,妇女和儿童都掳为奴。蒙古军把全城烧成了瓦砾堆,然后又掘开了大河的堤岸,放水淹了这座城市。一度曾经是繁荣发达的中亚细亚文明中心的古城,就这样被摧毁殆尽。花剌子模国王逃到里海的一个荒岛上,凄凉地死去了。

灭了花剌子模国以后,蒙古军又向西挺进,他们越过高加索山脉,进入顿河流域。1223年,他们又把俄罗斯联军打得一败涂地。

1227年成吉思汗去世,蒙古分为4个汗国。这4个汗国由成吉思汗的4个儿子分管。长子术赤封在南俄罗斯、西南西伯利亚的里海、咸海一带,称钦察汗国,又称金帐汗国。之后,他的儿子拔都一直打到莫斯科,扩大了汗国的领土。次子察合台,封在原西辽国的区域(今新疆及中亚一部分),称察合台汗国。三子窝阔台,封在蒙古以西,即额尔齐斯河至巴尔喀什湖一带,称窝阔台汗国。蒙古是实行"幼子继承权"制度的,所以第四子拖雷封在蒙古本土(包括新征服的金国黄河流域一带),称为大汗。上述3个汗国都要归他节制。拖雷的儿子忽必烈后来灭了南宋,建立了元朝,定都在大都。拖雷的另一个儿子旭烈兀,出兵征服了波斯和巴格达,在西亚建了伊儿汗国。

成吉思汗活着的时候,蒙古大帝国的框架就已经形成。后来他的孙子拔都又率领着诸位王子发动了蒙古的第二次西征。由于这次西征的将领全是王室的长子,所以又称"长子西征"。他们击败了保加尔人,把南俄草原都踏遍了,并拿下了罗斯古国的都城基辅。

1241年,蒙古人把队伍分成两路,分别去攻打波兰和匈牙利,把波兰、德国等国由骑士团组成的欧洲联军杀得大败。

蒙古人的第三次西征是由成吉思汗另一个孙子旭烈兀在1253年发起的。这一次,他统率着蒙古铁骑先后攻破了阿剌模特堡和巴格达,把阿拔斯王朝统治下的阿拉伯帝国一举消灭。但是,在大马士革以南的阿音札鲁特,他们被埃及苏丹派来的军队击败,导致他们无法继续向西进军征讨。

至此,蒙古帝国空前强盛,国土广阔。但是,由于疆域太大,民族众多,经济发展不均衡,文化差异太大,想维持这样的大帝国可不容易,蒙古帝国很快就分裂了。但蒙古人在一些国家的统治却维系了很长时间。拔都征服罗斯后,在那里建立的金帐汗国,就曾维持统治达两个半世纪之久。

莫卧儿入主印度

印度地处热带,这里的老百姓都穿宽松衣服。而印度的外交官们却穿着骑士式的服装:紧身的黑色上衣,裤子小小的,腿上还绑着白布;胸前没有一个口袋,当中缝着一排密密麻麻的纽扣;腰部也裹得紧紧的。其实,印度外交官们所穿的并不是印度本土服装。其缘由,要上溯到莫卧儿王朝,那个王朝里的官员都穿这种衣服。

印度的莫卧儿王朝信奉伊斯兰教,它的创始人不是印度人,而是印度西北面中亚细亚的突厥人,这种服饰就是从那儿传来的。1505年,一支4000人的突厥骑兵部队翻过崇山峻岭,侵入印度河地区。他们席卷了百姓的牲口和粮食,又策马旋风般按原路运回。这支骑兵的首领叫巴布尔。他出生于塔什干,自称是帖木儿的六世孙,他的母亲是蒙古成吉思汗的后代,因此他自称是蒙古人。后来传来传去就走了音,人们就称他们为莫卧儿人。

巴布尔从小练武,个性刚强,11岁就当了王公。他有个嗜好,就是喜欢写作,什么琐碎的事都记。后来,有人在他死去后,给他编了一本厚厚的书《巴布尔回忆录》。从这本书中得知,他曾多次入侵过印度。

1525年前后,印度国内很乱。在首都德里的暴君伊伯拉欣·罗地把几个贴身的官员全都杀了,还叫嚷着要杀旁遮普的总督。那总督听到这个消息,吓得魂都没了,忙向境外的巴布尔求救。

巴布尔手捧求救信,不由得哈哈大笑,当即起兵,带着18岁的儿子胡马雍乘势向印度扑来。他长驱直入地杀进旁遮普,首先把请他入境的总督给抓了起来,随即掉转马头来杀印度暴君伊伯拉欣。两军在德里附近的帕尼巴特展开正面交锋。

伊伯拉欣突遇劲敌,来不及部署兵力,便失去了帕尼巴特,退回德里城。巴布尔将2.5万精兵分成三路前来攻城。他亲自统率有弓箭手和毛瑟枪的右翼,中路安排了700辆载着臼炮的战车,左路有胡马雍的骑兵。三军齐发,声势浩大。可是,伊伯拉欣这会儿似乎清醒了许多,他仗着城防坚固,拒不出战。巴布尔在城外转了8天也拿他没办法。

巴布尔急了,不断叫骑兵前去骂阵。他们在马上骂累了,就跳下马来在地上骂。站着骂累了,就坐在地上骂。伊伯拉欣经不住巴布尔的激将法,大开城门,放出1000头大象和10万人马前来迎战。巴布尔避其锋芒,率右翼兵马退入占领的帕尼帕特城,关上大门。

伊伯拉欣逼近城门,却被城门上的弓箭手射了回来,白白损失上千兵马。他灵机一动,掉头来杀胡马雍的左翼骑兵。不料,巴布尔部署的中部700辆战车横冲过来,巴布尔又亲自冲出帕尼巴特城抄他的后路,把他的人马包围了。

突围战开始了。伊伯拉欣指挥着大象队打头阵,疯狂地朝着巴布尔的军队踩踏。巴布尔的骑兵队顿时一片大乱。就在这个关键时刻,火药噼噼啪啪地在大象群中炸响了。大象军当即乱了套,扭麻花似地向后退却,反倒踩死了不少自己的兵马。原来,巴布尔的军队是由突厥人、波斯人和阿富汗人组成的杂牌军,能骑善射,又备有火器和臼炮,毛瑟枪也是当时最先进的武器。

巴布尔见伊伯拉欣乱了阵脚,乘势合围冲过去,不出两小时,伊伯拉欣的脑袋被斩了下来,其精英部队也被消灭了。

当时,同国王一道战死在帕尼巴特的,还有一个王公。他的家人住在德里南面的阿格拉城堡。巴布尔兵占阿格拉城时,把他们全都逮住了。他们跪在地上求饶,可巴布尔的士兵们拒不宽恕,把这一大家男女老少全都捆个结实,准备斩首。士兵们正要挥刀砍人时,忽听远处有人高声喝道:"刀下留人!快住手!"

士兵们一愣神,回头望见巴布尔的儿子胡马雍快马赶来。他跳下马来,二话没说,就上前给一个老者松绑。士兵们会意,用短刀挑开绳索,把他们一家人全给放了。

胡马雍不但没杀王公的家人,反而派兵把他的家宅保护起来。胡马雍这样做是为了收买人心,因为他打听到,这位战死的王公在印度人心中的威望很高。王公的家人为谢胡马雍不杀之恩,向他献上了无数奇珍异宝,其中有一块大金刚钻石。

莫卧儿军占领德里城后,在大清真寺举行礼拜时,巴布尔当众宣布自己为印度斯坦大帝。莫卧儿王朝从此开始。当了皇帝自然要出去兜兜风,于是巴布尔穿着中亚细亚的礼服在全国巡游了一番。从那时起,这种源于中亚细亚的礼服也变成了印度的礼服。

巴布尔到印度全国巡视之后,在日记中这样写道:"这里既无良马又无驯狗,既无葡萄又无甜瓜,既无凉水又无好面包,既无蜡烛又无热水浴,住宅旁不见花园和溪流,房屋也不整齐美观。"他在这里不习惯、不满意,渐渐地思念起家乡的花园、溪流、宫殿和良马来。于是,他决定在印度建一个中亚细亚式的帝国花园。

大兴土木自然劳民伤财。不久,国内民怨沸腾。北方王公乘机兴兵,与他动起武来。在以后的4年中,他率兵与印度教主柔格拉玛等人打过3次大仗。虽然平息了印度北部动乱,自己的元气也伤了不少。1530年12月,48岁的巴布尔在他新建的宫殿中突然死去。据说,他得的是当时难治的疟疾。

巴布尔的儿子胡马雍继承帝位,不久,就被阿富汗人打败了。阿富汗人在这里建立苏尔王朝。15年后,胡马雍乘苏尔王朝内讧又杀了回来,重新当上了莫卧儿皇帝。后来,他跟宫中的一个舞女生了个儿子,这就是后来杰出的莫卧儿帝王阿克巴。

14岁登上王位的阿克巴善于理财和用人,在政治上又主张民族、宗教平等,这样就缓和了国内矛盾,使百姓过上了较为安定的生活。在军事上,从1560年起,阿克巴用了15年时间统一了北印度;又用了16年时间把版图扩大到遥远的西北地方;最后,又用3年的时间,平定了南方的几个王国,从而建立起一个强大的莫卧儿王朝。

1605年10月,阿克巴去世,由杰汉基、沙杰罕和奥朗则布等人相继为王,这时仍然是莫卧儿王朝最强盛的时期。奥朗则布去世后,子孙们争夺王位,经常发生内战。这种混乱局面给入侵者带来可乘之机。1764年英国人闯了进来,征服了印度,成为印度半岛的统治者。从此,莫卧儿王国沦为英国的殖民地。

1857年,印度爆发了反英大起义,莫卧儿王朝的末代统治者巴哈杜尔·沙二世被英国废黜,王朝终结。

千古杰作泰姬陵

1631年的一天,印度莫卧儿王朝的都城亚格拉西郊朱木拿河畔聚集了2万民工,一场的浩大工程在此开工。22年后,世界上又多了一座奇迹般的建筑——泰姬陵。

泰姬陵顾名思义,与一个叫泰姬的女子有关。

泰姬·玛哈尔原名阿姬曼·芭奴,生就国色天姿,是莫卧儿王朝第五代皇帝沙贾汗的妃子,在沙贾汗尚未登位时就深得宠爱。沙贾汗曾起兵争夺过父王的王位,兵败之后颠沛流离,长达7年之久。在此期间,阿姬曼·芭奴忠心耿耿,与他共度艰难。沙贾汗即位后,赐给她一个封号——泰姬·玛哈尔,意思是"宫廷的王冠"。从此皇帝与她情深意笃,形影不离。然而好景不长,仅仅过了3年,在沙贾汗的一次出巡中,泰姬·玛哈尔因难产死于郊野军帐之中,终年38岁。

沙贾汗在妻子临终前问妻子有什么遗愿。泰姬·玛哈尔除了要求他好好抚养14个孩子、终生不再娶外,还要他建造一座举世无双、与她的容貌相媲美的陵墓。沙贾汗满口应允。这就是泰姬陵的由来。

莫卧儿王朝传到沙贾汗手中,已是第五代了。王朝开国的艰难岁月已经过去,沙贾汗的祖父阿克巴早已奠定了几乎统一整个印度次大陆的帝业。沙贾汗是守成之主,国库充裕,拿得出惊人的钱财来为自己的爱妻建造死后的"天堂"。

他不但在国内广招能工巧匠,而且还从伊朗、土耳其和阿拉伯一些国家请来名匠高手,参与设计和施工。据说主要设计师是来自土耳其的乌斯塔德·伊萨·阿凡提。他先设计了好几个图样,并一一按比例用木头做成模型,然后由皇帝选定。沙贾汗选定的就是今天所看到的这个建筑。

陵园建成后,沙贾汗急于一睹全貌,然而边上还有一座4.3公里的石头坡桥(供往陵顶运石使用)还没有拆除。如果要按部就班地拆,需要两三年的时间才能拆完。急不可耐的沙贾汗下令叫周围的老百姓都来拆,谁拆的石料归谁。一下子人群蜂拥而至,忙乱之中有不少人摔死、砸死。这样,陵园干净了,陵墓终于第一次露出了自己的面目。

乌斯塔德·伊萨·阿凡提设计的这个陵墓,没有通常墓穴所具有的那种阴森威严、令人胆寒的气氛,而是清新明快、恬静雅致的风格。这也许正反映了沙贾汗的意愿:他要爱妻继续享受人间的安乐富贵,不必孤苦地在天国淡泊苦修。

原来沙贾汗还有另一个建筑的计划:他要在朱木拿河对岸,在与泰姬陵对称的位置上完全用黑色大理石为自己建造一座陵墓,然后在朱木拿河上用黑白两色大理石建一座大桥,把两个陵墓连为一个整体。这也许是他"在天愿作比翼鸟"的美好憧憬吧？然而事不遂人愿，还没有来得及着手，沙贾汗的儿子起兵谋反，把父王软禁在离泰姬陵不远的阿格拉宫内。沙贾汗整天望着泰姬陵伤心落泪，以诵读《古兰经》度过余生。

今天人们在泰姬陵基座的平台上漫步，走到后面临河的一侧，可以看到河对面有一座小塔，据说这就是沙贾汗为自己选定的陵址。

人们登上墓顶凹廊平台可以俯瞰亚格拉全城。陵墓东西两侧屹立着两座形式完全相同的清真寺翼殿，都用红砂石筑成，以白色大理石碎块点缀装饰。有人形容泰姬陵是"大理石上的诗"，在这里看不到游人在为亡者伤悼，听到的只是对这巧夺天工的建筑发出的啧啧赞叹。

泰姬陵是印度人民对美执著追求的杰作，是印度古代建筑艺术发展的顶峰。正是从沙贾汗开始，莫卧儿帝国的国运走上了下坡路。他的儿子篡位后，专心于对南方的征服，无心建筑，从此印度的古建筑便止步不前。因此泰姬陵成了印度伊斯兰风格与古代波斯风格融为一体的建筑工艺与园林艺术的典范之作。

日本"大化革新"

公元645年，日本发生了一次宫廷政变。从此，日本的政治体制发生了巨大的变化，开始由奴隶社会向封建社会过渡。这就是有名的"大化革新"。

这年6月的一个清晨，日本皇宫的太极殿内鼓乐齐鸣，文武百官穿着朝服缓缓走进殿堂，按官阶分立两旁。皇极天皇在宫女簇拥下登上了宝座。原来，今天是天皇接见新罗、百济、高句丽三国（当时位于朝鲜半岛上的三个国家）使臣的日子，所以礼仪非常隆重。

大贵族奴隶主苏我入鹿也参加了接见。他腰佩长剑，立在天皇的左侧；他的父亲苏我虾夷是个驼背老头，此时正坐在天皇右侧。这父子两人权势极大，天皇在朝上有什么决定，总要先问问他们，否则一概无效。原来皇极天皇本来就是虾夷立的，天皇只不过是个傀儡而已，真正的天皇是虾夷；而他的儿子入鹿，则是实际上的摄政王。平时，虾夷不上朝，因为他早就把自己的邸宅看做"皇宫"，把他的儿子称为"皇子"。今天，因为要接见外国使臣，碍于礼仪，不得不陪同天皇。

老奸巨猾的虾夷见天皇的儿子中大兄皇子没来，心里有些狐疑。他知道中大兄皇子早就对他父子操纵皇室心怀不满，这两天，又听说他在一个寺院中集合军队。今天满朝文武大臣都集中在这里，惟独他不来，此中必有蹊跷。于是，他干咳了两下，说了声"我身体不适"，便让人抬走了。临走前，他向入鹿丢了个眼色，意思要儿子注意，但入鹿没有注意到这个动作，站在那里不动。

"使臣到！"

世界通史

随着一阵喊声,鼓乐声大作,殿上官员纷纷肃立,天皇也端坐在宝座上。

三国使臣缓步走进宫殿,他们的随从双手捧着礼物鱼贯而入。这时,中大兄皇子忽然跟在使臣后面进来了。他一进殿,便下令把所有的门关上。站在天皇左侧的入鹿见中大兄如此举动,正要责问,但中大兄早已一个箭步,飞奔到他面前举剑直刺过去。入鹿见中大兄来势凶猛,慌忙还击。中大兄竭尽全力一劈,入鹿的剑被击落在地,接着顺势一剑,刺进入鹿前胸,入鹿当即倒地死去。在场的外国使臣早已吓得退缩在一旁,满朝文武大臣也吓得魂飞魄散,不知所措,宫殿里顿时乱作一团。中大兄杀了入鹿以后,把剑一挥,埋伏在殿旁的卫士立即一拥而上,将虾夷、入鹿手下的文武大臣逮住,一个个押了下去。

接着,中大兄走到天皇面前,要他继续接见使臣。天皇哆哆嗦嗦地答应着,三国使臣也赶紧递上国书,送上礼物,匆匆退出宫去。

紧接着,宫门大开,中大兄指挥军队冲进宫中,同时迅速地占领了全城主要据点。苏我虾夷的家早已被军队包围,虾夷走投无路,便在自己的"皇宫"里自杀身死。

第三天,中大兄皇子拥立他的舅舅为孝德天皇,仿效中国当时的唐朝建年号"大化",并且迁都难波京(今大阪)。

646年,新政权颁布了革新诏书,按照中国隋唐封建制国家的形式,进行了一系列改革:

土地收归国有,成为公地。废除过去贵族私家占有土地和部民(奴隶)的制度。天皇成为全部土地的拥有者,部民归属国家,称为公民。过去的贵族,成为政府官吏,从国家那里得到俸禄。废除奴隶主贵族的世袭特权。

建立新的授田制度。政府对年满6岁的公民,每隔6年授田一次;土地不得买卖,死后归还国家;受田人须负担国家的租税和劳役。

确立中央集权的国家制度以及中央和地方的行政制度,实行征兵制,军权归属中央。

这就是日本历史上著名的"大化革新",史称"大化改新"。

这场革新虽然是通过宫廷政变自上而下实行的,但不是偶然事件。日本是由几个大岛和很多小岛组成的国家。在古代,由于交通的限制,各岛即使发生了一些内部矛盾,也必须由自己内部解决。在公元5世纪,日本本州最大的势力最后统一了日本,建立了大和国家,最高统治者是天皇。

大和国家统一后,因日本领土本来就很狭小,在日本已无处可扩张了,因此一些实力较强的贵族开始了内部争斗,以便控制中央政权。起初,权势较强的物新氏掌握了中央权力,后来另一大贵族苏我氏强大了起来,打败了物新氏独自控制了中央政权,并树立了一个听命于己的天皇。长久以来,苏我氏专政,社会混乱不堪，人民早已不满，朝中一些有识之士，都想模仿中国强大的唐朝，建立统一的封建国家。

但是，这样做首先必须打倒苏我氏家族，因此才发生了以中大皇子联合中臣镰足的政变。"大化革新"对日本历史的影响是很大的。它抑制了旧贵族的特权，解除了旧贵族对"部民"的奴役，使农民在经济上得到了一定独立，促进了日本社会经济的发展。"大化革新"是日本进入封建社会的开端。

武士与幕府

大化革新以后，农民得到了土地，生产有了发展。但很快全国又出现了许多庄园地主，农民又都受到庄园主的残酷剥削。原来的旧贵族照样可以按照品位的高低和功劳大小，获得朝廷授给他的位田、职田和功田。贵族们占有的土地，后来发展成为可以不向国家交税的庄园。平清盛，就是当时日本最大的庄园主。

庄园主为了保住自己的庄园，经常驱使庄丁学习武术，练习射箭、骑马，这些庄丁就成了保卫庄园的"武士"。许多有血缘或主从关系的庄园武士集合起来，便组成了军事集团。天皇要镇压农民起义，就派地方上有势力的武士领袖率领所部前往镇压。这样一来，武士的势力就越来越大了。

当时，全国最大的两家武士集团是平氏和源氏。他们都是日本皇家的后裔。平氏集团在日本本州西部，源氏集团在日本本州东部。

平、源两族的势力越来越大，彼此经常进行争斗。后来，以平清盛为首的平氏集团，利用皇室内部的矛盾，以保护天皇为名，带着大队武士进京，控制了京城。从此，朝廷的政权全部落入平清盛手中。

平清盛进京以后，贪污腐败，奢侈无度。农民们在他的苛捐杂税的剥削与压迫下，家破人亡，到处流浪。因此，一提起他，人们都咬牙切齿，无比痛恨。

平清盛心狠手辣，对京都控制极严。他凭借自己雄厚的财力豢养了大批密探，时刻严密地监视着民间的动向，发现有谁对他不满，就立刻派武士镇压。

用儿童做密探，这也是平清盛的发明。他命令自己的心腹武士，收罗和训练了300多名儿童，让他们去充当耳目。这些儿童有富家子弟，也有穷人家的孩子，还有流落街头的孤儿。平清盛对这些穷苦孩子说，只要他们听话，肯为他做事，保证不愁吃、不愁穿，以后要什么有什么。于是，让他们每天去街上游荡，见到有人议论朝政，立即报告。报告得迅速准确的，就给饭吃；不报告不肯干的，要受到毒打。有一个孤儿知道干这事对穷人不利，就不肯再干，结果被武士用铁鞭当着300名儿童的面活活打死。

平清盛残酷黑暗的统治，挽救不了他失败的命运。公元1183年，东部的源氏集团利用老百姓对平氏集团的强烈不满,带领武士们打进京都。平氏失败后,带领全族逃亡西海。到公元1185年,源氏终于灭掉了平氏。与此同时,由平清盛拥立的安德天皇(平清盛的外甥女)也投海而死。

源氏消灭平氏以后,在镰仓(今东京以南)设立了武士政权机关,组成了具有中央政权性质的"镰仓幕府"。

"镰仓幕府"是日本历史上出现的第一个幕府。幕府的最高首领在职位上称将军。它下面的中央机构有政所(行政机关)、待所(军事机关关)、问注所(司法机关)。

在这一时期,以天皇为首的朝廷仍旧存在着。天皇名义上还是国家元首,但已经没有实权。而以将军为首的武士政权——幕府,才是掌握实权的最高统治者。

幕府统治在日本延续了700年之久,一直到19世纪中叶明治天皇当政的时候,才被彻底推翻。

从人质到将军

前面我们已经说过,日本的天皇只是名义上的国家元首,幕府将军才是真正的权力拥有者。日本历史上先后共有过三个幕府,其中,开创第三个幕府——江户幕府的是大将军德川家康。

德川家康小时候叫竹千代,那时日本正处于诸侯割据、群雄争霸的"战国时代",到处是一片兵荒马乱的景象。竹千代的父亲是三河国内一个叫冈崎城的城主,他对长子竹千代寄予厚望,但无奈自己只是一个小小的城主,根本无力抵挡周围众多的诸侯的进攻。非但如此,他还必须时时提防被别人吞并。有一年,三河国的左邻骏河国的大名(大领主)今川义元同右邻尾张国的大名织田信长打仗。他们竟然全不把三河国放在眼里,双方的将士就在三河国这个中间地带干起仗来,害得三河国的百姓平白遭受战火的洗劫,终日不得安宁。竹千代的父亲为了免除百姓的祸殃,更为了三河国不被吞并,忍痛将才6岁的竹千代送往骏河,到今川义元的府上做人质。

那天,竹千代在家臣的陪伴下,正往骏河走去。他对自己的"使命"似懂非懂,只知道这是父亲安排、自己必须去的一个地方。一路上,他默不作声,累了,就在路边的石头上坐一会儿;渴了,就喝点山中的溪水。眼看快到目的地了,那时天也快黑了,家臣哄他再加把劲,可是竹千代实在是累极了,怎么也走不动了。家臣无奈,只得把他驮在背上,想先走出眼前的这片林子再说。正在这时,突然从林中窜出几个彪形大汉,他们轻而易举地就打跑了竹千代的家臣,把竹千代抢走了。

　　他们是什么人呢？原来正是与今川义元为敌的织田信长手下的武士。竹千代就这么成了织田信长府上的人质，三河国从此必须听从织田信长的号令了。

　　竹千代在尾张一住就是两年。后来织田信长被今川义元打败，他又成了骏河国的人质。

　　竹千代小小的年纪，已经备尝人生的艰辛。他对自己的命运看上去一副毫不在乎的样子，其实他很有主见。他对自己漂泊无定的生活安之若素，把没有父母疼爱的痛苦深埋在心底，只是潜心学习文化知识，增加自己的才智和本领。他最喜欢读的就是兵书，对作战中运用的各种战略战术深感兴趣。

　　有一年端午节，按照当地的风俗，要玩一种叫"石头战"的游戏。许多小孩分两队聚集在河两岸，互相投掷石头，哪一方坚持不住，败下阵来，就算输。竹千代在家臣的陪伴下，也到河边来观战。他站的这一边人数比另一边少得多，许多看热闹的人都转到河对岸去了。家臣对竹千代说："我们也过河到那边去吧，那儿人多，一定是赢家。"

　　"不。你瞧这边的人，一个个信心百倍的样子，他们人虽少，但不一定会输。说不定会有一支奇兵从天而降……"竹千代坚持站在原来的地方，耐心地等待着结果。

　　双方开战了。果然人少的一方扔了一会儿石头，坚持不住，有败退的迹象；人多的一方因为眼看自己胜券在握，所以许多人都退后去揉自己因扔石头扔疼的腿啊、脖子了。这时，忽然从人少的一方背后的林子里冲出一队人来，他们竟然是伏兵，趁着对方松懈的当口，一鼓作气猛向对岸扔石头。只见石头接二连三嗖嗖地往前飞，原来人多的一方许多人已疲惫不堪，根本无还手之力，勉强坚持了一会儿，就一哄而散了。

　　竹千代笑眯眯地对家臣说："怎么样，我说得不错吧。"家臣眨着眼睛，感到很奇怪。他说："小主人，你是怎么知道人少的一方会有伏兵的呢？"

　　"我看他们人虽少，但一点也不害怕，这就说明他们是有准备的。"

　　家臣佩服竹千代的眼力，高兴得使劲拍他的肩。

　　竹千代在骏河做了好几年人质，那时他父亲早就去世了。今川义元为了更好地控制三河国，对竹千代不得不以礼相待。但他怎么也不肯放竹千代回家去继承父亲的城主之位，他想自己总有一天会把三河国并到骏河国来的。竹千代也就继续忍耐着，因为他知道凭自己的力量根本无力反抗今川义元。19岁那年，他受命为今川义元带兵打仗。

　　有一次他领兵在外，顺道回去看望母亲。母亲看到阔别已久的儿子英姿焕发、神采奕奕的样子，不禁悲喜交加，她流着热泪叮嘱竹千代一定要坚韧不拔，做

世界通史

任何事都要像推着装满货物的板车上坡一样,坚持不懈,有始有终,否则就会被滚下来的车子压倒,甚至送命。竹千代懂得母亲话中的深意,他决心要干一番大事业。

没多久,今川义元在桶狭间之战中败给了织田信长,自己也死于混战中,竹千代带领的一支队伍成了织田信长追击的目标。竹千代人少势弱,抵挡了一阵子,就慌忙撤进了冈崎城。织田信长自己的兵马也已十分疲惫,他放过了竹千代,领兵回去了。

竹千代就这么继承了冈崎城城主的职位。他不敢轻视兵强马壮的织田信长,命令兵士们不得松懈,严守城门。同时,他也在城里日夜操练兵马,准备有朝一日大战一场。

谁知织田信长野心勃勃,他志在夺取全国的大权。1562年,他派人来到冈崎城求和,要同三河国结盟。竹千代那时改名"家康",正好20岁。从此,他协助织田信长转战南北,立下了汗马功劳,织田信长就把从今川义元手中吞并来的骏河赐给了他。1566年,家康恢复了自己的旧姓德川。再后来,家康随着一个叫丰臣秀吉的武士征战各地,统一了全国,受赐为关东八州的领主。丰臣秀吉死后,家康乘机消灭了丰臣的余党,接掌了日本的霸权。日本天皇封他为"征夷大将军"。家康把自己的幕府建在江户,也就是现在的日本首都东京,他的幕府既称"德川幕府",也叫"江户幕府"。

当年几番周折,屈为人质的竹千代,忍辱负重,为了成功,耐心等待最有利的时机,终于成就了一番大事业,成了执掌全国军政大权的大将军,开创了一个新时代。

马可·波罗的东方之行

马可·波罗是世界著名的旅行家,1254 年生于意大利威尼斯一个商人家庭。17 岁时跟随父亲和叔叔,途经中东,历时 4 年多来到中国,在中国游历了 17 年。回国后出了一本《马可·波罗游记》,记述了他在东方最富有的国家——中国的见闻,激起了欧洲人对东方的强烈向往,对以后新航路的开辟产生了巨大的影响。

马可·波罗小时候,他的父亲和叔叔到东方经商,来到元大都(今天的北京)并朝见过蒙古帝国的忽必烈大汗,还带回了大汗给罗马教皇的信。他们回家后,小马可·波罗天天缠着他们讲东方旅行的故事。这些故事引起了小马可·波罗的浓厚兴趣,使他下定决心要跟父亲和叔叔到中国去。

1271 年 11 月,马可·波罗的父亲和叔叔拿着教皇的复信和礼品,带领马可·波罗与十几位旅伴一起向东方进发了。他们从威尼斯进入地中海,然后横渡黑海,经过两河流域来到中东古城巴格达,从这里到波斯湾的出海口霍尔木兹就可以乘船直驶中国了。然而,这时却发生了意外事件。当他们在一个镇上买东西时,被强盗盯上了,这伙强盗乘他们晚上睡觉时抓住了他们,并把他们分别关押起来。半夜里,马可·波罗和父亲逃了出来。当他们找来救兵时,强盗早已离开,除了叔叔之外,别的旅伴也不知去向了。

马可·波罗和父亲、叔叔来到霍尔木兹,一直等了两个月,也没遇上去中国的船只,只好改走陆路。

这是一条充满艰难险阻的路,是让最有雄心的旅行家也望而却步的路。他们从霍尔木兹向东,越过荒凉恐怖的伊朗沙漠,跨过险峻寒冷的帕米尔高原,因为缺水,马可喝用沙土过滤过的马尿。他们克服了疾病、饥渴的困扰,躲开了强盗、猛兽的侵袭,终于来到了中国新疆。

一到这里,马可·波罗的眼睛便被吸引住了——美丽繁华的喀什、盛产美玉的和田,还有处处花香扑鼻的果园。马可他们继续向东,穿过塔克拉玛干沙漠,来到古城敦煌,瞻仰了举世闻名的佛像雕刻和壁画。接着,他们经玉门关见到了万里长城。最后穿过河西走廊,终于到达了元朝的上都。这时已是1275年的夏天,距离开他们的祖国已经过了4个寒暑了!

马可·波罗的父亲和叔叔向忽必烈大汗呈上了教皇的信件和礼物,并向大汗介绍了马可·波罗。大汗非常赏识年轻聪明的马可·波罗,特意请他们进宫讲述沿途的见闻,并携他们同返大都,后来还留他们在元朝当官任职。

聪明的马可·波罗很快就学会了蒙古语和汉语。他借奉大汗之命巡视各地的机会,走遍了中国的山山水水,中国的辽阔与富有让他惊呆了。他先后到过新疆、甘肃、内蒙古、山西、陕西、四川、云南、山东、江苏、浙江、福建以及北京等地,还出使过越南、缅甸、苏门答腊。他每到一处,总要详细地了解当地的风俗、地理、人情。在回到大都后,又详细地向忽必烈大汗进行汇报。

在《马可·波罗游记》中,他盛赞了中国的繁荣昌明:发达的工商业、繁华热闹的市集、华美廉价的丝绸锦缎、宏伟壮观的都城、完善方便的驿道交通、普遍流通的纸币等等。书中的内容,使每一个读过这本书的人都无限神往。

17年很快就过去了,马可·波罗越来越想家。1292年春天,他和父亲、叔叔受忽必烈大汗委托,护送一位蒙古公主到波斯成婚。他们趁机向大汗提出回国的请求。大汗答应他们,在完成使命后,可以转路回国。

1292年春,马可连同元朝的护送随从600多人,分乘13艘大船,从泉州起航出发了。途经马六甲海峡附近时,他们又遇上了海盗。聪明的马可把值钱的珍宝装入酒坛子,用绳子挂在船舱上沉入海水中,躲过了一场抢劫。两个月后,他们到达了波斯,完成了忽必烈的使命。

1295年,他们三人终于回到了阔别24载的亲人身边。他们从中国回来的消息迅速传遍了整个威尼斯,他们的见闻引起了人们的极大兴趣。他们从中国带回的无数奇珍异宝,使他们一夜之间成了威尼斯的巨富。

1298年,威尼斯和热那亚爆发了战争。按照威尼斯的法律,作战用的军舰要由富人捐钱制造,马可造了一艘名叫"东方号"的战船,亲自担任了船长。不幸的是他在那次海战中被热那亚人俘虏,热那亚人判他20年的监禁。

在狱中,马可·波罗幸运地与作家鲁斯·蒂恰诺关在一起。鲁斯对马可·波罗在东方的经历很感兴趣,于是他让马可·波罗讲述,他作记录,《马可·波罗游记》就这样诞生了。

马可·波罗在狱中讲述的东游故事吸引了许多人,包括热那亚人在内都很感兴趣。于是,他只被关押了4年就被释放了。最初,他的游记并没有被印成书,而是被人们四处传抄,以致各种抄本有数十种之多。直到15世纪,他的游记才

正式刊印成书流传开来。《马可·波罗游记》对后来新航路的开辟以及中西文化交流产生了很大影响。

哥伦布发现"新大陆"

1492年10月12日,西班牙新上任的海军上将克里斯托弗·哥伦布,率领一支船队远涉重洋,历经60多天,横越大西洋,终于到达离美洲大陆不远的巴哈马群岛。根据哥伦布与西班牙国王签订的协议,他将出任新陆地总督和最高执政者。

这是一个阳光灿烂的清晨,哥伦布身穿暗红色的海军上将制服,在众多随从人员的护卫下,手执西班牙国旗,登上了海岛。他踏上沙滩后,双膝跪地,亲吻土地,表示他对诸神的感谢并祈祷。然后,这位新总督站起身来,把国旗插在地上,抽出宝剑,剑尖抵住地面,庄严地宣布:

"我以西班牙国王斐迪南和王后伊莎贝拉的名义,拥有这块陆地!此岛命名为圣·萨尔瓦多。"即基督教"救世主"之意。接着,哥伦布要求在场的人向他——这块陆地和即将发现的陆地的最高执政者作忠诚宣誓,人们欣然从命。

"咱们的海军上将,克里斯托弗万岁!"

"西班牙国王和王后万岁!"

聚集在周围的水手们齐声欢呼……

这就是发现美洲大陆的探险家、航海家哥伦布在占领这个被命名为圣·萨尔瓦多岛时的激动人心的场面……

哥伦布诞生于欧洲最具有海上霸权的城市之———热亚那,他是意大利人,定居葡萄牙,曾为葡萄牙王朝工作过,参加过去冰岛的探险旅行队。他是地圆说的信奉者,曾是马可·波罗的崇拜者,立志要做一个航海家,并从实践中掌握了一手熟练的航海技术。

在他所处的15世纪中叶前后,人们虽然对于地理学有了相当的了解,然而对从挪威北端到中国北方一带地区,还有东南亚地区,却依旧不十分清楚,还是一个谜。为了探索通往东方印度和中国的海上航路,欧洲每年都有不少航海家,驾着航船驶向茫茫大海。他们都以为一直向东航行,就能找到东西方之间的海上中转站,就能发现从西方通往东方的航路从而可到达可汗统治的中国以及日本和印度。但是,这些探险家和航海家都以无数次的失败而告终。

在众多的航海家之中,哥伦布是出类拔萃的人物。他善于思考,而且意志很坚强。他总结了前人的教训,重新制定自己从欧洲西行到达东方的航海计划,准备以12个月乃至更长的时间,横渡大西洋,以寻找"地球另一面的人类生活着的大陆"。这是一个大胆、有魄力的设想,也是一个开支庞大的计划。

为了使那些有权有势的达官贵族接受自己被认为是"梦想"的计划,又为了筹集大笔的资金,哥伦布进行了百折不挠的努力。他的坚韧不拔和刚毅果断的精神,终于使西班牙国王和王后接受了他的主张,共同签订了协议,西班牙王室还为哥伦布开具了一份致中国可汗的国书。

与此同时,英国国王在了解了全部情况后,也于1492年4月在合作的契约书上签字,给了他在执行计划中所能行使的特权及承认他为新发现的大陆的总督。

探险队的准备工作完成以后,8月3日,哥伦布乘坐120吨的圣玛利亚号,偕同另外两艘较小的平塔号、尼尼亚号,组队从帕洛斯港出发。

船队首先遇上了强劲的逆风,航行速度非常缓慢,直到第3天,海面才吹来顺风,但船速仍然不快,以至于船员的信心有所动摇。随着时间一天天流逝,船员开始交头接耳,窃窃私语,产生了不满情绪,甚至准备哗变以阻碍船队的继续前进。哥伦布将船员集中在甲板上,义正辞严地说,如果有人想破坏原计划,就要处以严刑。这个宣布镇定了船员的不稳定情绪。为了鼓舞船员的战斗士气,哥伦布发布命令:最先发现陆地的人,可得厚赏。

哥伦布率领着船队,顶着狂风恶浪和艰难险阻,平稳在大海中前进。到了10月11日,在半夜前两个小时的时候,哥伦布在黑暗中发现一点亮光,他虽然不能断定这亮光来自陆地,但他的发现得到了随行宫廷大臣的肯定。直到凌晨2时左右,平塔号船员也发现了陆地的信号。时间在期待中慢慢地过去。10月12日清晨,当黎明的曙光照亮海面的时候,一个很大的岛屿赫然出现在眼前,岛上广阔平坦、绿草如茵。船员们欢呼着登上了陆地,也就是哥伦布命名为萨尔瓦多的地方。哥伦布终于实现了自己的伟大的计划。

第一次航行取得了意想不到的成果。当哥伦布经过240天远航探险回到西班牙的时候,不仅轰动西班牙,也震撼了整个欧洲。这是人类历史上首次完成横渡大西洋的壮举,甚至还发现了新天地与新人种,被称为"自开天辟地以来,除了造物主的降生与死亡的最伟大的事件"。对于欧洲人来说,整个世界的概念,顷刻之间起了惊天动地的变化。因为在这之前,人们都以为西班牙西岸是世界的尽头。

在这以后,哥伦布又曾于1493年、1498年和1502年三次横渡大西洋,到过多米尼加、波多黎各、牙买加、洪都拉斯、巴拿马一带。并且用西班牙国王的名义加以占领,对当地居民实行殖民统治。

1504年11月7日,哥伦布完成了他的最后一次航海回到西班牙,结束了他充满惊险的海上生涯。这时他已50多岁,长期的航海生活极大地损害了他的健康。哥伦布的发现并未给西班牙国王带来丰厚的收益,他所发现的土地并不如他所宣称的那样富庶,和人们所了解的亚洲毫无共同之处,因此受到国王的冷遇。1506 年 5 月 20 日,哥伦布在贫病交加中死去。他死后留下的航海日记和信件,成为研究美洲航行的重要史料。

哥伦布直到临死之前,都以为他所到的地方就是印度。后来,有一个名叫亚美利哥的意大利冒险家于 1499—1502 年到美洲活动,证实了哥伦布所到的地方并非是印度,而是欧洲人过去所不知道的一块"新大陆"。于是,欧洲人就用亚美利哥的名字称新大陆为"亚美利加洲",简称"美洲"。哥伦布在美洲发现了从未见过的玉米、马铃薯、烟草等,他把这些果实和种子带回欧洲,并且传遍了全世界。

达·伽马垂涎印度

在中世纪西方人眼里,印度是一个富庶的国家,那里到处是香料、宝石和黄金。16 世纪时,葡萄牙人看到阿拉伯人和意大利人从东方印度带来的香料与黄金,不禁垂涎三尺,对遥远的印度产生了浓厚的兴趣。

1492 年,哥伦布自称发现了印度。葡萄牙国王按捺不住了,他任命宫廷侍从官达·伽马出海寻找通往印度的新路线。

1497 年 7 月 8 日,达·伽马带着国王的嘱托从里斯本出发了。伽马带着 4 艘船和 170 人沿着航海家迪亚士的航路一直前进,4 个月后到达了好望角。在好望角,船队遇到了罕见的暴风雨,经过三天三夜的拼搏,伽马带着船队绕过好望角,进入阿尔戈阿海湾。

一波未平一波又起,一股由北而来的激流又让船队寸步难行,就在此危急时刻,不堪忍受恶劣处境的部分船员发生哗变,他们吵吵闹闹要伽马带船返航。伽马当机立断,下令将带头闹事的船员抓了起来。船队又向前继续行进。

第二年春天,伽马到达东非的马林狄,在此他雇用了一名熟悉印度洋航线的水手带路。5 月下旬,伽马的船队顺利到达印度的卡利库特城。

当地人既好奇又热情地招待了他们。一位懂葡萄牙语的印度人告诉他们,此地有许多香料与宝石。伽马等人听了激动不已。

伽马拜见了当地的王公。当他迈进王公府时,立即被它的豪华所震惊,更叫他吃惊的是王公竟用一个笨重的金盆当痰盂。伽马送给王公的布匹,帽子之类的物品,显得寒碜极了。

"你们不远万里来到这里,有什么目的?"王公问道。

"为了获得香料、宝石!"伽马毫不掩饰自己的目的。

"要知道，此地的香料与宝石全是由阿拉伯人向外输出的。"王公不高兴地说。

"我们会有办法的!"伽马满不在乎地说。

伽马的到来，激起了阿拉伯人的反感，也使王公极不满意，因为他们用不值钱的东西从朴实的百姓手中骗走了大批香料和宝石。不久，伽马被迫离开印度，返回葡萄牙。

在返航途中，缺食少水，气候又极其恶劣，不少船员因坏血病死去，等回到葡萄牙时，船员不及出发时的一半。

伽马回到葡萄牙后，成了人人瞩目的英雄，里斯本的居民为他们召开了盛大的欢迎大会，国王还授予伽马"印度洋上海军上将"和"阁下"的荣誉称号。

从印度回来的船员都发了大财。他们手上的香料、丝绸、宝石竟卖到了超出成本价60倍的高价。

1502年2月，利欲熏心的伽马再次率船队出海。这一次，他们配备了20艘军舰和精良的武器。在航程中，伽马遇到了一条阿拉伯船，他命水手洗劫了船只，并扣押了船上所有的阿拉伯人。

到达印度后，伽马再次拜见了王公。

王公问他："你已经得到了你想要的东西，怎么又回来了?"

伽马说："我希望您能答应我，把此地所有的阿拉伯人都赶出去，以后本地的经营权由我们来掌握。"

"那是不可能的。我们与阿拉伯人的交易进行了几百年了。"

伽马自恃武器先进，决定用武力逼王公接受。

第二天，伽马把30多个印度渔民吊在船桅杆上，把他们的鼻子一个一个割掉。渔民的惨叫声激起了当地百姓的愤慨，他们纷纷涌向伽马的船队。"叭!叭!"几声枪响后，几个冲在前面的印度人倒在了血泊中。

看着冒烟的枪口和黑洞洞的炮口，人们停了下来。王公也被迫答应了他的要求。

1503年10月，达·伽马载着满船货物回到了葡萄牙。

1524年，达·伽马再次到达印度，年底他患病而死。

达·伽马的收获，激起了更多贪欲人的野心。葡萄牙军队为了永久获利，不断派兵侵占印度和其他亚洲地区的港口、岛屿。

早期的航海探险，总是与追求财富、扩张领土、建立殖民地联系在一起的。当两种不同的文明发生碰撞的时候，往往充满了血腥。

麦哲伦环球航行

现在，人们都知道地球是圆的。但在麦哲伦环球航行前，这只不过是哥白尼提出的一个假说，大多数人对这一真理还持否定态度，经过了麦哲伦的实践检验，才得到最终确认。

麦哲伦 1480 年生于葡萄牙北部一个没落的骑士家庭，10 岁的时候就进王宫服役，16 岁进入国家航海事务局，因而熟悉了航海事务的各项工作。那时，哥伦布发现了新大陆，达·伽马也开辟了通往印度的新航线，年轻的麦哲伦对这两人钦佩不已，从而萌生了当航海探险家的想法。一个偶然的机会，他成了一艘船的船长。从历年来的航行经验来看，他认为地球是圆形的，盼望做一次人类历史上的壮举——环球航行。

"我一定能够做到。哥伦布发现了美洲，达·伽马找到了印度，我要做环球航行！"麦哲伦立下了誓言。

33 岁那年，麦哲伦一再向葡萄牙国王申请组织船队去探险，进行一次环球航行。可是，葡萄牙已经控制了东方的贸易，不想再花钱找新航线了，一再拒绝麦哲伦的请求。麦哲伦航海无望，于 1517 年 10 月愤然离开葡萄牙。"祖国不支持我，我只有找支持我的国家了。天生我材必有用，就不信会没有人支持我。"抱着试试看的想法，1518 年 3 月，他来到了西班牙，西班牙国王查理接见了麦哲伦。麦哲伦向国王献上了一个描绘得十分详细的彩色地球仪，并向他说明了自己拟定的航线，国王立即批准了他的请求，指令他着手组织一支船队出航。

1519 年 9 月 20 日，在西班牙塞维利亚城的外港，一支由 5 只海船、234 人组成的远航船队启程了，人类历史上的首次环球航行就此启程了。麦哲伦眼望辽阔浩瀚的大海，难以抑制住内心的激动，他真想长吼几声以壮声气。

1520 年 2 月，船队到达圣马提阿斯湾。如果再往前，便是欧洲航海家从未到过的海域了。3 月 31 日，船队驶进圣胡利安港，麦哲伦决定在这里泊船过冬，并下令各船缩减口粮。

8 月下旬，船队继续航行。经过两个月的航行，船队到了一个谁也不知道的海峡入口。他们在海峡中行驶了 28 天，终于走出了海峡。后来，人们为了纪念他，把这个在南美洲智利南部、南纬 52 度的地方，命名为"麦哲伦海峡"。

麦哲伦知道这儿不是他的目的地，他下令向西北横渡。他们在浩瀚无边的大海洋中行驶了两个多月，让他们不敢相信的是竟从没有遇到过暴风雨和惊涛骇浪。船员们高兴地把这个大海洋称为"太平洋"。

1521 年，麦哲伦率船队横渡了太平洋。同年 3 月，麦哲伦的船队抵达了菲律宾群岛中的胡穆奴岛,随后又到了其他的一些岛屿并想征服岛上的土著居民,将岛上的小王国变成西班牙的殖民地。为此,他在菲律宾群岛插手了当地两个部落的战斗。在帮助其中一个部落进攻另一个部落的时候,麦哲伦被当地人杀死,客死他乡。

麦哲伦的助手带领仅存的维多利亚号船载满香料越过马六甲海峡,经印度洋、过好望角,辗转一年多,终于在1522年9月回到了西班牙,完成了人类首次环球航行。从1519年9月始,航行共用了整整3年时间。这时,整个船队仅剩下一条船与18名船员了。

印加帝国的覆灭

印加帝国是中世纪南美洲西南部印第安人的一个部落王国。它具有高度的文明,还有一支几万人的军队。这个奴隶制国家的行政制度十分严密,农业很发达,它是印第安文明的最高代表。但就是这么一个强盛的帝国,竟然被一个曾是牧牛人的西班牙人皮萨罗征服、摧毁了。

1531年1月,皮萨罗带领180人、27匹马,乘坐三艘船,从现在的巴拿马出发,开始了他的远征印加帝国之行。他们在海上航行了七八个月,尽管遇到了无数的艰险,但殖民者们被发财梦所鼓舞,始终没有放弃,他们向往着传说中富有而美丽的印加帝国,准备放开手脚到那儿去大干一场。终于,他们来到了现在秘鲁北部的通贝斯。

通贝斯是印加帝国的要塞。然而,呈现在皮萨罗一行面前的这座城市竟是一片废墟,整座城市空无一人。对金银财宝充满了渴望的殖民者们都露出了沮丧的表情。他们不甘心数月来的艰辛付之东流,仍试图在废墟中寻找宝藏,但金银财宝根本不见影踪。

皮萨罗急切地四处打听究竟是谁走在他的前面,把印加帝国洗劫一空了。当他了解到通贝斯被毁的原因时,禁不住暗自得意,庆幸自己来得正是时候。

原来印加帝国的老国王卡帕克前些年得天花病死了,两个王子阿塔瓦尔帕和瓦斯卡尔为争夺王位进行了长达数年的内战,他们各自称王,互不相让。通贝斯城就是在内战中被印加人自己毁坏的。1530年,阿塔瓦尔帕终于打败并活捉了瓦斯卡尔,把他关进了监牢,但他自己也负了重伤。当皮萨罗抵达通贝斯时,阿塔瓦尔帕正在卡哈马卡附近的温泉养伤。皮萨罗连忙率领人马赶往卡哈马卡。

1532年11月,经过一个多月的长途跋涉,皮萨罗一行抵达一个风光秀丽的山谷,这里遍地种植着金黄色的玉米。走出山口,他们就到了卡哈马卡。城里空

世界通史

无一人,不知是印加人得知西班牙人来了,预先躲开的呢,还是有别的原因,反正全城寂静异常。城中央有一个很大的广场,皮萨罗就将人马安顿在广场四周的空屋里,随后派队长德索托带领20个人前往离城数里的温泉去见印加王阿塔瓦尔帕。

德索托一行来到印加王豪华的帐篷前。端坐在宝座上一动也不动的阿塔瓦尔帕年近30,面貌俊美,身体微胖,双眼犀利,一副大国君主的风度,对于西班牙人的到来,显得十分冷漠,他没有理睬德索托,甚至连眼皮也没抬一下。德索托带领着骑兵一起向他行礼,并通过翻译请他前往卡哈马卡与皮萨罗会见。阿塔瓦尔帕依然不动,不予理睬。直到西班牙人再次重复说,皮萨罗迫切希望见见印加王时,阿塔瓦尔帕才抬起头来慢慢地说:"告诉你们的指挥官,我现在正在斋戒,到明天早晨才能结束,到时我将率大臣去访问他。现在你们可以占用广场上的公共建筑,但不能进入其他房子。"

德索托无奈,看着印加王身边剽悍的卫兵,只得带着人马回城去向皮萨罗汇报。皮萨罗尽管大字不识一个,但却十分工于心计。他权衡了印加人和自己的力量,决定采用智取的方法。经过一整夜的苦思冥想,他终于想出了一个擒拿印加王的计谋。

第二天一早,皮萨罗将士兵埋伏在广场四周的空房子里,并告诉他们说,等他高呼"圣地亚哥"("圣主保佑"的意思),并挥舞白毛巾时,就一齐冲出来逮捕印加王,只许生擒,不许杀死。

11月16日中午,印加王乘坐着一顶金轿子,由5000名士兵护卫着,浩浩荡荡回到城里。皮萨罗在一幢土筑的房子里同阿塔瓦尔帕见过面后,先让一个西班牙神父对他进行说教。那个神父对阿塔瓦尔帕说:"西班牙人不远万里来到印加帝国,不为别的,只为了传播基督圣教,让你们也受到主的恩惠。"他不厌其烦地要印加王接受基督教教义,归顺西班牙国王。阿塔瓦尔帕坚持说:"我只尊重太阳神和我的祖先,我不会向任何人称臣。"他又指着天上说:"你们的上帝已死,而我的神还在天上,正注视着他的子孙。"神父恼羞成怒,他一改那副伪善的说教面孔,凶相毕露、气急败坏地对皮萨罗喊道:"把这个异端分子抓起来,我赦免你的杀人之罪。"

神父的话音刚落,皮萨罗就挥舞起白毛巾,高声喊道:"圣地亚哥!"埋伏在广场四周全副武装的西班牙人听到喊声就一齐冲了出来。毫无准备的印加士兵被这突如其来的袭击弄得措手不及,他们先是挤成一团,本能地用自己的身体护卫印加王,但当他们听到枪声和砍杀声后,就争相往四处逃命。皮萨罗趁乱冲进去抓住了印加王,并把他监禁了起来。

被囚禁的印加王渴望重新获得自由,他决定用黄金赎回自己的自由。他对皮萨罗说，只要能释放他，作为换取自由的代价，他答应用黄金填满囚禁他的这间房屋，用银子填满另外两间较小的房屋。皮萨罗一听，兴奋得几乎说不出话来。他马上答应了印加王的请求。

阿塔瓦尔帕用结绳形式传达了自己的命令（当时印加人没有文字，他们用绳子上打的结来表达思想）。阿塔瓦尔帕要全国动员起来为他搜罗金子和银子。同时他又命令将兄长瓦斯卡尔杀死，以防他在自己陷入困境时乘机夺取王位。

为了拯救自己的国家和国王，印加人每天不停地从各地往卡哈马卡运送黄金、白银，他们把各种金银佩饰、王宫里的宝藏、庙宇里的金银供器都运来了。一连运送了好几个星期才把三间房屋填满。皮萨罗下令把这些金银艺术品全部投入炉内熔化成金条、银锭，总计得黄金13265磅，白银2.6万磅（1磅等于0.373千克）。

眼看全国的金银财富都给了西班牙人，印加王要求皮萨罗实现诺言，恢复他的自由。但狡猾的皮萨罗清楚地知道，释放印加王等于放虎归山，从此他再也无法控制印加人了。他非但没有释放印加王，反而背信弃义地于1533年8月29日把阿塔瓦尔帕残酷地杀害了。印加人失去了自己的首领，群龙无首，印加帝国的首都库斯科很快被皮萨罗攻占了，具有300年历史的印第安人的这座古城被洗劫一空，成了废墟。印加帝国就此灭亡了。

伟大的文艺复兴

旷世奇才达·芬奇

达·芬奇是意大利文艺复兴的三杰之一,是一位思想深邃、学识渊博、多才多艺的画家、雕塑家、发明家、哲学家、建设学家……,是一位旷世奇才。

1452年,列奥纳多·达·芬奇出生在意大利佛罗伦萨附近的芬奇镇上。他是一个私生子,他的父亲是一位法律公证员,母亲是个农家女。在他5岁那年,他的母亲遗弃了他,跟着一个外乡人跑掉了。

达·芬奇父亲是当地的律师,家境富有,他从小是在祖父的庄园里度过的。他总是一个人跑到田野上,躲进山洞去饶有兴致地观察大自然。各种植物的形态、各种小动物的不同习性,都在他的脑海中留下了深刻印象,回到家里后,他就把它们认真地用笔描绘下来。

达·芬奇从小就显示出非凡的天赋,对音乐、绘画、读书等,无所不爱,而且一学就通。达·芬奇大约10岁时,父亲让他画一幅盾牌画,他凭着自己的观察和想象画了一幅两眼喷火、鼻孔生烟、口吐长舌、面目狰狞的盾牌画。当他拿给父亲看时,父亲吓得撒腿就跑,达·芬奇笑着说:"爸爸,这是我画的盾牌画啊。"

有一次,达·芬奇在一块盾牌上作画,被父亲看见了,他画的小动物,形象逼真、生动活泼,把父亲深深地打动了,他确信儿子有绘画的天赋,便为他找个老师让他学画。

14岁那一年,达·芬奇来到了佛罗伦萨,投在了画家韦罗基奥门下。韦罗基奥是一位非常有个性的艺术家。最初,他只让达·芬奇画鸡蛋。达·芬奇对此很不理解:画鸡蛋有什么意义?韦罗基奥告诉他:"画鸡蛋是基本功,这可以训练手和笔,让它们熟练地服从大脑的指挥。"韦罗基奥的话点醒了达·芬奇,他从而认识到画画并不是一件容易的事情。老师的严格要求加上自己的勤奋用功,达·芬奇的画技进步神速。而通过对达·芬奇的观察,韦罗基奥认为他是一位真正的奇才。

不久,韦罗基奥的感觉就得到了验证。韦罗基奥接受市政厅的委托,要完成一幅的《基督受洗》的油画,在画一个天使时,他对天使的造型犹豫不决。这时,达·芬奇走了上来,要求试一下,结果他把笔下的天使画得充满了灵性。作品拿出去展出时,人们一致认为这是韦罗基奥画过的最好的人物造型,韦罗基奥闻听此言深感惭愧。据说,从此韦罗基奥开始只专心地搞他的雕塑了。

达·芬奇最有名的油画是《蒙娜·丽莎》和《最后的晚餐》。

1503年后,达·芬奇用3年的时间,创作出了著名的《蒙娜·丽莎》。蒙娜·丽莎是一个商人的妻子,达·芬奇着力表现了人物的脸部、胸部和手。蒙娜·丽莎的脸部画得极富表现力,圆润而细腻,具有令人神往的感染力。她那柔和动人的眼波和神秘的微笑,宛如一阵春风拂过脸庞,被视为永恒的女性美。达·芬奇以神妙之笔表现了人物喜悦而不失其端庄、宁静,快乐而不失温雅的复杂感情。更令人惊叹的是,达·芬奇在这幅画中精确地使用了透视法。当你集中看左边时,景物上升而人物下降;当你集中看右边时,人物上升而景物下降。

《最后的晚餐》描绘的是耶稣被捕前与门徒最后聚餐的情景,达·芬奇将各种典型人物的表情和动作刻画得精细入微,惟妙惟肖。

达·芬奇在其他方面的才能也非常引人注目。据记载,达·芬奇天资聪颖,博学多才,举止优雅,胆识过人。上学时,他提出的数学问题常常难倒老师;他的音乐才能不光足以作词谱曲,即兴伴着琴声和唱更不在话下;他雕刻的塑像之精美堪称奇观。他解剖尸体、研究数学和光学、设计桥梁、制造大炮、发明各种各样的古怪玩意儿,像飞行器、乐器等,并且他的成就几乎在每一个方面都达到了那个时代的一流水平。他自己也曾经说过:"在一只自由之手的帮助下,我可以创造出各种存在物。"

1518年,达·芬奇的左手不听使唤了,他的身体越来越虚弱,这是长期劳累的结果。此时的达·芬奇只能在床上仰卧了,他的身边只有他的名画《蒙娜·丽莎》在陪伴着他。

1519年5月2日,达·芬奇溘然长逝,他丰富多彩的人生在安静中结束了。当时,他的一位弟子感慨地说:"造物主恐怕再也没有能力创造出一个像他那样的人了。"

马基雅维利与《君主论》

马基雅维利是意大利的一位哲学家、诗人、剧作家,同时还是史学家、政治家。尤其是在政治理论方面,他的影响十分深远。在他之前,人们总是把伦理学和神学与政治缠绕在一起,而他则认为历史和政治是在独立的体系下进行的。

马基雅维利是近代政治思想的主要奠基人。

马基雅维利是佛罗伦萨人,他父亲是个律师,像许多有知识的人一样,十分注重对孩子的教育。马基雅维利12岁时,父亲把他送到了当时一个很有名的老师门下。几年之后,又送他进入了家乡的佛罗伦萨大学。大学时代的马基雅维利才华出众,赢得了老师的赞赏。

马基雅维利很热衷于政治,他曾经参加过推翻佛罗伦萨美第奇家族统治的起义。

1489年,在他的老师的提携下,马基雅维利进入了佛罗伦萨共和政府,几年后担任了第二任国务秘书,这个官儿可不小,相当于现在的副总理。他主要是负责外交事务。1511年,马基雅维利受人尊敬的外交官生涯画上了句号。这一年,教皇和西班牙结成同盟与法国人打仗,而佛罗伦萨与法国是盟友。西班牙军队横越地中海,在意大利登陆,打败了法国人,佛罗伦萨也遭了殃。9月,西班牙人向佛罗伦萨扑来,佛罗伦萨一败涂地,共和国被推翻,美第奇家族卷土重来了。

美第奇家族建立新政权后的第一件事就是处罚政敌,身为国务秘书的马基雅维利自然难逃干系。他被抓了起来,遭受了严刑拷打,被罚了一大笔钱。经过这一番打击后,马基雅维利放弃了做官的梦想,回到了他父亲留给他的小农庄,过起闭门著书的生活。他撰写了大量的著作,如《兵法七卷》、《佛罗伦萨史》等,最著名的当然是《君主论》。

《君主论》主要是论为君之道,做一个君主,应该具备哪些本领和条件,应该如何夺取政权和巩固政权。马基雅维利特别重视权术,主张一个君主为了达到自己的目的,应当不择手段,可以背信弃义、忘恩负义,可以口是心非、自私自利。他认为,君主要想统治天下,应该像狐狸一样的狡猾,像狮子一样的凶猛,这样才能得到最大的胜利。但是君主的狐狸和狮子性格应该巧妙地伪装起来,让他的臣民觉得他是个很有美德的人。他举例说,伐伦丁诺公爵派一个将军去镇压一个不服从的地方百姓,那将军遵从公爵的意思用残暴的手段镇压了百姓。后来公爵认为目的已经达到,为了平息人民的不满,便把过错都推到这个将军身上,并砍了他的头示众。

《君主论》一出,欧洲的思想界便出现了一阵骚动,他们对于马基雅维利的观点根本无法接受。一时间,神学家、保守党人群起而攻之,他们称《君主论》为"邪恶的圣经"。16世纪中期,《君主论》被宣布为禁书,马基雅维利成了一个令人恐惧的人。

马基雅维利十分推崇权术和强权政治。他生活的时代,正是意大利四分五裂的时期,他认为强权能为统一意大利服务。他的书受到许多君主、政治家、军事家的重视。比如英王查理五世、克伦威尔、拿破仑等人都爱读他的书,甚至连行军打仗都带着。可是马基雅维利怎么也不会想到,他这一套学术为后世的阴谋家们所利用,如希特勒等。

1527年,马基雅维利在失意中死去,享年58岁。

雕刻大师米开朗基罗

米开朗基罗于1475年3月6日诞生在意大利佛罗伦萨附近的山城小镇卡普莱斯。他的父亲是这个小镇的行政长官。米开朗基罗自幼喜欢雕刻,父亲在他的强烈要求下,将他送到佛罗伦萨美术大师基兰达约门下学画。

1489年的一天,基兰达约带领着他的两个高徒来到佛罗伦萨最高统治者罗伦索的府第。罗伦索被人们称为文化保护神,他的府第是当时人文主义学者、诗人、艺术家和社会名流荟萃的地方。罗伦索听说基兰达约手下有两个好徒弟,便向他索要。基兰达约慑于罗伦索的势力,无奈只好把自己最喜爱的两个徒弟送给罗伦索,其中一个徒弟就是米开朗基罗。

1494年秋天,法国国王率军入侵意大利,逼近佛罗伦萨。米开朗基罗只好离开家乡,到外地去谋生。待他回到家乡时,教会联合佛罗伦萨旧贵族排挤积极进行宗教改革的主教萨伏那格拉,并把他处以火刑,并将其骨灰扔到河里。这一殉道事件深深地震动了米开朗基罗,他感到萨伏那格拉领导的打击富豪贵族的运动是正确的,他提倡的真诚朴素的道德也是崇高的,他是一个同情人民群众的殉道者。于是,米开朗基罗开始创作《哀悼基督》,他要把对萨伏那格拉的深切悼念倾注到这个作品里。这个作品是依据《圣经》故事,表现基督从十字架上被卸下来后,圣母玛利亚抱起儿子尸体时悲痛与哀悼的情景。

不久,作品问世了:头披长巾的圣母端坐着,裸体、遍体伤痕的基督安详地躺在她的膝上。米开朗基罗认为,作为圣母,看到自己的儿子做了自己应该做的事,走完了自己的旅程,虽然她的内心是非常悲痛的,但不应捶胸顿足地痛哭,而是要把悲痛埋藏在心里。于是,他把圣母雕塑得异常平静,低垂的眼帘使人感到丧子之痛正在何等残酷地折磨着一个母亲。略向后面伸开的左手,表现了圣母玛利亚万箭穿心般的难言之苦。

这一作品完成后,立刻引起了轰动,参观的人络绎不绝。

人们开始关注年轻的米开朗基罗,关注着他的创作思想和人生轨迹。刚迷上画画时,米开朗基罗特别喜爱画人像。当时,意大利出土了许多古希腊时的艺术雕刻人像,把人体的健美刻画得非常形象,这给米开朗基罗以很大的启发。

《圣经》中大卫的故事吸引了米开朗基罗,他决定创作大卫的雕像。他一反宗教上的传统,把大卫雕刻成一个全身肌肉健壮的青年,有着一双炯炯有神的眼睛和克敌制胜的决心。

创作这座雕像,米开朗基罗花了整整3年的时间。《大卫》雕像上完美的艺术表现力,使米开朗基罗获得了极大荣誉。在作品完成的第二年春天,佛罗伦萨的大艺术家委员会决定把它竖立在一座宫殿的前面,作为保卫这座美丽城市的英雄象征。

艺术上的成功,更加激发了米开朗基罗的创作热情。接着,他以前所未有的毅力和气魄,历时4年,在罗马西斯廷教堂高高的天花板上,独立完成了巨幅天顶画《创世纪》。

1516年,他以满腔的爱国热情,创作出雕像《摩西》,借以反抗西班牙军队对意大利的占领。几年后,西班牙与罗马教皇相勾结,向佛罗伦萨共和国发动了疯狂的进攻。在保卫佛罗伦萨的战役中,米开朗基罗负责城市的保卫工作,管理和加固城防工事。结果,佛罗伦萨战败,米开朗基罗受到种种屈辱,甚至被统治者派去雕刻坟墓。后来,他逃亡到国外。

待米开朗基罗回国后,罗马教皇强迫他走进西斯廷教堂,要他在天顶画《创世纪》下方,再制作一幅大型壁画。米开朗基罗被逼无奈,只好天天画。整整画了7年,画出了一幅高10米,宽9米,有200多个人物的气势雄浑的壁画。这就是著名的《最后的审判》。

画完成后,他挥手走出了教堂。教皇信步走到这幅巨画面前一看,气得勃然大怒,立刻派人把米开朗基罗抓了回来。

教皇对米开朗基罗说:"你现在就要将这幅画给我全部涂掉。"

"不行!"米开朗基罗不予理睬。

"要不,你对这幅画做重大的修改。"

"这是为什么?"

"因为你亵渎了神明!"

教皇为什么发火呢?因为米开朗基罗故意在画中将耶稣表现得非常狂暴,他的母亲玛利亚神情麻木,似乎铁石心肠。画中的所有人物都是全身赤裸,一丝不挂。很明显,米开朗基罗将教会奉若神明的耶稣和圣母画作全身一丝不挂的凶神恶煞,意在影射教皇和他那帮为非作歹的教士。他做这幅画之前,已有思想准备:可能坐牢或者被驱逐出境。

教皇见米开朗基罗毫不屈服,只好硬着头皮另找一个画家来改画。那位画家花了近一年时间,才给众神"穿"上遮羞布。之后,米开朗基罗一直生活在罗马,从事雕刻、绘画工作。1564年2月18日逝世于自己的工作室。

米开朗基罗生前参与设计的圣彼得大教堂和加必多利广场的建筑群,在他逝世后拔地而起。米开朗基罗的精湛作品标志着文艺复兴时期西方艺术达到的高峰,对后世具有深远的影响。

宗教改革的先锋——马丁·路德

《圣经》里说,人类的祖先是亚当和夏娃。由于他们违背了上帝的禁令,偷吃了伊甸园的禁果,犯下了大罪。因而,他们的后代人类要世世代代赎罪,以求得到上帝的拯救,来世进入天堂。

善良的人们希望能尽快使自己得到救赎。可是在1517年,腐败的天主教会却借此欺骗人们,骗取钱财。教皇借口修缮大教堂,派人到各地出售"赎罪券"。他们声称,教皇是上帝的代表,买了赎罪券的人,教皇就代表上帝免除他的罪过。

一天,在德意志的威登堡大教堂门前,一个红衣主教大声吹嘘:"孩子们,当钱币落入钱柜叮当作响的时候,你们的灵魂就飞上了天堂。"这种无耻的言论激怒了一个人,他挺身而出,将《九十五条论纲》钉在威登堡大教堂的木门上,揭露了教皇贪得无厌的嘴脸。其中,尤其值得注意的是第六十二条,他指出:"教会的真正财宝,乃是荣耀而施恩之神的最圣洁的福音。"这个人,就是马丁·路德。

马丁·路德1483年生于德意志东部的一个小山村。18岁时,他进入大学学习法律,他父母希望他能成为一名律师。路德是个对宗教十分虔诚的人。一天晚上,当他从父母家中走回法律学院时,突然遇到一场猛烈的暴风雨,雷声轰鸣,闪电撕破天空。不巧他被雷电击倒了。他惊恐万分,便哀求神饶命,并起誓愿意进入修道院以报答神的恩泽。从此,路德把一生都献给了宗教事业。从1508年起,路德担任了威登堡大学的神学教授。

目睹教皇和天主教会的腐败奢侈,路德痛心疾首,进行宗教改革的决心日益坚定了。他开始着手创建自己的宗教学说——"因信称义"说。他认为,一个人灵魂的获救只需靠个人虔诚的信仰,根本不需要什么教会的繁琐仪式。这就从根本上否定了教会的特权。

路德的《九十五条论纲》一出来,就在欧洲引起了巨大的震动,人民纷纷起来反抗教会。以教皇为首的教会人员对路德恨之入骨。1520年10月,教皇勒令路德在两个月内悔过自新,否则就开除他的教籍。路德坚决不从,于是,教皇下旨把路德驱逐出教,路德带领威登堡大学的师生焚毁教皇的教谕和几部教会法典,以示与教皇绝交。结果他被传到沃斯木听审,出发时,民众都前往夹道欢送。听审时,路德坚决拒绝放弃自己的主张,他理直气壮地说:"我不能动摇,这是我的立场。但求上帝帮助,阿门。"

教皇等人无计可施,只好蛮横地对路德进行人身迫害,宣布路德为不受法律保护的人。路德只好隐居到图林根的瓦特堡,翻译《圣经》。

路德最大的成就之一就是将《圣经》译为德文。在此之前,由于《圣经》是用拉丁文写的,一般老百姓不认得拉丁文,所以教会人员把持着解释《圣经》的权力。路德认为,每一个人都有解释《圣经》的权利,因为每个人都可以在阅读、理解《圣经》的基础上产生对基督的信仰。路德的文体清新有力,语言通俗易懂,比喻直接明快,很受老百姓的欢迎。他的译本为人们反抗天主教会提供了有力的思想武器。

但是,当德国农民要把宗教改革变成一场推翻现存剥削制度的政治革命时,路德退缩了,而且还成为世俗统治者的代言人。

1546年2月18日,路德在家乡病逝。作为一个伟大的宗教改革家,他所发起并领导的宗教改革运动席卷整个欧洲,永久性地结束了罗马天主教会对于西欧的封建神权统治。纵观路德一生,他不愧为伟大的宗教改革家。

勇敢的闵采尔

1524年,在德国的土地上,爆发了一次欧洲历史上最大的一次农民战争,这场熊熊燃烧的漫天大火,持续了一年之久,对德国的封建统治形成了不小的打击。起义的农民在行进的过程中一直都在高喊着一个名字:"托马斯·闵采尔!托马斯·闵采尔!"

托马斯·闵采尔就是这次伟大的德国农民战争的杰出领袖。1490年,闵采尔出生于施托尔堡一个手工业者的家庭。在他很小的时候,他的父亲就死于当地伯爵的暴政。闵采尔后来成为了一名神学博士,他对希腊文和拉丁文非常精通,阅读了大量古典文学和人文主义作品。

在闵采尔生活的年代,德国处于大大小小诸侯的割据统治之下,这些诸侯王之间经常因发生冲突而引起战争。当时,全国土地的1/3都归天主教会所有。在封建领主和天主教会的反动统治下,占全国人口4/5以上的农民处于水深火热之中,难以为生。残酷的压迫和剥削,迫使农民不断举行起义,进行反抗。闵采尔亲眼目睹了群众的疾苦,深深地知道他们有着革命的要求。

他曾积极参加马丁·路德领导的宗教改革运动,1520年,在路德的推荐下,他成为了茨威考城的神甫。但随着宗教改革运动的进行,路德却逐步转变加入到封建贵族的一边,与他们同流合污起来,公开宣布维护诸侯和贵族制度。于是,闵采尔就坚决地和路德分道扬镳了。

闵采尔开始猛烈地抨击天主教会的腐败,指出罪恶的根源就是财产的不平等,要求把宗教改革和社会改造紧密结合起来,主张摧毁一切封建制度,建立一个没有阶级差别、没有私有财产的现实的天国。他的身影经常出现于捷克、士瓦本、图林根等地的街头,向人民进行革命宣传:"天国即将降临,它不是在天上,而是在我们地上!"

"建立天国的方法,不是忍耐和等待,而是去推翻那些不正义的人的统治!"

闵采尔的革命主张迅速赢得了各地革命群众的热烈拥护。经过他的宣传和鼓动,宗教改革运动终于演变成了一场轰轰烈烈的农民战争。

1524年夏天,起义首先在德国南部的士瓦本地区爆发,全国近2/3的农民起而响应。士瓦本、法兰克尼亚和图林根－萨克森三个地区到处都是起义军的队伍。其中,图林根－萨克森地区的农民起义由闵采尔直接领导,所以斗争最为坚决。后来,有好多矿工和纺织工人也加入到起义队伍中来。

1525年3月,起义军攻占了米尔豪森城,建立了革命政权——永久议会,闵采尔理所当然地被推选为主席。他下令没收教会的财产,宣布废除封建特权,这样一来,就有更多的群众加入了起义军。起义农民到处焚烧城堡、寺院,惩办那些作恶多端的封建领主。

惊天动地的起义运动吓坏了封建贵族,他们不得不联合起来共同镇压起义军。5月16日,闵采尔率领的8000人起义队伍,被全副武装的诸侯联军包围在弗兰肯豪森附近一座小山上。

面对困境,闵采尔无所畏惧地说:"豺狼已经从四面扑来,我们就跟他们死拼到底。宁可与恶魔们同归于尽,不与恶魔们同活于世!"农民们也都热血沸腾,振臂高呼:"誓与恶魔血战到底!"农民军个个奋勇杀敌,但终因武器不够,缺乏训练,寡不敌众,在经过一场血腥搏斗后,农民起义军失败了,闵采尔的头部也受了伤,被敌人俘获。

闵采尔被俘后,受尽各种严刑拷打,但是他坚贞不屈,最后死于统治者的屠刀之下。临死前,他大义凛然地说:"如果我会投降,上帝也会向你们投降!"闵采尔领导的这场农民战争虽然没能取得最终胜利,但却在欧洲大地上点燃了反对封建压迫的战斗之火。勇敢的闵采尔将永远被德国人民牢记在心中。

加尔文推行新教

马丁·路德进行宗教改革之后,基督教在欧洲焕发出一派生机。但是,如果不是加尔文的出现,基督教仍然无法适应当时时代的要求。作为另一位宗教改革的领袖,加尔文创立了加尔文教派。

加尔文于1509年出生在法国北部一个主教秘书的家庭。当加尔文还在襁褓中时,这位主教秘书就曾断言:"这小子!将来一定不会是孬种!"听着孩子洪亮的哭声,他激动地说:"我要把他培养成一个闻名遐迩的法学家,让他进全国最好的大学!"这位善于遐想的父亲显然在为儿子设计辉煌灿烂的前程。

但他说什么也不会想到,他的儿子在日后会和一个新教派"加尔文教派"永远联在一起。伴随着父亲充满期待的目光,小加尔文不负所望地长成了一个出类拔萃的青年。遵照父亲的意愿,他进了当时著名的布尔日大学专攻法律。在大学里,除了对法律和哲学令他痴迷以外,他还受到了新教——路德教思想的影响。路德教的新思想把这个青年强烈地吸引了过去。

大学毕业以后,教学工作之余,他便设法和新教团体保持密切联系。当时,法、德两国的战争已经进入了白热化,法国为了取得信仰新教的诸侯的支持,接受了路德教在法国的传播。但法国在战争中的失利,让国王怪罪于信仰路德教的诸侯,他认为自己的失败完全是由于诸侯们的不积极参战。

1534年,法国国王开始了对国内新教教徒大规模的迫害。为了躲避迫害,加尔文先逃到德国,后来又到了瑞士的巴塞尔。一时间他竟成了无根的浮萍。当时的瑞士,名义上仍然接受神圣罗马帝国的统治,事实上却已分裂成许多独立的州际联盟。发达的工商业,充分的自治权,民主的市议会,这一切使瑞士成为宗教改革的温床。

在苏黎世,有一个叫茨温利的神父开始领导东北各地进行宗教改革。他所倡导的新主张诸如:否认罗马教廷权威,反对赎罪券,解散修道院,教士可以结婚,民主选举牧师等等在当时可谓惊世骇俗之举。

这些主张恰好代表了新兴资产阶级的呼声,当时的市议会当然对此鼎力支持。可是,这样一来,笃信天主教的封建贵族们可就坐不住了,他们开始想方设法阻止新教的传播。为了加快推行新教,茨温利号召动用武力,一场内战意外地爆发了,结果,他自己却倒在血泊中。新教失去了自己的领袖,一瞬间陷入群龙无首的局面。

恰在这时,加尔文这位应时而生的宗教改革家,带着他经过苦心研究写出来的关于宗教改革的《基督教要义》书稿出现了。这本于1536年出版的书对新教的原理作了系统的论述。它刚一面世,立即在瑞士引起了轰动。大街小巷听到的是一片议论之声。人们普遍认为《基督教要义》在传播教义方面甚至要比马丁·路德还透彻。书中关于人的等级之分、人们洁身自律的要求等等,更是对极了教徒们的胃口了。

加尔文于同年抵达当时的瑞士宗教改革的中心——日内瓦。在日内瓦,宗教改革运动已进行得如火如荼。然而当地天主教的势力依然强大,封建贵族们不甘心放弃手中的神权。为了倡导各自主张,在当时,新旧两教进行答辩是件司空见惯的事。

新教的另一个教派——再洗礼派是一支比较大的力量,他们的主张也比加尔文教要激进得多。他们不断组织平民起来闹事：破坏天主教堂，拆毁修道院，过激的行动令当权者头疼不已。于是，再洗礼派开始遭受无情的迫害，平民运动被严酷地镇压下去。

加尔文教派也受到了不同程度的迫害。加尔文不得不再次逃亡。但是，宗教改革派的崛起已是大势所趋，他们终于在日内瓦掌握了大权。这些新教徒们迫切需要加尔文的宗教理论，需要一个指引教徒行动的人物。于是，日内瓦市政当局于1541年向流亡在外的加尔文发出了正式邀请。加尔文收到邀请函后，立即踏上了重回日内瓦的归程。在路上，他就已经在心中盘算好如何进一步把宗教改革推向深入了。

经过一番深思熟虑，一个宏伟的改革计划在他的心中逐渐清晰起来。回到日内瓦，加尔文的宗教改革运动便迅速开展起来。他规定，教会不再从属于罗马教皇，也不再隶属于地方诸侯。信仰加尔文教的人和各个组织，不应分割开来，要在宗教和政治上统一起来，结成同盟，由定期召开的高级宗教会议领导；教会里的所有职位都要由选举产生。

没想到，取得权杖以后，加尔文开始变得自私、残暴、惟我独尊起来。新教中还有一些其他派别，但是他们统统被加尔文指斥为"异端"，境况甚至还不如天主教徒。曾经风光一时的再洗礼派此时也成了加尔文的眼中钉，他下令将这一派的信徒全部驱逐出境，如有发现，格杀勿论。此时的日内瓦城，只有加尔文的权力最大。不论是城内的教会，还是行政当局无不拜伏在他的法杖之下。日内瓦的地位已无异于当初的罗马，加尔文则不经意间成为了"日内瓦的教皇"。

加尔文的宗教改革，适应了当时权力日益上升的资产阶级谋求利益的需要，因此加尔文教派很快就广泛的传播开来。

塞万提斯与《堂吉诃德》

堂吉诃德的形象早就随着小说、电影和电视等深入人心。他对着风车挥舞长剑的疯狂形象，将羊群当成敌阵的"超凡"想象力，给每个读者和观众留下了极为深刻的印象，甚至使人们忘记了小说的作者——西班牙"超群的小说家"塞万提斯，正是他赋予了堂吉诃德长盛不衰的生命力。

米格耳·德·塞万提斯·萨阿维德拉，1547年9月出生在西班牙一个没落贵族的家庭里，父亲是个穷困潦倒的医生，家中十分清贫，塞万提斯读到中学就不得不辍学了。可是他酷爱读书，没有钱买书时，他甚至捡街头的废纸来看。在他的老师——著名的拉丁文学者胡安·洛佩斯·德契约斯的影响下，他阅读了大量的拉丁文经典著作。1569年，塞万提斯来到了文艺复兴的中心意大利，在那里他接触了很多文人,并得以饱览群书。

1571年,土耳其舰队入侵地中海,西班牙、罗马教廷与威尼斯共和国组成联合舰队抵抗侵略军。24岁的塞万提斯满怀着爱国的热忱,毅然参战,被派到西班牙战舰"侯爵夫人号"上服役。残酷的战争锤炼了他的意志,他屡立战功。在著名的勒邦托海战中,他带病参战,奋勇杀敌,虽身负重伤仍坚持战斗,最后不得不截去左手。后来他被人们尊称为"勒邦托的独臂人"。可以说,塞万提斯本人就是一名真正的"大侠"。战争结束后,他却在返回西班牙的途中被土耳其的海盗俘虏,沦为奴隶,被挟至阿尔及利亚,备受折磨,过着非人的生活。

1580年9月,在亲友的多方营救下,塞万提斯终于被赎回祖国。回国后,他这个战斗英雄并未受到重用,仍然过着贫困潦倒的生活。为了谋生,他干过各式各样的工作,但总是入不敷出。7年后,他总算谋得了征税员的"美差"。可是好景不长,为了照顾穷苦的百姓,他强征大教堂讲经师的麦子来抵偿百姓应缴纳的赋税,惹恼了势力强大的教会,被驱逐出境。祸不单行,丢了饭碗的他又被官府以"莫须有"的罪名投入监狱。

塞万提斯没有被严酷的现实压垮,有着丰富社会经历的他决心用自己的笔来揭露社会的罪恶,于是《八出喜剧》和《加拉提娅》等作品相继问世。1605年,他完成了《堂吉诃德》(上卷),这部巨著堪称是文艺复兴时期欧洲最伟大的小说之一。

小说主人公拉·芒察原来是个生活安逸的乡绅,他着迷于当时流行的骑士文学,一时间想入非非,也想仿效骑士出外游历。他在家传的古物中,找到一副破烂不堪的盔甲穿戴起来,自以为是潇洒的骑士。他看中邻村一个挤奶的村姑,给她起了个贵妇人的名字——杜尔西尼娅·德耳·托波索,把她当做愿为之终生效劳的意中人。随后,他把自己改名为堂吉诃德,骑上一匹瘦马,昂首阔步地离家出走了。

他完全失掉对现实的感觉而沉入漫无边际的幻想中,"大侠"堂吉诃德一路上笑话百出,他把旅馆当做城堡,把妓女当成贵妇,还让老板娘为他授封,被众人齐声嘲笑。他自诩"游侠",单枪匹马地蛮干乱打,结果身受重伤,还没走远就被人抬回了家。

但堂吉诃德并不就此善罢甘休,他说服一个名叫桑丘的比他更傻的农夫做他的持盾侍从,结伴离家出游,并答应桑丘胜利后任命他当总督。他们主仆俩分别骑着瘦马和肥驴偷偷地上了路。堂吉诃德还是按他脑子里的古怪念头行事,把风车看做巨人,结果斗得人仰马翻;把羊群当做敌军,却被牧羊人打落了牙齿;把苦役犯当做受害的骑士,反被人剥去了衣裳。他行为古怪,四处与人发生冲突,做了许多荒唐可笑的事情。他的骑士行为不仅不受欢迎,还给自己带来了一大堆的麻烦,直到被邻居装进笼子,用牛车送回家,才结束了他的第二次"游侠"经历。

堂吉诃德回家后仍然对"大侠"的生活情有独钟,他与桑丘再度出发去萨拉戈萨参加比武。为了救堂吉诃德,他的邻居桑松·卡腊斯哥学士,假装成"白月骑士"与他比武,不堪一击的堂吉诃德很快落败,不得不跟随着桑松回家。回家后,他就卧床不起,临死他才从荒唐的"骑士大侠"梦中惊醒,遂立下遗嘱:他惟一的继承人,即其侄女必须嫁给一个从未读过游侠小说的人,否则就取消其继承权。

《堂吉诃德》出版后迅速在西班牙走红,并很快风靡全欧洲,盗版本也应运而生。到1614年,甚至出现了冒写的《堂吉诃德》的下卷。盗版书完全歪曲了原著的精神,塞万提斯闻讯后日夜创作。一年后,真正的《堂吉诃德》下卷问世。塞万提斯在下卷的篇首献辞中这样写道:

听说现在有个家伙冒充堂吉诃德第二,到处乱跑,惹人厌恶,各地的人们都催我把真的堂吉诃德送去,好消除那家伙的坏影响。最急着等堂吉诃德去的是中国的大皇帝。他一个月前派专人送来一封中文信,要求我——或者竟可说是恳求我把堂吉诃德送到中国去,他要建立一所西班牙文学院,打算用堂吉诃德的故事做课本,还说要请我去做院长。我问那钦差,中国皇帝陛下有没有托他送我路费。他说压根儿没想到这层。我说:"那么,老哥,你还是照你奉使前来的行程,回你的中国去吧。我身体不好,没有力气走这么迢迢的长路,况且我不但是病人,还是个穷人……"我就这样打发了他。

塞万提斯的幽默倒并非空穴来风,明朝的万历皇帝的确曾叫一名传教士带了一封信给西班牙的国王,这就是塞万提斯借题发挥的基础。

《堂吉诃德》貌似荒唐可笑,但却寓意深远。塞万提斯的目的是想通过行为夸张的堂吉诃德的形象,在博人一笑的同时,借以消除骑士小说在社会上的负面影响。中世纪的欧洲,骑士制度、骑士精神和骑士道德在社会中的影响十分广泛,"忠君、护教、行侠"是骑士的标志,"文雅知礼"和为"心爱的贵妇人"冒险战斗是骑士的美德与最大的幸福。骑士小说中的那些所谓的"侠士"都被理想化了,故事虚构,惊险离奇,充满魔幻,在读者中造成了很坏的影响。

这样的"骑士精神"对于社会的进步有害无益。塞万提斯对此深恶痛绝,他以其人之道还治其人之身,巧妙地利用骑士小说的形式,借题发挥,成功地塑造出堂吉诃德的形象,把骑士制度、骑士精神、骑士道德漫画化,唤醒了一代欧洲人,让他们从"大侠"的迷梦中惊醒过来。

"知识就是力量"

弗兰西斯·培根,英国近代唯物主义哲学家、思想家和科学家,在西方历史上被称为现代实验科学的鼻祖。他提出"知识就是力量"的口号,提倡科学精神,高扬理性的旗帜,对解放人们的思想起到很大的作用。

1561年,培根出生在英国伦敦的一个贵族家庭,父亲当时任女王的掌玺大臣。培根小时候很爱学习,很早就能阅读超出他那个年龄段的高深书籍,13岁时便进入剑桥大学。

培根立志从事实验科学以后,在实验室和图书馆内默默度过了十几年。他根据自己的亲身观察和实践,总结了不少科学结论。

1605年,培根终于写出了自己第一本科学巨著——《学问的促进》。

在《学问的促进》一书中,培根把知识上升到一个新的高度,批判了神学思想僵化导致的思想禁锢。

《学问的促进》一书的出版,使培根声望大增。人们对培根的书给予很高的评价。英国的传教士们则对这本书却充满了恐惧,他们竭力诋毁培根,说他是个江湖骗子。

1620年,培根的又一部新书《新工具》问世了。在这部书中,他结合逻辑学、哲学等多种学科,用哲学的方式表达出来。"知识就是力量"这句话,就是《新工具》一书的主题思想。

培根指出:经验是知识的源泉;知识是存在的映象,存在的真实和知识的真实是一致的,人的力量和人的知识是一致的。这是培根通过一系列的求证和思考,总结出的知识和存在的关系。

《新工具》一书的出版,得到了全欧洲学者的极大赞赏。

培根不仅是一位著名的哲学家,还是一位杰出的散文作家。在他的一生中,虽然有繁杂的事务分心,可他在写作上从来没有懈怠过,他的散文著作中最著名的,是1624年出版的《论说文集》。

《论说文集》最能体现培根的写作风格:文笔优美、语言凝练、寓意深刻。这本书中的文章从各种角度论述了他对人与社会、人与自己、人与自然关系的许多独到而精辟的见解,使许许多多的人从这本书中获得熏陶和指导。如:

"一个自身无德的人见别人有德必怀嫉妒。"

"最能令人心神健康的预防药,就是朋友的忠言规谏。"

"狡猾就是一种阴险邪恶的聪明。一个狡猾的人与一个聪明人之间,确有一种很大的差异,这差异不但是在诚实上,而且是在才能上的。"

"顺境的美德是节制；逆境的美德是坚忍。这后一种是较为伟大的一种德性。"

为表彰培根作出的贡献，英国国王授予他子爵称号，并封给他大法官的职位。名誉和地位的拥有，并没有使培根停滞不前。他把人们思想上的一些假象、偏见，总结为四种"幻象"。

一天，国王召见培根，问他："培根先生，听说您最近总结出了人生的四种'幻象'，我很想听听你这位哲学家的见解。"

培根回答说："陛下，臣所说的四大'幻象'，第一种是'种族幻象'，即混淆人类本性和事物的本性，而以人的感觉作为万物的标准；第二种是'洞穴幻象'，就是人们根据自己的性格爱好、所受的教育以及所处的环境来认识事物；第三种为'市场幻象'，也就是咬文嚼字，玩弄概念；第四种是'剧场幻象'，即恪守传统、迷信权威。陛下，这四种'幻象'都是阻碍人们获得科学知识的囚笼。"

英王因此对培根的智慧更加赏识。

培根离开王宫，又回到实验室。他陷入了沉思：能不能把自己多年对自然的观察和实践的方法总结为一条系统而简单的理论呢？培根知道一切的自然知识都和感官有密不可分的联系，但是要想获得知识，单靠感官是远远不够的。要发现事物的奥秘，在深入观察的同时还必须掌握一套科学的方法，培根把这套方法总结为归纳、分析、比较、观察和实验的理性方法，并称之为归纳法。

有一次，一位贵妇人问培根：

"培根先生，您的归纳法，如果用形象的言语来表达，应该怎么讲？"贵妇人似乎想给培根出一个难题。

培根幽默地答道："不做只收集材料的蚂蚁，也不做从自身抽丝结网的蜘蛛，要做既采蜜又加工的蜜蜂。"

1626年3月底的一天，培根路过一片雪地时，想做一次冷冻防腐实验。他亲自宰了一只鸡，并想利用雪冷冻以便观察冷冻在防腐上的作用。由于培根身体弱，患严重风寒，医治无效，于1626年4月9日逝世。

说不尽的莎士比亚

如果问谁是西方最知名的文学家，那么答案一定是：莎士比亚。威廉·莎士比亚，是西方古往今来作品被上演最多的剧作家，他的作品富有激情，焕发着理想和人性的光芒，而他本人也是一个说不尽的谜。

1564年4月23日，莎比士亚出生在英国中部埃文河畔的斯特拉福市，父亲是个商人。莎士比亚7岁时就读该市的文法学校。文法学校是一所很好的世俗教育学校。小莎士比亚在这儿打下了坚实的语言基础。

1577年,莎士比亚离开学校并帮父亲做了一段时间的生意。之后他当过学徒,做过乡村教师,还干过其他职亚,这使他增长了许多社会阅历。

1586年,富于进取精神的莎士比亚随一个戏班子步行到了伦敦,并找到一份为剧院骑马的观众照看马的差使。这虽然是打杂,但毕竟跟戏剧挂上钩了,莎士比亚尽力尽心地干这个工作,他干得很好。骑马来的观众都愿意把马交给他。莎士比亚常常忙不过来,只得找了一批少年来帮忙,他们被叫作"莎士比亚的孩子们"。

莎士比亚头脑灵活,口齿伶俐,工作之余,还悄悄地看舞台上的演出,并坚持自学文学、历史、哲学等课程,还自修了希腊文和拉丁文。当剧团需要临时演员时,他"近水楼台先得月",再加上他的才华,他终于能演一些配角了。演配角时,莎士比亚也认真演好,他出色的理解力和精湛的演技,使他不久就被剧团吸收为正式演员。

那时候,伦敦的剧团对剧本的需要非常迫切。因为一个戏要是不受观众喜欢,马上就要停演,再上演新戏。莎士比亚在坚持学习演技的同时,还大量阅读各种书籍,了解了自己祖国的历史和人民不幸的命运,他决定也尝试写些历史题材的剧本。

1590年和1591年,他写了历史剧《亨利六世》三部曲,剧本上演,大受观众欢迎,他赢得了很高声誉,逐渐在伦敦戏剧界站稳了脚跟。

1594年,莎士比亚写了一部悲剧《罗密欧与朱丽叶》。

这部剧本中,作家写了自由爱情的可贵,谴责了封建制度对爱情的迫害,歌颂了理想的爱情。剧本上演后,莎士比亚名震伦敦。

1599年,莎士比亚已经很有钱了,他所在的剧团建成了一个名叫环球剧院的剧场,他当了股东兼演员。他还在家乡买了住房和土地,准备老了后回家备用。不久,他的两个好友为了改革政治,发动叛乱,结果一个被送上绞刑架,另一个被投入监狱。莎士比亚悲愤不已,倾注全力写成剧本《哈姆雷特》,并亲自扮演其中的幽灵。

哈姆雷特本来是丹麦的一个快乐王子。他正直的父王被叔叔毒死,叔叔篡夺了王位,并霸占了他的母亲。在国外上大学的哈姆雷特赶回国,他父亲的鬼魂告诉他自己的被害经过,要儿子报仇。

哈姆雷特为了报仇,装疯卖傻,寻找机会了解事实的真相。一次,他请一个戏班子演了一出杀兄篡位的旧戏,情节和他父亲鬼魂所说的一样。在演出过程中,他的叔父惊慌失措,从而证实了他自己的罪恶。

哈姆雷特决心报仇。但一次偶然的失误却把自己情人的父亲误杀了。他的叔父把他送到英国，并让英国国王杀死他。哈姆雷特半路上跑了回来，又发现自己的情人因父亲死去，爱人远离而精神失常，误入河中淹死。

叔父唆使哈姆雷特情人的哥哥和哈姆雷特决斗，结果两人都中了敌人的诡计。临死前，哈姆雷特奋力刺死了叔父，为父亲报了仇，但他没有完成重整"颠倒混乱的时代"的大业。在这出悲剧中，哈姆雷特代表的是那些具有先进思想的新兴资产阶级的代表人物。他热爱生活，反抗邪恶，但却思想多于行动，过于优柔寡断；叔父代表的是封建反动势力，他荒淫无耻、奸险毒辣、诡计多端。哈姆雷特的复仇行动，表达了文艺复兴时期，先进的人文主义者要求冲破封建势力束缚的强烈愿望，哈姆雷特的悲剧反映了包括莎士比亚在内，整整一代人文主义者的悲剧。

在以后的几年里，莎士比亚又写出了《奥赛罗》、《李尔王》和《麦克白》，它们和《哈姆雷特》一起被称为莎士比亚的四大悲剧。

1616年4月23日，莎士比亚由于生病，病逝于故乡。令人惊奇的是，大师的生与死的日期同为4月23日。这种神秘的一致，让我们感受到一代天才的与众不同。他的墓在他家乡的一座小教堂旁，每年都有数以千万计的人像朝圣一般去瞻仰。

潦倒画家伦勃朗

在欧洲绘画大师的遗作中，有一张十分引人注目的作品，这是画在一张未付款欠账单背面上的速写。作画人和账单上的名字系一个人。他就是17世纪中叶世界上最伟大的艺术家之一、荷兰最杰出的画家伦勃朗。在欧洲美术史上，他享有与达·芬奇同等重要的地位。伦勃朗是欧洲文艺复兴晚期卓越的代表人物。

1606年7月15日伦勃朗出生在荷兰莱登城，父亲是一个磨坊主。伦勃朗从小就喜欢画画，他对绘画简直像着了魔。在他进行创作时，常常一连几天待在画室里，饮食也由亲人送进去。作画期间他从来不正经睡觉，每天只在沙发上合衣躺卧几个小时。随着绘画水平的不断提高，伦勃朗又到阿姆斯特丹拜著名画家拉斯特曼为师。

经过艰苦的努力，伦勃朗很快就成为阿姆斯特丹最有名气的画家了，求画者络绎不绝。人们称赞他是作画速度最快、技术最完美的画家之一。他的天才就像尼亚加拉的瀑布一样源源不绝，倾泻而下。他每年订画高达五六十件，他俨然成了富翁。

伦勃朗尊重那些未出名经济拮据的画家，经常出资帮助他们。只要他出去，就买许多作品回家,有时特意给穷画家高价钱。

但时隔不久,一件作品改变了他的命运。

有一天,阿姆斯特丹民警总部向伦勃朗订购一幅炫耀战绩的集体肖像画,民警们希望给每个人都留下一个光辉的形象。伦勃朗选择了民兵连在中午离开军械库去城墙值勤时的情景,这样他就有了显示他处理光线和阴影的精湛技艺的机会。

作画那一天,一群民警接到命令后正准备出发,气氛十分紧张而严肃。中午的太阳高悬在天空,就像舞台上的聚光灯一样。他没有让每个人都得到同样的亮度,而是把人物作了巧妙的安排。他把一两个主要人物放在中心位置,处在明亮的强光之中;另一些人在门洞的遮盖下,正在模糊的暗光中走动。这种主次分明、重点突出的构图原则,正是伦勃朗绘画的长处。

这张画最终被保存下来,但已不是原来的样子了。因为画幅太大,想挂这张画的大厅容纳不下,于是民警们就将画的一部分剪去烧掉。这样,整幅画就失去了平衡。当时挂画的大厅是靠烧泥炭的明火取暖的,泥炭的烟灰在画上盖了厚厚的一层。天长日久,整个画面变得十分灰暗,以至于18世纪的人认为这是一次夜间的行动。因此,他们给这幅描绘中午的画起了一个名不副实的名字——《夜巡》。

事情到此并没有完。伦勃朗对这幅画匠心独运的艺术处理,激怒了订购者。那些一向很注重自己尊严的警官们一看到该画,立刻火冒三丈。他们认为大家付的钱一样,为什么有的人被画到前面,有些人却被画在后面?有些人画在明处,有些人却画在半明半暗处?有些人画了全身,有些人只是画了侧影?一些人对此愤愤不平,不仅拒绝付款,还向法院提出了控告。结果闹得满城风雨,不亦乐乎。

对于这种无聊的指责,伦勃朗毫不让步,他声称:"一个艺术家应当完成的任务是创造美,而不是迎合每个人的口味。"这样的答复很是在理,也实现了他的座右铭:比金钱更重要的是名誉,比名誉更重要的是自由。结果,他赢得了自由,却失去了生计。

经过这场风波后,向伦勃朗订画的人越来越少了,他的经济状况也每况愈下。而妻子的去世更是结束了伦勃朗的好运。他的光辉在这之前像火箭一样腾空直上,现在却一下子熄灭了,把他抛在了黑暗的半空之中。

在孤独、痛苦之际,他的女仆给了他巨大的关怀。他们相爱了。然而这又引起一场更大的风波。他们的结合受到宗教法庭的指责,他前妻的亲属们也趁机霸占了他的财产。他彻底破产了,变成了一个真正的穷人。

在他富裕的时候,他拒绝过富人的虚荣。现在,贫穷的他开始描绘穷人的谦卑了。他的代表作《盲人》是一幅蚀刻画。画面表现了一个身体衰弱、令人怜悯的老人伸着手臂,朝门口挪着步子。他刚听到儿子敲门,因急着去迎接儿子,把纺车也给踢翻了。从画上一眼就可以看出,他是最近失明的,因为这屋子里的东西他还不熟悉,不知道门口该怎么走,那只没有把握的右手老是找不到门上的把手……

人们评价说,这幅蚀刻画是世界上最好的版画,即使你把老人的头遮住,他的整个身子、手臂和腿也还是一个盲人的。

命运对伦勃朗真是太不公正了,在他生命的后期,他的画无人问津,他已经成为一个被人遗忘的大艺术家。灾难又接踵而至,不久,他的第二个妻子也病逝了。在他正为妻子的医药费和丧葬费奔波时,他的独子又夭折了。

居丧、贫困、冷漠、忧伤,然后是彻底的沉默。命运似乎已经和他开够了玩笑,终于对他产生了怜悯之心,让他永远合上了双眼。作为一位著名的肖像画、宗教画、神话画、历史画、风俗画、油画和版画的画家,1669年10月4日伦勃朗终于走完了自己的人生之路。

没有谁会想到,伦勃朗死的时候,身边只有一只画箱一件旧外套,而且全部丧葬费用也只花了5美元20美分。与此形成鲜明对照的是,他为人类留下了一笔巨大的财富——600多幅绘画、300多幅蚀刻画和2000多幅素描画。

太阳王路易十四

路易十四时代是法国封建王朝的鼎盛时代,这个时期的法国在政治、军事、文化方面都达到了全面的辉煌。

1643年,年仅5岁的路易十四即位为法国国王。政权由他的母亲和谋臣执掌。1661年,年轻的路易十四逮捕了独揽大权的首相福格,开始亲政。他不再因袭前朝设置首相的做法,而是事无大小,一手独揽。他自称"太阳王",他的名言是:"朕即国家。"

为了加强王权,彻底制服贵族,他实行了软硬两手抓的做法,一方面对敢于反叛的贵族无情镇压,另一方面,他把各地大贵族都召进王宫,让他们侍奉皇族、公爵、侯爵或者当皇帝的车马官、随从等。谁经常在皇帝前露脸,谁就能得到丰厚的赏赐,飞黄腾达;谁不经常在宫中出现,皇帝就以"我不认识他"为理由,让他从此丧失升官发财的机会。每天,他都在宫中安排各种舞会、宴会,让无聊的贵族在花天酒地中消磨时间,同时也耗尽他们的钱财。因此,每天晚上,凡尔赛宫灯火辉煌,仙乐飘飘,身着华衣丽服的贵妇穿梭其间,仿佛仙境一般。这种软化手段比战场上的征服更加有效,千百年来不肯驯服的贵族在路易十四的软刀子下俯首贴耳。

路易十四是个聪慧和机敏的皇帝。他说话平和,但常话中有话,令人不寒而栗。有一次,一个老朽的官员唠唠叨叨地向路易十四陈述一个毫无意义的问题。路易十四十分厌烦,但他没有发火,只是把拐杖扔到了窗外,说:"它已经完成使命了。因为它太老太弱,我再也不用它了。"吓得老官员再也不敢说了。

在经济上,路易十四重用财政大臣科尔柏,推行重商政策。在他的鼓励下,大批的手工工场建立起来。为发展商业,路易十四下令修筑公路,改善河道,开凿运河。他竭力扩展对外贸易,组建了几个大公司,同时建立了强大的商用远洋舰队,为法国商业在世界范围内的有力竞争提供了条件。

路易十四大力扩军,当时法国的军队最多时达 40 万人,骑兵近 5 万。路易十四好大喜功,想称霸欧洲,在位期间经常对外开战,几乎和欧洲各大国,如荷兰、西班牙、英国等都交过手。

路易十四对文化也很重视,他广揽人才,奖励作家,与莫里哀、拉辛等著名作家保持着深厚的友谊,还先后成立了法兰西科学院、法兰西建筑科学院和法兰西戏剧学院。为了向欧洲各国炫耀其帝国的繁荣富庶,路易十四修建了举世闻名的凡尔赛宫。凡尔赛宫宫殿规模宏大可称举世无双,宫内镶嵌着一面面明镜,悬挂着一盏盏吊灯,陈设着华丽多彩的地毯,点缀着一座座喷水池,交织着一条条花间小径,被人称做"人间豪华的一座丰碑"。

太阳王路易十四 1715 年 9 月 1 日去世,其在位 72 年,是欧洲历史上在位最长君主。在位期间,他将"绝对王权"的专制政体推向了最高峰,带领法国度过了最辉煌兴盛的时期。

18 世纪的法国沙龙

18 世纪的巴黎,不仅是法国的文化中心,还被称为世界文化之都。巴黎是如此的丰富多彩,是如此的令人向往,一时间,文人雅士纷纷拥向巴黎。他们经常聚会,交流各自的思想,发表自己的意见。于是,沙龙便应运而生。沙龙是一种文人和业余艺术爱好者共同的聚会场所,为法国人机智的谈话、高超的文学修养、抽象的哲学思考提供了最适宜的展示环境。

当时沙龙的主持人多为上层贵族妇女和新兴的资产阶级妇女。这是很容易理解的事情,她们生活无忧,时间充裕,优雅迷人而又才智超群。她们所接受的教育使她们可以愉快地和各类名人交谈。

女人是沙龙的主人,文豪、艺术家、哲学家是沙龙的客人。沙龙就在主人的家里。优雅的女主人把家里收拾得温馨舒适,用清香的茶、浓香的咖啡招待她们有着高贵心灵的客人。实际上,女主人才是沙龙的生命。她们优雅的举止、悦耳的声音、明亮的眼睛、细密的心智以及善良的心灵,使她们成为文明的集中体现。在这里,诗人因发现美丽而有耐心的女听众而诗情大发,哲学家如果能得到有素养、有地位的女人的欣赏,也会觉得非常荣耀。

沙龙里的人物基本上都是社会的精英,因此,沙龙妇女在政治、学术方面具有相当的影响。

唐森夫人是18世纪前半期对法国最有影响的一位女性。她主持的沙龙在当时名声很大。能够进入她的客厅——参加她家的沙龙,便等于踏上了权力的通道。每个星期二晚上,她都备下晚宴招待一群大名鼎鼎的人物,如孟德斯鸠、普雷沃、查理·埃诺、孔多塞等。在她这里,各阶层人物都摆脱了阶级偏见、矫揉造作的习惯和宫廷礼节,伯爵与平民平等地交谈争论。在这里,人们大胆地讨论着王朝的堕落以及革命的可能性,享受着前所未有的自由。

1748年,孟德斯鸠的《论法的精神》一书出版,起初并没有引起大众的注意。于是,唐森夫人便把第一版几乎全部买下,然后免费送给她的朋友们,由此可见她对学术文化的热心。

与唐森夫人的沙龙齐名的,是杜德方夫人的沙龙。杜德方夫人美丽大方、风度优雅、敏捷机智,她的沙龙也吸引了一大批的名人,如孟德斯鸠、伏尔泰、狄德罗等。他们在那里娱乐,讨论时事、文学和艺术。杜德方夫人很擅长讲幽默故事,常引得客人们大笑。长期的沙龙聚会,使参加者建立了深厚的友谊。杜德方夫人55岁时开始失去视力,后来双目完全失明,因此她通知她的朋友说,如果他们还要继续来她的沙龙,就必须要容忍一个瞎眼的老妇人。但她的朋友们依然照常前来,伏尔泰甚至从国外赶回来,称赞她说:"你的智慧比你的眼睛更为明亮。"

巴黎的沙龙点缀着这个光辉灿烂的时代。而在这一时代,谈话演变为一种艺术、一种风格,也正是得益于沙龙。沙龙女主人的智慧与美丽,超越了任何时代的女性。这些有才华的女主人以自己的理想塑造着沙龙的风格。启蒙思想家与法国上层妇女千丝万缕的联系,构成了那个时代巴黎生活特有的社会风情。

"羊吃人"的圈地运动

在15世纪的英国,除了那些公有地之外,每一块土地早已有了自己的主人,为什么还能出现重新圈占土地的情况呢?说起来确实很让人奇怪,但发生在英国却是必然的。

在15世纪以前,英国的生产主要还是以农业为主,纺织业在人们的生活中,还是个不起眼的行业。随着新航路的发现,国际间贸易的扩大,在欧洲大陆的西北角的佛兰得尔地区,毛纺织业突然繁盛起来,与它隔海的英国也被带动起来。毛纺织业的迅猛发展,使得羊毛的需求量逐渐增大,市场上的羊毛价格开始猛涨。英国本来是一个传统的养羊大国,这时除了满足国内的需要而外,还要满足国外的羊毛需要。因此,养羊业与农业相比,就变得越来越有利可图。这时,一些有钱的贵族开始投资养羊业。

养羊需要大片的土地。贵族们纷纷把原来租种他们土地的农民赶走,甚至把他们的房屋拆除,把可以养羊的土地圈占起来。一时间,在英国到处可以看到被木栅栏、篱笆、沟渠和围墙分成一块块的草地。被赶出家园的农民,则变成了无家可归的流浪者。这就是圈地运动。

当时一位著名的作家托马斯·莫尔在一本叫作《乌托邦》的书中写道:"绵羊本来是很驯服的,所欲无多,现在它们却变得很贪婪和凶狠,甚至要把人吃掉,它们要踏平我们的田野、住宅和城市"。

圈地运动首先是从剥夺农民的公共用地开始的。在英国,虽然土地早已有主,但森林、草地、沼泽和荒地这些公共用地则没有固定的主人。一些贵族利用自己的势力,首先在这里扩大羊群,强行占有这些公共用地。当这些土地无法满足贵族们日益扩大的羊群需要时,他们又开始采用各种方法,把那些世代租种他们土地的农民赶出家园,甚至把整个村庄和附近的土地都圈起来,变成养羊的牧场。

曾经有一群农民在向国王控诉一个叫约翰·波米尔的领主的上诉书中写道：

"这个有权有势的约翰·波米尔用欺骗、暴力占有您的苦难臣民——我们的牧场，这些土地是我们世代所拥有的。他把这些牧场和其他土地用篱笆围上，作为自己所有。

后来，这个约翰·米波尔又强行夺取了我们的住宅、田地、家具和果园。有些房屋被拆毁，有些甚至被他派人放火烧掉，我们被强行驱逐出来。如果有谁不愿意，波米尔就率领打手包围他的家。这些人手持刀剑、木棒，气势汹汹，凶猛地打破他家的大门，毫不顾忌他的妻子儿女的号哭。

约翰·波米尔为了圈占我们的土地，不惜将我们投入监狱、毒打、致残，甚至杀害，我们现在连生命都难保全。"

在这种强行的圈地运动中，农民以前以各种形式租种的土地，无论是以前定下的终身租地，还是每年的续租地，都被贵族强行圈占了。这些成为牧场主的贵族们还互相攀比，使他们的牧业庄园变得越来越大。

英国的圈地运动从15世纪70年代开始一直延续到18世纪末。英国全国一半以上的土地都变成了牧场。在圈地运动的发展过程中，虽然英国国王也进行了一定程度的限制，颁布了一些企图限制圈地程度的法令，但这些法令并没起多大的作用，反而使圈地日益合法化。

为了使被驱逐的农民很快地安置下来，英国国王在颁布限制圈地法令的同时，也限制流浪者，目的是让那些从家园中被赶出来的农民，去接受工资低廉的工作。凡是有劳动能力的游民，如果不在规定的时间里找到工作，一律加以法办。通常，对于那些流浪的农民，一旦被抓住，就要受到鞭打，然后送回原籍。如果再次发现他流浪，就要割掉他的半只耳朵。第三次发现他仍在流浪，就要处以死刑。

后来，英国国会又颁布了一个法令，规定凡是流浪一个月还没有找到工作的人，一经告发，就要被卖为奴隶，他的主人可以任意驱使他从事任何劳动。这种奴隶如果逃亡，抓回来就要被判为终身的奴隶。第三次逃亡就要被判处死刑。任何人都有权将流浪者的子女抓去作学徒，当苦役。

亨利八世和伊丽莎白两代国王统治时期，曾经处死了大批流浪的农民。圈地的结果，使英国的农民数量越来越少，失去土地的农民只好进入城市，成为城市无产者。为了活命，他们不得不进入生产羊毛制品和其他产品的手工工场，成为资本家的廉价劳动力。在这种手工工场里，工人的工资十分低，而每天却要工作十几个小时。

18世纪后，英国国会通过了大量的准许圈地的法令，最终在法律上使圈地合法化,英国农民的人数为此减少到了有史以来的最低数量。

圈地运动为英国的资本主义的发展提供了有利的条件。这种"羊吃人"的圈地运动,为它准备了大量的、除了自己的劳动力之外一无所有的劳动者。

童贞女王伊丽莎白

伊丽莎白是16世纪下半叶英国的一位著名女王。她统治英国长达45年之久,在巩固专制政权、发展资本主义、建立海上霸权、增强国家实力等方面发挥了重大影响。在个人生活上,她为维护英国的独立终身未嫁,人称"童贞女王"。

伊丽莎白生于1533年9月7日,其父是国王亨利八世。她出生的第二年被父亲指定为王位继承人,但不久她的父亲以叛国罪处决了她的母亲安妮,她也失去了王位继承权。1547年亨利八世去世,按遗嘱规定,由太子爱德华继位;若爱德华无嗣,则由同父异母的玛丽公主继位;如果玛丽也无嗣,方由伊丽莎白继位。谁料这一遗嘱后来竟成事实。

1553年,当伊丽莎白的弟弟爱德华八世去世,她异母姐姐玛丽继位后,伊丽莎白的处境变得危险起来。玛丽是个狂热的天主教徒,在她统治期间,英国新教徒遭到迫害,约有300人被处以死刑,再加上她同西班牙狂热天主教徒、国王腓力二世不得人心的联姻,引起了新教徒的强烈反对。

在反叛朝廷的动乱和宗教裁判所的镇压的紧张气氛中,伊丽莎白的生命大有朝不保夕之势。尽管她按照姐姐的要求表面上遵从官方的天主教宗教仪式,但是她不可避免地成为旨在推翻政府和恢复新教的各种图谋的主要人物和明显的受益人。1554年1月发生怀亚特叛乱后,出于对信奉新教的异母妹妹的嫉妒,玛丽将伊丽莎白逮捕并关进伦敦塔。由于找不出叛逆罪的确凿证据,两个月后,她被转往伍德斯托克监禁。尽管后来获得释放,但她始终没有摆脱涉嫌检查。

1558年11月17日,玛丽去世,由于没留子嗣,她临终前极不情愿地确认伊丽莎白为王位继承人。伊丽莎白在钟声、焰火、爱国游行以及各种群众庆祝活动中登上了王位。

这位新女王面临着许多问题:与法国的战争、与苏格兰和西班牙的紧张关系、政府的财政状况,最麻烦的是英格兰的宗教分裂。

伊丽莎白先处理了宗教问题。她上台不久便宣布新教为国教,这使温和的新教徒满意,但清教徒希望更彻底的改革。尽管有清教徒和天主教徒的反对,但伊丽莎白坚守了诺言。

英国宗教状况由于她的表妹苏格兰女王玛丽·斯图亚特的到来而变得更复

杂了。玛丽被逐出苏格兰,避难于英格兰,但不久她发现自己成为了伊丽莎白的阶下囚。伊丽莎白的举动也不是没有道理的,玛丽是天主教徒,而且还有很强的呼声要求她接替伊丽莎白成为英格兰的国王,这就意味着万一发生成功的起义或暗杀,英格兰就会出现一个支持天主教的女王。在玛丽在押的19年中,事实上有过几起反对伊丽莎白的阴谋,并有迹象表明与玛丽有关。1587年,伊丽莎白最终签署了处死令,玛丽被处死。

宗教冲突给伊丽莎白带来了危险。1570年,教皇庇护五世开除了她的教籍,声言要把她废黜。1580年教皇格列高利八世宣布暗杀她无罪。但这种情况反而有利于伊丽莎白。新教徒害怕天主教在英格兰复辟,她便把自己包装为反对复辟的堡垒,从而在英格兰广大新教徒中赢得了支持。

当伊丽莎白小心谨慎地使不同信仰的人们相安无事后,她的婚姻问题一下子成为全国民众关心的大事。女王的婚姻之所以关系重大,不仅由于有继承王位的问题,而且还在于国家外交的错综复杂。国际上,英格兰孤立无援,兵力又很弱,急切需要较强的盟国,而通过有利的联姻可以达到这个目的。一些高贵的人士热心上门示婚:西班牙的腓力二世,他希望恢复天主教西班牙同英格兰之间的邦交;还有奥地利的查理大公、瑞典国王埃里克十四世、安茹公爵亨利(后为法国国王)、阿朗松公爵弗朗索瓦等等。

在这个问题上,女王显示了她少有的外交家天赋,她巧妙地使一个求婚者与另一个求婚者互斗,而把联姻的协商拖几个月甚至几年,在此刻似乎马上要点头应允,而在另一刻又变了卦,发誓要独身到底。因此,各国宫廷中一向水平很高的阴谋和渴望,在伊丽莎白的左右下经常上升到白热化程度。然而,童年的经历和英格兰地位的状况使伊丽莎白认识到了权力对自己的重要。宫廷之内争权夺利的争斗使她懂得了最大的危险往往来自最信任的人。最后,她设法使所有对她婚姻抱有期待的人都明白:她要永葆童贞,她已经嫁给英格兰了。

伊丽莎白对外交政策的处理是精明的。早在1560年,她便签订了爱丁堡协议,和平解决了与苏格兰的纷争。她还结束了与法国的战争,使两国关系有了改善。但英格兰又与西班牙出现了冲突,伊丽莎白极力避免战争。荷兰反对西班牙统治的起义起了推动作用,荷兰起义者大多数是新教徒,当西班牙试图镇压起义时,伊丽莎白给荷兰以支持。伊丽莎白本人不希望战争,但大多数英国人、她的大臣和议会都比她更好战。当80年代与西班牙开战时,英国百姓成了伊丽莎白的坚强后盾。

1588年7月,西班牙派出100多艘舰船的"无敌舰队"远征英国。当时英国在国力上还比不上西班牙,迎战"无敌舰队"的英国海军正规舰队在吨位和数量上也居于劣势。但是,在面临西班牙侵略的紧要关头,英国不同阶层和不同教派,特别是急于打破海上垄断以便向外扩张的商人,都坚决支持伊丽莎白。55岁的伊丽莎白也亲往军队集结地,像一个亚马逊族女酋长那样巡视了她的部队,并发表演说,表示要与他们共存亡。

在海战中,西班牙帆船式战舰笨重不灵活,水兵缺乏训练,且指挥无能。而英国舰船却细长灵活,拥有更多的火力装备,英国水兵也训练有素,指挥得当,加上风暴对英军有利,结果无敌舰队被击败,剩下的七零八落的战舰仓皇逃回了西班牙。这一战役的胜利,对英国的军事、政治、经济、文化乃至新教的命运,都产生了决定性的影响。从此,英国在军事上取代了西班牙海上霸权的地位,开始了大规模的海外扩张。

1603年,女王在伦敦去世,享年70岁,在去世前她选定苏格兰国王詹姆士一世(玛丽之子)继承王位。

无敌舰队的覆灭

在前一个故事中我们讲到,1568年,苏格兰国内发生了政变,苏格兰女王玛丽·斯图亚特匆忙间逃亡到了英格兰,投靠她的远房亲戚伊丽莎白女王。但她一到英格兰,就被伊丽莎白软禁起来。

欧洲国家的王室之间是互有姻亲的,这件事就与西班牙产生了关系。因为玛丽是西班牙国王腓力二世的求婚对象。所以,在她被囚禁后,腓力二世设法开始了营救活动。

当时,由于在国内推行新教,伊丽莎白正遭到英国天主教上层分子的反对。于是,腓力二世联合英国国内的天主教上层分子,发动了一场声势浩大的武装暴动。可是,暴动很快被伊丽莎白镇压下去。天主教分子和腓力二世企图救出玛丽、拥立她为英国女王的打算落了空。尽管如此,腓力二世仍不死心,屡次派遣间谍,谋刺女王。

伊丽莎白很有心计,每次暗杀她都能逢凶化吉。但是,她愈来愈明白,只要玛丽不死,腓力二世就不会罢休。可是,若立刻处死玛丽,她怕西班牙会立即发动对英国的战争,那样国内就会变得很不安定。伊丽莎白为此愁眉不展。

光阴荏苒,转眼间玛丽被伊丽莎白软禁快20年了。这天,英国国务大臣匆匆来找女王,他得意地禀告,已经找到处死玛丽的借口。原来,国务大臣早就安插间谍,打入到了阴谋分子中间。这样一来,玛丽与阴谋分子之间秘密往来的信件,全都落入了国务大臣的手中。于是,玛丽被指控企图杀害女王,于1587年2月被斩首。

玛丽是信奉天主教的,而英格兰信奉新教,不愿意接受欧洲天主教的支配。

因此玛丽的死,是欧洲天主教会的一次严重失败。罗马教皇立即颁发特别诏令,号召天主教徒同英国作战。西班牙的腓力二世首先响应。为了进攻英国,他用了整整一个夏季来集合和装备了一支大舰队——"无敌舰队"。这个舰队拥有130艘战舰,其中60艘是大型战舰,它们像一只只拉开了的弓,随时待命。整个舰队共有3万人,其中船员、水手7千人,精锐的步兵2.3万人,舰上还装有3千门火炮。舰队的总司令是富有作战经验的将领西多尼亚公爵。

虽然这支装备精良的舰队让腓力二世花费了数不清的金银财宝,但他并不心疼。他坚信他的舰队能一举灭掉英格兰,这样,他的损失会很快得到补偿。其实,腓力二世此次出征英国的真实原因,并不是玛丽的死。最让他恼火的是伊丽莎白不知天高地厚,一直纵容本国海盗,到他所属的殖民地进行走私贸易,劫掠西班牙运载金银的船只,扰乱航路,使西班牙蒙受巨大损失。尼德兰革命爆发后,伊丽莎白允许尼德兰的游击队使用英国的港口,使得腓力二世无法平定那里的叛乱。因此,他发誓不惜一切代价,消灭伊丽莎白。

1588年7月,"无敌舰队"从西班牙西北的一个港口起航。130艘战舰首尾相连,浩浩荡荡向英国海域进发。7月21日,"无敌舰队"驶进英吉利海峡,在英国南部一个港口附近停泊。伊丽莎白得到消息,立刻派遣她的舰队前去拦截。

第二天清晨,庞大的"无敌舰队"刚起航不久,就接到报告:英国舰队在右前方出现,越来越近。西多尼亚公爵闻讯,登上瞭望台,观察英军动向。很快,他的脸上露出了笑意,轻松地对下属说:"哈哈,伊丽莎白女王肯定把造军舰的钱都用在做华丽的袍子上了。你们瞧,她的船数量倒不少,只可惜太小了。那也能称作舰队吗?"随即,他命令"无敌舰队"全速逼近英国舰队,并且让步兵作好登船准备。

英国战舰渐渐驶近,刚进入射程,"无敌舰队"的火炮就开始轰击。一时间,炮声隆隆,水柱冲天,却没有一发击中英国舰船。西班牙人见火炮不准,便将战舰排成几路纵队,快速前冲,企图以舰身撞击英舰。不料,英国战舰灵巧地躲开西班牙舰队,根本不让西班牙战舰靠近。奇怪的是,它们竟能横过来发炮,而且速度快,火力猛而准,弹无虚发。不一会,好几艘西班牙战舰中炮起火。这时,西多尼亚公爵才领教到英国的那些"小船"的厉害。

原来,为了迎战西班牙舰队,英国海军将领霍金斯改建了舰船。他将船的高度降低了,并在甲板和两旁舷窗都装置了大炮。这种大炮反冲力小,发射快,射程也更远。因此他们尽量避免与西班牙舰队近战,而采用远距离炮击。西班牙舰队又高又大,自然成了英军战舰集中炮击的目标。

激烈的炮战持续了一整天。"无敌舰队"两艘旗舰中炮受伤,退出了战斗,一个分舰队司令被俘。交战第7天,"无敌舰队"躲进多佛尔海峡。西多尼亚焦急万分地等待着援军。可是,他哪里想到,英国舰船已封锁了整个海面,援军根本无法与他们会合。

第二天夜间,天空昏暗无光,云雾重重,海面刮起强劲的东风,西班牙船员都已进入梦乡。英国人巧施妙计,把8艘装满易燃物品,船身涂满柏油的旧船点燃。8条火龙顺风而下,向西班牙舰队急驰而去。顿时,火海一片,烈焰熊熊,"无敌舰队"一片混乱,在断缆开航时各船乱成一团,有的相撞沉没,许多船只烧毁。士兵被烧死、淹死的不计其数。剩下的西班牙舰只乘着风势向北逃窜,准备绕过苏格兰、爱尔兰回国。狼狈逃窜的西班牙舰队弹尽粮绝,更倒霉的是在海上接连遇到两次大风暴,有的船只翻沉了。不少士兵、船员被风浪冲到爱尔兰西海岸,被英军杀死。

到1588年10月,"无敌舰队"仅剩43艘残破船返回西班牙,以近乎全军覆没的结局惨败。

从此,西班牙的海上霸主地位被英国取代了。这场战争是不可避免的,因为当时的英国通过圈地运动、血腥立法、海外掠夺,获得了迅速发展,它同样有着强烈的扩张愿望,这场冲突迟早要来。

英王查理上了断头台

1603年,英国的伊丽莎白女王去世,她没有子女,由斯图亚特家族的詹姆士即位,称詹姆士一世。当时英国资本主义有了较大发展,但封建专制统治严重阻碍了资本主义的进一步发展。1625年,詹姆士的儿子查理即位,称查理一世。

英王查理一世以及那些封建贵族们仍然企图维持专制统治,限制工商业的发展,这就和新兴的资产阶级发生了矛盾。代表资产阶级利益的国会想方设法限制国王的权力,国王则把国会视作眼中钉,双方的矛盾愈演愈烈。

从1629年至1640年间,查理没有再召开国会,在无国会统治期间,他以斯特拉福伯爵和洛德大主教为助手,实行无国会的国王专制统治。在此期间,政治、宗教迫害加强了,大批代表资产阶级利益的清教徒不堪忍受,流亡海外。国内的下层民众不断起义,形势十分严峻。

1641年3月,国会下令逮捕为非作歹的斯特拉福和洛德大主教,并宣布要将他们处死。英王查理一世得知后大怒,亲自来到了国会大厦。

"我要求你们立即释放伯爵和大主教!"查理一世气急败坏地对国会首领皮姆和汉普顿等人说。

"他们犯了叛国罪,国会有权处决他们!"对方显然不想让步。

"什么?"查理一世不可一世地高叫起来,"处决他们?你们敢!"

正在这时,从窗外传来了震耳欲聋的吼声……

"处死斯特拉福!"

"处死洛德大主教!"

"坚决支持国会!"

查理一世快步走到窗前朝外望去,只见国会门前聚集了黑压压的群众。他们挥动着手里的刀或者棍棒,高声喊叫着。很明显,人民是支持国会的。查理一世顿时感到一阵恐慌,于是就狠狠地瞪了皮姆他们一眼,转身急匆匆地走了出去。国会和国王之间的关系彻底破裂了。

此前,查理一世下令把许多国会议员监禁起来,而且还派兵讨伐反对他的苏格兰人。被国会逮捕的大主教洛德和伯爵斯特拉福就是他的帮凶,他们都是出名的刽子手。这一次,国会在广大的工人、水手、学徒和帮工的支持下,决心与国王对抗到底。

他们逮捕这两个刽子手,并宣布了他们的死刑。这一举动等于是砍掉了国王的臂膀。虽然查理一世最后不得不在死刑书上签了字,但是他又怎么能甘心呢?

1642年初的一天,查理一世经过一番精心的策划,他亲自带领卫队闯进了国会,准备逮捕皮姆和汉普顿等5名议员。不料,却扑了个空,5名议员事先已经听到消息,早早就躲到伦敦市内去了。查理一世垂头丧气地离开国会。可是,在国会外面,武装起来的群众已经在等着他了。当他穿过人群的时候,听到的是一片斥责声:

"特权!特权!"

"打倒特权!"

第二天,查理一世又指挥着卫队进城去搜捕国会议员。卫队刚进入城区,就被聚集在街道上的数万武装群众挡住了去路,群众愤怒地注视着他们,双方已经到了剑拔弩张的状态。这时,远处又响起一阵喊声。原来,是外地的农民到伦敦来支持国会了。人民的强大力量在气势上压倒了卫队,伦敦市长也表示拒绝交出5名议员。查理一世十分懊丧,他知道,自己在伦敦已经被孤立了,成了一个彻底的孤家寡人。

3天以后,查理一世带着自己的死党、随从离开伦敦,到达了英格兰的北部。就在这年8月,他在诺丁昂郡升起了军旗,他宣布要讨伐国会。在没有办法的情况下,国会被迫起而应战,一场国内战争就此爆发了。

战争初期,训练有素的国王的军队一路长驱南下,攻到了离伦敦只有50英里的牛津。国会军连战连败,国会内部立即陷入混乱之中。有的议员主张打下去,有的议员认为应当和谈,一时间大家争吵不休。

资产阶级革命

幸好有支持国会的人民武装和坚固的城防，国王的军队才不敢从正面攻打伦敦。战局得以发生根本性的扭转，全部都要仰赖于一支能征善战的农民军和它的统帅克伦威尔的出现。

克伦威尔是一个新贵族的儿子。最初他带着自己招募的60名农民骑兵加入了国会军。这支队伍在战斗中表现勇敢，越战越强，队伍不断壮大，被称为"铁骑军"。克伦威尔也因此赢得了官兵的拥护，被拥戴作了国会军的统帅。

1644年7月的一个傍晚，国会军和国王军在约克城西的马斯顿荒原上相遇了。国王军的统帅鲁珀特和纽卡斯尔率领1.1万名步兵和7000名骑兵在草原深处摆下阵势。

战斗开始了，国会军的两万名步兵和7000名骑兵抓住机会，分三路发起冲锋，向国王军杀过来。鲁珀特万万没想到克伦威尔会这样迅速地组织起进攻，他急忙下令迎战。虽然，从左翼攻来的国会军被击退了，但是中路由克伦威尔亲自率领的部队却突破他们的防线。克伦威尔又带着骑兵向国王军左翼杀过来，国王军骑兵抵挡不住，掉头逃出了战场。

这样一来，国会军士气大振，一鼓作气，趁势追杀起来。鲁珀特见大势已去，急忙带领手下兵将仓皇逃跑，国王军步兵也全部溃散了。这时候，太阳刚好落山，战争的胜败仿佛在一瞬间就决定了，国会军的这一场胜利把国王军打得从此一蹶不振。

第二年夏天，查理一世终于落入国会军的手中，被关在赫姆比城堡。后来，他趁国会军内部发生矛盾的机会逃了出来，重新纠集工党发动了第二次内战，但是很快就又失败了。查理一世最终还是作了人民的阶下囚。

1649年1月27日，法庭宣判查理一世为暴君、叛徒、杀人犯和人民公敌，应处死刑。

1月30日这天早晨，法官在白厅的宴会堂外宣布了国王的罪行。王宫附近聚集的人民群众，立即爆发出潮水般的欢呼声。处死国王后，英格兰宣布为共和国，资产阶级革命达到了高潮。

护国主克伦威尔

查理一世被处决以后的第六天，消息传到了苏格兰首都爱丁堡。苏格兰议会立即召开议会，宣布拥立查理一世的儿子查理二世继承王位。

英格兰和苏格兰虽然同处于大不列颠岛，但是，它们本来是两个国家，分处南北。英格兰女王伊丽莎白杀死苏格兰女王玛丽后没过多久，自己也死了，她无儿无女，王位由谁来继承成为一个问题。根据她的遗嘱，把苏格兰的国王——玛丽的儿子接到伦敦来继承英格兰王位。这样,就有了两个国家一个国王的怪事。

查理一世是玛丽的孙子,自然也是苏格兰的国王。英格兰议会私自把他处决,苏格兰议会怎么会答应?所以,他们就拥立他的儿子查理二世为国王,同时加紧备战,准备讨伐英格兰。伦敦的气氛紧张万分。

英格兰议会马上派人去告诉克伦威尔。但是,此刻他正在进军爱尔兰,屠杀那里的人民。爱尔兰是大不列颠西边的一个岛屿。英格兰统治者早就想把这块领土纳入自己的疆域。查理一世的宠臣斯特拉福,就曾经做过侵略爱尔兰的总头目。

1649年,英格兰议会决定,由克伦威尔担任远征军总司令出征爱尔兰。他很快就组建起一支由130艘战船组成的庞大舰队,装载着1.2万名全副武装的士兵,开进爱尔兰。克伦威尔命令,只要看到手拿武器的爱尔兰人就格杀勿论;抓到的爱尔兰居民全都卖到西印度群岛去当奴隶。苏格兰人拥立查理二世为国王的消息迅速传到爱尔兰,克伦威尔听说以后立即把远征军总司令的职务交给他的女婿爱尔顿担任,自己星夜赶回伦敦,准备迎战苏格兰军。

公元1651年元旦,查理二世在苏格兰北部一个小镇上,正式举行加冕典礼。克伦威尔听到了查理二世已经正式登基,果断采取军事行动。他把军舰都集中起来,火速运兵到苏格兰后方登陆,打算来一个南北夹击,把查理二世的军队一网打尽。然而,克伦威尔把兵力调到北方,恰好给查理二世的南进留出了通路。1651年8月,苏格兰军队顺利地进入英格兰国境。

克伦威尔命令军队立即南进。这一次,他用兵显得特别谨慎,加派了两支部队,以3倍于敌军的兵力围困住查理二世。9月3日,苏格兰军队全部被歼灭,查理二世在保王党人的卫护下,偷渡逃到法国,才算保住性命。克伦威尔乘胜进军,占领了整个苏格兰。带着从苏格兰得胜归来的荣誉,克伦威尔已经不再满足于手中的军权,他已经瞄准议会,准备下手。

公元1653年4月19日,克伦威尔在伦敦白金汉宫召开军官会议,要求议会自动解散。

第二天,议会召开会议,准备了一个新的选举法,公开对抗克伦威尔。克伦威尔听到这个消息,非常生气,他连礼服也没有换就带领一支军队进入议会。在议会上,他历数了一些议员的恶行,然后命令士兵把议员们全部驱逐出去,锁上议会的大门,英格兰议会被迫解散。

1653年12月16日,伦敦举行了盛大的就职典礼。由将军、法官、政府长官、伦敦市长等人组成的代表团向大会提议,请克伦威尔就任英格兰、苏格兰、爱尔兰的护国主,并且当场宣读了由军队会议起草的《统治文件》。这一文件成为了新的英国宪法。《文件》规定,护国主是一个终身职,国家的一切施政方针,都要护国主认可才能生效。

克伦威尔宣誓之后,坐在了国王的宝座上。他头戴镶有宽金边的帽子,身穿礼服,接受了这个最高的职务。礼仪官捧出国家的大印——国玺。伦敦市长献上了象征国家最高统帅的国剑。克伦威尔先后都恭敬地接了过来,此时的克伦威尔,事实上又成为了无冕的国王。一个资产革命家就这样过渡为军事独裁者。

1658年9月3日,克伦威尔在白金汉宫病逝。

启蒙运动的领袖伏尔泰

伏尔泰是法国最有名的启蒙大师。他于1694年出生在巴黎,父亲是殷实的资产者,做过法院公证人和国库税吏。伏尔泰虽然是个大户人家的子弟,但仍属于第三等级,尽管很富有,仍属于平民阶层。

那时,他父亲特别羡慕贵族家的显赫,一心盼望儿子日后能出人头地,步入上层社会。于是,他不惜金钱,把伏尔泰送进最负盛名的路易大王学校求学。小伏尔泰从小受到父亲的熏陶,也想为父亲争口气,特别严格要求自己,学业一直遥遥领先。在同学中,他极力巴结贵族子弟。凭他那伶俐的口才和出口成章的妙语,他很快就博得了那些贵族子弟的欢心。16岁毕业时,他已经与这些贵族子弟混得相当熟了。

接着,他父亲又送他去学法律,毕业后被派到荷兰,担当了驻荷兰大使的秘书,这时他才19岁。

伏尔泰少年得志,华服佩剑,头戴羽帽,别提该有多神气了。

一天,他在街头遇上了一个妙龄女子,立刻一见钟情。她那袅娜多姿的身影,使伏尔泰不禁尾随其后,直到女子家门。回到使馆后,他立刻写信给那女子。那女子叫潘佩特,她接到信后,看到伏尔泰那清秀的字体和华丽的辞藻,便有了几分爱意。两人相见后,立即热恋起来。

不久,此事暴露了。潘佩特的母亲一怒之下,打了女儿一记耳光,又跑到使馆大闹一场。

伏尔泰虽被关了禁闭之后,但禁不住心中的爱情。他天资聪明,心生一计,委托贴身仆役把宫廷侍卫的服装送给潘佩特。从此,每晚使馆都有一个俊俏的年轻侍卫走进使馆大门。对这个头戴羽毡帽、身穿丝绒制服、足登软皮靴、腰悬华贵短剑的漂亮火枪手,谁也不敢询问。

一天,火枪手正好被大使先生遇上了。大使不认识这人,于是起了疑心,立刻派人查询,原来是潘佩特。大使大发雷霆,立刻下命令将伏尔泰遣送回国。

回到家中,父亲听说此事,狠狠骂了他几天。从此,伏尔泰放浪形骸,整日里与一些贵族子弟混在一起饮酒赋诗,潇洒自如。

后来由于他写了一首嘲笑贵族的讽刺诗,结果被关进巴士底狱。在狱中,他仍然坚持创作,完成了他的第一部悲剧《俄狄浦斯王》。1718年,《俄狄浦斯王》在巴黎上演,获得成功,他一举成名。

伏尔泰成名之后仍然写讽刺诗嘲笑法国贵族,结果遭到贵族子弟的毒打,第二次被关进巴士底狱。出狱后被驱逐出境。他不得不流亡到英国。在伦敦,伏尔泰以新奇的眼光观察了英国的政治制度和经济生活,研究了唯物主义哲学和牛顿的物理学。他还接触到了英国新兴文学,对莎士比亚的戏剧产生了浓厚的兴趣,并把他的剧作翻译介绍到法国。1743年,伏尔泰发表了《哲学书简》,在这部书里,他赞扬英国革命后取得的成就,批评法国封建制度,宣传唯物主义哲学思想。他认为人一生下来就应当是自由的,在法律面前应当人人平等。他主张在法国建立一个在"哲学家"引导下,依靠资产阶级力量的开明君主制,国内有言论出版自由等等。他反对天主教会,激烈谴责教士的贪婪和愚民的说教,他称天主教教主为"恶棍",称教皇为"两足禽兽",号召人民粉碎教会这个邪恶势力。此书一出版,即被法国政府判为禁书,并当众烧毁。

为了避祸,伏尔泰来到法国和荷兰边境一个古老偏僻的贵族庄园,隐居在他的女友德·爱特莱侯爵夫人家中,一住就是15年,直到1749年侯爵夫人去世。在此期间,他写下了悲剧《恺撒之死》、《穆罕默德》、讽刺长诗《奥尔良的少女》,哲理小说《查第格或命运》,历史著作《路易十四时代》以及科学论著《牛顿哲学原理》。

1750年,伏尔泰应普鲁士国王腓特烈二世邀请访问柏林。他来到一个比法国更黑暗,更残酷的封建专制国家,却幻想借助"开明君主"的力量,进行某些社会变革,实现启蒙主义理想。然而,腓特烈二世只把伏尔泰当作宫廷点缀,给外人一个"开明君主"的形象,实际上他实行的是军国主义的野蛮扩张政策。伏尔泰丝毫不能改变德国现实,1752年,他离开柏林。

1760年,伏尔泰在法国与瑞士边境的费尔奈庄园定居下来,在此度过了他一生中的最后20余年。在这期间,他写下了大量的文学、哲学和政治著论,包括哲理小说《老实人或乐观主义》、《天真汉》、哲理诗《自然规律》等,他还把中国元杂剧《赵氏孤儿》改编成《中国孤儿》。

伏尔泰虽远离巴黎,却仍然关心法国社会现实,他晚年写了许多文章和小册子,抨击教会和专制统治,它们以化名和匿名的方式在欧洲各地流传,推动了进步的思想运动。当时欧洲成千上万的哲学家、艺术家、演员慕名拜访伏尔泰,另外还有人给伏尔泰写信求教,伏尔泰都热情接待或回信,小小的费尔奈庄园成为欧洲启蒙运动的中心。

伏尔泰还积极参加社会活动,他积极为无辜受害的人士奔走,最突出的是发生在 1762 年的闻名欧洲的卡拉事件。当时,法国社会中天主教教会的权力极大,天主教僧侣被列为法国封建社会的第一等级,教会经常残酷压榨和迫害人民。1762 年有个名叫卡拉的新教徒,他的儿子因欠债而自杀了。天主教会马上向法院诬告卡拉,说他儿子因为想改信天主教,被信新教的父亲杀死了。法院于是把卡拉全家逮捕,进行严刑拷打,将卡拉判处死刑。行刑的这一天,刽子手们先用铁棒打断了卡拉的双臂、肋骨和双腿,然后把他挂在马车后面,在地上活活拖死,最后还点上一把火,把尸体烧成灰烬。

听说此事以后,伏尔泰勃然大怒,他亲自对事情的真相展开了调查,把这一冤案的调查结果寄给了欧洲各个国家。很快,整个欧洲都知道了此事,几乎所有人都对此感到震惊和愤怒,有的人还站出来痛斥法国土鲁斯地方法院的无耻行径。4 年后,教会只好为卡拉平反,宣布他无罪,他的家人也得以重获自由。人们都说伏尔泰是"卡拉的恩人",法国人民更加尊敬他了。

后来,伏尔泰又参与了新教徒西尔文、拉巴尔等人的受迫害案,使他们的冤案得雪,恢复了声誉。伏尔泰因此博得了"受压迫者的保护人"的美誉。

1778 年 2 月,83 岁的伏尔泰回到了阔别多年的巴黎,并受到人民热烈的欢迎。同年 5 月 30 日逝世。

莱克星顿的枪声

18 世纪后半叶,英国在北美大西洋岸建立起了 13 个殖民地。英国政府派总督来统治这些殖民地。当时的殖民地有大量的种植园被开发出来,纺织、炼铁、采矿等多种工业也很发达,经济比较繁荣。

英国政府为了增加财政收入,不断地向殖民地人民增加税收,对殖民地进行蛮横的压榨和残酷的剥削。1765 年,英国人又想出个新花样:印花税。他们规定,一切公文、契约合同、执照、报纸、杂志、广告、单据、遗嘱,都必须贴上印花税票,才能生效流通。

这些措施激起殖民地人民极大的愤怒,于是,"自由之子"、"通讯委员会"等反英地下组织相继成立起来,各地都发生了反英事件,如抵制英货、赶走税吏、焚烧税票、武装反抗等等。英国政府立即感到恐慌起来,决定派军队镇压。1770 年 3 月 5 日,英军在波士顿向手无寸铁的市民开枪,当场打死 5 名市民,打伤了 6 人,制造了震惊北美的"波士顿惨案"。反英的怒火在殖民地人民心中燃烧,一场争取独立和自由的战火在北美大陆上已呈一点即燃的态势。

世界通史

　　1775年4月19日清晨,波士顿人民在莱克星顿上空打响了独立战争的第一枪,莱克星顿的枪声拉开了美国独立战争的序幕。早些时候,马萨诸塞总督兼驻军总司令盖奇得到一个消息:"通讯委员会"在距波士顿不远的康科德镇上建起了一个秘密的军需仓库。盖奇立即命令他的得意部下史密斯少校率800名英军前往搜查。部队连夜出发了。

　　4月19日凌晨,他们来到了离康科德6英里的小村庄——莱克星顿。英军在黎明前尚未散去的薄雾中向前行进,一整夜的行军,使他们个个困倦不堪,哈欠连天。忽然,他们发现村外的草地上站着几十个村民,正手握长枪严阵以待。史密斯知道这些武装村民就是莱克星顿的民兵,北美大陆殖民地上的居民都叫他们"一分钟人",因为他们行动特别迅速,只要警报一响,就能在一分钟之内集合起来,立即投入战斗。让史密斯吃惊的是,这些民兵为什么这样快就知道英军的行动呢?原来,"通讯委员会"的侦察员早就得到了情报,并立刻在波士顿教堂的塔尖挂起一盏红灯。"通讯委员会"的信使——雕版匠保尔·瑞维尔一见,立即骑上快马赶到康科德报告所发生的情况。

　　"射击!给我冲!"史密斯见对方只有几十个人,原本紧张的心情立刻放松下来。他根本没把这几十个衣服破烂的民兵放在眼里,举起指挥刀发出了命令。莱克星顿的民兵拿起武器投入战斗,猛烈抵抗英军的进攻,枪声震响在莱克星顿的上空,传出很远很远。几分钟后,枪声渐渐稀疏,民兵们由于人太少,加之地形也不利,很快就撤离了战场,分散着隐蔽起来。

　　一场胜仗,让史密斯心中感到很得意,指挥士兵直奔康科德。英军赶到镇上时,天已经大亮了,但街道上却看不见一个人,家家关门闭户,显得冷冷清清,史密斯下令搜查,英军进入各家翻箱倒柜,折腾了大半天,什么也没找到。原来,民兵们早就把仓库转移到别的地方去了,"通讯委员会"的领导人也都藏了起来。

　　"撤退!"史密斯察觉到情况有些不妙,连忙下令撤退。但为时已晚,镇外喊杀声、枪声陡然大作,附近各村镇的民兵已得到消息,从四面八方向康科德赶来。包围了正在撤退的英军。他们埋伏在篱笆后边、灌木丛中、房屋顶上、街道拐角处向英军射击。英军一批又一批倒在地上,但是英军看不见民兵躲在哪里,举起枪也不知道往哪里射。英军一路向波士顿方向退却,沿途遭到民兵的不断袭击,狼狈不堪。

　　这场战斗一直打到黄昏时分,最后波士顿增派了一支援军,才总算把史密斯和他手下的士兵救了出去。英军死伤了247人,民兵也牺牲了几十人。英军的弹药都已经耗尽,史密斯在战后仍然心有余悸,他们第一次领教了殖民地人民铁拳的滋味。战后,有个士兵惊恐地说:"我48小时没吃一点东西,帽子被打掉了3次,2颗子弹穿透上衣,刺刀也被人打掉了。"

世界通史

莱克星顿的枪声揭开了美国独立战争的序幕。后来,美国独立战争取得了胜利,美国人民认为莱克星顿这座小镇非常具有历史意义,于是便在镇中心铸造了一座民兵的铜像。因为正是当初的民兵,为美利坚民族的独立最先做出了贡献。莱克星顿是美国自由独立的象征,是"美国自由的摇篮"。

华盛顿拒不当国王

每个人都知道,美国的首都是华盛顿,它位于大西洋岸的波托马克河畔。在1800年以前,这里还是一片荒芜,为了纪念美国的开国元勋——乔治·华盛顿,美国人民以他命名这座城市,由此可见,华盛顿在美国人民心目中,地位是多么崇高。

莱克星顿的枪声打响以后,美国人民在华盛顿的领导下开始进行独立战争。这场战争从1775年开始,打了整整6年,1781年美国终于取得了战争的胜利,英国被迫承认美国独立。革命成功了,身为美军总司令的华盛顿,为美国的独立立下了不可磨灭的功勋,他的威望无人可比的。

这时,一些继承了欧洲落后思想的封建贵族准备拥戴华盛顿做美国的国王。一个叫刘易斯·尼可拉的上校直接给华盛顿写信,劝他在军队的支持下夺取全部政权,自封为国王或独裁者,建立一个强有力的政府。这种建议毕竟违背革命的意图,是倒退的行为,尼可拉上校担心他的意见泄露出去会引起众怒,因此要求华盛顿替他保密。

尼可拉上校的来信令华盛顿十分震惊,他立刻提笔给上校写了一封回信,信上说:

"我专心地阅读了你写给我的意见书,结果使我震惊不已。'国王'、'独裁者'这些字眼,对我来说简直是莫大的耻辱……先生,你告诉我军队中存在着如你所表示的那种见解,这给我带来了痛苦和不安,这比战争中所发生的任何事情都令我感受深刻。我十分憎恶也十分蔑视这种观点……如果我没有看错自己的话,那么你也许再也找不到一个比我更加不喜欢你这个计划的人了……如果你尊重你的祖国,尊重你自己或你的子孙后代,也尊重我的话,那么让我请求你把你脑中的这种思想彻底清除掉,也不许你或任何其他人再传播这类观点。"

尼可拉上校收到华盛顿的回信后,后悔不已,他为自己竟然能提出这样不得体的建议而愧疚万分。他后来一再向华盛顿表示,他会彻底放弃原来的想法。

但华盛顿却为此深感不安,他开始思考:他该把这个新诞生的国家引向何方呢?华盛顿深深知道自己肩上的担子不轻。经过一番缜密的思索,他终于做出了一个决定。当时,全美国上上下下都在期待着华盛顿能够领导美国走向一个新世纪,可是华盛顿却出人意料地宣布:他决定辞去总司令的职务,回家乡去种田。

放弃至高无上的国家最高元首不当,回家去种田,能够做到这一点的一定是一个心胸宽广无私的伟人。华盛顿无疑是就是这样的一位伟人。1783年12月23日,他正式向国会递交了辞职书,第二天就匆匆回到阔别多年的自己的农庄去了。

华盛顿回到维农山庄园自己的家中过了4年清闲自在的平凡百姓生活。1787年,他主持制定了美国第一部宪法。1789年,经过选举,他成为美国的第一任总统,因为他的崇高威望,他连任了两任总统,共8年。后来,他坚决拒绝第三次连任,决不当终身总统。1796年他发表了著名的《告别辞》后,又回到了农庄。

华盛顿拒绝第三次连任总统的做法,为后来的"美国总统连任不得超过两任"制度创立了规范。美国人民称颂他是"战争时期的第一人,和平时期的第一人,也是美国人民心目中的第一人"。

华尔街是美国纽约市内的一条街。原来荷兰殖民者统治北美时,为防止印第安人和其他国家的进袭,在纽约百老汇至东河码头,筑了一道墙。英国殖民者打败荷兰人后,拆除了围墙,建了一条宽36英尺、长1/3英里的街道,叫"墙街",即华尔街。1789年美国第一任总统乔治·华盛顿就是在华尔街的纽约市政厅二楼的阳台上宣誓就职的。

美国独立后,华尔街日益繁荣起来,后来,"华尔街"一词成为美国垄断资本的代名词。

现在它更是成为了美国乃至世界的金融中心。

攻占巴士底狱

18世纪后期,法国国王为了满足穷奢极欲的生活,拼命向人民搜刮钱财。1789年,国王路易十六感到财政入不敷出,决定召开已经停开了175年的"三级会议",意在通过召开"三级会议"讨论征税的问题。

当时,封建制的法国把国民分为三个等级。第一等级是僧侣,第二等级是贵族,第三等级是平民。

会议开始了,国王却在表决问题上耍起了手段,本来说好每个等级都有一票,可是,他却把前两个等级的代表单独拉出会场,把第三等级的代表撇在会场里达5个星期,妄图通过两票对一票的手段,迫使第三等级乖乖地听命。

第三等级代表主要由资产阶级及知识分子构成,包括律师、工商业者、银行家、作家等,他们迫切要求改变封建专制的法国政治,争取获得自由的权利,因而得到广大巴黎市民的声援。6月17日，长期被排斥在外的第三等级代表们实在忍无可忍，公开宣布要按自己的想法组成国民议会，代表全体法国人民讨论国家大事。第三等级代表们的这一做法，吓坏了法国国王。21日，他下令出动军警封闭会场，禁止国民议会开会。

进不了会场，代表们只好站在狂风中愤怒地抗议。突然，有一个代表大声喊道："既然没有会场，我们就到网球场去开会！"

于是这些代表排着队，进入网球场。由于里面没有座位，他们就只能站着。德高望重的巴利被推举出来做了国民议会的主席。

巴利站到桌子上，把右手举过头顶，激动地说："我们宣誓！——"

众位代表围成一圈，也像巴利一样，举起右手，齐声高呼："我们宣誓！——"

"不制成宪法，会议决不解散！"巴利说。

全体代表也跟着宣了誓。

为了制定一部反映资产阶级意志的宪法，国民议会从9月9日起改为"制宪会议"，公开与国王对抗。原来第一、第二两个等级中倾向民主的代表，也纷纷前来参加制宪会议。这样，国王破坏和分裂三级会议的阴谋被彻底粉碎了。

国王路易十六恼羞成怒，向巴黎和凡尔赛调集大量军队，妄图用武力来解散制宪会议。7月12日，巴黎市民听说了这件事，纷纷走上街头，举行示威游行活动。

1万多市民在罗亚尔宫的花园集合。一个青年跳到桌子上，从腰里抽出一支手枪，高举着说："公民们，我们不能再等了！今晚，那些从瑞士和德国来的雇佣兵就要来镇压我们啦！我们只有一条生路，那就是拿起武器！"

"对，拿起武器！"市民们齐声响应道。他们约定，用绿色树叶作为起义的标志。那青年顺手摘了片栗树叶子别在自己的帽子上，众人纷纷效仿，花园里栗树的叶子瞬间就被摘光了。

游行的队伍走到万多姆广场，迎面开来一队骑马的巡逻队。群众向士兵们高呼："欢迎你们参加游行！"没想到士兵们立刻加入到游行队伍当中，成了他们的护卫队。一路上，参加游行的人愈聚愈多。一队德国雇佣兵开过来，准备驱散游行群众，被群众一顿石子打得四散奔逃。队伍继续前进走到路易十五广场。

国王派出的龙骑兵赶到了，他们骑在高头大马上，狠命地挥刀砍向赤手空拳的群众。群众连忙散开，龙骑兵们也随着追赶砍杀。片刻间，血流满地，尸体纵横，不少无辜的人惨遭屠杀。

人民被激怒了，7月13日清早，巴黎全城的警钟此起彼伏地响彻全城，市民们拿起武器再次聚集起来。他们潮水般冲进了封建统治者的军火库，夺得了几万支火枪和好几门大炮，正式发动武装起义。那些昨天还在残杀手无寸铁的人民的龙骑兵,今天一看到群众有了火枪、大炮,吓得抱头鼠窜,许多同情革命的士兵陆续跑来,加入起义队伍。仅仅一天时间,革命者就控制了巴黎城,制宪会议的代表四处活动,准备借起义的机会建立一支国民自卫军。

这一天的晚上,整个巴黎灯火通明,"叮叮当当"的打铁声此起彼伏,人们在赶制长矛,第二天早晨,新制的长矛竟然达5万支!

7月14日,巴黎起义进入高潮,人潮汹涌的巴黎市民向巴士底狱奔去。他们或者拿着火枪,或者握着长矛,或者手举斧头,呐喊着前进。

巴士底狱是一座非常坚固的要塞。它建造于12世纪,当时是一座军事城堡,目的是防御英国人的进攻,所以就建在城东的最外部。后来,巴黎市区不断扩大,巴士底要塞成了市区东部的建筑,就失去了防御外敌的作用。18世纪末,它成了控制巴黎的制高点,法国著名的政治犯都关押在这里。

巴士底狱高100英尺,围墙很厚;四周建有8个塔楼,上面架着大炮;里面的军火库中贮存着几百桶火药和大量的炮弹。它居高临下,可以俯视整个巴黎,活像一头伏在地上的怪兽,虎视眈眈地在那里随时准备扑上来,吞掉每一个胆敢反对封建专制的人。巴士底狱成了法国专制王权的象征。

多少年来,人们痛恨封建制度,也痛恨巴士底狱。好多人都想把它推倒,他们在等待时机。

当起义队伍向巴士底狱涌来的时候,守卫巴士底狱的司令官见形势不妙,慌忙发布命令:"扯起吊桥!"士兵们很快把吊桥拉了上来,阻止群众前进。原来,巴士底狱周围有一条25米宽的壕沟,只有通过吊桥才能进出,别无他路。

守卫巴士底狱的士兵们拿起火枪,纷纷向外射击。有不少群众被打倒在地,进攻受阻。

不多一会儿,大炮运来了。起义群众一片欢呼。炮手们装上炮弹,瞄准巴士底狱,"轰!""轰!"连续进行轰击,一枚炮弹命中了吊桥的吊索,只听见"啪"的一声,吊索断了,吊桥落下来了!"冲啊!"起义群众奋勇向前,踏上吊桥,冲进巴士底狱。

司令官一见大势已去,连忙点燃了火把,直奔火药库,企图点燃火药库,炸毁巴士底狱。士兵们都是胆小鬼,生怕自己与堡垒同归于尽,慌忙拉住司令官。恰在此时,起义的先锋队赶到了,他们生擒了司令官,当场就把他给枪毙了。

"自由万岁!"起义者欢呼着,跳跃着,高兴得像过节一样。

经过4个小时的激战,这座封建的顽固堡垒终于被攻克了!从此,法国资产阶级革命揭开了新的一页。

接着,起义者们把巴士底狱全部拆毁了,这表达了他们彻底推翻封建专制制度的决心。

巴士底狱消失后,革命人民在原址建起了一座巴士底广场。后来,为了纪念这次反封建斗争的伟大胜利,法国人民把7月14日这一天作为法国的国庆日。

路易十六上了断头台

巴黎人民攻占了巴士底狱以后,制宪会议实践自己的承诺,在1789年8月27日发表了《人权宣言》,提出"自由、平等、博爱"这个具有历史意义的革命口号,并准备废除封建等级制。法国乃至欧洲各国的君主听说这件事都感到非常恐慌。于是,法王路易十六与外国封建势力勾结,企图进行武装干涉。

1791年6月20日夜晚,路易十六与王后做好了逃往国外,借助外国武装来镇压革命的准备。但在他们到达边境时,被边境的官员发现,两个人束手就擒。

怒不可遏的群众把国王和王后押回了巴黎,路易十六的外逃阴谋失败了。

奥国皇帝和普国国王闻讯急得要命,匆忙发表了一个联合声明,号召欧洲各国君主联合起来,通过武力干涉法国革命。别的国家的封建势力也跟着鼓噪。

这时,路易十六和王后假意演出了一场蹩脚的双簧。国王在公开场合宣称:"一定要保卫法国革命,我发布命令,对奥、普两国宣战。"王后则在暗地里写信给他哥哥奥国皇帝,密告法军作战计划。1792年4月,战争爆发了,因为奥普联军早已了解到法军的部署,所以没用几天就打到巴黎附近。

法国资产阶级革命处在危急关头。全国各地纷纷组织义勇军,奔赴巴黎前线抗敌。

法国斯特拉斯堡州第埃脱利镇的义勇军也在这种情况下组成了,镇长决定召开一次誓师大会。他想了一下,誓师总得要有一支激励士气的战歌,可是叫谁来作曲呢?于是他找到了一个名叫鲁日·德·李尔的义勇军青年战士。

李尔接到命令,心情激动万分。保卫祖国的信念,像烈火般在他胸中燃烧。这一个晚上,他一面弹琴,一面编写歌词,一直忙到天明。

第二天清早,誓师大会开始了。李尔以他洪亮高昂的歌喉,唱出了一支慷慨激昂的战歌。

义勇军战士们听了这首歌都非常激动,他们发誓一定要与侵略者战斗到底。这首歌应该有个名字。

义勇军战士们开始了热烈的议论。最后大家一致认为,义勇军作战是为了反抗侵略者,进军莱茵河,就把这支歌定名为《莱茵军军歌》吧。随后,这支歌在义勇军中一下子流传开来。

前线节节失利,大家开始警觉起来,为什么奥普联军能进展这样顺利?莫非是内部有鬼?革命群众逐渐看清了路易十六的花招,决心逮捕国王。8月9日凌晨,巴黎全城警钟长鸣,革命群众和各地来的义勇军团结在一起,冲进王宫,把路易十六和王后抓了起来。接着,又处决了一大批反革命分子。义勇军士气大振。

后方得到巩固,从各地赶来的义勇军战士奉命出击了。在进军路上,马赛来的那支义勇军战士齐声高唱《莱茵军军歌》,大踏步地前进,别的地区的义勇军战士听了非常激动,纷纷学唱。从此,《莱茵军军歌》又被叫做《马赛曲》。

9月21日,法国义勇军与普军在瓦尔密展开了决战,义勇军大获全胜。法国终于取得了开战以来的首场胜利,这场胜利成为法军由守转攻的转折点。第二天,在普选的基础上召开国民公会,决定废除君主制度,建立共和政体。1792年9月22日,国民公会宣布法兰西共和国正式成立。1795年,《马赛曲》被定为法国国歌。

法国在逮捕国王、宣布共和之后,国民公会成为全国最高领导机关。会场上,执政党坐在右边,因为他们大多是吉伦特省来的资产阶级代表,人们称他们为吉伦特派;在野党坐在左边,因为他们经常在圣雅各教堂开会,人们称他们为雅各宾派。

吉伦特派的权力是当初国王赋予的,政治态度趋于保守。雅各宾派是在革命中形成的,政治态度激进。因为两派的座位分为一右一左,人们就分别称他们为右派与左派。

左右两派的总人数不到国民公会人数的1/4。坐在中间的国民公会成员占3/4以上,由于他们往往是哪一派力量大就倒向哪一边,被人们称为中间派。

在如何处置国王一事上,左右两派展开了争论。

自从1792年8月路易十六被逮捕,左派一再向国民公会提出审判国王的意见,右派则说什么"国王是神圣不可侵犯的"、"国民公会无权审判国王",等等,始终加以阻挠。当左派指出路易十六对革命犯下了罪行,必须处决时,右派甚至转移话题,咒骂左派首领,说罗伯斯庇尔是"独裁者",马拉是"独裁的鼓吹者",等等,这样一来,右派就暴露出了他们不想把革命进行到底的真实意图。

后来,国王保险柜的秘密被发现,使右派在斗争中彻底失败了。

国王被监禁后,人们就对王室的经费和文件进行清查,在王室文件中发现了一叠书信,打开一看,全是路易十六写给逃亡在外国的法国贵族的信。信件里清清楚楚表明,是这些逃亡贵族主动"邀请"普、奥等国军队来进攻法国的;而路易十六则明确表示希望能"重新掌权"。这样,路易十六叛国和镇压革命的事情暴露无遗!

1793年1月15日晚上,法国议会大厅灯火通明,国民公会要在这里表决是否对国王路易十六判刑。成群结队的巴黎市民涌进会场来旁听。这次表决的方法是当时常用的,叫做"唱名表决",由议长对 700 多名议员逐个点名,被点到的议员逐个上台发表意见。

议长挨个唱名,议员也挨个发言。在左面席位上站出的人,都说"判处死刑";在右面席位上站出的人,有的说"流放",有的说"监禁",但没有一个人敢当众说"无罪",因为路易十六的罪证确凿,右派的人已实在无法为他开脱了。

表决持续了两天三夜。最后,议长公布了表决结果,绝大多数议员都赞成判路易十六死刑。

1793 年 1 月 21 日,路易十六被送上断头台。不久,王后也被判处死刑。

处决国王和王后,标志着法国人民的胜利,也标志着法国左派的胜利。但是,一直掌握着大权的右派此后组织了"十二人委员会",对左派进行迫害和杀戮。被逼无奈,左派只好进行自卫还击。这一年的 5 月 31 日夜晚,他们举行武装起义。国民公会接受了左派的建议,逮捕了右派的主要成员,并重新组建政府。左派——雅各宾派得以执掌政权。在雅各宾派专政时期,法国的资产阶级革命进入一个新的阶段。

罗伯斯庇尔

1794 年 7 月 27 日(热月 9 日),法国左派政府遭遇了一场政变。这场政变,使得处在有利形势下的法国大革命,一瞬间出人意料地发生了逆转,历史上把这次政变称为"热月政变"。

在热月 9 日这一天,左派政府召开了国民公会。

国民公会照例是下午开始的,然而,上午 11 点就有许多代表来到会场。他们在走廊里踱步,相互交换着眼色。一个脸形瘦削的代表走到一个身躯肥胖的代表面前,握着对方的手说:"看,右派里全是勇敢的人!"这时,旁边又走来两个代表,狡黠地笑着向他们点点头,表示对右派的支持。

中午 12 点刚过,国民公会的议长宣布开会。雅各宾派的领袖罗伯斯庇尔坐在会场当中的前排位置,他面对主席台,正在认真地听着代表们的发言。

"我要把黑幕揭开!"突然一个代表跳上讲台,他声嘶力竭地攻击着,把矛头指向雅各宾派。

"打倒暴政者!"又一个代表窜上了讲台,唾沫飞溅,用尽一切恶毒的语言攻击罗伯斯庇尔。

"逮捕罗伯斯庇尔!"两个代表像早就商量好了一样,齐声狂喊。会场内一阵骚动。

"我要求发言!"罗伯斯庇尔严肃地站了起来。但是,当他还没有跨上讲台的时候,议长就拼命地摇响铃铛,禁止罗伯斯庇尔发言。

罗伯斯庇尔只好又回到座位上。他简直不敢相信自己的耳朵和眼睛。就在昨天,也是这个会场,全体代表还认真地听了他的镇压反革命的报告。怎么一个晚上的工夫,情况就彻底变了,执政党的领袖成了被审判的囚犯!

"逮捕他!""逮捕他!"不知是谁又发出这样的叫喊。

雅各宾的代表怒不可遏,先后站起来要求发言反驳。但他们都被议长的铃铛声制止了。

"杀人凶手的议长,你能不能最后让我发一次言?"罗伯斯庇尔激动地说。

铃铛声再一次响起,罗伯斯庇尔的最后发言权又被议长剥夺了。

"逮捕罗伯斯庇尔!"又是一片狂喊声。

"现在表决……好,通过!"议长的话音刚落,一群宪兵冲了进来,把罗伯斯庇尔逮捕了。同他一起被捕的,还有罗伯斯庇尔的弟弟,以及雅各宾派的另外几名领袖。

"共和国完了!强盗们胜利了!"罗伯斯庇尔被押出会场,他一边走一边激昂地高呼。在法国革命中功勋卓著,一生廉洁奉公的罗伯斯庇尔是法国最高革命领导机构——国民公会的创建人之一;可是,今天他却被国民公会逮捕了。这一突然变化是怎么回事呢?

我们不妨从头说起。

马克西米连·罗伯斯庇尔1758年,生于法国北部的阿腊斯城。早在中学时,他就对卢梭的著作感兴趣,坚决拥护书中的无神论和民主自由学说。为此,他专程去拜访了这位法国著名的思想家。后来,罗伯斯庇尔当过律师和法官,因为法兰西王国的法律动辄判人死刑,他感到十分不满,毅然辞去了法官之职。

1789年春,31岁的罗伯斯庇尔被选举为三级会议代表,踏入法国政界。作为一位争取民主的英勇战士,他向以斗争坚决、生活俭朴而闻名,获得了"不可腐蚀者"的美誉。每当这位衣着整洁、瘦弱俊秀、中等个子的青年出现在雅各宾俱乐部时,总会受到鼓掌欢迎。

雅各宾派是当时法国资产阶级革命的左派核心。在废除国王的斗争和战胜右派(吉伦特派)而成为当权派的过程中,在粉碎国内外反革命武装的斗争中,它内部一直是团结的。然而,当他们成为执政党以后,内部就出现了分裂。

雅各宾派有3位杰出的领袖:丹东、马拉、罗伯斯庇尔。丹东由于主张妥协和温和,被罗伯斯庇尔处决了;马拉则死于吉伦特派的暗杀活动;罗伯斯庇尔成为孤家寡人。革命力量的削弱,给右派反革命势力以可乘之机,终于出现了热月9日的政变。罗伯斯庇尔被押进监狱不到1个小时,也就是当晚6点多钟的时候,革命群众的队伍冲进了监狱,将罗伯斯庇尔接到市政厅。雅各宾派像欢迎凯旋的战士一样齐声高呼"罗伯斯庇尔万岁!""消灭卖国贼!"到了晚上8点多钟,被捕的雅各宾派领袖们全部回到了市政厅。市政厅广场上聚集了许多武装的群众。如果这个时候罗伯斯庇尔马上组织起义,可能还有胜利的希望;但是他犹豫了,到了午夜12点半,他仍然无法做出决定。群众陆续回家了,罗伯斯庇尔失去了最好的机会。

反革命力量很快纠集起来了。半夜时分,议长命令他的武装首领:"立即出发,一定要在天亮之前砍下叛乱者的头!"凌晨2点,他们包围了市政厅。最先冲进去的一名宪兵开枪打中了罗伯斯庇尔的下颌。满脸鲜血的罗伯斯庇尔同他的22名战友,又被押进了监狱。

第二天下午,罗伯斯庇尔他们在没有审判的情况下被送上断头台。

这就是发生在1794年7月的历史上有名的"热月政变"。这场政变标志着资产阶级民主派——雅各宾派的革命专政的结束,法国资产阶级革命从此走上了一条与过去完全不同的道路。

拿破仑和他的帝国

巴黎圣母院是法国最大的教堂之一,好多重要的宗教活动都在这里举行。1804年12月2日,这里又将有一件被记入史册的事情发生:不久前刚刚宣布法国为帝国的拿破仑要在这里举行他的加冕典礼。

"噹!""噹!"洪亮的钟声响彻巴黎,加冕典礼开始了。千里迢迢来到巴黎,专门为新皇帝主持加冕典礼的老教皇庇护七世嘴里念念有词,他手捧皇冠,颤抖着准备戴到拿破仑的头上去。也许是年纪太大了,他的动作显得非常迟缓。早就等得不耐烦的拿破仑一把夺过皇冠,戴在自己的头上。随后,又抢过另一个小一些的皇冠,戴到跪在他脚下的约瑟芬皇后头上。然后,他高喊道:"从此以后,教皇必须对我宣誓效忠!"于是,这个来自科西嘉岛的穷小子,当上了法兰西第一帝国的皇帝。

在法国大革命时,拿破仑还只是一名普通军官,他因镇压王党叛乱有功,成为军中实权人物。1799年11月9日,拿破仑发动了一场"雾月政变"。第二天,他解散了当时的法国议会——元老院和五百人院,夺得政权,成立了"执政府"。拿破仑自任第一执政,独揽大权。从此,他成为法国至高无上的人物。

拿破仑执政以后,加强了大资产阶级的统治。为了确保革命成果,对外,他打败了奥地利,粉碎了第二次反法同盟的进攻,解除了法国的威胁;对内,他建立起庞大的中央集权的官僚机构,从地方大员到基层官吏,都由中央委任。他还镇压了王党复辟,取消了公民的言论、集会等自由。

然而，拿破仑对自己"第一执政"的权力并不满足。他认为自己的威望与权力还不相称，为了改变这一局面，他先后两次修改宪法，把第一执政的职务变为终身执政，直至加冕称帝。1804年12月，拿破仑终于实现了最后的愿望——称帝，这标志着他的权力已经达到了顶峰。

拿破仑帝国建立后，他首先进行了财政改革，以期扭转督政府时期形成的财政混乱的局面。他采取经济紧缩政策，有效地保护了关税，改进了税收结构，新成立了工商业部门和法兰西银行，这使得经济显著好转。在加强法制方面，他建立起资产阶级国家法制体系。1804年公布的《民法典》就是一部典型的资产阶级法典，共有2281条。它详细地规定了资本主义财产制度，保证私有财产不可侵犯。法典还确定了小农土地所有制，保证刚刚获得土地的农民能够自由地利用土地，这一制度受到了农民的欢迎。拿破仑本人也认为《民法典》是他的最大贡献，他后来曾回忆道："我一生中真正的荣耀并非打了40次胜仗，滑铁卢一败就抹煞了这一切。只有一样东西人们不会忘却，它必将永垂不朽——那就是我的《民法典》。"

王党的残余势力一直是拿破仑严厉打击的对象，他始终认为对他们施恩只能贻害无穷。逃亡国外的路易十六的弟弟曾写信给拿破仑，请求回国。拿破仑在回信中直截了当地告诉他："你不要做这样的梦想，如果你想回来，必须以10万具尸体作代价。"

拿破仑慧眼识人，选拔将帅时不拘一格。他手下的元帅和将军绝大多数是30岁左右的年轻人，多半从士兵中选拔出来。他曾说："我坚持'任人惟贤'的原则，不考虑门第高下，不计较财产多寡。"

拿破仑的一生与"对外战争"这个词紧紧相关，他指挥过几十次战役，击溃了欧洲反法同盟，保住了法国大革命的胜利果实。帝国的实力逐渐强大以后，拿破仑对外扩张的野心也随之膨胀，开始了对外侵略。法军所到之处，生灵涂炭，哀鸿遍野。

法兰西第一帝国的命运也不算长久。1815年6月18日，拿破仑兵败滑铁卢，这个资产阶级的皇帝最后被流放到大西洋中的圣赫勒拿岛。1821年5月5日，51岁的拿破仑病逝。

拿破仑兵败俄罗斯

1804年，拿破仑加冕做了皇帝，他征服四方的雄心更加膨胀，法兰西第一帝国的对外战争也更频繁了。1806年，为了取代英国而成为欧洲的新霸主，他在柏林宣布了"大陆封锁令"，企图通过禁止英国商品进入欧洲大陆的办法迫使英国就范。没想到俄罗斯人在暗中不遵守大陆封锁令,法俄关系就此破裂。

1812年5月24日,拿破仑率领来自几个不同国家的60万大军侵入俄罗斯。法军一路高歌猛进,在夺取斯摩棱斯克后,于9月17日在鲍罗金诺村同俄军主力展开了血战。法军共投入13万大军和600门大炮,在付出47名将军和4万名士兵伤亡的代价后,才将该村占领。俄军伤亡也十分惨重。

面对如此强大的敌人,俄军统帅库图佐夫制定了坚壁清野、保存实力、回避决战、诱敌深入、以空间换取时间再伺机歼敌的战略。

拿破仑也意识到了战线太长会有危险,想要寻找机会迅速结束这场战争,但苦于无法找到俄军的主力。俄罗斯实在太大了,法军越往东进,越感到供应困难。拿破仑的一名部下曾报告说:"看不到居民,抓不到俘房,拾不到一根蔓藤。我们虽在俄罗斯的心脏地带,但我们更像是汪洋大海中的一条船,既无指南针,也不知道周围发生了怎样的变化。"

快到莫斯科的时候,拿破仑登时兴奋起来,"让我们打开莫斯科的大门!"1812年9月12日,所向无敌、横扫欧洲的法兰西军队涌入莫斯科。可是此时的莫斯科却是一座空城——俄罗斯人早在法军进城之前,就已经把所有食品和衣被带走。当天夜里,正当几万名法军为这轻易取得的胜利感到庆幸时,莫斯科总督罗斯托普钦命令几百名纵火者将一批燃烧弹投向城里所有易燃建筑物,顿时,莫斯科陷入一片火海当中。3个昼夜的大火把莫斯科这座富有、美丽的城市烧成了一片废墟。

严冬悄悄地来临了。深入莫斯科的法军缺吃少穿,开始抱怨起来。10月18日,他们遭到俄军的伏击,伤亡3000余人。拿破仑担心自己的部队没有在战场上被打垮,却要在这严冬中冻死、饿死。

1812年10月19日,拿破仑不得不发出撤军的命令。从第二天起,法国14万大军、5000匹战马开始往回返。然而,他们既没有波斯大流士远征的威武,也没有蒙古军西征的气势;人们看到的只是几股无尽头的人流,夹杂着各式各样的车辆,载着掠夺来的财物——其中伊凡大帝巨大的十字架格外显眼,拿破仑准备把它带回去装在巴黎荣誉军人退休院的圆屋顶上。

俄罗斯冬日的严寒、泛滥的河水、可怕的风雪影响了法军退却的速度。衣服单薄、体力不支的法军士兵,往往倒下后就再也站不起来了,顷刻间即被白雪覆盖。每天早上出发时,每座营房边都会留下一圈法军的尸体。哥萨克骑兵又在沿途不停地对这支疲惫的队伍进行打击,库图佐夫率领的大军则在后面紧紧追赶。11月29日,为了抢渡别列津纳河,士兵和随军家属在过桥时互不相让,由于俄军的夹攻,法军在此地付出了惨重的代价,光是在河水里就留下了1.2万具尸体。此后,在冰天雪地里的撤退变成了大溃逃。处处是混乱的人群、饥饿的士兵，军纪荡然无存，命令也无法执行，一批批士兵因冻饿而死。拿破仑经历了前所未有的惨败。此时兴高采烈的哥萨克骑兵们高喊着："上帝让拿破仑忘记了这里的冬天有多严寒。"

库图佐夫的成功战略和俄罗斯严寒的冬天，终于令这位不可一世的军事天才俯首了。12月5日，拿破仑召集高级军事会议，决定授予缪拉以中将军衔，接任大军的最高统帅。当晚，一身便装的拿破仑，化名维桑塞公爵，带着3名随员，悄悄地乘着雪橇逃回法国。与7个月前率领60万大军进入俄罗斯相比，这又是多么的凄凉啊！当缪拉也回到法国的时候，法军只剩下3万余人了。

可以说这次失败，是法兰西第一帝国由盛而衰的转折点。1813年，几乎所有的欧洲国家都参加了第六次反法同盟，拿破仑仓促之间征集了新军应战。这次拿破仑面临的对手的实力发生了很大的变化，反法同盟的指挥官分别由俄罗斯的库图佐夫、英国的威灵顿、普鲁士的布吕歇尔三位伟大的统帅担任，拿破仑最后的惨败几乎成了定局。此时拿破仑的敌人已经不再是不堪一击的封建君主们的雇佣军，而是为了从法国铁蹄之下解放自己的被侵略国家及其军队。

同年10月，双方在柏林西南的莱比锡展开了决战。结果萨克森人在战场上突然倒戈，法军全线崩溃，最终战败。这场会战双方损失6万人。1814年3月，反法同盟军队直指巴黎，拿破仑宣布退位，被流放到地中海的厄尔巴岛。

到了晚年，拿破仑仍然对兵败俄罗斯念念不忘。在回忆录中，他这样说道："我的对手应该是武装的敌人，而不是狂怒的大自然。我击败了对手的军队，但实在无法征服火、雪、僵冻和死亡，命运显然比我要强大得多！"

滑铁卢之战

1815年3月1日晚，维也纳皇宫内灯火通明，正在举行一场盛大的宴会。来宾都是欧洲各国的君主，他们个个兴高采烈，满面春风，来这里庆祝封建王朝复辟成功。

音乐响起来了，东道主奥地利皇帝弗兰茨笑着站起身来，说道："各位陛下，让我们开始跳舞吧！"君主们在优美的旋律中步入舞池。当舞会渐入高潮之时，一名大臣神色慌张地跑进大厅，向弗兰茨报告了一个令人震惊的消息：拿破仑已逃离厄尔巴岛，并在法国南部海岸登陆，正在向巴黎进军！听到这一消息，奥皇大惊失色，颓然倒在座位上。大厅内顿时一片骚动，音乐声随之停止，各国君主个个吓得呆若木鸡，面无血色。拿破仑是怎样逃出来并在这么短的时间内东山再起的呢？

原来，一年前拿破仑被迫退位后，被流放到了厄尔巴岛。拿破仑登上岛的顶点,俯瞰全岛,不禁叹息道:"这个国境未免太小了!"此时的法国,波旁家族在反法同盟军的帮助下把路易十八扶上了王位,实现了第一次复辟。复辟的封建王朝向人民进行反攻倒算,激起了人民的不满。此外,波旁王朝复辟后,法国领土一度到处是外国军队,这对法国人民的刺激是多么大呀!尤其是军人,怎能不怀念随着拿破仑东征西讨时的光辉岁月,他们多么希望能再现昨日的辉煌啊!

此时的拿破仑,在厄尔巴岛上也时刻关注着国内的政局。1815年2月,当他从专程前来的信使口中得知国内情况后,决心冒险一试。他坚信,只要能够重返巴黎,法国一定会重新属于他。

2月26日,负责监视他的英国军官回国去办理私事,拿破仑一见有机可乘,就命令手下人将他的军舰"无常"号改装成一艘英国船。傍晚,拿破仑就带着3名将军和1100名士兵,登上"无常"号和其他6条船,趁着夜色逃离了厄尔巴岛。拿破仑充满自信地对部下说:"我不放一枪就能到达巴黎!"

此话果然不假,3月1日,拿破仑在法国南部的儒安湾登陆,波旁王朝的士兵真的没有向他开枪,甚至还脱帽向这位昔日的皇帝致敬。当波旁王朝的军官们发出进攻的命令时,整营的士兵倒转枪口,高呼"万岁",重投拿破仑的麾下。一路上,拿破仑顺利北上,法国人民欣喜若狂,跟随他的人成千上万,护送了一程又一程。路易十八在巴黎听到消息,赶忙乘着马车逃出了巴黎。

3月20日,头戴三角帽、身着皇帝服的拿破仑受到了凯旋英雄般的礼遇。只花了19天的时间,拿破仑就凭一双赤手空拳,完成了令人难以置信的、神话般的政治变革。

拿破仑东山再起,欧洲各国纷纷派出重兵,重建反法同盟,准备围攻巴黎。拿破仑也迅速组建了30万大军,只是军队的素质大不如前了。当时欧洲联军有70多万,拿破仑深知自己在军事上处于不利的地位。为此,他决心采取以攻为守、各个击破的战术,争取战场上的主动。

这时,威灵顿公爵指挥10万英军部署在比利时北部边境上,布吕歇尔元帅指挥的12万普军则分散部署在比利时南部边境战线上。拿破仑率12.5万法军日夜兼程,以迅雷不及掩耳的动作,从中央突破,插入英普两军防线之间,割断两军的联系。然后法军分成两支,左翼共5万人由猛将内伊元帅指挥,控制通往布鲁塞尔的通道,牵制英军。右翼主力7万人在林尼附近同普军主力8万人交战,他希望能够把英、普军队切开,然后各个击破。

战斗进行得异常激烈,又加上天公不作美,下起了大雨,枪炮声、雷雨声交加,轰轰作响。一直到傍晚雷雨过后,布吕歇尔才发现,法军已占领林尼,普军防线已被切断。而且,法军迅速包围了普军,布吕歇尔也被摔伤。普军见形势不利,四散溃逃。拿破仑认为普军败局已定,令法军休息一日,然后才令格鲁希元帅

追击普军残兵。这样坐失了歼灭普军的大好时机,逃散的普军在瓦弗方面重新集结,对法军构成了新的威胁。

击溃了普军的拿破仑,亲率大军转攻英军。威灵顿听到布吕歇尔战败,害怕孤军作战,便迅速撤退到滑铁卢。法军将领内伊受命拦截英军,但内伊优柔寡断,英军顺利撤走。拿破仑气愤异常,也尾随英军至滑铁卢附近。

这时,被拿破仑击溃的普军重新集结,兵分两路,一路增援滑铁卢附近的英军,一路直接围攻法军右翼。

威灵顿率6万余英军、156门大炮,在滑铁卢村南布阵。阵地后方是圣让山,前面地势低洼,左侧是几个小村和沼泽、灌木林,右侧有坚固的乌古蒙堡垒,阵地中央是圣拉埃村。威灵顿号称"铁公爵",在战术上长于防守而短于进击,所以在与拿破仑交战之前,他更加谨慎,着重防守,这一正确战术原则为他最后胜利奠定了基础。

滑铁卢总决战之前,拿破仑只率7万士兵、270门大炮,但这些大炮因为天下大雨而只有一小部分进入阵地。拿破仑将总预备队置于中央后方,并正确判断出英军弱点在其中段,所以他决定佯攻英军右翼而重点攻击中部。

6月18日上午11时,决定历史进程的时刻到来了。法军抢先开炮,向英军右翼乌古蒙堡垒射击,形成对峙。中午1时,拿破仑按照计划,准备进攻英军中部,但情况发生了重要变化,布吕歇尔率普军一部分及时赶到,拿破仑不得不从预备队中抽出2个骑兵师迎击布吕歇尔。同时,拿破仑急速传令格鲁希元帅,让其增援,然后率部猛攻英军中部阵地。威灵顿顽强抵抗,双方互相争夺,伤亡都很大。下午6时,拿破仑令内伊元帅要不惜一切代价攻克英军中部,内伊不愧"勇士中的勇士"之称,经过奋勇拼杀,终于完成任务,占领了圣拉埃村。英军无力支持,法军也疲惫不堪,双方都在焦急地等待援军,谁先到达一步,谁就会左右历史进程,这才是极其关键的历史时刻。

黄昏时分,终于从远处飞驰过来大队人马,双方都在祈祷上帝:来的是自己人!终于那支部队走近了,双方都看得非常清楚,那高高飘扬的是普鲁士军旗!

顿时,英军士气高涨,精神振奋,威灵顿立即命令部队作最后反击,英普联军热血沸腾,疯狂地扑向有气无力的法军。

拿破仑见状,内心暗骂格鲁希"死在了何处"。此时此刻,他也深感大势已去,但仍然在作最后的反击。他立即命令近卫军投入战斗,拼死抵挡联军的进攻,但已无回天之力,终因腹背受敌而全军溃败。拿破仑乘马逃出战场,仓皇离去。关于格鲁希元帅增援拿破仑一事,后世颇多传说。有人说,格鲁希元帅存心背叛拿破仑,所以迟迟不予发兵。更具传奇色彩的说法是,格鲁希接到了拿破仑让他增援的命令,但他理解为增援别部,所以尽管他听到了近在咫尺的隆隆炮声,仍然不为所动,如果他稍微动一动脑筋,就会立刻在眨眼之间来到战场。也有的说,战前,拿破仑命令格鲁希原地待命,以便增援;在双方激战过程中,格鲁希及其将领都感到有点不对劲,不少将领劝格鲁希赶快开往开炮的地方,以便随机应变,但格鲁希却无动于衷,尽管在这种变幻莫测的形势之下,他已很长时间没有与拿破仑取得联系了,可是他仍然在遵照拿破仑的命令办事,那就是:原地待命!他不顾部下的竭力劝说,一直在等待、等待……直到拿破仑全军覆没!

应该说,拿破仑在滑铁卢的惨败,格鲁希负有不可推卸的责任。

1815年6月21日,拿破仑率领着败兵回到巴黎,反法联军的100万人也长驱直入进入法国边境。7月7日,联军进入巴黎,拿破仑宣布退位,结束了他的"百日皇朝"。不久,他再次被流放,流放地位于大西洋南部、远离欧洲大陆的圣赫勒拿岛。1821年5月5日,拿破仑在孤寂中死去。

血战葛底斯堡

1861年2月,美国南方各州宣布脱离联邦政府,建立了一个"美利坚邦联",这年4月,南方叛军攻占了联邦政府军驻守的萨姆特要塞,南北战争爆发了。

战争初期,由于林肯政府的妥协退让和北军指挥官的指挥失当,北军接连失利,首都华盛顿两次告急。而进攻叛军老巢里士满的北方政府军司令麦克米伦畏敌不前,贻误战机,在南方军队进攻下遭到惨败。

林肯总统忧心如焚,苦思良策,希望能扭转战局。"必须撤换麦克米伦将军!"林肯心里想,"但是谁来代替他呢?"林肯又犹豫起来,在办公室来回踱步,突然,他想起了一个人:"米德,对,就是他!"虽然他的军衔不过是准将,但他有勇有谋,每次战斗都有突出的表现,一定能担负起重任。

1863年6月,林肯召见了米德。林肯看了看从战地匆匆赶来的米德,示意他坐下,米德却站得笔直,心里想知道总统召见他到底为了什么事。

"米德将军,我经过认真考虑,决定任命您为波托马克军团司令,接替麦克米伦将军的职务,您有什么想法?"林肯说道。

"尊敬的总统,我非常感激您对我的器重,但您知道,我一直是麦克米伦将军的下属,现在要接替他的职务,恐怕……"

"您的心情我能理解,但这是战争的需要。您是个优秀的军事指挥官,这谁都知道;至于麦克米伦将军,他太令我失望了。去年他带领10万大军沿波托马克河而下,本来可以拿下叛军的首都里士满,结果怎样呢?他对南方叛军有恐惧心理,停滞不前,被叛军司令罗伯特·李打得险些全军覆没。后来,在安提塔姆溪,当罗伯特·李退却时,他应当追击,他竟按兵不动,白白把敌人放跑了!"林肯一边说一边在办公室来回走了几步，显得有些激动。

米德一直认真听着总统讲话，不时点一点头。

林肯在沙发上坐了下来，以充满信任的口吻说："您和麦克米伦完全不同，您是一位勇敢的将军，我相信您能胜任。""我服从总统的命令，我将尽我所能去干。"米德终于同意了。

林肯满意地点点头，然后又说："我将给您 8 万人，另外，库奇将军指挥宾夕法尼亚州的 30 个团和纽约州的 19 个团，和您协同作战，他听您指挥。"

"库奇是位英勇善战的将军。"米德兴奋地说。

"当然，你们这次进攻的目标不是里士满，而是罗伯特·李，你们要寻找有利的战机和他的主力决战，争取击垮他的军队。我等候你们的好消息。"

米德告别了总统，然后和库奇取得了联系，两人研究作战计划，寻找破敌的机会。

南方叛军司令罗伯特·李这时正率 10 万大军、250 门大炮，从南向北打来，一路之上战无不胜，其势锐不可当。这一天，他听说波托马克军团司令变成了米德，不屑一顾地说："哼！米德，还有库奇，等着瞧吧。我要像踩死一只蚂蚁一样，把他们碾个粉碎！我要攻下哈里斯堡、巴尔的摩、费城、华盛顿！"

1863 年 7 月 1 日，米德和库奇在华盛顿以北 200 公里的小镇葛底斯堡设下埋伏，准备在这里痛击罗伯特·李的叛军。他们早已了解到罗伯特·李的军队远离南方，缺乏给养，华盛顿北部的重镇费城有北方军队的军需仓库，还有大量的食品，是罗伯特·李进攻的首要目标，而葛底斯堡是通往费城的必经之地。

一切准备就绪之后，他们严阵以待，等着敌人进入伏击圈。大约上午 9 点钟，侦察兵忽然来报告：前方不远发现敌人一支部队。

"有多少人？骑兵还是步兵？"米德问。

"大约 3000 人，主要是步兵，有少量骑兵，还带着几门大炮。"

此时，南方叛军还没发现米德的部队，正向葛底斯堡进发。突然一阵巨响，埋伏在山边的北军大炮开火了，紧接着，雨点般的子弹向南军射来，转眼之间，南军被打得人仰马翻，一部分残兵丢下枪支，没命奔逃。

原来，这支部队是罗伯特·李的先头部队；此时，他离葛底斯堡还有 10 公里。他根本没把米德部队放在眼里，骑在马上悠闲地欣赏自然美景。忽然，前方传来隆隆的大炮声，他连忙举起望远镜，只见前面山林中升起团团硝烟，他知道遇上了敌人，立即督促部队加速前进。

罗伯特·李命令 1.5 万名士兵猛攻北军左翼。南军在炮火配合下，在一片呐喊和马蹄声中猛冲过来。指挥左翼北军的库奇立即命令 20 门重炮对准扑过来的骑兵轰击，一匹匹战马嘶叫着摔倒在地，后边冲过来的骑兵又践踏着摔倒在地的南军士兵。南军阵地上血肉横飞,一片混乱。1.5万人顷刻间死伤过半,罗伯特·李眼看情形对自己不利,只好下令撤退。

第二天清晨,罗伯特·李首先集中自己的大炮猛烈轰击库奇的阵地,又发起了两次冲锋,很快就被库奇击退。北军正准备反击南军的又一次进攻,却半天不见敌人的动静,只见不远处山林中有军旗飘动,库奇估计罗伯特·李正在组织更大规模的进攻。但这次他错了,罗伯特·李其实是声东击西,早把主力部队悄悄运动到北军右翼,出其不意地向那里的北军发动了攻击。双方在这里展开了激战,北军凭借有利地形打退了敌人的多次进攻,战场上到处都是南军的尸体,而北军也伤亡惨重。

罗伯特·李从未遇见如此顽强的对手,进攻接连受挫,使他以前的傲慢自大消失无踪,他怒气冲天,命令200多门大炮同时向右翼的北军开火,炮弹像冰雹一样落在北军的阵地上,山上的石头被炮火击中,掀了起来,呼啸着向空中飞去。紧接着5000骑兵像一阵狂风一样刮向北军阵地,骑兵的后面的3万多步兵像潮水一样涌了上来。双方在阵地前进行肉搏战,喊杀声使大地都震颤起来。到下午3点钟,南军突破了北军的右翼阵地,但也付出了惨重的代价。但不管怎样终于夺取了北军的阵地,罗伯特·李这时才稍感轻松。夜幕徐徐降临了,战场上一片寂静,经过两天激战的南军士兵疲惫不堪,尽管山上蚊虫成群,他们还是很快睡着了。不知睡了多长时间,他们突然被一阵喊杀声惊醒,朦朦胧胧中只见山上到处都是火光,北军已经冲上了阵地,许多人还没弄清楚是怎么回事就永远躺在了地上。原来,米德抓住罗伯特·李一贯轻敌的毛病,决定趁其不备,半夜偷袭,果然一举成功。白天失去的阵地又重新夺了回来。

7月3日,罗伯特·李急躁起来,连续两天遭受沉重打击,对于他来说是从来没有的事,而且南军的给养、弹药都急需补充,如果这样僵持下去,对自己非常不利,必须尽快击溃米德,然后就可以挥师费城,在那里可以得到军需品,还能让疲惫的部队休整几天。他决定孤注一掷,继续猛攻北军,这一天的战斗空前激烈,阵地几次易手,战马和士兵的尸体满山都是,山间小溪都被鲜血染红了。战斗一直持续到当晚10点钟,南军支持不住了,再也没有力量进攻。米德立即把前线胜利的消息报告给了林肯总统。

7月4日,林肯发表了讲话,说:"葛底斯堡成了奴隶主军队的坟墓。至7月3日晚10时,光荣的波托马克军团取得了辉煌的胜利。"

7月4日夜间,罗伯特·李连夜渡过波托马克河,率残部仓皇退却。

葛底斯堡大战,南军伤亡近3万人,北军也伤亡2.3万人。这是美国内战中规模最大的一次战斗,也是美国内战的转折点,从此,南军由进攻转入防御,北军最终取得胜利。

林肯之死

亚伯拉罕·林肯生于1809年2月12日。他的父亲是农村的木匠,家境贫困,到处流浪。林肯小时候只读过一年书,完全靠自学。当时,因为纸张很贵,他总是用木炭在破板箱上做练习,到正式书写时才誊到白纸上去。21岁那年,他们全家迁到了伊利诺斯州,林肯在一家小店里做伙计。

可是,这家小店不久关了门,林肯只好另找职业。这时,邮政部门要在镇上办一个小邮局,林肯就担任了这一工作。这家邮局总共就林肯一个人,局长、职员、投递员都由他一人担任,工资每月一美元。这里的邮局开办了仅两个月,邮政部门便通知他停办,也不要他清理账目。但林肯却坚持把邮局内的全部账目算得清清楚楚,然后,把账本装在一只破袜里,吊在自己家的屋梁上。一年以后,林肯在路上遇到邮政部门的一个官员,就把他拉到家里,爬上梯子,从屋梁上取下袜子,郑重地交了上去。大家知道以后,都十分敬佩林肯办事老实。从此,人们都叫他"诚实的林肯"。

由于大家的信任,林肯当选为州议员,不久他通过考试,当上了一名律师。

他做律师后,经常替别人打抱不平。所以,人们遇到冤枉的事,往往去找林肯。林肯还经常主动帮人家平反冤狱。

他担任律师期间,曾帮一个叫安斯特朗的青年弄清了一场人命冤案,并打赢了官司,从此,林肯名闻全国。以后,林肯逐步踏上了政治舞台。1860年11月,他当选为美国总统。

1861年3月4日,林肯宣誓担任美国联邦政府的总统后,美国南方的11个州联合起来也成立了一个"美国邦联政府",还选举了一个名叫戴维斯的人担任"总统"。美国一下子分成了南北两个政权。

4月12日,南军炮轰查尔斯顿港外面的萨姆特要塞,公开挑起了内战。

南方政权为什么要这样疯狂地反对林肯呢?原因很简单,林肯是废除黑奴制度的积极主张者。当时,美国南北两部分的经济发展不平衡。北方以工业为主,资本主义发达;南方以农业为主,种植场的劳动力都是从非洲掠夺来的黑人,实行的是奴隶制。林肯一上台,力主废除奴隶制,解放黑人。他们的做法当然使南方种植场奴隶主们惊恐万状,于是马上明目张胆地树起叛乱的旗帜。

林肯当机立断,于4月15日发布募兵令,招募志愿军讨伐南方叛逆。广大美国人民热烈响应,林肯原想只招7.5万名,但报名的人数却超过了10倍。这支部队士气高昂,作战勇敢,可惜没有出色的将领,第一仗就被南军打得大败,一直退到华盛顿城郊。美国舆论顿时哗然。

资产阶级革命

"一定要解放黑奴！"林肯为了挽回败局，下定决心，在1863年1月1日发布了《解放宣言》。法令规定，从即日起，美国所有奴隶都成为自由人，由政府和军队保护，他们可以平等地参加各项工作，包括参加军队，等等。当他签署完宣言，在场的人一片欢呼，纷纷同他握手、拥抱。

发布了《解放宣言》后，黑人踊跃前来参军，人数多达四五十万。他们和白人一起奋勇出击，在葛底斯堡与南军激战三日三夜，击毙了敌军上万官兵，获得了南北战争以来第一次大捷。美国人民兴高采烈，纷纷集会庆贺。

经过四年的战争，南军最终没能挽回失败的命运。1865年4月9日，南军宣布投降。南北战争以奴隶制度的消灭而告终，从此，美国完全确立了资本主义制度的统治地位。

南北战争所完成的是独立战争未能完成的使命，从这个意义上讲，南北战争是美国历史上的"第二次革命"。由于扫除了奴隶制障碍，美国资本主义经济以前所未有的速度发展起来，以致在30多年的时间里，美国工业生产总值便由1860年的世界第四位一跃而为世界之冠，成为世界上经济力量最强大的国家。

战争胜利五天后，也就是1865年4月14日晚上，林肯兴高采烈地同夫人一起去华盛顿城福特大剧院观看歌剧。他们一走进包厢，剧院里观众立即起立欢呼，掌声响彻全场，一直延续到歌剧开演的时候。正在这时，突然有一个黑影冲向包厢，只听见"砰"的一声枪响，林肯顿时倒在座位上。这个黑影纵身一跃，跳上舞台，大叫一声："我为南方的人报仇了！"迅即从窗口跳了出去。窗口外面早就准备好一匹骏马，他骑上去一溜烟逃了。

几天以后，凶手抓到了，名叫约翰·蒲斯，他是剧院里的一个演员，也是南方的一个间谍。可是，因为他在被捕时持枪顽抗，被当场击毙，不知道究竟是谁派来的，幕后的策划者逃掉了。这件事说明了南方奴隶主的顽固和凶残。但是，解放黑奴已经成为历史的潮流，谁也阻挡不住。

林肯是国家统一的坚定维护者，他为解放黑奴、消除种族歧视做出了贡献，同时有力地促进了美国经济的发展。他是一位有正义感的、受人尊敬的总统。

大国的兴衰

英国掠夺印度

英国资产阶级革命胜利后确立的君主立宪制政体为英国资产阶级的发展带来了较大的自由。资产阶级为了谋取利润加快更新他们的生产技术,因此,英国很快就成为了当时欧洲工业比较发达的国家之一。由此,新的问题产生了,那就是产品过剩。因为国内的市场空间狭窄,限制了资本主义的发展,因此,他们开始积极地寻找外部的市场,以便推销他们的产品。首先他们把眼睛盯在了人口众多的印度。

早在公元1613年,英国就在印度西部的苏拉特设立了贸易站。稍后又在印度东南部的马德拉斯建立了商馆。到1698年,他们已经开始向印度的东北部扩张了。

这一年,英国东印度公司向统治印度的莫卧儿帝国政府买下一个小村庄。这个村庄就是后来的加尔各答,位于孟加拉湾的恒河口岸。村庄虽小,作用却很大。孟加拉一带是印度最富庶的地方,平原广阔,河流纵横,盛产大米和黄麻。这个小村庄就成为了英国在印度的贸易总部,印度的粮食和工业原料源源不断地由此运往英国。

几年以后,以到远东来做生意为名的英国东印度公司,竟然在加尔各答筑起了一个巨大的堡垒,里面蓄养了好多全副武装的英国人,他们有枪有炮,俨然是一支常驻的军队。更恶毒的是,这个东印度公司还招募印度人去接受军训,教他们怎样使用洋枪洋炮,怎样列队行进,怎样行凶杀人,这里变成了英国的军营!

印度政府对此当然不能置之不理。1756年,孟加拉的纳瓦布(总督,一种称呼)向东印度公司提出抗议,不允许他们在加尔各答修筑堡垒。英国侵略者哪里会把他的话当回事。于是,纳瓦布只好发动武力收复了加尔各答,把那里的英国人统统驱逐出去。

好不容易站住了脚,这些英国人当然不能就这么善罢甘休,他们败退到马德拉斯,经过一番商议,决定采取武力手段征服印度,并由司令克莱武具体实施这项计划。

公元1757年1月,克莱武的侵略军在恒河口登陆,重新占领了加尔各答。孟加拉的纳瓦布表面上提出讲和,暗地里向法国殖民者请求援军。6月,纳瓦布7万大军与克莱武的9百英军相遇于普拉赛,初战英国失利。但是,由于莫卧儿的军官已被英国收买,主动引兵后撤。英军乘势进击,把纳瓦布的军队打得四散溃逃,纳瓦布本人被英军俘获处死。

英国侵略军到处杀人放火,奸淫掳掠。

有儿十个英军士兵用木头撞开了孟加拉国库的库门,国库里边满是黄金白银。他们欣喜若狂,脱下了上装,把金银财宝使劲地往里塞,打成一个大包袱;然后再脱下长裤,把裤脚管一扎,接着拼命往里装。等他们走出国库的时候,人人都光着身子背上却背着好几个包袱。

事后,经不完全统计,英军从孟加拉国库抢得的金银财宝,总值达3700万英磅,这还不包括英军个人拿走的那些。东印度公司的高级职员们,也拿走了价值2100万英镑的金银财宝,当然,这些也不计在总数之内。

后来,克莱武在英国议会汇报侵略印度的经过时,说道:"富裕的城市在我的脚下,壮丽的国家在我的手中,贮满金银财宝的国库在我的眼前。我竟然只拿了20万镑。现在,还在奇怪,当时我为什么这样客气?"世上竟然还有这样无耻的内心自白!

普拉赛战役过后,英军又赶走法国殖民军,独霸了孟加拉,并且任命那个被他们收买的莫卧儿将军做新一任的孟加拉的纳瓦布。

1767年,英国议会通过"东印度公司管理法",把东印度公司原驻加尔各答的省督改为由国家任命的总督,负责管理英属印度的全部领土,英国政府开始直接统治印度。

从普拉赛战役到1815年这58年的时间里,英国在印度共搜刮了总计10亿英镑的财富,原本富庶的孟加拉由此变成了一片荒凉的土地,1770年发生的一次饥荒,竟然饿死了1000万人。

东印度公司强迫孟加拉农民大量种植罂粟。然后,他们把罂粟的果浆制成鸦片,通过走私,卖给当时正在走向衰落的中国。中国国内的大量白银迅速外流,而鸦片带给中国人民更多的是身心的毒害,这更加暴露了英国殖民主义的险恶用心。

东征印度只是英国殖民政府向全球扩张所走出的第一步,大规模殖民侵略战争由此拉开序幕。

彼得大帝改革

13世纪的时候,地处欧洲东部的俄罗斯还只不过是以莫斯科公国的形式存在的一个小国,它也像它周围的许多封建公国一样,受着蒙古金帐汗国的统治。后来,它依靠蒙古人,借着为金帐汗国收贡赋的权力,逐渐走向强大,最终摆脱了蒙古人的控制。在统一了俄罗斯地区之后它终于建立起自己的王国。1547年,王国的大公伊凡四世不再满足自己的称号,更名做起了皇帝,于是开始自称沙皇。这个沙皇的"沙"字,最初指的是罗马帝国的创立者恺撒。

到了17世纪,俄罗斯仍然是一个落后的封建农奴制国家。地方的封建贵族拥有强大的势力,中央政府的大权也多半是由大贵族们控制着的。当时,尼德兰和英国早已率先进行了资产阶级革命,其他欧洲国家也不甘落后,逐步走上了发展资本主义的道路。俄罗斯被远远地抛在了后面。

1682年,俄罗斯新沙皇登基了。这个小沙皇刚满10岁,他是俄罗斯罗曼诺夫王朝的第四代沙皇,名叫彼得·阿列克塞也维奇·罗曼诺夫(就是彼得一世)。

即位之初,由于年纪幼小,他的异母姐姐索菲亚代为摄政。彼得和他的母亲住在莫斯科近郊的普列奥布拉任斯基村。此时的他最喜爱的就是军事游戏,他把自己的小伙伴们分成两组,分别称为普列奥布拉任斯基和谢苗诺夫斯基兵团,整天在环绕村子的绿荫丛中,建筑土堡,演习攻防战。有一次,彼得在祖父的遗物中找到了一艘小帆船。他和小伙伴们都喜出望外,赶忙把它拖到小河里去学习驾驶技术,后来他们干脆把它驶进宽阔的别列维斯夫里湖。

7年以后,彼得长成了一个大人,他的游戏兵成了两支训练有素的近卫军。索菲亚开始感到恐惧,煽动射击军叛乱,图谋杀死彼得。彼得预先得到了这个消息,躲进了一个院墙坚固的修道院。他的两个近卫兵团和一个射击兵团立即开到这里保护他。由于越来越多的贵族和军队都转而支持彼得,索菲亚最终失败,被关进了修道院。彼得开始亲自执政。他立志要学习西方,把一个贫穷落后的国家变成先进的强国。他对手下人说,要打开通向西欧的窗口,把西方的风放进俄罗斯。

为了打开通往黑海的出口,1695年1月,彼得亲自率领3万军队攻打土耳其,企图占领亚速海。但是由于俄罗斯当时还没有海军,无法切断土耳其的海上供给线,导致战争的失利。彼得并不灰心,用1年多时间建立了一支舰队,然后从水陆两路进攻土耳其。土耳其战败求和,亚速海终于归俄罗斯人所有。

然而,战争也暴露了俄罗斯的弱点。彼得深深感到,仅仅依靠目前的力量同其他强国较量还很难取胜。他决定派一个使团到西欧各国考察。1697年,使团出发了,在西欧考察将近一年。彼得也化名彼得·米哈依洛夫,扮成一个下士,随同前往。在考察期间,他十分留心西欧的先进科学技术。为了掌握造船技术,他还进入荷兰的萨阿尔丹一家著名的造船厂当起了一名普通的木匠。可是他那高大的身材和超人的气魄很快就让人认出他是彼得一世了。于是,彼得只好又转到荷兰首都阿姆斯特丹一家最大的船厂里当学徒,坚持了4个多月。后来,他又到美国一家造船厂学习造船理论。空闲的时候,彼得总是去参观手工工场、博物馆,访问著名的专家、学者,并且聘请一些人到俄罗斯去任职。他在伦敦期间,还考察了英国的国家制度,出席过国会的会议,甚至参加了皇宫的化装舞会。就像一个不知疲倦的小学生,彼得以认真的态度了解和学习西欧的生活、文化和技术。他在寄往莫斯科的信上总要盖一个印,印文是:"我是一个寻师问道的学生。"

彼得本来打算在西欧多待些时候,但是由于国内又传来了索菲亚企图策划叛乱的消息,只得匆匆忙忙赶回莫斯科,平定了这次叛乱。195名叛军被绞死在诺沃得维奇修道院索菲亚卧室的窗外,有上千人先后被处死,索菲亚被迫出家当了修女。

平息叛乱以后,彼得开始在俄罗斯推行全面的改革。他集中力量发展工业,开办手工工场,向工场提供贷款和足够的劳动力。在他活着的时候,俄罗斯的手工工场就已经从20个增加到240个;生铁产量从1700年的15万普特增加到81.5万普特,具备了向国外出口的能力。彼得对发展商业也十分注意,征召了大批农奴开凿运河,建设通商口岸;为了保护本国的工商业,还下令"只要是国内能够生产的产品,一律提高关税率"。

彼得重视改革文化教育,开办了许多工程技术学校、航海学校、炮兵学校、造船学校、海军学院等专门的学校,派留学生去往西欧学习。他还创建了博物馆、图书馆和剧院,创办了俄罗斯第一份报纸《新闻报》,他自己还亲自担任主编。

对于原来的那些守旧无能、臃肿混乱的政权机构,彼得非常坚决地把它们全部取消了。然后,设立了9人枢密院和9个中央机关委员会(后来增加到12个)。他还废除了大主教的职务,改由宗教院来管理宗教方面的事务,宗教从此从属于国家政权。他还把全国分为8个大州,下设50个省,地方政权听命于中央。

彼得花了很大气力进行军队的改革。兴办兵工厂来制造战船、铸造大炮;在改善军队的武器装备方面,军队中首先使用了马拉炮车,要求军队的各级指挥官在近卫军团和专门的学校接受正规训练。同时,扩大征兵,建立了一支拥有130个兵团、20万士兵的强大陆军和一支拥有48艘战舰和多艘小艇的海军。

彼得在改革过程中深深感到以往以出身门第来选用官吏这种制度的腐败,

所以决定打破这个旧的传统,根据能力大小来任用各级官吏。这可是一项重要的改革,一些出身低微的人在政府中终于可以升任要职了。比如说,彼得的第一位总检察长亚古任斯基童年时当过猪倌;他的亲信大臣、陆军元帅缅西科夫曾经在莫斯科街头卖过肉包子。

彼得的改革很快就取得成效,俄罗斯富强起来了,他向外侵略扩张的野心也随之增加了。从1700年到1721年,俄罗斯同北方的瑞典展开了一场长达21年的"北方战争",目的是从瑞典手里夺取波罗的海的出海口。瑞典在欧洲也是一个军事强国,打败它很不容易。1700年,俄军在纳尔瓦和瑞典第一次短兵相接,被打得溃不成军,几乎全军覆没。1年后,彼得重整旗鼓,再次攻打瑞典在波罗的海沿岸的要塞,占领了诺特堡、尼恩尚茨堡和纳瓦尔等城市。后来俄军就连战连捷。1721年,双方签订和约,俄罗斯从瑞典手中夺走了芬兰湾、里加湾沿岸土地。

彼得对于夺取波罗的海出海口是煞费心机的。1703年,在"北方战争"初步取得胜利以后,彼得就在涅瓦河口附近的科特林岛上修建喀琅施塔特要塞,同时又在叶尼萨利岛上建立彼得—保罗要塞。彼得—保罗要塞地处大涅瓦河、小涅瓦河的汇合点,控制着通向波罗的海的水路。彼得选中这块地方作为未来的首都,使它成为真正的通向欧洲的窗口。他驱使成千上万的农奴大兴土木,在这些荒岛上建起一幢幢房屋、宫殿和一座座堡垒。1713年,新首都的建设已经初具规模,为了炫耀自己的功绩,彼得就以自己的名字,命名这个城市为彼得堡。不久,彼得又把首都从莫斯科迁到这里。

1721年10月,俄罗斯枢密院把"大帝"和"祖国之父"的称号献给彼得,俄罗斯从此正式改称俄罗斯帝国。彼得的野心很大。在东方,他夺取了额尔齐斯河上游的全部土地,只是由于当时的俄罗斯的力量还不够强大,才没有打到中国的长城脚下。俄罗斯侵略军当时被阻在雅美谢夫湖,被中国准噶尔军队消灭。

彼得的改革和征伐,打开了通向欧洲的窗口。但受益的却是大商人和贵族地主,人民群众则承受了改革和战争的所有负担。苛捐杂税压得他们无法喘息。俄罗斯社会的各种矛盾开始变得尖锐起来。彼得在位期间,大规模的起义接连爆发。这就充分说明,俄罗斯帝国打开通向西欧的窗口,牺牲的是人民的血和泪。

为出海口而战

1700年秋天,不知道为什么雨非常的多,绵绵细雨下个不停。一支俄罗斯军队正踩着泥泞的道路艰难地向瑞典的方向行进着,他们还赶着1万多辆装满炮弹和粮食的马车,前后绵延达好几十俄里。这是俄罗斯沙皇彼得一世亲自率军准备大举进攻瑞典,夺取出海口。

部队离开莫斯科,行进了两个月,到初冬的时候才到达瑞典在波罗的海沿岸的一个重要城堡纳尔瓦。彼得等队伍集结完毕,立即下令围攻。一连猛攻了两个星期,由于瑞典军队顽强抵抗,加上纳尔瓦城堡又非常坚固,等俄军的炮弹都快打完的时候,纳尔瓦还是没被攻克。这时,瑞典18岁的国王查理十二世已经率领着1万多名瑞典军人,在击败俄罗斯的盟友波兰和丹麦之后,又以闪电般的速度来到纳尔瓦,增援被围的瑞典军队。

初冬的北欧已经十分寒冷了。天空阴暗低沉,飘着雪花。俄军在纳尔瓦激战了将近1个月,被战争拖得疲惫不堪,而后方的粮食又迟迟供应不上,俄军忍着饥饿伏在战壕里叫苦。瑞典军队在凌晨时分突然发动了攻击,当前锋悄悄地出现在俄军阵地上时,俄军立即乱作一团,有的茫无目标地射击,有的看势头不对,开始逃跑。一个俄罗斯军官忙乱中带领部队渡过涅瓦河,瑞典军队的炮弹正在他们中间开了花,把俄军炸得人仰马翻,不少人掉进冰凉刺骨的河水,再也爬不起来了。

这一仗下来,俄军几乎全军覆没,伤亡1万多人,大炮和各种武器全被瑞典人缴获,军官大多数死在了战场上,彼得一世侥幸逃脱。当瑞典人欢庆自己的胜利时,彼得则在自己的皇宫里踱来踱去,考虑着如何重整军队,报仇雪耻。

他先是在国内进行了一系列改革,加强了中央政府对地方的控制权。为了向国外购买武器装备,他把赋税提高了4倍,还增加了好多种新的税收。在老百姓的日常用品里面,几乎找不到什么东西可以不缴税的,就连妇女的洗衣盆,死人的棺材,房子的烟囱,人脸上的胡子,都要缴税,甚至连人的眼珠如果不是蓝色而是黑色或灰色,也要缴税。

他又下令全国每25户农民出一名终身服役的士兵,很快重建了一支拥有20万人的陆军,他不惜重金聘请外籍军官到俄罗斯服务,负责俄军士兵的训练,以提高部队的战斗力。他还下令每三座教堂捐一口大钟出来,很快就铸造了300门大炮,比在纳尔瓦损失的大炮多3倍。他强令每1万个农民缴出1艘战舰的钱,然后再调集全国的工匠加紧建造船只,短短几个月就造出了40多艘大船和200多只小船,建立了俄罗斯第一支海军舰队——波罗的海舰队。

一年之后,彼得再一次率领强大的俄罗斯军队向波罗的海进军了。他们首先包围了纳尔瓦附近的尼恩尚茨堡。彼得在阵地上笑着对部下说:"我要在这里开一桌炮火宴席。"几十门大炮整整轰击了一天,终于将要塞炸开了三个缺口,步兵们呐喊着一拥而入。瑞典军队抵挡不住,不得不投降,俄军缴获了大批武器弹药。接着彼得又率军攻占了吉诺特要塞。纳尔瓦和尼恩尚茨堡要塞、吉诺特要塞三地本来成品字形结构，可以互相保护，现在却只剩下纳尔瓦城堡了。

彼得乘着军舰，命令士兵倒举瑞典国旗和军旗在纳尔瓦城堡前向瑞典军队示威。守城的瑞典将军戈恩向下望了望，不屑地说："彼得是我手下败将，去年这个时候，要不是他逃得快，早就成我的俘虏了。今天却在这里耀武扬威，真是可笑。"第二次纳尔瓦大战开始了。

俄罗斯军队仍然是先用炮火轰击。100多门大炮，对准纳尔瓦城猛轰，炮声震天动地。城里的瑞典军队也不甘示弱，发炮还击，双方的炮战整整持续了一个昼夜，纳尔瓦的城防工事极为坚固，俄罗斯人毫无办法，瑞典人也被俄军的炮火吓得胆战心惊，戈恩感到俄军今非昔比，长期打下去，纳尔瓦难免要被攻破，他决定派人找瑞典国王求援。

瑞典信使一出纳尔瓦，就被俄军抓住，带到彼得面前。彼得看完戈恩给瑞典国王的信，脑子里有了一个主意，何不将计就计拿下纳尔瓦呢？他马上召集将军们开会，把自己的计划说了一遍。几名将军一听，齐声称赞："陛下真是神机妙算！戈恩怎么也想不到的，我们看着戈恩这个笨蛋怎么上当吧。"

数天之后，一队瑞典军队向纳尔瓦开来，他们冲破俄军的包围，来到纳尔瓦城下，戈恩一见援军到来，高兴极了，命令士兵赶快打开城门，接援军进城。城门打开了，没想到瑞典援军一进城竟然对自己人开起火来，原来这支瑞典援军是俄罗斯人装扮的，彼得的妙计，果然让戈恩上当了。城外的俄军一见自己人攻进城内，也像潮水一样向前涌来。为了一雪先前的耻辱，个个奋勇争先，猛冲猛杀。戈恩见纳尔瓦无法可守，只得下令投降。

俄罗斯军队取得了全胜，凯旋而归。彼得夺取了波罗的海的出海口，打开第一扇"朝向欧洲的窗户"。

从德国公主到俄国女皇

在俄罗斯历史上，有一个非常反动的女沙皇叶卡杰琳娜。她登基以后，就开始加强封建农奴制的专制制度，使贵族的特权进一步扩大。她把大片大片的土地，连同靠这些土地为生的农民都赏赐给贵族。在她统治时期，贵族所拥有的农奴数量竟然占到全国农民总数的一半以上。

她还赐给贵族权力，允许他们任意放逐农奴去服苦役，而农奴在任何情况下都不得控告贵族地主。农奴常常像牲口一样在市场被买卖。出卖农奴的广告同出卖牲畜的广告一起被登在官方的报纸上。

叶卡杰琳娜为人虚伪、荒淫而又残忍。她一面嘲笑启蒙学派的演说，一面又与伏尔泰等启蒙思想家通信，说她准备把他们的主张贯彻到政策中去。她总想把自己打扮成一个"开明君主",她居然写信告诉伏尔泰,俄罗斯农民生活富裕,每天都能吃鸡。而实际上,俄罗斯农民只能吃粗黑面包。

不为人所知的是,这个野心勃勃的女沙皇是个德国人,这当然是一段很长的故事。

1744年,一个名叫索菲亚的年仅15岁的德国姑娘来到了俄罗斯宫廷。她是德国一个亲王的女儿。由于不会说俄语,也就不懂俄罗斯的规矩了。但是她聪明伶俐,又机智好学,很快就把俄语学会了,她还研究了俄罗斯的历史和风俗习惯。善于察言观色的她,非常讨人欢心,所以,宫廷里上上下下都喜欢与她交往。

那么,德国的公主为什么来到俄罗斯宫廷呢?这事还要从彼得大帝说起。彼得在瑞典夺取了波罗的海沿岸广大地区后,妄图获得整个海域的控制权。当时,德国是波罗的海沿岸最大的国家。于是,彼得就把自己的大女儿嫁给了德国的一个亲王。彼得死后,许多人都来争夺皇位,最后他的小女儿当上了沙皇。可是这个女沙皇没有儿子,所以只好把嫁到德国的姐姐的儿子领来做自己的儿子,彼得三世就这样来到了俄罗斯,同来的还有他的未婚妻索菲亚。因为彼得大帝的姐姐也叫索菲亚,所以就给她取了一个俄罗斯名字——叶卡杰琳娜。

1761年底,女沙皇死了,彼得三世即位。他实行了许多改善下层人民生活的措施,遭到了大地主和大贵族的反对,野心勃勃的叶卡杰琳娜就想趁这个有利的机会,发动一次宫廷政变,取彼得三世而代之。她把自己的两个情人——奥尔洛夫兄弟找来商议对策。这两个皇家近卫军军官表示效忠叶卡杰琳娜。之后,叶卡杰琳娜又赢得了几个欧洲大国的支持。1762年6月28日,她发动了宫廷政变,秘密处死了彼得三世,登上了沙皇宝座。

1775年,叶卡杰琳娜二世残酷地镇压了普加乔夫农民起义,普加乔夫被戴上脚镣手铐装在木笼里运到莫斯科,最终被砍头、肢解、焚尸。

叶卡杰琳娜曾多次发动对外侵略战争,疯狂地扩张俄罗斯的领土。她伙同普、奥联军3次瓜分波兰,攫取了波兰62%的领土,灭掉了波兰共和国,对那里实行血腥的殖民统治。发动对土耳其的战争,使她获得了黑海沿岸的大片土地,俄罗斯船队得以顺利通过博斯普鲁斯海峡和达达尼尔海峡,使彼得大帝的梦想成为现实。

在亚洲,叶卡杰琳娜通过修筑军事堡垒,蚕食南高加索,侵入中亚北部的哈萨克草原。到18世纪80年代,俄罗斯完全占领了西伯利亚北部,获得了丰富的森林和矿产资源。俄罗斯还从亚洲东北部越过太平洋,占领了阿拉斯加,在加利福尼亚建立了一块俄罗斯殖民地。

叶卡杰琳娜极端仇视革命,她咒骂1789年的法国大革命为"法兰西瘟疫",

发誓要予以"剿灭"。她派俄罗斯海军到北海去封锁法国以"制止革命"。叶卡杰琳娜还曾出资 600 万卢布支持普鲁士、奥地利干涉法国革命。

1796 年 8 月,叶卡杰琳娜一病不起。垂死之际,她仍然在狂叫:"假如让我活到 200 岁,整个欧洲都会划入俄罗斯的版图。我会建立一个包括 6 个都城的大帝国,那就是彼得堡、柏林、维也纳、巴黎、君士坦丁堡、阿拉斯特罕。给我的孙子取名叫亚历山大吧,我希望他像古希腊马其顿的亚历山大大帝一样,建立一个新的横跨欧亚的大帝国——大俄罗斯帝国。"

美国廉价买国土

美国国旗俗称"星条旗",它是由 13 道红白相间的条纹和五十颗白色的五角星组成的。美国国旗不仅象征着行政区域的划分,而且记载着美国领土扩张的历史。

1776 年 7 月 4 日,通过发动反对英国殖民统治的独立战争,美利坚合众国宣布成立。1777 年 6 月 14 日,正式确定美国国旗的形式为:旗底为红白相间的 13 道条纹,左上角镶一蓝色长方形,上面缀着 13 颗白色五角星,条纹和白星都代表当时争取独立的 13 个殖民地。应该说,这面国旗代表着 83.5 万平方公里的土地,为美国现有领土面积的 8.9%,而建国后的美国把原有的领土扩大到 937.26 万平方公里。美国扩大的领土大部分是买来的,价格之便宜,情节之离奇,简直就像天方夜谭。

密西西比河是独立后的美国的经济命脉之一,美国全年的产品有将近一半要由密西西比河的新奥尔良港出口。美国想用 200 万美元把属于路易斯安那的新奥尔良港从法国手里购买过来,经过国会批准,杰弗逊派出特使前往巴黎商购。正当美国使者与法国外交大臣塔列朗会谈时,法国皇帝拿破仑突然闯了进来,他表示法国愿意出售属于法国的整个路易斯安那,并请美国开价,这是美国人所始料不及的。杰弗逊在确信这是拿破仑的正式决定后,指示美国特使即刻洽谈购买,经过双方讨价还价,1803 年 5 月 2 日,美法双方达成协议,美国仅以 1500 万美元就买下了整个路易斯安那地区,这一地区面积相当于 4 个法国,包括现在美国 13 个州 214 万平方公里的土地,每英亩只合两便士。20 天后,拿破仑便签字批准了这个协议。

拿破仑有他自己的考虑。他担心他的最大敌人英国可能从他手里抢走路易斯安那,那一带有强大的英国海军。正当拿破仑征战欧洲各国时,他无力顾及这块遥远的殖民地。为了取得一大笔钱充作军费,他迫不及待地要卖掉它。但是这倒成全了美国,这 214 万平方公里的领土比当时的美国大 1.5 倍,是现今美国

领土的 1/4。美国不仅得到梦寐以求的新奥尔良港,而且密西西比河也成了美国的内河。美国国旗上又多了 13 颗白五星。

1836 年,美国先策动原属墨西哥的得克萨斯独立,成立所谓"孤星共和国"。不久,得克萨斯共和国就提出与美国合并的要求。1845 年 3 月 1 日,美国泰勒总统正式签署参众两院通过的合并议案,得克萨斯正式成为美国的第 28 个州。

1856 年,俄国在战争中败于土耳其,国库空虚,财源枯竭,于是沙皇想到可以出卖阿拉斯加获得一笔钱财,聊补国内经济开支的不足。那时美国正值国内爆发南北战争,手头也很拮据,买地不很积极。但是俄国后来又在同英法发生的克里米亚战争中遭到惨败,财政经济更加困难。当时俄国不但不能从阿拉斯加捞到油水,而且还要贴本钱去经营这块殖民地,所以亚历山大二世急于卖掉阿拉斯加。

1867 年 3 月 29 日,俄国驻美大使斯捷克尔竟不顾礼节,深夜求见美国国务卿威廉·西沃德。西沃德正在客厅打牌,当他听到斯捷克尔男爵竟把价码掉到 700 万美元时,立即推开牌桌,眉飞色舞地喊道:"为什么要等到明天呢?我们今晚就签约吧!"双方当场拟订了协议文件,连夜请来参议院外交委员会主席作证;经过激烈的讨价还价,直到次日凌晨 4 点,双方终于以 700 万美元外加 20 万美元手续费成交。720 万美元买下了 152 万平方公里的土地,平均每英亩土地只值两美分,阿拉斯加成了世界上最廉价成交的土地。

美国政府购得如此廉价的土地却遭到国内强烈的反对,一时舆论大哗。原因是美国内战初期财政困难。在野的共和党人把这一交易称为"西沃德的愚蠢",把阿拉斯加比喻为美国总统"约翰逊的北极熊花园"。经过激烈的争论,参议院终于在 4 月 9 日批准了这笔交易。

不过,美国人很快就发现这笔交易太合算了。1880 年在这块不毛之地上发现了金矿,引起了势头不小的"淘金热",开采 44 年就赚回 1.5 亿美元,仅 1903 年一年,阿拉斯加就向美国政府上缴税金 954.6 万美元。后来又在阿拉斯加发现了美洲最大的油田,年产石油 6000 多万吨,其产量占了美国总产量的 1/7。这里的煤、铁、天然气的贮藏量也极为丰富。特别是阿拉斯加处在日本和远东通往北美、北欧最短的路径上,又是美俄之间距离最短的地方,它的最西端距离俄国只有 50 英里。这个占美国国土面积 1/6 的第一大州,成了美国重要的军事基地,其战略价值是无法用金钱计算的。

19 世纪中叶以后,美国西进的势头依旧,在获得了美洲大陆将近一半的土地后,又相继占领了太平洋中的一系列岛屿,直至将夏威夷王国纳入美国的版图,使其成为美国的第 50 个州。

见风使舵的梅特涅

梅特涅长期担任奥地利首相,位高权重,善于玩弄均势外交,对当时欧洲的政治格局产生很大影响。

1773年5月15日,梅特涅出生于德意志莱茵区科布伦茨的一个贵族之家。从16岁起,他先后就读于斯特拉斯堡大学、美因茨大学、维也纳大学,专业涉及法律、历史、民族学、自然科学和医学等门类。美因茨大学的历史学家尼古拉·福格特提出的欧洲新实力均衡思想,对梅特涅影响甚深。后来,梅特涅就成了"大国均势"外交策略的始作俑者。

1792年,法国征服尼德兰,把莱茵区大小诸侯统统赶下宝座,梅特涅家族也在其中。梅特涅站在贵族家族立场上,对封建君主制极为留恋,强烈反对法国革命。同年10月,梅特涅逃往英国,他的父亲则带着全家逃往维也纳。1793年回国后,他被任命为帝国派驻海牙代表。

1789年法国大革命爆发后,欧洲各国君主组成了反法同盟,连续对法国进行武装干涉。1801年,梅特涅被任命为奥地利驻萨克森邦公使。面对拿破仑率领下的强大法军,梅特涅认定,在欧洲只有各封建王朝联合起来,在德意志只有奥地利和普鲁士这两个宿敌结成联盟,才能对抗法国。

1803年,梅特涅调任驻柏林公使,他极力拉拢普鲁士参加反法同盟。1806年,奥地利皇帝弗兰茨在拿破仑的利剑下,被迫取消"神圣罗马帝国"称号,正是在这种不利的形势下,梅特涅被任命为驻巴黎大使,真正走上了国际政治舞台的前沿。

来到巴黎,出没于官场社交圈的梅特涅出言谨慎,他总是静静地观察着拿破仑,揣摩他的心思。他以敏锐的判断力和精明的外交才干,取得了拿破仑的赏识。梅特涅认真研究了拿破仑的性格和政策,多次向奥皇奏明:要在备战的立场上布置军队,因为拿破仑正在策划吞并奥地利。

1809年,奥地利参加第五次反法同盟,又惨败于法军,维也纳被法军占领。拿破仑当众痛骂了梅特涅一顿,并把他从巴黎押送回维也纳。由于梅特涅的忠诚和才干,这一年,奥皇还是委任梅特涅做了外交大臣。从此,梅特涅主持奥地利外交和内政事务长达40年,直到1848年被赶下政治舞台。

梅特涅外交策略的特点就是玩弄权术,见风使舵,他力图使各大国"势力均衡",以便奥地利从中渔利。奥地利当时面临着被拿破仑灭亡的危险,梅特涅的首要任务就是确保奥地利帝国的生存。为此,他提出奥、法修好,表面上迁就拿破仑,并同法国结成"同盟",他甚至亲自撮合玛丽亚·路易丝公主与拿破仑的婚姻,以联姻代替战争,从而缓和了奥地利的严峻局势。

1810年,他亲自护送路易丝公主到巴黎,并举杯为拿破仑未来的儿子"罗马王"祝福。与此同时,他又像一个走钢丝的演员,在法、俄之间左右逢源。他既同拿破仑签订密约,派出3万奥军支援法军,又向俄罗斯人保证奥军不会为法国人卖力,还尽力促使法俄双方争斗。

1812年12月,拿破仑在远征俄罗斯的战争中惨败,梅特涅又开始寻找奥地利摆脱与法国联盟的时机。1813年,俄、奥、英、普等国结成第六次反法同盟。奥地利既不是同盟的组织者,又未在痛击拿破仑大军中起决定性作用。然而,梅特涅积极施展外交手腕,担任了最后抗击拿破仑大军的外交指挥,加强了奥地利在反法同盟中的地位。

1813年10月,莱比锡之战反法同盟军歼灭法军7万人。第二年3月,反法同盟军在奥地利将军的统帅下占领巴黎,迫使拿破仑退位,强大的不可一世的拿破仑帝国被推翻了。为了商讨战后相关事宜,梅特涅要求把反法同盟国家会议放在维也纳召开,以此来提高奥地利的国际地位。

1814年10月至1815年6月,欧洲近代史上一次极其重要的会议在维也纳召开了,欧洲列强共有216名代表出席。这次国际会议的主席就是奥地利的外交大臣梅特涅。作为会议的实际主持人,他千方百计扩大奥地利的影响。他一方面不惜钱财,组织声势浩大的阅兵式,连续举行豪华的舞会、宴会、招待会和庆祝会,让帝王贵族狂欢作乐;另一方面以活动为掩护,充分使用外交手段,求得实力平衡,使分赃有利于奥地利。在觥筹交错、酒酣耳热之际,与会君主国代表就普遍恢复在法国革命或拿破仑帝国时期被推翻的欧洲各封建王朝达成协议。

但欧洲列强在争夺领土和殖民地问题上矛盾重重,与会大国你争我夺,几乎使会议破裂。梅特涅随机应变,想方设法使维也纳会议免于破产。当时,俄、普互相勾结,威胁着奥地利利益。为此,梅特涅拉拢英国,又主张不要过分削弱法国,推行"均势"政策,搞大国平衡。

1815年1月,英、法、奥三国结成秘密同盟,与俄、普相对峙,使欧洲各大国间出现了势力均衡。梅特涅还力图继续保持意大利的四分五裂局面,以便奥地利主宰意大利半岛。

在德意志内部,为了削弱普鲁士的强劲向上势头,梅特涅坚持宜分不宜合的原则,成立了由36个君主国和4个自由市组成的德意志邦联。梅特涅利用自己的地位和影响,赢得了邦联议长的职务。

在维也纳会议期间,梅特涅在台前幕后异常活跃,像一只蝴蝶一样飞来飞去,被人称为"蝴蝶大臣"。会议最终满足了反法同盟主要成员国重新分割欧洲领土和掠夺殖民地的要求,重新安排了欧洲的政治地图,恢复和巩固了欧洲大陆的封建统治。

1815年9月,在沙皇亚历山大的倡议下,成立了神圣同盟,由俄、普、奥三国组成。梅特涅不甘屈从于沙俄,便再次拉拢英国,拼凑起俄、英、普、奥四国同盟,实现了神圣同盟内部的势力均衡。

1818年,梅特涅主持神圣同盟第一次会议,终止外国军队占领法国,把法国拉入同盟,成为五国同盟。梅特涅作为封建复辟势力的突出代表,坚决主张镇压欧洲各国革命运动,先后镇压了意大利、西班牙革命和希腊独立运动,并以扑灭革命之火的"消防队长"自居。

1821年,梅特涅担任了奥地利首相兼宫廷、国务大臣,位高权重,声名更加显赫。在联邦内部,梅特涅对自由民主运动实行高压政策,对大学教育进行严格监督,解散各大学学生协会,解聘具有自由主义思想的教授,加强书刊检查制度,设立中央调查委员会以侦查各地革命活动。梅特涅的这种专制主义统治,遭到资产阶级和自由主义者的强烈反对。

1848年,欧洲革命爆发了。3月13日,维也纳的学生、工人与市民走上街头,举行反政府示威游行。"打倒梅特涅!""实行宪政!"口号声此起彼伏。很快这场游行就转变成武装起义,迫于压力,奥皇斐迪南只好罢免了梅特涅的职务。梅特涅在维也纳无处容身,竟然男扮女装逃到了英国,直到三年后,才获准回到维也纳。1859年6月11日,这位均势外交政策的鼓吹者凄凉地离开了人世。

为意大利的统一而战

19世纪初的意大利还不能称为一个国家,处于分裂状态。它的北部属于奥地利,南部的两西西里王国属于西班牙,中部则是罗马教皇国。国家的长期分裂和外族的统治,使意大利的资本主义的发展受到制约,受害最深的是广大人民。

为了实现统一,意大利的许多资产阶级和知识分子中的爱国者成立了秘密组织,领导人民反抗外族和对抗封建统治。在这场斗争中,出现了许多著名领袖,其中有一位极具传奇色彩的人物,就是意大利的民族英雄加里波第。

1807年7月4日,加里波第出生于法国的威尼斯,水手出身。他眼看自己的祖国四分五裂,山河破碎,深深地为国家的前途和同胞的命运担心。他认为只有奋起革命才能拯救意大利。后来,他加入了秘密的革命组织"青年意大利"。1834年,他又参加了意大利的海军起义。起义失败后,他逃亡拉丁美洲,投身于南美的解放运动,生活过得紧张而刺激。1848年欧洲革命爆发后,加里波第立即返回欧洲,亲自指挥了罗马共和国的保卫战。革命失败后他曾去美国避难,直到1859年才回到意大利参加统一祖国的运动。

世界通史

1860年4月,农民起义首先在西西里岛爆发,从巴勒摩一带扩展到其他城市和地区。各地的贫苦农民和手工业者联合起来进行战斗,整个西西里岛都卷入了这场斗争。起义虽然很快遭到了镇压,但起义者仍然英勇地坚持分散的游击战。他们渴望得到外来的援助。在北方的加里波第听到这个消息,立刻组织志愿军。他向人们发出呼吁,说:"我不能提供薪饷和营地,也不能提供军需品;只有饥渴、急行军、战斗和牺牲。让真正爱国而不是嘴上说爱国的人跟我来吧!"很快,加里波第就组织起了一支由工人、手工业者、渔民、大学生、自由职业者组成的"千人远征军"(因为他们身穿红衫,所以又称"红衫军")。他们虽然没有经过严格的军事训练,却斗志昂扬。

5月5日,远征军在热那亚上船,经过6天的航行,在西西里岛的马尔萨拉上岸。当地的游击队都赶来欢迎他们,不少人加入了远征军。不久以后,这支队伍就扩充到2.5万人。5月15日,远征军同两西西里王国政府军第一次交锋,王国军被打得大败而逃。接着,远征军攻占了西西里首府巴勒摩。6月底,远征军取得了政权。加里波第下令,废除教士和贵族的特权,把没收来的王族的土地还给农民,西西里岛就此解放。

很快两西西里王国的那不勒斯地区知道了起义的消息,当地人民也纷纷揭竿而起,盼望着加里波第远征军的到来。8月,加里波第挥师北上,横渡海峡,在卡拉布利亚登陆,在各路游击队的配合下,势如破竹,直捣两西西里王国的首都那不勒斯。9月7日,那不勒斯被攻占,国王和宫廷官员仓皇出逃。10月1日,临时政府成立,加里波第成为两西西里国家的元首。西班牙对意大利的统治也就此结束了。

两西西里国家的解放是意大利人民的胜利,是实现意大利民族统一的关键一步。加里波第有可能通过革命战争来完成这个伟大的历史任务。但要想实现这一目标还有一个最大的障碍——撒丁王国。这个意大利唯一独立的君主立宪国家,早就有统一全意大利的野心。不过,它不赞成通过革命战争实现统一,而主张以撒丁为中心,通过国与国的战争和谈判来建立一个统一的意大利王国。撒丁王国的首相加富尔表面上答应同起义军联合,实则是采取欺骗的手段,想从人民手中夺走南意大利。

加里波第是一个军事家,但却不懂得玩弄政治手段。他轻信了撒丁王国政府,把俘获的原两西西里王国的舰队交给撒丁王国的海军,支持它派兵攻打罗马教皇国。但是,撒丁的4万大军并没有向罗马进军,却进入了那不勒斯境内。同时,加富尔又要求加里波第举行公民投票,来决定南意大利的归属,加里波第轻易地答应了。1860年10月下旬举行公民投票,结果两西西里国家并入撒丁王国。人民争得的权力被夺走,农民分到的土地被收回。加里波第和他的起义军用鲜血和生命换来的果实就这样被葬送了。

1861年3月,意大利王国宣告成立,首都定在佛罗伦萨,国王的宝座落入了撒丁国王的手中。1862年,加里波第带领志愿军向罗马进发,王国政府害怕得罪教皇和法国,不给与支持,而且派兵阻拦。当这2000名志愿军沿路高呼"誓死解放罗马"之时,王国的军队正在向阿斯普罗蒙泰山区进发。两支军队狭路相逢,发生了冲突。加里波第在战斗中不幸负伤,远征失败了。

为了实现意大利的统一,另一位著名的革命领袖马志尼于1865年建立了起义委员会,准备于第二年发动武装起义,驱逐奥地利统治者,解放北部的威尼斯。这个计划引起了意大利王国政府的恐慌,害怕威尼斯落到起义者手中,妨碍王国政府对统一的意大利的统治权。于是,他们就警告起义委员会说,敌人的力量太强大,意大利应当同普鲁士结盟,联合同奥地利作战,依靠普鲁士的力量来收复威尼斯。

1866年6月,普奥战争爆发,意大利加入普鲁士一方作战。王国政府军和加里波第的志愿军都参了战。但是王国政府军总是不能取胜,加里波第的军队却攻无不克。萨多瓦一战,奥军主力被普鲁士军队消灭,奥地利投降。根据《维也纳和约》,奥地利从意大利撤军,把威尼斯归还意大利。这时候,只剩下中部的教皇国没有统一了,法国军队和教皇的雇佣军的存在,是统一的一个重大障碍。

罗马教皇不肯把罗马并入统一的意大利。加里波第心里清楚,不动用武力是得不到罗马的。1867年,他组织了第二次远征。但这次远征受到了教皇雇佣军和法军的夹击,没能取胜。加里波第只得退回南方,等待时机。

1870年7月,普法战争的爆发迫使法国政府撤回罗马的驻军,教皇国一时间没有了庇护。意大利王国的军队和加里波第的志愿军趁机展开猛攻,于9月26日攻克了罗马。10月份,经过公民投票,罗马教皇国被划入意大利王国,教皇的世俗政权从此不复存在。同时,意大利王国政府做出让步,把梵蒂冈划归教皇作为其避居地,还答应每年向其提供12.9万英镑的经费。意大利的统一终于完成了。

日本的启蒙思想家福泽谕吉

日本明治维新时期,有位启蒙思想家,他"给予国民的影响之大,恐怕比所有其他启蒙思想家之和还要广泛、深刻"。此人便是福泽谕吉。在日本有启蒙性质的"文明开化"运动中,他充当旗手,扮演了一个巨匠角色,被称为"日本的伏尔泰"。

1835年1月10日,福泽谕吉出生在中津藩的一个下级武士家庭,早年丧父。少年时代的福泽谕吉一面从事家务劳动,一面学习汉文,阅读了父亲留下的大量文学书籍。福泽谕吉对幕府那套封建等级制度深感不满,总觉得那些封建思想不合时宜。

1853年7月的一天,由四艘炮舰组成的美国舰队在柏利少将的率领下,强行闯入日本的浦贺港,要求同幕府将军就开港进行谈判。柏利声言,如不同意,"立即交战,以决定胜负。"长期生活在闭关自守环境中的幕府官员,很少看到这种冒着滚滚黑烟的大炮舰,惊慌失措之余,只得同意开港。第二年,日本被迫在神奈川签订了开港贸易的《日美亲善条约》。接着英国、俄国、法国也相继闯进来,日本紧闭的国门被强力打开了。日本的封建社会犹如长期密封在棺材中的木乃伊,突然遇到外界的新鲜空气,迅速开始变化。

日本许多有思想的下级武士看到西洋人的威风,产生了了解世界的想法。同时,他们看到平素骄横的幕府官员,在西洋人面前却束手无策,感到异常气愤,因而又萌生了要求变革的思想。

这一事件对福泽谕吉震动很大,促使他立志学习西方文化。他怀着振兴日本的抱负,先后在长崎、大阪、江户等地学习荷兰语和英语;在学习语言的同时,更多地学习了各种西方科学文化知识。不久,他在江户开办了一所荷兰语学校。

福泽谕吉一直渴望着能到国外参观访问,直接了解西方社会的情况。从1860年他作为日本使节团的翻译前往美国开始,他曾3次出国,历访英、法、荷、普、俄、美等国。多次出国访问开阔了他的眼界,使他对西方资本主义社会有了进一步的了解,看到日本与欧美各国间存在的巨大差距,他期望能尽快把西方文明之风带回国内。因此,他在出访期间,用点滴节省下来的外汇,购置了大批外文书籍,包括各种辞典,其中许多书籍后来被广泛采用为教科书。

日本被迫开港后,社会上"攘欧论"盛行。福泽谕吉因倡导学习西方文明,处处受到传统势力的猛烈攻击。就在这种复杂的社会环境中,他仍以很大的胆略和追求真理的勇气,为日本的文明开化事业做出了贡献。

从1862年起,福泽谕吉连续发表了60多部著作,其中以《西洋事务》、《劝学篇》、《文明论概略》最负盛名,它们是日本启蒙思想的代表作,为后来的明治维新做了重要的思想准备。

《西洋事务》一书完全是根据福泽谕吉的访问笔记写成的,它详细介绍了西方资本主义制度以及社会各方面的情况,向日本人打开了一扇了解西方社会的窗户,成为轰动日本全国的畅销书。当时日本朝野凡是谈论西方文明、主张开港的人,案头都有这部著作。

1872年,福泽谕吉发表了被称为"明治的圣经"的重要著作——《劝学篇》,吹响了日本向近代社会进军的号角。在这部著作中,福泽谕吉用通俗的语句指出:"天不生人上之人,也不生人下之人","人人生而平等,无上下贵贱之分"。他敦促国人要多读书,多接触新事物,钻研对社会真正有用的学问。他认为一国文明事业的成功,取决于每个人立志学问,充实力量。他主张放开眼界,将东西方事物进行比较,信其可信,疑其可疑,取其可取,舍其可舍,取得真理。《劝学篇》力排传统思想,宣传功利主义和进取精神。福泽谕吉将批判矛头指向幕府,认为妨碍个人身心独立的是亚洲的专制主义和日本的幕府统治。因为"国家权力集中于王室","人民不专于国事","国民的地位不受尊重","无信仰宗教权","无研究学问权";进而告知那些处于卑屈之中的人们,要想走上独立的道路,必须立志向西方学习,树立文明精神,把不切实际的学问视为次要,专心致力于接近世间一般日用的实学。他认为,只要掌握了这样的学问,增长了见识,"则个人可以独立,一家可以独立,国家也就可以独立了"。福泽谕吉号召人们打破传统的"轻视钱的习俗",因为"争利就是争理"。这对日本后来积极引进国外先进的科学技术、资产阶级社会政治学说和制度,起到了有益的作用。这本书一出版,人们争相购阅,销量多达 70 余万册,对日本的启蒙运动产生了极大的影响。

在《文明论概略》一书中,福泽谕吉全面提出了学习西方文明的主张。他把世界上多元文化归结为三种类型,即野蛮、半开化和文明,认为人类社会就是按照由野蛮到半开化到文明的次序向前发展的。在他看来,当时的日本处于半开化,而欧美已进入文明。因此日本必须"以西洋文明为标准",学习欧美。他直截了当地指出:"试看今天日本的形势,实在是徒有文明之名,而无文明之实;徒具文明的外形,而缺乏内在的精神。"他说明了落后必然挨打的道理,"文明既有先进和落后,那么,先进的就要压制落后的,落后的就要为先进的所压制。"但是,福泽谕吉并不一味崇洋媚外,只是强调要学习其中"一种无形的东西",即"文明的精神"。他说:"使欧亚两洲相比,悬殊的就是这个文明的精神。"因此,他告诫人们"不应单纯地仿效西洋文明的外形,而必须首先具有文明的精神"。

福泽谕吉还是日本近代教育史上私立大学的创始人。1868 年,他创办了"庆应义塾",后来又不断扩充,建成为日本的第一所西式学校。这所宣传文明开化的基地,为日本的维新改革事业培养了多方面的人才,他因此被誉为"日本近代教育之父"。

为了从根本上打破日本闭关自守的局面,福泽谕吉极力主张通过兴办教育,使日本逐渐走向文明社会。他主张以推进日本社会文明进步作为办学宗旨。为此,他强调学校应讲授西方先进的科学知识和自然科学基础理论,传播西方资产阶级社会政治学说。

福泽谕吉启蒙思想如同激荡的洪流,冲击着封建幕府体制和陈旧的社会意识,因而深得明治政府的赏识。他的启蒙思想被资产阶级加以改造、利用,推动了日本资本主义的发展。

作为日本资产阶级的代言人,福泽谕吉的视野又是狭隘的,他不可能去关心下层民众疾苦,甚至主张用宗教来愚化人民,使人民俯首听从资本家的摆布。明治维新后,福泽谕吉的思想逐渐趋向保守,对内主张"官民调和"论,对外则为日本扩张开脱,公开宣扬"日本肩负文明教师的责任……应把朝鲜带进文明世界",鼓吹要把中国和朝鲜"包括到我文明圈之中",暴露了他的局限性。他的启蒙思想本质上是为日本资产阶级服务的思想工具。

日本明治维新

1867年1月30日,日本天皇孝明突然去世,年仅36岁。皇宫内一片哀哭之声。宫中的人里里外外忙碌着,准备为天皇送葬。这时,天皇的侍从岩仓具视把一个仆人打扮的大臣叫到一边,神色诡秘地说:"天皇走了,我只能依靠太子了,这块玉一定要握在手里。我们先夺玉,然后再以他为踏板夺取政权。"原来,"玉"是他们之间的隐语,指的是天皇。

当时的日本,国家最高统治者虽然还是天皇,但有其名而无其实,实权掌握在幕府将军手中。以天皇为首的京都朝廷形同虚设,毫无权力,受到幕府所规定的制度和派驻京都机构的严格限制和监视。

自从1603年以后,日本一直处在德川幕府统治下。孝明天皇在世时,面对这种情况,他失去了信心,不想打倒幕府将军,只想过平安日子,便睁一只眼、闭一只眼地做幕府将军的傀儡,他有时还伙同幕府将军镇压倒幕派。于是,倒幕派便把希望寄托在太子身上了。

如此这般,这个倒幕大臣听了岩仓具视的话,点头说道:"好,就按您说的办吧。"

"既然如此,就需要你卖力气了。"

"我能做什么呢?"

"你是朝廷大臣,待太子登基后,你马上联络朝中大臣们劝说天皇颁布大赦令,将那些因倒幕而被关进监狱的人陆续放出来,好壮大我们的力量。"

大臣点头答应。就这样,倒幕派和朝廷公卿联合起来了。

14天后,太子睦仁在众人的拥戴下登上了天皇宝座,史称明治天皇。

有一天,明治天皇正与宫中的女官在后宫玩耍。他手里拿着喷水枪到处追赶女官,女官们吓得四处逃窜。他东张西望寻找女官时,忽然看到走廊上摆设的万年青,就让使者到房间里取来剪刀,将它们的枝叶都剪光了。这一切被管理花园的老宫监看到了,他啼笑皆非,摇着头自言自语道:"陛下整日里无所事事,闲得难受便做这些恶作剧,如何得了!"老宫监求见明治天皇,说道:"陛下,这些万年青长这么大可不容易啊,园丁费尽心机才将它们……"还没等老人说完,明治天皇大怒道:"你不用说了!我做这个傀儡天皇,每天只是在别人事先拟好的文件上签字盖章,任其摆布,就剩下这点自由了,我的心烦着哩,你们都给我滚开!"

这一切都被岩仓具视看在眼里,他心里便有了主意。不久,倒幕派核心人物大久保利通等人向明治天皇进言道:"陛下胸有大志,何不颁密诏征讨德川庆喜呢?"

明治天皇闻听,见有大臣支持他,心中暗喜,于是提笔写道:"不讨此贼,何以上谢先皇之神灵,下报万民之深仇啊!"

第二天,德川庆喜得到这个消息,气得暴跳如雷。原来明治维新前,日本处于封建社会末期。天皇是名义上的国家元首,朝廷设在京都,实权却操在幕府将军德川庆喜手中。将军的行政机构设在江户,称为幕府。德川家的领地约占全国土地的1/4,包括江户、大阪、长崎及其他商业、交通、军事上的重要地区。德川家族的家长世袭"征夷大将军"之职,简称将军,是日本实际上的最高统治者。

幕府领地以外的土地,分属于称作"大名"的封建领主。大名的领地叫做"藩",全国有260多个藩。"大名"必须效忠于将军,负担军事等方面的义务;而对自己领地上的人民,"大名"则是独裁专制的君主。在日本,将军和大名们把天皇架空了。如今,天皇颁下密诏,是德川庆喜意想不到的。于是,他来了个先发制人,向天皇提出"奉还大政"和辞去"征夷大将军"职位的请求。报告送到天皇那里,天皇心里异常高兴,心想:这样既可以免去举兵征讨的麻烦,又可以掌握实权了。

1868年1月2日晚,京都皇宫里灯火辉煌,御前会议一直开着,一个生得异常魁梧的男子激动地说:"对德川庆喜不能手软,一定要强行让他交出领地和财产。这些年来,他们掌握着国家的命脉,作威作福,净干那些对我日本有损之事;致使美国海军进入我国,逼迫我国签订了不平等条约。后来,英、荷、俄等国也与我们缔结了这样的条约。这些国家在我国享有治安权、租界特权、驻兵权和协定关税权等,国家的一系列主权丧失殆尽,民族面临危机。我们的责任就是尊王攘夷,而且还要大张旗鼓号召民众在'尊王攘夷'的旗帜下打倒幕府,重新树立天皇的威信,把外国人赶出去。幕府与洋人勾结,出卖国家主权,我们如再不痛下决心与他们战斗到底,国家、民族、天皇都会被统统葬送掉!"

一个年逾古稀的老人说:"幕府是国家的命脉,一直掌管着国家大政。这是历代祖宗之法,是破不得的。如今他主动奉还大政,已经做了让步,我们千万不要逼人太甚呀!"

天皇道:"此言差矣!剥夺幕府的所有权力是当务之急,不得有半点含糊。不管他嘴里说什么,只要他手中有地盘,有军队,有财权,我日本就面临着危险!"

第二天凌晨,天皇下了一道命令解除德川幕府指派的宫廷各门的警卫,改由倒幕派的士兵守卫,加强了宫廷的安全。随后,天皇宣布废除幕府制,颁布了"王政复古令",设立由总裁、议定、参与三种官职组成的天皇政府,这就是明治维新政权的雏形。

德川庆喜怎肯善罢甘休,立刻集结兵力,向京都进发,扬言道:"一定要清除天皇身边的逆臣,为民除害!"

天皇立刻颁发诏书,宣布亲自清算德川庆喜这些国贼犯下的滔天罪行。

德川庆喜率领着大队人马浩浩荡荡来到京都附近的鸟羽和伏见一带安营扎寨。明治天皇也率领大军来到此地。两军阵前战旗飘飘,士兵如云,一眼望不到边。

德川庆喜望了望天皇的队伍,心中觉得好笑,心想:这个初生牛犊,没做上几日天皇,便不知深浅,想与我争高下,真是可笑不自量。当初,你的老子尚且败在我的手中,不得不任我摆布,何况你?

想到这里,他不由得露出得意之色,将手一挥,他的一个将领便冲到阵前。天皇也派出一员将军,两员大将便在阵前打了起来。两军将领和士兵们一边聚精会神地看着这两个人你来我往地打斗着,一边呐喊助威。

这时,天皇看得不耐烦了,心想:何不趁此机会一声令下,全军出击,打他个措手不及呢。于是,他将手中的大刀一举,号令兵立刻吹响了号角,士兵们像潮水般向敌阵冲去,一场恶战,幕府军大败。德川庆喜见势不妙,率领身边一支人马逃回江户去了。

过去,一直被幕府压迫的民众接二连三地发动起义,从未得到预期的结果。此番见德川庆喜吃了败仗,他们也趁此机会揭竿而起,不断地袭击幕府的军队和官员。德川庆喜惶惶不可终日,意识到自己的末日来临了。

5月3日,德川庆喜被迫投降了。这天晚上,他身穿黑色棉裨和小条纹布白裤,脚登麻底草鞋,悄悄离开上野宽永寺,在几十个侍卫的陪同下,前往天皇指定的流放地水户。从此,他过着一个平民的生活,直到老死。

9月3日,天皇见幕府的威胁已经消除,便降诏将江户改名东京,并派人改建、装修原先幕府将军居住的古堡,作为天皇的皇宫。

9月4日,天皇率领文武百官从京都出发,前往东京。正式把东京定为日本首都。

明治天皇就这样依靠倒幕派的力量,终于确立了自己在全国的至高无上的神圣地位,使衰败了数百年的皇室又重新显赫起来。

明治掌权后,颁布了"五条誓文"和"政体书",命令大名"奉还版籍"——取消封地,取消大名对各藩的统治权,在全国设了3府72县。

1872年,天皇废除了禁止土地买卖的法令,承认土地私有权和买卖自由,颁发土地执照,地主取得了合法地位;天皇实行土地改革,将实物地租改为货币地租。

另外天皇规定:将官办企业廉价出售给特权商人。这一措施有利于推动日本资本主义的发展。

1889年,明治天皇颁布了新法,提倡"富国强兵、殖产兴业、文明开化",日本从此成为一个资本主义国家。很快日本成了东方的强国。我们把这一段历史称为"明治维新"。

"铁血宰相"俾斯麦

奥托·冯·俾斯麦出生于1815年4月1日,普鲁士大贵族的地主家庭为他提供了一个无忧无虑的生长环境。他的童年是在父亲的庄园里度过的。入大学以后,他强暴、凶悍的性格暴露无遗,在大学里,他曾与同学做过27次决斗。毕业后,他回到家乡,管理属于自己的两块领地。

1848年,德国爆发革命,俾斯麦在自己的领地上招募军队,准备凭武力镇压革命。1851—1858年,他成为普鲁士邦驻德意志联邦代表会的代表,1859年任驻俄大使,1861年改任驻法大使,1862年出任普鲁士宰相兼外交大臣。

俾斯麦当上宰相的第一周,就在邦议会上发表了他的首次演说,他非常激动地说道:"当代的重大政治问题不是说空话和多数派决议所能决定的,而必须用铁和血来解决。德国所指望的不是普鲁士的自由主义,而是它的武力!"这就是"铁血宰相"绰号的由来。那么他这番演说用意何在呢?

原来,在俾斯麦做宰相之前的几个世纪里,德国一直处于四分五裂的状态之中,这种群龙无首的状况很让那些分裂的小国君主头疼。1815年,各封建国家在维也纳召开会议,建立了"德意志邦联",它包括力量较强的奥地利、普鲁士和其他小国,共34个国家和4个自由市。但这个邦联并不是一个统一的国家,各小国仍然具有完全独立的主权,有各自独立的政府和军队,有各自不受侵犯的疆域、不同的关税政策以及不同的发展水平。实际上,所谓邦联,只不过徒具形式而已。但是,各小国互相主动联合,说明了一个重要问题:分裂不利于经济发展,为了全体德意志小国的共同利益,他们宁愿联合起来。

愿望是好的,可以说,德国的统一是历史发展的必然趋势。但是,怎样统一?由谁来实现统一?这些问题显然非常难办。光靠这种松松垮垮、无任何约束力的"邦联"是不行的。这样,到了19世纪五六十年代,德意志的统一问题就提上了各小国的议事日程。各个封建小国都在打着自己的如意算盘。形势显然对当时具有较强实力的两个大国有利,那就是奥地利和普鲁士。奥地利想以自己为中心来统一德国,并希望把普鲁士与别的小国一样包括在内。而普鲁士则不同,它计划要统一的国家中排除了奥地利。就这样,双方展开了斗争。

19世纪50年代初,双方势均力敌。1850年春,奥地利主动发起攻势。5月,奥地利在法兰克福召集全德代表会议,会议决定恢复全德议会,并由奥、普轮流担任主席。但是,普鲁士予以断然拒绝。50年代末,普鲁士开始反攻。它首先与许多德意志小国发展了经济联系,并利用1859年法、意、奥三国打仗的机会,企图迫使奥地利交出全德议会领导权。1860年春,普鲁士开始军事改革,大大加强了军事力量。1862年9月,俾斯麦担任首相之职,这时正是普鲁士军事力量的上升时期,正好为他的"铁血政策"打下了坚实的基础。

俾斯麦深知,议会里的资产阶级议员只会吵吵嚷嚷,他们懦弱无能,根本没有实力对抗政府。所以,为了更有效地实行"铁血政策",他干脆一脚踢开议会,在议会指控政府"违背宪法"的情况下,他不但不害怕,反而扬言:"冲突在所难免,在冲突中最有力量的方面,一定获胜!"展现出一副挑战者的姿态。同时,他还知道,一旦自己的"铁血政策"得到最后胜利,取得了全德的统一,那么,这些资产阶级议员就会立刻拜倒在他的面前。

俾斯麦"铁血政策"的第一步,就是向丹麦进攻。1863年末,丹麦合并了属德意志邦联的石勒苏益格小公国。次年初,俾斯麦联合奥地利对丹麦作战。俾斯麦之所以要联奥攻丹,原因是既解除了后顾之忧,又能共同对外。奥地利马上同意了普鲁士的要求,普奥联合向丹麦发出最后通牒,随即开始战争。丹麦以4万士兵对6万敌人,结果战败。普鲁士得到了石勒苏益格。奥地利也得到了另一小公国荷尔施泰因。

"铁血政策"的第二步,就是挑起对奥地利的战争。打败丹麦后,俾斯麦调转枪口,对准了奥地利。但打败奥地利并不像打败丹麦那样容易。于是俾斯麦先联合意大利,意大利因威尼斯地区一直受奥地利欺凌,所以马上答应了普鲁士的请求,双方结成反奥联盟。然后,俾斯麦3次亲往法国,假意许诺拿破仑三世,打败奥地利后,让法国得到一份领土报酬。这样稳住了法国。做好了这些后,俾斯麦对奥地利一再挑衅,要求奥地利将不久前从丹麦手中得到的小公国荷尔施泰因让给普鲁士,同时提出改革德意志邦联法案,以期排除奥地利在整个德意志的影响。奥地利当然不答应,于是就联合不少德意志小国对普鲁士进行"制裁"。于是普奥战争爆发。1866年6月,奥军出动28万人对付普军25万人;7月3日,双方集结于萨多瓦村附近展开决战,俾斯麦下决心一举击溃奥军,并自带毒药,准备一旦失败就服毒自杀!结果,普军大获全胜。10天后,俾斯麦逼近奥地利都城维也纳。在有人提议一举占领奥地利全境时,狡猾的俾斯麦没有听从,他估计到法国会出面干预,另外,他可能还会利用奥地利。果然,拿破仑三世出面进行了调停,双方达成协议。奥地利宣布退出德意志,并将四个邦和一个自由市让归普鲁士。这样,普鲁士就统一了德国整个北部和中部地区,建立起了一个北德意志联邦。这时只有德意志南部紧邻法国的四个邦仍旧保持着独立。俾斯麦想兼并这四个邦,但他知道,法国也有同样想法,而法国是这样的强大,不打败它,德国的统一将不可能实现。同时,俾斯麦对法国境内富裕地区阿尔萨斯和洛林也很感兴趣,早已垂涎三尺,欲取之而后快。

所以,俾斯麦"铁血政策"的第三步,就是进行普法战争,打败法国。于是,他经过充分准备,于1870年发动普法战争,次年大获全胜。普鲁士军队开进巴黎附近的凡尔赛,并在凡尔赛宫宣布以普鲁士为首的德意志帝国成立。普鲁士国王威廉一世为德意志帝国皇帝,俾斯麦为首相。德意志的统一完全实现。

"铁血宰相"的"铁血政策",使德国最终走上统一之路。但是,德国的统一又不能不说是历史的必然趋势。在英、法等欧洲国家都已通过资本主义变革走向富强以后,德国经济的发展已刻不容缓,统一是大势所趋,人心所向。统一后,德国的经济实力果然逐渐强大起来。

普法战争

1870年7月13日,在柏林,普鲁士首相俾斯麦请陆军大臣罗昂和总参谋长毛奇共商国是。由于已经是午饭时间,俾斯麦就把两个人留下来共进午餐。在首相官邸宽敞的餐厅里,3个人一边吃着饭,一边继续谈论当前欧洲的局势。就在他们热烈议论之时,一位文官手拿一份电报,匆匆走了进来,他在俾斯麦耳边小声说道:"首相大人,国王陛下在埃姆斯温泉疗养地给您发来急电。"

俾斯麦急忙打开电报,上面是关于威廉一世同法国大使贝内德就西班牙王位继承问题进行交涉的情况通报。俾斯麦表情严肃地看完电报后一言不发,然后把电报递给了罗昂和毛奇。这两人看完后也是默不作声。一阵沉默之后,还是俾斯麦先开了口,他问道:"二位从军事角度考虑一下,我们现在对法国作战有无全胜的把握?"罗昂考虑了片刻,开口说道:"从军队的人数上看,法军多于我们,但是,我们的装备比他们精良。所以,只要我们进军果断迅速,是能够打败法军的。"罗昂话音刚落,毛奇接着说:"我完全同意罗昂先生的分析。我认为,对我们来说,早打比晚打有利,打速决战比打持久战有利。"

此时,俾斯麦显得兴奋不已,他激动地说:"既然两位这么有信心,我心里就有底了。那么,就让拿破仑三世这头蠢牛发怒吧!德国崛起的时候到了!"说完,他拿起一支笔当场修改了威廉一世的电文,删去了原电文中"普法还可以在柏林从长计议"一语,在结尾部分加上了这样一段刺激法国的话:"普鲁士国王陛下以后拒绝接见法国大使,并命令值日副官转告法国大使说:陛下与法国再也没有什么可谈的了。"随即,俾斯麦吩咐手下的人立即把电报用明码拍发给德国驻外使节,并把新闻记者召来,当场发表了这份电报。

第二天恰巧是法国的国庆节,拿破仑三世看到报上刊登的电报后恼羞成怒,扬言要狠狠地教训德国一顿。随后几天,法国政府对德宣战,普法战争终于爆发了。

19世纪中期以来,德国经济获得长足的发展,工业革命也在国内轰轰烈烈地开展起来。然而,此时德国在政治上却是四分五裂,这就大大地阻碍了资本主义的发展。随着国内人民要求统一的呼声越来越强烈,普鲁士担负起了民族统一的重任,成为德意志的中心。到60年代末,经历了丹麦战争、普奥战争之后,德国除了南部4个邦外,其余各邦实际上都已为普鲁士所控制了。

这一阶段的法国,经济发展也比较快。拿破仑三世上台后,企图重温他的伯父当年建立法兰西大帝国的旧梦,对外推行称霸政策,同欧洲各国展开了激烈的竞争。此时,法国尤其不愿意看到一个统一强大的德国出现在自己的身边,企图鼓动德国南部的四个邦分离出去。于是,法国就成为德意志统一道路上的最后一个障碍。

俾斯麦早就看透了拿破仑三世的意图,便竭力刺激法国挑起战争。俾斯麦清楚地知道,如果能让法国首先发动战争,普鲁士就能借口肩负民族自卫的责任而顺利完成德国的统一;同时,打败法国,占领其心仪已久的阿尔萨斯和洛林,德国称霸中欧就指日可待了。他先是利用普奥战争前普鲁士曾给予法国"领土报酬"的承诺,诱骗法国大使把法国对德意志南部四邦的领土要求写成备忘录,然后把该备忘录的内容立即透露给对此同样有野心的英俄两国,离间法国与他们的关系。

这件事气得拿破仑三世暴跳如雷,但法国终未发动战争。为此,俾斯麦处心积虑地等待着挑起战争的下一个机会。不久,机会果然来了,这就是所谓西班牙王位继承问题。

1870年春,因西班牙女王伊萨贝拉死后无子嗣,首相普里姆斯将军派代表前往柏林,准备迎请普鲁士国王威廉一世的堂兄利奥波德亲王继承西班牙王位。普鲁士国王威廉一世害怕因此触怒法皇拿破仑三世,当即表示反对。但俾斯麦却视之为绝好机会,他费尽口舌,最终说服威廉一世改变了态度。不料此事被西班牙报纸过早地披露出来,法国认为这是俾斯麦有意要造成法国腹背受敌的局面,因而激烈反对,甚至以不惜与普鲁士开战相威胁。

莱茵河两岸顿时战云密布,一场战争一触即发。在紧张的局势面前,威廉一世退却了,他公开表示不赞成自己的堂兄继承西班牙王位。为此而费尽心思的俾斯麦感到十分失望。但就在这时,拿破仑三世又把机会送上了门。

7月13日,法国驻普鲁士大使贝内德带着法国政府的新指令,来到埃姆斯求见正在这里休养的普鲁士国王。威廉一世满以为大使是来和解的,便满心高兴地迎了上去。岂料贝内德却虎着脸向他转达了拿破仑三世"希望陛下能保证,将来永远不要求这种已放弃的候选人资格"。法国如此傲慢无礼,使威廉一世感到十分惊讶。但他还是委婉地拒绝了法国这一要求,并在当天中午将与法国大使交谈的经过和内容,用电报告诉了正在柏林的俾斯麦。

俾斯麦立即认识到,"这将是挑逗法兰西牛的一条红巾"。在他擅改了电文后,法国果然如其所料发动了战争。战争打响后,拿破仑三世带着他的小儿子亲临前线。法军将士夸下海口要在半个月内赶在拿破仑三世的寿诞之前攻克柏林,算是送给他的贺礼。然而情况远非他们想象得那么简单,战争一开始法军就暴露了种种弱点:指挥混乱,弹药供应不上,士兵萎靡不振。不到两个月,法军就连续吃了几次败仗,元帅麦克马洪也受了重伤,拿破仑三世和陆军元帅巴赞更是成了德国人的阶下囚,德军打到巴黎,把巴黎围困起来。不得已,法军只好签订了屈辱的《法兰克福和约》。

普法战争,不仅是德国对法国的胜利,而且最终实现了自己的统一,德国因此成为欧洲大陆上新崛起的一个大国。后来,有人把俾斯麦修改过的电报戏称为"激怒高卢牛的红毡布"。其实,俾斯麦篡改埃姆斯电报的内幕,一直以来都是一个秘密。俾斯麦在1898年逝世前夕,出版了他的回忆录《思考与回忆》,人们由此才知道了事情的真相。

"缅因号"事件

1898年2月15日,当夜幕降临的时候,在西班牙殖民地古巴的哈瓦那港,像往常一样,到处是一片宁静安详。一座古老的灯塔俯瞰着大海,习习海风轻轻掠过海面,吹拂着停泊在这里的船只。

突然,"轰隆"一声巨响,停泊在港内的美国巡洋舰"缅因号"发生了巨大的爆炸。顿时浓烟滚滚,火光冲天,舰上的官兵们还没有来得及弄清是怎么回事,就早已葬身火海了。当场死伤官兵共计260多名。

"缅因号"爆炸事件轰动了全美国,立即成为许多报纸的头条新闻。更引人注意的是,美国官方断定,这是西班牙人干的,他们说西班牙人用水雷偷袭了"缅因号"。这个消息一传开,"为缅因号报仇"、"和西班牙人决一死战"的口号声立刻在美国国内响起,美国军队也开始备战了。

同时,西班牙方面却声明,它和这一事件无关。美、西两国为了这件事争执不休,最后决定成立调查团。但是当西班牙调查人员要求登上"缅因号"调查的时候,美方坚决拒绝了他们。这还不算,没过多久,美国又把炸坏了的"缅因号"拖到了大西洋,让它在狂风巨浪之中沉入海底。这样,调查工作无法继续进行,而美国人反对西班牙的情绪却越来越强烈了。终于,在事情发生还不到3个月的时候,美国总统麦金莱就对西班牙宣战了。

战争在古巴和菲律宾(西班牙在亚洲的殖民地)同时展开。1898年5月1日清晨,从香港海域驶出的美国舰队一个中队,不顾西班牙的鱼雷和岸上大炮的轰击,闯进了马尼拉湾,和西班牙进行了一场激烈的海战。一时间,海面上炮声隆隆,硝烟弥漫。西班牙舰队虽然船只多,但是设备落后,火力不强,又缺乏准备,敌不过装备比较先进又跃跃欲试的美国舰队。还不到中午,美舰就击溃了西班牙的10艘军舰,轰毁了岸上的炮台,为登陆扫除了障碍。几个月以后,美军占领了马尼拉城,西班牙在菲律宾的统治土崩瓦解了。

在西半球的古巴,西班牙军队从大西洋的佛得角群岛调来了舰队,本来可以用它来攻击美国防务空虚的沿海城市或者攻击美国军队的海上运输线,来牵制美国的行动。但是西班牙的海军舰队司令竟让舰队驶进古巴东端的圣地亚哥湾,死守在那里,结果成了瓮中之鳖。为了防止西班牙舰队离开圣地亚哥湾,美国舰队把通往海港的狭窄航道封锁起来。西班牙舰队困在港湾里,不断遭到攻击,只好在这年7月实行突围。这时候,美国舰队摆成了和西班牙舰队平行的攻击队形,发挥了它的大炮射程远的优势,把活动不灵的西班牙舰队全部击沉。在这次海战中,美军只有一个人死亡,一个人重伤,没有一只军舰遭到重创。而西班牙的军队损失惨重,被打死500多人,被生俘1.7万人,连舰队司令也当了俘虏。

接着,美军发动强大攻势,占领了圣地亚哥城的埃尔卡内山和圣胡安山上的西班牙人阵地。西班牙人只好退守城池。可是,没过多久,这些守军眼看救兵不到,孤军难守,也俯首投降了。美军占领圣地亚哥以后,很快就夺取了整个古巴。

进行了3个月的美西战争,以西班牙人的彻底失败宣告结束。1898年12月,美国和西班牙在巴黎签订和约,西班牙承认古巴独立,并且将菲律宾群岛转让给美国,由美国付给2000万美元作为补偿。实际上,古巴和菲律宾成了美国的殖民地。

其实,"缅因号"爆炸的原因,到后来才有人查明是船上的煤堆自燃引起的。美国人显然是包藏祸心,借题发挥。因为在19世纪末,世界差不多已经被瓜分

完了，美国作为一个新兴的资本主义强国，却没有抢到什么殖民地，它不甘心这样下去，就决定对西班牙这个衰败的老帝国开刀，抢夺它的地盘。何况古巴就在美国的"大门口"，菲律宾又是进入亚洲的跳板。美对此早已觊觎已久，在这种形势下，战争最终爆发了。

南非争夺战

南非的奥兰治和德兰士瓦是荷兰殖民者的后裔布尔人（布尔人，"农民"的意思）建立的两个共和国。他们同英国人殖民者一直冲突不断，双方的战斗时有发生。

可是，1867年，奥兰治发现储量丰富的钻石矿。1886年，德兰士瓦又发现当时世界上最大的金矿。于是情况又发生了变化。大批大批的欧洲人开始进入这两个地方，开矿寻宝。英国垄断资本家在钻石和黄金的强烈刺激下，急切希望独占南非和它地下的宝藏。

1880年12月14日，德兰士瓦布尔人民团出其不意地发动进攻，歼灭了200多名英军，并在1881年2月一次战役中杀死了英国总督。1895年12月29日，英国人詹姆森率领500人袭击德兰士瓦的约翰内斯堡，当时正值赛马周，人们都去赛马场看赛马了，结果没有得到城内英国人的援助而失败。

英国殖民者和布尔人在南非的矛盾日趋白热化。1899年10月9日，德兰士瓦共和国总统向英国发出最后通牒，要求英国撤走驻扎在德兰士瓦边界的军队，限48小时内给予答复。英国拒绝了这一要求。10月11日，布尔人民团截击英国殖民者的火车，英布战争就此爆发。

战争开始后，德兰士瓦和奥兰治两个共和国结成同盟。但英国并不把他们放在眼里，说他们是"乡巴佬造反"，哪里懂得什么战术？很快就会被制服。但英国人错了！布尔人行动迅速，在短短3天内就动员起5万人的兵力。他们凭借自己枪法好和地形熟的优势，取得了暂时胜利。仅仅1周的时间，布尔人民团就歼灭英军2500人。这一周因此被英国人称为"不祥的一周"。同年11月，英军调集15万人展开反击，结果失败。布尔人一路占领了大片的土地。

1900年上半年，英国的大批援军陆续到来，兵力很快超过布尔人的军队，取得兵力上的绝对优势。在著名将领罗伯茨和基切纳的指挥下，英军对布尔人军队实施反包围。在英军的强大攻势下，布尔人节节败退，丢失了大片土地。6月底，英军攻克了德兰士瓦和奥兰治。

失去土地之后，布尔人民团退出城市，以一支支小股力量展开了游击战争。他们神出鬼没，四处出击，穿着鲜红色军装的英军士兵成为躲在暗处的布尔人的活靶子。英军处处被动挨打,伤亡惨重,不得不调集更多的兵力前来增援。

为了切断布尔人的供给,打击他们的士气,英军建造了 8000 多个堡垒,开始分区对布尔人进行扫荡,只要是游击队出没的地方,他们就立即把此地铁路沿线 10 英里内的房屋全部烧光。在扫荡的过程中,他们还把布尔人中的 120 多万老弱病残、妇女、儿童连同牲畜一起关进被他们称为"避难所"的集中营里。由于食品不足、营养不良和缺少必要的卫生条件,到战争结束时,有好多人惨死在那里。

最终,兵力薄弱的布尔人没有能力再抵抗下去了。英国人也已疲惫不堪,不愿继续作战了。1902 年 5 月 3 日,双方签订停战和约。德兰士瓦和奥兰治成为英国的殖民地,英国付给布尔人 300 万英镑作为补偿。

英布战争是英帝国主义和布尔殖民主义者为争夺南非的统治权而进行的一场战争,其实,它就是帝国主义企图重新瓜分非洲的第一场正式的战争。这场战争又被称为"布尔战争"或"南非战争"。

维多利亚时代

1901 年 1 月,维多利亚女王已经 82 岁了,她残存的气力差不多也用完了,在新世纪初期的那些日子,她的气力显然只有靠一股意志力来维系了。1 月 14 日,她在奥斯本接见罗伯茨爵爷,他几天以前刚从南非得胜归来。她非常关切地询问战事的全部经过,她似乎很能够支撑这一场兴奋的谈话。可是,一个钟头以后觐见完了的时候,她支持不住了。第二天,她的侍医们眼见回天无术,可是她仍坚持着又尽了两天英国女王的职务。

1901 年 1 月 22 日,维多利亚女王在英国的怀特岛去世,享年 82 岁。在她弥留之际,守护在女王床边的有她的儿子,也是她的继承人威尔士亲王。当时他已决定以爱德华七世之名继承王位。同时守候在女王床边的还有包括她的孙子德皇威廉二世在内的其他后裔。

维多利亚女王在位 64 年,在她的统治下形成了"日不落"的大英帝国。当时英国在全世界的臣民几乎都是在她在位时诞生的。维多利亚不仅是大不列颠及爱尔兰的女王,还是印度女皇,统治着世界上 1/4 的土地和近 5 亿的臣民。维多利亚女王从 1837 年起开始执政,在英国历史上是在位期间最长的国王,而且其时也是英国的鼎盛时期,全世界都以英国为轴心而转动。

英国在 19 世纪 40 年代完成工业革命,伦敦 1851 年举行的博览会标志英国成为世界工厂。这时,它凭借工业优势推行自由贸易政策以打入他国市场。

与此同时,英国依仗它的强大的军事力量和海上霸权,发动了一系列殖民战争,侵吞了亚洲、非洲、大洋洲的大片土地。

世界通史

19世纪70到80年代,英国殖民者头子谢西尔·罗德斯炮制了一个所谓"开普敦——开罗"计划,打算从南非的开普敦到北非的开罗建筑一条纵贯非洲大陆的铁路,为英国控制整个非洲大陆打下基础。罗德斯狂妄叫嚣"要征服全世界"。

为了实现这个侵略计划,英帝国主义首先从侵占北非和南非着手。

在北非,英国侵略的主要目标是埃及。埃及的苏伊士运河区具有重要战略地位,它处在欧、亚、非三大洲的交界处,扼欧亚海上交通的咽喉,是帝国主义掠夺中东丰富资源的枢纽,也是帝国主义侵略非洲和亚洲的重要据点。因此,英、法等国家对之早已垂涎三尺。19世纪50年代后,埃及就成为英、法两国互相争夺的重要地区。

1851年埃及国王穆罕默德·阿里死去,由其孙子阿巴斯继位。这时,英国鉴于有法国的竞争,开凿运河困难很多,决定暂时放弃这个计划,而利用阿巴斯的亲英倾向,提出了在埃及建筑一条从亚历山大港到开罗的铁路计划,取得了阿巴斯的同意。1856年,这条连贯尼罗河三角洲产棉区的铁路全部完工,更便于英国掠夺埃及棉花和把英国商品运销埃及内地。同时,也大大便利了英国对亚、非两洲的进一步侵略。

法国也没有放松其侵略活动。1856年,法国取得了运河开凿权,并于1869年把开凿运河的工程全部完工。为了开凿这条运河,埃及劳动人民牺牲了12万人,负担了1600万英镑的费用。而法帝国主义却从中获得了暴利。一年后,由法国控制的苏伊士运河公司的收入竟高达1200万法郎。这使英国十分眼红,而且,英国也不甘心让法国在该运河区独占优势,它处心积虑地要夺取运河的管理权。当时,苏伊士运河公司有股票40万股,其中埃及占有17.6万股。由于埃及统治者连年举借外债,到1868年已高达3250万英镑。英国乘埃及政府的财政困难,以400万英镑的代价购得了埃及的全部股份,从而获得了苏伊士运河股票总额的44%。从此,英国的势力就渗入了苏伊士运河。

英、法在埃及继续进行着激烈的争夺。到了1882年,英国趁法国正全力侵略摩洛哥的时候,发动了对埃及的武装侵略,占领了埃及全境,只是为了缓和埃及人民的反抗情绪和应付法国的压力,才让埃及在名义上仍属于土耳其管辖,事实上,埃及已沦为英国的殖民地。

英国入侵埃及后,大量商品源源输入,榨取巨额利润,并且在农村低价预购尚未收摘的棉花。埃及越来越变为英、法等国的原料供应基地和商品输出市场,经济日益贫困,人民生活日趋恶化。

在侵略非洲的同时,英国在亚洲继续扩大侵略,占领了比它本国领土大几十倍的新殖民地。

在两次鸦片战争后,英国继续侵略中国。特别是在1900年中国爆发了震撼世界的义和团反帝爱国运动,英帝国主义和野心勃勃的沙皇俄国伙同其他帝国主义国家组织了八国联军,对中国发动大规模的侵略,血腥屠杀中国人民,迫使清朝政府签订丧权辱国的《辛丑条约》。在第一次世界大战前夕,英国又同德国等列强在中国进行划分"势力范围"的争夺,把最富饶的长江流域和广东省划为英国的"势力范围"。1904年,英帝国主义者从印度武装入侵我国西藏,1914年又乘西姆拉会议之机,制造臭名昭著的非法的所谓"麦克马洪线"。

在维多利亚时代,英国工业发展迅速,科学、文化、艺术空前繁荣。维多利亚女王虽于1901年去世,但"维多利亚时代"却一直持续到1914年第一次世界大战爆发。

民族解放斗争

杜桑领导海地革命

19世纪初,拿破仑在欧洲挥舞马鞭,横扫一切封建势力,他的威望日甚一日,所到之处,万众欢腾。

正在这个时候,1801年下半年,他得到了一个令他震惊的消息,法国殖民地海地发生了暴动,来势凶猛,大有赶走法国殖民者之势。

这是怎么回事呢?事情还得从头说起。

海地位于中美洲大西洋西部的圣多明各岛(又叫海地岛)的西半部,原来被强大的西班牙殖民者占领,后来法国打败西班牙,占领了海地。海地人大多是非洲黑奴的后代,世代忍受着殖民者的残酷压迫与剥削。早在1790年,海地的黑白混血种人和自由黑人就发动了武装起义,试图用暴力手段争取与白人完全平等的公民权,但是由于起义准备不足,也没有提出反映广大黑奴要求的革命口号,所以没有得到广大奴隶的支持,在法国殖民者的血腥镇压下,起义失败了。

但这并未阻止海地人民争取自由独立的决心,一年以后,1791年8月,混血种人和黑人再次发动暴动。他们高喊"宁愿死也比当奴隶好"的口号,猛烈地向殖民统治者和白人奴隶主发动进攻。起义军放火焚烧了咖啡园和甘蔗种植园,烧毁了殖民者的豪华别墅和其他建筑物,杀掉了残酷压榨奴隶的法国殖民官吏和白人奴隶主,起义军受到广大黑人奴隶的拥护,队伍迅速壮大,声势越来越盛。起义刚开始两个月,烽火便燃遍了全国各地,有200多个咖啡园、甘蔗园被毁坏,有2000多名法国殖民者被打死,法国人胆战心惊。

在这次起义中,涌现出不少起义英雄,如杜桑·卢维杜尔、克里斯托夫、德萨利纳等。其中杜桑更是一位杰出的海地黑人领袖。他原是奴隶出身的种植场马车夫,与其他奴隶一样,他从小就受到法国殖民者和奴隶主的欺凌。杜桑对这一切早已暗下决心,誓把法国殖民者和奴隶主杀掉,争取黑人的自由。所以后来他刻苦学习了法文,还经常阅读卢梭、孟德斯鸠等思想家的著作,接受了新的思想。

民族解放斗争

参加起义以后,杜桑以严明的纪律统率部队,所到之处,敌人望风而逃。他率领的部队发展壮大,很快成为起义军的主力,他本人也成了海地奴隶起义的主要领导人。

1793年,法国因国内混乱,只派出了6000人的军队去镇压起义,被起义军彻底击败。西班牙、英国看到有机可乘,又先后派兵入侵海地,去镇压方兴未艾的起义烽火。但杜桑领导起义军英勇奋战,终于相继赶走了英国、西班牙侵略军,把他们赶入大海,英、西军队狼狈逃窜。同时,杜桑又平定了黑白混血种人上层集团的叛乱活动,最终统一了整个海地岛,并建立了革命政权。

1801年6月,海地召开了制宪会议,制定了宪法。宪法明确规定废除奴隶制度,所有海地人不分人种、肤色一律平等,都享受自由的公民权;私有财产神圣不可侵犯,贸易自由。海地宣布独立。在这次会议上,杜桑被选为终身总统。拿破仑就是在这个时候得到消息的。他立刻召见他的妹夫勒克莱尔,命令他远征海地。

1801年12月,勒克莱尔率领54艘战舰、3万名士兵,开始了企图恢复法国殖民统治的远征。

杜桑领导起义军坚决保卫自由海地。他对战士们说:"我们已经取得了自由,我们黑奴世代受欺凌的时代已经一去不复返了!现在,法国人又回来了,他们企图从我们手中夺去我们的自由,我们宁可战死也不决不能答应他们!让我们共同奋斗吧!我们要让法军饿死、渴死、累死,让海地变成这些强盗的活的地狱!努力吧,自由属于我们!"

当3万法军来到海地的时候,起义军就在他们要登陆的地方点起火来,烧毁那里的一切。法军所到之处,一片灰烬,只有满地尘土、满眼浓烟似乎在怒视着这些远道而来的不速之客。

法军找不到吃的,饥饿难忍。他们甚至找不到喝的,因为水中已被起义军下了毒药。法军的战斗力大大削减,勒克莱尔大伤脑筋。此外,起义军利用有利地形,四处出击,法军不时有人阵亡,狼狈不堪,到处挨打。

一个作战部队无吃无喝,人困马乏,又不熟悉地形,如何能作战?不要说提高战斗力,就连最起码的作战能力都不具备。这样下去,如何向拿破仑交代?勒克莱尔在思考着如何想方设法完成任务。

不久,一个大胆而有效的计划出来了。勒克莱尔满心欢喜,他立即召集部下,把这个意见告诉他们,法军将士听了以后,也都非常高兴,他们的任务终于可以完成了。

勒克莱尔写了一封言词恳切的信给杜桑,信中说:"法国和海地虽然相距遥远,但我们世世代代都很友好,以后还要继续友好下去。目前,我们之间存在一些分歧,这是误会,我们应该把误会消除,所以,我建议,我们坐到一起进行谈判,有什么话、有什么问题,我们都可以商量。我相信,我们会消除误会。请来我们这里吧,我的朋友,我们真诚地邀请您,您来到之后,就会发现,没有谁是比我更诚实的朋友了。至于您的安全,我们将绝对保证,将不会有任何人对您施以非礼。"

这封信确实够"诚实"的了。杜桑相信了勒克莱尔,一个人单枪匹马来到法军驻地。

这时候,勒克莱尔听说杜桑来了,为自己设计的骗局成功而非常高兴。

"报告将军,杜桑到了。"一个兵士报告勒克莱尔。

"逮捕他!"勒克莱尔简捷有力地下达了命令。

杜桑被带上镣铐。当他知道自己上当受骗,怒气冲天,骂口大破勒克莱尔:

"你们背信弃义、卑鄙无耻!你们是强盗,一伙强盗!你们杀死我,只不过是在海地砍倒了一棵自由之树,你们砍倒了这棵,将有成千上万棵生长起来,你们是砍不完的。等着瞧吧,你们这伙强盗,你们都将一个个滚出海地去!"

勒克莱尔和他的部下听了杜桑的叱骂,竟一齐大笑起来:"哈哈哈……"

1802年5月,勒克莱尔逮捕了杜桑,随即把他押送到法国,交给了拿破仑。拿破仑下令将他送进监狱。1803年4月,这位杰出的黑人领袖死在法国监狱中。

杜桑之死,使海地人民更加清醒地认清了殖民主义者丑恶、凶残、卑鄙无耻的本质,也更激起了海地人民对殖民统治者的仇恨。他们决心继续完成杜桑未完成的事业,为争取海地人民的独立、自由、幸福而勇敢地战斗!

不久,海地的革命烈火又熊熊燃烧起来,革命者在克里斯托夫和德萨林纳领导下,继续抗击法国殖民者。

在海地人民的英勇反抗下,法军行动艰难,再加上海地蔓延黄热病,侵略军损失惨重,伤亡达2万余人。1802年11月,勒克莱尔也死于黄热病,法国侵略军陷于绝境。1803年10月,法军终于投降。法国远征舰队载着仅余的8000老弱残兵返回法国。回国途中,所有人员又被英国海军俘虏,于是,勒克莱尔率领的庞大远征军最终全军覆没。

1804年1月1日,海地正式宣布独立,并恢复了印第安人的传统名称——"海地",意为"多山的地方"。

海地革命是拉美国家第一次取得胜利的黑人革命,它揭开了整个拉丁美洲革命的序幕,为拉美人民推翻殖民统治、建立自由国家树立了榜样。

民族解放斗争

圣马丁转战南美

哥伦布到达美洲以后,美洲大陆成为欧洲人的殖民地,他们很快就成了这里的统治者,他们大量移民,开发种植园,掠夺印第安人的财富。在华盛顿的带领下,美国从英国殖民者的控制中独立。可是,中南美洲却一直被葡萄牙、西班牙等几个拉丁国家牢牢地控制着,所以习惯上中南美洲又被称为拉丁美洲。

18世纪末至19世纪初,拉丁美洲的人民为了争取民族独立,也掀起了反抗殖民统治的浪潮。何塞·德·圣马丁就是其中的一位领袖人物。

圣马丁1778年2月25日出生在一个阿根廷的土生白人殖民官吏家庭,他的父亲曾任亚佩尤的副督,本人是军官,在西班牙参加过反对拿破仑占领军的战争,不但有丰富的军事指挥经验,而且有远大的理想。

年轻时的圣马丁博览群书,卢梭的《社会契约论》、伏尔泰、孟德斯鸠、狄德罗等启蒙思想家的著作对他的影响很大。

后来,圣马丁投身于推翻殖民统治的解放斗争,他用了两年多的时间苦心经营,训练了一支主要由黑人和混血种人组成的安第斯山解放军。1817年初,圣马丁率领远征军5000人翻越海拔1.2万英尺的安第斯山,出其不意地进攻智利的西班牙守军,彻底击溃了敌人。这次胜利在南美独立运动中是有重要意义的,它使南美解放战争由战略防御转入战略进攻。次年2月,智利宣布独立。

不久,圣马丁又组织力量,建立了一支规模不大的海军,从海上向秘鲁进军。秘鲁是西班牙在美洲最为坚固的殖民地堡垒。1821年7月,圣马丁率军进攻利马,一举成功,利马解放,秘鲁也宣布独立。圣马丁由于做出了巨大贡献,被共和国推为"护国公"。

由于圣马丁在南美解放运动中建立了不朽的功勋,后来担任了阿根廷北方军总司令,还享有"南美洲的解放者",秘鲁、智利、阿根廷三个共和国的"祖国之父"和"自由的奠基人","南方的华盛顿"等各种称号。可以说,没有圣马丁,就没有南美的迅速解放,就没有南美各共和国的独立和自由! 但是,正当人们以无限钦佩的心情来庆祝圣马丁的胜利时,圣马丁却主动辞去了阿根廷北方军总司令的职务,要求去一个偏僻的地方——古乐省当省长。在那里,他组织与训练新兵,进军智利。智利解放后,新政府任命他为最高行政长官,他又谢绝了,而他接受的,是当时最重的担子——组织阿根廷、智利联合部队,以攻克殖民者的最后阵地——秘鲁。最后,当他取得了赫赫战功,阿根廷人民准备热烈欢迎他时,他却悄悄地躲开了。

关于他激流勇退的原因,有各种说法,但最直接的原因,是举世闻名的"南北

世界通史

巨子"瓜亚基尔会谈。

1822年7月25日,圣马丁来到瓜亚基尔,与南美洲北部的"解放者"、著名的委内瑞拉革命领袖、政治家、军事家、思想家西蒙·玻利瓦尔会谈。会谈的第二天与第三天是在绝密的情况下进行的,没有任何第三者参与,只有这两位享誉南美的"南北巨子"。因此,会谈内容也只有他们两个知道。可是,会谈结束后,玻利瓦尔未作任何透露,以后也未作任何回忆,而圣马丁也同样缄口不言,所以,这次秘密会谈在历史上留下了一个永远解不开的谜。

但是,举世关注的"南北巨子"会谈是不会就这样无声无息地过去的,人们对会谈内容作了各种猜测。

从会谈前的气氛看,双方的心情是和谐、愉快的。圣马丁到达港口时,玻利瓦尔的两位助手去迎接,玻利瓦尔在圣马丁要居住的宾馆欢迎他。在人民的欢呼声中,两位巨人紧紧地拥抱到了一起。

但是,会谈结束后,圣马丁神情严肃,默默地走出了大厅。玻利瓦尔则带着一种神秘的表情,当通宵舞会在极度欢乐中进行时,圣马丁却悄无声息地与同行的一位将军不辞而别,返回了秘鲁。

返回秘鲁不久,圣马丁在"第一届国会"上,郑重而严肃地宣布辞去国家首脑和军队统帅的职务,决定不再拥有任何权力,并取下了他身上象征权力与最高荣誉的两色绶带,真诚地对议员们说:

"而今桂冠布满了整个南美洲战场,我的头颅却要躲避最后胜利的桂冠!我的心灵从来没有被甜蜜的感情激动过,然而今天却激动了我的心!对一个为人民的自由、民主、幸福而战的斗士来说,胜利的喜悦只能使他更加诚心诚意地成为使人民享有权利的工具……我异常高兴地见到了国会的成立,在这届国会上,我辞去我所拥有的一切最高权力!我今天讲话的目的只有一个,那就是,请所有议员先生都不要投我继续执政的选票!"

所有在场的人都非常吃惊,纷纷劝说圣马丁收回辞呈。但圣马丁意志坚决,从各个方面解释了他辞职的原因。不过,人们隐约感到,最主要的原因仍然是瓜亚基尔会议,可是,关于这点,圣马丁只字未提。

夜幕笼罩了大地,一切是这样的寂静。也许,圣马丁的心里也如夜晚这样宁静、安详?因为他这个时候正骑在马上,静静地注视着万籁俱寂的夜色。

圣马丁骑马悄然无声地离开了利马市,又悄悄地坐船来到智利,随后离开了曾为之奋斗不懈并付出满腔热情的祖国。1824年4月,圣马丁远赴欧洲到达法国隐居;1850年8月逝世,终年72岁。

一个曾为国人所无限敬仰的领袖,何以会做出如此选择呢?人们又把目光聚集到了瓜亚基尔会谈上。

一种说法是：在与玻利瓦尔会谈时，双方在根本问题上产生了争执，玻利瓦尔当年39岁，血气方刚，可能对圣马丁态度强硬，寸步不让；而圣马丁当年44岁，由于多年的戎马生涯，身体严重受损，所以自动让出统帅之位，让玻利瓦尔独自率军扫清殖民残余势力。

另一种说法更为世人所公认：当时正值圣马丁与玻利瓦尔的部队面临与殖民军的"过渡港之战"的前夕，圣马丁所率部队有许多病员，他迫切希望增援，但因其他原因，阿根廷、智利政府不能全力支持他。所以，圣马丁便在瓜亚基尔与玻利瓦尔会谈，希望得到玻利瓦尔的帮助。如果玻利瓦尔在另一线牵制殖民军，就有可能取得胜利，否则，圣马丁以少攻多，势必会出现敌我双方的对峙，这样的话就会延缓拉美独立的进程。结果，经过与玻利瓦尔密谈，他明白了两人之间的分歧，那就是：一山不容二虎。为了南美的未来，为了人民的利益，他痛苦地选择了放弃权力的做法，而不是等待将来与玻利瓦尔兵戎相见。

或许，后世历史学家看得更清楚，托马斯·基朵在他所著的《圣马丁与伟大的史诗》中写道："玻利瓦尔对圣马丁在解放秘鲁战争中所取得的胜利是不高兴的。为了争夺最后胜利和南美洲的最高权力，玻利瓦尔就会以大胆的手段，带领他的军队与圣马丁的军队争斗。两支革命军火拼，圣马丁认为是'留在世界上的一件十分丢脸的丑行恶名'，所以他做出了痛苦的抉择！"

圣马丁把自己经过奋斗所取得的南美洲最辉煌的胜利果实无私地让给了他的革命伙伴与伟大的对手玻利瓦尔。所以，他有资格获得"历史上绝无仅有的灵魂"这一美誉！

我们有必要听一听圣马丁自己是怎么说的："我并不寻求荣誉……我的剑绝不为虚名和权力而出鞘！"等到秘鲁和整个拉丁美洲真正独立的那一天，我"将远远地离开"。

"解放者"玻利瓦尔

1783年7月，西蒙·玻利瓦尔出生在委内瑞拉加拉加斯市的一个西班牙血统的贵族家庭。他3岁丧父、9岁丧母；年轻时他就参加了反对西班牙统治委内瑞拉的革命军，逐渐成为一名著名将领。

1816年1月的一天，玻利瓦尔从海地西边的牙买加岛乘船来到了海地。这位风尘仆仆的中年人在伙伴们的陪同下上了岸，匆匆赶到海地总统的官邸。总统佩蒂翁走出办公室，和玻利瓦尔紧紧握手，两个人边走边谈，进入客厅。

大约过了1个小时，玻利瓦尔满面笑容地快步走了出来，回身向总统挥手告别，又乘船而去。

民族解放斗争

原来,为了把祖国早日从西班牙殖民者手里解放出来,他这次专程来已获得独立的海地寻求援助。结果怎样呢?从他那兴奋的神态可以看出,他十分满意。海地总统答应送给他7只船和大批武器弹药。玻利瓦尔也向佩蒂翁表示,要像海地解放黑奴那样,解放委内瑞拉的黑人奴隶。

两个月以后,一支200多人的部队,乘船渡海,直奔委内瑞拉的北海岸。玻利瓦尔站立船头,心情格外激动,不由得回忆起往事来。他,一个家庭十分富裕的白人,一个受过教育的学者,为了祖国的独立自由,已经成了武装斗争的指挥者。还在10年以前,他就回到国内,组织了一支军队,转战奔波,两次建立了共和国,可是因为力量单薄,都失败了。他自己不得不逃亡到牙买加。现在,他即将重返战场,脑海里仍不断重现前两次战役的经过。为什么会失败呢,怎样才能打胜呢?他反复考虑着这个问题。

"胜利的艺术是在败仗中学得的!"这就是他的结论。他不止一次地对战友们讲这句话,现在,他在船上又这样对大家说了。

"我们相信你的话是对的,而且充满信心!"战友们异口同声地说。

"对! 我们不仅要解放委内瑞拉,新格兰纳达、厄瓜多尔、秘鲁这些被西班牙人奴役几百年的地区,我们都要解放。只有这个大陆上的人民团结起来,才能夺取最后的胜利!"

战友们听了,情绪更加激昂。玻利瓦尔决定袭击位于加勒比海海岸的委内瑞拉首府加拉加斯,然后再进军内地。

可是,他们登上陆地以后,遭到了西班牙军队的火力封锁。加拉加斯既然是军事要地,西班牙人怎能不派重兵防守呢?这是玻利瓦尔没有认真考虑的。结果,一场激战过后,他们伤亡惨重,这次军事行动又失败了。

如果说玻利瓦尔这一次行动有点鲁莽,那么半年多以后当他又一次从海地渡海南下时,就显得胸有成竹了。在这以前,他宣布了废除奴隶制度的法令,号召黑人奴隶起来斗争。同时,他对军事行动也做了周密的安排。他们不再去攻打加拉加斯,而是来到了奥里诺科河流域的东部地区。这里有茂密的森林、交错的河流,爱国军在这里进攻袭击敌人,退守隐藏自己,都十分方便。更为有利的是,这里和加拉加斯隔着一个大草原,没有直路可走,西班牙人的军队没法来增援。

爱国军沿奥里诺科河挺进,途中受到了黑人奴隶和当地农民的欢迎,队伍不断壮大,接连打了胜仗,在这个地区站稳了脚跟。第二年,玻利瓦尔又颁布新的法令:没收西班牙王室的财产,把土地分给参加解放战争的士兵们。这个法令轰动了委内瑞拉。人民从爱国军那里看到了希望,不单黑人、农民和手工业者,连城市小资产阶级都参加了爱国军。草原上的牧民也组成队伍,和爱国军共同战斗。

1818年10月,位于奥里诺科河下游的安哥斯徒拉城一片欢腾,各路军队会合在这里,庆祝委内瑞拉国会的召开。在这次会议上,委内瑞拉第三共和国成立了。玻利瓦尔为自己解放祖国的愿望开始实现而感到欢欣鼓舞,他决心把这场斗争继续下去。

第二年5月,玻利瓦尔率领2000名精锐骑兵和步兵出现在南美洲西部的安第斯山。他们要去袭击占据新格兰纳达的西班牙人。这真是一次惊险的长途跋涉。安第斯山山峰陡峭,荒无人烟。从委内瑞拉到新格兰纳达只有一条崎岖山路可以通行,可是早被西班牙人控制住了。玻利瓦尔的队伍只能在没人走过的山梁野谷里攀援着行进,一个接着一个。战士中的大多数人来自奥里诺科的草原,到了这高山峻岭、空气稀薄的地方,一时难以适应。走到悬崖峭壁的时候,不时有人头晕目眩,随即在战友们的惊呼声中掉下万丈深渊。就这样,很多勇士为解放事业献出了生命。

翻越了安第斯山,来到新格兰纳达的高原谷地。在这里,一场遭遇战展开了。爱国军战士像猛虎下山,迅速对西班牙军队发动了攻击。敌军面对这突然袭击,惊慌失措,失去了抵抗能力。从指挥官到大部分士兵都成了爱国军的俘虏。玻利瓦尔乘胜进军,占领了波哥大。

这以后,又是一个接一个令人振奋的胜利:爱国军回师委内瑞拉,横扫全境,大败西班牙军;爱国军开进首都加拉加斯,解放了委内瑞拉全国;爱国军南下厄瓜多尔,占领首府基多。

这样,南美洲西北部地区获得了解放。1819年,包括新格兰纳达、委内瑞拉和厄瓜多尔的"大哥伦比亚共和国"成立了。为这一胜利建立了特殊功绩的玻利瓦尔被选为最高领袖。

直到1826年,南美洲的西班牙殖民地才彻底获得解放。当时,玻利瓦尔还在进行着他的解放事业,在他的领导下,委内瑞拉和哥伦比亚的军队联合解放了秘鲁东部(也叫上秘鲁)。这一地区宣布独立的时候,把自己的国名定为"玻利维亚",以此纪念玻利瓦尔这位参加了472次战役、为独立自由奋斗不息的民族英雄。1830年12月,玻利瓦尔在其乡间别墅因病去世,终年47岁。

印度德里反英大起义

1856年,在印度的广大乡村中,各家各户之间暗中在传递一种烤烧饼,农民自己都知道这是反对英国殖民者、发动起义的信号。在印度士兵中间,也组织起一个地下军人委员会,他们传递的是荷花,密谋反英。

这究竟是怎么回事呢？

原来，英国殖民者占领印度后，收买了大量印度籍雇佣军为它统治印度服务。这些雇佣军虽然身穿英国军服，但对英国殖民者占领自己的祖国早已是满腹怨恨，他们希望有一天能把殖民者赶走，获得国家的独立。

除士兵之外，印度社会各阶层，包括不少封建王公，对英国殖民者残酷剥削、压榨、肆意凌辱印度人民都怀有巨大的不满情绪。

德里反英大起义开始主要是在士兵范围内展开的，但它迅速带动了其他社会各界，掀起了印度人民反对殖民统治的高潮。

本来，印度雇佣军作为英国殖民者的侵略工具，对英国全面占领印度起到了巨大作用。但是，英国自从1849年全面统治印度之后，对雇佣军的政策与态度发生了很大变化，如遣散大批印度士兵，减少军饷，取消他们的免税权，命令印度士兵绝对服从英国军官等，他们还强迫印度士兵渡海或者是到伊斯兰教国家作战，使这些士兵丧失了原来的种姓。这些都激起了印度士兵越来越大的不满情绪。双方矛盾一触即发。

可以说，雇佣军是由印度教徒和伊斯兰教徒组成的，按理英国殖民者应当尊重这两种教徒的信仰，但是他们自恃强大，根本不把这些教规放在眼里，更不关心士兵们的信仰问题。所以，在印度士兵中，早就流传着英国人侮辱印度士兵，拿虔诚的信仰开玩笑的事情，广大印度士兵是忍无可忍了。

终于有了导火线。1857年初开始在雇佣兵中流传这样一种说法：东印度公司用猪油或牛脂做润滑油涂在来福枪的子弹上。因此，士兵们竞相传说，英国殖民当局新发下来的子弹涂上了牛油和猪油，因为子弹在使用时，必须用嘴咬开后盖，所以这无异于让印度兵吃他们忌讳的东西。这年3月，印度的一名叫曼加尔·潘迪的士兵因与英国兵发生争执，打死了3个英国军官，次月，潘迪被公开处死。这两件事情成了德里大起义的导火线。起义者约定，在5月31日举行全国性民族大起义。

但是，5月9日，一个突然事件发生了，它改变了原来的计划。这天，德里附近密拉特城第三骑兵连的85名印度士兵公开拒绝接受英国殖民者所发的子弹。英国军官一气之下，把他们统统捆绑起来，带到操场上，当着其他士兵的面，硬把子弹塞到他们口中，而且嘴里不停地说着侮辱士兵的话，边说边哈哈大笑。笑声传遍操场，强烈地刺激着每一个印度士兵的心。

百般侮辱之后，英军宣布对这85名士兵执行徒刑的命令，并立刻把他们送往陆军监狱囚禁。

印度士兵们再也忍受不了了，当夜他们立即决定：第二天起义！并派人通知各处士兵。

世界通史

5月10日是个星期天,英国军官们正在教堂做祈祷,下午5点,印度起义士兵们突然呼喊着冲进教堂,把这里所有的英国军人杀了个干干净净。接着,他们冲进英国官署和监狱,痛击殖民强盗,救出自己的同胞。之后,他们又冲进兵工厂和弹药库,把武器弹药分发给参加起义的人,一同向德里前进。

5月11日清晨,起义军到达了德里城外,英国军官立刻率军应战。两支部队迅速接近,准备向对方开火。突然,起义士兵中的一个人看到对面来打自己的全是印度人,只有军官才是英国人,他灵机一动,大声喊道:"同胞们,我们是自己人,不要再替英国强盗卖命了,把枪口调过头去,对准英国人,打倒殖民强盗!"

"打倒殖民强盗,把英国人赶出去!"起义士兵们的呼喊声一浪高过一浪。"打倒殖民强盗,把英国人赶出去!"准备攻击起义军的德里士兵随即响应了起义士兵的要求,立刻把枪口朝向英国军官。

"呼"、"呼",随着几声枪声,英国军官倒地身亡。两支起义队伍热烈地欢呼,然后汇合到一起,冲向德里城。5月16日,起义军经过与英国军队的几天交锋之后,占领了德里城,把英国人赶了出去。起义者还组建了自己的政府。全国其他地方听说德里起义军打败了英国殖民者,也纷纷起来响应。不久,从东海岸加尔各答到西北边境的白沙瓦地区都摆脱了英国统治,政权重新回到印度人民手中。

英国派驻印度的总督肯宁看到印度人民起义如燎原烈火,十分恐慌。他急忙召集驻印高级官员商议对策。

"肯贝尔将军,你看我们该怎么办?"肯宁向驻印度的军事将领肯贝尔询问。"总督阁下,我们的军队分散到了印度各地,在这种情况下,很难马上集中起来;更何况,他们在各地还要继续执行任务。"肯贝尔在分析着,"如果把他们调遣回来,印度士兵势必会造成更大的声势,那样局势就会越来越不好办。"说完又叹息一声说:"唉,我们真不该让印度人当兵,我们训练了他们,给他们吃的、穿的,现在反过来打我们!"

"好了好了,现在说这些还有什么用?"总督说,明显地对只会发牢骚的将军表示不满。"我问你,英国政府派来进攻中国的部队现在走到哪里了?"

这一句话问醒了肯贝尔将军,他立刻明白了总督的意思,连忙说:"对对,用英国远征军,我怎么没想起来呢!"

"我的问题你还没有回答呢!"总督提醒道。

"啊,他们……已经到了新加坡。"

"赶快把他们召回!还有,驻守在伊朗的英军也要马上赶来增援,让他们在孟买登陆,从两路夹攻敌人,迅速打败他们!"

"是、是!"

得到将军的回答后,肯宁立刻请示英国政府,英国政府当然同意了他的意见。另外,总督又派人到阿富汗和尼泊尔去,带着金银财宝,重金收买那里的军队,让他们向印度起义部队开战。

9月3日,几路英军从不同方向进军到德里城下,然后与印度起义军发生战斗。但是连续10余日未取得任何进展,德里仍牢牢地控制在起义军手中。

14日,英军以50门大炮猛轰德里,"嗵嗵"几声后,城墙"轰隆"一声倒塌了一大截,英军冲进城去。

守城印度士兵看到英军入城,便迅速隐蔽起来,趁英军潮水般地冲进来时,他们从各个隐蔽点向英军射击。随着"呼呼"的枪声,英国官兵一个接着一个地倒在血泊之中。英军入城之后,大肆杀戮印度人民。一支英军跑到一个清真寺前,一个穆斯林躲避不及,被他们一枪打死。这时候,清真寺中冲出了上千名穆斯林,他们手持钢刀,与英军对峙起来。英军慌乱中急忙举枪射击,200多名穆斯林倒在罪恶的枪口下,余下的穆斯林没有退缩,他们勇敢地冲入敌阵,与敌人展开了肉搏战,结果砍死了几百名英军士兵。

德里起义军与装备精良的英军顽强战斗了六天,由于众寡悬殊,只好暂时撤离。

1859年,起义被英军彻底镇压下去。就这样,德里反英大起义在英国政府分化政策的攻势下因内部瓦解而失败了!

巴拿马运河事件

如果我们经常看世界地图,就会注意到,将南北美洲连接成一个整体的是一条狭长的陆上"走廊",它就是巴拿马地峡。巴拿马地峡在连接南北美洲的同时,却隔断了太平洋与大西洋之间的水上联络。

自从人类开始航海直到20世纪,太平洋与大西洋之间的海上交通都要绕过南美洲最南端的合恩角,漫长的航道和风浪给海上航运带来极大不便。为了连通太平洋与大西洋,今天已经开通了一条横贯巴拿马地峡的运河,与苏伊士运河连接红海和地中海一样,这条巴拿马运河成为沟通太平洋与大西洋交通的捷径,被称为"世界黄金水道"。

20世纪初,还在这条运河开凿伊始,为了争夺运河的所有权和使用权,就爆发了一场激烈的战争,对20世纪历史的发展,特别是南美洲大陆国家具有极其重要的影响。1903年由美国策动的巴拿马运河事件(也称"巴拿马事变")就是争夺战中最重要的事件。

自16世纪初以来,巴拿马一直是英国与西班牙争夺的对象。巴拿马曾受西班牙殖民政府的统治,于1821年独立后纳入大哥伦比亚共和国。运河的开凿权于1879年被法国占有,但因耗资巨大,法国财力有限,这件事就被停顿下来。而长期以来一直觊觎巴拿马运河开凿与支配权的美国,此时就蠢蠢欲动,积极与哥伦比亚交涉。交涉失败后,美国以夺取巴拿马运河地区为目的,于1903年策动了巴拿马省独立的政变。

1903年1月22日,哥伦比亚驻美国代办托马斯·埃尔兰未经本国总统和外长批准,擅自与美国国务卿海约翰签订了《海约翰—埃尔兰条约》。根据这个条约,哥伦比亚政府授权法国政府将运河的一切权利转售给美国。同时,哥伦比亚政府又允许美国在运河两岸各3英里以内的地区(巴拿马市与科隆二城除外)拥有完全控制权。3月14日,美国参议院批准了这个条约,保证了美国在巴拿马开凿运河的权利。

消息传出,立即引起了哥伦比亚全国上下的一片抗议浪潮。迫于人民的压力,哥伦比亚参议院于8月12日一致拒绝批准这个条约。之后又将运河的租让价格提高,并要求美国承认哥伦比亚政府拥有完整的主权。美国总统西奥多·罗斯福一怒之下决定不再继续谈判。随后,他就命令3艘战舰开往巴拿马地峡。

在美国的金钱和海军的支持下,巴拿马叛乱者在11月2日发动了巴拿马政变,并于3日宣布脱离哥伦比亚,成立巴拿马共和国。11月6日,美国政府迫不及待地正式承认新成立的巴拿马共和国,并派军舰协助巴拿马,阻止哥伦比亚军队。11月18日,美国与新成立的巴拿马共和国签订了美巴《巴拿马运河条约》。

有意思的是,签订这个条约时却没有任何巴拿马官方人士参加——实际上这是美国强加给巴拿马的单方面不平等条约。条约规定,美国将对巴拿马运河两岸5英里以内的土地拥有主权,美国将对运河区拥有永久使用、占领与控制权。美国可在该地区使用武力,修筑工事和驻军设防,并取得"维护秩序"的权力。巴拿马则从美国取得1000万美元的补偿并将得到美国的保护。

历史进程充分证明,巴拿马运河事件对美国和世界都具有重大的意义。巴拿马运河于1914年通航后,太平洋与大西洋的航程大大缩短了,特别是提高了美国舰队的机动能力,使分布在大西洋和太平洋的美国舰队能在紧急时刻相互增援。

美国占领巴拿马运河后得益匪浅,但是其对运河的独占政策也一直受到世界舆论和巴拿马人民的反对。虽然美巴签订了《巴拿马运河条约》,但是这个条约实际上使巴拿马沦为美国的属地,这就埋下了巴拿马人民为收回运河主权斗争的种子。甚至越来越多的美国人也相信《巴拿马运河条约》是美国帝国主义产权的第二个典型表现。

1977年,美国政府不得不就运河归属权与巴拿马当局进行谈判。1999年

12月31日,巴拿马人民终于完全收回了巴拿马运河主权。

朝鲜义士安重根

1909年10月26日上午9时半,中国哈尔滨车站的站台内突然军乐大作,列队欢迎的仪仗队也做出致敬的姿势,而那些早早就已进站守候的住在哈尔滨的日本侨民更是发出一片欢呼声。原来他们都是来迎接日本枢密院议长、前驻朝鲜统监伊藤博文的。

当专用列车缓缓驶进车站停稳以后,在站台上伫立已久的俄国财政大臣,在随从伴随下登上特等车厢。一会儿,他陪同一个黄脸白发的矮老头儿走下车厢。这矮老头儿正是伊藤博文。他检阅了仪仗队后,即与列队相迎的清朝外交官员和各国驻哈尔滨的领事见面。

就在这时刻,突然"砰"的一声枪响,伊藤博文身子一震,打了个趔趄。接着又是"砰砰"两枪,他顿时跌倒在地。两三秒钟后,又是三声枪响,伊藤博文周围的三个日本人也应声倒地。

"凶手在这里!凶手在这里!"

一道道惊恐的目光投向一个30岁上下的人身上。只见他手握一支短枪,挺立在仪仗队后面,一点儿也没有想逃走的意思。

在众目睽睽之下,他从怀里掏出一面朝鲜国旗,迅速让它在空中招展。旗上是他用断指的鲜血写成的四个字:"独立自由"。

几个俄国士兵如狼似虎地扑上去把他扭住。他仰天连呼三声"大韩(19世纪末朝鲜的国号)独立万岁!"接着又大声笑道:"老贼终于得到了报应!我的愿望已经实现,死也没有遗憾了!"

击毙伊藤博文的这位朝鲜籍的抗日义士名叫安重根。安重根1879年生于朝鲜海州,他的祖父当过镇海县监,父亲安泰勋是一名进士。安重根的童年时代,正值朝鲜民族危亡之秋。1876年,日本入侵朝鲜江华岛,强迫签订了不平等条约——《江华条约》。西方列强接踵而至,也强迫朝鲜政府签订了一系列不平等条约。

外敌的入侵和封建经济的解体,进一步加剧了朝鲜的政治危机和经济危机,加速了封建朝廷内部的分裂。当时朝野内党争激烈,安重根的祖父和父亲都支持开化派的革新主张。1884年10月,开化派发动政变,推翻了守旧派政权,但三天后就遭到守旧派镇压。安泰勋心灰意冷,将全家迁到一个偏僻的地方,过起隐居生活。

1894年,以全琫准为首的农民起义军举起了"尽灭权贵"、"逐灭倭夷"的旗帜。安泰勋虽然对腐败的时政和日本的侵朝活动感到不满,但他毕竟是封建统治阶级营垒中的一员。出于忠君报国的思想,他招募了一些猎户,对抗当地的农民起义军。当时年仅15岁的安重根,也在父亲的指使下,参加了与起义军的战斗。后来农民起义被镇压,权贵们又对安泰勋进行压迫。

安泰勋在愤怒之余,决定弃官还乡,深避到洋人教堂,以求得灵魂的拯救。在父亲的熏陶下,安重根也皈依了天主教。

中日甲午战争以后,日本不仅在中国取得大量权益,而且取得了对朝鲜的独占权。1904年,日本和俄国为了争夺朝鲜和中国的东北又爆发了战争。结果沙俄失败,日本进一步取得对朝鲜的统治权。

一天,安重根对久病在床的父亲说:"日俄战争开始的时候,日本在宣战书中说,是为了维持东亚和平、巩固朝鲜独立而战。现在日本战胜了,反而对我国实行监理保护,剥夺我独立大权,这都是日本侵略元凶伊藤博文策划的。"

安泰勋反问道:"你是怎么知道的?"

安重根回答道:"伊藤是日本重臣,驻朝鲜总监,此人诡计多端,心狠手辣。先订立条约,然后消灭革命党,最后吞并疆土,这是他惯用的花招,我们不能坐以待毙!"

安泰勋道:"依你看,我们朝鲜应该怎么办?"

安重根胸有成竹地说:"依我之见,惟有组织义兵反抗伊藤的侵略政策!"

安泰勋频频点头,连说:"好,好!"但不久,他就在忧心忡忡中去世了。

1907年3月,安重根辞别老母和妻子,离开家乡,到国外去组织反日义兵。

安重根先来到中国东北的延边地区,三个月后又进入俄国西伯利亚地区。在海参崴的新韩村,他参加了大韩青年教育联合会的活动。不久,他与李范允等募款30万元,募兵三四千人,组织起了一支反日义兵部队——朝鲜义勇队。李范允被推为义兵总督,安重根任参谋中将。

1908年7月,义兵部队陆续渡江回国。但在日军袭击下,义兵遭到惨重损失,最后只剩下安重根等四人。他们经过千难万险,历时一个半月,总算重新回到了海参崴。

次年7月,日本内阁决定最终吞并朝鲜,伊藤博文卸任朝鲜总监,继任日本枢密院议长。为了谋求俄国的支持,并且共商日、俄瓜分在中国东北的权益,日本决定派全权代表伊藤博文到哈尔滨与俄国代表会谈。

当时,安重根正担任《大东共报》驻纳沃基耶夫斯克记者。一天他打开报纸,见头版并排刊登着日本枢密院议长伊藤博文和沙俄财政大臣科科夫佐夫的大幅照片,下面排列一行大号黑体字:"日枢相伊藤公到满视察。"安重根冷静地推测:虽然报道说伊藤此行纯属私人旅行,没有任何政治使命,但这是掩人耳目,实际上一定与侵朝有关。

为了探听虚实,安重根星夜赶往海参崴。

第二天,大东共报社召集在海参崴的反日志士开会,让大家出谋献策。

会上,安重根声泪俱下地说:"日本是我国的仇敌,伊藤是侵犯我国的元凶。他此行必定与进一步侵略我国有关。若不剪除老贼,则国亡有日。我愿以死报国,剪除老贼!"

经过反复讨论,最后决定刺杀伊藤博文。这一行动由安重根负责,禹德淳、千完一协助。

10月22日,安重根等到达哈尔滨,探听到伊藤博文将在10月26日到达哈尔滨。他们推测,哈尔滨车站的俄军戒备森严,难以下手,伊藤博文乘坐的专列肯定会在蔡家沟站停车,不如在那里下手较为顺利。于是决定第二天南行,在蔡家沟伺机行动。

10月24日中午,安重根、禹德淳和俄语翻译曹道先到达蔡家沟车站,当即在一家俄国人经营的旅馆住下。曹道先用俄语向旅馆老板询问哈尔滨和长春的来往车次,老板毫无戒意地说了,并说今晚有一专列开往长春迎接伊藤博文,后天返回哈尔滨,早晨6时路过这里。

三人觉得这个消息很可靠,立即商量对策。最后决定,禹德淳和曹道先留在蔡家沟伺机行动,安重根提前一天返回哈尔滨。如果蔡家沟不能行动,哈尔滨方面还是可以按计划进行。

安重根估计得不错,伊藤博文的专列果然在蔡家沟车站上停留了一会儿,但禹德淳、曹道先房间的门被旅馆老板反锁,无法外出行动。现在惟一的希望,是看安重根在哈尔滨的行动了。

10月26日一早,安重根换上西服,头戴鸭舌帽,身披呢子短大衣,把手枪放进大衣兜里,来到了哈尔滨车站。他在离候车室很近的一家小茶馆里买了一壶茶,边喝茶边观察车站周围的动静。

上午9时半,伊藤博文乘坐的专列徐徐驶进车站。俄国财政大臣科科夫佐夫进入车厢,随即与伊藤博文并肩下车,检阅俄军仪仗队。这时,安重根已经顺利地通过站台的出入口,迅速地隐蔽在仪仗队的后面,两道目光集中在一个身材矮小、黄脸白发的日本小老头身上。他断定,此人就是伊藤博文,便从衣兜里掏出手枪,对准伊藤博文射击。

伊藤博文中弹后,马上被抬进车厢急救。不到半小时,这个双手沾满朝鲜人民鲜血的刽子手一命呜呼。

安重根被捕后,俄国当局马上将他引渡给日本领事馆。日本当局经过一段时间的紧张调查,便对安重根进行审讯。

在审讯中,安重根大义凛然地说:"我这次举事,绝不是个人暗杀,而是以朝鲜义勇队参谋中将的身份独自进行战斗。我的目的是唤醒有志青年为祖国独立而战!"

日本审判安重根的消息传到朝鲜后,激起了朝鲜人民的极大愤慨。平壤的著名律师安秉瓒决心上法庭为安重根辩护。1910年2月初,安秉瓒和安重根的两个胞弟来到监狱同安重根会面。安秉瓒向安重根转达老母亲的口信后,含泪说:"今世你们母子不得见面,这真是情理难容呵!"

安重根说:"我遗憾的是愿望未能全部实现,国家仍在日本铁蹄之下,而且危在旦夕……"说罢,吐了一大口鲜血。

由于法院拒绝安秉瓒出庭辩护,安重根便独自以法庭为讲台,声讨日本侵略朝鲜的罪行。

2月14日,法院判处安重根死刑。第三天,高等法院院长来到监狱,问安重根要不要上诉,安重根断然拒绝。

3月25日,安重根与他两个弟弟最后一次会面。他对两个弟弟说:"我只好把年迈的母亲托给你们抚养了。平日我未能很好抚养母亲,这次举事又使老母担心,深感不安,恳求老母宽恕。"

最后,安重根郑重地对两个弟弟嘱咐说:"我死之后,在朝鲜独立之前,遗体暂时不要运回祖国,就将它埋葬在哈尔滨公园附近,以作为亡国人民的借鉴;等国家独立之后,再把遗骨运回,葬在祖国土地上。"

探监的时限到了,值勤警报声声紧催。安重根紧紧抓住两个弟弟的手说:"你们回去后告诉同胞们,人人都要对国家负责,每个公民都应尽其义务,齐心协力,为国立功。有朝一日,朝鲜独立的欢呼声传到天上,我将欣然起舞,高呼万岁!"

第二天上午10点,两名刑警押解着安重根来到行刑地点,安重根身穿一套崭新的朝鲜民族服装,昂着头大踏步走上刑场。日本检察官高声问道:"安重根,你临死前还有没有遗言?"这位勇敢的抗日义士激昂地说:"人只能活一次,但我绝不是怕死之辈!我坚信,朝鲜一定能独立,东亚一定能获得和平。能为大韩独立而死,为东亚和平而死,我死而无憾!"说完,英勇就义。

安重根被当今朝鲜和韩国分别称为"爱国烈士"和"义士"。2014年1月19日,安重根义士纪念馆在中国哈尔滨开馆。

欧文和他的新和谐公社

1771年,罗伯特·欧文出生在英国一个贫苦的手工业者——一个马具匠家里。他7岁就开始干家务活,9岁时成为学徒,在伦敦的一个小店里做事,20岁进纱厂做职员。

他自幼目睹了资产阶级对工人和广大劳动人民的残酷剥削和压迫,也对资本主义带来的苦难有着切身的体验,所以,他对所有受压迫的人民非常同情,他曾说,世界充满财富,但到处笼罩着贫困。因此,他总想建立一个没有剥削、没有压迫、人人劳动、财产公有的社会。

1800年,欧文与苏格兰一个工厂主的女儿结婚,并被任命为这个厂的经理,管理着2500多个工人。这样,他就有条件把自己的理想一步步予以落实。他在自己的厂里开始了第一步实验。

首先,他把工人的劳动时间,由每天的13—14小时缩减到10个半小时,不再雇用9岁以下的童工,取消了各种针对工人的罚款制度。其次,他从工人福利待遇出发,尽力改善工人的工作条件,为工人办起了消费合作社、工人食堂、托儿所、幼儿园;开办工人学校,让青年工人有机会学习文化;还设立医疗费和养老金制度,对有病或年老的工人进行照顾。

这样,欧文的这家工厂实际上变成了贫困阶层的"福利工厂",得到人们很高的评价。欧文在管理这家工厂时,慢慢地积攒了一大笔钱,1823年,他提出了建设"共产主义新村"的计划,试图使他的理想更加接近现实。1824年,欧文变卖了所有家产,带着4个儿子和一批朋友,还有100多名志同道合者,从英国出发,横渡大西洋,向美国驶去。

欧文站在船上,心潮起伏。这次美国之行,与以往历次不同,他要把长期以来一直萦绕在自己心头的理想社会付诸实施。他要尝试一下建立人类社会迄今为止的最为理想的社会,如果事实能证明这样的社会能够存在,世界将为此而改观！"可是，如果行不通……"欧文不觉暗暗地想，"不，一定能行，这么合理的公平社会怎么会行不通呢！"他不再多想，也不愿再多想了，他横下一条心，即使倾家荡产也要去实现理想。

到了美国印第安纳州，他立刻去寻找最适合他建立新社会的地方。结果，他用20万美元购买了3万英亩土地。于是，一个完全新型的"世外桃源"——"新和谐公社"就这样开始一砖一瓦兴建起来了。

"我来到这个国家是为了介绍一个崭新的社会，把愚昧而自私的社会制度变为一种开明的社会制度，这种制度将逐渐把一切利益结合起来，并消除引起个人之间一切纷争的原因。我已买下了这片产业，并且亲自来到这里实行这种办法。"

1825年10月，罗伯特·欧文在美国作了一次演讲。上面这段话就是他当时的演讲词。这个"崭新的社会"，他于1824年着手创办，引起了人们莫大的兴趣。不少人议论纷纷，有人赞扬，有人反对。

欧文非常兴奋地带头劳动。他们砍伐树木、焚烧野草、开荒种地、盖房架屋，不久，一个个村落初具规模，一家家工厂烟囱林立，机声隆隆。村外是红花绿草交相辉映，青山绿水蜿蜒曲折。村内街道整齐，树木成列，各种公用设施一应俱全，会议室、阅览室、学校、医院，甚至还有临时休息室，真可谓应有尽有。街心花园恬静幽雅，温馨和谐。一切看上去都是那么美妙，充满诗情画意。

新和谐公社的美好境况与腐朽的资本主义统治形成了鲜明的对比。

欧文一直都是与全体公社成员共同劳动，共享劳动成果，他做出规定，全体公社成员按照年龄大小从事各种有益的劳动。5岁到7岁的儿童，一律无条件入学，学校里传出的读书声给所有社员带来一种欣慰与自豪感，他们仿佛看到了"新和谐公社"未来的希望，也看到了全人类的希望。8岁到10岁的儿童除学习外，还要参加公社各种有益活动和必要劳动，多半是修整花园、做家务之类的活动，从中掌握课本上学不到的知识。12岁以上的青少年，必须在学习知识的同时，在工厂、作坊等学习一定的手工技能，以便将来顺利地就业。20岁到25岁的青年人是公社建设的主力，他们有的在工厂做工，有的在农田参加农业劳动，少部分人参加一定的脑力劳动。可以说，这些人就是公社未来发展的主力军。25岁到30岁的人，每天只需参加两个小时的生产劳动，其余时间则从事公社的保卫工作和参与产品的分配工作，也有一部分人从事科学研究和艺术工作等脑力劳动。30岁到40岁的人从事各个部门的管理、组织和领导生产的工作。40岁到60岁的人主管的是外交工作，负责接待宾客或是产品交换等。60岁以上的老人组织在一起，成为一个集体，负责捍卫宪法，维护宪法的尊严，监督宪法的实施等。

"新和谐公社"的所有社员都能做到各司其职,各尽所能,彼此"和谐"共处。

"新和谐公社"的建立,吸引了全世界的目光,世界各地的人们闻讯纷纷赶来,都想看一看这个公社是怎样一个"和谐"的景象,尤其是处于被压迫、被剥削境地的劳动者更是带着惊奇、羡慕与希冀涌入美国,他们也希望尽快加入到这个公社中来。

当时著名的科学家如美国费城科学院院长威廉·麦克留尔、经济学家和博物学家约西亚·华伦等人成为公社的常客,经常热情地参加"新和谐公社"的建设。

"新和谐公社"的建立是这样地吸引人,以至于除赞成者对之大加赞扬外,连反对者也众口一词,连声感叹。

但是,"新和谐公社"还是要与外界联系的。它处在整个资本主义的重重包围之中。而且,来参加公社的人形形色色,抱有各种目的,有着各种想法,所以,社员之间不久就产生了各种矛盾,变得不像预想的那么"和谐"了。

显然,公社的总设计师欧文的建设理论存在致命的弱点,按照欧文的理论,公社成员的活动目的是只要满足本社成员的需要就可以了,所以导致公社产品成品缺少,生产少,消费多,产生矛盾。因成员觉悟水平不一,导致脑力劳动者日趋增多,而体力劳动者日渐减少,以致技术工和一般工人匮乏,工厂、作坊经常停产关门,甚至出现令当时最先进的机器闲置起来无人使用的情况。如公社的一家染坊能与当时美国最完善的染坊相抗衡,但无活可干,一个纺织厂每天能生产400磅棉纱,一个面粉厂每天能生产60桶面粉,都不得不时不时停工。还有一块大到3600英亩的麦田因缺少足够的劳动力耕种而收入微薄。这种情况,使欧文自己再也没有钱来补贴公社的逐日亏损了。4年以后,"新和谐公社"终于宣告破产。

"新和谐公社"的结局虽然不是很好,但是,罗伯特·欧文这位勇敢的空想家,毕竟在资本主义内部对建设人人平等的理想社会进行了一次有意义的尝试。

振聋发聩的《共产党宣言》

1847年,在"正义者同盟"总部发生了一场激烈的争论,他们争论的问题的核心是:是否可以按照马克思和恩格斯的思想,来对"正义者同盟"进行改组。

"他们始终都在坚持自己的意见,态度又那么坚决,我们不知道该怎么办。"

"要我看,我们还是把他们请来,并遵照他们的观点行事,这将有益于我们同盟的未来!别的想法都是不明智的。"

"那就把我们同盟的性质改变了,那样做的后果不堪设想!"

"有什么不堪设想的?既然同盟自身存在弊端,而我们又承认他们的思想体系,那丢掉芝麻捡起西瓜又有什么遗憾呢?"

因为马克思、恩格斯都不是"正义者同盟"盟员,所以不少人持反对意见。又因为这是本同盟高层人士会议,所以会议开得激烈而又严肃。

最后,"正义者同盟"中的先进人物从全局着眼,以多数赞成的表决结果同意接受马克思、恩格斯思想体系的方案,并立刻全权委托同盟代表约瑟夫·莫尔前往布鲁塞尔和巴黎,与马克思和恩格斯面谈,盛情邀请他们。

"我们可以接受邀请,并全力配合你们的工作。但有一个条件,你们必须同意。那就是,同盟必须摒弃原有章程中一切助长迷信权威的东西,因为这类做法是和科学的世界观、和无产阶级的事业相抵触的。"

莫尔见到住在布鲁塞尔同盟街5号的马克思时,马克思仍然态度坚决地说道。

"可以,请您看一看,这是我们同盟全体领导成员签名的'委托书',我们同意全部采纳您的意见,并邀请您和恩格斯先生为我们同盟——啊,今后应该是我们共同的同盟了——写一个宣言,正式改组它!"

莫尔说着,双手交给马克思一封集体签名的信件。信中还有重要的一条就是请马克思、恩格斯参加同盟。

"可是,恩格斯现在还在巴黎。"

"这个没问题,我马上就去把您的意见传达给他。""好吧,谢谢你们对我们的信任,我们一定把这件事做好,因为其意义非常大!"

马克思说完伸出双手,与莫尔的双手紧紧握在了一起。其实,马克思和恩格斯一直在关心着"正义者同盟"的活动,因为当时在欧洲的许多工人团体和共产主义小组中,"正义者同盟"影响最大,而且其思想、宗旨也较为进步,同盟在欧洲各国都有会员。马克思和恩格斯早就有意参与他们的工作,只不过时机不到。而且,同盟中陈旧的宗派主义传统很严重,要参加的话,必须彻底改组,使它成为国际无产阶级革命斗争的领导组织,让它带领全世界无产阶级以科学共产主义理论改造世界。

现在,机会终于来了。

马克思和恩格斯为全面改组同盟作了充分的准备。经过几个月的辛苦工作,一切基本准备就绪了。

1847年6月,正义者同盟在伦敦召开了第一次代表大会。因为经济困难,马克思未能出席。恩格斯根据事先同马克思商量好的计划,与威廉·沃尔佛一起指导了同盟的改组工作。

根据马克思、恩格斯的提议,大会决定把"正义者同盟"改为"共产主义者同盟"。大会还通过了恩格斯为同盟起草的章程。章程删除了旧章程中所有过去秘密活动和宗派活动时遗留下来的东西,而代之以民主集中制原则。其中第一条明确规定了同盟的行动目的:推翻资产阶级、建立无产阶级的政权,消灭旧的以阶级对立为基础的资产阶级社会,建立没有阶级,没有私有制的新型社会。

根据马克思、恩格斯的建议,同盟原有的口号"人人皆兄弟"予以废除,代之以"全世界无产者,联合起来"的新的、富有战斗意义的伟大口号。

这样,一个最具进步意义的、新型的无产阶级政党——共产主义者同盟诞生了,此后的无产阶级革命事业将进入一个崭新的发展阶段。

同盟成立后,为了避免反动势力的迫害,其活动仍然是秘密的。同时,为了扩大阵营,同盟进行了一系列宣传活动。马克思和恩格斯在布鲁塞尔组织建立了一个"工人教育协会",又把《德意志——布鲁塞尔报》作为宣传报纸。1847年9月,马克思和恩格斯还组织了一个"国际民主协会"。这些都是公开的群众性组织,其目的是教育和组织革命群众,宣传共产主义思想。

经过马克思、恩格斯和同盟全体人员的共同努力,共产主义者同盟的队伍在不断壮大。

1847年11月29日,共产主义者同盟在伦敦召开第二次代表大会。马克思和恩格斯都出席了会议。

这次大会的主要任务是通过新的《章程》和制订纲领。大会共开了10天。早在两个月前,同盟中央委员会曾用一种问答的形式写成了纲领草案:《共产主义信条的象征》,同盟把它分发给全体成员讨论。因为这份纲领还具有不少空想成分,如把共产主义看成是思想家的发现。为此,恩格斯又草拟了一份纲领,也是用问答体,名为《共产主义原理》。新章程的讨论比较顺利,但在讨论纲领时,第二次代表大会产生了激烈的争论。于是,马克思和恩格斯耐心地做了宣传和解释工作,渐渐地使代表们的意见趋向一致。最后,大会同意了马克思和恩格斯的观点,并且决定委托马克思和恩格斯起草一个宣言,作为共产主义同盟的行动纲领;同时也作为同盟的重要文件,向全世界公开发表。

大会结束后,马克思和恩格斯认真学习了《共产主义原理》,借鉴其基本观点,开始投入新宣言的写作。不久,《共产党宣言》就完成了,1848年2月,此书在伦敦正式出版发行。

《共产党宣言》是科学社会主义的第一个纲领性文件,它对共产主义理论进行了较为系统的阐述,成为全世界无产阶级斗争的总纲领。它着重阐明了资产阶级的灭亡和无产阶级的胜利都是不可避免的这一客观规律,明确指出了无产阶级革命的任务和目的,为革命制定出明确的策略。

近代科技文化成就

天妒英才莫扎特

在音乐界,天才是一个很平常的字眼,但是在问到到底谁能当得起这一称号的时候,却可能会产生争议。只有一个名字会让所有人闭嘴,那就是奥地利杰出的音乐家——莫扎特。他不仅是一位天才的作曲家,更是一个举世公认的"神童"。

莫扎特于1756年1月27日出生于奥地利萨尔茨堡一个音乐世家里。父亲利奥波德是萨尔茨堡宫廷大主教乐团很著名的小提琴手,又兼作曲。

父亲常常认真地指导莫扎特的姐姐安娜弹钢琴。每当琴房传出悦耳的琴声时,小莫扎特总是急忙跑过去,瞪着两只炯炯有神的大眼睛,目不转睛地盯着钢琴。

一天,父亲发现莫扎特正在聚精会神地写着什么,便问道:"儿子,你写什么呢?"

莫扎特仰起头来,一本正经地说道:"写钢琴协奏曲。"

利奥波德闻听一愣,拿到近前一看,虽然写得很乱,仔细看去,不但符合创作规则与要求,还有着充实的内容,而且还运用了很艰深的演奏技巧。利奥波德又惊又喜,眼睛里充满了激动的泪花。他望着儿子,半晌没有说出话来,只是抚摸着儿子的头,最后才说道:"好孩子,你一定会胜过爸爸的!"

从此,莫扎特开始向父亲学拉小提琴。

利奥波德家里经常来一些音乐大师,他们聚在一起演奏乐曲。一天,莫扎特闹着要拉第二提琴。利奥波德见儿子太小,便顺口拒绝道:"不要捣乱!"

小莫扎特哭闹不止,大师们见了,都为他说情。利奥波德只得允许他小声地跟着拉第二提琴的人一起演奏。拉着拉着,拉第二提琴的人惊讶地停止了演奏。小莫扎特依然聚精会神地拉着,一直把6首曲子全部拉了下来。

大师们见他们尚且感到很难的曲子竟被小小的莫扎特成功地演奏下来了,

世界通史

一个个都惊得目瞪口呆。利奥波德高兴得热泪盈眶,呆呆地立在那里。一个大师竖起大拇指说:"真是奇迹呀!简直是神童!"

小莫扎特偏着头说:"这算什么?如果让我拉第一提琴,也照样能拉下来。"

大师们你看看我,我看看你,似信非信地说道:"小家伙,你拉拉试试吧。"

小莫扎特拉了起来,在场的大师们都频频点头,望着这个不足一米高的孩童惊叹不已。

利奥波德看出小莫扎特具有罕见的音乐天才,为了鼓励和进一步培养他,决定带着儿子和女儿进行一次旅游演出。

一路上,小莫扎特的演出博得了一致的赞美。几个月来,他们几乎是在人们的赞叹声中度过的。

归途中,路过巴黎时,有一个歌女吸引了他们。这个歌女会唱多种地方民歌。她见了小莫扎特,十分高兴,问道:"我唱一支意大利歌曲,你能为我伴奏吗?"

"当然可以。"小莫扎特不假思索地回答说,说着便已坐到钢琴前,然后胸有成竹地说,"您先唱一遍吧!"

歌女用惊奇的眼神看了看这个可爱的小男孩,便唱了起来。当她唱第二遍时,小莫扎特已经能够自由地作出和声为她伴奏了,并且从头至尾连一句都没错。歌女那湖水般明净的大眼睛里闪着无限的惊奇,而小莫扎特却若无其事地说:"请您再来一遍!"

那歌女又唱了一遍,小莫扎特除了伴奏外,还为曲子创造了一个新的和声。全场观众听了,都惊叹不已。

小莫扎特仍然要求歌女再唱一遍,他这次创造的和声与前两次又不同了。就这样一连唱了 10 遍,每次的和声都变化无穷。

"啊!真是神童呀!"在场的观众都不由自主地发出这样的感叹。

1762 年初,利奥波德带着 11 岁的安娜和 6 岁的小莫扎特到了德国的慕尼黑。在那里的演出又一次取得成功以后,他们更加信心百倍了。

这年 9 月,他们来到祖国首都维也纳。在二次演出时,莫扎特无意中说道:"除了瓦根塞尔,谁也不会听懂我演奏的音乐。"

这句话像长了翅膀似地传开了,一些人认为小家伙口出狂言,便找到了这位著名的音乐家。当他听说此话时,便特意赶来听小莫扎特演奏自己写的协奏曲。这位老音乐家为那淙淙泉水般的乐曲所陶醉,为莫扎特那精巧的技艺所感染了。他竟情不自禁地替小莫扎特翻起谱子来。

莫扎特 13 岁那年旅居维也纳时,写了一部很有名的歌剧——《拉·芬塔·赛普理渥》。此剧上演后,立刻引起不少人的嫉妒。利奥波德意识到无法在维也纳居住下去了。无奈,他只好带领儿子去意大利罗马。

一天,莫扎特独自去教堂听歌,偶然听到了加利格里所作的九部《哀悼曲》。他惊叹不已,深深地爱上了这套曲子。当时,教堂的规矩非常严格,凡是教堂中所唱的歌曲,绝对不许流传出去,乐谱也从来不允许任何人拿走。

为此,莫扎特心急火燎。不一会儿,他冷静下来,凝神静听着。待歌曲唱完后,他已经将全曲记在心里了。回到住地后,他将曲子一音不差地默写出来。

从此,这部曲子再也不是教堂的专利了。人们惊讶地问道:"如此复杂的曲子,没有谱子是无论如何不能唱出来的。但又是怎么从教堂传出来的呢?"

这个谜令人百思不得其解。后来,人们才知道是莫扎特所为,无不为之赞叹。

小莫扎特有着许多神奇的故事。他7岁时已有一部模范曲在巴黎出版了。他8岁开始写交响乐,并且在伦敦出版了小提琴和竖琴的模范曲。11岁时,他写出了咏史乐和歌剧,12岁时就已经能够登台担当乐队指挥了。

可惜,这位天才只活到了35岁,真是天妒英才啊!在他短暂的一生中,他共创作了几百部作品,其中包括20多部歌剧(如《费加罗的婚礼》《唐璜》《魔笛》等),40多部交响乐,40多部协奏曲以及数量众多的奏鸣曲、室内乐、宗教音乐(如著名的《安魂曲》)等乐曲。人们惊呼他为"18世纪的奇迹",他的这些作品在世界音乐史上占有举足轻重的地位。如今,200多年过去了,人们仍然在怀念他,仍然在为他的英年早逝而感到惋惜!

贝多芬抗争命运

也许很多人都知道德国大诗人席勒作过一首著名的诗叫《欢乐颂》,但是这首诗可不仅仅是因为席勒所作才出名的,如果您对音乐知识也有所了解的话,就会知道它还是贝多芬的《第九交响乐》的一部分歌词。

路德维希·范·贝多芬,1770年12月16日生于波恩,他的父亲是一个宫廷男高音歌手,母亲是个女仆。家里条件很不好,而且父亲还爱酗酒,给家里带来了许多的不愉快。但是,他的父亲酷爱音乐,总想让贝多芬继承自己的事业,所以从4岁起,贝多芬就在父亲的严格要求下弹起了钢琴。

11岁时,贝多芬投到音乐家倪富的门下,潜心学习音乐,不久就小有名气了。1787年春天,贝多芬来到音乐之都维也纳,拜访了大音乐家莫扎特。莫扎特听了他弹的曲子,大为赞赏,对身边的人说:"请你们注意这个青年,他将来一定会震惊全世界的。"这一年,贝多芬17岁。

世界通史

1792年,贝多芬正式移居维也纳,自此,他永远地离开了故乡。这时,贝多芬一心倾慕的莫扎特已经去世,他便跟另一位作曲家海顿学习作曲。海顿是一位古板、传统、恪守旧规的教师,喜欢安分守己、惟命是从的学生,而贝多芬的思想则活泼、自由、不拘一格,所以,海顿很不喜欢贝多芬。贝多芬无奈,只好停止跟海顿学习。

贝多芬靠自己的顽强努力,终于成为公认的维也纳最好的钢琴家和最优秀的作曲家。1800年,他在维也纳举办了第一场公开演奏会,向人们展示了他超人的音乐才华。以后,每隔两三年就要举行一次,他要把他所有的新作品随时介绍给喜欢他的听众。

尽管贝多芬在乐曲创作上表现出不凡的才能,但他本身却连遭不幸和打击。

27岁时,他患了耳聋症,而且病情不断恶化。这对于酷爱音乐、视音乐如生命的贝多芬来说,无异于夺去自己的生命。他痛苦而无奈地喊道:"上帝啊,这是为什么?"到了中年,他的耳朵一点也听不见了。

在1801到1812这10余年间,他又创作了许许多多成功的作品,如《月光奏鸣曲》、《第二交响乐》、《克莱策奏鸣曲》、《第三交响乐》(又叫《英雄交响乐》)、《曙光奏鸣曲》、《热情奏鸣曲》以及后来的《第四、第五、第六、第七、第八交响乐》。其中,《第五交响乐》又叫《命运交响曲》,创作于1808年,被认为是贝多芬最受欢迎的交响乐,也是他的作品中最完美的典范作品。其主要内容是告诉人们要不屈服于命运的安排,积极勇敢地与命运作斗争。

贝多芬成了交响乐之王,人们以无比敬佩、倾慕、崇敬之情来欣赏着他的作品;同时,他也成为继海顿、莫扎特之后的维也纳古典乐派的大师。

贝多芬不仅有杰出的音乐天才,在思想上,他也是追求民主、进步的。完成于1804年的《第三交响乐》,原来就是以在欧洲扫除封建势力,赢得人民极力赞扬的资产阶级领袖拿破仑的事迹为题材的,所以,贝多芬在作品扉页上写上了"献给拿破仑·波拿巴"几个大字。但是在作品完成的这一年,拿破仑抛弃了共和制,当了皇帝。贝多芬非常气愤,一气之下,就把这几个字改为:

"英雄交响乐——纪念一位伟人!"

贝多芬对封建贵族也一贯持以毫不妥协的态度。1812年,贝多芬与歌德在波希米亚一起散步,波希米亚是著名的避暑胜地,当时奥地利太子也在这里。恰巧太子从贝多芬和歌德对面走来,歌德看到是威仪赫赫的皇太子,就赶忙整理一下衣襟,拍一下身上的尘土,然后恭恭敬敬地向太子鞠躬,而贝多芬则只装是没看见,大摇大摆地走了过去。

事后,贝多芬责备歌德,长叹一声道:"我认为你没有必要如此!"

贝多芬名声大振之后,不少贵族都希望与贝多芬结交,但贝多芬却不屑一顾,他瞧不起这些势利眼们。有一次,一个年轻貌美的贵妇人想让贝多芬剪一缕头发作纪念,好在别人面前炫耀。贝多芬看到这种人,气就不打一处来,但他转念一想,就满口答应了。不久,贝多芬发现这位妇人在滔滔不绝地叙说她与贝多芬的亲密关系,贝多芬当众说道:"那只不过是一撮山羊胡子!"全场人哈哈大笑,贵妇人羞愧得无地自容。

在演奏乐曲的时候,贝多芬更是不允许被打扰,尤其是一些附庸风雅的贵族,他们本来根本不懂什么音乐,却硬要参与各种音乐场合。还是在演奏《月光奏鸣曲》时,人们都在静静地欣赏这如诗如画的音乐,沉醉在梦幻般优雅舒畅的意境之中。突然有一个贵族不顾别人而大声喧哗,贝多芬立刻停止了演奏,并厉声责骂道:"我决不给这样的蠢猪演奏!"一个亲王看到这个贵族非常难堪,出来劝解,贝多芬却毫不相让,对亲王说:

"亲王阁下,您之所以会成为贵族,完全是凭借您高贵的血统,而我,靠的是我自己的努力。现在,世上有成千上万贵族,将来还会有成千上万贵族。而贝多芬,无论现在和将来,都只有我一个!"

说完,气愤地离开了会场。

由于贝多芬桀骜不驯,行为自由,对贵族嗤之以鼻,使上层阶级故意冷落他。所以贝多芬虽有很高的名声,却一贫如洗,他经常不外出,原因是靴子早已开了洞而无钱更换;所作的曲子每首要花费几个月时间,却卖不到好价钱,而且一个花花公子式的侄子还常来扰乱他,给他制造麻烦。

晚年的贝多芬耳朵完全聋了,听不见别人的话,他只能借着笔和纸与人交流。在他的脑海中,还有许多乐曲已经有了雏形,但是,1827年3月26日夜晚,他却带着这些遗憾,带着对腐朽的封建贵族的憎恶,带着对美好生活的向往,匆匆离去了。

布里尔改进盲文

一天,3岁的法国男孩路易斯·布里尔在自家门口玩,带着无意中在仓库里翻出的一把小的尖嘴锄。为了试一下这把小锄头是不是好使,布里尔举起它朝一根树桩刨去。随着尖嘴锄的落下,布里尔发出了一声惨叫。他的父母一听声音有异,立即从房中跑出来看。只见布里尔坐在地上,双手拼命地揉着双眼。原来,从那把小尖嘴锄崩掉的一块碎碴射进了他的左眼。没有多久,他的右眼也感染了。

这件事发生在19世纪初叶的一天。几个月以后,路易斯·布里尔解开缠绕在眼睛上的绷带,睁着一双眼睛吃力地向天空望去,可他什么也看不见。布里尔哇的一声哭了,他用沙哑的声音向母亲喊道:"怎么是这样?妈妈,我怎么什么也看不见!"

　　布里尔的妈妈看着还没懂事的儿子,两行热泪从她的眼角滑落下来。她一把将儿子搂在怀里,她明白儿子的失明就意味着他要遭受巨大的痛苦。

　　在布里尔的情绪稳定后,他父亲就开始劝说他,让他忘记自己是一个盲人。他的父亲还帮助他树立正确的人生观,让他学着自己料理生活。在布里尔7岁时,父亲又把他送进了村里的小学。布里尔是个懂事的孩子,他明白父母的想法。在学校里,他刻苦学习,再加上记忆力过人,能很快地将老师讲的课复述出来。他成了班级里学习成绩最好的孩子。

　　在布里尔10岁时,父亲将他送进了巴黎的青年盲人国民学校。由于在学校里一切都靠自己照顾,布里尔感到非常不适应。他经常在深夜里用被子蒙住头,悄悄地哭,有时一哭就是一夜。第二天早上,他又要带着红红的眼圈去上课。

　　盲文教师拍了拍巴掌,让大家打开书。在1810年,学习盲文可是一件非常难的事,这主要因为盲文还不科学,是书本上一个个凸出的大字母。学校里只有三套盲文书,每套盲文书分成20册,每册有20磅重。盲童们别说读,就是搬起来也很费力。布里尔打开书,用手指摸了半天,才找到老师叫翻开的那页。他的手指吃力地按在书上。突然,布里尔听到一声很沉闷的响声,大概是一册盲文书掉在了地上。紧接着,布里尔又听到一个孩子的哭声。

　　"我不学了,这么难。我只做一个瞎子,我不要这些东西!"

　　听声音,布里尔判断出是昨天才进校的那个孩子,他叹了口气。布里尔明白,对于一个孩子,这的确太难。他心里萌发了一个愿望,一定要创造出一种容易辨认的盲文,为每个盲人带来光明。

　　布里尔开始广泛与人接触,他希望人们能给他带来意想不到的灵感,点燃他理想的火花。几年后,布里尔听到这样一件事:值夜班的士兵们因为在黑夜里看不见上司传达的文字命令,又不能点亮灯火,所以想了一个办法,他们请上司用铁笔在厚纸上刻下凸起的小圆点,再用手去摸那些小圆点。那各种各样的小圆点都代表了不同的意义,这样一来,就容易明白所传达的消息。布里尔对士兵们使用的小圆点很感兴趣,他花了很长时间对它进行研究。到25岁时,研究还没有完成,盲童学校的一位老师就创造出一种用小圆点组成单词的盲文,走在了布里尔的前面。学校开始推广此种盲文。大家都劝布里尔放弃自己的研究:一来自己本身就是个盲人,活着已经够吃力的,何必再去费那种神;二来别人已经弄出新的盲文了,如果研究来研究去还不如别人的,那不就是做无用功吗?

　　布里尔听完,只是不经意地笑笑。他相信自己搞出来的盲文一定非常简单。他开始设想用六个小圆点组成一组,这六个小圆点足够组成许多不同的字母和单词。布里尔终于发明了他的六点盲文。

这些圆点虽然不大,但是对于盲人的手指尖来说却不算小了。他们再也不必通过移动手指来识别一个个的字母了。这些小圆点可以组成不同的单词乃至句子,极为巧妙。所有盲人在使用了布里尔发明的盲文后,都竖起大拇指称赞。这种盲文很快就在学校里推广开来,然后又流传到社会上。布里尔的发明终于得到了社会的承认,大家都把这种盲文称为"布里尔盲文"。

布里尔发明的盲文有容易学、印刷方便、成本低廉等特点,所以成为法国盲人通用的盲文字母。后来,"布里尔字母"又成为世界上所有盲人通行的盲文字母。

1853年,布里尔因患上肺结核,遗憾地离开了人世。

斯蒂文森研制火车

虽然好多人出门已经改乘飞机,不再坐火车了,但是火车仍然是我们今天出行的主要交通工具,因为它安全、便宜。所以,我们还是有必要了解一下发明火车的历史。

在火车的发明史上,斯蒂文森可谓是"铁路之父"。他发明的现代管式锅炉机车"火箭号",宣布了火车时代的来临。在他之前,为火车的发明做出过贡献的先驱者也不应为世人所忘记。

18世纪的主要交通和运输工具是马拉车。马拉车虽比人力车快,但马的力量毕竟有限,马车的装载量和运输距离也就有限。1769年,瓦特改进了蒸汽机。这种动力较大的蒸汽机被用于采矿、冶金、纺织等行业,也为交通运输工具的更新提供了动力基础。

瓦特的一个得力助手,英国人威廉·默多克,想起瓦特曾说过蒸汽机可以用作交通运输的动力,就努力地朝这个方向设想,并开始动手研制。默多克用5年时间设计制作了一个蒸汽机车的模型。这个模型有三只轮子,前面一个,后面两个,长50厘米,高35厘米。默多克用酒精焰加热钢制锅炉里的水,产生蒸汽,使之进入直径为2厘米、冲程为5厘米的汽缸,带动活塞,从而带动车轮转动,这样,蒸汽机车就可以行走了。他先在家中试车。默多克的蒸汽机车一点上火,就飞速地向前奔,速度之快出乎他的预料。这就是人类历史上第一个火车雏形。

一个晚上,默多克在野外试车。蒸汽机车飞驰而过,喷着火焰,还发出"呼哧呼哧"的声音。一名牧师撞见,大惊失色,以为是魔鬼,大呼:"魔鬼来了!"从此人们谈"车"色变。

瓦特对此事也表示不满,他认为默多克不可能发明出蒸汽机车,搞这种注定会失败的发明研究,将会影响默多克在康沃尔矿区的蒸汽机安装和维修工作,有损蒸汽机的声誉。他严令默多克停止研制,并不允许为机车模型申请专利,否则他将把默多克开除出商会。默多克稍作争辩,随即就无言地屈服了。

在默多克之后,继续从事蒸汽机车研制工作的是理查德·特里维雪克。他是英国的一位技师,出生于默多克工作过的康沃尔郡。很小的时候就接触蒸汽机,常常帮助他父亲修理、安装蒸汽机。

特里维雪克在矿山抽水时常常感到,瓦特蒸汽机功率不够大。在查阅大量资料后,他认为增加蒸汽的压力将有助于提高蒸汽机功率,这就需要制造出耐高压的容器,这在当时是完全可以做到的。

很快地,特里维雪克设计制造了一台高压蒸汽机,功率果然提高了许多,他高兴极了。然而,瓦特在得知特里维雪克发明了高压蒸汽机之后,却说:"那种机器是不安全的,而且完全没有使用它的必要。"以瓦特的地位、权威,特里维雪克的高压蒸汽机很轻易地被否定了,人们甚至不屑于了解它。

特里维雪克并不在乎这种冷落,他又把他的发明应用到交通运输上,制造载人蒸汽机车。1801年圣诞节前,他研制成一部能在公路上行驶的载人蒸汽机车。然而因水被烧干之后失火,机车被烧毁。

1803年,特里维雪克制造了他的第二部蒸汽机车,并在伦敦公开展出,引起很大轰动。这是一部单汽缸的蒸汽机车,能牵引5节车厢。以煤炭和木柴为燃料,时速达5至8公里。可惜的是,由于机车没有驾驶室,现场演示时特里维雪克必须边走边驾驶,操作时出现失误,机车撞在了墙上,报废了。

特里维雪克在1804年和1808年又制造了两部蒸汽机车,但都在行驶时失败了。四部蒸汽机车接连失败,特里维雪克饱受痛苦的折磨。他终于心灰意冷,从此放弃了对蒸汽机车的研制工作。

火车的最终成功制造者是乔治·斯蒂文森。斯蒂文森1781年出生在英国的一个煤矿工人家庭。由于家境贫寒,到17岁,他还目不识丁。但他勇敢地与七八岁的孩子坐在一起学习。经过几年的努力,他不仅扫了盲,还当上了机械修理匠,并时常看瓦特的著作。由于他聪明能干,很快又被提升为工程师。

在伦敦工业展览会上,斯蒂文森见到了特里维雪克制造的第三部蒸汽机车,那已是1812年。他欣喜地驻足,仔仔细细地看了两三个小时,竟萌生了接着研究下去的念头。

1814年,斯蒂文森的研究有了成果——世界上第一部具有实用价值的蒸汽机车问世了,斯蒂文森称它为"半筒靴号"。"半筒靴号"装有四只轮子,像一只横倒放下的大柏油桶,车顶竖了一根不长的烟囱,机车后挂有八节货运车厢和一节客运车厢,车速是每小时4英里。火车行驶时上下颠簸。车轮与铁轨发出巨大

响声,蒸汽还不时发出又尖又响的声音,烟囱里不断地飞出火星。

虽然"半筒靴号"的试车成功了,但它只来回跑了几次就被搁置起来,理由是当地居民纷纷抗议机车发出的巨大响声对人和牲畜的伤害,而机车的火星可能引起火灾,机车的颠簸可能导致路基被毁乃至于翻车事故。另外,机车本身的速度也远远低于马的速度。

在以后的 10 年中,斯蒂文森潜心于蒸汽机车的改造,同时也改造了轨道。他把蒸汽机的出汽管用小管子引入烟囱,减少了噪音,加快了烟囱的排烟速度;加大炉中火力,提高了蒸汽机的功率;在机车底部,加装减震弹簧,增加了机车的抗震性和稳定性,采用了凸边式车轮。

在英国修建斯托克敦与达林敦之间的商用铁路时,斯蒂文森以总工程师的身份,建议采用他发明的、具德林顿铁厂轧出的长 15 英尺、设有导向凸缘的熟铁轨,并在枕木下加铺小石子。

为此,他于 1825 年制成了世界上第一部具有实际意义的客货两用蒸汽机车——"旅行者"号。"旅行者"号的主体是铁木合制的卧式圆桶锅炉,锅炉上有两个垂直气缸,通过机轴带动锅炉底下的 4 只车轮转动。

1825 年 9 月 27 日,"旅行者"号拖着 34 节总重 90 吨的车厢,载着 450 位乘客开始试车了。有人好奇,骑着一匹马与机车赛跑,结果被落在后面老远,当然,这是火车第一次超过疾驰的骏马,当时机车的速度达到了每小时 24 公里。蒸汽机车的命运并非一帆风顺,保守势力仍然抵制把它运用到人们的生活当中,人们改不了乘马车出行的习惯。

可是斯蒂文森却仍然埋下头来改进机车的技术,1829 年,他造出的"火箭号"超过了以往的载重量,车速也达到了每小时 46 公里,开足马力后甚至达到了时速 56 公里,火车的地位终于得到认可。火车成了人们外出旅行时首选的交通工具。

无情批判现实的巴尔扎克

一天夜晚,圆圆的月亮把大地照得一片雪白,巴黎的街头比往日更加热闹了,大街到处是人在走动。一个 20 岁左右的年轻人行色匆匆。他刚一跨进家门,他的父亲便满脸不高兴地问道:"你去哪儿了?我听说律师事务所的人一天都没有见到你的影子。"

年轻人转头不看他的父亲,冷冷地说道:"这有什么奇怪的,我不喜欢待在事务所里。"

父亲闻听,气得脸涨得通红,说道:"不像话!连父亲的话也不听!岂有此理!"

"我就是不喜欢当律师,请您原谅。我恳求您考虑一下我的意见。"

父亲更加生气了,只见他的脸涨得通红,脑门上青筋直蹦,好像一条条毛虫。他迈开大步在室内踱着,过了好一会儿,他缓和地说道:"好,你能不能听爸爸最后一次话。"

"爸爸,我不能欺骗您。我确实不喜欢律师这个职业,请您体谅我。"

父亲低下了头,沉思了许久,问儿子道:"那么,你愿意做什么呢?"

"我喜欢文学,而且非常感兴趣。"

"文学有什么好,它能养家吗?你还年轻,不懂父亲的苦心。等你成年后,一定会后悔的。难道你真的要让爸爸失望吗?"

"爸爸,我不是让您失望,难道世界上只有当律师才有出息吗?我觉得只要是个人喜欢的工作,都会有出息的。您的儿子一定会尽力去做的。"

父亲看出儿子已经铁心了,心里感到无限难过。他知道今天无论如何都不会说服儿子的,这样僵下去,也没有什么好处,于是说道:"你喜爱文学,究竟能有什么结果呢?""我写剧本,只要有信心,我想做的事情都会做成功的。"

父亲摇了摇头,说道:"孩子,你太天真啦!世上的事是很奥妙的,没有你想的那样简单。"

"爸爸,您放心吧,我会写出好的剧本的。"

父亲无可奈何地说道:"既然如此,也罢,从今天起,我每月付给你120法郎的生活费,如若你在两年内写不出好作品,那就乖乖地回到律师事务所去。"

年轻人闻听,眼睛里立刻闪现出异样的光芒,斩钉截铁地说道:"谢谢爸爸,一言为定。"

这个年轻人就是19世纪法国批判现实主义作家的杰出代表——奥诺雷·德·巴尔扎克。

巴尔扎克于1799年5月出生在法国杜尔市的一个中产阶级家庭里。父亲在大革命后发了财,希望儿子以后能出人头地。1814年,他们全家迁居巴黎。巴尔扎克从小爱好文学,只要一有空就看书,读了大量的文艺书籍。1816年,巴尔扎克在父亲的授意下,进入法科学校读书。他父亲一心想让儿子成为一名律师。大学还没有毕业,他就被介绍到一位名律师手下做助手。他整天与法律界的人们打着交道,越来越觉得没趣。于是,他决心与父亲摊牌,离开律师界。

巴尔扎克自从与父亲立下军令状后,便开始了他的写作生涯。他把自己关在一个简陋的房间里,动手写《克伦威尔》的悲剧。待他写完后,便读给别人听,结果只见他读得很认真,听的人们却都鼾声大作了。

他心里很难过,眼看两年的时间马上就快到了。他灵机一动,马上改弦更

世界通史

张,动手写了些迎合小市民趣味的作品,虽然文学上没有什么成就,可是可以拿到一笔稿酬,起码生活可以独立了。

后来,巴尔扎克又改弦更张,经起商来。他先后干过出版业、印刷业,甚至想冒险去开一个废银矿,结果一事无成,却欠下了9万法郎的一大笔债,每年光利息就要付6千法郎。

债台高筑,压得他喘不过气来。有一天,夜已经深了,巴尔扎克心想,今天可以睡个安稳觉了。他轻松地伸了伸懒腰,躺下了。

正睡得甜时,突然一阵急促的敲门声把巴尔扎克从睡梦中惊醒。几个人怒气冲冲地闯进来,巴尔扎克睡眼惺忪地问道:"你们是做什么的?"

一个人走到他的面前说道:"还用问吗?你不认识我了吗?"

巴尔扎克这才看清楚,原来是债主。巴尔扎克为难地说:"对不起,我实在没有钱呀!"

"没有钱,那就对不起了,咱们法庭上见好了。"

"千万不要这样,我确实没有钱。待我有了钱,一定还您就是了。"

这时,一个警察走近前说道:"你欠债不还,小心送你到警察局。"

待巴尔扎克把这群人送走,他已经冻得浑身颤抖起来。他抬头看了看表,已经是后半夜一时了。他回到床上披着被,心里有一种难以形容的滋味。

他就这样被搞得没有一时一刻安宁。他在巴黎东奔西跑,到处碰壁。那种狼狈相实在无法形容。这时,他深深地体会到,在人世间,金钱是万能的,有钱能使鬼推磨的话一点也不假。

在经商的过程中,巴尔扎克深刻地了解了当时的社会现状。

1829年,巴尔扎克用自己的名字发表了小说《朱安党人》,这是他获得文学声誉的第一部作品,也是他现实主义创作道路的第一步。

1834年以后,他突然萌发了一个念头,把整个社会当做一个大舞台,让读者看到形形色色的、丑态百出的"人间喜剧"。他的每一部小说,都描写一个时代。他计划写137部作品。

经过多年努力,巴尔扎克完成了96部作品。其中有许多作品后来成了世界名著,如《高老头》、《欧也妮·葛朗台》、《幻灭》、《夏培上校》、《邦斯舅舅》等。

《人间喜剧》是一部封建贵族没落衰亡和资产阶级罪恶发迹的现实主义形象史,它包含着对资本主义的无情讽刺和批判。

在34岁那一年,巴尔扎克收到了一封寄自遥远的俄国的信,信尾署名是亨斯卡夫人。她在信中说自己是巴尔扎克的小说的忠实读者。巴尔扎克给她回了信,从此他们开始鸿雁往来,终至产生爱情。他们就这样神交了17年,从来没见过面。直到亨斯卡先生去世,巴尔扎克才到俄国把亨斯卡夫人娶回法国。

巴尔扎克一生负债累累，好容易娶了个富孀，可以脱离债务的苦海了。没想到在婚后5个月，即1850年8月，他就因心力交瘁而逝世了。

巴尔扎克一生只活了51岁，他的一生在苦难中度过，可是这苦难换来的就是他对世界文学所做出的巨大贡献。

理想主义的雨果

1830年2月25日傍晚，巴黎法兰西大剧院将要上演青年作家维克多·雨果编写的浪漫剧《欧也妮》。剧院门前早早就悬挂起了一幅巨大的广告牌。广告牌上，一个身材魁梧的绿林好汉模样的人用手指着国王，好像在痛斥他的什么罪行。旁边写着一行大字：今日上演《欧也妮》，作者雨果。

开演时间还没有到，剧场门前就聚集了许多人。人们争论得面红耳赤，有的说道："岂有此理！这种戏怎么能上演呢？"

有的人说道："这出戏好极了！它充分发挥了艺术家的想象力和创造力，民众最爱看这样的戏剧。"

不一会儿，聚集的人更多了。人们七嘴八舌地议论着，突然，有人争吵起来，接着就有人动起手来。顿时，剧场门前乱成一片。人们形成两派，互相殴打起来。一派索性爬上房顶，拿着垃圾往下投；一派把守着剧场大门，坚持让剧场继续演下去。

这时，在剧场门口，有一位年轻人焦急地向门外望着。他生得方面大耳，两眼炯炯有神。

突然，他不由得一愣，只见一位先生正在拥挤的人群中拼命地向门口挤来。这时，有些人已经不敢接近门口，但这位先生却根本不予理睬。他挤过人群，大摇大摆地走到门前。这时，一个白菜疙瘩正好砸在他的脑门上。年轻人感动地迎过去，拉着先生的手说道："您就是巴尔扎克吧？"

先生点头说道："是我。"

年轻人紧紧握着先生的手说道："谢谢您！谢谢您对我的支持！"

说着，就热泪盈眶，巴尔扎克见此景说道："你就是雨果吧？"

年轻人含着眼泪点头说道："我就是雨果。"

两人热烈地拥抱着。雨果做梦也没有想到已大有名气的大作家能如此抬举他，他感到万分荣幸！从此，两人成了亲密的朋友。

雨果于1802年2月出生在法国贝桑松市，父亲是拿破仑的将军，母亲却拥护波旁王朝。父母政见是对立的，不过童年时代的雨果受母亲的影响较深，因此他早年同情保皇党，对资产阶级革命抱有敌视态度……后来，由于波旁复辟的倒

世界通史

行逆施,使雨果逐渐从迷途中醒悟过来,19世纪20年代中期以后,他逐渐转向进步阵营。

雨果才华横溢,少年时代就开始写长篇抒情诗。1827年,他出版了剧本《克伦威尔》,在序中提出了浪漫主义的文学主张,从此被公认为积极浪漫主义的领袖。

1830年7月,法国发生了"七月革命",民众把复辟的王朝推翻了。民众如火如荼的起义的场面深深地激励着他,于是他拿起笔,用了一年的时间,终于完成了长篇小说《巴黎圣母院》。这一著作的发表,使雨果在长篇小说领域享受到与他在诗歌和戏剧领域所享有的同样声誉。

有一天,一个生得肥头大耳的人来雨果家里,仆人通报了雨果,雨果觉得很奇怪:在朋友中,好像没有这个人,但他还是热情接待了客人。那人见了雨果,满脸堆笑,说道:

"巴黎人最敬仰的大作家,今日登门拜访,我心里一直忐忑不安,能得到您的接待,真是三生有幸呀!"

雨果说道:"承蒙您的夸奖,诚惶诚恐。我实在愚笨,忘记了在何地与您相识!"

那人哈哈大笑道:"不是您愚笨,而是我太冒昧了。今日登门是想与您合作,请您写一部反映当代生活的长篇小说,不知您是否有兴趣?"

雨果闻听,满口答应道:"可以。不过待我构思后,再与您联系如何?"

"太好了!没有想到您会如此爽快,咱们一言为定。"

雨果送走出版商,便开始琢磨如何写,写什么。他突然想起当年遇见的一件事:一个名叫比埃尔·莫的贫苦农民,因为生活所迫偷了一块面包,不幸被捉住了,被判5年苦役。出狱后,他备受歧视,在就业中屡遭拒绝。雨果一回想起比埃尔·莫那双善良的眼睛,一个苦难的人的形象便历历在目。当时,雨果很同情他,但自己的力量也有限,没有力量帮助他。想到这里,雨果自言自语道:对了,就写这件事,名字就叫《受苦的人们》。

于是,雨果便开始了《受苦的人们》的创作。不久,他又卷入政治活动和文艺舞台的斗争,只好把《受苦的人们》放下了。

直到1845年,雨果才重新投入《受苦的人们》的创作中来。为了尽早完成此稿,他下定决心不再参与任何活动了。于是,他在日记中写道:

"为了延长工作日,我现在只是在9点钟吃饭。我要这样持续两个月,以便加速写作特列让(小说主人公冉·阿让最初的名字)的工作。"从此,雨果一直遵守自己的诺言,经过前后几年的紧张努力,小说终于在三年后接近尾声了。

这时,欧洲大陆爆发了1848年革命,雨果又中断了写作。他被推选为制宪议会的成员。后来,共和国总统路易·波拿巴发动政变,宣布实行帝制,对共和主义者大肆镇压。雨果发表了反政变的宣言,策划反抗,遭到失败。

于是,雨果只好流亡国外,定居在大西洋的杰西岛上。他又重新开始写作了。这时,《受苦的人们》已经不能令他满意了,他便在原稿的基础上进行了扩充,并深化了主题。经过一番艰苦的努力,他把《受苦的人们》改编成规模巨大、内容丰富的五卷本大作《悲惨世界》。

《悲惨世界》这部作品集中地反映了广大人民的苦难,塑造了冉·阿让这个法国共和主义者的英雄形象,作者的追求美好理想的愿望和民族主义立场也在小说中展露无遗。这部小说堪称雨果的代表作,赢得了"社会的史诗"的美誉。

雨果一生笔耕不辍,可谓著作颇丰,作品的形式包括小说、诗歌、剧本。雨果非常同情劳动人民的苦难,所以不断地歌颂并鼓励人民的斗争和反抗。1885年5月,雨果在巴黎与世长辞。他死后,法国人民举国哀悼,政府为他举行了国葬。

法拉第研究电磁学

在19世纪的英国,有一位伟大的物理学家、发明家,他叫迈克尔·法拉第。他是世界上第一个将电磁力理论运用到生活中的人。如果不是法拉第发明了发电机,人类进入电气时代可能还要向后推几十年。所以,爱因斯坦曾盛赞他的发明是物理学领域在牛顿以后最深刻的一次变革。

1791年9月22日,法拉第出生在英国纽因敦城一个普通的铁匠家里。他的父亲是一个吃苦耐劳、敦厚朴实的人,名叫法拉第·詹姆士。一家六口人靠他打铁为生,生活相当艰苦。

法拉第的童年是在饥饿中度过的,有时一个面包要当一星期的口粮。法拉第5岁那年,全家为生活所迫,辗转到了伦敦,在一家马车行楼上租了两间小屋定居下来。

父亲工作的铁匠铺就在马车行附近,法拉第常去给父亲送饭。铁匠们打铁的景象——铿锵的铁锤声、通红通红的炉火、打铁劳动的欢乐给法拉第留下了终生难忘的印象。他对父亲的铁匠铺一直怀着深厚的感情。法拉第后来成为举世闻名的科学家,与铁匠般的实干精神是分不开的。

由于家境困苦,法拉第小小年纪就开始谋生了。他13岁时到伦敦布兰埠街的一家书店去当报童,专给租报的人家送报纸,还在店里打杂。

书店老板乔治·里波见这位铁匠的儿子工作勤快,又喜欢动脑筋,不久就叫他学习装订书籍,兼管售书。装订工作对法拉第的一生产生了巨大的影响。他千方百计地努力学习,一有空就读那些刚装订好的新书。法拉第通过刻苦自学,

世界通史

获得了丰富的知识。书店成了他的启蒙学校。

法拉第最爱看的是《大英百科全书》，特别是吉尔伯特、富兰克林等科学家的电学知识使他受益匪浅。对于其他科普读物，法拉第也都很感兴趣。

有一本名叫《科学对话》的小册子，写得饶有趣味。法拉第最初的科学知识就是从这本书里汲取的。

从13岁到21岁，正是长知识、长身体的黄金时期。法拉第在这个时期，正好在书店当了8年学徒，等于上了8年学。这为他后来从事科学研究打下了坚实的基础。可以说，法拉第是书店哺育出来的科学家。

法拉第喜欢科学，不只把兴趣局限在书本上。从一开始，这位铁匠的儿子就表现出可贵的独立思考能力。对于书里的结论，哪怕是权威的话，他也决不轻信。只要条件允许，他总要设法亲自检验一番。

法拉第经常做实验，他的零用钱几乎全部省下来购买实验用品了。钱不够时，他就想其他办法，有时连饭桌上的食盐也被他拿去做实验了。

这种尊重事实、不迷信权威的特点，贯穿在法拉第一生的科学研究活动中。正是这种可贵的精神，使得他后来在许多领域里做出了重大的发现。法拉第的伟大科研成果，都是通过实验获得的。

这是一个温暖而美丽的春天。坐落在伦敦艾伯马尔街的英国皇家学院，正沉浸在幽深的宁静里。这时，沃拉斯顿教授前来找皇家学会会长戴维。沃拉斯顿是皇家学院的理事、戴维的老朋友。

只见沃拉斯顿兴冲冲地从口袋里拿出一张纸，纸上画着一个草图。他向戴维解释说，照他图上画的那样做，在一个金属碗中间装一根直导线，通上电流，然后拿一根磁棒移近导线，导线就会绕着自己的轴转起来。

戴维听了，立刻动手做起实验来。他们把仪器安装好，但做了许多次都失败了，导线没有转。可能出现毛病的地方都一一查遍了，可导线就是不转！两人只好作罢，收拾现场。

这时，进来一个年轻的小伙子，他就是只念了几年书的装订工法拉第，他像走火入魔似的爱上了科学。因此，他终于离开书店，拜在戴维的门下，做了戴维的助手。

两位大师正在讨论通电导线为什么不肯转。奥斯特的实验证明，通电导线能对磁针产生偏转作用，他们认为：有作用就有反作用，理所当然地，磁铁也应该使通电导线转动。

可为什么沃拉斯顿的通电导线不肯转呢？这一问题深深地吸引了法拉第。

法拉第早就对电产生了兴趣，十几年前在他当学徒时，就经常在店铺的楼上摆弄电机、莱顿瓶，劈劈啪啪冒火花的情景至今仍历历在目。

自从到了皇家学院,他整天忙着帮戴维做化学实验,反而把电的研究搁在一边了。今天,戴维和沃拉斯顿的这次实验就像一只小虫爬上他的心头,使他瘙痒难忍;又像几粒火星落到一堆干柴上,立即点燃了一场熊熊烈火。法拉第重新开始研究起电来。

　　法拉第手里拿着磁铁、磁针,站在一根通电导线的旁边,一边比划,一边寻思:怎样才能使通电导线旋转呢?

　　首先,他看了奥斯特的实验,看通电导线怎样使磁针偏转。法拉第手拿磁针,绕着导线转。如果导线周围有许多根磁针,它们就会形成一个个圆,这些圆向着同一个方向。对,原来磁针是"想"绕着通电导线转哩!

　　既然磁针"想"绕着导线转,那么,导线当然也"想"绕着磁针转,这就是作用与反作用的关系。法拉第豁然开朗了:原来沃拉斯顿和戴维弄错了,不是通电导线绕着自己的轴转,应该是通电导线绕着磁铁的磁极转,该是公转,不是自转。

　　法拉第苦苦思索了好几天。最后,他在一个玻璃缸的中央立了一根磁棒,磁棒底部用蜡固定在缸底上。缸里倒上水银,刚好露出一个磁极。将一根粗铜丝扎在一块软木上,让软木浮在水银面上,导线下端通过水银接到伏打堆的一个极上,导线上端通过10根又软又轻的铜钱接在伏打堆的另一个极上,这样就形成了一个闭合回路,立在水银上的导线中就会有电流通过,可是,它会不会绕着磁棒转呢?

　　通电后,奇迹出现了:浮在水银上的那块软木晃了两下后,像一只小船似的无声无息地缓缓起航了。那根插在软木上的导线,就像收了风帆的桅杆,微微有点倾斜,轻轻地摆动着,仿佛在向法拉第招手。

　　导线转了,通电导线绕着中间的磁铁转动了。

　　这套小孩子玩具般的组合——小小的水银湖,小小的航船,就是世界上第一个马达!

　　法拉第像个孩子一样跳跃着,欢呼着!

　　在此基础上,法拉第在1831年又总结出电磁感应的基本定律,这为现代电工学奠定了理论基础。如果我们观察一下身边的无线电通讯、广播、雷达、传真、电视、遥测、遥控等许多技术,就会发现他们都是以电磁感应定律为基础的。

　　1858年,法拉第退休并在萨里汉普顿宫的恩典之屋定居。1867年8月25日,法拉第因病与世长辞,享年76岁。

照相机的发明

　　很少能找出一种发明像照相术这样有着如此多的用途,除了日常生活,它还

世界通史

被广泛应用于教育、科研、医学、信息、传媒等各个领域,让我们在回忆过去的时候,产生无尽的遐想。如果我们把我们的纪念品放在一起,就会发现,照片占了相当大的比例。

19世纪30年代,路易斯·达盖尔成功地发明了一种有实用价值的技术——照相术。关于它的发明,还有一段曲折的经历呢。

达盖尔1787年生于法国北部的康布雷城,青年时代他是个艺术家。在30多岁时,他设计了"西洋镜",这是用特殊的灯光效果展示的全景图画。当他从事这项工作时,他开始产生兴趣想发展一种不用刷子和油漆就能自动重现世界上的景象的机器。从此,他开始了研制照相机的尝试。

最初,他设计一架有实用价值的照相机的努力没有取得成功。1827年时他遇见了尼埃普斯,有可能那时尼埃普斯也在努力发明一架照相机(到那时多少已经取得了一点成功)。两年后他们变成了合作伙伴。1833年尼埃普斯去世,达盖尔独自继续坚持这一努力。到1837年时,他成功地发明出一种可以实用的照相系统,这被称为达盖尔照相术。

1839年,达盖尔将他的照相过程向公众公布,但没有申请专利。作为回报,法国政府授予尼埃普斯的儿子和达盖尔终身年金。达盖尔发明的公布在公众中引起了巨大的轰动,他成了当时的英雄人物,并接受了众多的荣誉。与此同时,达盖尔照相术也迅速得到普遍的应用。达盖尔自己很快就退休了。1851年,达盖尔在距巴黎不远的乡村住宅中去世。

没有什么发明是完全归功于一个人的工作的。确实,在达盖尔之前,许多其他的工作为达盖尔的成功做了准备。暗箱(一种类似于小孔成像相机的装置,但没有底片)至少比达盖尔早800年就发明出来了。16世纪时,卡尔达诺在如何将透镜安装在暗箱的孔上迈出了重要的一步,这拉开了现代照相机的令人兴奋的序幕。但是由于它产生的图像根本不能保存,几乎不能认为它就是照相机。另一项重要的准备性发现是1727年由舒尔茨完成的,他发现银盐对光敏感。尽管他用这个发现制造出一些暂时存在的图像,但舒尔茨没有真正对这一现象深入研究。

最接近于达盖尔成就的先行者是尼埃普斯,他后来成了达盖尔的合伙人。大约在1820年时,尼埃普斯发现产于朱迪亚(古巴勒斯坦南部地区)的沥青对光敏感。通过这种光敏材料与暗箱结合,尼埃普斯成功地制造出世界上第一架照相机(他于1826年制造的一架照相机现仍被保存着)。正是由于这一原因,一些人认为尼埃普斯才是照相机的发明者,但是尼埃普斯的照相方法完全不实用,它要求有8个小时的曝光时间,即使是这样,得到的结果仍然是一幅相当模糊的图像。

用达盖尔的方法，图像被记录在一张涂有碘化银的平板上，15 到 20 分钟的曝光时间就足够了。这样一来，这一方法尽管还很麻烦，但却可供实用了。在达盖尔将他的方法公之于众后的两年时间内，其他人对这一方法提出了一些小改进：在用作光敏材料的碘化银中加入溴化银。这一微小的变化对于大大减少必需的曝光时间起了很重要的作用，因而使得用照相术产生图像变得实用。

1839 年，在达盖尔公布他的发明之后不久，英国科学家塔尔博特宣布他发展了一种不同的照相方法。像我们使用的方法一样，它使用负片。一个令人感兴趣的记录表明，塔尔博特实际上在 1835 年就已经制作出了他的第一张照片，这比达盖尔照相术提前了两年。塔尔博特由于同时还在从事其他几项研究工作，而没能迅速将他的照相实验进行到底。

达盖尔非常大众化的发明对以后历史的发展起了巨大的促进作用。人们对照相机的研究工作并没有因此而停止。英国人塔尔博特在银板照相机发明的同时，创造了"塔尔博特摄影法"，使一张底片可以得到多张照片。又是几十年过去了，美国人也赶了上来。美国的乔治·伊斯曼发明了卷式软片，为照相降低成本、走进千家万户做了准备。1891 年，照相机的价格让不少人能够承受，成了家庭中简单而普及的娱乐工具。

后来，人们开始对原来的黑白照片不再感到满足，他们需要更高水平的摄影技术，希望照片这种东西能全面地展现生活全部色彩。彩色摄影技术就这样应运而生了。除了用于家庭娱乐，它还逐步被推广到科学研究的各个领域和工业、军事、医学、商业等诸多方面，从而推动了这些行业的发展。

古典芭蕾之父

芭蕾舞起源于意大利，17 世纪形成于法国。芭蕾这个名称译自法语 ballet，19 世纪初发展成为一门独立的艺术，创造了足尖舞技巧，并有一套完整的训练方法。18 世纪的时候，芭蕾传到了俄国，并形成了自己独特的风格。

19 世纪，在俄国这块培养天才的土壤上崛起了一位天才的芭蕾大师，他一生中编写了好多出著名的芭蕾舞剧，而他塑造的诸多芭蕾舞台上的经典形象更是深入人心。这位天才的大师就是一直以来备受世人敬重的马里尤斯·彼季帕，有了他，俄罗斯无愧于芭蕾第二故乡的赞誉，俄罗斯芭蕾因他而辉煌，他永远值得世界人民怀念。

虽然是俄国的艺术舞台成就了他的辉煌，但是马里尤斯·彼季帕却是个法国人。

1819 年 3 月 1 日，马里尤斯·彼季帕在法国马赛出生。这是一个艺术氛围

世界通史

浓厚的家庭:父亲是一位芭蕾名师,当时正在布鲁塞尔的蒙奈耶剧院做男主演,并且开始编写剧本;母亲是一位很有才华的戏剧演员。这个家庭有四个孩子,马里尤斯·彼季帕是最小的一个。父亲从小就注意培养孩子们对艺术的兴趣。结果,功夫不负有心人,他的独女成了杰出的歌剧演员,长子吕西安与最小的儿子马里尤斯则继承了父亲的衣钵,成为著名的芭蕾演员,特别是马里尤斯最终成为芭蕾大师,在芭蕾史上留下了自己完美的一页。

马里尤斯大器晚成。他青年时也曾与大明星格丽希同台演出,也获得了成功,但终究不及其兄的表演才华。马里尤斯隐身于偏远小城南特,成为当地一个芭蕾舞团的男主演。在这里,马里尤斯第一次开始了自己的独立创作生涯,作品有《神权》、《波希米亚少年》、《布特婚礼》等。

1839年,父亲带着马里尤斯应邀到美国闯荡新世界,结果大败而归,一连几场演出全部亏本。父子两人灰溜溜地回到欧洲,父亲又回到蒙奈耶剧院,而马里尤斯却大为惭愧。回来之后,他一头拜在名师奥古斯特·维斯特里门下学艺。凭他的天赋与刻苦,很快舞技大增,做了波尔多舞团的男主演。在这里,他潜心学习研究芭蕾舞及大量的民间舞蹈。他又创作了许多作品,风格渐为成熟,主要有《波尔多美人》、《私通》、《摘葡萄》、《鲜花的语言》等等。

1843年,马里尤斯前往西班牙,在那里,马里尤斯得到深造。他创作了5部西班牙题材的芭蕾舞剧:《石榴花》、《马德里少女历险记》、《塞维利亚的珍珠》、《知难而进》、《卡门与她的托雷洛》。

1847年,马里尤斯前往俄国彼得堡,被玛林斯基剧院聘为男主演。在这里,马里尤斯开始了他一生最辉煌的时代。

1858年,马里尤斯凭着自己几十年积累的丰富经验,开始了他创作生涯的高峰。他先后创作了《摄政时代的婚礼》、《老实人的契约》、《蓝色的大丽菊》、《法老的女儿》、《堂吉诃德》等。这些芭蕾舞剧一部比一部出色,马里尤斯·彼季帕以自己出众的才华赢得了巨大声誉。

1869年,玛林斯基剧院的芭蕾大师圣莱昂离职而去,马里尤斯·彼季帕顺理成章地接替了他的位子。

1872年12月27日,玛林斯基剧院的芭蕾演员为庆祝马里尤斯赴俄国首演25周年,举行了盛大的宴会,而且赠给他一顶金冠,来表达对这位法国人为俄罗斯所做出的巨大贡献的谢意。

马里尤斯最为杰出的作品是与俄国作曲家柴可夫斯基合作完成的,那就是《天鹅湖》、《睡美人》、《胡桃夹子》,这三部作品成为了古典芭蕾舞剧的代表作。

《天鹅湖》由意大利著名演员莱妮娅妮主演,她在此剧创造了女子"挥鞭转"32圈的记录。

《睡美人》更成为马里尤斯的杰作。该剧由许多著名芭蕾演员共同完成,于1890年1月3日公演,马里尤斯·彼季帕在剧中串演了一位仙女。演出取得了空前的成功,著名的芭蕾演员安娜·巴甫洛娃就是随母亲看了这部巨著才决然走上天鹅之路的。

1904年,在俄罗斯青年一代芭蕾演员都成长起来之后,马里尤斯无憾地退休了,从此过着平静的晚年生活,直到1910年安详地逝去。

马里尤斯一生共创作了54部完整的芭蕾舞剧,复排了17部传统芭蕾舞剧,并且为35部歌剧编排了插舞,他完善了古典芭蕾舞剧中双人舞ABA模式与性格舞,使古典芭蕾舞剧趋于规范化。

除了芭蕾舞剧的编导和表演,马里尤斯·彼季帕还以自己的耐心在教导年轻的优秀芭蕾艺术家上倾注了无比的热情。后来的著名女芭蕾演员安娜·巴甫洛娃和著名的编导福金都曾得益于他的指点。

凭借其一生所获得的伟大的艺术成就,马里尤斯·彼季帕无愧于"古典芭蕾之父"的称誉。

世上最孤独的画家

伦敦克里斯蒂拍卖行是世界上著名的大拍卖行,经常来这里参加竞拍的都是世界各大博物馆的代表和有名的收藏家。1990年5月的一天,这里又一次挤满了人。在这之前,媒体就已经做了报道:19世纪荷兰著名画家凡·高的一幅肖像画《加歇医生》将在这一天当众拍卖。

拍卖开始了,底下的人不断给出新的报价,很快给喊到天文数字上去了。随着主持人第三次问价的话音,"乓"的一声,拍卖槌落在拍卖桌上。最后,这幅肖像画以惊人的8250万美元成交,世界艺术品拍卖史上的最高纪录诞生了!

对于今天的世界艺术品来说,后印象派代表人物凡·高的每一幅作品,都成为那些追求名画佳品的收藏家们所追寻的宝物。而凡·高活着的时候,差不多是世间最孤独、最贫困的一位画家。他生前的作品只有一幅以50法郎的价格出售给了一位同情他的朋友。

1853年3月,凡·高出生于荷兰南部的布拉邦特。父亲是一位新教牧师,受过良好的教育,他一心希望儿子能够继承自己的事业。16岁的凡·高中学毕业后,开始了商业生涯,来到英国伦敦,在皮古尔公司当了一名店员。虽然他并不偷懒,但生性腼腆、孤僻和直率的性格往往导致生意告吹。6年后,凡·高被公司解雇,在伦敦附近一家规模很小的寄宿学校教书,后因不能收齐学生的欠费而失职。不久,凡·高在一家书店找到了工作,担任记账员。4个月后,他不辞而别,回到了家乡。

在叔叔的帮助下,凡·高又来到阿姆斯特丹,为投考神学院而积极攻读,父母对此寄予了无限期望。凡·高拼命用功学习,每天达到 19 个小时左右,以致因过度紧张,得了精神分裂症而无法参加神学院入学考试。经过一段时间调整后,凡·高来到布鲁塞尔,被接纳进入福音传道学校。后被派往比利时南部博里纳日矿区,传布福音。博里纳日矿区乌黑而又低矮的砖房、残破的棚舍、遍地的垃圾、衣衫褴褛的人们,激起了凡·高强烈的同情心。他与他们同吃同住同生活,并讲解《圣经》,不料被认为有失体统而遭解职。

一个晴朗的秋日,凡·高无所事事地走到矿井边坐了下来。当他看到一个老年矿工从远处走来,头上的安全帽一抖一抖,双肩的线条高高隆起时,他心头一动,顺手从衣袋掏出一支铅笔和一封家信,就在信封的背面,迅速地画下这个迈着沉重脚步、穿过黑色田野的矿工身影。从此,凡·高以一种近乎狂热的激情投身到绘画里,他每天要画 18 个小时以上。接着又让他的胞弟泰奥从巴黎寄来大师们的画片,不停地临摹。后又拜业余画家皮特森牧师为师,以博里纳日矿工的妻子和孩子为模特,苦练基本功。

凡·高来到了法国南部的小城阿尔。阿尔乡野的色彩深深吸引了他,火红的太阳、湛蓝的天空、橙红的泥土、绿色的田野、红色的玫瑰。在此,凡·高不停地画,并总是在阳光最强烈的时候作画,他以明亮的色调、跃动的线条、凸起的色块,来表达他的主观感受和激动情绪,他仿佛成了一架绘画机器。1888 年,凡·高在此创作了近 200 幅油画,有许多后来成为传世名作,如《向日葵》《邮递员罗兰》、《供应市场之农圃》、《蝴蝶花》等。在阿尔,凡·高的色彩、方法和创作思想都发生了剧变。他不仅大量描绘阳光下的鲜艳色彩和总是朝向太阳的向日葵,而且一再正面描绘令人难以逼视的太阳本身。他想以此来慰藉人世的苦难,表达他强烈的理想和希望。

此时的凡·高已不再怀有成功的念头,可还是强迫自己拼命地画,绘画已经成了凡·高生命的本身。

1890 年 7 月,凡·高的精神病复发,这次发病的凡·高再也抑制不住内心的痛苦,举枪自杀了,死时年仅 37 岁。就在自杀的前一天,凡·高还完成了一幅题为《麦田里的乌鸦》的油画。

在短短的创作生涯里,凡·高给人类留下了 800 余幅油画和 750 幅素描作品。

1988 年,联合国教科文组织宣布这一年将被定为"凡·高年"。1990 年是凡·高逝世 100 周年,世界各国纷纷为他举行以艺术为主题的纪念活动。这位生前世上最寂寞的画家终于得到了世人的承认。

达尔文带来一场革命

1859年,生物学家达尔文的《物种起源》一书发表了!在这本书中,达尔文提出并详细地阐明了生物进化学说。在19世纪的社会中引起了极大的震撼。

据说,有一位贵族小姐在听说人类是由猿变来的这一理论时,竟然吓得当场昏倒了。生物进化论不仅仅是自然科学的一种理论,也是当时一种重要的社会思潮,对社会的发展产生了深远影响。

1809年2月,查尔斯·罗伯特·达尔文出生在距英国西海岸约100公里的古城施鲁斯伯里,他父亲罗伯特·瓦尔宁·达尔文是一个很有声望的医生。他在这个古城近郊建筑了一座三层红楼房,博物学家查理·达尔文就在河畔的红楼房里诞生了。

达尔文有一个哥哥、4个姐姐,他8岁时进学校读书,他的学习成绩一直赶不上妹妹,却对搜集动物、贝壳、硬币和图章感兴趣,特别喜欢自然史,努力研究植物的名称。他对严格的古典教学方法极其反感,而对校外活动非常感兴趣。他对地方动物志相当熟悉,精心阅读鸟类方面的书籍,对鸟的习性进行观察,并做出标本。他还迷上了化学实验和打猎,和哥哥整日里做化学实验,同学们便给他起了个"瓦斯"的外号。

一次,在校长的坚持下,达尔文的父亲不得不把儿子领回了家。他愤怒地痛骂儿子:

"你念念不忘的就是打猎、养狗、养猫、捉老鼠、抓虫子、玩瓶子、采花草,这样下去会有什么出息?不但丢尽了你的脸,也玷辱了全家,你会成为让人痛心的败家子的。"

面对校长的责备和父亲的痛骂,达尔文只是淡淡一笑,心里不服气地说道:我可不是不可救药的人。我热爱科学,我有信心一定能在大自然中捕捉前人从来没有见过的东西。你们等着瞧吧,我一定会为达尔文家增光的。

达尔文是这样想的,也是这样做的。所有这些压力对他来说都无济于事,兴趣广泛的达尔文依然其乐无穷地酷爱着那些被人们认为是"一个精神失常的人干的勾当"。

平日里,达尔文沉默寡言,他总是不失时机地窥视着自然。

有一天,他走在古城堡的城墙上,像往日一样,他一边走一边陷入了对自然的冥想。他若有所思地迈着步子,突然一脚踩空,从城墙上跌了下去,这时,达尔文仍然还在思考着。亲眼见到他摔下城头的人们,甚至包括他自己在内,都认为被摔死是无疑的了。出乎意料的是,他却奇迹般地安然无恙。在这场虚惊中,他

世界通史

悟出了一个科学道理:

"在这场突如其来地、毫无预料地跌下去的一刹那,在我头脑中闪过的念头的数目却是惊人的多。这一切,和生理学家们所提出的每个念头需要可观时间的说法是不相符的。"

1825年,父亲把达尔文哥俩送进了苏格兰的爱丁堡大学。大学的授课情况使达尔文大失所望,几乎所有的课都极其枯燥,他喜欢的只有化学课,后来他又钟爱上了自然史,并与教授詹姆逊交上了朋友。

达尔文经朋友汉斯教授的推荐,登上考察美洲东西海岸的"贝格尔"号舰,当了随船的生物学家。他开始了环球航行。

"贝格尔"号以每小时七八海里的速度前进,达尔文被晕船折磨得晕头转向。他坚持着和船上的人聊天,以减轻晕船的反应。有时,他阅读旅行家们描写热带自然界的著作来转移注意力。

"贝格尔"号终于来到热带,达尔文抓紧在风和日丽的天气,用小网捕捞浮游生物,几天的工夫,甲板上便堆积如山了。负责管理船上清洁和美观的韦克姆上尉看着这堆"垃圾",非常气愤地说:"真是令人难以理解,弄来这些垃圾让大家作呕!"

达尔文却如获至宝,他整日里研究和观察着这些"宝贝"。

一天,"贝格尔"来到佛得角群岛中最大的普科亚港。达尔文望着光秃秃的平原,上面布满了一堆堆晒焦了的岩石。他为这奇异的景象所吸引。他到处奔跑,听到了熟悉的鸟鸣,从来没见过的昆虫在花间飞舞。这意想不到的收获令达尔文疯狂地奔跑了3天,他深深地被这新颖的热带大自然完全吸引住了。那些热带植物、各种鸟、色彩鲜艳的海洋生物使他心胸豁然开朗!

接着,达尔文又来到巴西的第二站巴伊亚市。展现在眼前的风景使他目瞪口呆。他在那里停留了20天,游览了热带森林,收集了昆虫和植物,亲眼看到这里都是由奴隶贩子贩卖到此地的黑奴构成的居民区,狂欢节是这里最热闹的日子了。达尔文那和蔼的笑容和有趣的交谈博得了黑奴们的尊敬,人们亲切地喊他:"亲爱的老哲学家,参加我们的狂欢节吧!"

达尔文欣然接受了,他与黑奴们尽情地狂欢着!

1836年10月2日,"贝格尔"舰终于在英国靠岸,达尔文也满载而归。他谢绝了担任待遇丰厚的英国地质学会秘书的邀请,用了两年的时间,埋头整理他的考察日记和各种标本。1839年至1846年,他的《航海日记》、《贝格尔舰航行中的动物学》、《火山岛的地质考察》、《南美洲的地质考察》等著作相继出版。1859年,他出版了《物种起源》一书。

在这部科学巨著里,达尔文以充分的事实和确凿的证据向人们表明"物种不是不变的"，一切生物都由少数生物进化而来，生物的进化是自然选择、历史作用的结果。这就从根本上否定了"神创论"、"物种不变"的说教，把生物学第一次从神学束缚下解放出来，将它建立在科学的基础上。达尔文的进化论是19世纪自然科学的最重大发现之一，《物种起源》一书问世，标志着达尔文进化论的确立。

《物种起源》像一颗重型炮弹炸在欧洲神学阵地上。上至英国首相，下至御用文人，都群起而攻之，甚至一些昔日的朋友和老师也因观点分歧变成他的仇敌，但以赫胥黎为首的进步学者则坚定地支持达尔文。

1860年6月30日在牛津图书馆里爆发了一场激烈的大辩论。牛津大主教跳上讲坛，严厉地斥责达尔文的进化论，并以谩骂的口吻质问道："赫胥黎先生，你相信猴子是人类祖先，那么请问你，你自己是由你祖父的还是你祖母的猴群中变来的？"说完后，在助威者的哄笑声中回到座位。赫胥黎从容走上讲台，有力地回击了大主教的挑衅：

我再强调一遍，人类没有理由因为他祖先是类似猴子那样的动物而感到羞耻。我感到羞耻的倒是这样一种人，他惯于信口开河，他不但满足于自己事业中的那些令人怀疑的成就，而且还要干涉他一无所知的科学问题。在欧美，到处都出现了这样的辩论和论战。

随后，达尔文又发表了《动物和植物在家养下的变异》、《人类起源及性的选择》等书，对人工选择作了系统论述，并提出性选择及人类起源的理论，进一步充实了进化学说的内容。到19世纪70年代，达尔文的进化论已经普遍为学术界所接受。

到了晚年，达尔文疾病缠身，即使这样，他献身科学的热情也丝毫不减，又写出了《人类和动物的表情》、《食虫植物》、《植物的自花受精和开花受精》等几部著作。在逝世前一年，他还写了一本《蚯蚓对土壤形成的作用》呢！

1882年4月19日，达尔文的心脏病突然发作，他安详地死在了他的妻子爱玛身边。为了纪念这位伟大的生物学家，他被安葬在威斯敏斯特教堂牛顿的墓旁。

爱迪生发明电灯

在19世纪电灯问世以前，人们在日常生活中普遍使用煤油灯或煤气灯照明。这样的灯靠煤油或煤气的燃烧来发光，所以会散发出浓烈的黑烟和刺鼻的臭味，又因为需要经常给它们添加燃料，擦洗灯罩，所以用起来很麻烦。还有一个更严重问题，就是这种灯很容易引起火灾，造成惨祸。在那个时代，好多科学家都在想办法，利用当时已经出现的交流电，研究出一种安全可靠又方便耐用的

世界通史

电灯。

这一天终于来到了。1879年10月21日,一位名叫托马斯·阿尔瓦·爱迪生的美国发明家通过长期的反复试验,终于点燃了世界上第一盏有实用价值的电灯。从此,这位发明家的名字,就像他发明的电灯一样,走入了千家万户,他被后人赞誉为"新时代的普罗米修斯"。

当然,爱迪生并不是第一个研究电灯的人。自从开天辟地的时候起,大自然就已经懂得使用电力照明了。当阵阵响雷滚动时,空中便点起了一串串儿雪亮的"闪电之灯",但人类开研究电力照明,却是后来的事。19世纪初期,开始有人探索用电来照明。

在研究电灯的先驱中,首先应该提到的是法拉第的老师戴维。戴维在做电化学实验的时候,曾经发现两根相邻的碳棒中间通过电流,会发出强烈的弧光。他根据这个发现,发明了弧光灯。他用2000只伏打电池做电源,使两盏弧光灯发出的光足够照亮一个大厅。戴维还发现,白金丝通过电流的时候,会白热发光,而且很快就会在空气中烧掉。这一发现,启示后人发明了白炽灯。俄国科学家彼得罗夫发明过电弧灯,时间比戴维早些。

到19世纪下半叶,随着发电机的问世,电弧灯已经广泛用于灯塔、剧院和广场的照明。但是,电弧灯耗电惊人,每一盏电弧灯都得配上一台发电机,而且灯光也太刺眼,不适合家庭使用。

人们一直用煤气灯、蜡烛或者油灯做家庭照明,黑烟很多,也不明亮。为了寻找一种经济实用的电灯,人们做了大量工作,积累了许多失败的教训和成功的经验。19世纪70年代,发明电灯的条件日趋成熟,不少人都想显一显身手。爱迪生就是在这个时候参加研究的。

1878年初秋,爱迪生决定研究白炽灯。他首先收集人类照明的各种资料,从上古的油灯、蜡烛,后来的煤气灯直到当时各种电灯的研究资料,凡是和照明有关的,他都进行研究,他先后摘录的有关笔记就有4万多页。

1873年,俄国有个叫罗德金的青年工程师研制了一种白炽灯。他用细炭条做灯丝,装在密闭的玻璃泡里。这是世界上最原始的电灯了,但由于解决不了寿命短的致命弱点,因此最终也破产了。因此,许多人对白炽灯的研究望而却步。几年以后,另一个人对电弧灯做了改进,发明了一种新颖的"电烛",很受欢迎。巴黎的大街、伦敦的剧场直到柬埔寨的王宫都曾经闪耀过"电烛"的光亮。不过,从本质上说,"电烛"还是一种电弧灯,只是稍省些电罢了。

爱迪生经过反复比较,决定研究白炽灯。他确信白炽灯成本低、耗电省,只要解决了寿命问题,就有成功的希望。

从1878年9月开始,门罗公园里的研究所成了研究电灯的战场。爱迪生是总指挥,有 7 个经验丰富的人当助手。爱迪生首先遇到的难题是不知道用哪种材料做灯丝才能延长灯泡的寿命。开始时,他试用传统的炭条,但一通电就断了。接着,改用钌、铬等金属丝,通电以后,也不过亮了片刻就烧断了。爱迪生还改用熔点高的贵重金属白金丝做实验,灯泡的寿命还是不长。

1878 年过去了,爱迪生的研究毫无进展。他用极大的毅力和耐心,试验了 1600 多种材料,各种金属、石墨、木材、稻草、亚麻、马鬃都成了他的实验品。爱迪生用的实验方法,基本上属于试探法,凡是能想到的东西,他都找来试验。他那种百折不挠的精神确实令人钦佩。

1000 多种材料都试过了,经费也花得差不多了,试验还是没有成功。爱迪生一筹莫展。这时,不但一般人认为爱迪生成功不了,就连很多专家也觉得电灯的前途实在暗淡。英国一些著名的电器专家甚至公开讥讽爱迪生的研究不过是荒唐无稽的梦呓。曾吹捧他的纽约报刊记者也落井下石,刊登采访记,说"爱迪生研究电灯的宏愿已成泡影"。

但是,爱迪生没有退缩,他顽强地要把明亮的电灯研究出来。

爱迪生和助手们经受着严峻的考验。他们关在实验室里夜以继日地干着,实在困了,就在实验室的桌子上躺一躺。爱迪生因为劳累过度,虽然身强力壮,但是两眼常常布满血丝,显得疲惫不堪。

爱迪生在休伦埠车站学电报的时候,麦肯基站长曾热心教过他电码。爱迪生建立研究所以后,特地请他到所里来工作。这时,麦肯基已经上了年纪,实际上做不了事了。爱迪生聘请他来,不过是为了报答他的情谊,让他挂个闲职养老罢了。麦肯基是苏格兰人,长着红棕色的头发和胡子。有一天,爱迪生正在为灯丝材料冥思苦想,忽然看到麦肯基的红胡子,不由眼睛一亮。他问麦肯基,为了电灯实验,能不能借用一样东西?麦肯基明白爱迪生看中了他的胡子,就剪下一撮来,爱迪生怀着极大的兴趣挑选了几根粗胡子,先进行炭化处理,然后装进灯泡里做实验。这时,他已经设计出一种新的抽气机,灯泡的真空度有明显的提高。

遗憾的是,实验结果表明,用胡子做灯丝,效果也不理想。麦肯基找到爱迪生,把胸口一拍说:"再试试我的头发吧!"

爱迪生说,头发和胡子的性质一样,没有采纳他的建议。但麦肯基的献身精神是感人的,爱迪生深情地望着麦肯基,目光偶然落在他的粗线外套上,灵机一动,突然对助手喊起来:

"快!找一卷棉线来。"

麦肯基听了,毫不犹豫地解开外套,从里层撕下一大截粗线,递给爱迪生。助手看见爱迪生接过棉线时候的激动神情,每个人的脸上都露出了兴奋的神色。

他们知道,每当爱迪生做出重要决定的时候,总是这种表情。

爱迪生先把棉线放在密闭坩埚里,再把坩埚放进火炉,用高温处理。等棉线炭化以后,让它冷却,然后用镊子取出来。大家目不转睛地看着他操作。炭化棉线又细又脆,加上爱迪生过于紧张,开始几次都碰断了。到第三天傍晚,他们才成功地把炭精丝装进了灯泡。这时,夜幕已经降临。一个德国籍的玻璃专家按着爱迪生的吩咐,把灯泡里的空气抽到只剩下一个大气压的百万分之一,封上了口。这为爱迪生的成功提供了先决条件。

爱迪生接通电流,他们日夜盼望的情景终于出现在眼前:灯泡发出金色的光亮!爱迪生和助手们无比惊喜,他们忘记了13个月来的失败,忘记了连续苦战的疲劳,一直守着这盏电灯。这一天是1879年10月21日,后来被定为"电灯发明日"。

连续用了45个小时之后,这盏电灯的灯丝才被烧断。这是人类第一盏有实用价值的电灯。

爱迪生没有陶醉。因为电灯的寿命还不足以让它进入人们的生活,于是他开始寻找更耐用的灯丝材料。又是两年过去了,爱迪生和助手们先后拿世界各地的6000多种植物纤维做过试验,终于从长在日本的一种竹子中找到了合适的材料。电灯的寿命因此提高了上千小时。1882年初春,第一批实用的电灯终于生产出来了。

同年秋天,在纽约帕尔街的发电所里,爱迪生亲手推上了向用户供电的闸刀。后来的人们又不断对电灯加以改进,找来使用寿命更长的钨丝做灯丝,今天我们家里的灯泡用的就是钨丝。

电灯是19世纪末最著名的一项发明,也是爱迪生对人类最辉煌的贡献。应该说,是爱迪生把光明带给了人间。爱迪生1847年2月11日生于美国俄亥俄州的米兰镇。他一生拥有2000多项发明,其名下的专利达1000多项,是世界著名的发明家、物理学家、企业家。1931年10月18日,爱迪生去世,终年84岁。

诗人哲学家尼采

19世纪末,在西方哲学界出现了一个叛逆的人物,他击碎了哲学圣坛上的一切偶像,推翻了传统道德的所有善恶标准。他所提出的哲学思想影响了后来的现代西方世界和哲学。您可能已经知道,我将要说的这个人是尼采。但是,这位大哲学家的一生却是在不幸中度过的。

尼采于1844年10月15日出生在普鲁士王国萨克森州一个普通的小村——罗肯。父亲是个信奉新教的牧师,曾教过几个皇家子弟,因教学成绩优异,受到普鲁士国王的特殊恩宠。他对自己的孩子进行严格的教育,尼采从小就受到他的呵护,可是在尼采5岁时,他却去世了。

亲人的痛哭声、凄凉的葬礼、冷冰冰的坟墓……一直留在尼采的记忆中,尤其那忧郁的晚祷钟声,是那样地催人泪下。从此,原先那个愉快的小康家庭整日沉浸在悲哀和忧郁的气氛中。为了摆脱困境,母亲带着尼采来到诺姆堡。在这里,很少有同学和他玩耍。由于先天不足,他生得头大身小,身体羸弱,还有从父亲那里遗传来的慢性头痛症和视力衰弱症。为此,他不知遭到了多少白眼和嘲弄。

尼采有个朋友叫克鲁格,他的父亲是一名技艺高深的琴师。尼采苦闷的时候,常去克鲁格家听音乐。

在一个月光朦胧的夜晚,从克鲁格的房间里传出了德国古典音乐声,那悲壮、激越的交响乐和悠扬动听的和弦是那么优美!两个小男孩被这音乐声带入了幸福和欢乐之中。待音乐停下来时,两个孩子高兴得跳起来。他们相互拥抱着喊道:"太美了!"

"尼采,我爸爸演奏得好吗?"克鲁格问道。

尼采的眼睛里闪动着泪花。他回答道:"太好了!你父亲演奏得太妙了!真不愧为技艺高深的琴师呀!"

尼采从小喜欢音乐和诗歌,曾以父亲死后那晚祷的钟声、父亲的坟墓、生命的无常和幸福的虚幻为主题,先后写出了50多首诗。

今天晚上,他的心潮又涌动起来了。一种创作的欲望推动着他,他提起笔写出了有生以来的第一部音乐作品《一支圣歌》。

父亲的去世,使小小的尼采对人生有了深入的认识。

1864年,尼采20岁时进入波恩大学读书,一年后,又转入莱比锡大学,攻读了四年半古典语言学。他在古典语言研究方面表现出了惊人才华,令他的导师李歇尔教授惊叹不已。

教授感叹地拍着他的肩头说:"你真是天才!是我有生以来第一次见过的!"

教授感叹之余,提笔写道:"三十几年来,在我眼前力争上游的青年简直不计其数,但我从来没有见过一个年轻人如尼采这样,成熟得如此之快,而又如此年轻。我可以预言:只要上天赐他长寿,他将在德国语言学界名列前茅。"

李歇尔把信寄给了瑞士的巴塞尔大学,该大学在尼采尚未取得博士学位时,即授予他古典语言学教授的职称。此时,他才24岁,以这样的年龄任教授在德国学术界是前所未有的。

不久,德国的莱比锡大学又在尼采未经任何考试,甚至未提交学位论文的情况下,授予他博士学位。此后,尼采开始了他的教学与研究生涯,直到最后成为著名的哲学家。

1882年,尼采的一位朋友领来一学生要向他学哲学。这个学生是俄国少女,叫莎乐美,尼采一见到她,就有一种特殊的感觉,便收留了她。莎乐美十分聪明, 天,她向尼采问道:"有人说,哲学的目的就在于能使灵魂健康和享受幸福,能够使人唱着动听的歌曲离开人间。这种说法对吗?"

尼采不假思索地说:"这种把人生看做是乐观的认识是十分肤浅的,在哲学上是近视眼,而且不可能给人以幸福。因为当人们掌握这些知识的时候,就已经该入地狱了,而且在学习知识的过程中,也处处充满不幸和痛苦,因此这种观点是不可取的。"

"欧洲流行一种悲观主义的人生观,宣扬人生不可能有任何幸福。他们说,猪羊以粗糠荒草为食度过艰苦的一生,最后被人宰杀;牛马吃着粗糙的草料,从事繁重的劳动,最后被人食肉寝皮;人间更是充满着数不尽出悲剧……生命中能有什么幸福呢?生命的惟一价值就在于忍受种种痛苦。幸福只存在于天堂之中,这种观点对吗?"

"乐观主义人生观和悲观主义人生观都不能给人以幸福。那么,究竟如何看待人生呢?你提的这个问题很有价值!"

"请老师说说您的观点!"莎乐美说。

尼采沉默片刻,突然失声地狂呼道:"啊,狄俄尼索斯!你这悲剧的英雄,你这乐观的酒神,你那百折不挠、刚强不屈的精神,你那放纵无羁、生机充溢的品格,不正是理想人生吗?"

莎乐美被老师这突如其来的狂态惊呆了。待尼采讲述了这位酒神的故事后,莎乐美仍然大惑不解。

尼采便滔滔不绝地解说道:"人生就像狄俄尼索斯那样,永远摆脱不了悲剧命运。那么,与其避让,不如奋起抗争。酒神的精神就在于不畏痛苦和不幸,不把痛苦和不幸看作灾难和恐怖。人们应把痛苦和不幸当成人生的'佐料'和'营养',从而自觉地忍受痛苦和不幸。在对痛苦和不幸的抗争中去感受生命的可贵,感受人生的幸福。不仅如此,人生如果没有痛苦,就会破坏生活的情趣,降低生命的意义。只有痛苦才能激发人的生机,磨炼人的意志,使人感到生命的欢欣和快乐。人生的幸福感就是战胜了痛苦的威武雄壮、气势高昂的悲剧感,人正是在同悲剧的抗争中才唤起英雄气概的。在深沉的痛苦之中,才能体现出更深沉的欢乐。对待人生,悲观主义过于消极,乐观主义过于无知,禁欲主义过于荒唐,只有'酒神精神'才能成为人生的必备武器。'酒神精神'既不悲观,也不乐观,在对'悲剧'加以洗涤的过程中,产生一种深沉的快感,它是一种崇高的悲剧快感。'酒神精神'之所以能够这样,就是因为它肯定生命。肯定生命,当然就包括生命

中的痛苦在内。真正的勇士,是不畏痛苦,敢于正视痛苦,视苦为乐的。他可能会遇到磨难,但他决不沉沦,他敢于在磨难中发出高傲的大笑。重压摧不垮,磨难不退缩。你不见被缚的普罗米修斯吗,那是一种何等豪迈的气概啊!他的身体被绑在高加索的悬崖上,老鹰每天都来啄食他的肝脏,但他决不向宙斯低头。他是意志坚强者,是对痛苦抗争的胜利者。不敢同不幸和痛苦抗争的人,永远不可能享受到生命的欢乐。只有鼓起生命的风帆,才能战胜一切痛苦的风浪。人们啊!像酒神那样,嘲笑一切悲剧吧!让你自己在人生的舞台上扮演一个可歌可泣的悲剧英雄吧!"

接着,尼采又讲了如何才能具备"酒神精神"。莎乐美对老师的这些说法似懂非懂,只能默默地倾听着。她一点也没有察觉到尼采已经深深地爱上她了。当尼采向她求婚时,她拒绝道:

"我尊敬和钦佩的老师,我把你看做我人生的导师,但我感到自己并未深深地爱上你,我们仅仅是朋友,而且永远是朋友。"

尼采遭到这次打击后,一病不起,严重的神经衰弱折磨着他,他感到无限孤独和苦闷。不久,他开始像酒神那样振作起来,从事写作了。在此期间,他出版了《希腊国家制度》、《希腊悲剧时代的哲学》、《不合时宜的思想》、《悲剧的起源》等书籍。这些书出版后,一些朋友开始疏远他了,他遭到了接二连三的打击。

一天,老朋友多伊森前来看望尼采。尼采两眼噙着泪水,拉着他的手依依不舍。

多伊森深情地说:"这段时间,你发生的变化太大了!"

尼采默默地点着头。沉默片刻,他问道:"我出的书你都看到了吗?"

多伊森没有回答,只是点了点头。他知道尼采指的是什么,书中的话一直回荡在他的脑海里,那真是振聋发聩啊:

"我是什么?我是一颗炸弹,一道闪电,现在就要爆炸,就要闪光,就要惊醒人们的迷梦,就要震颤人们的心灵。因为如今的欧洲人,正在可怕地衰弱下去。欧洲人引以自豪的传统文明,也正在日益走向令人痛心的崩溃,究其原因,是一切传统的人类智慧的结晶,包括宗教、哲学、道德、科学、文学、艺术等等,都发生了惊人的颠倒,善恶观念发生了不幸的易位。始作俑者,就是作为欧洲文化支柱的基督教道德,就是统治人们的偶像——上帝。现在,我要向世人郑重宣告:'上帝死了!'上帝为什么会死?因为有我尼采的存在!

从此以后,人类的历史将不再划分为公元前的世纪和公元后的世纪,人们将会说尼采以前的蒙昧时代和尼采以后的光明时代。尼采——这个光辉的、令人战栗的名字,将取代上帝的名字而铭记在人们的心里。"

尼采从前那种傲慢的举止、灵巧的步伐和流畅的言谈再也看不见了,现在的他行动艰难,步履蹒跚,说话显得迟钝了不少。看到眼前的这个尼采,多伊森的内心痛苦极了,是社会把他逼成这个样子的,宗教社会容不得他。

一年后,尼采患上了精神分裂症,这就意味着他真的疯了。在疯癫的状态中,尼采又屈辱地活了 11 年。1900 年 8 月 25 日,尼采这位生不逢时的思想大师在魏玛与世长辞,享年 55 岁。

在尼采死后,他的著作却越来越深入人心,使读到它的人们越来越清醒。他这个人也逐渐为人所知,就像他自己说过的"有些人死后方生",他就是"死后方生"。

巴斯德与抗病疫苗

1892 年 12 月 27 日,法国巴黎大学的会议厅里挤满了人,从会议厅的布置来看,好像是在为谁庆祝生日。有好多国家的代表和法国几家科学团体的代表都坐在荣誉席上。

当老寿星——一个步履蹒跚、灰白头发的小个子老头在共和国总统的搀扶下走进来时,乐队奏响了祝福生日乐曲,所有人都站了起来,欢呼声响彻大厅。一位英国医生不由赞叹道:"有谁能说得出有多少人的生命因你而得救,又有多少人的生命将要因你而得救?是你使传染病为人所认识。"那么,这位备受称颂的老人到底是谁呢?他,就是当时法国著名的微生物学家、化学家路易斯·巴斯德,这一天是他 70 岁的寿辰。

1822 年 12 月 27 日,巴斯德生于法国东部的多尔城,家境贫寒,父亲是制革工人,母亲也是劳工人家的女儿。他从青年时代就立志要当一名化学家,在巴黎高等师范学校取得生理学学士学位后,他继续攻读化学博士学位,并以优异成绩获得了博士学位。在求学期间,他节衣缩食,把生活费用维持到仅能勉强活下去的最低限度,把节省下来的钱用于研究。为此,他经常饿得身体发虚,胃部发痛。毕业后,巴斯德一边教化学课,一边继续研究结晶体。他花费了将近 5 年的时间,第一次发现了有机化合物的旋光异构现象,为现代生物化学奠定了基础。

巴斯德在向科学的顶峰攀登中,总有一种废寝忘食、不畏艰险的精神。他非常热爱他的研究工作,1849 年 5 月 29 日是巴斯德结婚大喜的日子,人们纷纷前来贺喜,可惟独不见新郎,大家只好分头去找,最后终于在学校的实验室里找到了正在做实验的巴斯德。

法国南部的阿莱省蚕丝业很发达,但不知为什么每年都会发生使人恼怒的情况:蚕儿不断生病,不吐丝、不作茧,甚至大批死亡。巴斯德在对这种蚕病的研究中,每天从清晨 5 点到晚上 11 点连续工作,这期间他的 3 个孩子不幸夭折,他在痛苦中坚持研究,终于找到了防治蚕病的办法。阿莱省的蚕农为了纪念他所做出的贡献,为他立了一座雕像。

1870年普法战争爆发,巴斯德为了表示对侵略者的抗议,把普鲁士波恩大学授给他的博士学位证书退了回去。他认为,"为祖国战死是幸福的!"他要求参加作战,后来没有去成。

法国的酒一向以品质优良而享有盛名,但有一个致命的缺点——不能远销。酿出的佳酿放一段时间就常常会变酸,造成巨大的损失。为什么酒会变酸呢?巴斯德通过详细的调查研究,终于发现酵液体中有许多细菌,但如何才能消灭这些细菌呢?巴斯德用了许多抗菌药品做实验,结果都不理想。最后,他试着将酒加热到各种温度,发现只有将酒缓缓加热到50℃时,酒里的细菌才全部被杀死,因此人们称这种消毒法为"巴斯德消毒法",并且沿用至今。

从19世纪70年代开始,巴斯德开始集中精力研究怎样对付细菌,从而成为一位著名的"细菌猎人"。

那时候,法国的羊群常因炭疽病蔓延而大批死亡。巴斯德决定为农民解救危难,来到炭疽病流行的夏特勒地区。一到那里,他就抽取病羊的血,从中找到了引起炭疽病的细菌——炭疽杆菌,并且用稀薄的炭疽杆菌液注射到羊的身体里去。这样一来,羊就不再得炭疽病了。不久,巴斯德又被邀请去研究一种鸡霍乱病。

这时,巴斯德已从实践中摸索出一套研究动物传染病的方法:首先把引起病的微生物找到,把它培养起来,让它繁殖,然后用它注射到正常的动物身上,看它是不是会引起同样的病。如果动物得病了,还得在它的身体内找到同样的微生物。现在,巴斯德就用这种办法来研究鸡霍乱。经过反复实验,他发现:如果让培养液长期暴露在空气中,鸡霍乱菌就会失去致病的能力,可是这种病菌却能使鸡得到免疫的能力。巴斯德把这种具有引起免疫力的细菌称为"菌苗"。

巴斯德从这里开始又研究炭疽杆菌。经过几轮实验,后来他把培养箱的温度调到42—43℃之间,炭疽杆菌危害牛羊的作用明显减小,可以作为菌苗给牛羊接种防病,从而预防炭疽病。就这样,巴斯德取得了战胜传染病的划时代成就——创立了免疫学。

巴斯德用菌苗预防鸡霍乱和炭疽病取得成功后,向法国科学院请求进行公开的试验。1881年5月5日,在梅仑的普莱堡农场,巴斯德把48只羊分成两批,各24只,其中一批当场被注射了减毒炭疽菌苗,另24只任其自然。然后巴斯德宣布:他将在第12天、第26天,分别给这48只羊注射等量的有毒炭疽菌苗,并预言,今天注射过减毒菌苗的24只羊将不会生病,而另24只羊会患炭疽病而死亡。

6月2日,一大批议员、记者、兽医和牛羊业经营商,以及附近的农民迫不及待地再次来到普莱堡农场看结果。24只接种疫苗的羊果然全都活着,而另24只羊中,22只已经死亡,剩下的两只也是奄奄一息了。亲眼目睹的人们高兴地喊道:"奇迹,这真是奇迹!"巴斯德的发明,拯救了法国的畜牧业,他也因此获得了法国最高荣誉——荣誉大勋章。

但巴斯德并没有就此止步。他进一步想到,要是能将细菌和微生物的原理用来治疗人类的疾病该有多好啊!

当时欧洲的医学还很落后,外科手术的死亡率达80%以上,大多死于伤口感染化脓。对病人施行手术,差不多等于宣判死刑。巴斯德潜心研究后发现:造成死亡的原因是因为开刀的伤口暴露在千百万细菌面前。空气、纱布、器具、医生的手上,到处都布满了细菌,对此,他提出了高温消毒灭菌法。当时苏格兰有一位外科医生李斯特接受了巴斯德的建议,手术前进行彻底消毒,结果在他主办的医院里,手术病人的痊愈率是当时世界上外科医院中最高的,而术后死亡率又是最低的。

19世纪后期,狂犬病严重地威胁着人们的生命。年过60的巴斯德又对疯狗产生了兴趣,于是他专注于狂犬病疫苗的研究。他把疯狗的唾液注射到兔子身上做实验。一次,一条大疯狗由于阵痛引起狂怒,口水直流,巴斯德立即和助手一起把狗牢牢地绑在桌子上,为了取得这条大疯狗嘴里的唾液,他亲身用嘴含住滴管从疯狗的颚吮吸唾液,吸完后,他转身告诉助手,实验可以继续进行了。正是凭着这股献身精神,巴斯德的狂犬病疫苗在动物身上获得了成功。

一天,住在阿尔萨斯省的小男孩梅斯特被一条疯狗咬了,伤口达14处之多,咬了以后两天,他被送到巴斯德这儿。巴斯德在为孩子注射过狂犬病疫苗后,心里有点不安:这是这种疫苗第一次在人身上做试验啊!人命关天,巴斯德已经想好,如果试验失败,他准备承担一切后果。当天晚上,巴斯德由于紧张,整夜没有睡觉,一直在观察孩子的反应。就这样,巴斯德每天给孩子测体温、做记录,孩子也一天比一天好转起来。31天后,孩子彻底脱离了危险。巴斯德的狂犬病疫苗试验终于成功了。

很快,注射狂犬病疫苗的治疗狂犬病的方法就在全世界推广开来,成千上万被疯狗咬过的病人从死神手里挣脱出来。有人把发现细菌和病毒的巴斯德说成是上帝赐给人类的一位"神医",他理应赢得世人的尊敬。

1895年9月28日,巴斯德去世,享年72岁。

重燃奥运圣火的人

每逢闰年举行一次的奥林匹克运动会是世界上所有体育健儿都渴望去拼搏和竞争的地方。所以,没有一次盛会不是既隆重又热烈,令全世界所有人都为之侧目的。观看的人或欢欣雀跃,交口称赞;或扼腕兴叹,抱憾不已。"更高、更快、更强"是它的宗旨和目标,奥运会因此而超越了单纯的体育赛事的意义,已经成为和平、友谊和团结的象征。每当我们想到这些,就不能不怀念现代奥林匹克运动的发起人,法国著名的教育家皮埃尔·德·顾拜旦。

1863年1月1日,顾拜旦出生于巴黎的一个贵族家庭,从小喜欢修辞学,读过古希腊的许多作品,对希腊历史有着浓厚的兴趣,由此他与奥林匹克运动结下了不解之缘。少年的顾拜旦常常沉浸在对几千年前的遐想:庄严而壮观的场面,竞技者对理想与胜利的追求,优胜者匀称而健美的英姿,和平与友谊的欢乐!

由于普法战争中法国的失败,顾拜旦希望将来能以军人的身份报效国家,中学毕业后他即入陆军士官学校学习。后来,他逐渐感觉到法国教育与体育的落后是法国不能强大的主要原因,于是他改变志愿,转入巴黎大学学习。1883年毕业后,他赴英国研究教育,深深地为英国蓬勃发展的学校体育所吸引。他决心要为改造法兰西人的体质做不懈的努力,提出了"用体育运动唤醒法国"的口号。

回国后,顾拜旦在巴黎中学任教。他积极提倡体育运动,并以青年人的朝气和创新精神,写了大量的宣传社会改革、呼吁改变落后教育制度的文章,引起了人们的关注。

1888年,他就任"法国学校体育训练筹备委员会"秘书长,并受法国政府的委托调查、研究大学及其预备学校的体育工作。为此,他向全世界许多国家发出有关体育状况的调查表。但遗憾的是,当时国际上各国的体育组织之间,甚至国内各体育俱乐部之间也充满了矛盾和混乱。1890年,他代表法国参加了在美国波士顿举行的体育训练会议,并借此考察了美国新兴的体育运动,特别是学校体育。这一年,他还参加了在巴黎举行的国际博览会中的国际体育竞技会。这一切都使得顾拜旦坚信,体育运动不仅是一个国家应该实施的国策,而且可以通过国际体育交流,使健康的青少年为世界和平做出贡献。因此他又提出了"体育运动国际化"的口号。

19世纪末,欧洲各帝国主义国家之间的争夺愈演愈烈,人们怀着不同的企图为古代奥运会的复兴而奔走。其中刚刚崛起的德国希望通过对奥运会的复兴,以扩大其霸权政策的影响力,因此威廉一世不惜耗巨资对古奥运会遗址进行了长达6年的发掘。作为德国近邻的法国人,在德国的霸权政策面前,也特别希望恢复象征和平、友谊、团结的奥运会。顾拜旦曾写道:"德国人挖掘了奥林匹克遗址,法兰西为什么不能着手恢复奥运会的光荣历史呢?"

从美国考察回来后,顾拜旦即着手改革法国教育制度,并创办《体育评论》杂志,宣传自己的主张,同时着手准备创办现代奥运会。他于1891年邀请了美国选手访问法国,点燃他所企望的国际体育交流的导火线,次年又邀请伦敦的罗奥英古俱乐部来法国举行国际竞技会。

1892年11月25日,在巴黎召开的由顾拜旦创办的"法国体育运动协会联合会"成立三周年庆祝大会上,他第一次公开和正式提出了要创办现代奥林匹克运动会的倡议。顾拜旦在会上大声疾呼:"我们应该支持与时代真正的自由贸易相伴而来的各种友谊竞技。在欧洲,一旦这种友谊竞技形成一种固定的节日活动时,和平努力就将得到新的更有力的支持!"他还指出:现代奥运会应继承古代奥运会的和平、友谊和团结的宗旨,但应该有所发展与创新。它可以不受国家、地域、民族和宗教限制,可以在任何一个国家举行。在他的倡议下,现代奥林匹克运动会一开始就具有国际性的特点。

此后,为了复兴奥林匹克运动,将自己的理想变成现实,他走遍了法国各地,又访问了欧美许多国家。他用自己真挚的感情和演说家的口才,向各国领导人和体育界人士宣传奥林匹克,鼓舞人们的参与热情。为此,他几乎耗尽了贵族家庭给自己留下的全部财产。

1894年6月16日,由顾拜旦发起的"国际体育教育代表大会"在巴黎召开。来自13个国家的79名代表积极讨论了开展学校体育的问题,他们一致同意顾拜旦提出的创办现代奥运会的意见,并决定于1896年在雅典举办第一届现代奥运会,以后每隔四年在各国轮流召开一次,并且成立了一个由来自12个国家的15名成员组成的国际奥林匹克委员会来管理国际奥林匹克运动事业,把6月23日这一天定为"奥林匹克日"。

顾拜旦的理想终于为国际社会所接受。此后,他亲自参加了第一届奥运会的筹备工作。在他与希腊王储的努力下,第一届奥运会终于如期举行。

1896年4月6日,第一届奥林匹克运动会在希腊首都雅典隆重举行,这次奥运会距罗马皇帝狄奥多西下令禁止举行古代奥运会整整1503年。有13个国家的285名运动员参加了这次国际奥运会,它的规模虽然不大,成绩也不惊人,可它却开创了人类体育运动史的新纪元。

由于顾拜旦为现代奥运会的诞生所做出的特殊贡献,在第一届奥运会结束后,他当选为国际奥委会主席,并且在任达30年之久。在他任职期间,国际奥委会成员国由12个发展到45个,同时,在他的支持下,先后成立了20多个国际专项运动委员会,奥运会规模也越来越大。

经过多年的实践,他提出了"奥运思想",并亲自起草了国际奥委会章程。他言简意赅地对奥林匹克运动的意义和哲学、美学、教育学的功能进行了系统的论述,指明了奥运会的发展方向。他强调了奥运会的原则:奥运会不受任何政治势力左右,不接受任何组织的津贴。这样一来,奥运会存在的意义就远远不止是体育本身,而成为加强各国友谊、维护和平的重要手段了。由于他为我们留下了如此宝贵的思想遗产,因此我们尊称他为"现代奥林匹克运动之父"。

1937年9月,顾拜旦在瑞士洛桑——国际奥委会的所在地离开了人世,终年74岁。遵照他生前的遗愿,顾拜旦的遗体安葬在瑞士洛桑,而其心脏则安葬在古希腊奥林匹克的发源地——奥林匹亚。

伦琴与X射线

1895年11月的一天傍晚,一位50多岁的教授走进他任教的学校的实验室。他脱掉厚厚的外衣,换上一件工作时穿的衣服,就急忙坐到了实验台旁。他很小心地用一块黑色的纸把一个梨子形状的真空放电管包裹得严严实实,好像是害怕有光线从管内射出来似的。然后,他才站起身,关上所有的门窗,把窗帘拉好,这才接通了放电管的电源,弯腰观察那黑纸里面是否有光线漏出来。

突然,他发现了一个奇特的现象:在离放电管不到1米的小工作台上,射出一道绿色的荧光!

"这光是从哪儿来的呢?"教授心中想道。他奇怪地向四周看看,并未发现什么。于是他切断电源,光电管熄灭了。再看那道绿光时,绿光也不见了。

接着,他连续试了多次,只要电源一通,光电管一亮,绿光就出现了。于是他划了一根火柴,看看小工作台上到底有什么东西。

原来,那里有一块硬纸板,上面镀着一层氰亚铂酸钡的晶体材料,神秘的光线就是它发出来的!

"可这块纸板又为何能发光呢?"教授不得而知,暗问自己道:"难道是这光电管中有某种未知的射线,射到纸板上引起它发光的吗?"

想到这里,他随手拿起一本书来,把它挡在光电管和纸板之间,想证实一下自己的推断。可使他惊奇的是,这种光线不仅是光电管内放射出来的,更奇怪的是,纸板上还是发光。他又将纸板挪远一些,上面仍然发光。

"上帝呀!这种射线竟能穿透固体物质!"教授欣喜若狂,抑制不住内心的激动,忘记了四周的一切。他紧接着用木头、硬橡胶来做障碍物,进行了反复实验,结果发现,这些物体都不能挡住这种射线。就这样,不知不觉已到了第二天早上。

这个为试验如痴如醉的教授就是沃兹堡大学的校长、著名的德国物理学家伦琴教授。最近一段时间内,他一直在试验一个经过改良的阴极射线管。因为他白天有许多行政工作和教学任务。只好把自己的科学实验放在夜晚进行。

伦琴的妻子发现他一夜未归,派人叫他吃早饭。他嘴里应着,可手仍在不停地做实验。经过几次催促,他胡乱吃了一点,一句话没说,又回到实验室。

接连几天,都是如此,他把自己关在实验室里,外边的一切似乎对他都毫无意义,一门心思用到这种无名的射线身上。他反复用各种金属做实验,结果,除了铅和铂以外,其他都被射线穿透。

有一天,他无意之中把手挡在光电管和纸板之间,一下子惊呆了,他清楚地看到每个手指的轮廓,并隐约地看出手骨骼的阴影!

"这怕是人类第一次看到活人身体内部的骨骼!"伦琴惊惧地想道。冷静了一下,他决定继续自己的实验,直到能从理论上说明以后,才对外公布。

最近几天来,人们发现伦琴教授有些异常,一个人一言不发待在实验室,常常是早去晚归,废寝忘食,但大家十分尊敬这位勤奋的科学家,没有人去打扰他。

他的妻子对此疑虑重重,见他日渐消瘦的脸庞和疲惫不堪的身体,关切地问道:

"你今天一定要说清楚,最近这几天在实验室究竟干些什么?"

伦琴笑了笑,轻描淡写地答道:"只是一般的实验。"妻子十分了解伦琴,知道他一定有重大的秘密,出于对丈夫的关切和自己的好奇,硬要求丈夫把她带到了实验室。当妻子亲眼见到这种现象时,也感到异常的惊奇。伦琴见机行事,对妻子说:

"你是否愿意充当实验对象?"

妻子见丈夫一本正经的样子,便不敢把这当作好玩的事情,想拒绝又怕影响丈夫的工作,勉强同意了这件事情。

她小心翼翼地按着丈夫的安排,把手放在装有照相底片的暗盒上,伦琴急忙开通电源,用光电管对着照射了15分钟。可当他把照片送到妻子的面前时,吓得她浑身打战,瞪大了恐怖的眼睛。她简直不敢相信,这毕露的骨骼,竟是自己丰润的手!

这是历史上最早的"X射线"照片——这是伦琴给这种射线起的名字,直到现在,人们还把它称为"X射线"。

过后不久,伦琴就把这种射线通过自己的论文《一种新的射线》公布于世。

伦琴的研究很快就轰动当时的科学界。人们争相谈论这一伟大的新发现,伦琴很快就成了焦点人物。当然也有对这种射线持怀疑态度的人,有人更是对此表示强烈不满,他们认为这种发现是对神圣人体的亵渎。

伦琴不为这些荒谬言论所动,毅然于第二年年初,在自己的研究所作了第一次研究报告,他还当场进行了演示。演示过后,伦琴激动地说:"'X射线'的发现,无论是对物理学还是对人体医学,都将是意义深远的。"

话音刚落,研究所内掌声雷动。有人提议为这种射线命个名字,于是"伦琴射线"就此诞生了。为此,1901年伦琴获得了诺贝尔物理奖。1923年2月10日,伦琴在慕尼黑逝世,享年78岁。

居里夫人与镭

在巴黎理化学校教学大楼底层的贮藏室里,有一对男女正忙着把房间的角落里堆放的沥青倒进一个冶炼锅中,从中提炼着什么东西,两个人都累得满头大汗。

那男子身材颀长,看上去风度翩翩,十分潇洒。那女子则生着一头漂亮的金发长发,一双灰色的眼睛深远逼人,显得端庄典雅,气质非凡。

男子见汗水已经顺着女子的两腮流下,赶忙拿起毛巾给女子擦汗,女子对他感激地笑了笑,然后又转头聚精会神地注视着仪器。

那个女子就是第一个获得诺贝尔奖的女科学家玛妮娅·居里夫人。男子是她的丈夫比埃尔·居里。

1867年11月7日,居里夫人出生在欧洲东部的波兰,她出生不久,母亲就去世了。后来,父亲又被撤去副学监头衔,家中生活很艰难。父亲一个人既做父亲又当母亲,带着小玛妮娅等四个孩子苦苦地挣扎着。惟一感到欣慰的是,孩子们都很有出息,儿子考入大学,玛妮娅中学毕业时,以优异成绩获得金奖章。

寻找职业摆在玛妮娅面前,她经过介绍所,被介绍到一个律师家作家庭老师,年薪400卢布。从此,玛妮娅告别少年时代,开始步入社会了。

这个律师非常吝啬,玛妮娅如同落进了人间地狱。但是,她必须忍受着这一切,因为她答应姐姐把自己全年的收入资助她去法国留学。

这时,姐姐布罗妮雅已经在法国巴黎了。玛妮娅那可怜巴巴的薪水除了供姐姐留学外,剩下的就微乎其微了。父亲眼看就要退休了,家庭收入即将受到影响。在这种情况下,玛妮娅只好远离家乡,到乡村去做家庭老师,年收入500卢布。这一去就是5年。

布罗妮雅从巴黎的医科大学毕业,便给玛妮娅来信,让她立即去巴黎求学。玛妮娅不忍心离开年迈的、无人照顾的父亲。经过一番深思熟虑,她终于在1891年秋天踏上了去巴黎的旅途。此时的玛妮娅已经24岁了,她胸有成竹地迎接着命运的挑战。

开始,玛妮娅在法兰西共和国大学理学院学习。这时,她的名字按法文的拼法,叫玛丽·斯可罗多夫斯卡,居住在姐姐家。后来,为了有一个更安静的学习环境,她离开了姐姐家,自己租了一间阁楼,租金很低廉。

当时,她每月只有40卢布。为了节约开支,她十分节俭,每天去学校都是步行。晚上,她尽量利用图书馆的灯光看书,等到图书馆闭馆后,才回家点起自己的油灯继续攻读。

她每天晚上要学到第二天凌晨两三点钟才睡觉。冬天是她最难过的日子,买不起煤,只好忍着,睡觉时把所有的衣服都穿上,再钻进冰冷的被窝里。实在忍不住了,她就把椅子压在被窝上。

一天,玛丽从图书馆回来,见家里什么吃的也没有,只有一点小萝卜。她随便吃了几口,接着继续看书,直到凌晨三点才睡下。第二天早晨,她照样上课去了,等回到家里时,她眼前一阵发黑,昏了过去。

当医生的姐夫赶到时,玛丽又坐了起来,继续看书。姐夫在她房间里找了个遍,一点吃的东西都没发现,终于明白是怎么回事了,他立即将玛丽带回家。

在姐姐的照顾下,玛丽逐渐恢复了体力,她又回到自己的小阁楼里,继续过着她那苦行僧似的生活。

两年后,玛丽以第一名的成绩获得了物理学士学位。以后她又把目标集中到了数学上。她克服了重重困难,于1894年获得了数学学士学位。就在她雄心勃勃地向最后一个目标冲刺时,遇上了难以克服的困难。这时,她受人之托,从事钢铁的磁性研究,但实验条件太差。

恰好旅居瑞士的波兰籍物理学家科瓦尔斯基夫妇来到巴黎旅行。玛丽向他们诉说了自己的苦衷,科瓦尔斯基深表同情,说道:"我倒有个朋友,此人在理化学校时就很有才干,他可能会有自己的实验室。如果没有,让他给你出个主意也好呀。你明天晚上到我这里,先与那个年轻人见上一面。"

第二天傍晚,玛丽见到了这位很有才干的学者,他就是比埃尔·居里。他出生在巴黎的医生家庭,由于不能适应学校正规教育,他父亲便在家里教育他。比埃尔·居里很快成为理科学士,18岁又成了硕士,19岁开始在巴黎大学做研究助手。

比埃尔和玛丽一见钟情,结婚后生了一个女儿,玛丽只好一边工作,一边照顾孩子,人们都称她居里夫人了。

这期间,她通过了毕业考试。孩子3个月后,她写出了钢铁磁化的研究报告,发表在《全国工业促进协会报告书》上。

居里夫人的下个目标是考博士学位。

自从德国物理学家伦琴在上世纪末发现X射线之后,一些科学家便对这种射线进行了研究。柏克勒尔在这一研究过程中观察到一种异常现象:有一种性质不明的射线,使包在黑纸中的底片感光,也能使空气导电。居里夫人便以这种射线的研究作为自己博士论文的课题。

她没有实验室,比埃尔也没有实验室,经过多方努力,理化学校便把大楼底层的一间仓库借给她。这里只有一间空房间,没有任何实验仪器,冬天寒冷,夏日闷热。

居里夫人的当务之急就是从沥青铀矿中提炼出一种未知元素来。在这关键时刻,比埃尔·居里放下了自己手中的工作,与夫人一起担负起这项实验。两个非凡的头脑,两个具有非凡毅力的人,开始了艰难的路程。

1898年7月,他们得到了两种元素中的一种,这种黑色的粉末,比等量的铀的放射性要强400倍。为了纪念居里夫人那已经从地图上消失的祖国,他们决定把这种新元素起名为"钋",因为这个词的词根同波兰的国名的词根是一样的。

居里夫人坚持说里面还有另一种元素,并起名"镭",在法文中是放射的意思。要提炼一克镭,最少要有二吨矿石。含有这种镭的沥青又相当昂贵,即使他们卖掉全部家产也买不起二吨矿石。于是,他们便买了价格便宜得多的矿渣。他们知道,提取铀之后,矿物里所含的微量的镭一定原封未动。

他们克服重重困难,干了45个月。居里夫人体重迅速下降,他们拼搏得筋疲力尽了。

1902年5月的一个晚上,居里夫人疲倦地依在丈夫的肩头上,稍事休息。

就在这个夜晚,他们发现了奇迹,得到了纯镭!两人久久地注视着那放射着淡蓝色荧光的新元素,两眼也同这镭一样闪着晶莹的泪花!

1903年,居里夫妇由于对放射性研究而共同获得了诺贝尔物理奖。

1906年,比埃尔·居里在一场意外的车祸中丧生。居里夫人极为哀痛,但这并没有动摇她献身科学的意志,她决心把与丈夫共同开拓的科学事业进行下去。1910年,居里夫人成功地分离出金属镭,分析出镭元素的各种性质,精确地测定了它的原子量。同年,居里夫人出版了她的名著《论放射性》,并出席了国际放射学理事会。会上制定了以居里名字命名的放射性单位,同时采用了居里夫人提出的镭的国际标准。1911年,居里夫人获得了诺贝尔化学奖。

居里夫人曾两次获得诺贝尔奖,她是巴黎大学第一位女教授,是法国科学院第一位女院士,同时还被聘为其他15个国家的科学院院士。她在一生中共接受过7个国家24次奖金和奖章,担任了25个国家的104个荣誉职位。但居里夫人从不追求名利,她把献身科学、造福人类作为自己的终生宗旨。

居里夫人和她的丈夫决定放弃炼制镭的专利权。她认为,那是违背科学精神的。她曾经对一位美国女记者说:"镭不应该使任何人发财。镭是化学元素,应该属于全世界。"这位记者问她:"如果世界上所有的东西任你选挑,你最愿意要什么?"她回答:"我很想有一克纯镭来进行科学研究。我买不起它,它太贵了!"原来,居里夫人在丈夫死后,把他们几年艰苦劳动所得——价值百万法郎的镭,送给了巴黎大学实验室。这位记者深为感动,她回到美国后,写了大量文章,介绍居里夫妇,并号召美国人民开展捐献运动,赠给居里夫人一克纯镭。1921年5月,美国哈定总统在首都华盛顿亲自把这克镭转赠给居里夫人。在赠送仪式的前一天晚上,居里夫人又坚持要求修改赠送证书上的文字内容,再次声明:"美国赠送我的这一克镭,应该永远属于科学,而绝不能成为我个人的私产。"

居里夫人晚年在镭学研究院工作,亲自指导来自外国的青年科学家从事研究工作。在她培养的许多优秀科学家中,有中国的放射化学创始人郑大章和物理学家施士元教授。

由于长期接触放射性物质,居里夫人的身体遭受了严重的损害,患了白血病,于1934年7月4日逝世。

世界通史

两次世界大战

萨拉热窝的枪声

20世纪初,巴尔干地区掌握在土耳其人手中。生活在这片土地上的塞尔维亚人最先摆脱了土耳其人的统治,并逐渐成为了南部斯拉夫人中反对外族统治、争取民族统一的中坚力量。受到塞尔维亚人民族斗争的鼓舞,波斯尼亚和黑塞哥维那这两个地方的斯拉夫人也希望能早日摆脱奥匈帝国的统治,与塞尔维亚的斯拉夫人合并在一起,共同建立一个统一的南斯拉夫国家。

奥匈帝国为了自己的利益,就拼命阻挠塞尔维亚建国,而沙俄呢,为了插手这个地区,就竭力支持塞尔维亚对抗奥匈。这就加剧了两大帝国主义集团的矛盾,使巴尔干地区成为第一次世界大战的火药桶。

1914年5月,德国总参谋长同奥匈帝国总参谋长会谈,讨论对塞尔维亚的战争计划。在德国的大力支持下,奥匈决定在邻近塞尔维亚边境的波斯尼亚首府萨拉热窝举行大规模军事演习。时间选定在6月28日,这一天是塞尔维亚被土耳其征服的纪念日(1386年6月28日)。这次演习以塞尔维亚为假想敌,出动了两个兵团,奥匈帝国皇太子斐迪南夫妇决定亲自前往萨拉热窝巡视。

1914年6月28日早上9点刚过,一支长长的汽车队向萨拉热窝市区缓缓驶去。在一辆带有保镖的敞篷汽车中,坐着奥地利皇太子斐迪南大公和他的夫人索菲亚。斐迪南身穿军装,佩带勋章,威风十足。6年以前,奥地利征服了波斯尼亚,把它划入了奥匈帝国的版图。这时,他正在得意地思忖着:下一个就该轮到塞尔维亚了!

大街两旁看热闹的人拥来挤去。斐迪南很高兴地向人群挥手致意。他做梦也没有想到,人群中有7名塞尔维亚的爱国青年,正不动声色、静静地等候车队经过他们的身边。这7名青年随身携带手枪和炸弹,用仇视的目光注视着车上的人。他们特意从塞尔维亚赶到萨拉热窝,准备杀掉斐迪南这个凶恶的敌人。因为,奥匈帝国的这一挑衅行动大大激怒了塞尔维亚爱国者,塞尔维亚青年组织

"黑手会"和波斯尼亚当地的秘密民族主义团体"青年波斯尼亚"一起拟定了行刺斐迪南的计划。

当车队驶近阿佩尔码头时,埋伏在这里的第一个暗杀者没有机会下手,因为一个警察走了过来,正好站在了他的面前。相距不远的另一个暗杀者察布里诺维奇突然从人群中冲出来,向斐迪南夫妇乘坐的车掷出一枚炸弹,但炸弹反被车篷弹到了地上,在第三辆车前爆炸了,碎片击伤一位将军的副手和公爵夫人索菲亚的女侍。斐迪南故作镇静地走下车,察看了现场,对被警卫捉住的察布里诺维奇瞄了一眼,然后登车挥手说:

"先生们,这个人发疯了,我们还是按原计划进行吧。"

车队迅速驶进市政厅,斐迪南夫妇参加了市政厅举行的欢迎仪式,然后略作休息,准备驱车前往医院看望受伤的随从。

斐迪南实在太狂妄、太大意了,这一天死神已盯他多时了。

斐迪南一行本来是要去医院,但司机偏偏转错了方向,正好撞上了在街口拐角处守候的普林西普。刺杀的机会来了,普林西普拔出手枪,刚要举枪射击,离他不远处的一个警察发现了,警察一个箭步冲上来欲抓住他的手臂,就在这一瞬间,刚好赶到这里的另一名"青年波斯尼亚"成员,对着警察猛一挥手,犹如一道闪电,警察颈部被猛击了一拳,他冷不防一个趔趄。就在这时,普林西普的枪声响了,斐迪南颈部中弹,索菲亚被打中腹部,两人当场一命呜呼。

顿时,四下里一片混乱,那名"青年波斯尼亚"成员趁机飞快地逃离了现场,而普林西普当场被捕。1918年4月,服刑于狱中的普林西普因肺结核病去世。

早就想吞并塞尔维亚的奥匈帝国,立即抓住斐迪南遇刺一事大做文章。

奥地利皇帝叫嚣说:

"塞尔维亚作为一个政治因素,必须从巴尔干抹掉。"

德国皇帝也趁火打劫地说:

"这是千载难逢的机会!"

于是,奥皇派人给塞尔维亚政府下了最后一道命令:制止一切反奥宣传和行动,惩处所有宣传反奥的人,皇国参与对凶手的审判。塞尔维亚政府没有答应最后一个条件。对此,企图挑起事端的奥匈帝国当然不同意。

1914年7月28日,奥匈帝国正式对塞尔维亚宣战。德、俄、法、英四国随后立即参战。巴尔干这个火药桶终于在奥匈帝国的策划下被点燃了,很快地,这场战火就燃遍了整个欧洲。

德军闪电战的破产

一提起二战中的"闪电战",人们无不闻之色变。其实早在1905年,德国人就在他们的一份作战计划中详细谈到了这种战略,由于这份计划是由德国当时的总参谋长史里芬制定,所以就被称为"史里芬计划"。现在看来,德国对发动世界大战是做过精心准备的。

这份计划把德国的主要敌人设想为西方各国,因此他们的战略重点就是西欧,在西线采取先发制人的手段,集中优势兵力,采用"闪电战",在4—6周内穿越比利时袭击法军后方,迅速打垮法国,切断英国与欧洲大陆的联系,然后回过头来,向东对付俄国,在3个月、最迟4个月内赢得战争。

这份计划问世以后,受到德皇的重视,后又经过反复论证、补充和修改,成为德国发动世界大战的基本蓝本,由继任的总参谋长毛奇来部署整个战争。

1914年8月4日早晨,德国第一、第二两个集团军,在埃米蒂将军的率领下,迅速越过从建立以来从未打过仗的比利时的边境,直奔列日要塞,开始实施"史里芬计划"。

列日要塞地势险要,易守难攻。在它的周围环布着12个坚固的炮台,每个炮台都由装着装甲炮塔的钢筋混凝土构成,其中设有从机枪到8英寸口径大炮等400件武器,并在每座炮台四周挖有30英尺深的壕沟,全配有探照灯,所有的灯和重炮都可以降到地下。由勒芒将军率领比利时王国军队4万余人在此坚守,等待法国援军一到,便向德军发起进攻。

与此同时,德军总参谋长毛奇按照"史里芬计划",又在左翼的阿尔萨斯、洛林地区深壕高筑,按兵不动,只布置少数兵力以逸待劳,借以吸引法国部队,构成巧妙的"铁砧"态势,这就避免了东、西两线同时受敌,一虚一实,迷惑法军。这是"史里芬计划"中的关键步骤,因此,史里芬对此十分看重,到他临死时,再三嘱咐说:"切莫削弱我右翼纵队!"

但他的后任毛奇将军虽然基本上保留了史里芬的设想,但却一再向东线和西线左翼分兵,原计划放在右翼的70个师的兵力削减很多,这无疑给以后战局带来很大的影响。

然而法军在其顽强却又固执的统帅霞飞将军的指挥下,一味猛攻阿尔萨斯和洛林地区,对列日要塞置之不理,勒芒将军只好孤军迎敌。

埃米希将军率兵来到列日要塞,看到法国没来增援,心中暗暗高兴,庆幸"史里芬计划"成功,根本不把比利时军队放在眼里,自认为他们会不战而降,于是派了一名使者前往要塞之内,要求勒芒将军投降。

这位使者一到要塞,便傲慢地对勒芒将军说:"如若贵军放下武器,让我军顺利通过要塞,我以军人名誉保证你们的安全。"

"比利时是中立国家,你们竟置国际公法于不顾,公然侵犯我国,反而劝我们投降!请阁下回复埃米希将军,尽早退兵回国。"勒芒将军的代表反唇相讥。

"如果你们拒绝投降,我军将对你们的城市进行炮击和空袭!"使者仍不甘心,以武力要挟对方。

"根据国王陛下的命令,我们将坚守要塞!"勒芒将军的代表掷地有声地答道。

使者见对方不肯屈服,只好灰溜溜地回去报告去了。埃米希一听汇报,气得"嗷嗷"直叫,立刻下令用大炮轰击炮台。比利时军队严阵以待,用猛烈的炮火还击对方。双方在列日要塞展开了激烈的炮击。

炮击进行了一天,双方各有伤亡,日落时分,只好停了下来。

第二天,德军见炮击占不了便宜,便用飞机从上而下轮番轰炸列日炮台,炮台四周顿时浓烟滚滚,火光冲天,不大一会儿便成了一片火海。

德军见空袭得势,呐喊着潮水般地涌向炮台,但几次冲锋皆被英勇的比利时军队用交叉火力击退。又激战一天,只见炮台前面的德军尸体堆积到齐腰高,但列日炮台却一个也未攻下。

这天夜间,德国第二集团军副参谋长鲁登道夫将军亲自指挥一个步兵旅,采用穿插渗透的战术,从东西两个炮台之间的缺口攻入,并迅速占领了列日镇,但列日周围的炮台还在顽强战斗,阻碍德军的前进。

为了按照"史里芬计划"中的闪电战术进攻法国,就必须尽快通过列日,德军从后方调来一门巨型攻城榴弹炮,一下子就摧毁了10多个炮台。到8月16日,列日指挥部所在的最后一座炮台也被装有定时信管的穿甲弹命中,勒芒将军被炸弹震昏后被俘。

德军攻占列日后,便长驱直入,只用了4天时间便占领比利时首都布鲁塞尔,接着,便根据"史里芬计划",兵分5路,直向法国首都扑去。

消息传到准备进攻阿尔萨斯和洛林的霞飞将军耳朵里,他拍手喊道:

"好!德军从北方进攻我们,我们则从东北出击,乘机收回阿尔萨斯和洛林。"

于是,他命令法国军队发起进攻,不到几天,便顺利地攻进了阿尔萨斯、洛林地区。当法国军队进入阔别40多年的地方时,个个感到十分欣慰,并通过各种方式来庆祝他们的胜利。

可他们万没想到,这正是"史里芬计划"中特意设置的圈套,德军用有计划的退却来引诱法军深入,以便拉开他们与进攻法国的德军的距离,在适当时候展开反攻。

果然,德军刚一反攻,霞飞将军便接到一个个失利的消息:

"德第一集团军击溃从蒙斯来援的英国远征军!"

"我军在阿登森林与德军遭遇,经过3天血战,我军不支,已经向南撤退!"

霞飞将军如梦初醒,赶快调整部署,重新配备兵力,把军队调到左翼,以便从另一面夹攻德军。

但德军总参谋长毛奇只看到自己的部队逼近巴黎,并迫使法国政府于9月3日迁往波尔多,便得意忘形,以为"史里芬计划"马上就能实现。于是,他就抽调两个军到东线去对付俄国人。这样,就改变了"史里芬计划"中的规定,而使德军右翼的进攻力量从原来的16个军减少到8个军,在数量上少于法军。

从表面上看来,法军仿佛已经溃不成军,事实上实力并未受损,而霞飞在左翼的策略很快就使德军落入腹背受敌的境地,两军在马恩河展开了一场生死之战,这是"史里芬计划"中所没有料到的。大战从9月5日一直打到10日,双方总计投入了150多万人的兵力,在长达200公里的战线上展开了激烈的阵地战,这就是一战时期著名的"马恩河大会战"。

马恩河大会战使德军迅速征服法国的计划彻底破产了,以至于"史里芬计划"无法施行。后来,毛奇很无奈地说出这样一句话:"我们输掉了整个战争!"

9月14日,毛奇被德皇撤销了职务。本以为"无懈可击"的"史里芬计划"就此宣告破产。

日德兰大海战

1916年5月30日,英国海军司令杰立克一封接一封地收到军事密报:德军的战舰"留佐"号率领着5艘战斗巡洋舰正向日德兰海岸进发,并不断地向外发送电报。杰立克让他的副官找来了相关资料,经过一番仔细研究得知:"留佐"号系由德国公海舰队所辖,由希佩尔海军上将亲自担任指挥的一个舰队的旗舰。它的排水量达到了2.6万吨,装备着12英寸口径的大炮。杰立克想:"如果能将'留佐'号击沉,德国的海上力量定会元气大伤。"

"贝蒂的15英寸大炮足以对付它,"杰立克在思索着,"不过,德国人是很狡猾的,当我们强大的舰队一出现,它就会溜走。该怎么对付它呢?"

海军司令想了一会,决定让贝蒂中将率领一支较弱的舰队向德舰迎战,在经过短暂的炮击后,就退向潜伏在远处海面的主力舰队,然后一举歼灭德国舰队。他叫副官写作战命令,命令贝蒂立即率领4艘战列舰和6艘战斗巡洋舰作为前锋,迅速驶向日德兰岛西北部海面。自己亲率24艘战列舰、3艘战斗巡洋舰和许多辅助舰只殿后。

其实,"留佐"号等舰这次出击,也是德国公海舰队司令舍尔海军上将的一个计谋。他的作战方案是:以"留佐"号等为诱饵,诱使英国海军出击,而"留佐"号等在进行象征性的反击后,就马上撤,把英国舰队引进舍尔自己率领的大舰队的射程内,然后加以围歼。

两支敌对的舰队实际采取的是类似的作战方案。

至于"留佐"号等频频拍发电报以及沿海岸航行,是舍尔在有意暴露目标,目的是让英国海军判明方位,前来迎击,而他自己则率领的大舰队,在"留佐"号等舰后面80公里的海面上航行。为了迷惑英国海军,德国军港的无线电台继续用舍尔的旗舰的呼号广播,使对方以为公海舰队的主力仍在本土港内。

5月31日下午2时,两支庞大的舰队的前锋都驶到了日德兰西北部的海面上,相距仅50多公里,但谁也不知道对方就在近前。

几分钟后,贝蒂指挥的英国舰队前锋的一艘轻巡洋舰上的瞭望员喊道:"远方出现异常的蒸气!"

舰长经与贝蒂中将联络,取得同意后,立即离开编队前往查看。不久,瞭望员报告:前方是一艘丹麦货船!舰长刚放下心来,瞭望员突然又喊道:"发现敌舰一艘!"原来,德国前锋的一艘轻巡洋舰,也瞭望到了丹麦货船,便转舵向它驶去。于是,这两艘巡洋舰同时认出了对方,并迅速向各自舰队发出"发现敌人"的警报!

"战斗巡洋舰全速前进,战列舰紧随。各舰与主力舰队要保持紧密联络!"

这样,贝蒂就以6艘战斗巡洋舰去迎击德国5艘战斗巡洋舰,从而没有了他在数量上两对一的优势。

贝蒂的军舰以时速45公里向东航行。不一会儿,希佩尔的舰队远远在望。希佩尔按照舍尔的计划,指挥舰队向自己的主力舰队退去,贝蒂的军舰紧紧尾随。

在相距拉近的时候,希佩尔下令开炮。接着,贝蒂的军舰进行还击。德国12英寸口径大炮的威力虽然比不上英国13英寸半和15英寸口径大炮的大,但是德国海军的射击技术却大大超过英国海军,贝蒂的旗舰"狮"号一下被德舰炮弹击中。

4点钟的时候,一颗炮弹洞穿"狮"号炮塔中部,发生猛烈爆炸。炮塔上除了指挥官哈维少校外,所有人员几乎都被当场炸死。爆炸使火药库着了火,很快会炸毁整条军舰。已被炸掉双腿的哈维在临死前通过传声管下令向弹药库放水,从而使"狮"号免遭大难。几乎是同一时刻,德国海军穿甲弹的一次齐射,穿过了"玛丽王后"号9英寸厚的甲板。开始,它只引起一小阵像煤灰那样的灰雾,接着,突然冒出了可怕的黄色火焰和一大片浓密的黑烟。这艘装有10英寸半口径大炮的2.6万多吨的战斗巡洋舰顷刻之间沉入大海,1275名船员中只有9人逃生。

几分钟后,2.1万吨的"不屈"号被德舰射出的两颗大口径炮弹击中。30秒钟后,一声震耳欲聋的爆炸,这艘军舰上的所有东西都飞向高空,其中一艘舰载水雷艇被炸到四五十米高,"不屈"号随即连同它的1017名船员葬身海底。

贝蒂向"狮"号舰发出命令:"左舵,向德舰冲过去!"

贝蒂深信,他的4艘战列舰马上就会跟过来,因此命令剩下的军舰向德舰开去。不久,4艘战列舰果然赶来。

希佩尔见贝蒂舰队追来,便全速向舍尔的主力舰队靠近。过了一会儿,贝蒂发现德国的主力舰队隐约出现在不太远的海面上,马上180度转弯,全速向后退去,以谋求自己主力舰队大炮的保护。在后退中,双方又进行了一次炮击,结果贝蒂的3艘战列舰被击伤,德国的两艘战斗巡洋舰被重创,其中,"留佐"号只能勉强航行。

6时左右,英国主力舰队首先发现德国主力舰队的方位。海军司令杰立克略微看了一下罗盘,果断地下令道:

"全部战列舰向左排成侧舷单行,准备迎战!"

4分钟后,他的24艘战列舰,排成一条1.4万米长的单行作战序列。

舍尔并不知道英国主力舰队就在他前面的海域,继续指挥军舰一艘接着一艘前进。当发现英国主力舰队的时候,双方布成了"T"字形的作战阵势。这个阵势使英国舰队能够使用所有大炮轰击,而德国舰队在发挥炮火威力时受到阻碍。10分钟内,德国3艘军舰遭到重创。"留佐"号的舰首几乎倾斜到吃水线以下,后来只能丢下让它沉没,希佩尔换乘另一艘军舰。

舍尔见势不妙,赶紧指挥舰队倒转航向,在薄雾中逃逸。逃跑时,各舰集中炮火,轰击杰立克的前锋旗舰"无敌"号。随着一阵雷鸣般的爆炸声,这艘1.7万多吨的军舰裂为两半,船身和船尾冲向30米高的天空,然后连同1026名船员沉入大海。

7时许,舍尔决定从英国舰队的后面撤回本土,但由于他测算错误,结果又碰到英国的大舰队,再次与英国舰队排成对自己极为不利的"T"字战斗队形。

"施放烟幕弹!各驱逐舰发射鱼雷!"舍尔发着命令。

一只只鱼雷跃入大海,溅起一道道浪花,向英国舰队射去,但都没有击中。

在烟幕的掩护下,舍尔的舰队向本土逃去。英国舰队估计敌舰会驶向本土,派出一些舰只前去封锁水道。

深夜10时半,德国舰队的先头部队与英国舰队的后卫又发生遭遇战,双方在照明弹、探照灯和着火舰只的炫目光辉下混战。

午夜后,英国巡洋舰"黑太子"号向一艘以为是友舰的模糊轮廓驶去。实际上那是一艘德国的战列舰,战列舰发现对方没有回答出当天的秘密联络信号,立即通知了自己的友舰。在强烈的光束照射下,4艘德国战列舰从舷侧开炮,使"黑太子"号变成一团巨大的火球,在一声震撼夜空的爆炸声中,"黑太子"号连同862名船员葬身大海。黑夜中,德国的两艘军舰也在一次意外的相撞中沉没。

第二天凌晨3时半,舍尔下令剩下的所有战舰都驶回本土军港。随后,英国舰队撤回北方。

这一场日德兰大海战使德国损失了1艘大舰、10艘小舰,死了2500多人;英军则有3艘大舰、11艘小舰被击沉,6000多人遇难。从数字上来看,英国海军要比德军损失惨重得多,所幸的是,他们仍然因为数量上的优势,保持着他们的制海权。

惨烈的凡尔登战役

第一次世界大战很快就进入第二个年份了,协约国与同盟国交战逐渐进入僵持状态。德皇威廉二世渴望早日打赢这场战争,连日来愁眉不展:开战已经17个月了,帝国军民死伤几乎快达到100万人了,物质损失也不计其数。表面上看,德军一直都在获胜,已抢得对方不少的土地,但是如果这样拖下去,帝国很可能会被拖垮的,得想一个速战速决的法子才好。

这时,总参谋长法尔根汉将军上奏说:

"陛下,必须把战略重心移回西线,集中力量先打垮法军。法国的凡尔登要塞连接法军东线和中线,掩护巴黎,是兵家必争之地,最为紧要。我军如能攻下凡尔登,法军必然全线动摇,凡尔登会使法国把血流尽的。"

威廉二世急于求成,立即采纳了法尔根汉的建议。

法军防线南起瑞士边境,经贝尔福、圣米耶尔至凡尔登,再折向西,和埃纳河平行,形成一个凸出部,凡尔登就在凸出部的顶端,此地威胁德军莱茵河西岸的交通线。凡尔登是法国东境省属城市,位于马斯河畔,距巴黎200公里,是巴黎西北入口,又是法军防线的中枢。如果失去它,法军必将全线崩溃。

自从1870年普法战争法军失败后,法国便精心策划凡尔登防务。法国在凡尔登构筑了巨大的要塞,环城炮台共几十座,大小要塞有火炮5000门。要塞构成后,法国人感到十分自豪,自称凡尔登是"欧洲第一要塞",把它看做巴黎的屏障。

1916年,交战双方在西线僵持后,在部下的提醒下,法国将军霞飞估计到德

军有可能进攻凡尔登。于是,他多次视察凡尔登。经过实地考察,他对将领们说:

"眼前看来,凡尔登只是表面强大而已。今非昔比了,如果要抵抗德军,必须对凡尔登进行全面改造。"

将领们问道:"该如何办呢?"

霞飞说:"现在的武器装备与过去不能相比,可以说是无坚不摧的。以列日要塞之坚,都不能挡住德国420毫米重炮的轰击,何况凡尔登炮台了?"

于是,霞飞命令凡尔登守军废弃一半炮台,把里面的大炮用于野战,借炮台之地构筑野战阵地三处。这样,炮台与阵地浑然一体,相互支援,阵中有阵,线外有线,可谓固若金汤了。

1916年2月21日7时15分,号称欧洲第一要塞的凡尔登忽然炮火连天,德国动用了1000多门大炮一齐向凡尔登开火了:迫击炮盯着堑壕掩体;中型炮专门轰击道路村庄;重炮和超重炮攻打炮台、筑垒阵地、指挥所;化学炮兵专攻炮兵阵地;130毫米速射炮以步枪射速发射重磅炮弹,威力也不弱。千门大炮昂首齐吼,顿时,天在摇、地在颤,天地似乎要裂开了。

同时,德国的百余架飞机越过前线,在法军后方的桥梁、屯兵点、车站等地一阵俯冲,抛下炸弹,地面成了火海。

法军阵地硝烟弥漫、烈火熊熊,道路七零八落,工事全部被毁。

法尔根汉把所有的大炮都集中到凡尔登,以德皇太子威廉为先锋,只用一天工夫便把凡尔登要塞炸得狼狈不堪了。炮轰过后,便是一片呐喊声:"冲啊!冲啊!"

德军的6个步兵师如潮水般冲进法军防线。

法军虽然在火海中,但仍坚持着与敌人进行殊死搏斗。经过两天的激战,法军被俘1万多人、被缴大炮65门,主要防线被突破。

消息传到总司令部,霞飞感到形势不妙,立刻命令参谋卡斯特尔诺将军前往督战,接着又任命第二集团军司令贝当为凡尔登地区司令官,命令他死守凡尔登。

贝当接到命令后,立刻率领第二集团军赶赴前线。他见德军炮火猛烈,步兵如潮水般推进,而法军阵地却炮声稀疏,觉得奇怪,便问原守军司令道:

"为什么不见我军反击呢?"

原守军司令回答说:"我后方交通线已经被敌人切断,弹药供应不上,手中的弹药也已经用得差不多了。"

贝当闻听,额头上立刻沁出冷汗,心想:"情况如此紧急,马上就有被包围的危险了!"

他站到一个制高点上,两眼不停地搜索着,只见西南方有一个角落,敌人的炮弹一直没有落下,便询问道:"西南方有公路吗?"

"那是一条很少走车的公路。"一个后勤官员说道。

另一个指挥官补充道:"这条公路从前有一条单向窄轨铁路,平日里运输少量的补给,已被敌人炸坏了。"

"路面有多宽?"

"6米左右吧。"

"路面承受能力怎样?载重汽车大量通过能行吗?"

"路面不算好,大量通过恐怕……"

没等那指挥官说完,贝当立刻命令道:

"马上调工兵上来,配合当地百姓抢修一条长65公里的公路,不惜一切代价,越快越好。"

工兵抢修队一到,便与当地居民紧张地抢修公路。经过十几个小时的奋战,公路基本修成了。

接着,贝当又调来载重汽车3900辆、司机8500人,分成200个班,两班轮流运送援兵和弹药,人歇车不停。他命令道:

"从即日起,要保证这条公路24小时通行。凡尔登的存亡在此一举。我们的口号是:决不让德军通过凡尔登!"

士兵见司令官来到凡尔登就一直没有离开阵地,他两眼通红,精神却始终十足,都非常受感动,玩着命地把兵员和物资往前方运送。就这样,仅一个星期便把2.3万吨弹药,19万援兵全部运到前线了。前线由少于敌人数倍的力量,一跃与敌人持平了。战局稳定下来,法国士兵和百姓兴奋地称这条路为"圣路"。

法尔根汉见第一次进攻高潮平息下来,虽然取得了一些战绩,却与自己的计划相差甚远,于是又从各线调兵增援,重新进攻。霞飞有了喘息机会,便也同法尔根汉一样调兵遣将。

双方兵力、兵器越聚越多,数周后,各有百万大军对峙在凡尔登一隅。

从此,双方动辄大动干戈,一发起炮来就是数十万发。士兵们每冲杀一阵,便是尸横遍野,但战线却没有变化。

一天,贝当突然发现敌阵后有一片密林,汽车整天里川流不息,便对新研制的400毫米巨炮的指挥官说:

"你看,那林中肯定有德军的弹药库,你立即把它炸掉!"

一声令下,各炮做好了准备,装上炮弹,一齐射向密林。刚射出数十发炮弹,密林里便如天崩地裂般响了起来,紧接着,烈焰直冲云霄,汇成了一片烟和火的海洋,似乎世界到了末日。

贝当大喜,大喊道:"德军失去弹药库,末日也就来临了!"

接着,他命令部队反攻,果然夺回了所有失地。德国妄图歼灭法军主力,迫使法国投降的战略计划失败了。

这一场空前规模的战役,双方共有100多个师投入到战斗当中,伤亡人数超过了70万,真的成了一部名副其实的"凡尔登绞肉机"。法尔根汉让法国人流尽了鲜血,但是德国人尸体也堆成了山。战役结束后,他便被撤去总参谋长的职务。

德军从此由进攻转入防御,军队的士气一落千丈,国内开始出现反战的呼声,矛盾不可避免地激烈起来。

凡尔登战役是第一次世界大战中期起着决定性意义的一场战役,是这次大战的转折点。

列宁与十月革命

1870年4月22日,弗拉基米尔·伊里奇·乌里扬诺夫出生于俄国伏尔加河畔的辛比尔斯克,列宁是他参加革命后的笔名。

列宁出身于一个有着良好氛围的教育者家庭。列宁的父亲多年从事国民教育,是一位具有民主主义思想的教育活动家,曾任省国民教育总监。列宁的母亲是一位医生的女儿,虽未曾进学校读过书,但由于受到良好的家庭教育,她品质高尚,为人善良,知识丰富。列宁父母的关系亲密,相敬如宾,他们喜欢孩子,重视孩子的教育,这种家庭氛围对孩子们的健康成长起到了良好的作用。

列宁兄弟姐妹6人,因对沙皇的专制统治和残酷压迫不满,大都参加了革命。1887年6月,列宁随家人移居喀山,进入喀山大学法律系学习,不久他就因为参加学生运动而被学校开除并被流放。一年后,列宁回到喀山,参加了马克思主义研究小组,开始研究马克思的《资本论》和普列汉诺夫的著作,成为当地马克思主义小组的一名积极分子。

1889年列宁随全家迁居萨马拉。1891年,列宁以校外生的资格通过了彼得堡大学的毕业考试,并获得毕业文凭。1892年,他开始组织当地第一个马克思主义小组,并将《共产党宣言》译成了俄文。列宁还在进行社会调查、研究俄国历史和阶级斗争的基础上,写出了《农民生活中新的经济变动》,列宁这时已由一个革命民主主义者逐步转变为一个共产主义者。

1895年8月,列宁移居彼得堡,在彼得堡将马克思主义小组统一起来,创立了"彼得堡工人阶级解放斗争协会",向工人宣传马克思主义理论。同年底,列宁被捕入狱。1897年2月,在经历了一年多的狱中生活后,列宁被流放到西伯利亚。在西伯利亚的3年流放中,他开始使用"列宁"这个笔名,并于1899年写出了《俄国资本主义的发展》一书。在西伯利亚列宁与克鲁普斯卡娅结婚。

1900年2月,列宁结束在西伯利亚的流放生活,回到彼得堡。之后不久,他转赴瑞士、德国,从事职业政治活动,并在德国创办了俄国社会民主工党的第一份机关报《火星报》。1901—1902年间,列宁撰写了在日后俄国革命中极具影响力的《怎么办?》一书,阐述了革命理论的伟大作用,提出了建党的基本原则和设想。

1903年7月,列宁出席了在布鲁塞尔召开的俄国社会民主工党第二次代表大会。会上因在建党组织原则性问题上的矛盾和分歧,党内形成了为以列宁为首的布尔什维克(意为多数派)和以马尔托夫为首的孟什维克(意为少数派)。

1905年7月,俄国资产阶级民主革命爆发后,列宁领导召开了只有布尔什维克派参加的俄国社会民主工党第三次代表大会,制定了布尔什维克在资产阶级民主革命中的策略。列宁写了《社会民主党在民主革命中的两种策略》,阐明了在帝国主义时代资产阶级民主革命的特点、动力、道路和前途,论证了无产阶级领导权、工农问题和资产阶级民主革命转换为社会主义革命等问题。11月,列宁回到彼得堡,直接领导布尔什维克中央委员会和彼得堡委员会并参加党的机关报《新生活报》的编辑出版工作,撰写了许多文章和小册子,宣传布尔什维克的方针策略。

1907年12月,资产阶级民主革命失败后,列宁再度离开俄国,开始了国外多年的流亡生活。1908年,列宁撰写了《唯物主义和经验批判主义》一书,系统地阐述了辩证唯物主义的基本原理。

1914年第一次世界大战爆发后,列宁批评那些支持本国战争的社会民主党,声称第二国际业已死亡,要建立新的没有无产阶级叛徒参加的第三国际,并提出了"变帝国主义战争为国内战争"的口号。这一时期,列宁先后撰写了《社会主义和战争》、《论欧洲联邦口号》和《帝国主义是资本主义的最高阶段》等著作,全面分析了帝国主义的本质、特征和矛盾,论述了资产阶级政治经济发展不平衡的规律,指出了帝国主义是无产阶级革命的前夜,提出了社会主义将首先在一国或数国胜利的理论。

1917年3月,沙皇政府被推翻后,列宁从瑞士回到俄国,积极准备发动武装起义。4月,列宁发表了著名的《四月提纲》,指出了资产阶级民主革命向无产阶级社会主义革命过渡的路线、方针和策略,提出"一切权力归苏维埃"的口号。7月,彼得格勒发生了"七月事件",临时政府镇压了布尔什维克所支持的示威游行的工人和士兵,并宣布通缉列宁等布尔什维克领导人。列宁认为武装起义时机尚不成熟,暂时放弃了武力夺权的想法。8月,列宁离开彼得格勒,隐居在拉兹里夫湖畔,继续指导革命斗争,写出了《国家与革命》,提出了无产阶级必须打碎资产阶级国家机器,建立无产阶级专政。10月,随着俄国国内政治形势的发展及布尔什维克力量和威信的不断提高,列宁提出了通过武装起义将政权转归苏维埃并建立无产阶级专政的新方针。列宁从芬兰秘密返回彼得格勒,主持召开了中央委员会会议。通过了其起草的武装夺取政权的决议,并亲自参与了武装起义的准备和指挥工作。

1917年11月7日(俄历是10月25日,因而史上称为"十月革命")晚,拥护布尔什维克的工人、士兵和水兵以"阿芙乐尔"号巡洋舰的炮声为信号,向临时政府所在地冬宫发动猛烈进攻并占领了冬宫,推翻了俄国临时政府,武装起义取得了胜利。8日,全俄苏维埃代表大会开幕,会上列宁当选为人民委员会主席。列宁领导建立了世界上第一个社会主义国家,摧毁了资产阶级国家机器,建立了苏维埃国家政权。

1918年4月,列宁发表了《苏维埃政权的当前任务》,提出了进行社会主义改造和经济建设的纲领。同年8月,列宁遭到反革命分子暗杀而受重伤,加之长期工作劳累,健康状况开始恶化。

列宁在领导俄国革命的同时,还极为关注国际共产主义运动发展,为了团结世界各国的革命左派力量,1919年3月,列宁在莫斯科主持召开了共产国际(第三国际)成立大会。大会通过了《共产国际宣言》、《共产国际行动纲领》等文件。大会号召全世界无产阶级在工人苏维埃、在夺取政权和实现无产阶级专政的革命斗争和在第三国际的旗帜下联合起来,并选举列宁为共产国际执行局成员。共产国际的成立极大地推动了国际共产主义运动的发展和马克思主义在世界各国的传播。

1919年,列宁撰写了《共产主义运动中的"左派"幼稚病》,批判了在西欧各国共产党内存在的"左"倾思潮,指明了各国无产阶级革命走向胜利的途径。

十月革命胜利后,列宁领导俄国人民打败了国外帝国主义的武装干涉,平定了国内白卫军叛乱,巩固了苏维埃新政权。1920年,列宁提出了著名的口号:"共产主义就是苏维埃政权加全国电气化"。同年12月,俄罗斯苏维埃联邦社会主义共和国电气化计划在全俄苏维埃第八次代表大会上通过。列宁十分重视这个计划,把它称之为"第二个党纲"。

1921年3月,以列宁为首的布尔什维克党在及时总结了"战时共产主义"经验教训,开始推行主要内容为废除余粮收集制,实施实物税;停止配给制,允许商品买卖;放松外贸管制,鼓励外资企业投资;允许一定程度的私企经济等的新经济政策,并坚信俄国有一切必要和足够的条件建成社会主义。

1922年5月,列宁身患重病,在生病期间仍关心党和国家的命运,发表了一系列文章总结苏维埃政权建立以来的经验和教训。列宁系统提出了建设社会主义的理论与计划,阐述了对苏俄实现社会主义工业化、加强对农业的社会主义改造、加强党和国家机关的建设和发展文化教育事业等问题的看法。

1922年12月,在列宁领导下,俄罗斯苏维埃联邦社会主义共和国和乌克兰苏维埃社会主义共和国、白俄罗斯苏维埃社会主义共和国、南高加索联邦组成苏维埃社会主义共和国联盟,简称苏联。

1923年3月,列宁病情恶化,他停止了一切政治活动。1924年1月21日莫斯科时间18时50分,列宁与世长辞,终年54岁。

列宁把自己的一生奉献给无产阶级解放事业,在实践斗争中捍卫和发展了马克思主义,为世界人民留下了丰富的精神遗产,仅收入《列宁全集》的文章和著作就有9000多篇(部)。

各怀鬼胎的巴黎和会

1919年,在第一次世界大战期间饱受磨难的法国首都巴黎的市民们喜气洋洋,旨在消除战争、给人类带来永久和平的巴黎和会在此召开。

1月18日,在法国外交部召开了巴黎和会的第一次全体会议,除了苏维埃俄国以外,包括战败国在内的27个参加了第一次世界大战国家的代表团出席了会议,中国代表团也参加了会议。

但是,这个标榜建立世界和平的会议,实际上却是英、法、美、日、意等战胜国分配战争赃物,重新瓜分世界的分赃宴会。

参加和会的新旧列强各怀鬼胎,法国总理克列孟梭力图肢解和削弱德国,确立法国在欧洲的霸主地位,便主张首先讨论德国问题;英国首相劳合·乔治则希望巩固英国在大战中夺得的德国殖民地和土耳其的大片土地,便要求首先解决殖民地问题;而美国通过战争已成为列强中最具实力的国家,美国总统威尔逊更是踌躇满志,提出了所谓"十四点和平计划",企图通过建立和主宰国际联盟,削弱英、法列强,确立美国在全球的霸主地位,因此坚持首先研究建立国际联盟问题。

会议从第一天起就陷入了激烈的争吵之中,威尔逊甚至扬言要退出和会。他的私人助手在日记中描述道:"看来一切都完了……总统很凶,劳合·乔治很凶,克列孟梭也很凶。总统在同他们谈判时,第一次失去了自制……"

经过长达3个多月没完没了的争吵、讨价还价和肮脏的秘密交易,巨头们最后总算在和约问题上勉强达成了一致。

4月24日,第5次全体会议通过《国际联盟盟约》。

6月28日下午3点,各参战国聚集在巴黎近郊凡尔赛宫,正式签署了《协约国和参战各国对德和约》。列强巨头们导演的这场分赃盛宴终于落幕了。

《凡尔赛和约》共15部分。其主要内容是:一、领土条款。德国将阿尔萨斯和洛林归还法国;对比利时放弃奥伊彭、马尔梅迪和毛来纳斯;波兹南地区和西普鲁士大部分让与波兰。二、军事条款。对德国军队的规模、武器装备数量与质量以及指挥系统作了明确具体的限制,规定在莱茵河左岸和右岸宽50公里地域设立"莱茵非武装区",莱茵河左岸由协约国军队占领15年。三、赔偿条款。赔偿总额留待协约国赔偿委员会确定,但德国在和约签订起两年内先交付2亿金马克。四、德国前殖民地的处置。德国放弃其海外殖民地,由英、法、日等国以"国联委任统治"名义瓜分。

在巴黎和会期间,充满了卑鄙的幕后交易。会上签订的《凡尔赛和约》、《国际联盟盟约》以及会后对其他战败国的和约,以条约形式确定了战后资本主义世界政治、经济和军事的一般关系与制度,即"凡尔赛体系"。凡尔赛体系是几个取得胜利的帝国主义国家勾结分赃和暂时妥协的结果,其真实意图在于把第一次世界大战后形成的瓜分世界的格局巩固下来。

但是事与愿违,凡尔赛体系非但没有消除欧洲战争的根源,反而加剧了帝国主义国家间的矛盾,激发了欧洲各民族之间的仇恨心理,埋下了新的世界大战的火种。法国元帅斐迪南·福煦当时就这样评论巴黎和会:"这不是和平,顶多是20年的休战!"

事态的发展证实了福煦的预言,恰好20年之后,第二次世界大战全面爆发了,凡尔赛体系随即分崩离析。

啤酒馆政变

20世纪20年代,苏联的社会主义建设刚刚处于起步阶段,就已经取得了一些可喜的成就,这让已经进入相对稳定时期的资本主义国家非常恐慌。英、法、美、德、日等几个通过工业发展致富的主要资本主义国家,继续把发展经济当做最重要的事情,很快就恢复了国力。一战的硝烟渐渐散尽,世界又重新变得和平与宁静起来。

但是,越是平静的表面,越会在背后隐藏着不可捉摸的杀机。世界现代史上最令人胆寒的法西斯主义,就在这样的背景下形成,并日渐嚣张起来。

到底什么是法西斯主义呢?这要先从意大利的墨索里尼谈起。

墨索里尼年轻时曾自称是一名社会主义者,喜欢革命,对阶级斗争极为狂热,而他所理解的"社会主义"其实就是战争,他曾放言要通过一场"血浴",获得政权。由此可见,他根本就不是什么社会主义者。

从1919年起,他开始纠集社会上的小流氓组成一个武装团体,名为"法西斯战斗团",企图通过法西斯专政,建立起一个"大意大利"帝国,把南欧、北非、东非都纳入其版图。于是,不少狂热分子闻风而至。仅仅3年时间,墨索里尼成立的"意大利国家法西斯党"就拥有了党徒30万。他们仿效古罗马军团的敬礼姿势和标志,手持铁棒,到处肆意横行,大搞恐怖暗杀活动。通过施用武力,法西斯党还篡夺了一些地方政府的权力,百姓一见到他们都避之惟恐不及。1922年10月,墨索里尼指挥着党徒北上进军首都罗马,引起了当权者的恐慌。经大资产阶级从中斡旋,意大利国王把墨索里尼请进内阁,让他担任总理。从此,意大利陷入法西斯的独裁统治:人民不再有出版、结社、集会的自由;报纸的内容必须以颂扬法西斯为主;非法西斯的政党、工会一律被宣布为非法,令其解散;疯狂搜捕共产党和其他政党的领导人;国民经济朝军事化方向发展……

无独有偶,远在德国的阿道夫·希特勒也在此时开始了他的夺权行动。

希特勒出生在奥地利,原本只是一个流浪汉,后来在德国参军,随军参加过第一次世界大战。战争结束后,他进入陆军政治部,成为一名侦探。1919年9月,在一个很偶然的情况下,他加入了"德国工人党",当时这个极端的民族主义组织还是一个不满100人的小团体。一直想要做一个人上人的希特勒,凭借他那超人的组织才能和富于煽动力的演说,很快就取得了党内的领导权。他在党的名称"德国工人党"前面加上了"国家社会主义"几个字(合起来之后的德文缩写音译为"纳粹")。1921年7月,希特勒坐上了纳粹"元首"的位子。于是,他开始豢养起一支由退伍兵组成的身穿褐色衬衫、臂戴"卐"字标志的"冲锋队"。这伙人经常到各种集会上去搞破坏,动辄对人拳脚相加,成了希特勒对付政敌的忠实走狗。有了他们,希特勒头脑迅速发热,不久,就发动了一场以夺权为目的的政变。

事情发生在1923年11月8日晚上慕尼黑的一家啤酒馆里。当时,人们正聚在一起一边喝啤酒,一边听巴伐利亚邦的官员卡尔陈述自己的施政纲领。突然,从外面传来一阵吵嚷之声,是一群纳粹冲锋队员架起机枪,把会场啤酒馆围了起来。人们惊愕不已地看着发生的一切,只见希特勒迈着大步走了进来,他跳上一张桌子,掏出手枪朝天花板"砰"地就是一枪,卡尔吓得慌忙退下了讲台。

"革命开始了!"希特勒走上讲台吼道,"告诉你们,政府已被推翻,我们的军队正在向这里进发!临时政府已经组成!"其实,这全是谎话。为了实现夺取政权的野心,希特勒大造谣言,并以这次暴力行动相配合。随后,他把卡尔等3个官员关进后面的一间小屋,使尽各种手段,央求他们同自己合作,组建新政府。3人坚决不肯,希特勒气得暴跳如雷,又跑回大厅撒谎说,3个官员已同意合作,现在就要向柏林展开进攻,一个新政府即将诞生!

群众都以为这是真的,兴奋得大叫起来。没想到3个官员却趁乱逃走了,谎言不攻自破。希特勒决定孤注一掷,冲着冲锋队的头头喊道:"立即向市中心进军,军队和市民都支持我们,我们一定能成功!"他和戈林等人带领着冲锋队,杀气腾腾地冲往市中心。

没想到,市政府对此早已有所防备。冲锋队刚刚行进到陆军部门前的时候,政府军就开始镇压了。一阵枪声过后,几十个纳粹党徒倒在地上,戈林也负了伤,慌忙之中,希特勒登上一辆汽车逃走了。过了几天,他和另外几个政变头目落网,他被判了5年徒刑。

虽然希特勒和纳粹党的行动没有成功,但是他宣扬的反动思想却逐渐蔓延开来。在一战中惨遭失败的德国人,内心总有着一股复仇情绪,希特勒所宣扬的思想恰好能够把这种情绪煽动起来,所以他越来越受到一些人的拥护。在监狱里待了不到一年,他就出狱了。在坐牢过程中,他把自己的经历和思想写进了《我的奋斗》一书,他的疯狂野心也在书中暴露无遗。他宣扬日耳曼民族优等论,认为日耳曼人应该主宰别的低等民族和整个世界;他主张撕毁凡尔赛和约,伺机复仇,把对外扩张当做获得"生存空间"的手段;还要以"超人意志"代替民主机制。

希特勒的上台,使得德国政局发生根本性的变化,成为全世界尤其是欧洲的不安全因素。

苏联"大清洗"运动

斯大林在取得苏联政权中独一无二的地位之后,布尔什维克党内和苏联国内出现了近乎迷信般的个人崇拜现象,斯大林俨然已经成为人民心目中的神明,一切成绩的获得都归功于斯大林,因为他是党和国家的象征。如果一个国家的权力过于集中,又不加以制约,就会酿成悲剧。斯大林发起的"大清洗"运动就是这样一出不该发生的悲剧,在这场运动中,几十万无辜的人被处死。

要说"大清洗",必须先提一提它的肇始——1934年的基洛夫遇刺事件。

当时,基洛夫担任中央委员会书记及列宁格勒州委第一书记。他才能出众,善于团结工人,在党内享有很高声望。共产党一些领导人对日益严重的个人崇拜及经济建设中的问题感到不安,于是在1934年初的第十七次党代会上,酝酿选举基洛夫取代斯大林担任党的总书记职务。在选举中央委员时,斯大林是当选委员中得票最少的一个,缺票270张,而基洛夫只缺3张。斯大林对此感到十分震惊。

1934年12月1日,基洛夫在列宁格勒斯莫尔尼宫被暗杀。凶手当场被抓获,他叫尼古拉耶夫,是内务部的工作人员。当天,斯大林等领导人赶到出事地点,亲自问这一案件。最初,政府宣布暗杀是白卫恐怖分子干的,并处决了104名白卫分子。半个月后,苏联报纸宣布,暗杀是由托洛茨基、季诺维也夫反对派策划的。

托洛茨基早在1929年已被驱逐出苏联,而季诺维也夫、加米涅夫在1927年被开除出党后,写信给党中央承认错误,第二年重新被接纳入党,担任一般工作。基洛夫被刺后,他们再次被开除出党。1935年1月,对他们进行审判,虽然没有可靠证据,仍判处他们10年和5年有期徒刑。到了1936年8月19日,苏联最高法院军事法庭又判处季诺维也夫、加米涅夫等16人死刑,不容上诉就予以处决。

此后,斯大林又任命叶若夫为内务人民委员,以加紧镇压反革命集团。叶若夫上台后,把大清洗推向全国。

1937年6月,元帅、副国防人民委员图哈切夫斯基、基辅军区司令雅基尔、白俄罗斯军区司令乌鲍列维奇等高级将领被逮捕处死,罪名是组织反苏军事中心,充当德国间谍。

1938年3月,苏联法庭举行第三次公开审讯,指控布哈林、李可夫等人组织"右派和托派同盟",不仅充当外国间谍,阴谋推翻苏维埃政权,而且要赤裸裸地复辟资本主义。布哈林、李可夫等19人被判处死刑。

由于存在对斯大林的个人崇拜,领袖的意志可以凌驾于法制之上,许多人无辜遭到迫害。据估计,这次大清洗使500万人受到牵连,30万至40万人被处决。1936—1939年间,有一半以上的党员,即120万人被逮捕。第十七次党代会的1966名代表中有1108人被捕,大会选出的139名中央委员和候补委员中有98名被逮捕和处决。

大清洗也使苏联的军事人才几乎损失殆尽。第一批被授予元帅军衔的5人中,有3名被处死;15名集团军司令中,也有13名被杀;再加上4万多名营级以上高中级军官遭到迫害。苏联红军骨干的丧失,使不久后的苏联卫国战争深受影响。

1938年末,大规模的清洗浪潮总算逐渐平息下来。在第二年的第十八次党代会上,斯大林终于承认,在大清洗运动中,他犯下了不可原谅的错误。

不爱江山爱美人的国王

1936年12月11日晚,整个英伦三岛的民众听到电波里传出这样的宣言:

世界通史

"我的心和沃利斯在一起,没有我爱的女人,我无法生活。""我不是国王,我只是一个恋爱中的男人。"

发出这个宣言的不是别人,正是刚过不惑之年的英王爱德华八世,他是诺曼底人征服英国以来的 42 位君主中唯一自愿放弃王位的国王,此时距他继任国王仅有 326 天。

爱德华八世是乔治五世家中的长子,1894 年 6 月出生。他从小沉默寡言,性格内向,大概是由于父王过于严厉的教育。少年时,他就被送到海军当学员,后来又到法国学法语。18 岁时进入牛津大学马格德林学院,但是他难以忍受学校沉闷的生活,认为读书是一种"沉闷的劳务",一直学业平平。相反,他在运动上很有天分,十分擅长网球和高尔夫球。

1914 年他投笔从戎时,第一次世界大战爆发了。作为一名热血青年,他也热望着奔赴前线,为国奋战。但是身为王位继承人,他的一举一动都受到约束,只能在后方担任参谋,无法去扛枪战斗。战争结束后,他一度热衷于障碍赛马,但在一次摔伤之后被乔治五世下令禁止参赛了。不久,学会飞行从而翱翔蓝天的梦想也被父王所扼杀。

作为王太子,他的主要职责就是代表国王巡视帝国和出访各国,他先后到过加拿大、美国、加勒比海各国、新西兰和澳大利亚。"王室特使"的角色令他不再胆小、羞怯,但他仍然十分内向、孤独。他无法自由接触朋友和他的子民,也得不到父王的完全信任,不能参与国家机要大事,甚至觉得自己怀才不遇。

乔治五世对他长子的最大期望就是早日成婚,但爱德华王子却对王室为他安排的姑娘完全不感兴趣,他曾经有过两次风流韵事,对象都是婚姻不幸的已婚女子,似乎他在通过这种方式发泄对王室生活的不满。

1924 年,他再度访问美国,新兴的美国拥有的开放自由的生活方式把他完全迷住了,他发现自己找到了一直希望的生活方式。

1931 年,一个美国女人闯入了爱德华王子的生活。她叫沃利斯,美丽动人,又开朗热情,是一个时髦女性。这位人称辛普森夫人的女士有过两次婚姻,她现任丈夫是个美国人,但在英国军队中服役,已加入英国籍。不过,个性极强的辛普森夫人却拒绝放弃美国籍,愿意保留自己的独立与自由。她那种典型美国式的开放、热情与自由的举动,深深吸引了爱德华王子,也许他觉得这正是自己所缺少的和渴望的,他们很快坠入了情网。

3 年后爱德华王太子决定与辛普森夫人结婚。可以想象,这个消息对于英王室的打击是何等的巨大,它几乎成了全世界注目的焦点,成了各类报章杂志津津乐道的花边新闻。但这时,乔治五世的健康恶化,王太子的婚事无法提上日程。

1935年，辛普森夫人终于和第二任丈夫解除了婚姻关系，但这时乔治五世驾崩，爱德华王太子变成了爱德华八世。

可是英国人很快发现，他们单身的国王喜怒无常，暴躁易怒，常常将公务抛在一边，只管带着辛普森夫人四处寻欢作乐。内阁成员和民众对他的所作所为越来越不满了。英国大主教甚至不愿意给这样一位国王举行加冕礼，因为未来的王后可能是一位离过两次婚的美国女人，在那些古板的英国人看来这简直是一场灾难。

现在，爱德华八世的处境很艰难。辛普森夫人为了免遭更多的指责，一再表示想离开他；另一方面，社会舆论和内阁成员对爱德华八世的行为大为不满，甚至有人骂他很"无耻"。他意识到，自己必须在王位和自己心爱的女人之间做出选择，要么和自己心爱的女人分离，要么退位。

他做出了自己的选择，这个决定如此出人意料，以至于一时无人相信，他的弟弟约克公爵听说将由自己来继承王位时，完全不相信这会是真的。但是爱德华主意已定，不久，他踏上了去美国的飞机，去自己心爱的女人身边。约克公爵即位后，封爱德华八世为温莎公爵。

他们在异国他乡相依为命，共同生活了35年。1972年5月，爱德华因病去世，去世前，他说："我从未见过比沃利斯更美的女人。"也许他们的婚后生活并不总是那么甜蜜，但他们一直无怨无悔。14年后，辛普森夫人也离开人世。英国女王偕王室全体成员参加了她的追悼会。

金日成和他的抗日游击队

1912年4月15日，朝鲜民主主义人民共和国的伟大领袖金日成诞生在平壤市万景台一个普通农民家庭。少年时代，他到中国吉林读中学，还没有毕业就参加了革命，当时年仅14岁。1929年10月，金日成被日本人逮捕，关进了吉林监狱，半年后，他被放了出来。于是，他在吉林伊通县组建了朝鲜游击队，打击日寇。

1932年的一天，金日成率领一支40人的游击队，在汪清县罗子沟与日寇相遇。经过一场恶战，游击队只剩下18名队员了。在金日成率领下，他们踏着厚厚的积雪，沿着山沟，向东宁县老黑山转移。由于连续行军作战，游击队员们已经精疲力竭，有几个学生出身的队员开始产生了埋怨情绪。

前面发现了一座小木屋。金日成想让队员们歇歇脚，便走近木屋，轻轻敲了敲门："主人在家吗？"

"你们是什么人啊？"屋里有人问道。接着，门开了，走出来一位老人。

"我们是最近建立的抗日游击队。"

"我听说过你们,来,快进屋吧!"老人连忙把游击队员请进屋,给他们燃起火,然后告诉游击队员们:"你们要小心啊,附近有一支从罗子沟来的伪军。"

"啊!这里有伪军?"几个年轻队员听了老人的话,吃了一惊,情绪更紧张起来,心想,好容易摆脱了日寇的追赶,想不到又遇上了伪军,这怎么办呢?

金日成洞悉队员们的心理和情绪,没有批评他们,只是提出了一个严肃的问题:"请你们考虑:面对当前这种情况,我们应采取什么方针?"

队员们你一言、我一语,展开了热烈的争论。有的说,在目前情况下不能进行游击活动,应该解散队伍,重新转入地下斗争;有的认为,队伍不能解散,应该设法与别的游击队取得联系,继续坚持斗争。

金日成听着队员们的争论,心情再也不能平静。他想,要消灭日本强盗,解救苦难深重的朝鲜人民,目前惟一的道路就是进行武装斗争。现在游击队刚刚建立,怎么能轻易地解散呢?金日成清楚地记得,在筹建游击队过程中,曾顺道回家探望卧病在床的母亲。他坐在母亲枕边,看到被贫困和疾病折磨得憔悴不堪的亲人,心里十分难过。但是,他母亲对他仔细端详了一会儿后说道:"一个要去光复祖国的人还要为家事操心,怎么能做得了大事?你要组织一支更大的队伍去打仗,可是还这样挂念家,能行吗?……你快走吧!"金日成离开母亲以后不到两个月,母亲就去世了。但是,母亲的激励和教诲,他永远铭记在心。因为,这不只是一位母亲,而是千百万母亲对他的期待和希望啊!

金日成听完了队员们的争论,拨了拨火,满怀深情地说道:"创造新事物的革命,本来就是要闯过无数难关的。我们必须攻克这些难关,解放祖国,建设新社会。要把我们的希望、智慧都献给革命。你们想想当亡国奴的人民,想想践踏我们民族的敌人,难道我们能忍受下去吗?"

"不,绝不能!那是绝对不能忍受的!"大家兴奋地喊了起来。金日成热情洋溢的话语使队员们增添了信心和力量,木屋中熊熊的火焰给战士们兴奋得泛红的脸上又增添了红光。

金日成率领 18 名游击健儿,又转入老黑山密林深处,他们每天打猎、练武、学习、讨论,严酷的环境使他们锻炼得更加坚强。当他们离开老黑山时,队员们一度出现过的那种意志消沉、精疲力竭的面貌,已经一扫而光,个个容光焕发、斗志昂扬。他们很快和汪清县另外几支游击队取得了联系,组成了一支更强大的队伍。不久,他们以图们江沿岸作为游击根据地,成功地开展了秋收斗争等活动。

1934 年 3 月,金日成合并各地抗日游击队,正式改编为朝鲜人民革命军,在中国东北和朝鲜北部边境,开展抗日武装斗争。

20世纪30年代中期,朝鲜国内的革命与反革命斗争形势进一步尖锐,日本为了实现它的进一步侵略扩张的计划,企图把朝鲜变成"巩固的后方"。1936年,日本将朝鲜的工业生产纳入日本军事工业的轨道。民族矛盾的进一步深化,为朝鲜革命者进一步团结更广泛的各阶层人士投入反日斗争提供了条件。金日成见时机已经成熟,便于1936年5月发起成立了反日民族统一战线组织——祖国光复会,并被推举为会长。他拟定了光复会的十大纲领。光复会的群众基础发展得非常迅猛,很快就扩大到朝鲜全境,几个月的时间,会员达到20多万。从此,在朝鲜国内掀起了声势浩大的反对日本帝国主义的斗争。

慕尼黑阴谋始末

慕尼黑,原本是德国一座具有悠久历史的文化名城,但是在20世纪30年代末,它却成为国际关系中一个充满肮脏和阴谋意味的代名词。即使在今天,这个词仍然被当作出卖弱小国家利益而求得和平的"绥靖政策"的同义词使用。

慕尼黑为什么会在国际关系中获得这样一个不光彩的名声呢?事情要追溯到1938年9月。当时,法西斯势力甚嚣尘上,欧洲再次面临着战火的威胁。正是在这样的形势下,1938年9月,英国、法国和意大利三国首脑张伯伦、达拉第和墨索里尼应德国总理希特勒的邀请,到慕尼黑会谈。

会上,英法两国首脑为了满足希特勒的要求,不惜牺牲东欧捷克斯洛伐克利益,签订了臭名昭著的《慕尼黑协定》。《慕尼黑协定》的出笼有着欧洲和全球深刻的社会经济背景。

1929年,世界经济危机爆发,打破了一战以后全球相对稳定的局面,使资本主义世界陷入了激烈的政治动荡之中。为摆脱危机,寻找出路,德、意、日三个法西斯帝国主义国家走上了建立公开恐怖专政、发动侵略战争的道路,从而形成了东西方两个战争策源地。

在扩张过程中,这些国家加紧勾结,建立法西斯轴心国集团,缔结军事同盟,把大战的空气逐渐加浓。在这种形势下,希特勒把吞并奥地利和捷克斯洛伐克的计划提上了日程。早在1933年10月,德国法西斯就利用捷克斯洛伐克的民族问题,扶植苏台德区日耳曼人党充当其侵略工具。苏台德位于捷克斯洛伐克西北部波西米亚和摩拉维亚的交界地带,和德国接壤,第一次世界大战前属奥匈帝国,但从来不是德国领土。当地居民中有300万是德意志族人,他们虽属少数民族,但从未受过任何歧视。1933年,纳粹党在德国执政后,打着建立"大德意志"的旗号在苏台德地区大力扶植纳粹势力,专门从事分裂活动。

1937年6月,希特勒制定了侵略捷克斯洛伐克的"绿色方案"。1938年3

月,德国强行兼并奥地利以后,就把矛头直指捷克斯洛伐克,而"苏台德问题"就是为此而制造出来的一个借口。4月,希特勒唆使日耳曼人党要求苏台德区"自治",并于5月在德捷边境集结军队进行武力威胁。9月12日,希特勒在纽伦堡发表演说,公开宣布要援助苏台德日耳曼人党。当晚,苏台德区发生暴乱,出现"九月危机",局势再度紧张。

9月15日,英国首相张伯伦赴德国与希特勒会谈,不惜一再退让,表示英国承认苏台德区脱离捷。

9月19日,英法两国胁迫捷割让苏台德区。

9月21日,捷被迫接受英法建议。

希特勒在英法一再退让的情况下,更加得寸进尺。9月23日晚,希特勒给张伯伦一份备忘录,并附有地图,要求捷克人最迟在9月28日完全撤出苏台德地区,并将其割让给德国。经过张伯伦的"艰苦努力",希特勒总算给了张伯伦一点"面子":"我很少对别人做这样的事,你是难得的一个。我准备给捷克人撤退的期限规定一个日期——10月1日,如果那样能便于你完成任务的话。"

经过幕后策划,9月29日,由墨索里尼出面斡旋,怀着缔造欧洲和平的幻想、并一心想把战争危险引向苏联的英法与法西斯德、意四国政府首脑张伯伦、达拉第、希特勒和墨索里尼,在德国慕尼黑的褐色"元首宫"举行会议,史称"慕尼黑会议",又称"慕尼黑阴谋"。

会议中张伯伦一再乞求希特勒允许捷代表出席,希特勒最终又给了他一个"面子",让捷代表等在"隔壁房间里",以便"随叫随到"。

9月30日凌晨,与会各国签订了《德国、联合王国、法国和意大利间的协定》,即《慕尼黑协定》。协定规定:1938年10月10日前将捷克斯洛伐克苏台德区及与奥地利接壤的南部地区移交给德国,希特勒不费一枪一弹就得到了他想要的东西。可耻的是,张伯伦和达拉第在向捷宣布这个协定时居然声称,这"是无权上诉和不能修改的判决词"。

慕尼黑会议是几个大国互相勾结,以牺牲弱小国家为代价,谋求与法西斯势力妥协的国际阴谋。但是,事与愿违,英法两国在慕尼黑表示的绥靖政策反而助长了法西斯国家侵略扩张的野心,把欧洲逐步推向了战争的边缘。《慕尼黑协定》签订后,丘吉尔曾经这样对张伯伦说:"要你在战争和耻辱之间进行选择,你选了耻辱,但是你将来还是要进行战争。"

事情的发展正如丘吉尔所说,英法还没有来得及享受来自慕尼黑的"体面的和平",战争的烽烟已经高高燃起:1939年3月,德国军队占领了捷全境;9月,德国对波兰发动"闪电"袭击。第二次世界大战的滚滚浓烟笼罩在欧洲上空。

德军大举入侵波兰

二战全面爆发是从德军大举入侵波兰开始的。德国法西斯为了给自己这个蓄谋已久的计划找借口,确实是煞费苦心。他们精心策划的一个小小的阴谋,终于使一次非正义的侵略"师出有名"。

在德国与波兰边境的接壤处有一座名叫格莱维茨的军用电台,此地周围没有其他建筑。平时,这里总是宁静得出奇,如果不是附近草丛中偶尔有几声小虫的鸣叫传来,真让人无法感到会有生命存在。

1939年8月31日夜,一阵枪声划破夜空,"哒!""哒!""哒!"……不一会儿,德国人收到了"波兰人"的广播声音,语调生硬,内容尽是攻击德国、辱骂希特勒的,不明真相的德国法西斯分子听了,一个个都气得暴跳如雷。

广播声音消失以后,格莱维茨电台四周又恢复了平静,但电台门口和院内却多出10多具刚被打死的士兵的尸体,其中有几具穿着波兰军服,有几具穿着德国军服,这莫不是波兰军队"偷袭"了德国电台?一群德国法西斯大小头目和"新闻记者"很快来到现场,又是观察,又是拍照,忙了好一阵子,搜集了波兰侵犯德国的"铁证",他们脸上还不时露出几丝得意的狞笑。

凭着这个"罪证",德军就在第二天凌晨天刚亮的时候,以150万大军全面越过德波边境,像蝗虫一样向波兰压过去。这一天上午,法西斯德国元首希特勒还煞有介事地发表了演说,他气势汹汹地叫嚷:"昨天夜间,波兰军队向我们的领土发起第一次进攻。德国军队已于今天早晨开始还击,从现在起,我们将以炸弹回敬炸弹。"第二次世界大战就此爆发。

这个阴谋直到5年后法西斯德国战败才被披露。1945年11月20日,在纽伦堡国际军事法庭上,有个叫瑙约克斯的法西斯特务供认了一桩让人听了目瞪口呆的所谓"罐头鹅肉"行动,事情的真相这才公之于众:

1939年8月,法西斯特务头子希姆莱秉承希特勒的旨意,事先指示特务机构搞来一批波兰军服,同时又从监牢里挑来十几名死囚犯,称他们为"罐头鹅肉"。

决定"进攻"格莱维茨电台的那天,在特务机构的安排下,一些德国士兵换上波兰军服,装扮成波兰士兵,而十几名死囚犯有的给穿上波兰军服,有的给穿上德军制服,并事先都被注射了麻醉药。行动开始后,这些死囚犯就全被枪杀了。当然,一定要让那些穿波兰军服的"罐头鹅肉"在"偷袭"电台时被德军"还击"打死才行,而穿德军制服的"罐头鹅肉"又必须是在波军"偷袭"电台时被波兰人击毙而"壮烈牺牲"的,这些尸体被巧妙地摆放在建筑物的门口和院子内。然后,德国人开始用波兰语以波兰人的腔调广播了一些攻击性的言语,以引起德国国内法西斯分子对波兰的仇视。最主要的是,借此表明波兰人的的确确曾经"占领"过电台。

这出闹剧因为表演得跟真的一样,所以果然让所有人都相信了"事实"。后来,具体执行计划被瑙约克斯供述出来,才总算让世人明白了法西斯的这一桩罪恶实录。

敦刻尔克大撤退

二战初期,英、法等国盟军在德军闪电战的打击下,没有还手的余地。1940年,德军攻克了法国的加莱以后,扼住了英吉利海峡。这样一来,法国北部和比利时境内的英法联军同法国中部军队就被德军分成了两半,无法再取得联系。在迫于无奈的情况之下,英、法海军才有了敦刻尔克大撤退这样一次成功的转移。

1940年5月27日至6月4日,在法国敦刻尔克港口,德军的炮火片刻也没有停止过,可是大海上仍有成百上千条各色各样的船在朝着敦刻尔克的方向前进。

这是一支被驾船者们自己称为"无敌舰队"的杂牌船队,因为它们是由颜色鲜艳的法国渔船、观光的旅游船、小型护航舰、扫雷艇、拖网渔船、驱逐舰、雷达哨船等组成的。各色各样的英国人、法国人驾驶着它们,这些人当中,既有银行家、牙科医生、出租汽车司机、快艇驾驶员,也有码头工人、卖花少年、工程师、渔夫和文职官员……那些面肤娇嫩的年轻人,一望便知是海上童子军,他们正好与皮肤黑红、白发苍苍的老人形成强烈的反差。有的人显然很穷:他们连外套也没有,只套着破毛衣和卫生衫,脚上的胶鞋也裂开了缝,海水混合着雨水把他们打得浑身湿淋淋的,刺骨的寒风让他们时时辘辘饥肠……

就是这样一支没有武装、没有护航的奇怪的船队,却不知是从哪里来的勇气,他们迎着枪林弹雨和硝烟烈火,在漂着沉船的海面,灵活地向前行驶着,哪怕前方是地狱,他们也毫不畏惧。

1940年5月10日,德国法西斯开始了对西欧的进攻。当时,英国、法国、比利时、荷兰、卢森堡等国的兵力合在一起有147个师,达300多万人,与德国实力不相上下。但法国人却在此时仍然坚持他们那既呆板又保守的战略,只把希望寄托在他们自认为固若金汤的"马其诺防线"上,不与德国人进行正面交锋。在德法边境上只发生过一些规模不大的试探性战斗,如今,我们就把德法之间的这场战争称为"奇怪战争"。

而实际上，德军根本没把"马其诺防线"当做突破口，他们先是闪电般地侵入比利时、荷兰和卢森堡，然后绕过"马其诺防线"，从色当渡河后突入法国境内。荷兰、比利时、卢森堡三国很快就失陷了。

到5月21日，德军已经兵临英吉利海峡，把近40万的英法联军追赶到法国北部那块狭小地带里。现在，惟有敦刻尔克这个仅有1万名居民的小港可以作为这40万人的海上退路了。

敦刻尔克港口并不是可供撤退的理想之地，它极易受到轰炸机和炮火的持续攻击。如果德军真的这么做的话，这40万军队也就剩不下多少人了。

形势危急，英国政府和海军发动大批船员，并号召其他人也起来营救他们的军队，他们准备尽全力至少撤离3万人。

对于可能发生的悲剧，人们怨声载道，争吵不休，而对上层决策者的无能和腐败则更加不满，可是他们还是义无反顾地投入到帮助部队撤离危险处境中去了，于是前文提到的这支奇怪的"无敌舰队"组成了。

船队中有少量的船只是政府征用的，大多数都是自发前去接运部队的人民。没有人为他们登记，也没有人给他们传达命令，他们身上自有比组织性更有力的东西：不列颠民族征服海洋的精神。一位亲身投入接运部队的英国人事后回忆道：

"在黑暗中行船是件危险事。天色阴暗，云彩压得低低的，看不清月亮和星星，我们没带灯，也没有标志，以致我们都没法分辨出敌人和自己人。渡海渡到将近一半时，我们遇到了第一批返航的船队。为了躲开这些船经过时带起来的汹涌的海浪，我们落入前方昏黑的船影里。黑暗中到处都有叫喊声传来，偶尔还夹杂着喇叭声。我们一边摸索前行，一边向上帝祈祷。"

上船前，等在岸上的士兵都很守纪律，他们为撤离已坚持奋战了3个星期，一路上都在撤退，经常因失去与上一级的联络而陷入孤立无援的境地，他们强忍睡意，忍饥挨渴，却一直保持着队形，直至到达海滩。疲惫的士兵们举步维艰地跨过海滩，走向要把他们运到大船上去的小船，他们冒着轰炸和扫射的危险涉入水中，水已经淹到前面的人的肩部，头刚好露出在扑向岸边的波浪之上，直至水退到腹部，他们才登上小船，那些小船又因载人过多只好倾斜着前行……

一些大船不顾落潮带来的危险，极力向岸边靠拢……

沙滩上，被炸弹击毁的驱逐舰残骸和被丢弃的救护车堆得到处都是……

所有这一切都被火光映衬着，敦刻尔克在燃烧，但是没有水去扑火，也没有人顾得上去救火……

如果我们当时在现场，一定会感到看到的仿佛是地狱里的景象，炮声响个不停，而且又传出很远，火光照亮了夜空；嘈杂声、高射炮声、机枪声交织在一起，所有人都无法进行正常的对话,以至于后来经历过敦刻尔克战斗的人都留下了一副标志性的沙哑嗓音,这倒成为荣誉的标记——"敦刻尔克嗓子"。

可是,让谁也没有想到的是,就是这样一支东拼西凑的杂牌船队,在如此险象环生的境况下,在短短一周的时间里,竟然使33.5万人安全撤离了。

敦刻尔克大撤退完成了似乎不可能完成的任务。

奥斯维辛集中营

集中营是以犹太人为主的所有法西斯占领区人民遭受迫害的见证,也是法西斯在占领区实行恐怖统治的重要手段。在二战期间,德国法西斯的铁蹄踏到哪里,哪里就会建起一座集中营。在这众多的集中营中,位于波兰的奥斯维辛集中营是规模最大的一个,也是施行恐怖统治最残酷的一个。

奥斯维辛集中营是1939年希特勒占领波兰后,在它的南部奥斯维辛地区建立的一座巨大的杀人工厂。集中营的四周布满了铁丝网,里面设有专门用来杀人的毒气室、焚尸炉和化验室。

从1940年6月开始,几乎每天都有火车把成批的战俘和无辜的平民从欧洲各地运送到这里。火车一到,佩戴有黑底骷髅头和两根交叉骨头领章和帽徽的法西斯党卫军分子就开始筛选"货物"。"犯人"被一个个从火车上拽下来,强迫在院子中站成一排。

凡有劳动能力的人,不论男女,首先被送进消毒站,剃去头发,剥光衣服,进行消毒。他们的所有物品全被没收,换来的是一身破烂的囚衣,衣服都编有号码和不同颜色的三角布,不同颜色标明不同的"罪行"性质。红色是政治犯,黑色是拒绝劳动的人,黄色是犹太人。从消毒站出来后,他们就被分送到各个工地去做苦工。

其他没有劳动能力的人,大多是老人、妇女和儿童,一下火车就被直接送到毒气室"洗澡"(实际上是实施集体屠杀)。

奥斯维辛集中营共有4个大毒气室,它们都在地下,上面是修建整齐的草坪,四周还种有各种花草,入口处钉有写着"浴室"字样的牌子,两旁还有军乐队在演奏维也纳剧院的轻音乐。每天都有成批的"犯人"被带到这里来"洗澡",那实际情况又是怎样的呢?让我们来看一下当时奥斯维辛集中营的指挥官鲁道夫·赫斯的回忆录吧:

"犹太人脱下衣服后,便进入毒气室。室内有莲蓬头和水管,仿佛真是浴室。女人带着孩子先进去,后面是男人,男人总是少数……

然后,门立刻被锁上,已经待命的"消毒"护士们很快便让煤气从天花板上的小窗流进室内。煤气罐都被扔在地上,煤气很快地扩散……

半小时后,门被打开了,通风机也开始运转,立刻就得搬走尸体……

特别纵队立刻拔下有的尸体的金牙,剪下女人的头发,然后将尸体从电梯搬到一楼,一楼的焚尸炉已经点燃,根据尸体的大小,最多可以同时塞进3具尸体。

火化的时间也依尸体的大小而定。"

那些被迫劳动的人日子也不好过,稍有不慎,就会招来毒打,一般是抽打25鞭子。被打完后,还必须到集中营的管理头目那里谢恩:"长官先生,××号犯人衷心感谢挨了25鞭子!"此外还有其他更为残酷的刑罚。如果逃跑被抓回来,就会被立即枪毙、分尸示众。看守们还会大声恐吓说:"谁想逃跑,这就是他的下场!"

纳粹分子还在集中营里进行各种惨无人道的人体实验。他们在"犯人"身上注射伤寒病菌、肺结核菌,然后观察病人的发病情况。他们还在"犯人"身上进行各种药物试验,结果使很多人被活活治死。有的"犯人"则被用来进行"高压试验",或放到-30℃的冰水中进行"冰冻试验",以测试人的生理反应。

纳粹分子对无辜的儿童也毫无怜悯之心。有一次,一个姓门格勒的纳粹医生为了他的所谓"科学研究",看一看双胞胎兄弟的生理状况的异同,曾亲自把集中营中的一对双胞胎男孩带到他的实验室,当场击毙后,助手们立刻把他们解剖,以便验证医生的"科学结论"。

从集中营开始执行使命起,到苏联红军于1945年1月把它解放,前后共有400多万人在奥斯维辛集中营里死于非命,德国法西斯所犯下的罪行真是罄竹难书啊!

安妮·弗兰克日记

提起《安妮·弗兰克日记》这本书,我国读者应该不会陌生,它一度作为畅销书被摆在各家书店的货架上。在这些朴实无华的文字中,人们可以看到纳粹主义的黑暗统治在一个被迫早熟的少女的心里投下了多么浓重的阴影,还可以看到这个少女对纳粹分子摧残、扭曲人性的悲情控诉。在日记里,安妮这样写道:"我就像一只被折去翅膀的小鸟,飞在黑暗中,一头碰上了囚禁她的笼子。"

安妮·弗兰克4岁时,就体验到了人生的残酷。那年,正赶上希特勒上台,他在全德境内掀起了一股反犹排犹的浪潮。安妮的父亲奥托·弗兰克是个犹太人,为了家人的平安,他带着全家迁居荷兰。他们在荷兰过了几年平静的日子,但灾难再次降临:1940年5月,荷兰沦陷于纳粹德国。奥托意识到,他们要么立即迁移,要么赶快找地方躲起来。可是整个欧洲都已卷入了战争,大半地方沦陷,他们又能逃到哪儿呢?于是他决定躲藏起来。奥托在荷兰的这几年与丹恩合伙做生意,他们的营业所在阿姆斯特丹一个偏僻的地方,面对运河。营业所楼上有几间废弃的房间,被称为"附属建筑",奥托认为躲在那里不太容易被发现。

1942年,预料中的厄运终于降临:奥托·弗兰克被勒令立即出境。他没有走,而是立即带着全家人住进了"附属建筑"。接着,丹恩一家和一名犹太人医生也住了进来。这样,他们开始了两年零8个月的"黑人"生活。他们不能大声说话,不能出去散步,不能烤制食物,更不能有任何社交活动。总之,他们必须对外抹杀自己的存在,不能发出任何声响,晚上也不能点灯。他们和外界仅有的联系就是奥托的无线电收音机和他的4个正直勇敢的雇员,他们给奥托等人偷运来食物和书报。

这种偷偷摸摸、见不得人的生活无论对谁来说都是一种难以忍受的折磨。压抑、寂寞、苦闷、忧郁使得"附属建筑"里的居民们神经处于崩溃的边缘。因此,争执与吵架——却又只能是压低了声音地吵——成了他们日常生活中主要的内容。

大人尚且如此,更何况对生性活泼、开朗好动的13岁姑娘安妮呢?安妮是个懂事的孩子,她当然不会跟父母吵闹着要出去玩,于是要开始写日记。这本日记还是父母送给她的14岁生日礼物呢。安妮在日记中记下了她全部的心理活动、她的思想和感受、她的孤独苦闷心情,当然也包括"附属建筑"中的日常生活,以及她和这个临时大家庭中每一个成员的关系。

同时,人们还可以在日记中看到,安妮是如何从一个天真烂漫的小姑娘变成了一个具有成熟女性心理的"大人"。青春期的骚动与渴望,心理压抑的郁闷与苦恼,初恋的甜蜜与战栗,都在日记中得到了真实的记载。这些日记被保存下来并出版,完全是由于一种偶然。安妮的日记写好后,被允许放在父亲的公文包里。1944年8月4日,当纳粹警察突然搜查并逮捕"附属建筑"的居民们时,他们只顾抢掠钱和珠宝,日记被弃置在楼板上。几天后,奥托的助手冒险偷偷回了一趟"附属建筑",她看见了安妮的日记,决定把它保存起来。

1945年,幸存的奥托·弗兰克回到解放了的阿姆斯特丹,他的助手把安妮的日记交给了他。奥托读着女儿的日记,不禁老泪纵横,女儿的音容笑貌清楚地浮现在他的脑海里。过去,他太忽视她了,日记就放在他的公文包里,他却从没想到去读读它,没想到去理解女儿丰富复杂而纯洁无瑕的内心世界。如今却是物在人亡!他读了一遍又一遍,后来忍不住抄了一些给母亲和一位密友。没想到这位密友把它推荐给了一位现代史教授,教授立即意识到了它的价值,在报上撰文推荐和评论它。

在朋友们的催促下,也依照安妮本人的遗愿——她在日记中表示了希望有

机会出版日记,在朋友的帮助下,题名为《附属楼——安妮·弗兰克日记》终于在阿姆斯特丹出版了。不久,英文、日文、法文、意大利文和德文版也相继出版。各国读者反响热烈,人们给奥托写来了信,寄来各种各样的小礼品,在安妮生日时送来许多鲜花。奥托不得不歇业在家,专门处理各地来信。这些信中,有的对奥托表示同情与慰问,有的对安妮不幸早逝表示悲伤,更多的人表示了他们对纳粹分子和法西斯主义者制造种族迫害,造成像安妮这样的小姑娘芳华早谢的愤怒与谴责。

最引人注目的反应来自德国。德国是制造这场人类悲剧的罪魁祸首,战后几年中,德国政府试图教育国民认识希特勒法西斯主义的罪恶本质,却总是收效甚微。然而,安妮的日记却使他们大大震动了,他们从中看到了自己过去所犯下的罪行。当根据安妮的日记改编的剧本《安妮·弗兰克》在德国众多城市上演后,德国陷入了深深的思考与反省之中。一位著名评论家说:"《安妮·弗兰克》一剧之所以获得成功,是因为它使观众理解了历史。我们观看这出戏就像观看一份用最谦卑而可怜的措辞写的控诉书,控诉那些人丧失人性。没有人因为我们是德国人而谴责我们,我们自己谴责自己。"一位二战时的纳粹党徒在他写来的信中说道:"我曾是一个忠实的纳粹党徒,但一直到那天夜里看这出戏之前都没有想过纳粹到底意味着什么。"

安妮死后被纳粹埋在了贝尔森集中营的万人坑中。现在,这里每天都有人从远处赶来举行悼念活动。一位17岁的中学生的话代表了所有怀念安妮的人的思想和感情:"安妮如此可悲地结束了她的生命时,比我们现在的年龄还小。她之所以会死,是因为她无法忍受有人要灭绝她的种族。决不能容忍我们的人民中再出现此类非人道的仇恨了!"

日本偷袭珍珠港

苏德爆发战争以后,轴心国之一的日本军国主义也迫不及待地想要加大侵略步伐,为了掠夺石油资源,印度支那和南太平洋诸国,成为他们的主要侵略目标。这样一来,驻守在夏威夷群岛的美国太平洋舰队无疑就成了日本军国主义向太平洋南部扩张的最大障碍。怎样端掉这个碍事的大舰队呢?日本人动开了脑筋。

1941年12月7日是一个星期日,在夏威夷的珍珠港,阳光明媚,蓝天与碧海互相映衬,分外美丽,美国的太平洋舰队就驻扎在这里。早晨起来,官兵们有的还在吃早饭,有的却已经上岸开始度假去了。所有舰艇一字排开,整齐地停泊在港口内,上千架飞机也都井然有序地分列在瓦胡岛的7个机场上。

在雷达监视器前,两个美军士兵在值班,他们无聊地摆弄着仪器。突然,一群飞机出现在荧屏上,从方向上看,是在130海里外的东北,它们正朝着瓦胡岛直飞过来。两个人立即打电话向陆军基地报告了这一情况。

值班军官语气中含着嘲笑:"别神经过敏,那是我们自己的飞机。"并嘱咐他们不要多管闲事。

事实上,值班军官早就接到通知:今天早晨,一队美国空军的B—17飞机将从国内飞来。放下话筒之后,他打开了收音机,音乐声传了出来。

像往常一样,港湾里的美国军舰在做着举行升旗典礼的准备,气氛仍是那么轻松和安详。雷达屏上,那群飞机飞得更近了,一场灾难就要从天而降,美国人却还蒙在鼓中。

当然,机群不是从美国飞来支援的,而是来自日本特遣舰队的6艘航空母舰,总计有183架,它们要对珍珠港施以偷袭。日本法西斯的这一阴谋已经策划很久,经日本天皇的授意,远渡重洋偷袭珍珠港计划出台了。这一计划由日本联合舰队司令山本五十六暗中策划,他特意指定南云海军中将率领舰队去完成这项任务。

为了迷惑美国,使之麻痹。日本又专门派特使赴华盛顿谈判,提出和平解决两国争端的要求,他们声称"美日两国没有任何理由发生战争"云云,而在暗中,执行偷袭行动的特遣舰队已于11月26日秘密从日本出发了。经过12天在海上的隐蔽航行,他们到达了距瓦胡岛230英里的地方。然后,参与攻击的飞机迅速从航空母舰上起飞,直奔珍珠港扑来。驾驶着第一架飞机的是指挥官渊田美津雄中佐,他的身后是由49架水平轰炸机、40架鱼雷轰炸机、51架俯冲轰炸机和43架制空战斗机组成的机群。渊田俯身向下张望,但云层太厚,海面看不清楚。珍珠港上空会是什么样子呢?他暗暗着急。忽然,檀香山广播电台的夏威夷音乐声从耳机里传来,接下来又开始播报檀香山地区的气象预报:"半晴,山上多云,云层高3500英尺,能见度良好……"

"太棒了!"渊田兴奋地笑道。

"报告,前面发现海岸!"

"报告,我看到了珍珠港!"

透过云层,渊田也看到了停泊在珍珠港中的军舰和瓦胡岛机场上的飞机。

"开冲!"渊田大声命令,随即,猛推操纵杆,飞机俯冲而下。

带着呼啸声,日本机群猛扑下来,机关炮火焰喷吐,炸弹像雨点般往下落。

"砰砰砰……"

爆炸声此起彼伏,瓦胡岛的机场上烟雾滚滚,港湾里的军舰四周水柱直飞上天。

所有的美军官兵都惊呆了!

"空袭!空袭!"舰艇全都烧着了,舰队司令部的军官们这才醒过神来,这哪里是"特殊演习"?

片刻之间,珍珠港被硝烟和战火笼罩。奇袭成功!渊田中佐发出了事先约定好的信号:托拉!托拉!托拉!(虎!虎!虎!)

万里之外,在广岛"长门"号旗舰上遥控指挥的山本五十六收到信号后,显得很得意,脸上泛起红光。

第一次袭击进行了约半个小时,紧接着,171架飞机又进行第二次攻击,直到9点1刻,日军飞机才全部从珍珠港上空撤离。110分钟的袭击过程中,日机共炸沉美国海军主力舰4艘,重创1艘,炸伤3艘,另外,炸沉、炸伤驱逐舰、巡洋舰等各类辅助舰10余艘,击毁飞机188架,机场成为废墟,美军官兵死伤人数达到4500多名。日本仅损失29架飞机。

在偷袭开始后70分钟,驻华盛顿的日本代表野村和来栖才走进美国国务卿赫尔的办公室,把一份最后通牒交给他。赫尔暴跳如雷地说:"我做了50年的官,还从来没见过这样厚颜无耻的文件!"野村还想说些什么,赫尔含着怒气把他们赶了出去。

偷袭珍珠港发生后,太平洋战争全面爆发。事件发生第二天,美国总统罗斯福要求、国会通过决议对日宣战。然后,他又在电台里发表演说:"一定不要忘记我们遭受奇耻大辱的这一天!"不久,澳大利亚、荷兰等20多个国家对日本正式宣战。中国政府是于12月9日发布《中华民国政府对日宣战布告》而正式对日宣战的。看到盟友腹背受敌,德、意法西斯对美国宣战,战争终于扩展到全球,第二次世界大战真正演变成世界性的大战。

山本五十六覆灭记

山本五十六作为二战时期日军的指挥官,亲历过日俄战争,也参加过第一次世界大战,后来从驻美海军副武官升任海军航空本部部长之职。1938年8月,利用航空母舰上的飞机血洗南京、轰炸上海,都是他下的黑手,他也因此获得了日本天皇授予的"旭日重光"勋章,此时的日本联合舰队司令的职务已经非他莫属了。

1941年12月,他成功地偷袭珍珠港,使美军的太平洋舰队几乎全军覆灭。随后,又是他组织了中途岛海战,这次海战虽然遭到惨败,但他并不收敛。此时,他又集中了300多架飞机,准备对瓜岛和新几内亚盟军的舰艇进行空袭。为了做好进攻准备,他带领他的参谋人员飞往所罗门群岛去视察军事设施和鼓舞士气。

"山本准于 4 月 18 日上午 9 时 45 分,在 6 架零式战斗机保护下,乘两架三菱轰炸机飞抵卡希里湾。山本的全部属员都与他同行……"

日本海军最高司令部发出了这样一份极其秘密的无线电报,电波飞越辽阔的太平洋,到达了驻在南太平洋和日本占领的中国海港的各日本舰队。各舰队司令官接到命令,知道日本联合舰队司令山本五十六即将亲临视察,立即做好了迎接准备。

1942 年 4 月 18 日清晨,山本整了整军服,佩戴好胸前的勋章,像往常一样,神气十足地登上了专用座机,向预定视察地点飞去。

可是他怎么也没有想到,当他踌躇满志地登上座机时,他的末日也就要到来了。

日本海军最高司令部的绝密电报一发出,美国海军当局就通过魔术般的"紫色密码机",立即破译了日本的密码,从而对山本将要视察的详细路线,以至于中途每一个停留地点和他到达及离开的准确时间,都了解得一清二楚。破译的密电迅速传送到当时的美国海军部长弗兰克·诺克斯手中,又很快被放到了美国总统罗斯福的办公桌上。

经过讨论,罗斯福总统做出最后决断,命令截击并击落山本五十六的座机。随即由海军部长诺克斯亲自主持拟定了行动计划,决定在山本飞行到达的最后目的地——布干维尔的上空时,将他的座机击落。

4 月 18 日早晨 7 时 35 分,美国闪电式战斗机群从瓜岛起飞,领队的驾驶员是米切尔少校和兰菲尔少校。飞机沿海面低空飞行,一概不用无线电联络,只凭罗盘和速度表驾驶。机群经过曲折的航线,在预定的时间到达了预定的地点。

9 时 45 分,山本大将的两架轰炸机和 6 架零式战斗机一行果然按时到达了。

担任引诱任务的米切尔少校的机群,故意爬上高空以引逗日本零式战斗机。日本担任护航任务的零式战斗机果真上当了,它们撇下山本的座机向米切尔少校机群猛扑过去。

"好,老虎终于被调出山了!"担当截击任务的兰菲尔少校一见,立即带领机群从低空拉起,加大油门,向山本的座机猛追过去。

刹那间,兰菲尔和驾驶僚机的巴尔中尉差不多已经追上了山本的座机。在这万分紧张的时刻,上当的日本零式护航机突然发现了悄悄拉起的美国战斗机,不由得大吃一惊。日机全速俯冲下来,企图掩护山本的座机。但是就在这一瞬间,兰菲尔少校发射了一长串子弹,山本座机右边引擎和左边机翼先后爆炸起火,座机朝着卡希里湾方向栽下去。

兰菲尔少校仍然穷追不舍,尾随着坠机又射出一排子弹,把山本大将的座机的两翼击断了,机身则在距离山本所要去的卡希里只有几英里的荆棘丛中发出一声巨响,一道黑烟腾空而起。罪大恶极的刽子手就这样葬身于荒野之中。

随同兰菲尔少校执行此次任务的僚机巴尔中尉也不甘示弱,他不顾返航的零式战斗机的俯冲抢救,向山本的僚属所乘的第二架轰炸机射出一排仇恨的子弹。这样,山本的属员也陪山本一起去了黄泉。

瓜达卡纳尔岛战役

1942年6月的中途岛一战,美军给自称"战无不胜"的日本海军一个致命的打击,日本人东进的梦想从此彻底破灭了。但贪婪成性、侵略成性的日军首脑不但不收缩战线,反倒破釜沉舟,继续南下,向新几内亚的莫尔兹比和所罗门群岛等地进发。

瓜达卡纳尔岛是所罗门群岛中的一座,位于南纬10度左右,岛上奇峰突兀,丛林茂密。6月中旬,日军把2000多名从朝鲜和中国掳来的劳工派到瓜达卡纳尔岛上搞起了建设,准备建立他们"南下计划"中一个重要的空军前进基地。

而美军在中途岛之战中取胜之后,决心乘势在西南太平洋地区发动反攻,但陆军上将麦克阿瑟和海军上将尼米兹在反攻步骤上产生了分歧:麦克阿瑟主张正式开始战略反攻,攻占腊包尔;尼米兹则主张按"先欧后亚"的原则,暂且在太平洋上采取战略守势、战术攻势,沿着所罗门群岛逐步向北推进,威慑腊包尔。

深谋远虑的尼米兹决心已定,没人能够动摇他的意志。不久,由于英国不同意盟军过早横渡英吉利海峡对德作战,美国陆、海军总部达成先在太平洋上发动进攻的一致意见。但在由谁负责指挥这一问题上,彼此争得面红耳赤。结果,美军参谋长联席会议于1942年7月2日订出一个代号为"瞭望塔"的折中方案:将进攻分成三个阶段,第一阶段由尼米兹指挥,第二、三阶段由麦克阿瑟指挥。其中第一阶段的目标是占领圣克鲁斯群岛和东所罗门群岛,尤其是图拉吉和瓜达尔卡纳尔两岛。

出乎美军的预料,日军已抢先行动。7月5日,美军侦察机猛然发现,日军工程兵正在瓜达尔卡纳尔岛上修建机场。这一发现让美军决策者们大吃一惊。如果日军轰炸机从那里起飞,后果将不堪设想。位于所罗门群岛南部,树木茂密、地势崎岖的瓜岛地理位置太重要了。美军上下一齐认识到这一点,将瓜岛列为进攻的第一目标。

尼米兹任命美国第一海军陆战师师长范德格里夫特少将为瓜岛登陆作战部队的指挥官。他命令范德格里夫特,务必要在5周内拿下瓜岛和图拉吉岛。

8月7日清晨,由80艘舰艇组成,包括3艘航空母舰的美军特混舰队和1.9万人的海军陆战队,向瓜岛和附近的图拉吉岛发起进攻。由于日军在瓜岛尚无防守部队,美军迅速占领了该岛,图拉吉岛上的日军抵抗一昼夜后被美军全歼。8月7日晚,日军从腊包尔集结5艘重巡洋舰、2艘轻巡洋舰、2艘驱逐舰,8日悄然通过所罗门群岛两列岛屿间的狭长水域。9日,日军击沉美军重巡洋舰4艘。

日军过低估计了登岛美军的兵力,因此认为夺回瓜岛并非难事。8月18日,日军两支前卫分遣队从隆加岬东西两面登上瓜岛,慌忙发起进攻,很快被美军歼灭。19日,日军后续护航队企图引诱美军舰队,美军并未中计,将舰艇集中到瓜岛东南。

8月20日,日军一支900人的敢死队进攻瓜岛美军阵地,在美军炮火的猛击和坦克的猛扑之下日军敢死队员全部丧生。8月24日,日军"龙骧号"轻型航空母舰被美机炸沉,日军飞机有70多架被击落,但美军"企业号"航空母舰受创。当晚,日舰撤退。

9月12日,日军川口支队上岛,随后进入丛林,不料近半数士兵染上疟疾。于是,川口决定突袭机场。日军经过两天跋涉,绕道行至机场边的马塔尼科河畔,企图抢占机场边的高地。当日军3000多人出现在高地前沿时,美军发起了猛烈炮击。日军被炸得血肉横飞,仅剩的数百人逃回丛林。然而,此间美军舰队受到日本潜艇的袭击,"萨拉托加号"航空母舰受重创,"黄蜂号"被击沉。

10月中旬,日军两艘战列舰炮击瓜岛机场,致使油库着火,美军损失飞机40多架。日军于10月24日向瓜岛展开陆上攻势。

美军海军陆战队由于防御得当,很快将日军打退。

10月26日,双方舰队在圣克鲁斯群岛海域展开以空战为主的战斗。27日,美军新投入的"大黄蜂号"航空母舰被击沉,修复的"企业号"被炸毁。日军"翔鹤号"航空母舰和"祥凤号"轻型航空母舰亦受重创,日军还损失飞机70架。

11月中旬,双方舰队在瓜岛附近接连两次交锋。11月13日凌晨,双方遭遇不到半小时,美军两艘巡洋舰被击沉,日军"比睿号"战列舰受重伤后被凿沉。14日,在曲近藤的重型军舰掩护下,田中所率的一艘日军大型护航驱逐舰护运1万多人增援,15日晚进入瓜岛附近海域时,遭到美舰的猛烈迎击,11艘运输舰被击沉7艘,其余4艘抵达瓜岛后于次日早晨被美军飞机炸毁。日军仅有4000援兵和少量给养上岛。

在辅助海战中,日军"雾岛号"战列舰受伤。15日深夜,美军"华盛顿号"战列舰以雷达控制的大炮向"雾岛号"猛烈开火。"雾岛号"被炸得千疮百孔,很快因完全丧失功用而被凿沉。至此,太平洋上的制海权和制空权转入美军之手,而瓜岛上美军也已转守为攻,并逐步扩大阵地。

由于美军舰艇和飞机的截击,日军运输船只无法靠近瓜岛。从11月下旬起,日军只得以潜艇分批发送少量给养,或者利用海浪将舰上投入水中的密闭物品冲到岸边,而当时岛上日军已达2.5万人,粮食严重匮乏,靠吃草根、树皮充饥,士兵个个骨瘦如柴,羸弱不堪;疟疾盛行,却缺乏药品,数以千计的士兵死于饥饿和疾病。而当时美军在瓜岛已集结5万余人的兵力,且给养有充分保障,处于绝对优势。

1943年2月4日,日本大本营下令从瓜岛撤退。岛上日军逐渐缩短战线。2月2日至7日,日军残兵在飞机和驱逐舰的掩护下,分3批撤出瓜岛。持续半年的瓜岛战役以日军的惨败而告终。

瓜岛争夺战是太平洋战争中一场空前残酷而激烈的大搏斗,美、日两国都为此付出了不小的代价。这一场具有决定性意义的战役已成为第二次世界大战著名的战役之一。

瓜岛争夺战中,美军先后出动地面部队总计6万人,战死1592人,伤4200人。日军实际派往瓜岛地面部队达3.6万人,战死或失踪14800人,病死9000人,被俘1000人。

瓜岛争夺战后,美日在航空兵的力量对比上,美军逐渐占了优势,日军最终在二战中失败与此有着较大的关系。

德黑兰会议

1943年11月28日,秋天的暖阳照得伊朗首都德黑兰温暖异常,天地间到处充满着一股安静的气氛。但是,这安静的背后却暗藏着一种人为的紧张情绪,因为所有的交通要道都被戒严了,所有的道路两旁都站上了军警,他们的目光在每个路口和每座建筑物窗户间扫来扫去,那是在观察刺客的动向。游动哨往来巡逻,那些身着便衣的暗哨让人根本认不出来。

原来,这一天苏、美、英三国的首脑、第二次世界大战反法西斯战线的3个主要领导人斯大林、罗斯福和丘吉尔要在这里举行会谈,商讨反法西斯战争在未来时间的行动计划。大约在1年前,也就是在1942年底到1943年初这段时间,苏联的斯大林格勒保卫战取得了胜利,这使得欧洲战场的局势彻底发生了转变。所以未来的行动怎样做到协调统一,就成了一个不得不解决的问题。于是,这次历史性的会议也就应运而生。

下午3点钟的时候,一辆黑色的伏尔加轿车悄然在一幢不起眼的灰色小楼前停了下来,斯大林下了车,走进楼内。那里,罗斯福正等着他呢,这位美国历史上惟一获得4届连任的传奇总统,穿着蓝色便装,坐在轮椅上(他的腿因小儿麻痪后遗症一直不能站立。这位奇人是在轮椅上领导着一个世界强国,并使它从经济衰退中复苏过来;也是他以超人的胆识和魄力打破了意识形态界限,说服丘吉尔与社会主义的苏联合作,共同抗击德意日法西斯国家。)伸出手去,与斯大林紧紧地握在了一起。"见到你很高兴!"两人几乎同时脱口而出。不多一会儿,身材肥大、行动迟缓的丘吉尔也到了。

在表达了希望会谈取得圆满成功的愿望之后,丘吉尔以一把为纪念斯大林格勒保卫战取得胜利而特意铸造的宝剑作为礼物赠给了斯大林。斯大林郑重地接了过来,轻轻吻过之后,转身递给他的随从,命他捧出去交给苏军的仪仗队。会议因此有了一个良好的开端。

可是,当会议一进入实质性讨论阶段,分歧就产生了。斯大林谴责道:"你们两国不能再继续拖延下去了,要尽早开辟第二战场。现在,是我们在与德军的主力对抗着,在物力和人力上承受着巨大的压力。"这已经是旧话重提了,早在1941年,斯大林就曾向丘吉尔提出了这一要求,以牵制部分德军,为苏联减轻压力,丘吉尔没有答应。后来,在电话里和信函中几经磋商,美英两国才算答应了斯大林的要求。这次开会,他们就是要商量开辟第二战场的具体行动计划。而此刻,丘吉尔又想推翻原来的从法国诺曼底登陆的"霸王行动"计划,重新提出了一个"地中海战略",他说:"考虑到战局的演变,情况越来越复杂,我主张我军和美军一起从地中海进攻意大利,进而去攻打巴尔干半岛。"

斯大林忍住怒火说道:"眼下我们最需要做的就是给德国人来一次致命的打击。巴尔干离德国那么远,打击它不会收到什么效果。所以,还是尽快执行'霸王行动'计划更有力度。"

经过一段时间的沉默,丘吉尔又提出一个两路并进的办法,实则仍是想把巴尔干当做主战场。

这一下,斯大林的火气顿时上来了,他"啪"地一拳击在桌子上,愤怒地说道:"我们的人民每天都有人在流血牺牲,我们的孩子由于吃不上面包在忍饥挨饿!可是有的人在这时却只顾在中欧抢夺地盘,对人民的生命置之不理!我到这里来真是浪费时间!"说完,他转身就要离席。罗斯福也看出了丘吉尔的用意,他是想从巴尔干突入中欧,趁苏联红军到达之前把奥地利、罗马尼亚和匈牙利抢到手。他也认为丘吉尔这样做有点过分,一见斯大林要走,他赶紧劝阻,同时也拉住了同样准备退出会议的丘吉尔。为了缓和一下气氛,他笑着说道:"怎么,你们欺负我没法走路,向我显示你们都有两条健全的腿吗?"

两个人都觉得有点失态,经罗斯福这么一说,不觉微微一笑,气氛又轻松下来。

在接下来几天里,三个人经过反复磋商和争论,终于取得了共识。三方决定:在 1944 年 5 月,英美两国的军队在法国诺曼底登陆,实施"霸王计划",在欧洲开辟第二战场。同时苏联发动反攻,阻止东线的德军向西增援。

这三位巨头代表着各自的国家和人民分别在协议上签上了自己的名字。既而,罗斯福最先伸出右手,然后是斯大林,稍为迟疑之后,丘吉尔也把手伸了出来,三个人的手紧紧地握在了一起。这一次握手加快了世界现代历史的进程,使德国法西斯主义提前灭亡了。毫无疑问,它也改变了人类千百年来形成的各自为战的陋习,消除了意识形态间的差别,开了共同承担道义和责任的先例。

盟军诺曼底登陆

苏德战争全面展开后,苏联方面希望英国能在西欧开辟一个新的战场以牵制住德军的兵力,从而减轻德国对己方在东线的压力,但丘吉尔始终没做什么表示。后来美国又参加了大战,苏联又向英方重提开辟第二战场之事。几经周折,这件事才在德黑兰会议上落到实处,英方决定将于 1944 年 5 月 1 日在法国北部登陆作战,代号定为"霸王行动"。同年 12 月,艾森豪威尔将军受命担任盟军最高总司令,指挥这一行动。

艾森豪威尔上任后,指定登陆地点为诺曼底地区,登陆正面由原计划的 25 英里扩大到 50 英里,登陆时间推迟了一个月,暂定 6 月 5 日为登陆日("D 日")。

早在 1941 年 12 月,希特勒就担心盟军可能在西欧登陆,下令从挪威到西班牙沿岸构筑一道防线,由相互支援的坚固支撑点组成,称为"大西洋壁垒"。1943 年 11 月,希特勒派隆美尔到西线巡视海防。隆美尔巡视的结果,令自己大为震惊:大肆宣扬的"大西洋壁垒",与其说是不可逾越的工事,不如说是戈培尔吹嘘的产物。隆美尔立即着手加强防御工事,但他的计划没有完成。

在登陆前,盟军对敌实施了一系列战略轰炸。

3 月 30 日,盟军轰炸机集中打击铁路、公路、桥梁,到盟军登陆日,一共投下 6.6 万吨炸弹,德军的铁路运输量已下降 50%,巴黎和海岸之间的 24 座桥梁中的 18 座被毁、3 座停用。

盟军还采取了一系列迷惑德军的措施。其蒙骗计划的代号为"坚毅",如在紧靠法国北部的多佛尔地区进行军事演习和假集结,发出大量电讯,故意让美军名将巴顿在英国肯特郡惹人注目的地方抛头露面,以使德军统帅部误以为盟军渡海作战的司令部和军队集结在多佛尔地区。此外,盟军还利用间谍和中立国家的电台散布大量假情报。这些措施,使隆美尔对盟军将在加莱海峡沿岸登陆信以为真。

艾森豪威尔要解决的难题之一,是登陆日 D 日的选择,根据潮汐和月光情况,基本符合作战要求的日子在6月上旬只有5、6、7三日,他原先选定6月5日为D日。然而6月初风浪颇大,在6月3日和4日两天中,气象预测很不利,所以他决定顺延24小时,即6月6日登陆。

6月4日晚,气象报告说:从6月5日夜间开始,天气可能突然短暂变好,到6月6日夜间,很快又要变坏。鉴于天气情况有变,是于6月6日行动,还是继续延期?

艾森豪威尔逐一向他的将军们征求意见。

参谋长史密斯认为:"这是一场赌博,但这可能是一场最好的赌博。"

地面部队司令蒙哥马利更是坚定地说:"依我说,干!"

艾森豪威尔沉思片刻,终于下定决心,斩钉截铁地说:"好,让我们干!"

由于天气恶劣,德国人认为,盟军发动进攻是不可能的。隆美尔在看了天气报告后,就放心地在5日晨回德国去给他的夫人过生日去了。

隆美尔的随从参谋后来在《隆美尔在诺曼底》一书中称:"6月5日上午,没有任何迹象表明海峡对岸已经做出了进攻的决定,一支摧毁欧洲的堡垒的庞大舰队正在驶来……"

6月6日凌晨1时15分钟整,是世人永难忘怀的"登陆日"。

就在那一顷刻,在法国的瑟堡半岛,120名美军先导官兵在月色中跳下座机。5分钟后,在西面80公里开外,首批英军空降兵也跳出了座机。3时14分,2219架轰炸机首先对德军海岸工事和滩头障碍物发起猛烈轰炸,一共投下7616吨炸弹。5时50分,海军重炮也开始轰击德军固定炮台和混凝土防御工事。6时30分,第一波突击部队搭乘4266艘舰艇,在海军炮火和10个战斗机中队的掩护下接近5个目标海滩,部队先放下水陆两栖坦克,由他们领先向滩头挺进。

德军对盟军在诺曼底的登陆行动大吃一惊。

隆美尔不在,他的参谋长认为更大规模的进攻是在加莱地区,不愿将第21装甲师投入诺曼底地区,西线总司令伦斯德元帅起初也持相同看法。但后来,伦斯德终于反应了过来,大约清晨6时许,他首次向最高统帅部报告了形势概况,说一切迹象表明,敌人登陆已经开始,登陆地点显然在诺曼底,并请求批准装甲师组成的预备队向前线开进。因为希特勒事先交代过,没有他的批准,谁也不能调动这些装甲师。

直到6日中午,约德尔才向希特勒报告了盟军在诺曼底登陆的情况。希特勒听完后狠狠地说道:"这些该死的家伙!感谢上帝,他们终于登陆了!"他立即行动起来。

6月6日上午10时许,隆美尔获知了盟军登陆的消息,他急忙驱车赶回法国,途中他电令:"立即将第 21 装甲师投入反攻,不要等什么进一步增援,马上进攻!"

到 6 月 12 日,蒙哥马利指挥的第 21 集团军群已在岸上站住了脚,在正面 80 公里、纵深 13—19 公里的区域内建立了一个连成一片的巩固登陆场所。希特勒和隆美尔原来准备在盟军登陆之初将其赶入大海的计划破产了。

7 月 18 日,英军攻占了卡昂城,美军则占领了圣洛城,这样一来,盟军在西欧大陆上从卡昂到圣洛建起了一条稳固的战线。至此,诺曼底登陆计划实施成功,盟军已经准备好了收复西欧大陆的一切条件。

8 月 25 日,盟军解放了巴黎,诺曼底会战就此结束。西线作战的德军被一截为两段,希特勒的以法国为阵地的如意算盘终于化为一团泡影。

血胆将军巴顿

1885 年 11 月 11 日,乔治·巴顿出生在美国加利福尼亚州的一个声名煊赫的军人世家:曾祖父在美国独立战争中做到了准将,祖父和父亲都曾是弗吉尼亚军事学院高材生。有道是"虎父无犬子",所以巴顿在 19 岁的时候也考入了西点军校。

自打步入军界起,巴顿就把杰克逊的一句名言作为自己的座右铭:"决不能让恐惧左右自己。"他认为这是军人能够勇猛无畏的根本因素。巴顿发现自己虽然勇敢,但在危险面前并非毫无顾虑。于是他决心要进行锻炼,克服恐惧心理。在骑术练习和比赛时,他总是挑最难越过的障碍和最高的跨栏。在西点军校的最后一年里,有几次狙击训练,他突然站起来把头伸进火线区之内,为这件事,父亲责备了他,他却满不在乎地说:"我只是想看看我会多么害怕,我想锻炼自己,使自己不胆怯。"

1909 年,巴顿从西点军校毕业,被派到骑兵部队服役,军衔是少尉。两年后,他被调到华盛顿附近的梅叶堡服务,这是他一生中的一个转折点。1912 年,奥林匹克竞赛项目中增加了一项叫做"现代五项全能运动"的军事项目。1915 年,他自费到斯德哥尔摩去参加比赛,并在 43 名竞赛者中获得了第 5 名,成为美国正规军中表现最出色的一个。

第一次世界大战爆发后,巴顿去法国参战的请求未被批准,后调往布里斯堡,在潘兴指挥下的第 8 骑兵团任职。1916 年,他随潘兴冒险到墨西哥干涉农民革命,取得了一次胜利,这次遭遇战虽不大,却为以后巴顿的发展打下了坚实的基础。此行使他得到潘兴的赏识,成为潘兴的副官和亲信。1917 年 4 月 17 日,巴顿随潘兴到了法国,仍做他的低级副官和司令部的营务主任,他感到在将军的参谋部里工作虽然很荣幸,但却难以干成大事。9月初,巴顿去见潘兴,请求把他调到战斗岗位上去。这时,潘兴正要组建美国第一支坦克部队,便让巴顿参与创建工作。

巴顿首先去参观了英、法两国的坦克训练中心,以熟悉这种新式武器的性能和用法,然后写出了一份详细的报告。他当时的主要思想还是用坦克支援步兵,以突破对方防线。1918年初,巴顿在南格里斯开办了一所坦克、战车训练学校,并用法国的轻型坦克将所训练的人员编成一个旅,他本人也由少校升为中校。在圣耶希尔会战中,巴顿率领两个坦克营参战,在战斗中一往无前,这次战斗使他由中校晋升为上校。1919年,巴顿回国,被派往米德堡坦克训练中心。在那里,他结识了西点后期同学艾森豪威尔,两人对如何将装甲兵发展成为一支强大的机动兵种见解一致。此后的20年间,巴顿在夏威夷和美国本土担任过十几个不同的职务,并被送入骑兵学校、指挥参谋学校和陆军大学深造。

1940年7月,巴顿回到装甲兵部队,任第2装甲师的旅长,不久便升任少将师长。1942年初,巴顿升任第1装甲军军长。由于他熟读兵书,精通战史,对富勒、哈特、古德里安等提出的新作战理论也比较了解,所以对装甲兵在作战中的运用有独特见解。随着战争的发展,巴顿预见到美国军队有被派往北非和中东作战的可能,便在美国南部开办了一个沙漠战地训练中心,对其人员进行严格的训练。当年7月,在决定执行"火炬"作战时,巴顿被任命为战役集群司令,率部在卡萨布兰卡地域登陆,占领了法属摩洛哥,并任驻摩洛哥总督。

1943年2月,美国第2军在突尼斯被隆美尔打得落花流水。艾森豪威尔调巴顿从摩洛哥来接任第2军军长,并赋予恢复美军士气的重任。巴顿到任后,首先下令整顿军纪,规定每个军人必须随时戴钢盔、扎绑腿,连护士也不例外。在他的指挥下,该军在以后的作战中战绩卓著,与英军配合歼灭德意军队25万人。巴顿被士兵称为"顶呱呱的鼓气人"。不久,他晋升中将,7月调任美国第7集团军司令,配合蒙哥马利的第8集团军在意大利西西里岛登陆,攻占了巴勒莫等地。巴顿作风粗暴,曾因殴打士兵引起美国军内和国内舆论的反对,在马歇尔、艾森豪威尔等人的保护下才幸免被撤职。但是他并非不关心士兵,只是痛恨逃兵和懦夫。他认为受到精心照料的士兵会成为最好的战士,他常说年轻军官知道如何照顾自己的士兵"比知道军事战术更为重要";他告诉手下的指挥官不要节省子弹,因为"浪费弹药要比浪费生命好得多。造就一个士兵至少要18年,而制造弹药只需要几个月时间";他把战场上的伤亡看成是自己的失职。

1944年1月,巴顿前往英国任第3集团军司令。在这之前,因为殴打士兵的事件,许多人反对把一个集团军交给巴顿,但艾森豪威尔还是选择了巴顿。他深知巴顿的天才战术对这场战争的重要意义。诺曼底登陆战役开始后,布雷德利的部队于 6 月 6 日登陆并确保了滩头阵地,巴顿的部队于 7 月集结在柯腾丁半岛上,7 月 25 日开始发动"眼镜蛇"作战。这个突破性的作战计划,很适合巴顿这一军事天才,这个突破计划正是受到巴顿 1944 年设计的一系列大胆计划的影响而做出的。

巴顿的任务本身是向西攻占布列塔尼地区,但是,他的进攻精神和运动战速度终于把局部的突破变成了全面运动战,迫使德军全面撤退。到 8 月 4 日,巴顿指挥的部队已经向鲁昂进击,占领了雷恩,抵达富热尔,并像秋风扫落叶一样向瓦恩挺进。巴顿拼命进攻,8 月 13 日攻到阿金坦一线,3 天之后向东进至塞纳河,堵住了残余德军的退路。随后,盟军再次发动进攻,巴顿一路不停,8 月底到达缪斯河。至 9 月间,巴顿在补给和燃料十分困难的情况下,渡过莫斯里河并攻占南锡。10 月停止进攻一个月,11 月 8 日再度进攻,不久即进至齐格菲防线。12 月 22 日,他带领 3 个军向巴斯托尼进攻,与被困的美军伞兵师会合。接着,又经过 1 个月的进攻,抢先渡过莱茵河,长驱直入德境。此后,德军全面崩溃,不久,美军便与苏军会师。在这次战役中,第 3 集团军再次做了出色的表演,它的运动距离之远,推进速度之快,在短时间内投入的兵力之多,在世界军事史上都是极其罕见的。

无论是在北非、地中海还是在欧洲战场,巴顿的威名使敌军闻风丧胆,他那四星上将的军衔可谓实至名归。因为他曾经说过这样一句话:"赢得战争靠的是两样东西:胆量与鲜血。"所以,"血胆将军"的称号由此不胫而走。

欧洲战争结束后,巴顿因不主张对纳粹分子赶尽杀绝而招来非议,第 3 集团军司令的职务也被免去,去了第 15 集团军当司令官。在这个清闲的职位上,巴顿开始写作他的战史。1945 年 12 月 9 日,巴顿已经办妥退休的手续准备返回美国,却突然遭遇车祸,身受重伤,经医院多方抢救无效,于 12 月 21 日离开了人世。

战神朱可夫

人类自从进入文明时代以来,就战火连连。但是,第二次世界大战的规模之大是前所未有的,它可以称为人类所经历的最大一次战争浩劫。先后有 20 多亿人口卷入战争,造成的人员伤亡和物质损失是惊人的。

苏军元帅朱可夫被誉为第二次世界大战中最杰出的将领,苏德战场是第二次世界大战的主要战场,从 1942 年 8 月开始,朱可夫一直担任最高统帅,他在苏军抗击法西斯军队的一系列决定性战役中起过重要作用。

1896 年 12 月 1 日,格奥尔基·康斯坦丁诺维奇·朱可夫于出生在莫斯科西南卡卢加省的一个普通乡村。他的家庭极其贫困,当他在一所教会小学念了

7年书以后，不得不为了生活在莫斯科当皮货商的舅舅皮利欣那里当了学徒。朱可夫在学校时成绩优异，当学徒后，他利用晚上和休假日继续学习，终于学完了中学的全部课程。

第一次世界大战爆发后，19岁的朱可夫于1915年8月7日应征入伍，被选进骑兵部队。1917年十月革命爆发后，朱可夫所在的部队加入了红军行列，在与高尔察克白军的战斗中，他迅速从士兵升至连长。

以后他屡次深造，并获得迅速提升——到30年代中期，作为苏联红军培养的第一代高级军事指挥员，他已经成为苏联红军中一颗冉冉升起的耀眼将星。

1939年6月，朱可夫调任驻蒙苏军第1集团军司令。斯大林的这一任命，使朱可夫杰出的军事战略才能和指挥才能首次得到充分展示。他指挥苏蒙军队成功地实施了围歼日军的哈拉哈河战役，粉碎了日军北进的企图，朱可夫因此被首次授予"苏联英雄"称号。1940年6月，他晋升为大将，不久又被任命为苏军总参谋长，成为苏军的首脑人物。

作为苏军新一代杰出的将领，朱可夫是苏联军队中较早对现代战争的战略战术和作战方式有着比较前卫意识的军事家。虽然他是从传统的骑兵队伍中成长起来的，但他却敏锐地意识到未来战争中，大规模的骑兵部队已经过时，机动的坦克和机械化兵团将发挥主要作用，因而积极主张发展苏军机械化的合成集团军。他的这种军事理念不仅为日后的战争现实所证实，也为苏军在卫国战争中迅速组建成大规模的机械化部队奠定了基础。

1941年苏德战争爆发后，朱可夫成为苏联新成立的最高统帅部大本营7名成员之一。

战争初期，德军的"闪电式"突然进攻使苏军遭到严重打击。短短几个月时间，德军就横扫了苏联的大片领土，并使苏联首都莫斯科暴露在被攻击范围内。

1941年10月，希特勒实施了旨在占领莫斯科的代号为"台风"的作战计划，数以百万计的德军在坦克兵团和机械化兵团的带领下，像一把巨大的铁钳从三面向莫斯科夹来，德军每天都有数百架战机扑向莫斯科，前突到莫斯科城外的德军已经能看到克里姆林宫尖顶上的红星了——首都莫斯科处于空前的危急之中！

斯大林把朱可夫从前线召回，手握着他那只著名的烟斗，紧锁着眉头默默地凝视窗外阴沉的天空，随后用忧虑的目光凝视着朱可夫："朱可夫同志，请您以一个共产党员的诚实告诉我，您确信我们能守住莫斯科吗？"

望着斯大林严肃的神情，朱可夫坚定地回答说："斯大林同志，我确信我们能守住莫斯科。"

朱可夫的回答坚定了斯大林的信心，他随即命令朱可夫全面负责莫斯科保卫战的指挥。朱可夫以出色的军事组织才能、坚强的意志与必胜信念，在莫斯科近郊以西建立起坚强的防线,顶住了德第4集团军的正面强攻,使德军精疲力竭,锐气丧尽。当寒冬来临之际,苏军对疲惫不堪、冻得半死的德军发起强大的反攻,迫使德军败退,取得了莫斯科保卫战的胜利,德军不得不改闪击战为持久战。

1942年8月,斯大林任命朱可夫为最高副统帅,组织了斯大林格勒战役的反攻计划,使斯大林格勒地域的30万德军被围歼。斯大林格勒战役的胜利成为苏德战场乃至整个第二次世界大战的转折点,标志德意日法西斯集团从此不可逆转地走向崩溃。

1943年1月18日,斯大林格勒会战后,朱可夫被授予元帅军衔。紧接着,他又指挥了列宁格勒会战和库尔斯克会战,取得了极大成功。在以后的日子里,朱可夫指挥的部队成为反攻中最出色的部队,很快将战线推到了德国境内。

1945年4月16日,苏军对柏林发起总攻。朱可夫指挥的部队作为最强大的集团和攻击的矛头,首先攻占柏林。5月9日,朱可夫代表苏联在德国投降书上签字。

作为卫国战争期间苏联主要的军事指挥员,朱可夫思维灵活、临危不惧、处事果断,在战争中表现出非凡的驾驭全局的军事才能,成为帮助斯大林解决前线复杂或危急的局面的主要人物。但他喜欢自夸、傲慢犀利的性格和作风,也引起了斯大林的厌恶。战后,朱可夫担任首任驻德苏军总司令和德国苏军占领区最高行政长官,不久,就奉调回国任国防部副部长兼陆军总司令,后调到敖德萨军区等处任职。

斯大林去世后,作为军队的核心人物,朱可夫协助赫鲁晓夫除掉了贝利亚——作为奖赏,他又回到了军队最高领导岗位。苏共20大后,在马林科夫等人密谋倒赫的关键时刻,朱可夫作为军方的代表人物,再一次挽救了赫鲁晓夫,帮助他清除了苏共高层的反赫势力,稳固了赫鲁晓夫的政治权力。朱可夫也由此进入苏共最高领导机构——苏中央主席团(政治局)。

作为一个天才的军事家,朱可夫没有料到,当他帮助赫鲁晓夫稳固了自己的权力基础的时候,他自己的政治生命也已接近了终点。赫鲁晓夫一直对这位国防部长的威望心有疑虑,1957年10月朱可夫出访,赫鲁晓夫立即召集莫斯科军区的高级指挥员开会,决定剥夺他对军队的控制权——在朱可夫10月28日返抵莫斯科10小时之后,塔斯社发表了一项公报,宣布"解除苏联元帅格奥尔基·康斯坦丁诺维奇·朱可夫的苏联国防部长职务"。随后,克里姆林宫发布了一系列文件,对朱可夫进行攻击,并宣布撤销朱可夫的党内外一切职务。

朱可夫于1958年3月退休,住在莫斯科郊外的住宅里,开始了以打猎、钓鱼和写回忆录为主的晚年生活。毫无疑问,这个民族英雄盼望有一天能够恢复他应有的位置,但是直到勃列日涅夫上台,朱可夫的名誉才得以恢复。1974年6月,朱可夫病逝。

刚强如铁的铁托

1941年4月6日,德军调集35个师,大举入侵南斯拉夫,只花了一个星期的时间,就攻陷了南首都贝尔格莱德。15日,南国王彼得二世政府逃亡到国外;17日,他们又宣布无条件投降。早在4月10日,南斯拉夫共产党中央决定成立军事委员会,在党内有着较大影响的领导人铁托被选为军委会主席,担负起抗击德国法西斯的重任。经过4年的艰苦武装斗争,1945年5月15日,南斯拉夫人民在铁托领导下,取得了反法西斯战争的胜利。铁托为南斯拉夫各族人民的解放和国家的独立,建立了不可磨灭的功勋,是第二次世界大战中举世闻名的英雄。

约瑟·普布罗兹·铁托,1892年5月25日生于奥匈帝国统治下的克罗地亚库姆罗韦茨村。那个地区历史上烽火连绵。16世纪,曾出现反民族压迫、反封建领主的农民领袖马蒂亚古贝茨,深受农民拥护。起义失败后,他被戴上灼热的铁冠,五马分尸。这个故事对铁托影响很大。

铁托曾在奥匈帝国军队中服役,1915年,在喀尔巴阡山与俄军一次作战中,铁托负伤被俘。十月革命时,他在俄国鄂木斯克参加红色国际纵队。1920年他参加南共,投身于工人运动,于1927年、1928年两度被捕,1934年3月获释,继续从事党的工作。这年12月,南共第四次代表大会上,铁托被选为党中央政治局委员。1935年初,他被派往莫斯科,在共产国际的巴尔干书记处工作,用假名瓦尔特。1936年,铁托任南共中央组织书记。他积极动员和组织志愿部队,援助西班牙人民反对佛朗哥独裁政权斗争。约有1500名南斯拉夫志愿人员,其中有560名共产党员,到达西班牙参加国际纵队。1937年底起,他任南共总书记。第二年,他回国进行党的改组工作。

1941年4月15日,南共中央散发《告南斯拉夫各族人民书》,号召全国人民为祖国的独立而斗争。5月初,党中央确定武装起义的方针。在6月22日,即希特勒进攻苏联的当天,南共中央政治局在首都郊区召开会议,并立即行动。6月27日,南共建立起人民解放游击队最高指挥部,铁托任总司令。7月4日,南共中央通过了在全国各地展开武装斗争的决议。在"七月起义"中,塞尔维亚西部山区以乌日策为中心建立了第一个解放区;9月初,以铁托为首的南共中央和人民游击司令部迁到这里。南共还在斯洛文尼亚、克罗地亚组织领导游击队。

这时,希特勒为了消灭南共游击队,命令从法国前线调来的德军渡过萨瓦河向塞尔维亚西部和舒马迪亚解放区大举进攻。11月2日,正当游击队主力同德军作战时,南斯拉夫切特尼克伪军偷袭了乌日策。由于力量悬殊,游击队边打边转移。当时负责阻击的是 300 多人的工人营,他们于 29 日在卡迪尼察山头顶住敌人的强攻,激战大半天,保护其他游击队撤出,而工人营的战士全部牺牲。

紧接着,德军从塞尔维亚调到波斯尼亚,伙同意大利占领军和南斯拉夫的法西斯组织乌斯塔什分子,于 1942 年 3 月卅始对波斯尼亚——黑塞哥维那、桑扎克和黑山游击队发动第二次攻势。游击队在严寒的雪地里与敌人周旋,突破了德军的包围圈,经过萨拉热窝城边,越过伊格曼山区,到达卡利诺维克周围的解放区,不久进入弗查镇。南共中央和游击队最高指挥部也来到这里,继续领导解放斗争和建立解放区人民政权的工作。

在战火纷飞的年代里,铁托和最高统帅部的成员转战各个解放区,指挥了 7 次大的战役。战争初期,物资奇缺,南共中央曾向苏联几度求援,都未能如愿。在极其艰难的条件下,南共领导的游击队两次印刷介绍中国红军长征的书籍,以鼓舞战士的士气。铁托亲临前线,与战士同甘共苦,身先士卒,英勇战斗。

1942 年 6 月,德、意军队向游击队主力发动了第三次攻势,切特尼克伪军也参加了对游击队作战,占领军向弗查镇一带和黑山解放区进攻。铁托决定从弗查镇向北撤,将游击队调到 200 英里以外的波斯尼亚解放区和克罗地亚。游击队迅速控制了萨拉热窝至孔热奇的铁路,炸毁了全部设施和桥梁,破坏了 40 台火车头,缴获了大批战利品。不久,游击队解放了铁路线上重镇孔热奇。铁托巧妙地选择了意大利和德国军队占领区的交界线作为进攻的路线,敌军纷纷投降。经过长途行军和战斗,游击队最高指挥部和主力部队转移到波斯尼亚北部的克拉伊那解放区,并与克罗地亚地区的游击队共同作战,解放了普里那多尔和比哈齐市。12 月,游击队最高指挥部决定把部队改编为南斯拉夫人民解放军,先后建立了 5 个无产阶级旅。

1943 年 1 月 20 日起,德、意军会同伪军,向波斯尼亚东南部地区发动了第 4 次攻势,占领了部分解放区,比哈齐失陷。在危急情况下,铁托决定向黑塞哥维那和桑扎克转移。作战部队向奈雷瓦河挺进,行军数百英里,突破敌人的种种封锁。为了突破最后一道封锁线,铁托下令炸毁奈雷特瓦河上 5 座桥梁。为了制造假象,诱敌北上,他发电报说:"我们已胜利向北方突围了。"然后,指挥游击队抢架浮桥过河,摆脱敌军主力,终于赢得胜利。接着,人民解放军解放了黑塞哥维那大部分地区和几乎全部的桑扎克。

敌人不甘心失败,1943 年 5 月初,德、意和保加利亚军队 13 个师,连同伪军共 13 万人,发动了第 5 次攻势,妄图消灭解放军主力。2 万人民解放军战士组织防御和迂回战。最高指挥部决定再度撤回波斯尼亚,并选择苏捷斯卡河为突围方向,在那里进行一场激战。解放军 7000 多人英勇牺牲,铁托手臂受伤。解放军浴血奋战 30 天,终于突围,跨过苏捷斯卡河谷,解放了许多地区,来到波斯尼亚东北部。苏捷斯卡战役是个转折点,从此,南斯拉夫人民武装力量掌握了战争的主动权。

1943年9月,意大利投降,南斯拉夫人民武装力量进一步壮大。从9月到次年1月底,南斯拉夫人民解放军挫败了敌人第6次攻势。

1943年11月29日,在亚伊策召开了南斯拉夫反法西斯人民全委会第二次会议,授予铁托以元帅的光荣称号。他在这次会议上,不顾某些大国的反对,宣布反法西斯人民解放委员会为南斯拉夫临时政府机构,铁托为主席。

铁托领导下的南斯拉夫人民解放军在民族解放战争中迅速发展壮大,但是希特勒不甘心失败。1944年5月25日凌晨,德军飞机突然对设在波斯尼亚德瓦尔的南斯拉夫人民解放军司令部进行猛烈轰炸。随后,德军空降部队和武器,主力是500名党卫军所组成的空降营。当时司令部没有多少军队,所以德军很快进到铁托所在的防空洞前,并封锁了洞口,形势危急。铁托等领导人及警卫战士急中生智,从防空洞深处打穿一个小洞,由此钻出来。然后,他们好几个晚上不停地转移,避开德国人的搜索。6月,他们安全转移到亚得里亚海的维斯岛上。解放军终于粉碎了敌人的第7次进攻。

在指挥战斗过程中,铁托好几次死里逃生。对此,德国法西斯也不得不承认铁托是个顽强不屈的人物。盖世太保头子希姆莱说:"我在这里举出顽强不屈的另一个例子,就是铁托元帅的例子……他是领导人物,有如此大的决心和坚强意志,虽然屡次被围困,但从来不屈服。"

南斯拉夫人民解放军粉碎敌人第7次进攻后,在全国范围内连续发动进攻,解放了大部分国土。1944年9月28日起,南斯拉夫人民解放军在苏联红军的配合下,发起了解放贝尔格莱德的战役。经过7天战斗,于10月20日完全解放了首都贝尔格莱德,铁托获"人民英雄"称号。此后,南斯拉夫人民解放军继续战斗。1945年3月,南斯拉夫人民解放军改称人民军。1945年5月15日,人民军解放了全部国土。

1945年11月29日,南斯拉夫联邦人民共和国宣告成立,铁托任联邦政府主席、国防部长和武装部队最高统帅。此后,铁托领导南斯拉夫在社会主义建设中取得了巨大的成就,南斯拉夫成为战后经济发展最快的国家之一。

铁托在国际舞台上是一位德高望重的政治活动家。他认为,战后的国际关系应当"朝着有利于各国人民独立和平等的方向进行改革"。南斯拉夫一直寻求在复杂的国际关系中保持独立的可行办法。1961年9月,在南斯拉夫参与发起下,在贝尔格莱德召开了第一次不结盟国家首脑会议,会议发表了争取和平,维护民族独立,取消一切形式的殖民主义,要求联合国恢复中华人民共和国的合法权利等宣言。

一直关心着中国人民革命事业的铁托总统,为了增进中南两党、两国人民的友谊和团结,不顾自己年事已高,于 1977 年 8 月底访问中国。他激动地说:"我们要不断前进,把两国关系继续发展下去。"

一生都在追求真理的铁托总统,因在国际事务中所做的卓越贡献而荣获 59 个国家授予的 98 枚勋章。

1980 年 5 月 4 日,88 岁的铁托病逝于卢布尔雅那市。

雅尔塔会议

欧洲第二战场一经开辟,欧洲各国的爱国武装力量相互配合,使得盟军很快就解放了法、比、荷三国。东线方面,苏联红军也在 1945 年 7、8 月间打出国境,他们攻势凌厉,先后让德国的 3 个附庸国——罗马尼亚、保加利亚、匈牙利被迫签署了停战协议。

在罗马尼亚,共产党与几股爱国力量联合组成了一个全国军事委员会,他们赢得了军队的支持,于 8 月 23 日推翻了安东尼斯库政府。同年 9 月 9 日,保加利亚共产党也领导着 2 万多游击队和工农联合武装,从首都向地方解放全国,建立起新的政权。这两个国家的武装力量(罗 52 万、保约 20 万)与苏联红军并肩作战,一部分越出国境,去追击德军。

波兰、捷克斯洛伐克、南斯拉夫、阿尔巴尼亚在把法西斯侵略者赶出国境斗争中,也取得了很大胜利。法西斯德国的覆亡指日可待,为了迅速打击敌人,商讨处置德国等重大问题,罗斯福、丘吉尔和斯大林于 1945 年 2 月 4 日到 11 日,在苏联的克里米亚半岛的雅尔塔再次会晤。

会议都在罗斯福下榻的宫殿举行。2 月 4 日下午,罗斯福坐在轮椅上,被人推着进入会议厅,斯大林、丘吉尔步入会议厅。总共有 10 个苏联人、10 个美国人和 8 个英国人围坐在圆桌旁。为期 8 天的雅尔塔会议讨论的问题十分广泛,是一次高效率的会议。

这次会议决定,由苏军占领德国东部,英军占领西北部,美军占领西南部,法国占领西部,"大柏林"区也由盟国军队共同占领。同时在柏林设立盟国对德管制委员会,以协调管理德国的工作,这包括战后的德国必须解除武装及惩办战犯。

苏联建议,德国赔款总额应为 20 亿美元,其中一半应给苏联。三国首脑同意以这个建议作为讨论基础,由即将在莫斯科成立的赔款委员会商讨决定。

在雅尔塔会议上,波兰问题最棘手。8 次全体会议中,至少有 6 次讨论到波兰。三巨头紧张而细致地辩论了 6 天 6 夜,来解决他们的分歧,交换的意见约有 1.8 万字,勉强达成了协议。

罗斯福在 2 月 6 日的第 3 次会议上说，美国离波兰很远，比苏联或英国都远，所以他请其他两国的代表讲讲自己的想法。斯大林有理由相信，波兰国内的事态正循着他的路线发展；丘吉尔则认为，波兰是举行雅尔塔会议最迫切的理由。

罗斯福建议讨论在波兰成立一个永久性政府的问题。

丘吉尔声称，他对波兰主权问题、对波兰的自由与独立，比对确定波兰边界要更为关切。

会议结束时，罗斯福和丘吉尔都感到，波兰问题没有找到妥善的解决办法。

三巨头在雅尔塔的正式讨论之中不曾谈到远东。

美国的军事当局估计，在德国投降之后还要 18 个月才能打败日本，这时对日本本土的进攻还处于计划阶段。如果能得到苏联红军的帮助，则可以减轻美国的严重伤亡；如果苏联仍旧保持中立，那么在中国东北的大量日军就能够投入保卫本土的作战。

美国总统更清楚的是，美军进攻日本本土时，苏联极有可能坐山观虎斗，而等美国牺牲了大量生命，打败日本之后，苏联红军将长驱直入满洲和中国北部的大片地区，轻而易举地以公众要求为口实，建立满洲和蒙古人民共和国。

罗斯福主张进行大规模轰炸，迫使日本人投降，避免在日本本土投入兵力作战，斯大林却说："我希望讨论苏联参战的政治条件。"

最终，罗斯福答应了斯大林提出的条件，达成了协议：斯大林承诺向日本进攻，美国人可谓受益匪浅。

但是，在没经中国人同意的情况下，罗斯福就把中国政府对满洲和蒙古行使的主权否决了。这与他以往时常厌恶大国之间的这种帝国主义式的交易的精神是相违背的。由此看来，雅尔塔会议也只是大国之间的一场交易，弱国又有何利益可言呢？不过是一种利益的牺牲品。

广岛、长崎原子弹爆炸

1945 年 7 月 16 日凌晨，人类历史上第一批核专家聚集在美国著名的核物理学家奥本海默的身旁，个个屏声息气，紧张地注视着手上的表。此时此刻，他们置身于美国新墨西哥州距阿拉莫戈多约 90 公里沙漠深处的一个掩体之下。

5 时 29 分 45 秒，开关拨动了；5 时 29 分 50 秒，有个声音报告："还有 10 秒！"一种新的计时方法诞生了，人们听见这样的报时声："9 秒、8 秒、7 秒……"

5 时 30 分，群山中闪现出一道耀眼的闪光，刹那间一股飓风从沙漠中心席卷而来，同时发出震耳欲聋的吼声——奥本海默本能地紧紧抱着掩体里的一根柱子，他看到了一次前所未见的日出：一轮巨大的绿色超级太阳在不到 1 秒钟内，就从地平线升到了将近1000米的高空，光亮刺目，把大地和天空映照得一片通明。这个直径大约2公里的巨大火球在向上升腾的过程中，不断变幻着颜色，从深紫色变成橘黄色，愈往上冲扩散得愈厉害，幻化成一个硕大无比的蘑菇云；然后又往上冲，又变成一个更为壮观的蘑菇云……人类社会从此进入了核时代。

早在第二次世界大战爆发后不久，为防止法西斯德国首先掌握大规模杀人武器，著名科学家爱因斯坦便向当时的美国总统罗斯福建议研制原子弹，这就是著名的"曼哈顿计划"。这个计划从1939年开始，在美国的洛阿拉马原子弹研究所，由物理学家奥本海默负责，在绝密的条件下整整进行了6年。到了1945年6月，两颗原子弹——"男孩"和"胖子"——终于在大战结束前制造出来了。

而此刻，在大西洋彼岸的欧洲，战争的硝烟已经散去。美、英、苏等国首脑为协调战后对德国占领区的共同政策等问题，正在柏林附近的波茨坦举行会晤。就在波茨坦会议开幕时，参加会议的美国总统杜鲁门收到国内发来的密电："小男孩顺利降生……"获悉原子弹试爆成功的消息，杜鲁门欣喜若狂，认为这"不但能彻底扭转整个战局，而且能调转历史和文明的方向"。

本来，为了彻底打败日本，美军已经制定了进攻日本本土的"奥林匹克战役"计划。根据这个计划，战争要延续到1946年才能结束，而美军要为此付出100万人伤亡的代价。为了减少美军在进攻日本时的伤亡，美国一直敦促苏联在结束欧洲战事后立即向日本宣战。现在，为了早早结束战争，更为了独占太平洋战场上的胜利果实，杜鲁门断然决定使用原子弹。

"埃诺拉·盖伊号"B—29型超级空中堡垒轰炸机装载着原子弹，1945年8月6日凌晨2时45分从太平洋的提安尼岛起飞，驾驶员是保罗·蒂比茨上校。

上午9时15分，蒂比茨飞临广岛上空，他轻轻按下电钮，投下了一颗当量约2万吨TNT的原子弹。原子弹在距地面1500米的空中爆炸，仿佛一团美丽的天火，在570米的上空再度爆炸。

武器设计者之一威廉·帕森斯亲自参加了此次行动，他后来回忆说，原子弹刚爆炸就发出一片耀眼的亮光，1分钟后，他们在飞机上看见距离地面300多米的空中卷起一股黑色云团，在夹杂着滚滚的尘土和残渣碎片的黑色云团之上，一团白色的蘑菇云在7000米的高空冉冉升起。爆炸的破坏力令人惊讶，距离爆炸点2.5公里处的房屋全部被摧毁，3.5公里以内的房屋半数被毁，8公里内的房屋的瓦盖被破坏，距离12公里处的房屋的玻璃也被破坏。顷刻之间，10余万人死亡，10余万人负伤，广岛市化为一片废墟。

3天后，1945年8月9日，美军轰炸机又在长崎投下一颗原子弹，造成7.5万人死亡，长崎工业区的30%被炸毁。

审判战犯

第二次世界大战结束后,纳粹德国的首要战争罪犯受到了世界人民的审判。审判在德国纽伦堡进行,从1945年持续到1946年。

早在1943年,苏、美、英三国就在《莫斯科宣言》中规定,战争结束后,将把战犯押往受害国,由其根据国内法审判。1945年8月8日,苏、美、英、法四国在《伦敦协议》和《欧洲国际军事法庭宪章》对战犯问题做了进一步规定,决定成立国际军事法庭,决议对纳粹德国首要战犯进行统一审判。军事法庭由苏、美、英、法四国各指派一名法官和一名预备法官。

1945年10月18日,国际军事法庭在柏林举行了第一次审判。1945年11月20日,审判地点移至德国纽伦堡城,经过216次开庭,于1946年10月1日结束。法庭宣判:戈林、博尔曼、弗兰克、弗里克、约德尔、卡尔滕布龙纳、凯特尔、里宾特洛甫、罗森贝格、绍克尔、赛斯—英夸特、施特赖歇尔等12人被处绞刑,其中10人被执行(戈林刑前自杀,博尔曼缺席审判);冯克、赫斯、雷德尔等3人被判无期徒刑;希拉赫、施佩尔、邓尼茨、纽赖特等4人被判10年—20年徒刑;弗里切、巴本、沙赫特等3人被释放。在被起诉的组织和团体中,党卫军、特别勤务队和国家秘密警察以及纳粹党元首兵团被宣布为犯罪组织;德国内阁、总参谋部和国防军最高统帅部以及冲锋队被判无罪。

纽伦堡审判根据下述4条罪行起诉和定罪:一、策划、准备、发动或进行战争罪;二、参与实施战争的共同计划罪;(以上两条罪行合起来被称为破坏和平罪);三、战争罪(指违反战争法规或战争惯例);四、违反人道罪(指对平民的屠杀、灭绝和奴役等)。

纽伦堡审判为以后对破坏和平罪的审判奠定了基础,标志着国际法的重大发展。

继纽伦堡审判后,1946年1月19日,同盟国授权驻日盟军最高统帅部发布特别通告,宣布在东京成立远东军事法庭,审判及惩罚被控以个人身份或团体成员身份犯有破坏和平罪(策划、准备、发动或进行侵略战争)、破坏战争法规罪(违反战争法规和惯例的犯罪行为)和违反人道罪(对平民进行杀害、灭种、奴役和放逐,或以政治、种族、宗教为理由对平民进行迫害)的日本战犯。法庭由在日本投降书上签字的国家(中、苏、美、英、法、加、澳、新、荷)及印度、菲律宾11国委派的法官组成,澳大利亚法官韦布任庭长,美国律师基南任检察长。

检察官团于1946年5月3日对28名首要战犯提出起诉,1948年11月12日宣布判决,审理历时两年半。这28名首要战犯中有25人被宣判有罪,这是因为在审理期间有 2 名战犯病死,另有 1 名重病。东条英机、广田弘毅、土肥原贤二、板垣征四郎、松井石根、武藤章、木村兵太郎等 7 人被判绞刑,木户幸一等 16 人被判处无期徒刑,东乡茂德被判处 20 年徒刑,重光葵被判处 7 年徒刑。

东京审判是在美国把持下进行的,并没有全面反映亚洲被侵略国家人民的意志。不过,审判对国际战犯概念的确定有重大意义,它首次在国际法上确认侵略战争是犯罪,并且把侵略战争的策划、准备、发动或进行者确定为甲级战犯。

联合国的成立

联合国是第二次世界大战后由主权国家成立的国际组织。

联合国从酝酿到成立经历了数年的时间。1942 年 1 月 1 日,正在与德、意、日作战的美、英、中、苏等 26 个反法西斯国家签署了《联合国家宣言》,强调在打败共同敌人后建立一个拥有广泛普遍安全制度的世界秩序,并第一次采用"联合国"一词。当时,联合国只是作为对德、意、日法西斯进行战争的各国的总称。1943 年 10 月 30 日,中、苏、美、英四国在莫斯科发表了《普遍安全宣言》,正式提出建立一个普遍性的国际组织。1944 年 8 月至 10 月,美、苏、英、中先后举行会谈,制定并通过了《关于建立普遍性国际组织的建议案》,成立了安全理事会,由中、美、法、苏、英担任常任理事国。1945 年 2 月,美、英、苏领导人在雅尔塔会晤,进一步讨论了成立联合国的问题,并决定同年 4 月 25 日在美国旧金山召开联合国制宪会议。1945 年 4 月 25 日,来自 50 个国家的代表在美国旧金山召开联合国国际组织会议。6 月 26 日,50 个国家的代表签署了《联合国宪章》(波兰后签署)。10 月 24 日《联合国宪章》正式生效,标志着联合国正式成立。1947 年,联合国大会决定将 10 月 24 日定为"联合国日"。中国是联合国创始成员国之一。

联合国的宗旨是:维护国际和平与安全;发展国际间以尊重各国人民平等权利及自决原则基础上的友好关系;进行国际合作,以解决国际间经济、社会、文化和人类福利性质的问题;不分种族、性别、语言或宗教,促进对于全体人类的人权和基本自由的尊重。

联合国遵循的原则是:所有会员国主权平等;各会员国应该忠实履行根据宪章规定所承担的义务;各会员国应该以和平方法解决国际争端;各会员国在国际关系中不得以不符合联合国宗旨的任何方式进行武力威胁或使用武力;各会员国对联合国依照宪章所采取的任何行动应尽力予以协助;联合国在维护国际和平与安全的必要范围内,应确保使非会员国遵循上述原则;联合国组织不得干涉在本质上属于任何国家国内管辖的事项,但此项规定不应妨碍联合国对威胁和平、破坏和平的行为及侵略行径采取强制行动。

联合国宪章规定:要求加入联合国的国家需提交申请书,声明接受联合国宪章义务并由安理会推荐,经联合国 2/3 多数的会员国通过,即被接纳为会员国。对一再违背联合国宪章原则的会员国,联合国大会可根据安理会建议将其开除出联合国。

截至 2014 年 10 月,联合国共有 193 个会员国。联合国的总部设在美国纽约。

联合国宪章规定:联合国设有大会、安全理事会、经济及社会理事会、托管理事会、国际法院和秘书处 6 个主要机构。1. 大会由全体会员国组成,每年举行一届常会,于 9 月份的第三个星期二在联合国总部开幕,通常持续到 12 月中下旬。必要时,联合国还可召开特别会议。第一届联合国大会于 1946 年 1 月召开。2. 安全理事会由 5 个常任理事国和 10 个非常任理事国组成。中、法、苏、英、美为常任理事国。五个常任理事国对于联合国决议具有否决权。苏联于 1991 年底解体后,其席位由俄罗斯继承。非常任理事国按地区分配原则选出。安理会主席由各理事国依国名的英文字母顺序按月轮流担任。3. 联合国经济及社会理事会负责协调联合国及各专门机构的经济和社会领域的工作,由 54 个理事国组成。4. 托管理事会主要负责监督对置于国际托管制度下的领土的管理。5. 国际法院是联合国的重要司法机构,由 15 名不同国籍的独立法官组成,总部设在荷兰海牙。6. 秘书处由秘书长和联合国工作人员组成。秘书长是联合国的最高行政首长,由安理会推荐经大会任命,任期五年,可连任。现任秘书长潘基文为联合国第 8 任秘书长,就职于 2007 年 1 月。

联合国还建有国际原子能机构、粮食及农业组织、世界卫生组织、联合国科教文组织、世界银行和联合国难民署等专门机构以协助履行其职责。

联合国大会的正式工作语言是汉语、英语、法语、俄语、西班牙语和阿拉伯语。

第三世界的兴起

"圣雄"甘地

"圣雄"甘地以倡导非暴力主义著称于世,这位印度民族主义的领袖被印度人民誉为"现代印度的缔造者"和"印度独立之父"。

1869年10月2日,莫罕达斯·卡列姆昌德·甘地出生于印度西海岸的波尔邦达尔的富裕家庭。甘地家族世代在当地种田和经商,后来甘地的曾祖父出任波尔邦达尔土邦的首相。甘地家族从此弃商从政,甘地的祖父、父亲继承了首相官位。

甘地的父亲是一个印度教的信徒,思想开明、为官清廉,尽管多年担任首相,却两袖清风,他还广泛结交信奉其他教义的朋友。在父亲的熏陶下,甘地从小就产生对人类痛苦生活的怜悯之情,但是甘地并没有完全按照自己的意愿出家,因为他父亲临终时希望他学习法律,将来能够伸张正义。这样,他就遵从父亲愿望到英国攻读法律。

1888年9月,甘地远赴英国留学深造。在伦敦大学法律系学习期间,甘地学习十分刻苦,博览群书。基督教《新约》中所阐述的博爱思想,英国思想家卡莱尔所写的《英雄崇拜》,以及英国鲁斯金《致后来者》中所阐述的平等思想,都对甘地整个世界观的形成产生了决定性的影响。3年后,甘地通过了毕业考试,取得了律师资格。不久,他返回祖国做了律师。

1893年5月,甘地受一家印度大公司的委托,前往南非协助办理一桩诉讼案。这次南非之行改变了甘地的人生信念,对日后印度的历史进程也产生了重大影响。

当时种族歧视十分严重的南非,有印度侨民20万人,平日受尽了白人的歧视与欺压。南非的法律公然规定:所有印度人没有选举权,每人都要交纳3个英镑的人头税,印度人不得在公共人行道上行走,入夜没有通行证不得外出等等。因此,广大印侨非常渴望有一位能够为他们说话的人物,领导他们与白人种族主义者作斗争,甘地勇敢地担当了这一角色。他在结束了受理的案件后,留下来为印侨的利益而斗争。

在南非,甘地组织了印度人的第一个政治团体——南非印度人大会,并提出了"非暴力主义"和"非暴力抵抗"两项主张。凤凰新村和托尔斯泰农场是甘地在南非创建的两个非暴力抵抗运动基地,在那里培养出来的人都是反种族斗争的骨干。他们遵循甘地的指示,采取非暴力的方法,从事游行、示威、罢工、罢课和抗税斗争。在南非生活了21年的甘地,不仅赢得了南非印侨的高度赞誉和拥护,也赢得了印度本土人民的尊重和欢迎,并希望他早日回归祖国。

实际上,身在南非的甘地无时无刻不关注着祖国的命运。他花费大量时间研究印度的政治、经济、历史、宗教和文化,苦苦思索着使祖国摆脱殖民统治的方法和途径。1915年,他怀揣《印度自治》手稿返回故乡后,用了1年时间走遍全国,实地考察印度状况,并创办了一个名为"把握真理"的农场,以此为基础把他的信念扩展到全国。他曾组织种植植物染料的农民,反对英国大地主的敲诈勒索;他曾发动因遭旱灾而破产的农民拒绝纳田赋;他还领导纺织工人发动了印度有史以来第一次有组织的大罢工,并取得了胜利。从此,他真正成为劳苦大众心目中的精神领袖。

第一次世界大战后,英国当局背信弃义,无意让印度自治。愤怒的甘地领导全国人民把1919年4月6日作为哀悼日,商店关闭、学校罢课,印度在沉寂之中陷入了瘫痪状态。

4月13日,英国士兵在阿姆利则城对和平示威游行的群众疯狂扫射,400多人当场死亡,1100多人受伤。

这场惨绝人寰的大屠杀彻底消除了甘地对大英帝国的幻想。他决心把国大党这个在1885年由英国官员创建的政党,改造成为一个为印度民族独立而奋斗的组织。随后,国大党成为反对英国殖民统治的核心力量,而甘地无论是否在党内担任职务,始终都是公认的领袖。

在印度独立前的20多年时间里,甘地先后领导了不合作运动、土布运动、文明不服从运动和反对食盐专营法运动。他多次被捕入狱,铁窗生涯也未能摧毁他的意志。

第二次世界大战结束后,甘地和尼赫鲁等国大党领导人经过一番努力,终于与英国政府达成协议,把印度独立的日期定为1947年8月15日。印度终于摆脱了英国的长期统治,印度共和国成立了。

作为共和国的缔造者,甘地既高兴又忧伤,因为为了平息印度教徒和穆斯林之间的尖锐冲突,他不得不同意把印度分成印度和巴基斯坦两个独立的国家,但是两个民族的矛盾并未因此化解,在独立日欢乐的背后,酝酿着一场宗教仇杀的悲剧。

加尔各答和新德里笼罩在宗教仇杀的血雨腥风中。为了制止继续发生流血冲突,78岁的甘地先后两次绝食,他的献身行为终于打动了印、穆两教的领袖,他们发誓听从甘地的教诲,制止宗教仇杀行为,保证在各教派之间和睦相处。

但是,印度教的极端分子敌视甘地的立场,想置他于死地。

1948年1月30日下午,甘地走到一个积聚了5000多名信徒的草坪,领导大家举行晚祷。5时10分,一位男子突然从人群之中挤出来,用手枪对准甘地胸口连开3枪。

这天晚上,印度总理向全国宣告:"就在今天晚上9时,我们最敬爱的领袖与我们永别了。但是,他生命的光芒将不会因生命结束而暗淡,它将永远照耀着我们的国家!"

真纳创建巴基斯坦国

1876年12月25日,真纳诞生在位于印度河三角洲西缘、面临阿拉伯海的一个渔港——卡拉奇。他的父亲是皮革商人,他们家共有7个孩子,他是长子。在6岁那一年,他进入当地的小学读书,10岁又转到孟买一所小学就读,11岁时再度回到故乡的中学读书。不管在哪里,真纳都很用功,经常读书到深夜。

16岁那年,真纳中学毕业。按照条件,他有资格去孟买大学深造。但是,有个在卡拉奇当经纪人的英国人对他喜爱有加,这位英国人说服了他的父亲,让他到英国伦敦林肯律师学院攻读法律。

真纳天资聪颖,接受能力强,两年就学完了全部课程。林肯律师学院是伦敦能够授予律师资格的四所大学之一,但是按照规定,它只能给在英国居住满4年的人授予律师资格。所以,真纳又在伦敦住了两年。

1896年,真纳取得高级律师资格,当时他才20岁。回到卡拉奇后,他就从事律师业务,过了1年,又去孟买创办律师事务所。真纳具有非凡的辩才,一旦掌握了案情,在法庭上任何人也辩不过他。即使是法官,他也不买账,一有机会就尖锐地反驳法官。有一次,法官被他驳得恼火,当场咆哮地说:"真纳先生,请您记住,您不是在对一个三等推事(法院中审理案件的官吏)说话!"真纳毫不示弱地说:"法官先生,请允许我警告您,我也不是一名三等律师!"又有一次,法官轻蔑地对他说:"说话大声些,真纳先生,我们听不见你说的话!"真纳马上回答说:"我是律师,不是演员!"过了一会儿,法官又对他提出了同样的问题,他不客气地说:"您把前面的那一堆书挪开,就会听见我说的话了!"

1906年,真纳参加国民大会党,开始了他的政治生涯。这年年底,代表印度穆斯林上层官僚、地主和资产阶级利益的政党——全印穆斯林联盟宣告成立。"穆盟"主张按照宗教信仰的不同来划分选举单位,实行立法机关的选举,并且要求在立法机关中给伊斯兰教徒以独立的代表权。

经过3年活动,"穆盟"的要求得到了一定的满足:英国政府为了安抚印度人民的反抗,通过印度议会法,成立帝国立法议会,增加议员名额。已成为著名律师的真纳,被孟买的伊斯兰教徒选为印度中央立法议会议员。

印度的宗教情况非常复杂。东孟加拉的居民主要是伊斯兰教徒,而印度教徒则多住在西孟加拉。长期以来,他们之间经常发生大规模的宗教骚乱和相互仇杀。为了进一步煽动他们之间的不和,削弱孟加拉人民的反英斗争,印度总督曾在1905年颁布分割孟加拉的法律。这项法律受到伊斯兰教徒的欢迎,然而到了1911年底,新任的印度总督又宣布废除孟加拉的分治,从而引起伊斯兰教徒的不满,激发起了反英情绪。

但是,"穆盟"领导人预感到,新的政治斗争需要伊斯兰教徒和印度教徒团结合作,因此在1912年召开会议,并邀请真纳参加。次年,"穆盟"通过新的盟章,提出同其他教徒合作,以建成一个适合印度的自治制度。就在这一年,真纳加入了"穆盟",使他的社会地位大大提高。

第一次世界大战期间,真纳大力呼吁伊斯兰教徒和印度教徒团结合作。他在向伊斯兰教徒发出的呼吁书中说:"难道我们不能埋葬我们的分歧,组成联合阵线吗?那样,印度教的朋友将会更尊重我们,觉得我们更有资格和他们并肩站在一起!"

1920年9月,甘地在国大党会议上提出与英国当局"不合作"纲领;同年12月,这个纲领获得通过。真纳不同意"不合作"纲领,认为这是政治上的无政府主义,因此在次年脱离了国大党。

1924年,真纳被选为"穆盟"主席。他在会上再次苦口婆心地说:"外国统治印度,并且继续维持统治,主要因为印度人民尤其是印度教徒与伊斯兰教徒不能团结一致,缺乏相互信任。我可以说,印度教徒与伊斯兰教徒团结之日,就是印度实现自由独立之时。"

真纳由于自己的呼吁一直没有得到积极的响应,因此从1930年起在伦敦当律师。1933年,"穆盟"派人到伦敦,劝说真纳返回印度领导"穆盟",并对他说:"你必须回去,人民需要你。只有你才能挽救穆斯林联盟,使它获得新生!"此后,真纳往返于英国与印度之间。第二年,他被选为"穆盟"终身主席。1935年,英国国王批准印度政府法。从此,印度有11个省开始享有自治权。真纳对此很欣慰,结束了他在伦敦的生活,返回印度领导"穆盟"。接着,印度进行大选,国大党获得多数票。但是,国大党的领导人坚持一党组织内阁,拒绝与"穆盟"合作。

在这种情况下,真纳感到必须建立独立的伊斯兰国家。1940年3月,在真纳主持下召开的"穆盟"年会,通过了著名的《巴基斯坦决议》。决议要求伊斯兰教徒聚居的省份脱离印度,建立一个伊斯兰国家。这个决议得到了大多数伊斯兰教徒的拥护,真纳也成为他们公认的领袖。

真纳转向建立独立的伊斯兰国家后,一个反对他的穆斯林集团组织对他进行了威胁。几天之中,向他发出电报、信件达50份之多,内容都是扬言要杀害他。

1943年7月,反对他的组织派出一个青年前去刺杀真纳。刺客到达孟买后,用假名在旅馆登记住宿,接连几天,他观察了真纳住处的环境,选择了最佳行动的时间。行动的那天中午,刺客来到真纳的住处,向守门人行过礼,提出要见真纳。他被带去见秘书,秘书说真纳现在很忙,但是刺客不管对方怎么说,擅自走进了真纳的房间。正好真纳要出房间,与刺客迎面相遇。刺客抡起拳头,朝真纳左颊猛击了一下,真纳不由自主地向后一仰。就在这一刹那之间,刺客从腰间抽出刀子,向真纳刺去。真纳虽然受到拳击,但没有失去控制能力,他见刀光一闪,马上一把抓住了刺客的手,从而减轻了下刀的力量,只是下颏受了伤。刺客继续行凶,真纳的手上挨了几刀,但人们已经闻声而入,迅速夺下了刺客的刀子,把他扭送到警方。

尽管受到这样的打击,真纳为争取建立巴基斯坦国的信念并没有动摇。1944年9月,他就印度的前途问题,在孟买与甘地会谈。在会谈中,甘地坚持印度是一个民族、不能分治的观点;而真纳则坚持认为,伊斯兰教徒和印度教徒分属两个不同的民族,国大党应同意建立巴基斯坦国。两个人各执一词,互不相让,结果谈判没有达成协议。

1945年7月,英国政府鉴于印度人民争取独立的斗争进一步高涨,决定让步,给予印度自治,这是一个好势头。但是,另一个问题也迫切需要解决,即印度将建立怎样的国家。国大党及其首领甘地认为,应建立一个由它领导的统一的印度,伊斯兰教徒不能享有自决权;而"穆盟"及其首领真纳认为,要建立独立的伊斯兰国家。双方争执不下,谈判再次破裂。1947年2月,英国政府进一步宣布将给予印度完全独立。不久,新任印度总督蒙巴顿宣布了《印度独立法》,实行印、巴分治,这样才解决了多年未解决的问题。

在真纳的领导下,"穆盟"很快批准了分治方案,开始组织政府。同年8月7日召开了巴基斯坦制宪会议。真纳以主席的身份,向到会代表们宣布道:"你们自由了!你们可以自由地到庙宇去,到清真寺去,或者到这个巴基斯坦国家任何其他做礼拜的地方去!不论你们属于什么宗教、种姓或信仰,都毫不妨碍我们都是同一国家的公民,而且都享有平等公平这一基本原则!"

第三世界的兴起

8月14日，真纳在他诞生的地方——卡拉奇宣誓就任巴基斯坦自治领首任总督。在他的头上，飘扬着他和总理设计的巴基斯坦国旗。旗上3/4是绿色，代表穆斯林的多数，1/4是白色，代表少数民族。

巴基斯坦国建立后，真纳不得不让一些英国人留在巴基斯坦，建立武装部队，担任省长和政府行政官员。他尊重这些英国人，但也保持了自己的尊严。

1947年底，一位英国海军上将宣布，要正式访问巴基斯坦。按照规章和传统，总督在会见过地位这样高的英国将领后，要上他的旗舰回拜。但是，真纳却只肯派他的军事秘书去。真纳的英国海军顾问知道这件事后，立即向真纳解释了总督应正式回拜那位海军上将的传统程序，并希望他收回只肯派军事秘书去回拜的成命。真纳坦然地回答说："我和18世纪殖民地总督的地位不同。我现在是1947年一个自治的主权国家的总督。如果我以国家元首的身份亲自去拜访海军上将，那是非常不合适的。要是海军上将在旗舰上举行社交性的集会，那我将乐意参加。"由于真纳的坚持，这次回拜取消了。

巴基斯坦国家成立后，面临许多复杂的问题。由于英国长期的殖民统治，本来就不发达的经济遭到严重破坏。印、巴分治前后，印度教徒和伊斯兰教徒仍常发生大规模宗教骚乱及相互仇杀。从印、巴分治到真纳逝世，约有1500万居民越过边界，迁往对方境内，迁入巴基斯坦的难民约700万人。分治后，在印度境内留下的伊斯兰教徒达3500多万，在巴基斯坦境内留下1200万左右印度教徒。对内对外的沉重负担压在这位新总督的肩上，使他积劳成疾，染上肺结核。1948年6月，他不得不离开首都卡拉奇到外地休养。

这年7月，真纳飞回卡拉奇，拖着病体的他主持巴基斯坦国家银行的开幕典礼，并发表长篇讲话。他指出："西方的经济制度为人类制造了几乎是无法解决的问题……这种经济制度不能公平对待人与人的关系，也不能根除国际上的摩擦，相反地，它倒要对过去半个世纪中的两次世界大战负很大的责任。"

一个月后，真纳的病情不可抑制地恶化了。9月11日，真纳离开了他挚爱的祖国和人民，时年72岁。

真纳去世后，巴基斯坦人民继续为国家的独立而奋斗。1956年3月23日，巴基斯坦有了自己的第一部宪法，把自治改为共和国；1964年1月15日，他们正式把国家的名字定为巴基斯坦伊斯兰共和国。

穆罕默德·阿里·真纳是巴基斯坦民族独立运动的领袖、巴基斯坦国的创建者。他在建立独立的伊斯兰国家、反对西方霸权、捍卫民族尊严等方面做出了宝贵的贡献。他永远活在巴基斯坦人民的心中。鉴于真纳为创立巴基斯坦独立国家所做的不朽贡献，他被巴基斯坦人民称为"巴基斯坦之父"。

埃及"雄狮"纳赛尔

苏伊士运河在埃及东北部,它沟通地中海和红海,是连接印度洋、太平洋和西方世界的国际航道。苏伊士运河1859年开始开凿,经过整整10年才打通。在开凿运河的过程中,有十几万埃及人献出了生命,埃及人民希望运河能够为埃及服务,运河的主权属于埃及人民。但是运河开通后,其主权却一直为欧洲几个大国所控制,特别是英、法两国,更把它看做自己进行东方贸易和获取中东石油的生命线。

但是埃及人民迫切要求收回主权,这一天终于来到了。

1956年7月26日,25万埃及民众聚集在亚历山大港的曼奇亚广场,庆祝纳赛尔总统领导"七月革命"胜利四周年。4年前,纳赛尔领导"自由军官组织"起义,推翻了法鲁克王朝,建立了共和国。在埃及人民的心目中,纳赛尔是一个英雄。

今天,刚当上总统的纳赛尔登上讲坛,开始向全国人民发表演说。

两年前,也就是1954年10月的一天,就在这个广场上,一名刺客向正在做演说的纳赛尔连开6枪,子弹从他身旁、头顶飕飕飞过,听演讲的群众都十分惊慌,纷纷向广场外跑去,但演讲人纳赛尔仍巍然屹立在讲坛上,毫不畏惧。刺客被警卫制服后,纳赛尔宣布说:"我的同胞们,你们就待在原处好了。我没有死,我还活着。即使我死了,你们每个人都是加麦尔·阿卜杜勒·纳赛尔。革命的旗帜是不会倒的!"这一无比勇敢的行动震撼了人心,人们对他的敬佩之情油然而生。

今天,他又要在这同一个广场上发表演讲了,目睹着这头"雄狮"的风采,人们热烈地欢呼起来。"同胞们……同胞们……",欢呼声逐渐平静下来,纳赛尔开始了精彩的演说。

这时,远在苏伊士运河中部伊斯梅利亚市中心的苏伊士通海运河环球公司附近有一辆小轿车悄无声息地开来停在那里,车上坐着一名埃及工程师,名叫马赫默德·尤尼斯,他打开车上的收音机,开始收听总统演说的现场直播。他一边听一边从公文包里掏出一个信封撕开,从里面抽出一张纸看了看,随后便加倍注意地倾听起纳赛尔的演说。

街上的行人谁都没有注意这辆普通的轿车以及车内主人漫不经心的动作。突然,纳赛尔在演说中一遍又一遍地谈论起早年设计开凿苏伊士运河的法国工程师雷赛布来,他反复地提这个人的名字,听众都觉得有些莫名其妙。

而尤尼斯从收音机里听到"雷赛布"这个名字后,"啪"地一下关掉了收音机,

并立刻将手中的信封又撕开,原来这是一个双层信套,第二层里藏着另一个指令,尤尼斯就按这个指令,立刻用遥控机命令早有准备的特遣队持枪接管运河公司。原来"雷赛布"是纳赛尔命令尤尼斯开始执行接管苏伊士运河计划的代号。正在公司里工作的英、法殖民者被搞了个措手不及,在武装的埃及士兵面前只得乖乖地撤离而去。这个经过周密计划的行动一举获得了成功。

这个消息当然立刻通知了正在演讲的纳赛尔总统,在结束自己的演讲之前,他向全国人民宣布:"现在,我以埃及共和国总统的名义宣布,将苏伊士运河收归国有……运河从今天起属于埃及人民!让埃及人自己来管理苏伊士运河吧!"这一消息把集聚在广场的人们震撼了,他们发出震天动地的欢呼。消息一传出,整个阿拉伯世界随即欢腾起来了。

对于英国和法国来说,埃及收回苏伊士运河的举动简直是一颗重磅炸弹,这两个欧洲强国一下子惊呆了。为了继续控制这条交通命脉,同年10月,英、法联合以色列武装入侵埃及领土,纳赛尔领导埃及人民奋起抵抗。邪恶最终不能够战胜正义,貌似强大的侵略者不久就在世界人民谴责声中被赶出了埃及。苏伊士运河终于回到了埃及人自己的怀抱。

如果没有钢铁般坚强的意志,一个人无论怎样发誓都是枉然。

越南人赶走法国殖民者

清朝末年,越南在中法战争之后沦为法国的殖民地。第二次世界大战期间,越南又备受日本法西斯铁蹄的蹂躏。在越南共产党的领导下,越南人民展开了抗敌斗争,成立了越南解放军。1945年9月日本投降,越南北方成立民主共和国。南方的控制权先是被投降的日军交给了英国人,后又从英国交到了法国的手里。

尽管说了一大套冠冕堂皇的理由,法国人把手伸到亚洲,目的还是在于想要重温殖民主义旧梦。在表面上,他们表示将尊重越南人民的选择。

这样,越南人民不得不再次拿起武器,紧接着抗日战争的号角开始了抗法战争,这场争取民族解放的战斗从1945年持续到1954年,终于把法国殖民者赶回了老家。这9年抗战中的一次决定性的战斗是奠边府战役。

战争初期,拥有现代化装备的法军横行无阻,妄图速战速决。团结在越南独立同盟旗帜下的越南人民起来浴血奋战,采取持久战战略,建立和巩固抗战根据地,并得到了中国等国的援助,逐渐扭转了经济和军事上的劣势,掌握了战争的主动权,取得了一系列的胜利。

急欲寻找出路的法国,在纳瓦尔将军任印度支那法军总司令后,为了在11个月内挽救危机,于1953年11月派重兵占领了越南、老挝边境被群山和稻田环抱的奠边府高地,并形成一个长 12 公里、宽 6 公里的集团据点,作为切断越盟供应线和进攻越南西北解放区的基地。但此后的纳瓦尔将军就再也无所作为了,已成强弩之末的法军在印度支那各战场的不断失利,使奠边府成了一片汪洋中的孤岛。

越南在中国军事顾问团的帮助下,于 1954 年 3 月 13 日以 4 万人的兵力发动了奠边府战役。两天之后,法军的外围阵地加里布埃尔防线被突破。3 月 23 日,越盟向奠边府防线发动第一次大规模进攻,法军卡斯特里上校的贝阿特丽斯战线瓦解。又过了一周,越盟再次发起进攻,法国的艾当和多米尼克防线在持续的激战中 6 次易手,越盟游击队不断向前推进并加紧封锁奠边府机场,法军陷入绝境。

恶劣的天气和强大的越军火力,给法军向被围困地区空运物资造成许多困难,而法军用投掷凝固汽油弹等办法却无法阻止苏联汽车在没铺路面的道路上接连不断地从中国运来增援物资。

5 月 2 日,越盟发动第三次进攻。5 月 4 日,法军又一道防线在白刃战中被突破。

5 月 6 日,越盟发动第四次进攻,突破法军最后一道防线——伊莎贝尔防线。

5 月 7 日,奠边府解放。越军取得了辉煌胜利,全歼守敌 1.6 万余人,缴获武器、装备、军用品成万吨,活捉法军司令官戴卡斯特利。法国得到的下场是——企图用来进攻对手的桥头堡却成了自己的最后墓地。

但是,奠边府战役具有更加长远的意义。奠边府战役敲响了法兰西帝国在印度支那殖民统治的丧钟。1954 年 7 月 21 日,法国在联合国关于恢复印度支那和平的《日内瓦协议》上签字,正式承认印度支那三国:越南、老挝和柬埔寨的独立。

虽然《日内瓦协议》存在很大的缺陷,致使该地区在以后的几十年里战火不熄,但是奠边府战役毫无疑问是越南民族独立史上最为光辉的一页。

第三世界的盛会——万隆会议

印度尼西亚的万隆市素有"花城"之称。1955 年 4 月 18 日至 24 日,29 个亚洲和非洲国家的代表来到这个万花之都,走进了同一间会堂。他们将要坐在一起,共同商讨反对殖民主义、和平发展、共同进步等备受世人关注的话题。这就是历史上著名的"亚非会议",因为开会地点在万隆,所以又称"万隆会议"。

第二次世界大战后,亚非国家的民族解放运动风起云涌,到万隆会议召开前,已经有 30 个亚非国家摆脱殖民统治获得独立。但殖民主义统治在亚非并没

世界通史

有结束,殖民主义者还在威胁亚非的和平。新独立的亚非国家迫切需要团结一致,共同反对殖民主义,维护民族独立的成果,发展民族经济。

1954年4月,锡兰(今斯里兰卡)邀请缅甸、印度、印度尼西亚和巴基斯坦4国总理到科伦坡开会,讨论印度支那形势和亚洲局势。印尼总理在会上提出召开亚非国家会议的设想,并表示印尼将为亚非会议的召开做出努力,他的建议得到其他4国总理的赞同。

12月底,上述5国总理在印尼茂物举行会议,决定由5国联合发起召开亚非会议。5国总理还确定了亚非会议的四点目标:第一,促进亚非各国间的亲善和合作,建立和促进友好与睦邻关系;第二,讨论与会各国的社会、经济、文化问题和国家之间的关系;第三,讨论对亚非国家和人民具有利害关系的问题和种族主义及殖民主义问题;第四,讨论亚非国家和人民今后在世界上的地位,以及他们对于促进世界和平与合作所能做出的贡献。

5国总理在讨论邀请哪些国家与会时,对是否邀请中国产生了争执。中国当时与一些亚非国家没有建立外交关系,而且还存在社会制度的差异;中国与美国的关系紧张,由于台湾问题,两国的关系还在进一步恶化。因此,巴基斯坦总理主张不邀请中国,担心中国参加会影响会议的成功,但缅甸总理吴努、印度总理尼赫鲁坚持邀请中国。他们认为没有中国的参加,亚非会议不能算作成功的会议。最后,5国总理达成一致,决定邀请中国。

被邀请的国家共有25个,分别是:阿富汗、尼泊尔、柬埔寨、老挝、越南民主共和国、南越、泰国、菲律宾、中国、日本、土耳其、伊朗、伊拉克、约旦、叙利亚、黎巴嫩、也门、沙特阿拉伯、埃及、埃塞俄比亚、中非联邦、黄金海岸(今加纳)、苏丹、利比里亚、利比亚。

美国试图阻止亚非会议的召开,它对中国被邀请参加会议非常恐慌,害怕中国与亚非国家建立友好关系,扩大在亚非国家中的影响,因此,竭力宣扬"共产党威胁"论,挑拨中国与其他国家的关系。美国还以经济援助为诱饵,拉拢一些亚洲国家。

4月18日上午,亚非会议冲破阻力,在万隆独立宫隆重召开,5个发起国和24个受邀国参加了会议(中非联邦因故未参加)。这29个国家的面积占世界总面积的1/4,人口占世界总数的2/3。印尼总统苏加诺致开幕词,题为《让新亚洲和新非洲诞生吧》。苏加诺说:"这是人类有史以来第一次的有色人种的洲际会议","亚非两洲各国人民的领袖能在他们自己的国家内聚集一堂,讨论和商议共同关心的事项,这是世界历史上的新起点。"大会通过本次会议的5项议题:文化合作、经济合作、人权和自决权、附属地人民问题、促进世界和平和合作。

接着,各代表团团长发表演说。大多数代表的发言都谴责了殖民主义,认为殖民主义是世界不稳定的根源,必须铲除。大家希望各国能在和平共处五项原则基础上,发展友好合作关系,但也有一些代表发出了不和谐音:有的发言把共产主义说成是"新式的殖民主义",宣称殖民主义已经衰亡,应该反对的是共产主义;有的国家把矛头直指中国,指责中国对他国进行颠覆活动,威胁邻国的安全。

19日下午,中国代表团团长周恩来发言,他将原来准备的讲话稿印发给与会代表,重新起草了一个补充发言。周恩来说:"中国代表团是来求团结而不是来吵架的。我们共产党人从来不讳言我们相信共产主义和认为社会主义制度是好的。但是,在这个会议上用不着来宣传个人的思想意识和各国的政治制度,虽然这种不同在我们中显然是存在的。"他又说:"中国代表团是来求同而不是来立异","在亚非国家中是存在有不同的思想意识和社会制度,但这并不妨碍我们求同和团结。"对于所谓"颠覆活动",周恩来通过摆事实、讲道理,指出"中国决无颠覆邻邦政府的意图"。他最后说:"16万万亚非人民期待着我们的会议成功。全世界愿意和平的国家和人民期待着我们的会议能为扩大和平区域和建立集体和平有所贡献。让我们亚非国家团结起来,为亚非会议的成功努力吧!"

周恩来"求同存异"的思想,将会议引上正确的道路,为会议的成功做出了贡献。

从20日开始,会议转入专项议题讨论。24日晚上,大会举行最后一次全体会议,与会代表一致通过《亚非会议最后公报》。

《公报》包括经济合作、文化合作、人权和自决、附属地人民问题、其他问题、促进世界和平和合作、关于促进世界和平和合作的宣言等7个部分。

《公报》提出了促进世界和平与合作的十项原则:1. 尊重基本人权,尊重联合国宪章的宗旨和原则;2. 尊重一切国家的主权和领土完整;3. 承认一切种族的平等,承认一切大小国家的平等;4. 不干预和不干涉他国内政;5. 尊重每一个国家按照联合国宪章单独地或集体地进行自卫的权利;6. 不使用集体防御的安排来为任何一个大国的特殊利益服务,任何国家不对其他国家施加压力;7. 不以侵略行为或侵略威胁或使用武力来侵犯任何国家的领土完整或政治独立;8. 按照联合国宪章,通过如谈判、调停、仲裁或司法解决等和平方法以及有关方面自己选择的任何其他和平方法,来解决一切国家的争端;9. 促进相互的利益和合作;10. 尊重正义和国际义务。

万隆会议对于亚非人民民族解放运动有着非凡的意义,亚非各国因此次会议而加深了彼此的友谊和团结,也鼓舞了其他大洲所有被压迫民族争取解放的斗争。会议上提出的十项原则,堪称是一大创举,它为世界和平提供了理论依据。会议过程中各国代表体现出的反对殖民主义、争取和维护民族独立、加强亚非各国团结、促进世界和平的精神,成为后来备受推崇的"万隆精神"。

丘吉尔铁幕演说

1946年3月5日,第二次世界大战中的政治巨星英国首相温斯顿·丘吉尔在美国总统杜鲁门的陪同下,来到美国密苏里州的富尔顿学院,进行了一个题为《和平砥柱》的演说——这便是著名的铁幕演说。据报道,有3000人现场观看了丘吉尔的演说,同时有4万人拥挤在校园内、公共场所和街道上听他演讲。演讲不仅在美国全境实况转播,而且也向英国转播。

丘吉尔在此次演说中极力鼓吹英、美联合以对抗苏联拉下的纵贯欧洲南北的"铁幕",从而揭开了第二次世界大战后东西方"冷战"的序幕。

第二次世界大战结束后,世界形势和各国之间的力量对比发生了深刻的变化。德、日、意法西斯被彻底击溃了,英、法等老牌帝国主义国家也遭到严重削弱。只有美国通过一场战争,经济和军事力量得到空前膨胀,它的军队和政治经济势力越过大西洋和太平洋进入西欧、地中海、中东和远东等广大地区,成了头号帝国主义国家;它取代德、日、意法西斯的地位,野心勃勃地要称霸欧洲和全世界。

另一方面,苏联经受了反法西斯战争的严峻考验,国力大大增强,在追击纳粹军队过程中,红军也越出国境进入东欧、中欧等地区,并在东欧各国建立了社会主义制度。随着战争的结束,美苏就在世界最重要的战略地区——欧洲,形成了对峙局面。欧洲战场的硝烟尚未消失,美国就酝酿发动"冷战",遏制苏联,力图把处于苏联和美国之间的广大中间地带,首先是欧洲控制起来。丘吉尔的铁幕演说正是在这种历史背景下发表的。

丘吉尔在演说中宣称:"我们不能无视一个事实,就是美国和大英帝国的每个公民到处都能享受的自由,在相当多的国家里是不存在的,其中一些是十分强大的国家。在这些国家里,各种包罗万象的警察政府对老百姓强加控制,达到了压倒和违背一切民主原则的程度。或是一些独裁者,或是组织严密的寡头集团,他们通过一个享有特权的党和一支政治警察队伍,毫无节制地行使着国家的大权。在这多难的岁月,我们的责任不是用武力去干预那些我们不曾征服的国家的内部事务。但是,我们绝不能放弃以大无畏的声调宣扬自由的伟大原则和基本人权。这些英语世界的共同遗产,继大宪章、人权法案、人身保护法、陪审团审讯制以及英国习惯法之后,它们又在美国独立宣言中得到举世闻名的表现。"

丘吉尔呼吁英、美之间建立兄弟般的联合和特殊的军事合作关系,以对抗苏联的铁幕:"从波罗的海的什切青到亚德里亚海边的里雅斯特,一幅横贯欧洲大陆的铁幕已经降落下来。在这条线的后面,坐落着中欧和东欧古国的都城:华沙、柏林、布拉格、维也纳、布达佩斯、贝尔格莱德、布加勒斯特和索菲亚——所有这些名城及其居民无一不处在苏联的势力范围之内,不仅以这种或那种形式屈服于苏联的势力影响,而且还受到莫斯科日益增强的高压控制……"他还耸人听闻地宣传共产党的"第五纵队"已遍布各国,"到处构成对基督教文明的日益严重的挑衅和危险。"

丘吉尔的铁幕演说立即在世界上引起了激烈的反响,演说中的过激言辞震动美国朝野,国际舆论为之哗然。美英两国政府都公开否认丘吉尔的演讲与其国家政策存在联系。

1946年3月,斯大林在接受《真理报》记者采访时,针对丘吉尔的演说指出,这个演说是危险的,目的在于破坏盟国之间合作。丘吉尔是在号召同苏联进行战争,他在鼓吹战争。

不过,应该承认,丘吉尔的演讲本身就表明二次大战中形成的同盟国已经分化,新的对立阵营正在形成。东西方之间延续近半个世纪的冷战开始了。

功过参半的斯大林

斯大林作为世界上第一个社会主义国家的领导人,执掌国家的权力近30年之久,在世界历史上具有无法忽视的地位。作为苏联历史上的一个重要人物,斯大林做出过重要贡献,但是,他所犯过的错误也是相当严重的。

1879年12月21日,约·维·斯大林生于沙俄统治下的格鲁吉亚哥里城。斯大林是在贫困中长大的,他的父亲是一个脾气暴躁的鞋匠,因为嗜酒,在斯大林11岁时去世。斯大林早年一直在教会学校就读,在此期间开始研读马克思的作品。1899年,斯大林因为传播革命思想被学校开除,从此开始了他的革命生涯。1903年,政治斗争导致俄国社会民主党发生分裂,斯大林加入布尔什维克派,他一直是布尔什维克的骨干。

在其后的革命斗争中,斯大林先后6次被捕。1917年十月革命时,斯大林负责《真理报》的出版发行工作。当时,斯大林始终站在列宁的一边,拥护列宁关于从资产阶级民主革命转变为社会主义革命的方针。因此,斯大林在党内的地位节节上升。1922年,他当选为共产党总书记。对此,列宁感到担忧,他在写给党代表大会的信中说:"斯大林同志当了总书记,掌握了无限的权力,他能不能永远十分谨慎地使用这一权力,我没有把握。"

事实上,列宁认为斯大林太粗暴,应当从党的总书记位置上调开。然而,直到列宁1924年逝世,斯大林继续肩负着领导全党的任务。当沙皇俄国在第一次世界大战中垮台时,既没有多少工业品,也很缺少粮食,是一个文盲充斥的愚昧落后的国家。

斯大林决心要把苏联由落后的农业国转变成先进的工业国。斯大林说:"我们比先进国家落后了50乃至100年。我们应当在10年以内跑完这个距离。或者我们能做到这一点,或者是我们被人打倒。"为了完成这个宏伟的计划,苏联人民付出了很高的代价,工业化进程迅速地向前推进了。随着苏联经济改造的深入和工农业生产的恢复和发展,斯大林居功自傲起来。作风粗暴的他听不得相反的意见,凡是反对他的人,必然会被开除出领导机关,接着就会受到精神上和肉体上的折磨,尤其是在肃反运动中,许多忠于共产主义事业的干部蒙受了不白之冤,一大批曾参加过1917年十月革命的苏共高层领导人,也被斯大林以叛国罪处决。

斯大林作为一位军事家在第二次世界大战中表现出卓越的军事才能。1941年6月22日,希特勒以190多个师的兵力,对苏联不宣而战。思想准备不充分的苏联虽然在战争初期遭受了严重损失,但是斯大林和苏联人民在强敌面前没有屈服。在卫国战争中,斯大林身兼五职,除最高统帅外,他还保留着联共(布)中央总书记的职务,同时他又是苏维埃人民委员会主席、国防委员会主席和国防人民委员。

1941年10月,德军包围了莫斯科。11月7日,斯大林在莫斯科照例举行了纪念十月革命的传统阅兵式。随后,苏军举行总攻,歼敌50多万人。莫斯科保卫战是苏军取得的第一次胜利,它打破了德军不可战胜的神话,鼓舞了苏联和全世界人民反法西斯的斗志。

1942年7月17日至1943年2月2日进行的历时200天的斯大林格勒战役,是第二次世界大战中具有转折意义的一次战役,在斯大林的指挥下,同样取得胜利。随后,苏军转入反攻,捷报频传。

1945年5月2日,苏军攻克柏林。5月9日,欧洲战事终于结束了。在这一进程中,在苏联的支持和帮助下,东欧各国普遍建立起共产党领导的社会主义制度。

在探索社会主义模式的过程中,斯大林取得了一些成绩,但也有失败的一面。"斯大林模式"是一种社会经济体制,其主要特征是高度集中的指令性计划经济体制和片面发展重工业的结构。这种发展模式曾使苏联一度成为在军事上可与美国抗衡的超级大国,但也导致了国民经济的畸形发展,国民经济的进步同人民生活水平的相应提高脱节,人民付出的代价过高。

高度集中的管理体制、排斥市场调节的计划经济、以行政方式为主要手段的经济管理,后来都成了苏联经济难以逾越的巨大障碍。

斯大林走上了权力高峰后,大搞个人迷信。1929年,在他50寿辰的时候,他的画像遍布苏联各地,各地的组织和个人纷纷向他发出效忠信。到1939年斯大林60岁时,他完全被神化了,其诞生地也成了人们朝拜的圣地。

斯大林还在国际关系上大搞沙文主义,粗暴地干涉各国共产党的内部事务,给国际共产主义运动造成了极大的损失。

斯大林于1953年3月5日病逝,终年74岁。斯大林逝世后,他的遗体被装进水晶棺安放在莫斯科红场的陵墓。赫鲁晓夫当政后,遗体被迁出火化。

古巴革命

自从美、西战争之后,西班牙失去了古巴,美国把古巴视为自己的势力范围。1952年3月,在美国支持下,古巴的独裁者巴蒂斯塔发动军事政变,掌握古巴政权。巴蒂斯塔上台后,实行一系列亲美的独裁统治,社会矛盾日益激化,示威和暴动连续不断,很快就发展为武装推翻反动统治的人民战争。

1953年7月26日,一批热血青年在卡斯特罗带领下向圣地亚哥的蒙卡达兵营发起了进攻,打响了反对独裁斗争的第一枪。这次武装起义失败,卡斯特罗和他的同伴被捕入狱。

1955年5月,卡斯特罗出狱,流亡墨西哥,成立了革命组织"七·二六运动"。1956年,卡斯特罗率领包括切·格瓦拉及其弟弟劳尔·卡斯特罗在内的81名青年,从墨西哥乘"格拉玛"号游艇渡海回古巴,登陆后转战到马埃斯特腊山区,开展游击战争。

1957年3月13日,以丁·安东尼奥·埃切瓦里亚为首的一批青年学生攻打总统府,失败后建立"三·一三革命指导委员会",转入拉斯维利亚斯省山区打游击。1958年,古巴人民社会党也在亚瓜哈依地区组织游击队。

不久,这两支队伍同"七·二六运动"领导的游击队主力汇合成一支较大的起义军。这一年,卡斯特罗颁行土地改革法,与古巴各阶层组成广泛的统一战线。12月,起义军解放了距首都哈瓦那仅70公里的城市圣克拉拉,消灭政府军主力,并控制了古巴全岛之间的陆路交通要道。接着,起义军挥师西进,直指哈瓦那。

在革命形势的逼迫下,巴蒂斯塔于1959年1月1日逃亡国外。卡斯特罗兄弟指挥起义军在东部拿下了圣地亚哥,格瓦拉率部在西部解放了首都哈瓦那。接着,临时政府成立,卡斯特罗任武装部队总司令和政府总理。古巴革命宣告在全国取得了胜利。

古巴革命胜利后,开始实行了一系列重大的社会改革。新政权摧毁了旧的国家机器,没收了巴蒂斯塔分子的财产;颁布石油法和矿业法,废除美国公司的一切租让权,把外国和本国大资本家的厂矿企业收归国有;接管全部私人银行,建立国家银行。

1961年5月1日,卡斯特罗宣布古巴为社会主义国家。随后在农村进行两次土地改革,到1963年10月消灭了大庄园制和富农经济。在农村,实行以苏联为蓝图的土地管理形式,出现了国营农场、生产合作社和个体小农三种土地使用方式。

古巴革命的胜利和社会主义古巴的建立震撼了美洲。由于美国一向把古巴看作自己的"后院",古巴革命胜利后,美国立即策动武装入侵,企图颠覆革命政权,古巴人民不畏强暴,同帝国主义势力进行了坚决的斗争,恼羞成怒的美国对古巴实行海上封锁。但是古巴的人民政权没有动摇,反而在同强权政治的斗争中得到了巩固。古巴的革命斗争激发了美洲人民反对帝国主义的情绪。

从20世纪50年代末到60年代,反美风暴席卷拉丁美洲。因此,古巴革命对20世纪的社会变革有着不同凡响的意义。

传奇英雄切·格瓦拉

切·格瓦拉是一个传奇人物,他本来是阿根廷的一名医生,但他的理想是推翻资本主义,在全世界建立社会主义。因此,他放弃了自己的工作,去古巴参加社会主义革命。古巴新政府成立后,他被宣布为古巴公民,还担任了中央领导职务。格瓦拉是胸怀全球、"以天下为己任"的革命者,当古巴革命胜利后,他又准备到别的国家去开展新的革命斗争了。

1928年6月14日,格瓦拉生于阿根廷的罗萨里奥一个声誉卓著的家族,1930年,两岁的格瓦拉就患了哮喘病,经过顽强的努力,格瓦拉读完了小学和中学,终于在18岁那一年,考进了布宜诺斯艾利斯大学,攻读医学。

1951年底,格瓦拉与一位好友驾驶摩托车,开始他的第一次南美大陆之旅,他们走访了智利、秘鲁、哥伦比亚、委内瑞拉等国,考察了麻风病情况,也探寻了古印加文化。

1952年8月,格瓦拉回到学校继续读书。第二年,他通过毕业考试,并获得皮肤科医生证书。

1953年7月,格瓦拉又和朋友一道,进行第二次旅行。这一次,格瓦拉先来到玻利维亚。这个国家头一年发生了革命,独裁政权被推翻,格瓦拉想了解一下玻利维亚革命的情况。然后,他到了秘鲁、智利、厄瓜多尔、哥伦比亚、巴拿马、哥斯达黎加、萨尔瓦多。同年底,格瓦拉到达危地马拉。当时正值危地马拉形势紧张,美国中央情报局在支持危地马拉军人推翻阿本斯政府。格瓦拉积极参与了捍卫阿本斯总统的斗争。

危地马拉阿本斯政府被推翻后,格瓦拉上了美国中央情报局"危险共产党人"黑名单,他不得不在1954年9月逃到墨西哥。经过两次旅行考察,特别是经过危地马拉事件,格瓦拉的思想发生了根本变化。他原来只想做一名治疗麻风病的医生,现在他认为"要当一个革命的医生,首先需要革命"。在墨西哥城有许多古巴流亡者,格瓦拉逐渐对古巴的局势发生兴趣。

1955年7月,格瓦拉结识了菲德尔·卡斯特罗,从此他参加了卡斯特罗领导的古巴革命。1956年11月25日凌晨,格瓦拉与卡斯特罗等81名古巴革命者,在经过几个月的秘密军事训练后,乘坐"格拉玛"号游艇,离开墨西哥,悄悄向古巴进发。经过惊险的海上旅行,12月2日游艇抵达古巴南部海岸。

这些革命者刚登陆上岸,就遭到政府军的袭击,最后只剩下15人,格瓦拉在战斗中负伤。卡斯特罗带领15名幸存者,避开政府军的追击,转移到马埃斯特腊山区。这里有崇山峻岭,峭壁悬崖,卡斯特罗凭借天然险阻与政府军周旋,开辟了游击根据地,队伍也不断扩大。

1957年6月,卡斯特罗将游击队编为两个纵队,自己亲自领导第一纵队。由于格瓦拉在战斗中显露出指挥才能,卡斯特罗将第二纵队交给他领导。1958年8月,卡斯特罗决定向政府军发动战略反攻。格瓦拉纵队受命开赴中部的拉斯维利亚斯省,任务是攻下该省省会圣克拉腊,然后向哈瓦那进军。10月中旬,格瓦拉率部到达拉斯维利亚斯,并站稳脚跟。12月,格瓦拉有计划地攻克圣克拉腊外围的一系列据点,31日打响进攻圣克拉腊的战斗。

1959年1月1日,格瓦拉在城市居民的支持下,攻占圣克拉腊城。古巴独裁者巴蒂斯塔见大势已去,仓皇逃往国外。1959年1月2日,格瓦拉头戴圆形软帽,叼着雪茄烟,率部进入哈瓦那。哈瓦那的军队和警察没有做任何抵抗,向游击队缴械投降。格瓦拉顿时誉满古巴,成为引人注目的人物,声望仅次于卡斯特罗。1959年2月9日,鉴于他为古巴人民建立的功勋,新政府特授予他古巴国籍。

世界通史

1959年9月,格瓦拉被任命为土地改革全国委员会工业司司长,负责研究国家工业发展的方案。11月,格瓦拉出任国家银行行长一职。在任期中,他逐步将所有私营银行收归国有。1961年2月,格瓦拉任新成立的工业部部长,并兼任国家计划委员会委员,主管全国的经济工作。

格瓦拉在新的工作岗位上,努力学习经济理论,还写了一些经济论文。他主张采用高度集中的计划体制,提出要消灭市场经济。逐步消灭货币和物质刺激——他还主张减少古巴的甘蔗种植面积,改变古巴单一的经济结构(古巴经济以蔗糖生产为主),以减少古巴经济对外国的依赖性。

格瓦拉还肩负"支援"其他拉美国家革命的任务。1960年,他出版《游击战》一书,格瓦拉根据自己参加古巴革命的经验,提出"游击中心"理论。他的理论是:先挑选30名左右的游击队员,在农村山区秘密建立一个游击中心,游击队员们在中心劳动、训练、熟悉地形,然后开展游击战争。当中心的队伍不断扩大时,再分出一部分人开辟新的游击中心。游击中心发展到一定数量后,就可以联合、协调行动,占领农村城镇,最后由农村包围城市,夺取政权。格瓦拉认为这一套办法,是古巴革命的成功之道,可以在拉美各国推广。

1965年4月1日,格瓦拉给卡斯特罗写了一封告别信,他在信中向卡斯特罗辞去他担任的党政职务,放弃军衔和古巴国籍。他写道:"世界上的另外一些地方需要我去献出我微薄的力量","哪里有帝国主义就在哪里同它斗争"。在给双亲的告别信中,格瓦拉说:"我相信武装斗争是各国人民争取解放的惟一途径。"

之后,格瓦拉就"失踪"了。就在人们纷纷猜测格瓦拉的去向时,格瓦拉正率领一支100多人的古巴游击队,在非洲刚果金沙萨的游击基地活动。由于多次作战不利,格瓦拉放弃了在非洲建立"游击中心"的念头,于1965年底返回古巴。

格瓦拉又将目光投向拉美国家,他最终选择在玻利维亚建立"游击中心"。他先派人在玻利维亚南部尼阿卡瓦苏河附近购置一块土地,取名"卡拉米那"农场,做建立中心的先期准备。然后从古巴老游击队员中挑选17人,分批进入玻利维亚。1966年11月,格瓦拉本人化装成商人,用化名来到"卡拉米那"农场。格瓦拉按照游击中心理论,开始在这里忙碌地建设"游击中心":修道路、挖洞穴、筑掩体、建电台、存粮食、熟悉地形。

1967年初,格瓦拉又带领游击队员进行行军拉练,锻炼身体和意志。同年3月,玻利维亚政府军终于侦察到游击队的根据地,随即发动了进攻,格瓦拉率领的游击队不得不直接和政府军作战。但是,由于游击队人员创办不久,还没有站稳脚跟,得不到人民的支持,因此交战伊始就处于不利地位。

到4月份,游击队已经处于困境,不但弹药物资严重短缺,而且连饮水都很困难,游击队员大多伤病缠身,格瓦拉也为哮喘病困扰。虽然游击队出其不意地打了一些胜仗,但自己损失也很大。到7月份,游击队的通讯设施全部被损坏,与外界的联系被迫中断,陷入危难境地。

战斗持续到9月底,游击队陷入了政府军的包围圈。10月,格瓦拉在尤罗山谷率领部队突围;10月8日,他在突围时腿部中弹被俘。被俘后,格瓦拉没有隐藏自己的真实身份。玻利维亚政府在美国中央情报局的指使下,当即将格瓦拉处死。

格瓦拉在临终前仍不放弃自己的理想,他说:"我在想,革命是永垂不朽的。"

戴高乐向美国的挑战

法国总统戴高乐是一位有着强烈爱国精神、坚决维护法国利益,希望重铸法国辉煌的总统。

1890年11月22日,夏尔·戴高乐出生于法国西北部城市里尔,20岁时,他考取了军校,实现了早年想做军人的志向。4年后,他参加了第一次世界大战。1940年,他被委任为法国国防和陆军部次长。德军占领法国,贝当政府不敢抵抗,向德国人屈膝投降。此时的戴高乐毅然出走英国,组织在英国居住的法国人奋起抵抗德国法西斯。

第二次世界大战中,他领导了"自由法国"运动,成为法国抵抗侵略的旗帜。法国解放后,戴高乐担任临时政府总理,1946年1月他辞去总理职务。1958年,戴高乐再度出山,担任总理。当年12月,他当选为法国总统,1965年获选连任。1969年,戴高乐在任期未满时辞职。

二战期间,美国不承认戴高乐领导的"自由法国"的合法性,德黑兰会议、雅尔塔会议、波茨坦会议三个重要的国际会议,戴高乐都被拒于门外。雅尔塔会议是决定战后世界安排的重要会议,讨论的许多问题都与法国有利害关系,戴高乐被排斥在外,使他一直耿耿于怀。

战争刚结束,法国还没有力量向美国挑战。1958年,第五共和国建立,戴高乐成为第五共和国的首位总统。此时,法国的经济已经恢复和发展。因此,戴高乐开始奉行独立自主的外交政策,积极争取法国在国际事务中的大国地位,主张使欧洲成为欧洲人的欧洲,力图摆脱美国的控制,向美国的霸权发起冲击。

戴高乐在发展核武器问题上,一直保持独立性。1958年9月,戴高乐曾向美、英提出分享核技术的要求,但遭到拒绝。戴高乐认为法国不能在美国的核保护下获得安全,"美国人一旦遇上严重事件将会被吓退",只有法国掌握了核武器,法国的政治和国防才能独立,法国才能成为世界大国。他决定发展自己独立的核力量，确定 1960 年第一季度进行试爆。

1959 年 7 月，美国国务卿杜勒斯访问巴黎，要求法国放弃研制核武器，由美国向法国提供。9 月，艾森豪威尔总统访问法国，又旧话重提，但都被戴高乐拒绝。1960 年 2 月，法国在撒哈拉沙漠成功爆炸第一颗原子弹。美国反对法国拥有独立的核力量，多次声明美国的核力量足以保护欧洲，法国制造原子弹纯属多余。肯尼迪任美国总统后，提出由美国在西欧部署核武器，西欧国家主要发展常规武器的建议，戴高乐又予以拒绝。

1962 年，法国发展了运载工具，使法国的核力量具有实际打击能力。1963 年 8 月，美国和苏联签署部分禁止核试验条约，美国希望法国共同签署，遭到法国拒绝。戴高乐认为，这个条约实质上是为了阻止其他国家发展核武器，以维持美、苏的核垄断地位。1968 年，法国抵制了防止核扩散条约。

1958 年 9 月，戴高乐写信给美国总统艾森豪威尔和英国首相麦克米伦，要求改组北约领导机构，使法国在北约中享有与美、英同等的权力，美、英都拒绝了他的要求。1959 年 2 月，法国宣布战争期间，法国的海军将不受北约的指挥。随后，法国将其地中海舰队撤出北约。

当法国拥有了核打击力量后，法国开始向北约军事一体化发起冲击。戴高乐表示，法国要在北约内坚持自己的个性、自己的政策，不会让美国牵着鼻子走。1963 年 6 月，法国从北约撤出自己的大西洋舰队；1964 年，撤回在北约海军司令部任职的法国军官，不参加北约海军的海上演习；1965 年，拒绝参加北约的联合演习。

1965 年 9 月，戴高乐在记者招待会上暗示，法国将在 1969 年退出北约。1966 年 3 月 7 日，戴高乐做出惊人的决定，他致函美国总统约翰逊，指出盟军在法国长期驻扎、使用法国领空，损害了法国的主权，法国决定不再参加北约一体化的指挥机构，也不再将法国军队交给北约支配。3 月 10 日，法国照会北约 14 个成员国，指出西欧各国的防务能力已经加强，不再需要军事一体化。3 月 29 日，法国再次照会 14 国：法国部队自 1966 年 7 月 1 日起，不再受北约指挥，同时撤回法国派驻北约指挥机构的人员；1967 年 4 月 1 日前，欧洲盟军司令部、中欧盟军司令部、驻欧美军总部以及各种军事设施，全部迁出法国领土。

美国要求将搬迁的期限延长一年，并要求法国承担搬迁费用。法国没有同意美国的要求，在预定的时限内，北约完成了机构、物资和人员的迁移。

法国向美国的挑战达到高潮，不但在西欧而且在世界引起了震动。

在挑战美国的同时，戴高乐致力于发展与西德的关系。他认为法、德的合作是欧洲联合的基础，欧洲联合起来就可以与美国、苏联抗衡。1958 年 9 月，戴高乐与西德总理阿登纳举行首次会晤。在此后的 3 年里，两人共会晤 15 次，会谈时间总计 100 多小时。1963 年 1 月,两国签署合作条约,规定两国元首及政府首脑每年至少召开两次会议,外交和国防部长每季度举行一次会议,就外交政策进行磋商协调,在防务政策等方面加强合作。

而对于紧跟美国的英国,戴高乐则较为冷淡。1961 年和 1967 年,英国两次申请加入欧共体,都被法国否决。法国认为英国与美国的关系过于密切,英国加入欧共体会是一个"特洛伊木马",将引来美国对欧共体的控制。直到戴高乐下台后,法国政府才转变态度。

戴高乐还积极发展与苏联的关系。1966 年 6 月他访问苏联,受到盛大欢迎。两国发表的联合声明指出,"欧洲的问题首先应该在欧洲范围内加以考虑",矛头明显指向美国。两国签订了多项合作协定,并在克里姆林宫和爱丽舍宫之间建立热线电话。

1964 年 1 月 27 日,法国政府坚持正义,置美国的反对于不顾,与中国建立了和平的外交关系,向美国的孤立中国政策提出了挑战。不仅如此,戴高乐还在东南亚问题、中东问题、第三世界问题等许多方面,都与美国政府持不同主张。这是对美国的霸主地位的强有力的冲击,这种独立自主和抵制美国的外交政策,促进了西欧各国的联合、缓和了东西方关系,为维持世界和平做出了不小的贡献。

U-2 飞机事件

20 世纪 50 年代,苏联领导人斯大林去世后,赫鲁晓夫上台,开始调整和西方世界的关系,他提出"和平共处、和平过渡"的外交政策,谋求形成一个与美国共同主宰世界的格局。对此,美国做出了相当积极的回应。这样,冷战的坚冰之下出现了一丝"缓和"的暖流。

1960 年 5 月 1 日,一架由美国飞行员驾驶的 U-2 高空侦察机进入苏联领空。飞行员弗朗西斯·加里·鲍尔士若无其事地深入苏联领空 800 公里,然后按下摄像机的开关,开始对苏联目标进行拍照。突然,飞机猛地抖动起来!鲍尔士知道飞机中弹了,立即跳伞逃生。

没过多久,一架美国 U-2 间谍飞机在苏联领空被击落、飞行员被活捉的消息就传播开来,苏联舆论一片哗然。

美国利用 U-2 飞机对苏联进行高空侦察是从 1954 年开始的。随着美苏关系的缓和,艾森豪威尔曾提出禁止 U-2 飞机飞行的建议,但遭到中央情报局和国防部的反对。于是,侦察活动继续进行。

就在这个事件发生之前,赫鲁晓夫接受美国总统艾森豪威尔的邀请访问美国。两人在美国马里兰州的总统疗养地戴维营举行了长达 3 天的会谈,就一系

列重大问题达成了协议。艾森豪威尔在会谈中还接受赫鲁晓夫的邀请,准备在1960年春天正式访问苏联。美苏之间出现了缓和的局面。

但好景不长,半年之后美国 U－2 飞机入侵苏联,使美苏关系又一次跌入低谷。

5月11日和16日,苏联政府两次向美国政府提交抗议照会,强烈谴责美国的侵略行径,但美国当局却轻描淡写地把入侵事件说成是一架气象侦察机误入苏联领空,说美国没有故意侵犯苏联领空的意思。后来在确凿的证据面前,美国总统艾森豪威尔被迫承认,U－2 飞机的"越境飞行"是由总统亲自批准的,飞行已持续了4年之久,目的是为了"了解世界上的兵力和战备",以防止第二次"珍珠港事件"的重演,但是他说没有必要向苏联道歉。

5月16日,美、苏、英、法四国首脑会议如期召开。会上赫鲁晓夫首先发言,对美国政府的"强盗"行为进行了猛烈抨击,要求美国总统艾森豪威尔公开道歉,并保证不再发生类似事件。

但是赫鲁晓夫的要求被艾森豪威尔拒绝了。愤怒的赫鲁晓夫当即率领苏联代表团退出会场,四国首脑会议于是流产。原定艾森豪威尔访问苏联的计划随之搁浅。

事件发生后,鲍尔士受到了审判,被判处 10 年徒刑。不过,鲍尔士没过多久就回到了美国,因为 1962 年 2 月 10 日,美、苏两国达成了相互交换被监禁的间谍的协议。

"柏林墙"的由来

第二次世界大战后,由于意识形态不同,德国分裂成两个国家,首都柏林中心树立起一道高墙,把柏林隔成东西两部分。

为了拔掉西柏林这根肉中刺,并迫使美国及其西方盟国承认民主德国,1961年6月,赫鲁晓夫在同肯尼迪的会谈中重提 1958 年提出过的要求,要求美国、英国和法国从西柏林撤军,使柏林成为一个"非军事化的自由城市"。否则,苏联将单独同民主德国媾和,到时西方国家如想进入西柏林就必须得到民主德国的同意。赫鲁晓夫的这些要求遭到肯尼迪的断然拒绝。

一时间,美国与苏联剑拔弩张,相互增调兵力,加紧对抗,持续 3 年之久的柏林危机开始进入新的高潮。

1961 年 8 月 13 日零时,在赫鲁晓夫的点头下,东德领导人向当时的交通部长发出了第一道命令:封锁东、西柏林之间的边界,连接东、西柏林的地铁和高架火车全部停止运行。接着部队开始行动,由坦克和汽车组成的车队,携带大批铁丝网、水泥桩和石块等物资,驶向东、西柏林边界,在靠近西柏林的东柏林境内构筑起一道总长达155公里的铁丝网墙。8月15日午后,东西柏林分界线处又开来了一台台吊车,一块块水泥板被竖起,一道道接缝被快速地用水泥抹严,3天前刚拉起的铁丝网墙又被一堵高3.6米的混凝土墙所取代。

从此,一条隔断东西柏林人亲情的长墙便蜿蜒在柏林市中心,这就是著名的"柏林墙"。

苏联与东德的突然行动,使西方措手不及,愤怒至极。美国向苏联发出了大量言辞激烈的讲话和照会,进行威胁和恐吓,并且不断增加驻柏林和欧洲的军队,频频进行军事演习。战争大有一触即发之势。

但这只是虚张声势的恐吓而已。

1961年10月,美军派出坦克、装甲车和军车向柏林墙进发,扬言要推倒柏林墙。结果苏军的坦克和装甲车早已在柏林墙附近埋伏等候。美军一到,就发现自己已经在苏军坦克的射程之内。双方坦克上的大炮相互瞄向对方,气氛十分紧张,但都没有先开火。

双方僵持了一夜之后,赫鲁晓夫下令撤退,于是苏军坦克撇下美军离开,美国不久也撤走了其坦克部队。柏林的紧张局势缓和下来。

但是"柏林墙"却从此保留了下来。

柏林危机是美苏双方进行军事对抗的结果,但危机的缓和又是军事对抗后相互妥协的结果。危机过后,美、苏于9月21日重新开始谈判。苏方首先做出让步,收回其解决柏林问题的"最后期限"说法,同时表示保证西方自由出入柏林。此后,柏林问题被搁置起来。

作为东西方冷战和德国分裂的标志,"柏林墙"从树立伊始到1989年11月9日的开放直至最后被拆除,共存在了30年。在这段时间,有近千名企图越墙逃到西德的东德人被击毙在高墙之下。柏林墙,是东西方两大阵营对抗的最形象的体现。

美、苏在古巴的较量

1962年8月29日,一架美国U—2型飞机在古巴上空进行例行的侦察时,突然发现了极为严重的情况:苏联在古巴建立导弹发射场。

消息很快传到美国政府,高层十分震惊。总统肯尼迪发表声明说,决不允许古巴引入针对美国的进攻性武器。由此,美、苏两国围绕古巴导弹基地发生了一场尖锐对立,差点导致一场核战争的爆发。

长期以来,古巴是美国侵略和掠夺拉美各国的重要基地。1959年1月,古巴人民在卡斯特罗的领导下,推翻了由美国一手扶植的巴蒂斯塔政权,在古巴建立了社会主义政权。美国不甘心在古巴失败,于是积极支持反对派武装搞破坏活动。

1961年4月17日,1000多名雇佣军在美国的直接指挥下,登上古巴吉隆滩,企图来个里应外合,一举推翻古巴革命政权。没想到卡斯特罗早有防备,一举将这股武装消灭。

1962年,美国再次策划武装干涉古巴。苏联领导人赫鲁晓夫以保卫古巴为名,开始向古巴运送导弹,企图在同美国的核对抗中取得优势。因为古巴在美国的东南方海域,距离美国的佛罗里达半岛只有几百公里,在这里部署针对美国的导弹,将直接威胁美国的本土。赫鲁晓夫为自己的这招妙棋暗中得意。

美国经过多次侦察,证实古巴正在修建导弹基地后,肯尼迪立即组成国家安全执行委员会,研究对策。经过一周的讨论,最后肯尼迪决定对古巴实行封锁。1962年10月22日晚,肯尼迪发表电视演说,提出了7项初步措施,并声色俱厉地叫道:"我们决不会选择投降或屈服的道路。"根据肯尼迪的命令,美国海军部派遣40艘军舰和2万名海军士兵支持封锁古巴的行动,美国在世界各地的军队也进入戒备状态。据后来解密的有关文件表明,美国已经做出了必要时使用核武器的计划。

鉴于苏联加快了向古巴运送中程导弹和伊尔28式轰炸机的速度,美国在古巴领海周围设置了警戒线,由90艘舰艇组成的美国舰队,在68个空军中队和8艘航空母舰的护卫下,驶入阵地,拦截和搜索正在隔离区的船只。在佛罗里达州和邻近各州,美国还集结了第二次世界大战后最庞大的登陆部队,准备参战。

赫鲁晓夫完全没有料到肯尼迪会有这么强硬的一手,在这种情况,赫鲁晓夫无可奈何地退却了。10月26日,赫鲁晓夫写信给肯尼迪,表示愿意从古巴撤走导弹,条件是美国今后不得入侵古巴;10月27日,又写信表示美国也应从土耳其撤走进攻性武器。对此,美方表示:苏联必须无条件撤走在古巴的导弹,不能将从土耳其撤走导弹作为对等条件。不过美国也私下表示只要苏联保全美国面子,从古巴撤出导弹,那么"两国可以恢复和平关系",并"在核武器控制方面取得进展"。

赫鲁晓夫见肯尼迪态度强硬,只好在10月28日回信中一笔勾销了以撤出土耳其的导弹为对等条件,表示将下令撤除苏联在古巴的导弹,要求美国就解除对古巴的封锁迅速达成协议,双方要"谨慎、克制,不要把事件搞到致命的地步"。肯尼迪随即发表声明,欢迎赫鲁晓夫的"具有政治家风度的决定"。美国除要求苏联撤走导弹和导弹发射架外,还要求撤走伊尔28式轰炸机。

11月8日至11日,苏联从古巴运走了42枚导弹;11月21日,赫鲁晓夫同意在30天内撤走飞机。美国也宣告终止对古巴的海上"隔离"。至此,一触即发的古巴导弹危机基本平息。在这场较量中,肯尼迪顶住了巨大的压力,占了上风。

肯尼迪遇刺之谜

1963年11月22日,一条来自美国达拉斯市的爆炸性新闻飞快传遍了世界各地:46岁的美国总统约翰·肯尼迪于11月22日在达拉斯市遇刺身亡。全世界都被这个突发时事件惊呆了,许多人沉浸在深切的哀痛之中。就连苏联领导人赫鲁晓夫——这个肯尼迪的"冷战"对手,听到这一消息后也为之默然神伤。古巴总统卡斯特罗也一样,他说:"尽管美国对我们实行经济封锁,使我们得不到任何经济援助,但是我们对美国总统不幸死亡要表示哀悼。"

约翰·菲茨杰拉德·肯尼迪就是这样一个让敌对国家首脑都尊敬的人,他的一生确实是令世人敬佩的。1960年11月8日,肯尼迪当选美国第35任总统之时,他才42岁。这样年轻的美国总统,能够担负起一个世界超级大国的各种事务吗?

肯尼迪是一个颇有胆略和智慧的实干家,在其任期内,陷入困境的美国开始复苏;他动用军队保护黑人权益;在柏林危机期间,向西柏林增兵;在核战争一触即发的古巴导弹危急关头毫不退缩,迫使苏联赫鲁晓夫让步;同时又发起签署《部分禁止核试验条约》;极富想象力的人类登月计划也是他提出来的。

1963年11月22日,肯尼迪偕夫人杰奎琳·肯尼迪乘"空军一号"总统专机抵达得克萨斯州的第二大城市达拉斯作竞选旅行,从而争取蝉联下一届总统。

得克萨斯州州长约翰·康纳利热情欢迎。在接待宴会上,肯尼迪问康纳利:"州长先生,这里黑人的情况怎样?他们是不是还感到受人歧视?"州长一笑,说:"我看黑人群众的情绪比以往稳定,一是普通黑人的工作与生活有了保障,二是黑人民权运动领导者也体会到总统对他们的重视。"

肯尼迪听着,点点头说:"没有白人自然没有美国,同样,没有黑人也没有美国。所有的美国公民,都是美国的主人。我当选总统,选票既有白人的,也有黑人的,当然也还有其他人种的。选票既然不分肤色,为什么政治、经济以及文化等方面的待遇要分肤色呢?我是信仰天主教的,上帝让我们爱一切应当爱的人。这样,才会有最广泛的人权,美国甚至整个世界也才有希望!"

州长夫人听了总统这一番议论,笑着举杯走过来,说:"总统真是出口成章,难怪您一发表讲话,人们都打开电视来收看。我现在代表我的女友们向总统敬一杯红葡萄酒。"

肯尼迪连忙笑容可掬地站了起来,说:"啊啊,我还以为达拉斯不欢迎我的长篇讲话呢。谢谢您,州长夫人。"于是接过酒杯一饮而尽,在座的副总统、参议员与其他男女宾客都点头、鼓掌。酒席洋溢着和谐与欢乐。

可就在此时,一个名叫李·哈维·奥斯瓦尔德的人正准备对总统行刺。他手提一只黑箱,在达拉斯城的政府门外向左走。忽然,一个人乘车靠到他身边,凑到他耳边说了一句什么,那车便开走了。他一点头,搭车来到一处三岔路口。下车后,直奔路右一座高楼,见楼中空无一人,他独自登到第6层,见那儿一扇门上有个小白点,他便用戴着橡皮手套的手将那白点擦去,进入室内。原来这是一套房间,窗玻璃是暗蓝色的,有一扇窗户半开着,往下望去就是岔道口。于是,他插上门闩,把箱中的长枪拿出来,安好瞄准器,压上了5发笔式子弹。这种子弹的弹壳大约比一般子弹长两倍,内装火药很多,弹头能穿透防弹玻璃。他吸起雪茄来,只等那个时刻。

1963年11月22日的中午,艳阳高照。得克萨斯州州长约翰·康纳利夫妇陪同肯尼迪夫妇观览城市风光,副总统约翰逊夫妇、州议员亚伯勒也乘车一同观览。由于群众夹道欢迎,加上有人上来献花,有人让总统慢一点行进以便拍照,车队只能缓缓行驶。肯尼迪十分感动,多次让轿车停下来,与兴高采烈的市民们握手。

中午12时30分,车行至三岔道口。由于人潮涌动,总统等人乘坐的敞篷汽车停了下来。肯尼迪向群众招手致意,人们欢声雷动,闪光灯照个不停。正在大家兴高采烈时,忽听几声特别响的枪声,人们惊叫着奔逃起来,肯尼迪与同车的州长已应声而倒。总统的夫人杰奎琳·肯尼迪,见丈夫头部与颈部血如泉涌,便慌了手脚。副总统约翰逊与参议员亚伯勒连忙指挥卫队,去捉凶手,同时派人护送总统与州长到附近的帕克兰医院救治。

可是,肯尼迪由于伤势过重,于半小时后去世。

刺杀肯尼迪的凶手李·哈维·奥斯瓦尔德,见自己一枪击中了总统,便弃枪而逃。但因为当时拍摄电视纪录片的记者无意中拍下了那座空楼半开的窗口,那窗口有一小截伸出来的枪杆,所以确认刺客就在那座空楼之中。此时,达拉斯的地方警察也迅速到来,封锁了那座楼,并且把达拉斯的进出路口一律封住。美国国家警察总局也迅速派来增援人员,两架直升飞机在达拉斯上空盘旋观察。

凶手李·哈维·奥斯瓦尔德很快就被抓住了。警察局进行了突击审讯,审问时,他矢口否认他刺杀了肯尼迪,只是翻来覆去地说着一句话:"我是替罪羊。"

肯尼迪被刺的消息很快传遍美国,全国沉浸在哀伤之中。11月25日,天空阴晦,美国为总统举行国葬。用马牵引的炮车载着总统的灵柩,缓缓地走向圣马太教堂去举行安魂弥撒。一路上成千上万的美国人含泪默送,不少人为总统的英年早逝而痛哭。同时,有近一亿的美国人,在目不转睛地收看电视中播放的总统葬礼,许许多多的美国家庭全家潸然泪下。肯尼迪总统被安葬在首都华盛顿的阿灵顿公墓中。

为了确保凶手李·哈维·奥斯瓦尔德的安全,达拉斯警方计划将他从警察总部转移到一个更妥当的关押地点。但在被押送去达拉斯监狱的途中,凶犯突然被人击毙。击毙奥斯瓦尔德的人,名叫杰克·鲁比,他是达拉斯城夜总会的老板,这个老板当即被捕。当审问他是不是为了杀人灭口时,这个老板说:"我要为肯尼迪总统报仇,我恨他,人人都恨他,我的子弹就是对他终极的判决。"在以后的采访中,鲁比再也不肯回答任何问题了。1967年初,鲁比因患癌症死在狱中,于是所有无人知晓的秘密都随鲁比进入另一个世界。由于美国黑社会的压力,肯尼迪的父亲老肯尼迪在儿子死后曾经表示"不希望政府对暗杀深入调查",使人们疑惑不解。无论如何,肯尼迪被刺至今仍是一个谜。

肯尼迪总统虽然英年早逝,但是深得美国人民爱戴。"他取得了很大成就,为全球的和平树立了信心,废止了核外交,清除了大气层内的核试验,对美国的防务进行了必要的调整,在处理拉丁美洲和第三世界的事务中采取了新的政策,领导了对国民经济的政策革命,关切社会生活中的贫困现象,解放了黑人,大力推动艺术事业,为了维护理性、反对极端主义,他进行了坚决斗争。他重新建立起开国时期那种共和国……让人心为正在书写的历史而激动。"这是美国著名学者小阿瑟·施莱辛格对约翰·肯尼迪的评价。当然,人无完人,美国20世纪最大的错误——卷入越南战争,正是从肯尼迪开始的。

"布拉格之春"

二战后,捷克斯洛伐克成为社会主义国家,但是到20世纪60年代,捷克斯洛伐克的经济陷入停滞状态,社会矛盾开始暴露出来,由此社会上要求改革的呼声越来越高。

1968年1月5日,主张改革的亚历山大·杜布切克被捷克斯洛伐克共产党中央全会选举为中央第一书记。杜布切克当选后,在3月28日至4月5日主持召开了捷共中央全会,这次会议对捷共中央主席团和书记处进行了全面改组,而且通过了推行政治、经济全面改革的《行动纲领》,该纲领旨在"创立一个全新的、符合捷克斯洛伐克国情的、富有人情味的社会主义社会"。在这个春天,捷共改革派大力平反斯大林大清洗时代的冤假错案,释放被关押的无辜知识分子,放松新闻管制,鼓励学术讨论,废除干部终身制,等等。

这些举措得到捷克斯洛伐克人民群众的广泛支持。人们关心国家大事,举行各种集会,自由而热烈地讨论着国家政治生活和改革的各种问题,全国出现了一种生动活泼的政治局面。

这样的局面被人们称赞为"布拉格之春"。一时间,布拉格成为世界注目的中心。

布拉格的春风引起了苏联的极大关注和极度不安,生怕影响它在社会主义阵营中的领导地位。

杜布切克的政策引起了勃列日涅夫的极大不满和对杜布切克的愤恨。为此,勃列日涅夫一再给杜布切克打电话,要求他采取措施阻止改革的进行,但捷克斯洛伐克的改革继续进行。

7月,在苏联的要求下,捷、苏在两国边境进行双边高级会谈。捷共虽然被迫接受了苏联的一些"建议",但仍坚持改革政策。对于"小兄弟"的不听话,苏联决定好好教训它一下,以便杀一儆百。

8月20日深夜,一架飞临布拉格上空的苏联运输机突然向布拉格机场发出信号,说飞机发生故障,要求紧急降落。机场指挥部按照国际惯例允许了他们的降落要求。

岂料,机舱门一打开,就冲出了几十名全副武装的苏联空降兵,他们如狼似虎地冲向并占领了指挥塔。紧接着,载有轻型坦克、装甲车和反坦克炮的苏军飞机以一分钟一架次的速度在布拉格和布拉迪斯拉发机场降落。空降部队很快控制了布拉格市的各战略要地。与此同时,早已集结待命的苏、波、匈、保、民主德国5国部队共约50万人兵分三路,分别从北部、东部和南部侵入捷克斯洛伐克。结果不到24小时,捷克斯洛伐克全境就被外国军队占领了,杜布切克等人被逮捕关押。

苏军的侵略遭到捷克斯洛伐克人民的强烈抗议和坚决抵制。广大群众纷纷拥向街头,高呼"俄国佬滚出去"!一些人还包围并焚烧苏军坦克,有些热血青年干脆用自己的身体阻挡苏军坦克前进。苏军开枪射击,有几十人中弹身亡。

苏联在军事占领捷克斯洛伐克之后,上演了一场"刺刀下的谈判"的滑稽戏。他们把捷总统斯沃博达"请"到莫斯科,而且将杜布切克从监狱释放,强迫他们在苏联起草好的协议上签字。为了使外界相信捷克斯洛伐克是自愿签署这些协议的,苏联布置了一个隆重的签字仪式,仪式上全体苏共政治局成员起立,满面微笑地与杜布切克等人握手和拥抱,并且让记者们把这个场面摄入镜头。

协议签订后,杜布切克立即被解除职务,并被开除出党,随后捷共党内进行了大清洗,50万捷共党员被加以"反苏"的罪名遭到迫害,其中13万人流亡到国外。苏军坦克的无情履带就这样把"布拉格之春"碾碎了!

法国五月风暴

20世纪60年代中期,当时正是戴高乐执政时期,法国经济出现衰退,人民生活水平下降,失业人数增多,社会矛盾日益激化。法国青年学生面临着失业的压力,而且他们对法国的社会和教育制度也越来越不满。

1968年5月,一场学生运动终于爆发了,而当时社会各阶层对政府的不满情绪也被引发出来,他们纷纷声援学生,举行罢工、游行等活动,在法国掀起了一场巨大的社会风暴,史称"法国五月风暴"。

这次大规模社会动荡的导火线是5月2日警察封闭了因抗议教育设施与课程设置陈旧而举行罢课的农泰尔文学院。5月3日,巴黎大学学生举行集会支持农泰尔的同学,政府调集大批警察开进巴黎大学。

5月6日至8日,巴黎数万名学生和教员举行浩大的示威游行,抗议政府当局封闭学校、逮捕学生,并同大批防暴警察发生冲突,警察在与学生的冲突中逮捕了几百名学生。

5月12日,工人走上街头,声援巴黎学生的正义斗争。当晚,3万名示威者同8000名警察展开了街垒战。学生放火点燃了街头售报亭,推翻并焚烧了多辆汽车,火光映红了贯穿巴黎的塞纳河两岸。警察向示威学生发射催泪弹、抛掷震荡手榴弹,学生则用石头、瓦片、自制的燃烧瓶进行回击。

5月13日,法国工人举行总罢工,以支持学生的行动,80万人上街进行示威游行,场面颇为壮观。到这时,法国18所大学的学生们占领了学校,800多万各行业的员工举行罢工,工业、交通、通讯全部陷于瘫痪,巴黎与外界联系几乎中断。全国的形势十分混乱。

5月18日,正在罗马尼亚进行国事访问的夏尔·戴高乐总统提前回国,连夜召开内阁会议研究对策。他在次日的内阁会议上要挟说:"改革可以,乱来不行!"法国政府出动了数万名警察和宪兵,甚至调动了坦克、伞兵,对群众实行高压政策。

一些著名的知识分子也支持学生的行动,哲学家和文学家萨特组织了支持受害学生委员会,6名诺贝尔奖获得者致函戴高乐,要求释放被捕学生。巴黎大多数市民对警察镇压学生,表示不满,但法国政府拒绝了学生的请求。

罢工的工人和学生推倒了汽车,伐倒了树木,设置路障,与军警进行了针锋相对的斗争。一时间,巴黎街头硝烟弥漫、火光冲天。法国政府眼看镇压不行,只好邀集资方和工会代表进行三方谈判。

5月24日,戴高乐发表广播演说,呼吁全国"恢复秩序",许诺起草改革计划。27日,三方会谈达成协议:提高私营企业工人工资10%,但要求工人复工;教育部长辞职,政府改组;制定大学和社会改革法案,实施教育改革。5月30日,戴高乐宣布解散议会,重新举行全国选举。

至此,五月风暴逐渐平息。

五月风暴是一场对法国乃至整个世界影响深远的社会运动,规模之大,来势之猛,发展之快,斗争之激烈与持久,是法国几十年来所没有的。这场风暴对20世纪60年代西方社会思潮的急剧变化产生了重要影响。

尼克松访华

1972年2月21日,美国总统乘坐的"空军一号"飞机在北京机场的跑道上平稳降落,舱门打开了,只见美国总统尼克松挥手走了出来,快步走下舷梯,把手伸向等候在一旁的中国总理周恩来,他们的手紧紧握在了一起。这一具有历史性的一幕,展现在世界数亿电视观众的眼前。中美关系史上的一个时代结束了,另一个崭新的时代接踵而至。

中华人民共和国成立后,以美国为首的西方各国拒绝承认新中国,积极扶植逃亡台湾的蒋介石政府,千方百计地阻挠中国取得联合国的合法席位,发动侵朝战争。长期以来,中美两国处于敌对状态,相互隔绝。

但是,随着世界政治力量对比发生的变化,到60年代末,美国开始调整起对华政策,中国决策人毛泽东从国家安全需要出发,适时调整战略决策,决定和美国和解。1969年1月,主张美国和"共产党中国"建立联系的理查德·尼克松就任美国第37任总统。

不久,尼克松就把一份备忘录交给国家安全事务助理基辛格,主张大力鼓励政府探索与中国改善关系的途径。他在当年与巴基斯坦总统叶海亚和罗马尼亚总统齐奥塞斯库会谈中,笼统地谈到了改善美中关系的打算。

1970年2月,尼克松向国会提出了第一个外交报告。关于中国的部分开头语是:"中国人民是伟大的、富有生命力的人民,他们不应该继续孤立于国际大家庭之外。"3月,美国宣布放松到中国旅行的官方限制;4月,又宣布放宽对中国的贸易管制。

在中国,1970年10月1日,美国作家埃德加·斯诺登上天安门城楼,参加中华人民共和国国庆典礼。毛泽东主席与斯诺在天安门城楼上的合影被刊在人民日报的显要位置,这是中国向美国发出的一个清晰又强烈的信号。

10月初,尼克松在接受美《时代》周刊记者采访时说:"如果说我今生有什么事想做的话,那就是到中国去。如果我去不了,我要我的孩子们去。"不久,叶海亚和齐奥塞斯库访问美国,尼克松请他们为美中关系正常化提供中间帮助,从而建立了"叶海亚渠道"和"罗马尼亚渠道"。在欢迎齐奥塞斯库的宴会上,尼克松第一次有意识地称中国为中华人民共和国。

一个月后,尼克松口授了一个备忘录给基辛格,要求他主持研究美国"在联合国接纳赤色中国的问题上将采取什么方针",并特别提醒"不要告诉任何可能会泄密的人"。

12月9日,周恩来请叶海亚传话:"欢迎尼克松的代表到北京讨论台湾问题。"拜托完毕,周恩来还风趣地说:"过去我们通过不同的来源收到美国方面的口信,这次是第一次从一个首脑通过一个首脑给另一个首脑提出建议。"尼克松通过巴基斯坦驻美大使希拉利答复:会谈不必限于讨论台湾问题,提议双方代表在巴基斯坦会晤,商议北京高级会谈一事。

12月18日,毛泽东会见了美国作家埃德加·斯诺。毛泽东谈到,中国外交

世界通史

部正在考虑允许左、中、右各派政治色彩的美国人访问中国。斯诺问,是否允许尼克松这样一个代表垄断资本家的右派访问?毛泽东回答道,尼克松来访将受到欢迎,因为他是总统,中美之间的问题毕竟还得同他解决。不论他是作为旅游者还是作为总统来访都行。毛泽东的话很快传到尼克松耳中。

1971年初,"罗马尼亚渠道"传来周恩来的口信:"美国总统的信息不是新的。我们之间只有一个悬而未决的问题,这就是美国对台湾的占领。中华人民共和国真诚地试图谈判这个问题已经15年了。如果美国有解决这个问题的愿望和解决问题的方案,中华人民共和国将准备在北京接待一位美国的特使。"这一口信语气温和,态度诚恳,使尼克松、基辛格深受鼓舞。

2月,尼克松向国会提交的第二个外交政策报告中,谈及美中关系正常化的可能性。3月,美国国务院取消了对于使用美国护照到中国大陆旅行的一切限制。

4月,在日本参加世界锦标赛的美国乒乓球队被邀请到中国访问、举行表演赛。这突如其来的"乒乓外交"消息,使尼克松又惊又喜,他很快宣布取消对美中贸易的禁令。

不久,"叶海亚渠道"捎来周恩来的又一个口信。口信坚持台湾问题是中美恢复关系之前必须解决的主要和先决问题,又表示中国对中美之间为达成和解的直接会谈感兴趣,愿意在北京公开接待美国总统的一位特使(例如基辛格先生),或者美国国务卿,甚或美国总统本人,以进行直接会晤和商谈。

尼克松决定亲自赴北京晤谈,先行派人去交换意见。为了免遭保守的反对派破坏,公开访问一事达成协议之前,严格保密,他决定让基辛格完成北京之行。尼克松与基辛格对秘密之行作了精心筹划,代号为"波罗"的这次中国之行被安排在7月份。

7月初,基辛格一行飞往越南磋商之后,到巴基斯坦停留。在巴基斯坦的招待宴会上,叶海亚开始执行预定计划。他宣布:基辛格出现了肚痛症状,由于伊斯兰堡天气太热,会影响康复,所以邀请他去那蒂亚加利的总统别墅休养。这样,有叶海亚的话作掩护,基辛格得以抽身前往他此行的真正目的地。在北京,基辛格与周恩来进行了17个小时的会谈,商定了尼克松访华的时间。

7月13日,基辛格回到美国向尼克松递交了一份长篇书面报告。

7月15日,中美两国根据秘密达成的协议,同时发表公报,宣布了尼克松即将应邀访华的消息。美国政界和舆论界绝大多数的态度是积极的,同时也遭到保守派的一些指责。

10月20日到26日,基辛格执行了第二次北京之行,这次是对外公开的,此行的目的是为两国领导人会谈的议程作准备。基辛格在北京期间,联合国大会于10月25日通过决议,开除台湾当局,接纳中华人民共和国为会员国。

1972年2月21日,尼克松访问中国,在北京会晤了毛泽东主席。经过中美双方的讨论、磋商,27日在上海签署了联合公报。由于中国在台湾问题上坚持原则,美国方面不得不做出让步。《上海公报》写道:"美国认识到,台湾海峡两边的所有中国人都认为只有一个中国,台湾是中国的一部分。美国政府对这一立场不提出异议。"公报同时规定,双方都不应该谋求在亚洲太平洋地区的霸权地位,双方应一致反对任何其他国家或国家集团建立这种霸权。

尼克松在离开中国前的宴会上说道:"明天,我们的公报将是全世界的重大新闻……我们已经在北京逗留了一个星期,这是改变世界的一个星期。"

以尼克松访华为开端,经中美两国人民的共同努力,中美两国于1979年1月1日正式建立了外交关系。从此以后,美国总统尼克松一直为爱好和平的中国人所欢迎。

1972年5月,尼克松飞抵莫斯科,同苏联领导人达成了关于限定双方各自拥有两个反弹道导弹发射场的协议。

尼克松在国际政治中的一系列卓有成效的举措为他赢得了良好的世界声誉。

尼克松与水门事件

1972年,时任总统的美国共和党候选人尼克松在大选取得决定性的胜利,连任总统,在50个州中有49个州对他表示支持。正当尼克松踌躇满志的时候,"水门事件"的丑闻暴露了。于是,尼克松这位在国际政坛大显身手而有望想名垂史册的美国总统成了美国历史上第一个被迫辞职的总统。

那么,导致尼克松下台的"水门事件"到底是怎么回事呢?这件事得从总统大选前说起。

在尼克松第一次任总统期间,他接受了企业巨头霍华德·休斯赠送的一笔10万美元的赞助金。当然,这是一笔秘密政治交易,一旦被外界知道的话,尼克松就会陷入非常被动的境地,甚至可能因此丢掉总统宝座。

新一轮总统大选临近了,接受政治献金的事情就成为尼克松的一个心病,他为此忐忑不安。因为此事一旦被对手知道,就会给他们一个非常致命的把柄,轻则影响他连任竞选的顺利程度,重则会使他连任竞选失败。

因此,必须要弄清楚民主党是否已经知道了这件事,于是发生了下面一件事情。

1972年6月17日,以尼克松竞选班子的首席安全顾问詹姆斯·麦科德为首的5个人,潜入位于华盛顿波托马河畔的水门大厦中的民主党竞选总部、全国委员会办公室,安装电子窃听器,结果被警察当场抓获。这就是"水门事件"。

事发后,尼克松的总统竞选连任委员会采取紧急行动。他们一方面咬定水门事件与争取连任委员会没有任何关系；一面把有关"水门事件"的所有档案全部销毁，并进行幕后活动，把被捕的几个人从狱中保释出来。

为了不让他们供出与尼克松竞选班子以及白宫之间的关系，争取连任竞选委员会为被告提供了巨额资助和诉讼费用，甚至还私下许诺他们将会得到行政赦免。尼克松也利用是现任总统的有利条件对此事进行百般掩盖。他一方面以国家安全为由阻止联邦调查局对水门案件进行调查，一方面又召开记者招待会，向世人标榜清白。他说："我已命令对此事展开全面调查。我可以保证的是：白宫中没有人卷入这一荒唐事件。"

尼克松的精彩表演迷惑了美国公众，使他安全度过了一场信誉危机，并以压倒多数的优势再次当选为美国总统。

正当尼克松及助手们为胜利举杯庆贺时，"水门事件"的调查却因一个突发事件而获得巨大进展：一名"水门事件"犯罪嫌疑人的妻子乘坐的飞机失事，人们在她的身上发现大量来历不明的钱财。

同时，麦科德竟不为金钱所动，连续写了7封匿名信揭发这起政治阴谋。联邦调查局以此为突破口，重新对"水门事件"展开调查。

随着调查的深入，眼看纸包不住火的尼克松为了保全自己，只好宣布白宫中涉嫌参与策划"水门事件"的几名重要官员辞职。尼克松出卖朋友的做法引起这些人的不满，不久，他们就先后承认了自己与"水门事件"有关。

但最要命的是，包括尼克松与白宫有关官员策划掩盖活动内容的一卷录音带落到了检察官的手中。

尽管尼克松竭力向新闻界表白"我不是一个无赖"，但他的败局却已是无法挽回了。1973年10月23日，众议院决定由该院司法委员会负责搜集、调查尼克松的罪证，准备对他进行弹劾。1974年7月底，该委员会通过了弹劾尼克松的三条款项。

在这样的局势之下，尼克松知道自己难以逃脱参议院的弹劾。为了避免落得身败名裂，他不得不于8月8日宣布辞去总统职务，从而成为美国历史上第一个被迫辞职的总统。

为了逃避法律制裁，尼克松在决定辞职之前同他的接替者副总统福特暗中进行了秘密交易：福特一接任，立即宣布对尼克松实行全面赦免。但是，其他卷入"水门事件"的政府主要官员则难逃法网，个个锒铛入狱。"水门事件"虽然这样了结了，但它却在美国人的心中留下了阴影，使他们对所谓的美国民主制度感到失望。

瓦文萨与"团结工会"

20世纪的波兰人谁也不会料到,在东欧共产党阵营中建立第一个非共产党政权的人,会是一个电工出身的波兰人。正是这个人,在经历了多年失业和监狱生涯之后,在大选中获胜,成为波兰总统。他就是波兰第一个非官方的工会组织——团结工会的开创者莱赫·瓦文萨。

瓦文萨1943年9月29日出生于纳粹德国占领下的波兰西南部弗沃茨瓦韦克的农村。他貌不惊人,身高只有1.60米,但他能言善辩,诙谐幽默,思想活跃,性格坚强,热衷于政治活动,在群众中很有人缘。

他的学生时代平平常常,学习上也没有什么可以称道的表现,惟有对历史特别感兴趣。几百年来波兰人民反抗异族统治的历史深深打动了他,从而形成了他日后强烈反抗压迫的性格。瓦文萨在青年时代只上过两年技术工人学校,后来当了两年兵。退伍后,被分配到列宁造船厂去当一名电气装配工,那是在波兰的沿海城市格但斯克。

1970年,波兰各地爆发抗议提高物价的大规模示威游行和罢工。在这次大罢工中,瓦文萨首次展示了自己的组织才能,担任了罢工委员会的主席,参加与波兰领导人的谈判,在政治上初露头角。

10年之后的1980年7月初,波兰再次由于政府宣布提高部分肉类价格引发全国性罢工浪潮。仅两个月时间,就有4000多家企业、60多万工人投入罢工,规模之大、持续时间之长前所未有。就是在这场大风暴中,瓦文萨一举成为全波兰的工人领袖。在此之前,瓦文萨由于热衷于工潮,多次被工厂开除,多次被捕。有时他只有躲在箱子里,甚至化装成女人来逃避警方的追捕。

失业期间,瓦文萨全家6口人只好挤在一间20多平方米的房间里,靠打零工和朋友们接济度日。当1980年罢工风潮开始后,瓦文萨回到了阔别多年的格但斯克列宁造船厂,立即被工人们推举为工厂罢工委员会领导人。在与政府的谈判中,他提出的第一个条件就是组织一个自由工会。在国内外各种势力的强大压力下,波兰政府被迫做出让步。这年9月团结工会宣告成立,瓦文萨当选为主席——仅仅几个月中,波兰全国1300万职工中,就有1000万人加入了团结工会。

随着团结工会势力越来越大,它的政治色彩也越来越浓:它先后向东欧其他国家发出倡议,仿效波兰建立自治工会;团结工会还提出了建立"自治共和国"的口号。面对国内形势的急剧变化,波兰政府宣布在全国实施战时状态,取缔团结工会,拘捕了包括瓦文萨在内的团结工会领导人,团结工会由此转入地下。但此时,瓦文萨已成为一个世界瞩目的风云人物,他的动向引起了世界的关注。波兰是一个信奉天主教的国家,瓦文萨始终保持一个天主教徒的身份,宣称自己"不做违背信仰和反对教会的事情"。

1981年1月在梵蒂冈朝拜教皇时,他表示永远跟着教皇走。由于他对教皇的忠诚,波兰教会授予他名誉修道士的称号。在动荡的局势中,教会更以鲜明的态度和行动积极支持瓦文萨和团结工会——这一点,是瓦文萨日后成功的一个重要因素。瓦文萨的团结工会运动也得到了西方世界的声援和支持,他曾因组织团结工会先后获得了"自由世界奖"和诺贝尔和平奖,美国和西方其他国家还通过各种渠道为团结工会提供了数以百万美元计的活动经费,使罢工工人能从团结工会那里领到工资。

国际形势在20世纪80年代末期发生了巨大变化,作为波兰政府强大后盾的苏联也在政治上发生重大变革。迫于形势的压力,波兰政府于1989年4月承认了团结工会的合法地位。团结工会在6月举行的议会选举中取得胜利,东欧第一个非共产党领导的政府组成了。

1990年12月22日,瓦文萨在大选中获胜,如愿以偿地当上了波兰共和国总统。在总统就职仪式上,他宣誓要在波兰"努力建立一个民主和富裕的国家",并采取了措施使波兰经济迅速向市场经济体制转变。但是,就在瓦文萨担任总统期间,他的政治基础——团结工会却分崩离析,失去了政治意义。

实际上,当瓦文萨当选为波兰总统、登上他事业的最高峰之后,他作为一个政治运动的领导人的历史使命就已经完成了。

"结束过去,开辟未来"

1989年5月15日至18日,苏联最高苏维埃主席团主席、苏共中央总书记戈尔巴乔夫应中华人民共和国主席的邀请,对中国进行正式访问。两国领导人向世界宣布,中苏两国关系实现正常化,中国共产党和苏联共产党的关系也随之正常化。

至于这次会晤的主题,中国领导人邓小平提出了思想深邃、语言明晰的八个字:"结束过去,开辟未来。"

40多年来,中苏两国关系,见证了几代人的努力,经受了血与火的考验,充满了坎坷曲折和戏剧性的变化。这次高级会晤,是双方经过长期的隔阂、论战和军事对峙之后举行的,标志着中苏关系开始了一个新的起点。

中苏两国关系自20世纪50年代末逐步恶化,并发展到在边境地区发生武装冲突的地步。此后,两国关系长期处于僵冷、对峙的局面。1982年3月24日,乌云密布的中苏关系上空终于闪过了一缕阳光。

那天,苏联领导人勃列日涅夫来到苏联的中亚地区,在乌兹别克共和国首府塔什干发表了长篇讲话,其中,虽然充满了对中国的攻击,但明确承认中国是社会主义国家,强调了中国对台湾的主权,并表示愿意改善对华关系,建议双方磋商,采取一些两国都可以接受的措施,以改善中苏关系。

这个讲话,无疑是向中国伸出了橄榄枝。勃列日涅夫这样做,是由于当时美国里根政府对苏的态度日趋强硬,苏联需要寻找支持而做出的。中国领导人邓小平马上注意到这个讲话所传递的信息。

两天后,中国作出了谨慎的反应,提出改善两国关系必须采取排除三大障碍的实际行动:减少和撤退苏联在中苏、中蒙边境的驻军;苏联从阿富汗撤军;停止支持越南侵略柬埔寨。邓小平说,我们不仅要听其言,还要观其行。

1985年3月11日,戈尔巴乔夫当选苏共中央总书记。他在中央全会上再次表达了希望改善两国关系的愿望。次年7月28日,戈尔巴乔夫在苏联远东城市符拉迪沃斯托克(即海参崴)发表谈话,就消除中国提出的三大障碍问题首次从正面作出了积极回应。从1987年起,戈尔巴乔夫在消除三大障碍方面悄悄地采取了一些具体行动,中苏关系的坚冰终于裂开了一道缝隙。

1988年12月1日,在相隔21年后,中国外长第一次正式访问了莫斯科;两个月后苏联外长对中国进行了回访。在互访中,双方就中苏举行最高级会晤进行了认真讨论,确定戈尔巴乔夫将以苏联最高苏维埃主席团主席和苏共中央总书记的名义对中国进行正式访问。

邓小平在与戈尔巴乔夫会晤时,回顾了中苏两国、两党关系过去所走过的一段曲折的历程。他说,谈历史问题是为了在更加坚实的基础上向前进。中国不会侵略别国,对任何国家都不构成威胁。中国比较贫穷,但坚持独立自主。

戈尔巴乔夫说,对一段时期以前双方关系恶化的历史,苏方认为,自己方面也有过错。至于一些历史问题,情况很复杂,尽管中方的看法不是没有根据,但苏方还有一些不同的看法。两位领导人都表示,过去的事过去了,重点在于应该向前看,在发展两国关系上多做实事。

在谈到社会主义问题时,戈尔巴乔夫说,过去我们认为社会主义只有一种模式,现实证明,并不是这么回事。邓小平对此表示赞成,他说,真正的马克思主义者必须根据现在的认识,继承、发展马列主义,不存在一种固定的社会主义模式,不可能存在这样一种固定的模式。一切墨守成规的做法,只能导致失败,各国只能根据自己的具体条件来建设社会主义。戈尔巴乔夫说,我们正以极大的兴趣注视着在中国发生的事情,并且从中学到了有益的东西。

中苏两国关系实现正常化以后,双方根据高级会晤商定的发展两国关系的原则和各项协议,扩大了各个领域的交往,使两国政治、经济、贸易、科技等方面的合作都得到了进一步的发展。两国高层领导人分别进行了互访,中苏边境地区双方军事对峙的紧张气氛逐步缓解。中苏外交军事专家小组在莫斯科举行首次谈判,就在中苏边境地区相互裁减军事力量和在军事领域加强信任的指导原则问题进行了讨论,并取得进展。1989年,苏联在中苏边境地区裁减了兵员10

多万人。双方的贸易额达 36 亿美元。

苏联解体后,中俄两国领导人继续保持着密切的往来。双方在两国边界问题上取得了重大进展,对冷战结束后建立多极化的国际新格局也持有相同的看法,两国还确立了面向 21 世纪的战略伙伴关系。

中苏关系的正常化,符合中苏两国人民和世界人民的愿望,有利于亚太地区的稳定与发展,有利于世界的和平与安全。

两德统一

用"分久必合"来形容 1990 年的两德统一是再恰当不过了。尽管正式统一的时间是 1990 年 10 月 3 日,但从民主德国在 1989 年 11 月开放柏林墙的时候起,德国统一已成定局。德国的统一标志着战后欧洲东西方对峙的冷战格局的解体。

第二次世界大战后,世界反法西斯力量分裂成以苏联和美国为首的两个敌对阵营,战败后的德国被占领者分成两半,首都柏林中心树起一道高墙,一个民族就这样被人为地割裂开了。45 年来,德国人渴望着能够实现民族的统一,拆除压在德国心头的柏林墙。

但是这个愿望在苏美冷战的铁幕之下,无望如愿,直到进入 80 年代末,世界局势开始缓和,德国人才看到了希望。东德经济在东欧的社会主义国家阵营里是最好的,尽管如此,它的人均国民生产产值也才仅有西德的一半,巨大的生活差异使东德人不顾一切地逃向西德。

1989 年 9 月,匈牙利开放西部边界,两天之中就有近万名东德人利用去匈牙利度假之机,取道奥地利去西德。10 月初,又有 1 万多名东德公民涌进西德驻捷使馆,东德政府被迫同意这些人前往西德。

就在公民外逃一浪高过一浪的时候,于 10 月 6 日前来参加民主德国建国四十周年庆祝活动的苏共中央总书记戈尔巴乔夫用教训的口吻宣称:"真正的危险在于对生活没有反应,那些摸到生活和社会脉搏的人便不必害怕。"这番话极大地鼓舞了对政府不满的人。

就在他到达的次日,莱比锡爆发了有 7 万余人参加的游行示威,他们一面高喊"戈尔比!戈尔比!救救我们!"的口号,一面攻击昂纳克和其他民主德国领导人。鉴于局势越来越紧张,10 月 18 日,德国统一社会党召开十一届九中全会。全会认为昂纳克应对国内的危机负责,主张同反对派组织对话。

77 岁的昂纳克因"健康原因"辞去了民主德国党和国家的最高领导职务。昂纳克担任德国统一社会党总书记长达 18 年,他的下台标志着民主德国 40 年的历史出现了转折。

52 岁的政治局委员克伦茨接替了昂纳克的全部职务。他上台之初,表示民主德国要继续走社会主义道路,反对政治多元化和市场经济。11月1日,克伦茨应戈尔巴乔夫之邀访问苏联,表示民主德国要从"新思维"中吸取改革成分。第二天,克伦茨行色匆匆,飞到了华沙,表示民主德国"要学习波兰改革经验"。

11月8日,克伦茨在十一届十中全会上再度当选为党的总书记。为了消除西方和国内反对派对他的不信任感,树立一种完全不同于昂纳克的改革者形象,他大刀阔斧地"改革"了。十中全会通过的《革新措施和行动纲领》宣布要制订新的选举法,实行自由选举,建立各党派共同参与的大联合政府,实行全面的新闻自由和广泛的旅行自由。

11月9日,民主德国政府决定,对私人出国旅行不再附加任何条件,宣布开放柏林墙和两德边界,有关"私人出国旅游和公民移居国外的规定立即生效"。于是,数以万计的东柏林人涌向西柏林,无数西柏林人涌到东边看热闹。民主德国的社会秩序大乱,生产活动陷于瘫痪。

屹立了28年之久的柏林墙就这样在一夜之间"坍塌"了。人流滚滚向西,联邦德国张开双臂欢迎。美、英、法在联邦德国的军事基地也用来接纳东边来客,甚至妓院也被临时挪作此用。民主德国政府和统治党威信扫地,几乎失去了控制能力。民主德国的局势发展得实在是太快了。

美国总统布什、英国首相撒切尔夫人、法国总统密特朗等西方政界要人,一方面毫不掩饰内心的喜悦,另一方面也坦率承认感到"震惊"和"意外",还多少有点困惑不安。就在柏林墙"倒坍"之际,西德总理科尔抓住时机,于11月28日提出德国统一的十点计划,要求民德建立一个"民主合法的政府",尽快实现统一。民德政府反对科尔提出的计划,认定统一问题尚未提上日程。不久,莫德罗政府改变态度,于1990年2月1日建议通过两德缔结睦邻条约、建立邦联、主权移交邦联、民主选举等四个阶段实现德国统一。

1990年3月18日,民德举行人民议院选举。基督教民主联盟、德国社会联盟和民主觉醒三党组成德国联盟,提出尽快实现统一的竞选纲领,从而赢得了相当多选民的好感。西德联盟党公开出面支持德国联盟。科尔6次亲赴民德参加竞选集会,明确表示只有德国联盟上台,西德才能大规模帮助民德。结果,德国联盟在选举中获胜,得48%选票,社会民主党得近22%选票,民主社会主义党得18%选票,自由民主联盟得5%选票。4月12日,基督教民主联盟议会党团主席洛塔尔·德梅齐埃被任命为总理。新政府由24名成员组成,其中基民盟11名,社民党7名,自由民主联盟3名。德梅齐埃政府加快与西德谈判统一问题。5月18日,两德财政部长签署了关于建立货币、经济和社会联盟的国家条约。8月31日,两德文签署了关于实现政治统一的第二个国家条约,规定民德按西德基本法加入联邦德国。1990年10月3日,民德正式加入西德,柏林勃兰登堡门上的民德国旗被换成西德国旗。民德不复存在,德国再度实现了统一。

12月2日,德国举行统一后的首次全德大选,以科尔总理和根舍外长为首的联盟党和自民党获胜。统一后的德国面积35.7万平方公里,人口7850万,成了除苏联外欧洲人口最多的国家。

从柏林墙开放,到民德加入联邦德国实现统一,仅仅一年时间。两德之所以迅速实现统一,其根本原因在于德意志人民在雅尔塔体制下经受了近半个世纪的民族分裂后,怀有强烈的统一国家的愿望。另一方面由于德国东西部经济差距增大,促使东德人民产生了通过统一改善经济和生活现状的强烈愿望。

德国能够统一还有一个主要原因,那就是美苏两个军事大国都被军事竞赛拖得疲惫不堪,尤其是苏联,经济落后,人民生活水平低下,戈尔巴乔夫上台后,面对这样一个百废待兴的局面,为了振兴国内经济,迫切希望摆脱军事对峙,为此不愿再插手德国事务。从1990年2月起,东西德统一的事情已被提到国际政治议程,苏联、美国、英国、法国以及东德、西德多次召开会议,对两德统一的事情进行磋商,有关各方都有自己的打算,在会议上讨价还价。会议在波恩、柏林、巴黎、莫斯科轮流举行,经过7个月的激烈交锋,西方同意给苏联50亿马克信贷的许诺,以换取苏军撤离德国,而西方国家则继续保持对德国的权力。

德国统一以后并不是万事大吉了,一条可怕的鸿沟依然存在,那就是:45年的政治、文化和经济的疏远,两德之间的差距,仍将在相当长的一个时期里割裂着这个国家。

超级大国苏联一朝解体

乌克兰的克里米亚半岛以其气候宜人、风景秀丽著称,几十年来,这里一直是苏联最高领导人的休假地。1991年8月4日,苏联总统戈尔巴乔夫来到这里,为了使自己这半个月的休假能够轻松一些,他把夫人、女儿、女婿都带来了。

但是,戈尔巴乔夫这次休假注定不会轻松,这个由15个加盟共和国组成的庞大国家正面临着解体的危险,为了防止危机进一步发展,他必须全力以赴以争取尽快签订新的联盟条约。

自从戈尔巴乔夫1985年任苏共中央总书记以来,苏联的民族矛盾日渐激化,分裂趋势日益明显。1989年8月,波罗的海地区的爱沙尼亚、拉脱维亚和立陶宛三个加盟共和国爆发百万人参加的示威,要求脱离苏联独立。1990年3月,立陶宛率先宣布独立,拉脱维亚和爱沙尼亚随后也宣布独立。3个月后,俄罗斯、白俄罗斯、乌克兰等加盟共和国纷纷发表主权宣言,宣称本国法律高于苏联宪法。苏联有一夕解体的趋势。

戈尔巴乔夫为阻止苏联解体,于1991年3月公布新联盟条约草案,并举行全民公决。结果,大多数参加投票的苏联人,赞成保留苏联。5月,戈尔巴乔夫和包括俄罗斯在内的 9 个共和国的领导人,就新联盟条约举行会谈,各方最终达成在 8 月 20 日正式签署新联盟条约的协议。新联盟条约规定,将国名"苏维埃社会主义共和国联盟"改为"苏维埃主权国家联盟",承认各加盟共和国的主权。新条约一旦签订,联盟中央的权力将大大削减,并且至少有 5 个加盟共和国不再属于苏联。

1991 年 8 月 18 日午餐后,戈尔巴乔夫在度假别墅内精心准备着签字仪式上的演讲稿,他已通知克里姆林宫,自己要在次日返回莫斯科。这时,卫士长进来报告,有一群人要面见总统。戈尔巴乔夫非常诧异,自己并没有邀请什么人来访,也没有任何人预约来访。他拿起总统专用的各种线路电话,均没有任何声音,他明白电话线全部被切断了,一种不祥的预感向他心头袭来。来人有总统办公室主任、国防部副部长、克格勃保卫局局长等,他们通知戈尔巴乔夫,奉"国家紧急状态委员会"之命,戈尔巴乔夫要么签署国家紧急状态命令,要么将总统权力移交给副总统。戈尔巴乔夫严词拒绝了这两项要求,克格勃便派一个团的兵力封锁别墅,戈尔巴乔夫被软禁。

8 月 19 日凌晨 6 时,苏联电台播发副总统亚纳耶夫的命令,宣布戈尔巴乔夫因健康原因已不能履行总统职务,由亚纳耶夫代行总统职权。半小时后,亚纳耶夫等发表《苏联领导的声明》,宣布成立由亚纳耶夫、总理帕夫洛夫、国防委员会第一副主席巴克拉诺夫、克格勃主席克留奇科夫、国防部长亚佐夫、内务部长普戈等 8 人组成的"国家紧急状态委员会",在国内部分地区实施为期 6 个月的紧急状态。7 点,紧急状态委员会发表《告苏联人民书》,指出戈尔巴乔夫的政治改革走进了死胡同,苏联人从受人尊敬的体面的公民,变成了被蔑视的二等公民。呼吁全体人民支持紧急状态委员会,以使国家摆脱危机。

正在莫斯科郊外休假的俄罗斯总统叶利钦,急忙赶回市中心。中午,叶利钦在俄罗斯议会大厦举行记者招待会,指责紧急状态委员会发动非法政变,号召俄罗斯公民进行回击,举行无限期罢工。数千莫斯科市民汇聚广场,反对国家紧急状态委员会。紧急状态委员会调集军队进驻莫斯科,包围俄罗斯议会大厦;示威者则设置路障,阻止军队的行动。

8 月 20 日,叶利钦继续进行抵抗活动,他宣布接管俄罗斯境内的武装力量,命令俄罗斯境内的苏联军队原地待命,离开驻地的部队立即返回原驻地。叶利钦还与美国总统和英国首相通话,寻求外部支持。5 万名叶利钦的支持者,聚集在俄罗斯议会大厦外,保卫大厦;而紧急状态委员会则毫无作为,一些军人开始倒戈,克格勃特种部队拒绝执行攻占俄罗斯议会大厦的命令,莫斯科周围的驻军也拒绝出动。

当天,哈萨克斯坦、摩尔多瓦、格鲁吉亚等加盟共和国的领导人发表声明,反对紧急状态委员会,形势越来越不利于紧急状态委员会。

世界通史

8月21日,紧急状态委员会再次调集军队,准备攻占俄罗斯议会大厦。部队与抗议人群发生冲突,几名叶利钦的支持者被打死。下午,部分军队倒戈,转向支持叶利钦。下午4点,苏联国防部宣布撤出莫斯科的军队。紧急状态委员会已无法控制局势,急忙派人前往克里米亚会见戈尔巴乔夫。叶利钦也派遣俄罗斯副总统率数十名特种兵,前往克里米亚。21日晚上9时许,戈尔巴乔夫发表声明,宣布他已完全控制了局势。

8月22日凌晨,戈尔巴乔夫乘专机回到莫斯科。与此同时,紧急状态委员会的成员被一一逮捕,其中内务部长普戈自杀身亡。"政变"在3天内就结束了,但苏联的厄运却加速来临。

8月23日,叶利钦签署命令,暂停苏联共产党和俄罗斯共产党在俄罗斯境内的活动,苏共中央大楼被查封。24日,戈尔巴乔夫宣布辞去苏共中央总书记职务,建议苏共中央自行解散。叶利钦宣布苏共和俄共的全部财产,收归俄罗斯国家所有。8月29日,苏联最高苏维埃决定,终止苏共在全国的活动。

此后几个月,加盟共和国相继宣布独立。这样,苏联就不存在了,戈尔巴乔夫的总统职位也就不存在了。

12月23日,在克里姆林宫的圆形拱顶之下,两个权力人物叶利钦与戈尔巴乔夫正在进行着秘密会谈,会谈进行了8个小时。叶利钦要求戈尔巴乔夫交出武装力量的指挥权、发射核弹头的"核按钮"和克里姆林宫,同时保证将给予戈尔巴乔夫优厚的待遇。

会谈两天后,戈尔巴乔夫在克里姆林宫签署他的最后一份总统令,他在这份命令里免去了自己武装力量最高统帅的职务。当天晚上7点,戈尔巴乔夫发表电视讲话,他在讲话中郑重地说:"鉴于独立国家联合体成立后所形成的局势,我终止自己作为苏联总统职务。"之后,戈尔巴乔夫向"独联体"武装力量临时总司令移交了一个黑色公文包,这个神秘黑包里装着发射苏联27000枚核弹头的密码,它将交由叶利钦掌管。

7点38分,克里姆林宫上空飘扬了69年的印有镰刀、锤子图案的苏联国旗落下了,一面红白蓝三色的俄罗斯旗在旗杆上徐徐升起,一个震撼世界的超级大国从此退出了历史舞台。

"冰冻三尺,非一日之寒。"苏联的解体是一朝的事情,可它的危机却早已存在了。在解体前,苏共党内斗争十分激烈,很多人主张实行多党制,发展私有制,把加盟共和国变成主权国家联盟。而苏联俄罗斯联邦总统叶利钦,则禁止共产党在俄罗斯联邦活动,实行"非党化"。在这种危险时刻,苏联副总统亚纳耶夫在8月19日实施紧急状态,以图维护联盟的存在,但这一事件的失败却加快了联盟的解体。

影响世界和平的隐忧

以色列建国引发的纷争

2000年来,流亡世界各地的犹太人一直有个愿望,就是重建《圣经》中所说的犹太人家园。不过,以色列国的建立却是20世纪世界格局变化和犹太人政治组织多年努力的结果。

第二次世界大战大大削弱了英国在中东地区的影响,战后,美国势力开始向中东地区扩张,开始酝酿在巴勒斯坦地区建立犹太人国家。

1947年11月29日,第二届联合国大会在美国的操纵下通过了巴勒斯坦分治决议。决议规定:英国对巴勒斯坦的委任统治必须在1948年8月1日之前结束,其后在巴勒斯坦地区分别建立阿拉伯国和犹太国。决议还规定耶路撒冷由联合国来管理。只要是对中东历史了解的人就可以看出,这个分治决议显然是一个分裂巴勒斯坦、偏袒犹太人的方案。当时,巴勒斯坦地区的阿拉伯人约有120多万,占总人口的2/3强,但分治决议中的阿拉伯国的领土只占巴勒斯坦总面积的43%。更令阿拉伯人难以容忍的是,阿拉伯国的领土破碎不整,互不相连,大部分是丘陵和贫瘠地区。犹太人仅有60万,不到总人口的1/3,然而以色列国领土却占巴勒斯坦总面积的57%,并大部分位居沿海地带,土地肥沃。

1948年5月14日,犹太人发表《以色列国独立宣言》,同时宣布以色列在特拉维夫建都,第一任总理为本·古里安。也就是在这一天,英国对巴勒斯坦的委任统治结束了。

以色列国的建立,对于从20世纪初起就坚持不懈地致力于犹太复国主义运动的本·古里安而言,是一次不朽的胜利。但对广大中东地区的阿拉伯国家来说,联合国的"解决方案"就如同打开了潘多拉魔盒,从此在中东地区引发了一场世界现代史上持续时间最长的民族纠纷与冲突。

分治决议一出笼即遭到巴勒斯坦阿拉伯人和阿拉伯国家的拒绝与反对,他们发誓要帮助巴勒斯坦人抵制联合国的"解决方案"。1948年5月15日,在以色列国宣告成立的第二天,埃及、伊拉克、黎巴嫩、叙利亚、约旦等国即向以色列宣战,阿以第一次战争爆发。

战争初期,以色列在阿拉伯联军的打击下节节败退。5月28日,耶路撒冷旧城犹太区的以色列军队被迫投降。此时,以色列已是四面楚歌,危在旦夕。本·古里安几次致电其驻纽约的外交代表,敦促联合国安排停火以便争取一个"喘息时间"。美国为遏制阿拉伯联军的进攻,在向以色列提供大量军事人员和物资的同时,又以财政援助为诱饵,唆使在中东有重要影响的英国出卖阿拉伯人的利益,并在联合国先后通过了两次停火的安排。

在停火期间,以色列从美国、法国获得了大量飞机、坦克和大口径大炮;一些欧美国家除了向以色列提供大量军事援助外,还积极鼓励本国犹太人向以色列迁移,甚至派遣各种"志愿兵"到以色列助战。以色列军队在短时间内迅速扩充到10万人,而阿拉伯军队只有3万人。在美国等西方国家的军事支持下,以色列军队在停火期满后立即向阿拉伯军队发起反攻。到年底,这场战争以阿拉伯国家战败而告终。

1949年,埃及、黎巴嫩、约旦、叙利亚分别同以色列签订停战协定。这就是阿拉伯和以色列建国以来,中东地区爆发的第一次战争,史称巴勒斯坦战争。

以色列通过这场战争抢占了巴勒斯坦地区4/5的领土,使它实际控制的面积达到2.07万平方公里,比"分治决议"分给它的面积多出6700平方公里。这次战争真正的受害者是几十万巴勒斯坦人,他们被逐出了家园,流离失所,纷纷挤进设立在加沙地带、约旦、叙利亚、黎巴嫩的难民营里安身。

此后的半个多世纪里,为了抗击以色列的军事占领、争取民族权利,巴勒斯坦人民进行了坚持不懈的斗争,到1982年前,以色列与阿拉伯国家之间发生了多次大规模的战争。直到今天,中东还是全球最不安定的区域。双方的和谈进行了多次,但收效不大,武装冲突时有发生。伊斯兰极端主义组织经常在犹太人定居点进行恐怖、爆炸活动,流血事件不断。中东和平的道路还十分艰难。

伊朗伊斯兰革命

1979年1月16日,伊朗首都德黑兰机场上,一架波音727飞机徐徐飞上了天空,机舱里坐的不是别人,正是伊朗国王穆罕默德·礼萨·巴列维。飞机载着国王向西飞去,如同以前的出国访问一样,他在窗口深情地望着自己的国家,但是,这一次他却是被自己的国家放逐了,从此开始流亡生涯。

伊朗是一个保守的什叶派穆斯林占95%的伊斯兰教国家。1925年,通过一场政变,巴列维的父亲礼萨建立巴列维王朝。礼萨当上国王后,开始在社会和政治生活中推行维新政策,他采取一系列改革措施,力图削弱宗教势力,终于导致了和宗教界的冲突。

1941年,穆罕默德·礼萨·巴列维继承王位。巴列维的学习是在瑞士完成的,深受西方思想的影响,他力图引进西方文明振兴伊朗,稳定自己的王位。

1943年,美国罗斯福总统在德黑兰答应支持巴列维,从此,巴列维奉行亲美政策。美国资本进入伊朗石油行业,美国还帮助巴列维建立了秘密警察组织"萨瓦克",西方的生活方式也随之进入伊朗社会和民众之中。这些做法,遭到宗教领袖们的强烈反对。

1963年1月,巴列维国王开始推行"白色革命",试图一举将伊朗建成现代化强国。"白色革命"的核心内容是进行土地改革,将地主和宗教寺院的部分土地,通过国家赎买的方式,分给无地、少地的农民。此外还包括:工人入股企业、分享企业的利润;给妇女以选举权,等等。

巴列维的改革触动了宗教的利益,引起神职人员的强烈不满。当议会通过"白色革命"方案时,霍梅尼在什叶派圣城库姆发表演说,抨击国王的改革方案。3月22日,国王的军队与神职人员发生冲突。6月4日,霍梅尼在库姆再次发表演说,攻击国王违背了伊斯兰教义。他一手拿着宪法,一手捧着《古兰经》说:"暴君亵渎了这两样东西,国王已经变成了犹太人。"

巴列维国王下令逮捕霍梅尼,将霍梅尼囚禁在德黑兰。全国许多城市爆发反对国王的示威,并发生骚乱。巴列维派军警进行镇压,大量示威者受伤。1964年4月,霍梅尼被释放出狱不久,又因发表攻击国王的演讲,再次遭到逮捕。1965年11月,国王将霍梅尼赶出国门,流放到土耳其。

霍梅尼出生于1902年,是伊斯兰教神学家,对伊斯兰教义、神学、哲学都有很深的研究。他向往按照伊斯兰教义建立的国家,主张把伊斯兰教义作为国家的最高法律,建立政教合一的伊斯兰神权国家。霍梅尼也很关心现实政治,对国王权力的扩张和宗教力量受到限制深为不满。1941年他出版了一本政治性著作,对国王的独裁统治和伊朗社会的种种弊端提出批评,并提出反对暴君是穆斯林的首要职责。在反对巴列维"白色革命"的斗争中,霍梅尼的声望越来越高。被驱逐出国后,霍梅尼在流亡地(土耳其、伊拉克、法国)继续从事反对巴列维的斗争。

巴列维国王的改革活动也没有停止,陆续推出建立农村扫盲工作队、以"民法"代替民事诉讼中的伊斯兰法典、推行西方教育制度、允许妇女享有高等教育的权利、改伊斯兰历法为皇历等一系列改革措施。他还引进国外先进技术,建立大批工厂,加快伊朗的工业化。

巴列维的改革促进了伊朗经济的发展,从1960年到1970年,伊朗的国民生

世界通史

产总值增长了4倍。1973年中东战争爆发后,世界石油价格上涨,富产石油的伊朗经济实力随之增强。巴列维也对未来充满信心,他计划在25年内把伊朗建成世界五大强国之一。

但经济的发展也带来贫富的悬殊和腐败的滋生,社会矛盾日益尖锐。国王和王室成员霸占了大量国家财产,他们在100多家公司和企业中拥有大量股份,国王本人拥有价值10多亿美元的证券,其专机上的厕所设备、浴室中的水龙头和浴池,均以黄金制成。国王还计划用14亿美元,为自己建造一座陵墓,而形成鲜明对比的,广大群众在通货膨胀和物价飞涨的压力下,生活艰难。城市中有数百万失业大军,许多人露宿街头。

1978年1月,伊朗新闻部长在报纸上发表文章,呼吁解放妇女,抨击霍梅尼反对妇女解放的主张,立即引起轩然大波。库姆的神职人员组织了大规模的游行示威,并与警察发生流血冲突。2月18日和5月10日,库姆两次发生反对政府的骚乱。巴列维国王自恃有武装力量的保护,深信没有人能够推翻自己。

8月20日,阿巴丹一家影院起火,近400人被活活烧死。政府认定是宗教分子所为,而群众则相信是秘密警察纵火,企图嫁祸于宗教领袖。9月初,德黑兰爆发反政府的百万群众大游行。政府宣布实施军事管制,但仍有大批群众走上街头。其他城市也爆发了骚乱,罢工的浪潮席卷全国,许多工厂处于瘫痪状态,石油产量锐减。

11月初,巴列维任命总参谋长爱资哈里为首相,组成军人政府,试图依靠军队的力量维持社会稳定。而在此时,美国抛弃了巴列维,美国政府反对国王采用"铁腕政策",声称应由伊朗人民自己做出选择。

12月中旬,德黑兰连续发生百万人大示威,政府已无法控制局势,爱资哈里被迫于月底辞职。巴列维国王不得不任命温和派人士巴赫蒂亚尔为首相,于1979年1月13日组成"摄政委员会"代行国王权力,自己则在四面楚歌声中离开了伊朗。巴列维出走的消息,令伊朗人欢欣鼓舞,成千上万的德黑兰市民涌上街头,举行各种庆祝活动。

1979年2月1日,霍梅尼从法国回到阔别14年的祖国,这时他已经成为伊朗人的精神领袖。随着军队在2月11日宣布中立,首都德黑兰的电台、电视台、王宫、议会大厦、首相府等重要部门都被霍梅尼的支持者占领。紧接着霍梅尼在2月12日任命的临时内阁宣布接管政府,于是巴列维王朝就结束了。

4月1日,霍梅尼宣布伊朗为伊斯兰共和国,在随后通过的宪法案中,规定伊斯兰教义为国家一切法律的依据,国家领袖将由一位宗教首领担任。这样,霍梅尼就成了伊朗至高无上的领袖,他早期的政治理想终于实现了。

霍梅尼在建立伊斯兰共和国之后,开始推行伊斯兰化措施,大力清除伊朗社会中非伊斯兰文化。不仅如此,他还进一步向外输出伊斯兰革命,公开号召其他国家的什叶派穆斯林起来颠覆政府,建立纯正的伊斯兰国家。在霍梅尼的号召和伊朗革命的影响下,宗教激进主义意识活跃起来,这些人要求恢复伊斯兰的传统和道德规范,用伊斯兰教义管理国家事务。这股势力在中东、北非的不断扩展,成为中东局势动荡不安的一个重要因素。

长达八年的两伊战争

1980年9月22日,刚刚诞生的伊朗伊斯兰共和国突然遭到大规模空袭,大批伊拉克米格—23战斗机低空穿过边界,向伊朗的15个城市和7个空军基地实施攻击,炸弹撕天裂地的爆炸声和飞机轰隆的呼啸声震撼着古老的波斯,两伊战争打响了。

这场战争的发起者是伊拉克总统萨达姆,他试图以这种先发制人的方式彻底打垮伊朗的空军,取得制空权。在空袭取得预想的效果后,伊拉克地面部队5个师近10万人,在坦克和重型装甲车的引导下分三路向伊朗发动大规模进攻,战线长达400多公里。开战伊始,预谋已久的伊拉克人,势如破竹,一个星期就把战线推进到伊朗境内30公里左右。

伊拉克军队进攻的重点是南路,意图夺取伊朗的霍拉姆沙赫尔和阿巴丹。这两个城市是伊朗重要的石油基地,邻近波斯湾,伊拉克夺而取之可以保证本国的石油出口通道。但伊拉克在南线的进攻遭到伊朗人顽强的抵抗,伊拉克军队经过15天的浴血奋战,才攻占霍拉姆沙赫尔,而阿巴丹则久攻不下。

雨季到来后,双方进入僵持状态,伊拉克控制了伊朗约2万平方公里的领土。1981年1月,伊朗开始局部反攻,逐步收复失地。9月,伊朗在阿巴丹反击战中获胜,解除了伊拉克对阿巴丹的围困。

进入1982年,伊朗的反击更加猛烈。5月24日,伊朗收复霍拉姆沙赫尔,歼灭伊拉克军队3万余人。战场上的节节败退,迫使萨达姆于6月中旬宣布单方面停火,并从伊朗境内撤回全部军队,呼吁举行谈判。但是,伊朗方面予以断然拒绝。

伊拉克和伊朗两国有着1000多公里长的陆上边界,南部100多公里长的阿拉伯河是两国的界河。这条河流是伊拉克通向波斯湾的惟一水上通道,盛产石油的伊拉克需要这条通道向外出口原油。伊拉克长期主张整条河道都是它的领土,而伊朗则坚持河流的中线才是两国的边界线,双方为此争执不下。

1975年3月,双方在阿尔及利亚的调解下,签署《阿尔及尔协定》,伊拉克同意以阿拉伯河主航道的中心线为两国的边界,伊朗则答应将其境内约300平方公里的土地划归伊拉克作为补偿。协定签订后,伊朗一直没有履行协定,拒绝交给伊拉克 300 平方公里土地。伊拉克对此极为不满,1979 年公开要求废除《阿尔及尔协定》。1980 年 9 月 17 日,萨拉姆正式宣布废除该协定。

除了边界纠纷,两国关系恶化还有其他原因。1979 年伊朗伊斯兰革命胜利后,霍梅尼鼓吹向外国输出伊斯兰革命。他公开号召伊拉克人民推翻萨达姆逊尼派政权,建立伊斯兰什叶派国家。为此,霍梅尼不惜向伊拉克什叶派穆斯林提供武器和资金。伊拉克对战争做了长期充分的准备,从国外购买了大量先进的武器装备,萨达姆对自己的军事实力颇为自负。

而伊朗在 1979 年发生伊斯兰革命,霍梅尼上台后对原军队中的将领进行了清洗,使伊朗的军事力量有所削弱。萨达姆认为伊朗必定不堪一击,用武力解决两国边界纠纷的时机到来了,于是发动了对伊朗的突然袭击。但交战的结果却使萨达姆大吃一惊,伊朗不但没有被打垮,反而给伊拉克以沉重的打击,伊拉克陷入进退两难的境地。

伊朗决心不给伊拉克以任何喘息的机会。1982 年 7 月 13 日夜,伊朗发动代号为"斋月行动"的战役攻势,目标是攻占伊拉克南部的第二大城市巴士拉。

巴士拉是伊拉克的经济中心之一,其石油产量占全国的一半以上,对伊拉克具有重要的战略地位,占领巴士拉,将给伊拉克以致命的打击。12 万伊朗大军于 7 月 14 日凌晨越过边界,突破伊拉克防线,潮水般逼近巴士拉。伊拉克在巴士拉外围布置了壕沟、铁丝网、地雷和坚固的地下工事,有 10 万大军、近 2000 辆装甲车和 300 门火炮防守。双方展开惨烈的厮杀,死伤惨重。

战至 7 月 30 日,伊拉克为取得战场优势,向伊朗军队发射化学炮弹,造成伊朗军队的混乱和溃败,迫使伊朗中止本次进攻。在半个月的战斗中,双方约有 3 万人丧生。

9 月 30 日和 10 月 10 日,伊朗先后在伊拉克首都巴格达附近的曼达利发动进攻,两次均被伊拉克击败。

1983 年 2 月 6 日,伊朗再次向伊拉克发动大规模攻势。在这场代号为"曙光"的进攻中,伊朗出动 15 万军队,空军、坦克兵、炮兵与步兵协同作战。伊拉克也集结了 10 万人的兵力,顽强抵抗伊朗的进攻。战斗持续了 11 天,结果双方都没有取得明显优势。

1983 年 4 月和 7 月,伊朗发动"曙光 1 号"、"曙光 2 号"攻势。7 月底,伊朗发动"曙光 3 号"攻势,第二次围攻巴士拉。伊拉克为了保卫巴士拉,再次对伊朗军队使用化学武器。

两伊战争在拉锯状态中进行着。伊朗的不断进攻虽然没能摧毁伊拉克的军事力量,但是萨达姆还是忧心忡忡。伊拉克只有近 2000 万人口,而伊朗则有

5700多万人口，兵源充足。伊拉克经受不起长期的消耗战，萨达姆决定改变战略，放弃一年多来的被动防御战，采取袭击伊朗油轮的办法，打击伊朗的经济。

1984年3月，伊拉克袭击了前往伊朗装油的巴拿马油船。伊朗马上还以颜色，袭击了靠近巴林的一艘科威特油轮。到1985年，共有100多艘各国船只遭到两伊的袭击。另外，伊拉克还发动袭城战。1985年3月，伊拉克出动飞机，对伊朗首都德黑兰和其他40多座城市及军事目标进行袭击。伊朗也毫不示弱，使用飞机和导弹还击了巴格达。

为了彻底摧毁伊朗的经济，伊拉克于1985年8月15日出动轰炸机，对伊朗的哈尔克岛进行轰炸。该岛是伊朗的石油输出中心，占当时伊朗出口原油90%的份额。伊拉克飞机在岛上倾泻了大量炸药，岛上的油轮码头和输油设备遭到极大破坏。9月初，伊朗派飞机深入伊拉克领空，摧毁了伊拉克的一处石油设施。

1986年2月9日，伊朗出动10万大军，对伊拉克南部发动"曙光8号"进攻，攻占了伊拉克东南端的法奥半岛。2月下旬，伊朗继续发动"曙光9号"攻势，又攻占几百平方公里的伊拉克土地。战斗中，双方都使用了化学武器，造成3万多人的伤亡。

从1986年7月到1987年4月，伊朗连续发起10次代号为"卡巴拉"的攻势。发动于1987年1月的"卡巴拉5号"攻势，伊朗出动了20万大军进攻巴士拉，伊拉克聚集10万大军应战，这是双方开战以来规模最大的一次战役。战争双方对油轮和城市的空袭并没有停息，而且愈演愈烈。

1987年1月伊拉克对伊朗的数十个城市进行袭击，出动轰炸机达几千架次。伊朗也毫不客气，向巴格达发射了大量导弹。双方的城市、建筑物顿时化为废墟，无数平民流离失所。这一年当中，100多艘油轮遭到两伊袭击。

持续不断的两伊战争，严重影响海湾局势，导致国际原油供应紧张，因此受到国际社会密切关注，要求两国结束冲突的呼吁一浪高过一浪。为了保证自己在海湾的利益，美国战机曾经直接与伊朗舰艇交火。

1987年7月20日，联合国召开特别会议，通过要求双方停战谈判598号决议。战争持续到1988年，伊朗的攻势已经是强弩之末，伊拉克趁机发动反攻，在4—6月收复了全部被占领土，这样两国的边界又恢复到了战争爆发前的状态。

同年7月18日，伊朗宣布接受联合国598号决议停战谈判，这样，持续8年之久的战争终于画上了句号。

这场战争的结局是两败俱伤。伊朗和伊拉克共伤亡150万人，经济损失更是巨大，据专家推算两国直接损失就达9000亿美元，致使这两个盛产石油的富裕国家，成为贫穷落后的弱国。

英、阿马岛战争

马尔维纳斯群岛位于阿根廷东部的南太平洋海域,地理位置十分重要。直到现在,英国和阿根廷仍在争论它的归属问题。1982年,英阿双方为了马岛大打出手。

马岛归属问题是个历史遗留问题。1690年,英国人发现并登上马岛。18世纪,法国人和英国人先后登岛定居,后来马岛又被西班牙人夺占。

1816年阿根廷独立后,声明继承西班牙对马岛的主权并派官员上岛。1833年,英军重占马岛。英阿双方为马岛主权多次谈判,但都不肯让步。

1982年4月2日,阿根廷派军队占领了马岛,英守军被迫投降。

英国政府得到消息后,大为震惊,当时的英国首相撒切尔夫人,素以手腕强硬著称,被世人称为"铁娘子",她马上在议会发表演说:

"阿根廷真是太狂妄了,竟敢如此轻视和侮辱大英帝国,我要派我们的皇家军队去惩罚他们。用我们的飞机战舰让他们明白,马岛是属于大不列颠的!"

于是,英国派遣伍德沃德海军少将率领特混舰队,在1982年4月5日气势汹汹地出发了,还派一个空军大队驻扎在南大西洋的阿森松岛,负责中远程轰炸。大战一触即发。

4月12日,英国的4艘核潜艇进入马岛海域,实行海上封锁。4月22日,特混舰队先头部队到达南乔治亚岛海域。

在酝酿了3天后,英军在马岛附近的南乔治亚岛登陆,和岛上的阿根廷军队展开激战,消灭了阿军。

英军首战告捷,将南乔治亚岛作为进攻马岛的基地。

4月28日,特混舰队主力开进马岛海域;30日,完成了对马岛的海空封锁。进攻马岛的战争马上就要打响了。与此同时,阿军也做好了防守的准备。

5月1日,英军发动攻势。一时间,整个马岛战火纷飞。英军攻得猛,阿军守得紧。双方的飞机不断在马岛上空盘旋俯冲,炮火更是遮天蔽日,汹涌的海浪在接连不断的爆炸声面前都已显得那样的平静。

英军用从阿森松岛起飞的"火神"式中程轰炸机,和"海鹞"式舰载战斗机轰炸马岛机场,用舰艇上的大炮炮击马岛上的阿军港岸设施和阵地,并切断驻岛阿军的补给线。5月2日,英核潜艇击沉阿根廷的"贝尔格拉诺将军"号巡洋舰。

阿军极力反抗。5月4日用"飞鱼"式反舰导弹击沉了英"谢菲尔德"号导弹

驱逐舰,并用潜艇牵制了英舰的行动,给英舰造成一定威胁。同时,英军登陆后,阿根廷并不甘心就此认输,曾派空军猛烈轰炸登陆的英军和英国舰队,先后击沉英"考文垂"号导弹驱逐舰、"热心"号和"羚羊"号护卫舰、"大西洋运送者"号集装箱货船、"加拉哈德爵士"号登陆舰等 5 艘舰船和 1 艘登陆艇,并击伤英舰艇 4 艘。但阿根廷的空军也受到了猛烈的打击,损失惨重。

无论从武器装备还是从指挥作战能力来说,阿军都远远不及英军,所以战争的结果也就不难猜想了。

5 月 13 日,英军总司令伍德沃德海军少将命令发起总攻。经过一天的激战,14 日晚上 6 点,守岛阿军投降。

到了这时候,马岛已经完全被英军夺回去了,而且很明显,阿军怎么也不是英军的对手,所以,阿根廷虽然憋了一肚子的气,但也没别的办法,只好接受现实。就这样,马岛又重新回到英国人的手中。

阿根廷于 6 月 14 日投降,英国重新夺回了马岛。

马岛之战至此暂告结束,战争双方都损失惨重。英国出动 100 多艘舰只、200 多架飞机、近 3 万名军人参战,损失飞机 30 余架、舰船 10 余艘,伤亡 1000 多人,耗资 20 多亿美元。阿根廷则有 20 多艘舰艇、370 架飞机和近 7 万名士兵参战,损失舰船 11 艘、飞机 110 多架,伤亡 2300 多人,耗资 10 亿多美元。但是,马岛的主权之争却并未结束。

英·甘地遇刺

1984 年 10 月的最后一天,印度女总理英·甘地和往常一样很早就起身了,她的工作安排得非常紧,今天 9 点半要和英国记者、作家乌斯丁诺夫会晤,其后还有多项国务活动等着她参加。

早餐后,英·甘地整理好容装前往总理办公室。不一会儿,她就出现在总理府花园的小门口,卫兵本特·辛格微笑着迎接她。这个本特并非印度教徒,而是一名锡克教徒,但是英·甘地并不怀疑他的忠诚,她对他的问候报以微笑。当英·甘地走到本特身边时,出人意料的事情发生了,本特掏出手枪对准她连连射击。英·甘地应声倒在地上,这时一个端着冲锋枪的锡克教卫兵跑过来,对准倒在血泊中的英·甘地疯狂扫射,直到把枪里的子弹打光为止。

枪声一响,总理府卫队立即赶来,当场把本特击毙,那名冲锋枪手很快被制服。随即对英·甘地进行救护,但是这一切已经太晚了,英·甘地身中十几发子弹,早已气断身亡。

这是印度自 1948 年圣雄甘地被刺以来最大的悲剧。

英·甘地生于1917年,是印度国父尼赫鲁的女儿。1938年加入印度国大党,1959年担任该党主席。1964年任新闻和广播部长,1966年担任总理,从此执掌印度总理大权15年。从1966年到遇刺的18年间,英·甘地只有1977年至1979年不在总理之位。1977年国大党在大选中失败,英·甘地辞去总理职务,1980年国大党在大选中获胜,英·甘地重登总理宝座。

英·甘地遇刺是印度国内民族、宗教矛盾的结果。

印度是多民族、多宗教国家,其中锡克人仅占总人口的2%,主要居住在旁遮普邦。锡克人虽然人口不多,但个个身材剽悍,英勇善战,印度陆军中的锡克士兵比例很高,还有10几位锡克将军。旁遮普是印度的粮仓,印度60%的商品粮由该邦生产。锡克人认为自己对印度的贡献很大,因此要求更多的权力。

1966年,英·甘地任总理后,锡克人要求建立以锡克人为主的邦。英·甘地同意了要求,将旁遮普一分为二,成立以锡克人为主的旁遮普邦,和以印度教徒为主的哈里亚那邦。

但锡克人还要求更大的权利,如要求旁遮普邦自治,除外交、国防等权力外,其他权力由该邦自己管理。还有一部分锡克人要求独立,建立锡克教的独立国家。锡克教的极端分子、原教旨主义者宾德兰瓦勒,就是强烈要求独立的人物。他以阿姆利则的金庙为基地,四处进行暴力恐怖活动,袭击印度教徒、军警。

1981年9月,印度政府曾将宾德兰瓦勒逮捕。几天后,他的手下劫持一架印度航空公司的客机,要求政府无条件释放宾德兰瓦勒。飞机上有170多名乘客,英·甘地只得无奈地将宾德兰瓦勒释放。宾德兰瓦勒开始建立自己的武装,他要用暴力建立锡克人独立的国家。

从1982年8月到1984年6月,锡克极端分子制造的暴力事件多达1200起,有400多人被打死,1000多人被打伤。锡克极端分子在杀害警察、印度教徒和其他人士后,就躲入金庙。由于阿姆利则被锡克人看作圣城,金庙又是该城最大的锡克教庙宇,英·甘地要求军队和警察不得进入金庙,以免引起宗教冲突。

1984年,反对党要求英·甘地采取行动,制止锡克教极端分子的暴力行为,否则就要她辞去总理职务。全国的印度教徒也向中央政府提出强烈要求,保护旁遮普印度教徒的安全。大选临近,英·甘地不能不考虑占全国人口80%以上的印度教徒的要求。

5月下旬,英·甘地决定采取强硬手段。数万名政府军包围了金庙,坦克、大炮对准金庙。庙内的宾德兰瓦勒武装,也修筑工事,积极备战。英·甘地仍然希望通过谈判解决问题,她知道,一旦进攻金庙,就意味着与全体锡克教徒开战,这也是她不得不考虑的。宾德兰瓦勒却不想与政府谈判,表示政府必须同意锡克人建立独立的国家,否则6月5日起他会命令锡克人烧毁粮食,每天杀死一名印度知名人士，直到政府同意条件为止。

6月2日，英·甘地向全国发表电视讲话，她说政府不允许分裂国家的行为，也不能容忍恐怖活动，宾德兰瓦勒除非放下武器，与政府谈判，否则军队将对金庙进行进攻。到了6月5日，政府军开始攻打金庙。第二天军队冲进金庙，宾德兰瓦勒被打死。这次行动中，有90多名军警阵亡，几百名锡克教徒伤亡，政府还逮捕了几千人。

军事行动结束后，英·甘地来到金庙，向死去的锡克教徒表示哀悼，并在庙内跪拜，电视进行了转播。但英·甘地的行动并没有打动锡克教徒的心，军队攻打金庙，他们认为是对锡克圣地的亵渎，是对锡克教徒的屠杀，而英·甘地无疑是他们心目中最大的凶手。锡克教徒披上黑纱，以示哀悼和抗议，袭击警察和印度教徒的暴力恐怖活动更加频繁。

锡克教徒要求同是锡克人的印度总统辛格辞职，旁遮普邦一位锡克族国大党领导人，被锡克极端分子当作叛徒打死。更糟的是，军队中的锡克士兵开始哗变，他们打死指挥官，抢劫军火，向阿姆利则进军。锡克极端分子将英·甘地列为暗杀的对象，为了保护英·甘地的安全，有关部门曾准备将总理府的保卫工作交给军队，被英·甘地拒绝。

总理府卫兵中有不少锡克人，英·甘地也拒绝了将锡克卫兵调离的建议。后来刺杀她的本特，在总理府已经工作10年，还曾多次跟随她出国访问，英·甘地认为他们都很忠诚，没有必要更换。其实，英·甘地主要是从政治上考虑，她要做团结锡克人的表率。

英·甘地遇难后，印度上下震惊。印度教徒对锡克教徒的报复事件连续不断，许多锡克教徒被屠杀，住宅被焚毁，财产遭到抢劫，这种报复行动在首都新德里最为严重，以至于发展成一场骚乱。

为了稳定局势，印度政府不得不派军队进行弹压，并且在30多个城市实行宵禁。这场骚乱进一步加剧了印度的民族和宗教矛盾。

作为一个政治家，英·甘地生前受到世界的尊重，死后也备享殊荣。在印度政府11月3日为她举行的葬礼上，来自世界几十个国家的元首、政府首脑代表各自的国家对她致以深切的哀悼。

但是悲剧并没有结束，英·甘地的儿子拉·甘地接替母亲出任印度总理后，也于1991年被暗杀。

美国发动海湾战争

1990年8月2日凌晨，阿拉伯半岛风云突起。在飞机、坦克和舰艇的掩护下,10余万装备精良的伊拉克军队以迅雷不及掩耳之势突然向邻国科威特扑去,仅有2万人的科威特军队还没来得及抵抗就被击溃了。3日上午,科威特王宫被伊拉克军队攻占,随后科威特全境也被占领,科威特王室成员和政府要人流亡到沙特阿拉伯。

伊拉克占领科威特后,于8月28日宣布将科威特并入伊拉克版图,其北部地区划归伊拉克的巴士拉省,其余地区则为伊拉克的第19个省。应该承认,伊拉克的这一重大举措是有其历史渊源的。科威特是海湾地区一个盛产石油的阿拉伯国家,在两伊战争中曾经全力支持伊拉克,但这并未能减化它们之间的矛盾冲突。

伊拉克一直宣称科威特是其领土的一部分,虽然1963年时承认了科威特的独立自主,但并没有放弃兼并的企图。1973年,伊拉克提出要科威特割让或租借布比延岛和沃尔拜岛,以保证伊拉克有一个通向海湾的出海港口,但遭到拒绝。

伊拉克入侵的另一个原因是企图获得科威特的石油资源与美元储备。伊拉克在两伊战争中损失2000亿美元,外债高达800亿,其中欠科威特的就有200亿。伊拉克想一笔勾销,但科威特不同意。科威特国土面积很小,但石油储备量非常大,占全世界石油储量的20%,真可谓富得流油。伊拉克内忧外困,见到这些,怎不眼红? 边界领土争端,加之石油、债务纠纷,科、伊之间矛盾日益尖锐,终于演化成这场战争。

科、伊战争引起国际社会的强烈震动,联合国安理会迅速做出反应,要求伊拉克立即无条件地撤出科威特。正是春风得意的萨达姆对此置若罔闻,继续推行他的兼并政策。11月29日,安理会再次通过决议,授权同科威特合作的会员国,可以使用一切必要的手段,恢复该地区的和平与安全,从而为以美国为首的多国部队的军事打击开了绿灯。美国为了自己在海湾的石油利益和战略地位,为了维护西方的经济命脉,以及显示它在世界事务中的领导作用,积极推行打击策略,很快制定了"沙漠盾牌"计划,向海湾地区派出大量的兵力。

在伊拉克无视国际社会的和平努力与联合国的最后通牒,依然我行我素后,布什总统宣布实施"沙漠风暴"行动。1991年1月17日,巴格达时间凌晨2时40分左右,以美国为首的驻海湾多国部队向伊拉克发动了"沙漠风暴"大规模空袭。从美国的各种军舰上,从沙特阿拉伯的陆地上,数以百计的飞机和巡舰导弹飞向北方和西方,袭击伊、科境内的轰炸目标。巴格达火光冲天、声震大地,伊拉克则用导弹予以还击。

按照"沙漠风暴行动"计划,美国为主的多国部队第一步是利用海空优势,对伊拉克的指挥、通信、联络、空防、机场等重要军事战略目标进行狂轰猛炸,削弱甚至摧毁伊拉克战争的潜力;第二步是大规模空袭伊地面作战部队,最大限度地打击和削弱其战斗力;第三步是投入地面部队和两栖登陆力量发起地面进攻。

战争开始的头3天为战略空袭,4700多架各式飞机和约200枚战斧式巡航导弹对伊、科境内的防空和雷达系统、军用和民用机场、萨达姆总统住所、军事指挥中心、政府首脑机关、通信联络枢纽、核生化和地空导弹设施等军事战略目标进行了轮番轰炸。此后则转向战术轰炸,侧重空袭伊在科战区和共和国警卫师等地面部队、伊前线部队的后勤补给线等目标,以削弱伊在科战区的军事实力,为地面决战扫平道路。

针对美及多国部队的狂轰滥炸,伊拉克除加强防空力量外,时不时地有飞机升空作战,同时连续地向以色列和沙特阿拉伯发射"飞毛腿"导弹以反击对方空袭,但由于受到对方"爱国者"反导弹的拦截,再加上其导弹本来就命中精度不高,伊的反击威力非常有限。在海湾战争前期的整个空袭作战阶段,伊拉克一直未改变自己所处的被动挨打局面。

2月24日,举世关注的海湾地面战终于开始了。

美海军陆战队两个师和阿拉伯联合部队组织的东路军率先在科沙边界兵分多路突破伊军防线,挥戈直指科威特市,当天即对科市形成合围之势;与此同时,美、英、法3国10个师组成的西路军,在沙伊边界多方向突破伊军防线,由南往北向伊南部纵深挺进,美18军的第101空中突击师还在伊沙边界以北80多公里处实施空降行动,为多国部队深入伊境内作战建立了第一个后勤补给基地。

25日和26日,多国部队东路军在科境内切割伊军部队,并挫败了伊装甲机械化部队在科市外围地区的反击行动,歼灭伊军约10个师;西路军的法国第6轻装师击败伊1个步兵师后,进抵伊纳西里亚至萨马瓦一线的幼发拉底河流域,美第18空降军的3个师继续向伊纳西里亚地区开进,美第7军的5个师和英第1装甲师则由伊南部及科伊西部边境地区向东进击伊驻科地区的部队。西部军在两天多的作战行动中歼灭伊军11个师,并完成对科战区伊军迂回包围的钳形攻势。

其间,伊总统曾亲临伊南部前线组织反包围作战行动,但未能获得成功,遂于26日下令驻科伊军全部撤出科威特,收缩战线,准备在伊南部巴士拉地区进行抵抗。2月27日起,美英装甲机械化部队对伊军5个共和国警卫师等精锐部队实施围歼作战,美陆战队和阿拉伯联合部队则围歼科市外围伊军,并由科军开进科市,宣告科获解放。同一天,伊拉克宣布无条件地接受安理会关于伊拉克的决议。28日零时,多国部队停止一切进攻,战争基本结束。

3月2日至4月3日,联合国安理会又做出两项决议,规定伊拉克必须在国际监督下销毁其所有化学和生物武器及远程导弹,接受1963年伊科划定的边界,对科威特和其他国家给予战争赔偿等。不可一世的伊拉克军队已经被打得焦头烂额,只能全部接受这两项决议。

海湾战争是人类战争史上第一场高科技的战争,在整个战争中居于主导地位的是电子战。战斗双方的巨大反差,在人类战争史上可谓空前绝后:伊拉克伤亡人数超过10万,有17.5万人被俘;而多国部队才损失600余人,其中美军阵亡人数为79名。

中东地区国家大多参加了这场战争。埃及、叙利亚、沙特阿拉伯等支持美国,并派军队参加多国部队,而站在伊拉克一边的只有约旦、也门、巴基斯坦等少数国家。这样阿拉伯世界再次陷入分裂局面,中东地区危机由此更加严重了。

烽火再起巴尔干

巴尔干一直有欧洲的火药桶之称,第一次世界大战的战火就是在这里点燃的。第二次世界大战后,欧洲及世界的格局发生了很大变化,可是巴尔干一直是一个充满危机的区域。20世纪90年代,巴尔干最大的国家南斯拉夫联邦解体了,由此引发这个地区由来已久的民族矛盾与宗教冲突,这些矛盾日益激化,终于演变为武装斗争。

波黑内战首先于1992年4月打响,这场民族冲突是欧洲第二次世界大战以后规模最大、也最残酷的战争。战火连燃不熄,这片美丽国土连同其数百年风雨沧桑的历史和文明在战火中化为一片灰烬。

内战爆发后,西方大国纷纷进行干预。但由于它们各怀鬼胎,勾心斗角,都想借波黑来展示自己的地位和声音,使波黑局势向着有利于自己的方向发展,结果使波黑和谈一波三折,和平计划频频破产。

1999年3月24日北京时间凌晨6时许,美国总统特使霍尔布鲁克(由于他在处理巴尔干问题上素富手腕,以能够把巴尔干领导人拉到谈判桌前而闻名,因而被称为"巴尔干推土机")宣告调停失败,把科索沃危机的处理权交给北约。

北约决定对该地区进行武力干涉,对南斯拉夫联盟进行军事打击。

北京时间1999年3月25日凌晨3时,北约在没有获得联合国授权的情况下,不顾国际社会要求和平解决科索沃危机的强烈愿望,私自采取军事行动,开始了对南联盟的第一轮轰炸。南联盟政府随即宣布全国进入"战争状态"。

战争一开始,北约就动用了它武器库中所有最先进的武器,包括美国当时最先进的隐形轰炸机,对南联盟形成包围态势。北约19个成员国有13个国家参加了空袭行动,他们企图凭借强大的空中优势,以狂轰滥炸来瓦解南联盟人民的抵抗力量和信心。空袭持续了78天,北约一共部署了1100多架飞机,出动飞机

3.5万多架次,对南联盟的数千个军事和民用目标进行疯狂轰炸,致使南联盟死伤近9000人,其中绝大多数是和平居民;经济损失超过2000多亿美元;近100万人沦为无家可归的难民,150万儿童无法上学。

北约制造了第二次世界大战以来欧洲历史上最为严重的人道主义灾难。

在突如其来的战争灾难面前,南联盟军民同仇敌忾,在总统米洛舍维奇的领导下,誓死保卫自己的家园。他们冒着枪林弹雨,不顾生命安危,组织起"人体盾牌",英勇守卫大桥。在战争中,美国一架F117-A隐形飞机被击落了,这是人类航空史上首次被击落的隐形飞机。

凡是有良知的人,谁也不会预想到北约竟悍然使用导弹袭击中国驻南联盟大使馆舍。

北京时间5月8日凌晨6时45分,数枚从不同方向发射的导弹几乎同时击中了中国驻南联盟大使馆舍,致使馆舍严重毁坏,3名中国记者死亡,多人受伤。事发后,中国人民和世界上一切爱好和平的人士强烈谴责了北约的暴行。

鉴于国际形势和双方的力量悬殊,南联盟只有妥协,他们最后接受俄罗斯、欧盟和美国提出的和平协议。6月10日,联合国安理会召开解决南联盟科索沃危机的特别会议,会议以14票赞成、1票弃权通过了政治解决议案。与此同时,北约秘书长索拉纳宣布暂停对南联盟的空袭。

印巴两国的核竞赛

正当国际社会为签署《全面禁止核试验条约》做出巨大努力,并且已经获得积极成果之际,印度却逆时代潮流而动,进行大规模核试验。1998年5月11日,印度在两天之内连续进行了5次核试验,同时还进行了2次短程导弹发射试验,此举引起全世界的普遍关注。

印度总理瓦杰帕伊试验结束后颇为得意地宣布,印度拥有了"大炸弹"。印度官员于5月17日对外披露了部分细节,对于此次集中实验包括热核装置,即1枚4.5万吨的氢弹;1个1.5万吨级的裂变装置;3个分别为200、500和300吨级的低当量装置。该发言人声称,此次核试验给印度将来设计不同当量、不同用途、不同运载系统的核武器设计提供必要数据,同时大大增强了印度利用计算机进行核爆模拟设计的能力。

但是,西方核专家普遍认为印度夸大了其实验成绩,其氢弹只是一个增强的原子弹,估计只有2.5万吨的当量,大约只有印度所宣称的一半。至于几次小当量的核试验,"也许他们试验了,但没有成功"。但是,专家们一致认为,印度在研制核武器方面取得了重要进展。

影响世界和平的隐忧

研制核武器,是与印度不甘心于自己在国际社会仅仅是"一个二流国家"有着直接关系。长期以来,印度一直在努力掌握核技术,以图取得南亚绝对的霸权,进而在国际上获得"核大国"的地位。1954年,印度成立原子能部,执行原子能发展计划。

1974年5月,印度通过民用核能计划秘密研究、开发核武器技术并取得突破,爆炸了第一颗核装置。自那时以来,印度有24年没有进行核试验。但它从未停止核武器发展计划,有一支2万多人的科研队伍长期从事核武器的研究与开发。由于印度拒绝参加《核不扩散条约》,因而它不接受国际原子能机构监督,不允许核查其核反应堆等核设施;另一方面,美国等西方国家的对印政策使印基本上不受限制地引进西方包括发展核武器的关键技术的先进技术设备。一些西方国家媒体一针见血地指出,印度的核计划正是在美国的姑息、纵容之下发展起来的。

印度核试验造成了严重后果。作为应对措施,距印度进行核试验仅仅半个月,巴基斯坦就连续进行了6次核试验。这样,由印度挑起的南亚核军备竞赛,引发了该地区的紧张局势。世界舆论认为,这使印巴"这对多年的宿敌面临核对抗的危险",对地区和世界和平与稳定产生十分严峻的消极影响。

印度的核爆炸使国际社会全面禁止核试验和不扩散核武器机制面临严峻挑战。人们担心,一些具有发展核武器潜力的"核门槛"国家可能仿效印度加速研制核武器,有的国家会推迟或者拒签《全面禁止核试验条约》和《核不扩散条约》,从而使国际社会为之做出的巨大努力付诸东流。

1998年6月4日,联合国安理会5个常任理事国的外长在日内瓦万国宫讨论南亚局势并发表了联合公报,两天后联合国安理会全体会议一致通过1172号决议,谴责印、巴进行核试验,要求两国不再进行核试验并放弃核武器计划,无条件签署《全面禁止核试验条约》和《核不扩散条约》等。

由于国际社会的压力和一些制裁措施,印度和巴基斯坦的经济受到严重影响,两国分别派代表和美国进行有关核禁试条约问题的谈判。11月7日,美国政府发言人宣布鉴于两国许诺短时间内不再进行核试验,同时承诺将在《全面禁止核试验条约》上签字,并保证严密控制相关材料,加强对核技术与导弹技术的限制,因此美国将部分取消对两国的制裁。

但是,人们同时也注意到印度总理瓦杰帕伊所说的话,印度只有在自己的条件得到满足之后,才会签署《全面禁止核试验条约》。

南亚核军备竞赛危机发生后,国际社会一致要求有关国家及早停止核竞赛,为了南亚次大陆和世界的安全无条件签署《全面禁止核试验条约》和《核不扩散条约》。

当代热点聚焦

"人民圣殿教"大惨案

1977年,在南美圭亚那一片密林深处的一个小小村落里,房前屋后及空地上,到处躺满了横七竖八的尸体。在这些尸体中,有上至白发苍苍的老人,下至不满周岁的婴儿。这些尸体里,很多人都是浑身无一处伤口,只是耳、眼、鼻七窍流血,这显然是毒杀而死,还有的尸体则浑身是血、遍身布满了刀伤,这显然是刀伤致死的,还有的是中枪而死。是谁对这些手无寸铁的妇孺婴儿下此毒手呢?原来这就是震惊世界由邪教组织一手导演的——人民圣殿教大惨案。

人民圣殿教成立于60年代初,是西方资产阶级没落文化的产物。60年代反主流文化运动结束时,西方成千上万人开始从宗教里寻找精神寄托,对宗教顶礼膜拜的程度简直到了良莠不分的地步。他们幻想通过这种方式,找到对自己未来命运具有先知的能力,并对生命寄于乌托邦式的希望。在充分自由下,寻找一种自我解脱的方法,以求对原始时期自然状态下的人性和生活方式重返。在历史发展的今天,这种思想显然是倒退历史的颓废世界观,但这些教徒们为什么会对此深信不疑呢?有证据表明,当时一些组织采用洗脑术来奴役其成员,用宗教信仰来排斥人们头脑中所谓其他的杂念。1978年11月,加州议员利·瑞安带领4个人飞到圭亚那去调查人民圣殿组织情况。该组织由吉姆·琼斯牧师领导,他曾经是旧金山受人尊敬的政治家,后来声称自己成为耶稣和前苏联领导人列宁的化身,来世间解救正在"受难"的大众。这本来是风马牛不相及的两种宗教和政治追求的拼凑,但却被一些愚昧的人所接受。

直到1977年以前,琼斯一直掌握着美国加州以教会为基地的社会服务中心。因为他不断周济贫民,从而赢得了一些生活较为贫苦的人的信赖,并吸引了众多的追随者。然后,这位白人牧师带领着几百人——绝大多数是贫困的黑人,来到圭亚那密林,建立了一个名为琼斯镇的农业群居组织。凡是参加这个组织的人均要遭到毒打、被罚苦役、受到性虐待以及被迫进行大规模自杀练习,琼斯用这种方法来考验每个参加这个组织的信徒的忠实程度。

当利·瑞安和他的助手到达这里时,受到众信徒的热诚欢迎和接待,但琼斯这个宗教头领却一直对瑞安一行人心存敌意。他认为他们是政府派来破坏这个组织的,因此暗中寻找一切机会准备干掉他们。其实在瑞安他们来到前,一些信徒的信念早已发生了动摇。当他们被琼斯领到这个地方后,在不断遭受严酷的拷打下和艰苦的原始生活中逐渐认清了,琼斯不过是为了达到自己不可告人的个人目的才建立这个组织的,于是开始反悔并清醒了。当瑞安和他的助手一到这里,一些成员就请求瑞安帮助他们离开这里。教民的行为更激起了琼斯的杀心。当一对夫妇吵着是否要离开时,琼斯的助手中有一人拿起刀顿时向瑞安砍去。瑞安试图登上直升飞机逃离这里,这时,琼斯手下另一个小头目举枪向他们射击,瑞安和4个助手不幸被枪射中身亡。琼斯知道自己已经闯下了大祸,经过一番密谋后,就欺骗信徒们说,上帝已召唤他们返回天国,只有死才能到达天堂,接着琼斯便举行了自杀仪式。一些忠实的信徒相信了他的鬼言,排成队来领取掺有氰化物带有果香的饮料,而另一些人则是在枪口的逼迫下别无选择而接受的。一些狠心的父母们哄骗着孩子们喝下毒药,而一些人则在设法逃出去时,被琼斯的手下头目用枪或刀杀死。眼望着信徒们的尸体,琼斯对着这个组织的播音系统说了他最后的一句话:"母亲,母亲,母亲。"然后用枪结束了自己罪恶的生命。

欧洲联盟成立

所谓"欧盟"是欧洲联盟的简称,这是在欧共体基础上成立的一个政治实体,它集欧洲的政治、经济、外交、防务为一体。欧洲联盟成立于1993年11月1日,很快就在欧洲和国际事务中发挥了巨大作用。

20世纪90年代初,苏联解体,东欧剧变,东西方冷战的铁幕落下了,西欧各国不再担忧来自东方的军事威胁,相反,过去的政治盟友美国和日本成为主要竞争对手。西欧各国面对这样的挑战,感到难以独自对付,要在未来的世界格局中处于有利地位,只有加强欧洲国家的联合。与此同时,随着欧洲统一市场的建立,各国之间也需要扩大政治合作,加强在经济政策上的协调,来巩固发展一体化进程。这样的形势使建立欧洲政治联盟的时机成熟了,1990年4月,德国总理科尔和法国总统密特朗共同提出此倡议。这一倡议得到当年召开的欧共体首脑会议的认可,此次还确定了政治联盟的基本内容。这以后,展开了双边和多边的磋商。1991年12月9—10日,欧共体首脑会议在荷兰的马斯特里赫特召开。经过激烈争论,各方都做了一些妥协让步,最后签署了经济货币联盟条约、政治联盟条约等条约,总称欧洲联盟条约。

欧共体这个发端于经贸的组织,在建立34年后开始向政治、外交和防务的实体方向转变。《欧洲联盟条约》的签订标志着欧洲一体化进程取得了又一次突破性的进展。

1958年成立欧洲经济共同体,1967年去掉"经济"两字,改名为欧洲共同体。到90年代参加国已从原来6个发展到18个,人口达3亿多,贸易量占全世界的1/3强,成为世界上最强大的经济集团。1989年东欧剧变之后,欧共体更被东欧各国看作经济救星,争相同它建立联系,甚至希望参加进去。

《欧洲联盟条约》包括《欧共体政治联盟条约》和《经济货币联盟条约》。

《欧共体政治联盟条约》规定:西欧联盟隶属欧洲政治联盟,是欧洲政治联盟的防务机构,负责制订欧洲的防务政策,并与北约保持一定联系。实行共同外交和安全政策的具体领域将由欧共体12国首脑会议或外长会议一致确定,具体实施措施将通过特定多数表决制决定。

《经济货币联盟条约》确定了经货联盟的最终目标,建立欧洲经济货币联盟的关键是统一货币。条约规定实行欧洲统一货币和建立独立的欧洲中央银行,分3个阶段进行。1990年7月1日到1993年底为第一阶段,争取所有成员国的货币加入欧洲货币体系汇率机制,取消外汇管理机制,实行资本自由流通,协调各国经济、财政政策。1994年1月1日至1997年为第二阶段,其任务是建立独立的欧洲货币机构和完善其组织体制,监管各国财政、货币政策和外汇储备,为将来建立独立的欧洲中央银行做准备,但它不得干预仍由各国中央银行负责的货币政策和稳定币值的责任。第三阶段是1997—1999年,逐渐实行统一的货币和建立独立于各国政府之外的欧洲中央银行。

1991年马斯特里赫特会议的召开在欧洲一体化进程中是一件具有里程碑意义的事件。会议通过的《欧洲政治经济联盟条约》,实际上为欧洲人画出了一个欧洲合众国的蓝图。

1993年11月1日,欧共体12国签订的《欧洲联盟条约》正式生效,一个联合欧洲12个国家,涵盖3.4亿人口的联盟从此诞生了。

欧盟成立后,立即着手贯彻其"大欧洲"的进程。然而,由于各成员国参差不齐,加之适逢经济衰退,进行得非常不顺利。

各国想降低利率,扩大投资,促进经济复苏,但德国马克坚挺,银行实行高利率。其他国家的货币受到巨大压力,难以同马克一起浮动。英镑和意大利里拉于1992年9月率先退出欧共体货币体系;法郎也受到冲击,自身难保。欧共体为维护自身的汇兑机制,于1993年8月,决定将各国货币对中心汇率的上下波动幅度由2.25%扩大为15%,即扩大了5倍多,这几乎使欧洲货币体系陷于瓦解。

不久,欧盟各国经济出现复苏。1994年1月1日,经济货币同盟仍按预定日期进入第二阶段,成立了欧洲货币局,并确定德国的法兰克福为欧洲货币局的所在地。

同时,欧共体还积极发展同欧洲自由贸易联盟的关系。欧洲经济区于1994年1月1日正式成立,它包括欧共体12国和欧洲自由贸易联盟的奥地利、芬兰、挪威、瑞典和冰岛。

1995年1月1日,欧洲联盟正式接纳奥地利、芬兰和瑞典为自己的成员国,挪威虽也同欧盟达成入盟协议,但未能获得全民公决的认可而继续留在欧盟之外。新加入欧盟的三国是富国,它们的加入使欧盟的国民生产总值达到与北美自由贸易区的产值大体相当的程度。三国长期执行中立政策,同东欧国家有较密切的联系。扩大后的15国欧洲联盟,其影响和地位明显增强。

由于苏联瓦解后东欧出现了急剧变化,欧洲联盟抓住这个机会,大力东扩,分别和波兰、匈牙利、捷克、斯洛伐克、罗马尼亚和保加利亚这些东欧国家签订了联系协议。到1994年底,为了帮助加入欧盟的东欧国家向自由市场经济转轨,欧盟为此拨款多达50多亿美元。

1996年12月,欧盟邀请这6个联系国的政府首脑参加在埃森举行的欧盟首脑会议,会议就六国加入欧洲联盟问题进行讨论。

1999年1月,欧盟在实行欧元的国家中实行统一货币政策。2007年7月,欧元成为欧元区唯一合法货币。此举标志着欧洲一体化的进程又前进了一大步。

2004年5月,欧盟实现成立以来最大规模的扩容,接受波兰、匈牙利、捷克、斯洛文尼亚、拉脱维亚、立陶宛、斯洛伐克、爱沙尼亚、塞浦路斯和马尔他10国为正式成员国。

2007年1月,欧盟接受罗马尼亚和保加利亚入盟,从而使其成为一个涵盖27个国家、总人口近5亿的政治经济实体。

2013年7月,欧盟接受克罗地亚入盟,这也是其自2007年后首次接纳新成员,至此,欧盟正式成员国达到28个。

北约东扩

二战后,欧洲的军事对峙产生了两个国际性军事组织,人们简称其为北约和华约,这两大军事集团自诞生以来就互为对手而存在,真所谓相辅相成,缺一不可。但是,随着苏联的变化,华约在1991年7月1日宣布解散。这样一来,北约好像一个独自挥拳的拳击手,没有了与之对抗的对手。很显然,北约组织是否有必要继续存在下去,成了其全体成员国所面临的问题。

在此局势下,北约组织的国防部长们在布鲁塞尔召开紧急会议,就北约组织的未来进行磋商,经过激烈辩论,终于取得共识。会议认为:欧洲和北约已经进入了一个新时代,但是苏联(几个月后苏联解体,其军事力量为俄罗斯所继承)保持的大量核武库和常规武器仍然是欧洲安全的威胁,同时剧变之后的中东欧局势不稳,另外世界上其他地区也存在各种"危险",因此北约不能解散,只能是调整策略,改变军事结构和部署。

北约最重要的策略调整就是进行东扩。1994年1月,北约通过了美国提出的关于同原华沙条约成员国和其他欧洲国家建立"和平伙伴关系"计划,这是北约东扩的一个重要战略步骤。

1995年9月,北约正式公布东扩计划研究报告,1997年7月,北约首脑会议决定立即与波兰、匈牙利和捷克举行入约谈判,在1999年北约成立50周年之前完成法定批准手续,北约东扩正式启动。北约秘书长索拉纳把1997年北约的发展总结为4个"新"字,即新成员、新伙伴、新任务和新结构。

1997年12月,北约16国外长在布鲁塞尔北约总部签署了接纳波兰、捷克和匈牙利三国入盟的协议书。

北约的新伙伴,是指北约与俄罗斯、乌克兰、中东欧以及地中海地区发展关系。其中,以北约与俄罗斯的关系最为重要。1997年5月27日,北约与俄罗斯在巴黎正式签订了双边关系"基础文件",7月又成立了常设联合理事会。北约还与27个北欧、中东欧和中亚国家成立了欧洲与大西洋伙伴关系理事会,北约的目的是通过这些组织影响与控制俄国及这些国家。

北约制定的新任务,即从军事防御扩大到维持和平,预防和制止区域冲突,加强人道主义援助和军事技术合作。上述任务的目的是确保西方利益,维持有利于西方的和平。出现军事冲突时,北约将以维和为幌子,对任何地区进行"合法"干涉,这一招与冷战时期公开干涉相比,具有欺骗性。

北约还进行了机构改革,建立新机构。其任务是将原有的65个司令部减少到20个,使指挥系统更加机动灵活。此项改革从1998年1月开始,到1999年北约首脑会议时完成。

毫无疑问,北约东扩,是美国与西欧在冷战结束后为进一步巩固西方利益,防止任何潜在的来自俄国与东欧的军事威胁采取的措施,其在东扩时标榜的"欧洲安全",就足以说明问题。因为所谓"欧洲安全",必须是符合美国、西欧利益的"安全",否则它们就要"维护和平",加以干涉。因此俄罗斯坚决反对北约东扩,俄罗斯清醒地认识到,北约是以美国为主导的军事集团,由于俄罗斯经济十分脆弱,在美国和西欧做出一定让步后,不得不同意目前的北约东扩。

美国做出的让步包括不在新成员国部署核武器,同意修改常规武器条约,根据俄方要求将《第二阶段削减战略武器条约》的生效时间推迟 5 年,接纳俄国参加七国集团,许诺向俄提供经济、财政援助等。但北约只是做让步,并不想与俄国建立真正伙伴关系,因此北约的矛头始终是指向俄国。

1997 年 11 月底,美国总统发布命令,对美国的核战略进行 16 年来最重要的一次调整。这次调整,美国承认由于美国无法打赢核战争,因此美军将放弃"打赢一场将会毁灭全球的旷日持久的核战争","将核战略的重点由进行核战争转向阻止核战争",但其真实目的是阻止俄国及他国发展核武器。美国一方面谋求与俄罗斯和中国建立面向 21 世纪的建设性战略伙伴关系,另一方面又坚持把俄罗斯和中国列入核打击目标,并把一些非核国家也列入核打击目标清单。

由此看出,美国的一切战略部署目的就是使俄罗斯、中国及其他一些坚持独立自主路线的国家服从美国西方利益,并通过所谓"伙伴关系"使它们进入西方轨道,否则美国将采取压倒优势和毁灭性的对策,即首先使核武器。

1999 年 3 月。北约在美国密苏里州举行仪式,正式接纳波兰、匈牙利和捷克入约。三国表示,加入北约的目地是为了寻求安全保障,并实现"回归欧洲"的目标。美国务卿奥尔布赖特表示,三国入约不会是最后一批,因北约东扩不是一个事件,而是一个进程。

2002 年 11 月,北约在捷克首都布拉格举行第十六次首脑会议,会议决定邀请爱沙尼亚、拉脱维亚、立陶宛、斯洛伐克、斯洛文尼亚、罗马尼亚和保加利亚 7 国加入北约。这是北约自 1949 年成立以后规模最大的一次扩张,由成立时的 12 个成员国发展到 26 个。2004 年 3 月,上述 7 国正式加入北约,此次东扩为北约第二轮东扩,东扩后北约将其触角直接延伸到俄罗斯边界,引起俄罗斯的强烈不满。

2008 年 4 月,北约布加勒斯特首脑会议决定,正式邀请西巴尔干地区国家克罗地亚和阿尔巴尼亚加入北约。2009 年 4 月,上述两国正式加入北约,从而使北约成员国升至 28 个。马其顿因与希腊存在国名争端问题,其入约申请被暂时搁置。

东京沙林毒气案

人类社会继贫困与战争之后,另一个人类公害如影子一般和人们的生活纠缠在一起,这个恶魔就是恐怖主义。今天,恐怖活动令全世界的政治家大伤脑筋,也使普通老百姓无端遭殃。

世界通史

这里是日本首都东京,时间是1995年3月20日早晨8时许。这一天东京市民如往常一样,吃过早点就急匆匆走出家门赶去上班,人们如同潮水一般涌上地铁,向各自的目的地赶去。东京的150个地铁站人头攒动,十分繁忙。

此时,东京的消防厅里静悄悄的,员工们悠闲而有序地工作着。突然,报警电话疯狂地响了起来。

"是消防厅吗?喂,我们这儿遭到强烈刺激气体袭击!需要紧急救援!……"

接电话的人刚放下电话,电话铃声又响了,报警电话一个接一个地打来。短短的45分钟内,消防厅先后接到日比谷线、丸之内线和千代田线等3条地铁线、5列列车、16个车站及一些电车的报警电话。他们都报告说,遭到了强烈刺激气体的袭击,要求快速救援。

这是怎么回事呢?

原来在上述报警的车站内,都发生了这样的情况:每当电车到站停靠时,乘客们或者大声咳嗽着,或者用手帕捂住眼睛和口鼻,拼命地向车厢外奔逃,许多人来不及跑出月台,就纷纷跌倒在地,不停地抽搐,有的呕吐不止,有的昏厥不醒,有的痛苦地喊叫:"看不见了!什么也看不见了!我的眼睛……"一股股强烈的刺激气味从车厢内涌出,扑向站台,不一会儿,整个车站就都充斥着一种令人窒息的刺激气味。车站内大乱,人们争相逃命,许多人被推倒在地,狂奔的人们从他们身上踩过,到处都是歇斯底里的叫喊声。

见此情景,车站工作人员连忙拨打"119",紧急报警。

案发后仅30分钟,东京警视厅长官就带领有关专家乘直升机赶到现场,大大小小的警车也从四面八方驶来,如蝗虫一般停在案发车站的站台外面。警员们一面迅速将数以千计的中毒者疏散转移,一面对东京所有150个车站突击搜查。

到21日清晨,"沙林"毒气已造成8人死亡,四五千人中毒。

一天之内日本警视厅出动了上万名警察,迅速掌握了东京地铁杀人案的一些细节,防化专家们也查明了强烈刺激气体的属性。专家们的结论是:东京地铁的杀人毒气是一种名为"沙林"的神经性毒气剂。

随着调查的不断深入,疑犯的目标越来越明确。大量证据表明,东京地铁毒气案与奥姆真理教有关。奥姆真理教创始于1984年,当时是一个合法宗教团体,该教自称是佛教的旁支,以印度的湿婆为主神。他们宣扬一些神秘的法术,声称可以使信徒的灵魂得到解脱。但由于证据不足,警方不能认定是他们做的案,就决定以其他名义,对奥姆真理教在全国各地的25个道场和设施进行强行突袭检查。

22日清晨,人们还在睡梦之中,2500名头警察突然包围了各个搜查目标,他们都头戴防毒面具,身穿化学防护服。尽管被搜捕的奥姆真理教教徒顽强抵抗,但是还是很快被警察控制了。

这场大搜查进行了3天,警方的收获很大,包括34卡车的危险化学品和其他一些罪证,这些都来自奥姆真理教据点。所查获的34卡车的危险化学品可以再制造出500吨"沙林"毒气,足可以夺取420万人的生命。这些俘获物证明东京地铁毒气案的凶手就是奥姆真理教。

5月16日,日本警视厅逮捕了奥姆真理教的教主麻原彰晃,因为他涉嫌"杀人及杀人未遂"。至此,东京地铁毒气案可以结案了,但是,出人意料的是日本当局迟迟没有对麻原彰晃进行宣判。

一直到2004年2月27日,才以指使教徒制造毒气和杀人等一系列罪行判处麻原彰晃死刑。

亚洲金融危机

1997年7月2日,泰国宣布实行浮动汇率制,放弃固定汇率制,此举如石投水,掀起千层波澜,引发了一场席卷东南亚的金融风暴。

就在泰国宣布放弃固定汇率制的当天,泰铢与美元的汇率大幅度下跌,金融市场一片混乱。这股金融风波蔓延到与泰国经济紧密相连的其他东南亚国家,紧接着印度尼西亚盾、菲律宾比索、马来西亚林吉特纷纷大幅下跌。危机迅速波及亚洲其他金融市场,造成一场亚洲金融危机。

这场亚洲金融危机有着复杂的全球经济背景。但是,最直接原因是国际金融投机机构在亚洲金融市场上兴风作浪,尤其是美籍犹太人索罗斯的量子基金会。马来西亚总理马哈蒂尔在7月28日的一次国际会议上,愤怒地指责索罗斯等国际金融投机家是"外国野兽在蓄意破坏马来西亚经济"。

索罗斯扬名世界始于1992年,他对英镑的狙击最终使英镑贬值、欧洲统一货币进程受阻,索罗斯却进账10亿美元。在这次东南亚各国的金融危机中,浑水摸鱼的他又在趁火打劫中赢得了20亿美元。

10月下旬,金融风暴掀起第二波。国际炒家移师国际金融中心香港,矛头直指香港联系汇率制。10月17日,台湾当局突然弃守新台币汇率,一天贬值3.46%,其股市也一泻千里,对港币和香港股市形成压力;10月21日,美国摩根斯坦利银行将该行在亚洲的投资由2%降为0,顿时掀起了冲击港币的风波。港股大幅下跌,甚至跌破9000点大关。

国际炒家在香港汇市和股市期指两个方面双管齐下,猛烈狙击香港的联系汇率制,企图再次大捞一把。为扼制国际游资疯狂的投机,香港金融管理局针锋相对,果断地采取临时应急措施,给国际炒家给予迎头痛击。10月29日香港特区政府重申不会改变现行汇率制度,市场信心由此恢复,恒生指数强劲飙升,重上万点大关。这场惊心动魄的大会战以香港的胜利而结束。

受东南亚金融风暴的影响,韩国金融形势于11月开始出现严重恶化,形成亚洲金融危机的第三波。11月17日,政府金融改革法在国会未获通过,金融市场动荡加剧,汇率创出1008:1的历史纪录,股指下跌不止,此后人们疯狂抛售韩元,抢购美元。21日,韩国政府不得不向国际货币基金组织求援,危机暂时得到控制。但到12月13日,韩元对美元的汇率进一步下跌,股指也跌至350.68的历史新低点。金融危机对韩国的经济领域产生了灾难性的影响,一些著名的电子、汽车、钢铁企业集团都纷纷陷入困境。

韩元危机的深化使在韩国有大量投资的日本经济深受冲击,坏账、呆账大量增加。10月,京都协荣银行破产;11月,三洋证券公司、北海道拓殖银行和德阳城市银行等金融机构相继破产;11月24日,日本四大证券公司之一,具有百年历史的山一证券公司宣布破产,成为日本历史上最大的一宗破产案……

至此,东南亚金融风暴演变为亚洲金融危机。

进入1998年,印尼的金融风暴再起,人们将其称为亚洲金融危机的第四波。印尼政府于1998年1月宣布预算方案中部分放松银根,以挽救印尼经济,此举激怒了国际货币基金组织(IMF)和美国。国际炒家乘机出击印尼,使印尼盾再次一泻千里。印尼出现政治经济社会大动荡局面,甚至进而导致新元、马币、泰铢、菲比索纷纷报跌。直到4月8日印尼和IMF就一份修改后的经济改革方案达成协议,东南亚汇市才暂告平静。

多年来一直陷于泡沫经济困境的日本,由于与东南亚关系密切更是雪上加霜。新出现的大量呆账、坏账将不少日本银行推至破产的边缘,日元汇率从1997年6月底开始一路下滑,到1998年6月中旬,日元汇率再度大幅下跌,标志着亚洲金融危机进入第五波。国际金融形势随之更加捉摸不定,亚洲金融危机继续深化。

亚洲金融危机的第六波始于1998年8月初,国际炒家对香港发动新一轮大规模冲击。港府随后突然出手,予以回击。金管局动用外汇基金进入股市、期市,大量收购蓝筹股和期票,吸纳国际炒家抛售的巨额港币,将汇市稳定在7.75港元兑换1美元的水平上,同时提高银行隔夜拆息率,夹攻国际炒家。经过1个月的苦斗,国际炒家们损失惨重,把香港作为"超级提款机"的美梦破灭,灰溜溜地撤出香港金融市场。

到8月份,俄罗斯金融市场出现波动,这是亚洲金融危机影响世界经济的标志。8月17日,俄罗斯政府发表声明,将扩大卢布兑美元汇率的浮动幅度,并且暂停国债券交易,同时推迟偿还外债。此举一出,俄股市和汇市急剧下跌。随后,美、欧股市和汇市出现全面剧烈波动,这场金融危机后来还扩散到拉美地区。

亚洲金融危机迅速蔓延亚洲、美洲等新兴市场地区,其影响的范围之广、程度之深都是前所未有的,这引起国际社会的忧虑,促使各国经济学家对全球经济一体化过程的反思,并且开始寻求避免经济危机的"多米诺效应"的方法。

中国政府在这场危机中顶住巨大压力,维护人民币的稳定,为亚洲经济的稳定、帮助受金融危机冲击的国家走出困境承受了重大的牺牲。

"9·11"恐怖事件

尚未退去的晨霭笼罩着一尊伫立在蔚蓝色海湾的白色自由女神像,帝国大厦高耸入云,这里是美国繁荣的城市——纽约。商店里的大钟显示此时是美国东部时间2001年9月11日上午8时48分,正好是上班的高峰期,大街上人头攒动,车水马龙。

突然,一架飞机超低空飞来,掠过纽约上空,向纽约市的最高建筑物——世界贸易中心大楼撞过去。一阵难以描述的颤动过后,高耸云霄的大楼被飞机撞了个大窟窿,在离地面20层的部位浓烟滚滚。大楼里的人惊呼"恐怖分子攻击纽约了,大楼被击中了!"随后一片惊慌,人们四处逃生。

18分钟后,另一架飞机撞到世贸中心二号大楼的东北角。飞机从大楼的一侧撞入,由另一侧穿出,一团火球伴着浓烟向外爆开。

世贸大楼就像发生了火山爆发,从楼上飞落的碎片散到好几个街区以外。

人们惊叫着,连滚带爬,在街上四处乱跑,但都被浓烟和碎片笼罩和击倒;许多人的身上、脸上全是血;有的人不顾一切地从高楼上往直升机投出的绳梯上跳,但却由于没能抓住而掉下来……救护车、消防车、警车鸣着警笛呼啸而来,医务人员、消防队员不顾个人安危在浓烟中不停地抢救被烧得发黑的伤员;大街上红绿灯已经不起作用,到处都是人群,人们只能听从街头警察的指挥。

纽约市长朱利安通过广播,宣布整个纽约市处于恐怖活动的紧急状态。银行关门、机场关闭、地铁停驶,外面通向曼哈顿的隧道和高速公路也都被关闭,纽约证券交易所宣布停市,中小学校紧急把孩子们疏散回家,世贸大楼附近大楼里的人员也被紧急疏散。

由于无线通讯中断,人们只好在附近的电话亭前排起长队,等待着用公用电话向家人报平安。

大火仍然在熊熊燃烧,在熊熊烈火和剧烈的爆炸中,纽约世界贸易中心的两

座大楼轰然倒塌。

世贸大楼素有"纽约的象征"之称,整个工程的建造耗资7亿美元,是世界上最大的商业建筑群,两座塔楼高110层(415.4米),是纽约市最高的建筑物,也是全美国第二高的建筑。大楼内有来自60多个国家的1200多家公司,有5万名工作人员在这里上班,每天来这里处理公务的大约有近8万人。但是,就是这样的两座大楼,在恐怖分子的攻击下,顷刻之间就全部消失了!曼哈顿的景观从此不再依旧。

此时此刻,美国正处于一场"国家性的灾难"之中。在9·11事件中共有2801人丧生,其中包括在现场执行任务的消防队员343人、港务局工作人员75人和警察23人。

在这种突如其来的打击之下,美国总统布什立即宣布:如美国领空再发现不明飞机,将一律击毁;他作为美国总统将调动政府的一切能力,给此次灾难的受害者和他们的家人以帮助,同时表示美国政府将不惜一切代价找出事件的制造者。

美国联邦调查局全力活动,很快收集到大量证据,随着调查的进展,目标逐渐锁定在本·拉登身上。不久,美国政府就确认这位沙特阿拉伯贵族就是"9·11"事件的主要凶手。美国立即向全世界发布通缉令,悬赏捉拿本·拉登。由于本·拉登躲藏在阿富汗境内,美国政府立即要求把持阿富汗政权的塔利班组织交人,遭到拒绝后,美军对支持拉登的阿富汗塔利班政权实施军事打击,同时派出特种部队在本·拉登藏身之地搜捕。

"9·11"事件以后,美国成立了国家反恐中心,并将抓捕本·拉登作为美国在反恐战争中的首要目标,并为提供本·拉登下落者的人开出2500万美元的悬赏金,2004年悬赏金增至5000万美元。

2011年5月,美国总统奥巴马发表声明,称本·拉登在美军的一次军事行动中被击毙。同年9月,在"9·11"恐怖袭击十周年之际,美国政府在纽约世贸大楼遗址举行了隆重的纪念活动。

"库尔斯克"号核潜艇沉没

俄罗斯总统普京在国家安全委员会会议上曾经说过这样的话:"要是我们的水兵根本没有出海的能力,怎么能说这样的情况要好些呢?"毫无疑问,必须彻底地改革僵化的俄国军队,俄国海军不能待在港口里睡觉,必须不断地进行军事演练。

俄罗斯北方舰队多年来首次大规模的演习在2002年8月11日开始了,这

世界通史

一天是星期五。于是,世界上最大的核潜艇"库尔斯克"号在45岁的舰艇指挥官根纳季·利亚钦上尉的指挥下起航了,它将是这次演习中潜艇分队的旗舰。

北方舰队的33艘各种舰只和40架飞机也参加了这次大规模的军事演习。星期五、星期六两天,舰队的演习进行得非常顺利,完成了各种预定的作业。

"库尔斯克"号是当今世界上装备最强的非弹道导弹核动力潜艇,也是吨位最大的核潜艇。它船体长154米,宽18.2米,吃水9米,排水量1.39万吨,由两个核反应堆提供动力。它的深海航速可达28节,水面航行速度为19节(国际通用的航海速度单位,1节=1海里/时)。最大下潜深度为300米,能够在水下连续航行120天。"库尔斯克"号可装备24枚7吨重、射程达550公里的SS—N—19型巡航导弹,携带32颗水雷,是俄罗斯海军迄今最现代化的大型多用途核潜艇之一,是专门用来攻击航空母舰的。

再有一天,演习就可结束了,终于可以浮上水面呼吸一下新鲜空气,享受一下阳光了。如果上司批准,或许还可以去度个假。已经在海下憋闷了两天的"库尔斯克"号潜艇的官兵这么盘算着。但他们或许永远都不会想到,灾难正在向他们一步步逼来。"轰!轰!"随着两声巨大的爆炸声,"库尔斯克"号潜艇整个地抖动起来。接着,两个核动力反应堆被关闭,所有电力被切断,海水开始灌入船舱。舰艇开始下沉、下沉,很快就沉到了距海面100多米深的海底。

"库尔斯克"号沉没了!118名军人的生命垂危!

一时间,整个俄罗斯的注意力和世界媒体的镜头都聚焦到出事地点——摩尔曼斯克。

惊心动魄的救援工作开始了!但由于怕泄漏军事机密,俄罗斯决定单独行动。

8月13日上午10时,第一艘救援船到达出事现场;8月14日11时,俄军首次向媒体宣布"库尔斯克"号发生事故;8月15日5时,狂风暴雨使救援工作被迫中断;9时,救援人员听到被困在艇内的人敲击船舱,发出求救信号;21时,俄海军第一个救生舱下水,但一小时后因天气恶劣无果而返。

8月16日7时,俄海军第三次救援工作失败,再未听到艇内的敲击声。俄罗斯宣布愿意接受外国援助,开始向英国和挪威求援。但已为时太晚!

8月19日,英国和挪威救援人员分别于8时30分和24时抵达出事水域;8月20日13时,挪威潜水员潜入海中,发现潜艇的救生舱严重受损;8月21日17时55分,挪威宣布潜艇各个隔舱的绝大部分被淹没,118名官兵生还无望,决定终止救援行动。

8月22日,俄罗斯总统普京下令,在23日全国为"库尔斯克"号潜艇上的死难者致哀。

令人揪心的9天就以这样的结局而告终！在这9天里，俄罗斯西部库尔斯克的军方区域办事处里，挤满了出事潜艇官兵的父母，他们焦虑地等待着受困孩子的消息，大多数家长还不辞路途遥远，赶到最靠近出事地点的摩尔曼斯克，了解拯救工作的最新发展。

但是，拯救"库尔斯克"号的行动最终失败了！"航母杀手"就这样沉入大海，艇上的118名官兵留在了冰冷的海底。后有115具遗体被发现，葬在了俄罗斯。

20世纪的科学文化

摩尔根创立基因学说

"一个人的志向不宜定得太高,太高就会成为一种空想。即使别人不取笑你,你也会自己把意志消磨掉的。不妨把目标定得近些。近了,就容易中的。每一次都能中的,就能取得成功!"

这是美国著名的遗传学家托马斯·亨特·摩尔根说过的一句名言,在自己的成功之路上,他也正是如上所说去做的。正是他这种务实的科学作风,才成就了他创立基因学说。由于他在研究染色体在遗传中的作用方面取得非凡的成就,他于1933年被授予诺贝尔生理学及医学奖金。

1866年,摩尔根出生在美国肯塔基州的列克星敦,其父母的家族都是当年南方奴隶制时代的豪门贵族,后家境败落。

童年时代的摩尔根,经常到乡间和山区去漫游。他对大自然的一切都有着浓厚的兴趣,并且喜欢了解它的究竟。

10岁那年的一天早晨,摩尔根在教堂里做完礼拜后,不知跑到哪里去了。直到晌午家里开饭了,还不见他回来,焦急的父母派他的姐妹去四处寻找。

姐姐找了好一阵子,才发现他伏在田埂里。

"哎哟,你怎么伏在这里,想干什么呀?"

摩尔根没有回答,只是做了一个要姐姐别声张的手势。

姐姐仔细一看,原来他在观察一朵仙人掌花。

"干什么老看着这花?"姐姐不解地问。

"唔,我想看它的花是怎样开出来的。"

对动物,摩尔根也想了解它们生长的秘密。有一个时期,他对猫和狗怎样生小猫、小狗发生了兴趣,总是盯着它们。一次,他捉了一只耗子,把它养在抽屉里,目的是想看看小耗子是怎样生下来的。

摩尔根小学毕业后,当地教堂的牧师提醒他父亲说,这孩子对自然界的东西有着其他孩子比不上的洞察力,一定要送他进一所好些的学校学习。父亲接受了牧师的建议,把摩尔根送进州立学院的预科部。

两年后,摩尔根转入州立学院本科学习。他爱好动物学,但学院没有这方面的专门课程。于是,学院特地为他开设动物学课程。摩尔根兴趣所在,自然发奋学习,成绩优秀。1886年,他获得动物学学士学位。

对于摩尔根来说,在州立学院获得的动物学方面的学识,当然是不满足的。之后,他去霍普金斯大学深造。在一些著名教授的指导下,他攻读普通生物学、生理学、解剖学、形态学、胚胎学。1890年,他的博士论文《论海洋蜘蛛》被通过,从而获得了动物生物学博士学位,当时他才24岁。第二年,他到布来恩莫尔学院任教。

当时,美国著名的生物学家们正在争论着一个重大的问题:支配胚胎细胞变异的,究竟是内在的(即遗传的)因素,还是外在的(即环境的)因素。

摩尔根对这个问题很感兴趣。于是,他进行了大量的实验。他首先研究海胆卵的受精作用,并且探索不同的盐溶液和重力或无重力,对海胆、软体动物和多骨鱼的卵的正常生长过程的影响,接着,又实验不同浓度的锂的氯化物在不同阶段上对胚胎的损伤。

经过反复实验,摩尔根发现,尽管各种物质障碍能引起这些动物胚胎发育过程的改变,但是胚胎还是显示出要达到它既定目标的迹象。据此,他于1902年初发表了一系列论文,指出环境的影响可以在一定程度上制约胚胎的发育过程,但是决定发育结果的根本因素,还是在于胚胎本身。

1900年,摩尔根到哥伦比亚大学动物系任教。当时,生物学家们正在争论另一个问题:决定性别的因素是什么。一些生物学家认为,环境是决定性别的因素,即胚胎的性别,取决于发育过程中受到的温度及能得到的养料数量。他们的根据是,自然界中的许多动物尤其是昆虫,由于环境条件的不同,会引起性别比率的变化。而另一些生物学家却认为,性别主要是在受精的时刻,甚至在这以前,由卵子、精子或两者兼有的内在因素决定的,他们强调的是遗传在性别方面的决定作用。

摩尔根对这个问题也很感兴趣。他在实验的基础上,于1903年发表了一篇关于性别决定问题的评论文章。文章指出,目前生物学家们对这个问题所持的证据并不充分。双方仅仅解释了在大多数物种中所发现的1∶1的性别比率。但是,自然界中存在着一些特殊的性别现象,如单性生殖、雌雄同体、性别反转等等。正确的性别决定理论,应该既能解释通常具有1∶1的性别比率,又能解释上述特殊的性别现象。因此,要解决这个问题,还必须做大量的实验。

摩尔根是这样说,也是这样做的。1908年,他开始养殖果蝇。这是一种容易饲养、生活周期短(约两星期)、突变性多、唾腺染色体大的昆虫,它适宜于用作遗传学等学科的实验材料。两年后,他在一只培养瓶里偶然发现,有的雄蝇身上,出现了一个细小而明晰的变异:一般果蝇的眼睛都是红的,而这只却是白色的!

"怎么会是白色的呢?"摩尔根觉得很奇怪。他让这只白眼睛的果蝇与红眼睛的交配,结果繁殖下来的果蝇都是红眼睛的,而让这些繁殖下来的红眼睛的再进行兄妹交配,下一代中又出现了白眼睛的。尤其使他感到惊奇的是,这些白眼睛的果蝇,绝大多数是雄性的。

摩尔根由此做出结论:红眼和白眼果蝇的出现,是由它们的遗传因子所决定的,这种特性总是同细胞中决定性别的成分联系在一起,染色体实际上是遗传因子的真正携带者。

1910年初,摩尔根同他的助手一起,在哥伦比亚大学建立了一所实验室,专门从事对果蝇的研究。在这之前,奥地利的遗传学家孟德尔曾根据豌豆杂交试验的结果,于1865年发表了《植物杂交试验》的论文,提出了遗传单位(即基因)的概念,并且阐明了他的遗传规律。但是,他所说的基因同染色体之间的关系,纯粹是推理性的,没有人能看到基因。现在,摩尔根和他的同事们,却找到了检验这种推论的方法。

1911年,摩尔根的一名助手首次绘制出了果蝇性别环连基因遗传图。在摩尔根的主持下,后来其他基因的位置也被确定下来,证明基因是成直线排列的。这样,摩尔根就成功地创立了基因学说。

在哥伦比亚大学的果蝇实验室里,摩尔根是受到他助手信赖和尊敬的长者。他非常民主地领导这个实验室,让每个人的聪明才智充分发挥出来。每当有人提出一种新的见解,摩尔根就让大家自由讨论,以致很难确定哪个观点是谁最先提出来的。他既是大家的老师,又是大家的朋友。在研究资金缺乏的时候,摩尔根就毫不犹豫地自己掏腰包,支付助手们的工资。

1924年,摩尔根离开哥伦比亚大学,去加利福尼亚工学院建立生物学专业。在他的主持下,4年后创立了一所生物科学实验院,这是当时世界上惟一的研究遗传学并有着高度成就的科学中心。

1927—1931年,摩尔根光荣的被任命为美国科学院院长。1932年,第六届国际遗传学大会在纽约召开,摩尔根主持了这次大会。事实上,后来这次会议成了摩尔根学术成就的研讨会。第二年,他实至名归地获得了诺贝尔生理学及医学奖金。但是一向谦虚的摩尔根却把这笔奖金与自己的助手们分享,让他们供孩子上学。因为他一直认为他所有成就的取得,都离不开助手们的支持和帮助。

除了基因学说,摩尔根还把他的一种实验方法留给了我们,那就是定量分析方法。他是最先把这种方法应用于解决生物学问题的人,正是他才使遗传学有了飞速的发展,从而奠定了遗传工程学这门现代新兴学科的基础。

1945年9月25日,托马斯·亨特·摩尔根去世。

"现代舞之母"邓肯

20世纪以前的西方人所说的舞蹈,就指古典的或者是浪漫风格的芭蕾舞,但是天性热情奔放的伊莎多拉·邓肯却改变了舞蹈的概念,创立了现代自由舞蹈。她抛弃了芭蕾舞中那种又短又硬的舞裙和紧挤双脚的舞鞋,而是赤裸着双脚,穿上古希腊式的单薄的宽袍,展示优美自然的舞姿。她的舞蹈和传统的舞蹈最大的不同是,舞蹈者不受剧情和音乐的限制,而是按照舞蹈者自己对音乐的理解,用自由随意的动作,尽力表达音乐的深刻含义。非常明显,现代自由舞蹈的出现就和自由运用色彩的野兽派的出现一样具有历史的必然性,也反映了意识形态领域中的某些现代主义倾向。

1877年5月26日,依莎多拉·邓肯出生于美国旧金山。她从小就表现出对舞蹈的莫大兴趣,于是母亲就将她带到了旧金山一位最有名气的芭蕾老师门下。但邓肯对老师的那种程式化的教学方式极为反感,在3堂芭蕾课之后,她毅然决定按照自己的方式跳舞了。从此邓肯再也未去上过任何其他老师的舞蹈课。

邓肯的第一次职业性合同是1899年与芝加哥一家餐厅签订的,而她的第一个作品发表会也是于同一年在此举行的。后来,她又去纽约参加演出了奥古斯丁·戴利的芭蕾舞剧《仲夏夜之梦》,她扮演了第一位仙女。20岁刚出头的邓肯此时此刻已没有了那种过激行为,而是身穿仙女舞服,背插两只翅膀,脚穿芭蕾舞鞋,立在优美可爱的"阿提久"芭蕾舞姿之中。

这阶段,邓肯常常在曼哈顿岛上的富豪家宴上表演,尽管她年轻貌美,招人喜爱,但她的舞蹈却是无足轻重的,而她自己对此也不满意。于是,她说服了母亲、姐姐伊丽莎白和弟弟雷蒙德,一道前往伦敦,去开辟一个新天地。

在伦敦,一家人经常饥寒交迫,朝不保夕,但他们依然设法定居下来,而邓肯则竭力寻找机会继续跳舞。终于,她在莱瑟姆剧场签订了一份合同,并于1900年2月22日公演了《仲夏夜之梦》,她仍扮演同一角色——仙女。

接着,不安于现状的邓肯一家又前往巴黎,而正是在这座古典艺术的名城,他们第一次有了自己的舞蹈工作室,并开始安下心来,严肃地考虑舞蹈创作问题。她在一些名门贵族的沙龙里跳舞,并结识了罗丹等一大批颇能欣赏她的舞蹈的艺术家。

一天晚上,邓肯在自己的舞蹈工作室里表演时,完全出于意外的小事故而没能穿上那双古希腊式的皮带鞋,结果她赤脚而舞居然产生了惊人的效果。从此,她就再也没有穿鞋跳过舞。

然而她于1902年在巴黎的首场公演却遭到不幸的厄运。就在开演之前,演出经纪人带着票房收入溜之大吉,而乐队在未拿到劳务费之前又拒绝伴奏,这使得剧场内外乱成一团,演出根本无法照常进行。邓肯急了,一步冲出帐幕,有生以来第一次违背自己,天性地用和风细雨的口气向观众解释了一切。但主要是由青年美术家、音乐家和诗人构成的观众坚持要看她表演,否则绝不离去。最后,还是观众中的一位音乐家登台解了围,邓肯在由他演奏的肖邦和格鲁克音乐中翩然起舞,不仅将作曲家的节奏和旋律表现得准确无误,而且将音乐的神韵也表现得淋漓尽致。她的舞蹈不仅给观众以启示和鼓舞,也成了她作为舞蹈艺术家的首次大捷,并为随后的驰名世界打开了局面。

1904年夏天,科希马·瓦格纳盛情邀请邓肯参加在德国拜罗特举行的艺术节,邓肯为此专门创作了《汤豪舍在狂欢节》,并于其中跳了一段独舞。但派来与她合作的柏林国家歌剧院的芭蕾舞团的演员,完全不能按照她对瓦格纳气势恢弘的音乐的理解,去自由自在地奔腾跳跃或热情奔放地甩动头颅。她失望了,似乎朦胧地意识到自己的这种艺术是不可模仿的,而是仅仅属于她自己的,因为她的那种朦胧的动作技术基础是无法为任何人提供继承和发展的线索的。

邓肯的生活和艺术可由1913年她的两个孩子的夭折而划分成两个截然不同的阶段。尽管她为了体现女人应该享有的、与男人同等的爱的权利,一生未步入教堂去屈从于任何男人,但她那火热而赤诚的爱心却结出了两颗可爱的果子——一个是生于1905年的女儿迪尔德丽,一个是生于1909年的儿子帕特里克。但不料这双儿女却在一辆驶入塞纳河中的汽车里被活活淹死,他们的死使邓肯痛不欲生,近乎疯狂达数月之久。她从多种舞蹈活动中撤出身来长达3年之久,一直到1916年,由于挚友的百般劝说,她才返回了舞台。

1922年,邓肯在苏联时,那泯灭已久的爱火又被青年诗人谢尔盖·叶赛宁所点燃。他们互相狂热地崇拜着,尽管语言上障碍重重,叶赛宁浑身洋溢的才气和朝气居然冲破了邓肯固守多年的"终身不嫁"的信念,并很快嫁给了比她小十几岁的叶赛宁。狂热的罗曼蒂克达到顶点之后,他们这两位各有怪癖的天才之间开始出现了矛盾,尤其是叶赛宁那病态的过敏和神经病一般的脾气常常掀起不快甚至痛苦的波澜,但邓肯还是将他带回美国。不料在入纽约港时,两人在爱丽丝岛的入境检查局被当做布尔什维克的鼓吹者而遭到拘留。最后,尽管二人被允许入境,但报界的反共舆论却一直包围着他们。尽管她再三解释并抗议,证明自己作为艺术家,与任何政治无关,也无济于事。恼羞成怒的邓肯在波士顿演出时干脆公开宣布,既然红色代表着生命和活力,那么,她本人就是红色的!接着,她就挥舞着一条红围巾大舞特舞起来,结果把当地观众吓得够呛,而当地政府则下了驱逐令。

1923年,她在纽约举行了在美国的最后一场演出之后,便启程前往欧洲去了。不久,叶赛宁精神病症状恶化,她只能与叶赛宁分手。后来,叶赛宁被送回列宁格勒,几年后在那里自杀身亡。

1927年7月8日,邓肯在巴黎的莫加多尔剧院做了最后一次表演,节目包括舒伯特的《未完成交响曲》和《圣母颂》,以及几段根据瓦格纳歌剧选曲创作的舞蹈。此刻,她已年过半百,身体过于沉重,但她还是具有足够的威力和魅力去征服观众,使自己的舞蹈成功地超越了自己肉体的局限。

就在这年秋天,邓肯正在意大利城市威尼斯准备一台全新的节目,包括她酝酿已久的《但丁交响曲》。9月14日晚上,她突然决定要乘车外出一趟。她一步跨入汽车时,风度翩翩或者说毫不介意地将自己脖子上那条跳《马赛曲》时系的火红的长围巾随手向后一抛,只见那汽车后面便拖上了一条长长的红尾巴,但当汽车发动,车轮旋转时,那红围巾上的流苏一下子卷进了车轮的条辐之中,并死死地缠在了车轮的轴干上。只见邓肯全身上下猛地抽搐了一下,头部就垂了下去——她的颈部当即就被勒断。当时的场景让人惨不忍睹。

邓肯一生在用舞蹈表达感情和表现音乐方面做出的贡献是无与伦比的,她的影响在今天的舞蹈领域中也随处可见。她对舞蹈的解放,标志着舞蹈史上一个新纪元——现代舞的开端,她是名副其实的"现代舞之母"。

喜剧大师卓别林

上身一件窄小的短上衣,下面一条肥大的裤子,脚下两只大皮鞋好像穿反了,头上是体面的小圆礼帽,手里摇着一根手杖,摇摇摆摆的步子如同鸭子一样——这个流浪汉名叫夏尔洛,是为全世界所珍爱的喜剧人物。

这个经典的银幕形象是由20世纪最伟大的喜剧演员、电影大师查利·卓别林创造的。

查利·卓别林1889年出生于英国伦敦一个贫困的演艺家庭,父母都是杂剧场演员。因为酗酒,他的父亲很早就去世了,母亲多年住在精神病院,他的童年是在贫民区度过的,卓别林和他哥哥只进过贫民孤儿学校。但是,卓别林自小能歌善舞,善于模仿,显露出很高的艺术天赋。在进入卡诺剧团之前,卓别林曾作艺徒,这些经历为他日后舞台表演打下了扎实的基础。

1913年,24岁的卓别林随卡诺剧团赴美做巡回演出。他出众的才艺为美国制片人发现,从此步入美国影坛,一鸣惊人。此后40年,他在好莱坞建立了自己辉煌的业绩,他所塑造的艺术形象不仅在美国电影史上占有重要位置,也在世界电影史上大放异彩。

卓别林在好莱坞的头10年,以夏尔洛的形象拍了一系列喜剧短片。他独特的表演风格,卓越的演技,改变了早期喜剧片追赶打闹、大掷奶油蛋糕的模式,使

通常作为陪衬的逗笑的丑角成为影片的主角。卓别林创造出夏尔洛这个个性鲜明、富有诗意的正面角色,将平庸的滑稽艺术上升到真正的喜剧艺术。

此后,卓别林拍了 9 部故事片:《巴黎一妇人》、《淘金记》、《大马戏团》、《城市之光》、《摩登时代》、《大独裁者》、《凡尔杜先生》、《舞台生涯》和《一个国王在纽约》,每一部都轰动世界影坛。然而,毕生献身于喜剧艺术的卓别林却声言"我喜欢悲剧"。出身寒微的他阅尽世态,了解民间底层的辛酸,对人生有着深刻的理解。他把严肃的社会内容注入到喜剧形式中,创造了一种喜剧与悲剧交融的形式,从而达到喜剧艺术的最高境界——含泪的微笑。这使得卓别林的喜剧每每以厚重的分量和悠长的抒情意味打动人心。正如《城市之光》的结尾,流浪汉一言不发地看着复明的姑娘,交织着痛苦与快乐,那个压抑着伤感的告别的笑容,使观众长久沉浸于一种纯洁的美的气氛中。

卓别林的喜剧艺术不仅是笑与泪的,也是笑与怒的,它同样成功地表现了重大的政治内容。1940 年出品的《大独裁者》公然嘲笑、抨击希特勒,其讽刺手法光彩、犀利,是美国最早的反法西斯艺术片之一。

1952 年的《舞台生涯》则充满温暖的人道主义精神和对生活的乐观勇气。剧终掉进乐池的小丑临终说的那句话:"我像一株小草,剪掉多少,长出多少。"曾鼓舞了很多人热爱生活,将事业进行到底。

卓别林具有很高的天赋,集舞蹈、音乐、体育多方面才华于一身。他的表演也是融戏剧、杂技、歌舞、哑剧多种艺术形式、技巧于一体;他的电影都是自编、自导、自己主演、自己剪辑、自己作曲。

收获来自耕耘。他的每个剧本都耗尽两年的心血写成;他那娴熟的左撇子小提琴每天拉 4—6 小时;他那著名的"鸭子步"是不间断的每天 3 小时训练练出来的。天才加勤奋,使卓别林成为世界电影史上令人难以超越的喜剧大师。

卓别林的 80 部电影都是在好莱坞拍摄的,他的艺术生涯经历了好莱坞从草创到鼎盛,电影从无声到有声的发展历史。他那精妙的影片是本世纪电影文化的瑰宝,必将载入世界电影史册。

1954 年,卓别林获得了世界和平理事会授予的国际和平奖金。虽然创造了辉煌的事业,但是卓别林的个人生活却挫折不断。1943 年,卓别林和美国剧作家尤金·奥尼尔的女儿结婚,才得到了幸福的家庭生活。长期以来,卓别林一直遭到美国右翼势力的攻击。

1953 年,卓别林迁居瑞士日内瓦湖畔,直到 1977 年去世,享年 88 岁。

流亡作家茨威格

1942 年 2 月 22 日,奥地利伟大作家斯蒂芬·茨威格同妻子一道结束了自己的生命，地点是在他们最后的流亡地——巴西首都里约热内卢市郊彼得罗保利斯的寓所。几天后，里约热内卢市为他举行了隆重的葬礼。

这一天，里约热内卢街上挤满了人，所有的商店停止营业，这个国家的重要人物：总统、部长、将军、大学教授、作家、诗人，以及许多大学生都参加了葬礼。灵柩布满了鲜花，人群护送死者的遗体进入公墓，将他安葬在国王彼得罗二世的墓旁。这是巴西历史上为一个外国人举行过的最盛大的葬礼。一个流亡的作家客死异国能享有如此殊荣，在世界历史上也是极为罕见的。

为了抗议希特勒在德国实行的法西斯统治，不少知名的德语作家和学者相继自杀。茨威格虽然国破家亡，流离失所，但以他的名望、地位使他无论是在流亡伦敦还是巴西时，都过着在物质上并不匮乏的生活，而没有像他更多的同胞那样在集中营的毒气室里悲惨地结束自己的生命。他本可以积极地投身到反抗法西斯的艰难斗争中去——事实上，他也的确为救助流亡者做了许多工作；他也可以苟且偷生，在乱世中蛰居起来。

但作为一个人道主义者，一个正直的作家，目睹被践踏的欧洲、沦亡的故国，以及犹太人的悲惨命运，他的那颗对人类充满关爱的心已经彻底破碎了——尽管他相信曙光的到来，但却不堪忍受黎明前的黑暗。同那些自杀的作家、学者一样，他的死与其说是一种逃避，一种对人类间杀戮的无奈与绝望，毋宁说是用自己的生命对法西斯主义做最后一次控诉。

茨威格为世人挥洒下他对纳粹反人类行径的控诉和抗议之血，同时也为后人留下了一笔颇值得珍视的文学财富。他的著作，无论是小说还是人物传记，在生前就赢得了广泛的喜爱，拥有大量的读者。希特勒上台之后，茨威格上了纳粹的黑名单，他的著作被焚烧，但电影院还依然上映根据他的小说改编的电影，剧院里还上演由他编写脚本的歌剧。茨威格不仅在德语国家受到了欢迎，在世界范围内也具有影响。据统计，在40年代他的著作就被译成近30种文字。他是和亨利希·曼、卡夫卡一样著名的德语作家。

1881年11月28日，斯蒂芬·茨威格生于维也纳一个富裕的犹太人家庭。虽然舒适的生活无法代替精神上对自由的渴望，但优裕的环境使他从童年起就将音乐、剧院、文学作为自己的慰藉，形成良好的艺术修养。1901年，在维也纳大学攻读哲学的第二年，茨威格出版了他的第一本诗集《银弦集》。随着这个充满动荡不安的新世纪的来临，他开始了他的文学生涯。

在20世纪初，在欧洲文化艺术和思想领域正经历着一种前所未有的变革，在现实主义、自然主义文学和艺术达到了巅峰之后，艺术家们开始寻求用新的艺术手段来表现个人的内心苦闷和精神上的骚动不安，来抒发个人的内心感受，表现主义、印象主义、新浪漫主义、唯美主义以及野兽派、抽象派、荒诞派等各种艺术表现形式与流派在欧美应运而生。茨威格的创作活动就是在这种文学气氛中开始的。

茨威格是比弗洛伊德稍晚的同时代人,他极其尊敬和推崇弗洛伊德的为人和他的学说。翻开茨威格小说,可以明显地看出弗洛伊德的精神分析学的影响。

对茨威格说来,激情、冲动是他塑造人物的手段,人只有在这中间才能表现出他的伟大和悲剧性,但这样一来,他也避开了本不应避开的现实生活。一个评论家曾这样评论茨威格的作品:他是"人类精神的微观世界中的现实主义者,但在社会运动和历史发展的宏观世界中却是一个唯心主义者"。

尽管如此,作为一个具有进步思想的人道主义作家,他在作品中充满对被侮辱、被损害者的炽热同情,对邪恶势力和资产阶级上流社会的腐朽、虚伪与精神上的空虚贫乏,都从不同侧面作了细致的刻画和揭露。茨威格的小说有着强烈的艺术魅力和独具的艺术特色。巧妙的构思、传奇性的情节、悬念的设置以及形象化的语言,都使读者不能不为之赞赏。

《巧识新艺》中的主人公出于好奇跟踪一个扒手,当他看到准备行窃的小偷有可能被人发觉而走到跟前欲加提醒时,小偷却把手伸进了他的口袋。茨威格的小说,大都有这种出人意料、令人赞叹的新颖之处。

茨威格的小说多是采用第一人称的形式,这与他的作品多是以下意识的活动、以人在激情的驱使下的遭遇和命运为主题有关。这种形式使他可以淋漓尽致地对人物的心理活动进行剖析,对人物的内心世界进行细腻的工笔式描绘。他的每一篇小说几乎可以说都是一幅人的精神受难画,一张形象化的心电图。探幽析微的心理描写,使读者不由自主地同主人公一道去经历、去感受精神世界的焦灼、煎熬和痛苦。掩卷之后,读者的脑海中就会浮现出一个惊悸、病态和扭曲的灵魂在呻吟、在挣扎。高尔基在称赞茨威格作品的独特手法和感染力时说道:"您写得真好!由于对您的女主人公的同情,由于她的形象及其悲剧的心曲使我激动得难以自制,我竟丝毫不感羞耻地哭了起来。"

还在青年时,茨威格就对政治不感兴趣。但作为一个正直的、有道义感和责任感的作家,茨威格对时代并不是完全无动于衷的。在第一次世界大战期间,他就曾和罗曼·罗兰、维尔哈仑等进步作家、知识分子一道,激烈地抗议民族间的杀戮,要求民族间的和睦。"用我的躯体反对战争,用我的生命维护和平",这是他发出的誓言。在丧失理智的民族狂热中,他们被骂成"糊涂虫和卖国贼",尽管如此,他们的正义呼声却表达了欧洲各国人民的愿望。

希特勒上台之后,茨威格不得不逃离自己的祖国,1934年,他开始流亡。流亡期间,他眼看着自己祖国被德国吞并,眼看着法西斯屠杀自己的同族,眼看着法西斯势力在欧洲横行霸道,眼看着人类在一场前所未有的浩劫中痛苦挣扎——所有这些都使他人道主义的博爱理想化为泡影。

尽管茨威格极端痛恨法西斯,但是在残酷的现实中他感到无能为力。他不愿再一次目睹人类如同第一次世界大战那样互相杀戮,不愿再次让自己的灵魂经受折磨。1942年,在完成了自传《昨天的世界》后,茨威格带着对人类生活的绝望和悲哀,于2月22日同他的第二位夫人伊丽莎白·绿蒂双双服毒自杀。

海明威的传奇人生

1961年7月2日,蜚声世界文坛的海明威用他收藏的猎枪结束了自己的生命。消息传出,整个世界都因之而震惊,人们纷纷叹息这位巨人的悲剧,美国人民更是悲悼这位本国重要作家的陨落。

1899年7月21日,欧内斯特·米勒尔·海明威出生在美国伊利诺伊州芝加哥郊外橡树园镇一个医生的家庭,他的母亲爱好艺术,当过教师。1917年毕业前夕,海明威到堪萨斯市的《星报》当见习记者。1918年5月,海明威参加红十字会组织的志愿救护队,当汽车司机,参加了一战,在意大利前线负了重伤。1919年初回国当一家杂志的编辑,同时练习写作。两年后,他作为《星报》驻欧的流动记者,重返欧洲,以巴黎为基地,采访在日内瓦和洛桑举行的国际会议,兼写关于希、土战争的电讯,写这样的文章使得他的文章被锤炼得更为简练有力。

海明威任记者期间,努力学习写作,先写短篇,而后长篇。20世纪20年代,他发表的作品有《在我们的时代》(1924)、《没有女人的男人》(1927)、《太阳照样升起》(1925)和《永别了,武器》(1929)。《在我们的时代》和《没有女人的男人》都是短篇小说集,其中许多篇描写涅克阿丹姆斯青少年时期的生活情态,包括幼时跟随父亲出诊、初恋、参战和战后的彷徨心情,从中可看出作者自己的身影。《太阳照样升起》写战后一群青年流落在欧洲的生活情景,他们对生活感到迷惘和失望,他们认为这个社会许多精神价值是虚妄的,反映了这一代青年的幻灭感。

《永别了,武器》的主题是从个人幸福的角度出发反对帝国主义战争。主人公亨利是美国志愿军,在意大利前线负伤,住院期间得到一英国护士凯瑟琳的细心护理,两人产生了感情。伤愈之后,亨利在一次撤退的行军中被意军误认为是德军奸细。亨利伺机逃跑,和凯瑟琳在瑞士过了一段幸福的生活。后来,凯瑟琳死于难产,把亨利一人孤零零地留在世上,这部作品揭露了帝国主义的战争宣传。海明威从批判战争宣传出发,又进一步否定资本主义社会的一切精神价值,致使他笔下的人物失去任何信仰,甚至丧失了思考的能力。这部作品暴露了作者的悲观失望情绪。从艺术表现上讲,这部作品显示出海明威的独特风格:情景交融、电文式的对话、内心独白、讽喻于有意无意之间,以及简约洗练的文体,都独具一格,构成所谓"海明威风格"。

20世纪20年代末,海明威从欧洲返回美国,先后在佛罗里达州的基威斯特岛和古巴哈瓦那郊区居住。30年代的海明威已经成为一位名作家,他似乎不受

1929—1933年经济危机的影响,到处游历,包括去西班牙看斗牛,去非洲打猎,登上他自备的游艇出海捕鱼等。因此,30年代前半期,他的作品主要是一些报刊文字,在一部关于斗牛的专著《死在午后》中,作者总结自己的创作经验,提出"冰山"论:"冰山在海里移动很是庄严宏伟壮观,这是因为它只有1/8露出水面,7/8藏在水里",作家写在纸上的东西好比冰山露出水面的1/8,关键在水下的那7/8。这说明作家认为应通过作品内涵中的深厚思想感情去打动读者。

30年代后期,海明威的作品逐渐增强了时代气氛。1938年8月1日,苏联《真理报》发表他的一篇文章,愤怒谴责法西斯暴乱分子"屠杀西班牙人民的野蛮行径",指出"法西斯主义的罪行必将遭到全世界的反对"。在其他创作方面,这个时期的主要作品是《有的和没有的》(1937),这部长篇小说具有浓厚的"硬汉子"思想倾向,描写孤军作战的主人公——哈雷莫根生活贫苦,以海上走私为生,为了一家生活冒尽风险后被匪徒打伤。他临死之前才认识到"一个人不行"。作者接着写道:"他费了很长时间说出这句话,可是懂得这个道理却花了他整整的一生。"

1937年,海明威以记者身份去西班牙报道战事。他支持年轻的共和政府,反对以希特勒法西斯势力为后台的叛乱军,同时他发表了剧本《第五纵队》(1938)。内战结束后他回古巴创作长篇小说《丧钟为谁而鸣》(1940)。它以西班牙内战为背景,描写一个美国志愿军乔顿奉命炸桥的军事行动。故事集中在乔顿炸桥前三天三夜的活动,包括他同一支山区游击队的联系、这支游击队的内部矛盾、同一位西班牙姑娘恋爱、另一支游击队的英勇奋战、情况有变又未能与上级联系、被迫炸桥等等。《丧钟为谁而鸣》的反法西斯倾向是明显的,也带有和平主义的痕迹,例如,小说以厌恶的笔调描写村民在肉体上惩处法西斯分子的情景。尽管有其缺陷,《丧钟为谁而鸣》还不失为一部反映西班牙内战的优秀作品。

1941年,海明威偕夫人来中国报道抗日战争。他们先在香港逗留1个月,从各个方面了解战争情况,包括会见宋庆龄。入境后又到第7战区的前线生活了1个月,同部队一起行军。然后他们游览桂林,由桂林飞往重庆,向国民党军政人员了解情况,还到过成都、昆明等地。他回国所写的报道主要是关于美、苏、日之间的国际关系分析,他明确指出美、日之间爆发战争的可能性。

第二次世界大战期间,1944年,他被《柯里厄》杂志派往欧洲当记者。他在欧洲报道战事的同时,曾经率领一支游击队参加解放巴黎的战斗,因此被别的记者指控违反日内瓦会议关于记者不得参加战斗的决定。海明威出庭受审,结果宣告无罪,后来还因其英勇而从军方获得铜质奖章。

50年代初,海明威发表了两部作品,一部是《过河入林》(1950),一部是《老人与海》(1952)。《过河入林》一般认为是失败之作,人物形象苍白,作者顾影自怜之处过多。《老人与海》获得评论界很高的评价。这部中篇小说写的是一个名叫桑提亚哥的渔民，84天没有捕到鱼，第85天出海捕到了一条非常大的马林鱼，却在回归的路上被一群群鲨鱼袭击，结果两手空空回到岸上。桑提亚哥在捕捉马林鱼时顽强地坚持，拼尽了力气对付一群鲨鱼袭击时，又在极端疲乏的情况下同鲨鱼拼搏。他虽然失败了，但在对待失败的风度上，桑提亚哥占了上风。小说有一句名言："一个人并不是生来要给击败的，你尽可以把他消灭掉，可就是不能击败他。"这句话概括了海明威中、短篇小说中关于"硬汉子"的一贯的主题思想，并把它升华到哲理和象征的高度。

《老人与海》在出版的那一年获得了该年度的普利策奖。1954年，海明威以"精通现代叙事艺术"的获奖理由，赢得诺贝尔文学奖。在授奖仪式上，他提出了一个作家应该尽的义务："对于一个真正的作家来说，每一部作品都应该成为他不断探索某个尚未到达的领域的一个新起点。他应该永远尝试去做那些从来没有人做过，或者虽然有人做但没有做成的事。"

古巴革命后，海明威夫妇把家搬到了爱达荷州。晚年的海明威疾病缠身，高血压、糖尿病、铁质代谢紊乱使他的精神极度忧郁。也许是出于绝望，才促使他拿起猎枪，了结了自己的生命。

萨特和"存在主义"

第二次世界大战后的西方文学，集中反映了这场战争给人们心灵与肉体造成的巨大创伤。在战时诞生于法国的"存在主义文学"开始风靡世界，法国哲学家、作家让·保尔·萨特是这场存在主义文化运动当之无愧的旗手。

让·保尔·萨特1905年6月21日生于巴黎一个知识分子家庭，幼年丧父，萨特随母亲回外祖父家居住，外祖父德语教师的职业可能对他的思想产生了影响。1924年，萨特进入巴黎高等师范学校，在这所有名的高等学府攻读哲学。大学毕业后，萨特到一所高级中学担任哲学教师。1933年，他到柏林的法兰西学院进修哲学，萨特立即被德国哲学思想所吸引，先后师从现象学创始人胡塞尔和德国存在主义创始人海德格尔，并接受了存在主义哲学，成为一个存在主义者。1938年，萨特发表了哲理小说《恶心》，这部作品被认为是存在主义文学的奠基之作，它同加缪1942年发表的小说《局外人》共同开创了存在主义文学。

《恶心》以第一人称写成，主人公是一个小知识分子，名叫安东尼·洛根丁，这个单身汉梦想成为大作家，却写不出东西，但他仍然天天上图书馆。整部小说没有连贯的情节，以日记的形式记述"我"在图书馆的见闻及对人生的思考和对事物的看法。"我"对周围的一切都感到"厌恶"，感到迷惘甚至恐惧，认为做任何事情都是没有意义的。这是一部哲理性小说，表达的是存在主义哲学的观念：人的生存状态。

萨特的哲学认为人是孤独的、荒谬的,他的短篇小说《墙》表达的就是这样一个观念。

1943年,萨特接连发表《苍蝇》和《此路不通》两个剧本。著名的哲学著作《存在与虚无》也发表于这一年,他在书中系统地阐述了他的存在主义思想。1944年,他辞去教职,埋头著述。

萨特从人道主义的立场出发,对资本主义制度进行了揭露和批判。他认为"这个是不道德的,它不是为了人,而是为了利润而建立的",要求改变这个不合理的制度。从1951年起,萨特与共产党人接近,他认为他们是"同路人",试图在党之外思考真理,并且希望党能利用他思考出来的真理。1954年和1955年,萨特曾两次访问苏联。

1955年,萨特与他的伴侣西蒙娜·德·波伏瓦一起访问了中国,对中国人民的革命事业表示出同情和支持。萨特积极支持国际进步与和平事业。1952年和1955年,他出席了世界人民保卫和平大会和世界和平大会,被选为世界和平理事会理事。

萨特坚决支援法国殖民地——阿尔及利亚人民的民族解放运动。1960年,萨特发表《辩证理性批判》,探讨存在主义和马克思主义的相互关系。萨特宣称他"接受"马克思主义,准备用存在主义来"补充"和"革新"马克思主义。

萨特和加缪虽然认为世界荒谬,但是他们并不鼓吹法国现实主义小说的传统写法,积极探索一种新的小说创作手法。1964年,瑞典科学院授予萨特本年度的诺贝尔文学奖金。他拒绝接受这个荣誉。他说:"一切来自官方的荣誉我都不接受,我只接受不受任何限制的自由。"

萨特对美国的侵越战争表示坚决反对,1967年,他接受英国哲学家罗素的邀请,参加由各国人士组成的罗素国际战犯法庭,担任主席。该法庭在他的支持下,判定美国对越南有战争罪。1968年5月,法国爆发学生运动,萨特热情支持极左派学生的活动,后来还从道义上、经济上大力援助极左派出版的小报。他曾是无产阶级革命共产党人机关报《人民事业报》社长和《革命》月刊主编。但是,萨特并没有放弃他的存在主义。他认为,当代马克思主义者片面强调历史必然性对人的制约,没有看到人可以在一定条件下创造历史,由此导致马克思主义的僵化。

萨特认为,"存在先于本质",即人先存在,然后取得其本质,人在取得本质的过程中发挥自己的自由,因此应该以人的自由来弥补马克思主义在这方面的不足,使马克思主义重新"发现人",从而恢复它自身的活力。可是,萨特的世界观的基础是主观唯心主义,他所倡导的存在主义实际上是把人的意识作为整个世界的基础和决定者。

萨特在其人生过程中不断探索,思想也不断发生变化。晚年,他逐渐认识到社会条件对人的制约,开始思考改变世界的问题。1980年3月,在他逝世前不久,萨特在医院的病房里对助手说:"我不这样看,以为我能够匹马单枪,仅靠自己的思想,就有可能改变这个世界。不过,我认识到了一些进步的社会力量,他们正在努力向前。我觉得自己的位置应该属于这样的力量。"

萨特晚年视力不佳,处于半失明状态,不能再从事繁忙社会生活。不过,他仍然对世界上发生的一些重大事件非常关注,他公开对苏联出兵捷克斯洛伐克和军事入侵阿富汗表示谴责。

萨特于1980年4月15日逝世。数万巴黎人出于对这个不断探索的思想家的深深敬意,自发参加他的葬礼。

人类进入航天时代

人类对空间的利用在20世纪取得了巨大的飞跃。飞机,使我们步入了航空时代;火箭,拉开了人类航天时代的序幕。可以说人类是在1957年10月4日进入航天时代的。

这一天,苏联科学家成功地发射了一枚火箭,把一个金属球带到外层空间,这个金属球冲破地球吸引和大气阻挡,在地外空间绕地球不停地旋转。

当时的一份报纸对此这样报道:"苏联成功地发射了世界上第一颗人造地球卫星。……卫星从运载火箭的推进中获得的运行速度高达每秒2万5千英尺。"

苏联塔斯社则做出如下报道:

"卫星沿着椭圆形轨道绕地球运行。地面上的人用最简单的光学仪器在日出和日落之际就能够观察到卫星的航行。据直接观察得到的计算数据,卫星的飞行轨道离地面有500英里高,轨道平面同赤道平面的倾角为65°。"

"1957年10月5日这一天,卫星将两次在莫斯科上空经过。……卫星为球形,直径约22.8英寸、重184磅。卫星上安装有两架无线电发射机,以便持续不断地发射出无线电信号。"

这颗卫星就是"卫星一号"或称"旅行者一号",它其实只是一个空心的球,加上一个能发射电码的发报机和最简单仪器。

这时,美国可着了急了,航空竞争从很大程度上看是军事和国威的竞争。在空间竞争的第一阶段,美国就落败了,岂不太丢面子了吗?随着世界各地的收音机和电视机都收到那神秘的"嘟嘟"声,到人们真相大白之时,美国党政要员的心也被"嘟嘟"声搅得心神不宁。

1957年12月4日,苏联又发射了一颗卫星,这一次重达500千克,而且竟然装了一只活的生物——小狗"莱伊卡"。

美国人急匆匆试验,欲发射一枚先锋号,但是"先锋"出师未捷,在卡纳维拉尔角,升空不到 2 米,一声巨响,七零八落。

1958 年 1 月 31 日,由美国陆军的导弹顾问冯·布劳恩教授设计的"丘比特—C"型火箭将美国的第一颗人造地球卫星送上了天,这使得美国稍稍挽回了一些面子,但是苏联明显是这一阶段的胜利者。美国人的卫星研制得又小又轻,我们由此也可看到美国雄厚的科技实力不容小觑。

这些竞争的前身就是大战中火箭的研制。冯·布劳恩是德国一个富裕的地主家庭后裔,他的家人曾经因为他愿意献身火箭研究而感到很不满意。

1932 年,他被任命为德军火箭研究计划的第一助理。德国的"皮奈蒙德工程"就是火箭的军事研究,所谓 V—2 号弹就是二战令人恐慌的新式火箭。

然而,冯·布劳恩曾一度被纳粹逮捕并警告,因为他"一直研究航天飞行,而不是发展武器"。

后来,冯·布劳恩加入美国国籍,成为主要的火箭负责人之一。

本来在 1955 年,美国总统艾森豪威尔宣布美国计划发射人造地球卫星,作为对将于 1957 年 7 月 1 日开始的国际地球物理年的一项重大贡献。

美、苏竞争,苏联紧接着宣布也于 1957 年发射。两国默默研制,没想到在人们拭目以待的时候,苏联走在前面,赢得了宣传上的大胜仗。

1958 年 3 月 15 日,苏联发射第 3 颗人造卫星;美国随即发射第 2 颗即"先锋 1 号"。

接下来苏联一直领先,回收技术也不断精确。1960 年,苏联发射了月球卫星,在这之前苏联的卫星有一颗已经撞在了月球上。1960 年 8 月 15 日,苏联将载有两条狗以及一些植物的"太空舱 2 号"回收。

1960 年,苏联发射了第一颗气象卫星。自此之后,苏、美以及其他国家的卫星任务日益复杂,有军事卫星、气象卫星、地质考察卫星、传播信息卫星。人造地球卫星可以观测到植物生长区、融雪、矿藏甚至森林大火;气象卫星可以很好地观测台风,特别适合观察大海与荒漠;通讯卫星可以传播数万千米之外的电视节目。

自从 1959 年以来,苏联的"月球 1 号"成为第一颗太阳系人造行星;1970 年"月球 16 号"在月球着陆,收集土样;同年"月球车 1 号"这个从地球遥控的月球车在月球着陆。美国也研制了火星、月球探测器,为人类进一步走向太空打开一条通路。发射卫星这只是航空时代的一个基础技术,人类真正的梦想是冲出地球。

美、苏竞争中,美国一直稍稍落后于苏联,这已经使它很着急了,甚至开始从根本教育制度找原因。顺便说一下,这使得美国对科技的重视大大增加,使它受益不少。

1961 年,美国正苦苦追赶苏联的时候,又一件事情发生了:苏联宇航员加加林少校驾驶着"东方1号"飞上了太空,在327千米的高空上,他渐渐地适应了失重情况,并完成了各种科学实验。太空漫步将不再是梦想。

1961年4月21日,加加林开始返回地球。离地面7700米时,加加林与座椅一起弹出,成功落地,实现了人类第一次太空飞行。

美国总统肯尼迪说:"看到苏联在太空比我们领先一步,没有人比我们更泄气了……无论如何,加加林的飞行终止了人是否能在太空生存的争论。"

美、苏两国均加紧实验,不断有宇航员进入太空,漫步遨游。在卫星的基础上,宇宙飞船使人类有了太空列车。1969年,人类成功登月。

今天,人们可以根据各种特定的科学需要,把飞船和卫星设计成任何形状和尺寸,并不要把它们都做成金属球状,可以是圆柱状,也能够做得像地窖。当它们进入太空后将携带的太阳能翼板、天线和其他部件伸展开来,形状就更加复杂了。

从五六十年代开始,人类对宇宙空间的探索取得丰硕的成果,同时已不再限于载人研究,无人空间探测技术也获得了巨大的发展,建立了相应的天文台、实验室、资源分析中心等。尤其是美国的空间技术发展迅速,后来居上,超过了苏联,实现了人类登上月球的梦想。

1973年5月,人类进入太空的试验室——空间站诞生了,在这种失重体验中,人类对自身开始了更深入的研究。航天飞机与空间站使人类向太空移民的设想成为可能。

"阿波罗"登月

对于地球上的人而言,1969年7月20日既是一个普普通通的星期天,又是一个令人激动万分的日子。就在这一天,美国宇航员阿姆斯特朗的靴子踏上了月球表面。

阿姆斯特朗在登月舱的第二级阶梯上拉动绳子,打开了电视摄像机的镜头,于是地球上千万双眼睛看到了他走下9级阶梯的画面。他身穿上一件价值30万美元的白色太空衣,背朝外,从阶梯上慢慢走下来,只有9级的阶梯,他整整用了3分钟的时间。当阿姆斯特朗把人类的第一双脚印印上沉睡了亿万年的月球之时,正是美国东部夏令时22点56分20秒。这时,地球上的人听见阿姆斯特朗的声音:"对我来说,只是跨出了小小的一步;但是对人类而言,这是一个巨大的飞跃。"

阿姆斯特朗拖着脚步,在月球表面走来走去。月球的重力只有地球的1/6,他的脚步看上去是那么踉跄。阿姆斯特朗继续告诉人们他在月球上的感受:"月球表面是纤细的粉末状的,它像木炭粉似的一层一层地沾满了我的鞋底和鞋帮。

我一步下去不到 1 英寸深,也许只有 1/8 英寸,但我能在细沙似的地面上看出自己的脚印来。"他将那些细粉装一些在他太空衣的口袋里。

阿姆斯特朗到月球 19 分钟后,另一名宇航员奥尔德林来到他身旁。奥尔德林的第一句话是:"真美啊,真美啊,壮丽的凄凉景色。"电视观众看到他俩像羚羊一样,跳来跳去,并听到奥尔德林说:"当我要失去平衡的时候,我发现恢复平衡是十分自然而又非常容易的事。"他们树起一面 3 英尺长 5 英尺宽的美国国旗,奥尔德林向国旗敬了礼。他们还留下一块不锈钢板,上面刻着一行字:"来自地球的人于 1969 年 7 月第一次在这里踏上月球,我们是为人类的和平而来的。"

阿姆斯特朗和奥尔德林采集了一些石块,准备带回地球做研究之用;他们对月球上的温度进行了测量,并架起"测震仪"记录月球的震动;他们在月球表面活动两个半小时后,恋恋不舍地回到登月舱。

人类登月的梦想,这一天终于成为现实。中国古代有"嫦娥奔月"的美好神话,法国科幻作家凡尔纳也幻想过登上月球。早在 1960 年,美国宇航局就计划在 10 年内将人类送上月球。1961 年 4 月 12 日,苏联"东方一号"飞船将加加林送入太空,在空间技术上领先美国一步。这大大地刺激了美国,肯尼迪总统决定美国要加快登月的步伐。

1961 年 5 月,肯尼迪在国会发表咨文,他说:"我相信国会会同意,必须在 60 年代末将美国人送上月球,并保证安全返回","整个国家的威望在此一举"。国会通过了登月计划,肯尼迪任命副总统约翰逊担任国家太空委员会主席,开始全面实施登月计划。

登月计划被命名为"阿波罗"计划。两个月后,科学家制订出登月的总体方案。从 1961 年到 1969 年,美国围绕阿波罗计划分步进行了 20 次试验。首先发射的"水星"号飞船,证明人类能在太空中生活;1965 年发射的"双子星座"号,宇航员通过系在身上的绳子,在太空中浮荡了 20 分钟,证明人类可以在太空中活动。对月球表面的探测数据证明,月球表面对宇航员没有"危险"。

1968 年底到 1969 年初,宇航局每两个半月就发射一艘"阿波罗"号飞船,在月球轨道做了定点汇合、飞船对接等各种试验。阿波罗计划已经一切就绪。

1969 年 7 月 16 日早晨,在卡纳维拉尔角的 39A 发射台上,矗立着 36 层楼房高的"土星 5 号"火箭,它将要运送"阿波罗 11 号"宇宙飞船做登月飞行。3 名宇航员阿姆斯特朗、奥尔德林、科林斯登上发射塔,走进船舱,他们此前都已经参加过太空飞行,积累了经验。

9 时 32 分,火箭在惊天动地的轰响中,腾空而起,飞向蓝天。十几分钟后,飞船进入环绕地球飞行的轨道。宇航员们仔细地将飞船内的全部仪器检查一遍,点燃最后一级火箭,"阿波罗"号向月球飞去。宇航员兴致勃勃地观赏着太空的景色,他们将飞船的指挥舱命名为"哥伦比亚",将登月舱命名为"鹰"。

第3天,阿姆斯特朗和奥尔德林爬进"鹰"号登月舱。随后,科林斯减缓阿波罗号飞行速度,进入月球轨道。

7月20日上午7点2分,基地控制台叫醒飞船上的宇航员,今天是预定登月的时间。阿姆斯特朗打开登月舱的4条腿,做好登月的准备。这时,科林斯操纵手柄,"哥伦比亚"与"鹰"分离。科林斯独自驾驶"哥伦比亚"环绕月球飞行,阿姆斯特朗和奥尔德林驾驶"鹰"向月球飞去。

7月20日,美国东部夏令时下午4点17分42秒,"鹰"稳稳地降落在月球表面,阿姆斯特朗和奥尔德林花了几个小时,将各种仪器检查一遍,穿上昂贵的太空衣,然后就踏上了月球。

在月球上停留了近22个小时后,阿姆斯特朗和奥尔德林驾驶"鹰"返回月球轨道。在"哥伦比亚"指挥舱里驾驶飞船的科林斯向"鹰"靠近。对接成功后,阿姆斯特朗和奥尔德林爬出"鹰"的舱体,回到"哥伦比亚"航天飞机。这样"鹰"的使命就完成了,它被留在太空。

7月22日,宇宙飞船开始返回地球。宇航员们看见地球越来越大,而月亮却逐渐变小了。两天后,"阿波罗11号"进入地球轨道;7月24日中午,它穿过大气层,在太平洋中部的预定水域安全降落。在此守候的美国舰队上立即奏起音乐,庆贺宇航员安全返回。

此时此刻,全美国都淹没在一片欢呼的声浪之中:汽笛在长鸣,教堂的钟声在空中震荡,马路上的汽车喇叭声响成一片。"阿波罗11号"成功登月,实现了人类渴望一睹月球真实面目的夙愿,使人类探索太空的进程步入一个新时代。

摇滚乐的兴起

从20世纪50年代起,人们在广播和唱片中熟悉了一种新的流行音乐,这种音乐每一拍节奏都十分强烈,歌词写得也十分新鲜,一下子征服了许多美国人的心。1951年,美国克里夫兰电台首次播放这类音乐时,为了使听众感到新颖,一位名叫艾伦·弗里德的播音员在播放前介绍时,给这种声音命名为"摇滚乐"。据说该名取自一首淫秽的黑人歌曲,名叫《我的宝贝以固定的滚动摇曳我》。1955年,一位名叫比尔·哈雷的歌星演唱并录制了一张名叫《不停的摇滚》的唱片,引起极大轰动,前后出售了1500多万张,成为世界上最畅销的唱片之一,摇滚音乐也就从此风行起来了。

最重要的摇滚乐歌手是"猫王"普雷斯利,是他第一个以别具一格的演唱风格使摇滚乐成了流行音乐的主流。他的歌曲著名的有《伤心旅馆》、《监狱摇滚》等。最值得一提的是他创造了摇滚乐的舞台风格。他在演出时,手抱吉他,边弹边唱边跳,动作不但幅度很大而且强烈,腰肢扭动得比猫还柔软,因此获得了"猫王"的称号。他的歌声也起伏多变,既有轻声抒情,也有嘶哑吼叫,极能打动听众。一直到今天,流行音乐表演上普遍出现的动作夸张、甚至疯狂的表演形式,均脱胎于普雷斯利。

20世纪50年代的摇滚乐,内容大都比较苍白,表达的主题也不那么鲜明,主要反映一些单恋的痛苦、孤独和寂寞等,除了反抗父母外,虽然有一种对社会的含糊敌意,但没有明确的敌人。早期摇滚乐主要是由于它张狂的形式吸引了青少年。因此那个时代的摇滚乐可以称为"少年摇滚乐"。到50年代末,摇滚乐曾经一时减弱了影响,趋于低潮。

美国的摇滚音乐在50年代迅速流传到了欧洲。到了60年代随着英国披头士乐队的成立并走红,英国的摇滚乐逐渐成为与美国摇滚乐分庭抗礼的对手。披头士乐队的4个青年颇有才华,尤其是他们的中心人物让约翰·列农更是才华横溢,既能作词,也能演唱。他们个个风度容貌魅力十足,演唱风格也较为温和。但披头士在他们的英俊面庞后面,却个个长有反骨。他们反传统的态度,博得了60年代那些叛逆青少年的好感。1969年,他们创作的《让和平有实现的可能》竟然成了美国青年争取和平解决越南战争的群众运动的音乐象征。披头士乐队对美国产生的影响,促使了摇滚音乐在美国的再次狂热。

60年代中期,美国的青年文化运动轰轰烈烈,摇滚乐也成了该运动的主要表现形式,而随着"摇滚音乐会"的兴起,渐渐摇滚乐也变得与"毒品"、"色情"密不可分。

摇滚音乐的最高潮,是1969年,那是在纽约附近举办的一个露天音乐会,大约有50万人欣赏了连续三天三夜的音乐表演。音乐会开得十分成功,充满了反战情绪、麻醉药气味和友好气氛。这样的和平盛会在当时实在是不可多得的,因为当时在人们的印象中,大型的摇滚音乐会总是与暴力行为、死亡事件分不开的。

麦当娜和杰克逊的冲击波

1958年8月16日,麦当娜·西科克生在美国密歇根州底特律。1982年,从美国密歇根大学退学的麦当娜成为一个国际热门文化的女神。这一年,她的第一首歌《每个人》在美国舞厅和黑人电台中风靡一时。她本人因此歌的推出,被西方的青年人狂热地崇拜着。麦当娜的出现,简直像一股巨大的旋风,席卷了西方流行乐坛。4年前,麦当娜仅带着37美元来到纽约闯天下,不到10年,她作为成功流行音乐的主要偶像已赚到了十几亿美元,并控制了一个10亿美元家当的新闻帝国。

麦当娜是90年代音乐电视推出的第一批明星之一。尽管她的音乐在起初只是一般的迪斯科,但经过精心制作的音乐电视却突出了她姣好的面容以及优

世界通史

美的舞姿(她曾在阿尔文·艾莱学校学过舞蹈)和她在旧货店买来的离奇古怪而性感的衣服。一时,美国各地的十几岁少女纷纷仿效她露出肚脐、佩戴十字架形状的首饰、妖艳的化妆、破烂的紧身衣以及内衣外穿的穿着方式。电视也确立起她的商标形象:那就是堕落的天主教徒和对自恋无法自拔的一种混合体。她的第一个歌集《麦当娜》,卖出了 300 万。1984 年,她的歌曲《像处女一样》连续 6 周名列《美国公告牌》杂志流行歌曲排行榜的第一位。在乐坛成功了的麦当娜,又向影坛发起冲击,并一直为使自己成为一名影星而不懈的努力着。尽管美国人对她能否成为明星反应冷淡,但她的歌却始终为人们欢迎着,到 90 年代仍然在排行榜上位居前列。麦当娜特意令人惊讶的古怪行为不时成为报纸上的新闻,但这并没有影响她的魅力。

麦当娜的成功之所以能够经久不衰,关键是在于她精明地理解了时代精神。在 80 年代的雅皮士时期,她是一个激情冒险主义象征的着朋克装的体育迷节目的主办者。在 90 年代,她又转向妇女服装设计,成为一个经受了 10 年磨炼的逃避主义者。她被世界著名杂志《福布斯》称为"美国最精明的女商人",并创立了自己的电影、音乐出版公司以及录音公司。她做这些的目的,是为将来她的形象不再值钱的那一天做好保险工作。尽管她从出现在舞台的那一刻起,就绯闻不断,似乎这一切对她并没有产生什么影响,至今仍被无数的歌迷所崇拜。

迈克尔·杰克逊是美国流行乐坛上的另一股冲击波,他凭借在 1982 年发行的专辑《刺激》而成为流行歌坛的超级巨星。这张收录有 7 首排行榜前 10 名歌曲的唱片,到 1984 年已在全世界卖出 300 万张。这是一张空前畅销的唱片,它的促销录像带为音乐电视的流行起到了推波助澜的作用,同时也确立了这位歌手善变的形象。

1958 年 8 月 29 日,迈克尔·杰克逊在美国印第安纳州加里市出生。1969 年,11 岁的杰克逊首次作为"杰克逊五人乐队"的主唱歌手,开始被人们看好。这个乐队是由来自印第安纳州加里市的工人阶层的学龄兄弟组成,他们的演唱获得了巨大成功。70 年代初期,杰克逊进军独唱歌坛。1979 年,他的唱片《走开》超过了他的弟兄们,这张具有迪斯科风格的音乐唱片,在两年时间内,在美国黑人歌坛上一直都是最流行的。

在《刺激》这张专辑中,杰克逊创造出一种更富综合性的声音,但是与音乐本身一样,神秘感也是杰克逊受到欢迎的原因。他的歌词富于张力,他的舞姿有如黑豹,然而他又永远"富有一颗童心"。他用一种微弱的男高音演唱,这种演唱风格附和了青年人对传统音乐厌烦的心理。

杰克逊在演唱之余非常喜欢收集那些稀奇古怪的东西,以至他的豪华住宅成为一个微型的迪斯尼乐园。当他谈及他的珍奇宠物时,简直就像谈论自己的朋友一样。他的穿着打扮像油画中的一位王子:一身闪闪发亮的制服,戴着一只手套。在整形外科医生的帮助下,他改变了传统黑人的面容,越来越远离种族和性别的限制。进入 90 年代,他开始成为一名成功后的隐退者。作为一个退隐者,他是无穷无尽谣言的主题:1993 年有人控告这位 35 岁的歌星猥亵一名 13 岁的小男孩,案子在法庭外私了;1994 年,当局虽然拒绝执行判决,但对此案准备保留到限制法令失效期才了结,这意味着他随时还有成为被告的可能。杰克逊成功地运用了职业中可能是最了不起的策略:他和摇滚王国的公主——"猫王"普雷斯利的女儿莉萨·玛丽结婚。虽然不久又离婚,但造成的轰动效应绝不亚于他在歌坛出现时刻的巨大反响。

2009 年 6 月 25 日,杰克逊去世,享年 50 岁。

麦当娜和杰克逊虽然一直被恪守传统音乐的一些人所排斥,但他们演唱时的煽动性,的确吸引着成千上万的青年人。

霍金和他的宇宙

他既不能动手写,口齿也不清,只能终日坐在轮椅上,因为他患有卢伽雷氏症(肌萎缩性侧索硬化症),可是这样的疾患并没有阻止他成为国际物理界的巨人。他——史蒂芬·霍金,一位宇宙奥秘的探索者,不仅超越了身体的残疾,而且超越了相对论、量子力学、大爆炸等理论,迈入了创造宇宙的"几何之舞",其超伦逸群的学说完全改变了人类对宇宙的认识。

史蒂芬·霍金生于 1942 年 1 月 8 日,说来也巧,这一天恰好是伽利略的 300 年祭日。对此,霍金这样说:"我想在同一天出生的婴儿大约有 20 万个,这些人长大后是否有人对天文学感兴趣没人知道。我的出生地是牛津,尽管当时我父母在伦敦居住。"

为什么会这样呢? 这是因为霍金出生在第二次世界大战期间,当时德国承诺不对牛津和剑桥进行空袭,作为回报,英国也保证不派飞机轰炸海德堡和哥廷根。遗憾的是,这样的文明的协议仅仅涉及这几个大学城,而不是更多的城市。

现在的霍金是怎样的呢?

1979 年,第一次见到霍金教授的中国学生回忆到:"那是第一次参加剑桥霍金广义相对论小组的讨论班时,门打开后,忽然脑后响起一种非常微弱的电器的声音,回头一看,只见一个骨瘦如柴的人斜躺在电动轮椅上,他自己驱动着电开关。"

为了保持礼貌,第一次见到他的人尽量"不显得过分吃惊",但是霍金对首次见到自己的人们的吃惊早就很习惯了。他的头几乎不能动,他要用极大的力气、费很大劲儿才能稍稍抬起头来。而在他彻底不能说话之前,他还能发声,就只能用一种十分微弱而和平常发音不同的变形音来与人交谈。没有人一时半会儿就能听懂,必须花大力气琢磨,反复询问解释才能明白他说的话,现在他依靠电子发音机。他当然也早就不能动手书写了,就是看书,他自己也不能翻动,而是靠翻书页的机器。他把书让人平摊在一张大的办公桌上,用轮椅上的按键进行操作,每看一页,几乎都是全身在做出努力,比蚂蚁搬家、蚕吃桑叶还要艰难。

史蒂芬·霍金拥有顽强的意志和一颗无与伦比的大脑。作为20世纪的国际名人,他被人们广泛地推崇为20世纪最杰出的理论物理学家,是继爱因斯坦之后的一个全新时代的革命者和开创者。他成为享有盛誉的人,富有传奇的人。他因为患病,肌肉萎缩,被禁锢在轮椅上已长达20余年,但正是他把宇宙认识推向了最前沿的阵地,跨过亚里士多德、伽利略、牛顿、爱因斯坦,世界走向询问自身之谜的思考。

无论是牛顿还是爱因斯坦,都提供了上帝的存在。牛顿给了上帝"第一推动"的权力,爱因斯坦为上帝提供了宇宙的空间。

到了霍金,空间和时间从物理上而不是从哲学上走向无边无垠。霍金得出了"一个空间上无缘,时间上无始无终,并且造物主无所事事的宇宙"。宇宙学和思维学是当代最迷人的科学,霍金的无边界宇宙模型是人类探索宇宙的第一次提出的自给自足的宇宙模型。在这个宇宙中,不存在理论上宇宙之外的生命,当然也没有神,这些结论只有在量子引力论中才可以得出。霍金认为宇宙的量子态是处于一种基态,空间——时间是有限无界的四维,好像地球的表面再增加两个维数。宇宙中的所有结构都可归结于量子力学的测不准原理范围内的最小起伏。

1973年,霍金发现黑洞会像黑体一样发出辐射,其辐射的温度和黑洞的质量成反比,这样一来,黑洞会越来越小而温度越来越高,结果是瞬间爆炸消亡。这种关于黑洞辐射的发现把引力、量子力学、统计力学统一在了一起。霍金认为,宇宙未来的关键问题是:平均密度问题。如果平均密度比临界值小,宇宙就会永远膨胀。如果比临界值大,宇宙就会发生坍缩。时间也会终结,在最后坍缩中消亡。

霍金教授为人类撰写了一本通俗读物《时间简史》。所谓通俗,就是说读者可以在很多不懂中得到一种冥冥的暗示,一种科学无涯无尽的吸引。这本书荣登畅销书榜100多周,当时售出500万册以上,翻译为30多种文字。

霍金神奇的思维飞向大尺度的时空,对极其遥远的星系、黑洞、夸克、大统一理论和"带味"粒子以及"自旋"粒子、反物质、"时间箭头"在《时间简史》中一一阐述,最后得出宇宙分裂成11维空间。

到1970年,霍金研究了宇宙论,其后4年他考虑黑洞问题。1974年后,从事广义相对论与量子力学的统一论。

从1985年左右起,霍金教授的病情恶化,那时他就一直不能讲话了,因为做了一次穿气管手术。最严重时,全身均不能动,只能扬眉毛。得病之后,孩子们不能同父亲做游戏了,而且父亲需要照顾。霍金教授自己说:"我实际上在运动神经细胞病中度过了整个成年,但是它并未能够阻碍我有个非常温暖的家庭和成功的事业。……令人欣慰的是,我的病情没有像一般情形迅速恶化,这就表明一个人任何时候都要有希望。"

霍金患了那么严重的疾病,可他仍充满希望,他的这种乐观精神难道不也是一笔财富吗?史蒂芬·霍金,现在担任剑桥大学最有分量的职务——卢卡逊教学教授。他的前任包括牛顿、狄拉克这样伟大的科学家。每天,他都要艰难的推动轮椅穿过美丽的剑河,到他在理论物理和应用数学的办公室去工作。

我们都在期待着,期待霍金能给我们带来新的发现。

比尔·盖茨创造IT业神话

这简直是一个神话故事:一个人20岁还身无分文,38岁却成了世界首富。但是世界上确有这样的事情,这个奇迹的创造者就是软件大王比尔·盖茨。当比尔·盖茨中断学业,走出大学的门槛的时候,谁会想到这个普通的美国青年能够凭着对电脑市场的天才直觉,不到20年就创立了一个世界性的软件集团,拥有上千亿美元的资产。

1955年10月28日,比尔·盖茨生于美国的西雅图,他的父亲是一名律师。1967年以前,比尔·盖茨的生活和其他美国少年没有什么不同,但是当盖茨进入湖滨中学后,他的人生完全改变了。

入湖滨中学的第二年,学校买进了一台电子计算机,比尔·盖茨立即被它深深地吸引。从此,盖茨有空就钻进计算机教室,摆弄那台神奇的机器,并对编写计算机程序产生兴趣。

比盖茨高两班的保罗·艾伦,也是一个计算机迷,共同的爱好使两人成为亲密的朋友。他们联合几名有共同爱好的同学,组织了一个程序编制小组,试着编写各种计算机程序。盖茨搜集有关计算机程序的资料,如饥似渴地学习,程序知识不断长进。

由于财政的原因,学校开始限制计算机的使用时间。盖茨和艾伦来到学校附近的"计算机中心公司",获准在公司下班后不受限制地使用计算机,条件是为该公司查找程序错误。两位少年如鱼得水,尽情地在计算机世界遨游,编程技术突飞猛进。

随着编程技术的提高,盖茨也开始了恶作剧。他设法破解了计算机中心公司和华盛顿大学计算机的密码,进入计算机数据库,修改数据。他为此受到严厉处罚:一年之内不得使用计算机。1970年,盖茨没有碰过心爱的计算机。

1971年初,程序编制小组得到为"信息科学公司"编制工资表程序的业务,盖茨又可以免费使用计算机。小组在这项业务中,获得约1万美元的报酬,这是盖茨首次用知识赚钱。

第二年,盖茨和艾伦成立一家公司——交通数据公司,生产用于测量城市交通流量的交通管理系统软件。他们的产品被西雅图市应用,公司大约获得2万美元利润,盖茨初步显示了经商才能。

1973年,盖茨遵从父亲的意愿,考进著名的哈佛大学攻读法律专业。哈佛的教学比较灵活,盖茨除了学习法律的必修课外,还选修了数学、计算机等课程。哈佛的计算机比较多,也比盖茨以前接触的计算机先进,他一头扎进机房,研究程序编制,常常深更半夜才最后一个离开。艾伦常来哈佛与盖茨交流,他们有一个共同的愿望:开设一家计算机公司。

1974年12月,艾伦拿着一本刚出版的《大众电子学》杂志,兴冲冲地来到盖茨的宿舍。杂志封面上登着一份广告,说罗伯兹的MITS公司生产出了第一台微型电子计算机"牛郎星(AL TAIR)"。

盖茨立即敏锐地看出微型机的市场前途,他说一个伟大的时代到来了。他们决定为牛郎星开发BASIC程序。盖茨夜以继日地在哈佛机房编制他的BASIC,1975年2月终于完成,并在牛郎星上运行成功。

这年5月,艾伦应聘到设在新墨西哥州阿尔伯克基的MITS公司,负责软件开发。盖茨的心也早已飞出校园,他想退学,与艾伦一道在软件领域大展宏图,但遭到父母亲的反对。

1975年7月,盖茨还是离开了哈佛。他来到阿尔伯克基,与艾伦共同创办了自己的软件开发公司——微软公司(MICROSOFT)。两人商定,盖茨占60%的股份,艾伦占40%的股份。微软公司授权MITS公司在其机器上安装BASIC,每售出一台收取一定的费用。

1977年,美国的微型计算机百花齐放,盖茨在这一年正式从哈佛退学。随着个人电脑的不断发展,微软相继推出FORTRAN语言、COBOL语言。BASIC逐渐成为计算机业的标准之一,销量不断增长。到1978年,微软公司的营业额已超过百万。1978年底,盖茨和艾伦将微软公司迁到西雅图。

1980年,电子计算机业的"蓝色巨人"IBM公司(国际商用机器公司)决定进入个人电脑领域。IBM选择微软公司作为合作伙伴,为其开发操作系统,11月双方签订合同。不久,微软公司推出自己的操作系统MS DOS,并被IBM接受。1981年8月,IBM的第一套个人电脑面世,此后IBM成为电脑硬件的行业标准。MS DOS也随之广泛流行,成为电脑软件业的标准。微软进入高速发展时期。

微软也不失时机地研制应用软件,开发出电子表格、文字处理、绘图等软件产品。盖茨没有满足于在国内发展,他非常注重开发海外市场,1983年先后在西德和法国设立分公司。1983年底,微软的年销售额达6900万美元,员工近400人。

盖茨不断对他的软件进行改善,并着手研制"视窗"系统(WINDOWS)。1984年7月,获得授权使用MS DOS的电脑制造商已超过200家,微软成了电脑软件业的明星。

1985年5月,视窗1.0版本问世,这是基于DOS系统的图形界面,但在当时没有形成多大影响。

1990年5月,微软推出视窗3.0版本。盖茨为此花费了300万美元进行宣传,并在产品发布当日举行盛大的仪式。由于视窗采用图形界面,提供了更好的内存存储技术,具有多任务管理功能,计算机使用起来更加方便,很快受到市场的青睐,到当年年底就发售了100万套,成为最畅销的软件。

1986年3月,微软公司的股票就已在纽约交易所上市,第一天开盘价为每股25.17美元,一周后涨至35.5美元,盖茨的个人资产达到3.5亿美元。第二年,盖茨的个人资产已升值为10亿美元。随着视窗的成功,1992年1月盖茨的个人资产升至70亿美元,成为世界首富。

1995年8月24日,盖茨和微软再次成为世人瞩目的中心。这一天,微软要发布全新的操作系统——视窗95(WINDOWS 95),这一系统完全脱离了DOS,功能更加强大,使用更加简便。在此前的几个月中,各种媒体都在报道有关视窗95的消息,盖茨的照片出现在各种杂志的封面。盖茨在世界各地大约花费了5亿美元为视窗95做宣传,使它还没有面世就已家喻户晓。

视窗95正式面市的第一天,在美国就售出30万套。只用了4天时间,全球总销量就超过100万套。到了年末,微软迅速推出包括日文、韩文、泰文、中文等30种文字的视窗95版本,一年的销售量达到3000万套。几乎所有个人电脑都使用微软的操作系统,微软公司从此成为电脑软件市场的霸主,1996年的市场份额达80%。微软公司在操作系统上居于垄断地位,凭借这样的优胜,盖茨在互联网(INTERNET)兴起后大步进入网络领域,推出与视窗95相配套的网络浏览器(IE),结果后来居上。

不料,此举引发了一场官司,那些被逼入死角的网络软件商们纷纷起诉,控告微软此举是不正当竞争行为。美国司法部随即以涉嫌垄断对微软展开调查,并提出分拆微软的方案。

尽管微软公司被迫一分为二,但是盖茨的事业并没有停滞不前。1999年,仅他个人的资产就达1000亿美元。2000年,微软公司又成功推出了WINDOWS 2000。

克隆羊"多莉"的诞生

在竞技场上,人类体能总有一定的极限,科学探索也存在不少这样的极限,但是1997年人类在科学上却取得了辉煌成就,使过去的一些神话为之失色,克隆羊多莉的诞生就是一例。

美国《科学》杂志1997年12月19日对此作了如下报道:

英国爱丁堡的罗斯林研究所与PPL生物技术公司1997年2月24日宣布,他们开始于1996年7月的生物实验获得了成功,已经用一只6岁母绵羊的细胞繁殖出一只名叫"多莉"的小母绵羊。这个科学成果一经公布,如同一阵旋风扫过平静湖面,立刻在科学界和伦理学界掀起了轩然大波。

美国《科学》和英国《自然》是国际上最具权威的科学杂志,这两家杂志在关于1997年科学成果的总结中,都把克隆羊多莉的诞生当做1997年最重要的科学成就。但更多人担心的是,克隆技术会不会给人类带来灾难性后果?

事实上,在多莉出生之前,科学界早已经通过克隆技术克隆出了"克隆猪"、"克隆猴"、"克隆鼠"、"克隆牛"等动物。它们之所以没有引起世界的极大震惊,是因为它们都是通过采用胚胎细胞进行的核移植。被移植的胚胎细胞本身是通过有性繁殖产生的,细胞核中的基因组一半来自父体,一半来自母体。多莉同它们不同,多莉是用高度分化的体细胞进行核移植而产生的,它的基因组全部来自单亲,是真正的"无性繁殖"。

多莉没有生身父亲,却有3个"母亲"。与多莉关系最为密切的是提供乳腺细胞的那只6岁的母绵羊,多莉身上的基因完全复制了它的基因。另外两个"母亲",一个提供了卵细胞,但里面的基因被人为地抽走,植入了上面那只母绵羊乳腺细胞里的基因;一个提供了供多莉发育的子宫。

经过148天的孕育,多莉出生了。除了在体重(6.6千克)上稍微重一点外,多莉跟其他正常出生的小绵羊在表面上没有什么区别。它浑身长着细长弯曲而洁白的绒毛,同其他小羊一起玩耍,一起吃草,一起睡觉。

多莉的出生,一时间使"克隆"(clone)这一专业性极强的科学术语成为最流行的、家喻户晓的热门词汇。那么什么是克隆呢?简单地说,克隆就是无性繁殖。也就是说,通过细胞核移植技术,就可以利用一个成熟的生物细胞,通过无性繁殖,繁殖出一个同母体细胞基因组完全一样的生物个体来。

克隆羊多莉的诞生,标志着人类在生物工程领域取得了划时代的进展。克隆技术可以促进人类了解生物生长发育的机理,特别是发现影响生长和衰老的因素;可以为移植手术提供合适的器官;可以大批量生产制造某些药物的生物原料;可以为科学实验提供适合的动物;培育出优良的农作物、家畜家禽品种。例如，我国科学工作者通过"克隆"培育出的海带高产品种，它的叶子可以长到7米以上，而普通品种的叶子一般只有3米左右。克隆技术还可以给烧伤患者和面部受损伤患者带来福音，通过克隆患者身上的一小块完好的皮肤，就可以使患者生长出跟原来一样的皮肤。

可是，有一些人出于各种不同的目的，计划制造"克隆人"，这种"生命复制"使人们越来越担心。他们担忧克隆技术，也会给人类带来毁灭性灾难，虽然它肯定会给人类带来新的希望。这些人的担心不无原由，会不会有人通过对希特勒的细胞进行克隆，使这个杀人不眨眼的人间魔王复活呢？

不过，克隆技术到目前为止仍处于实验阶段，即便是对羊进行科隆，成功率还是非常小的。用在人身上，成功的可能性更是微乎其微了。另一些人对"克隆人"持乐观态度，他们相信即使真有克隆人，也只是复制了母体的基因，母体的思想不可能复制到克隆人大脑里，因为后天环境对人存在着很大的影响。